广丰年鉴

GUANGFENG NIANJIAN

2023

中共上饶市广丰区委党史党建研究中心
（上饶市广丰区地方志编纂中心）编

光明日报出版社

图书在版编目（CIP）数据

广丰年鉴.2023 / 中共上饶市广丰区委党史党建研究中心（上饶市广丰区地方志编纂中心）编． －－北京：光明日报出版社，2023.12

ISBN 978－7－5194－7673－1

Ⅰ.①广… Ⅱ.①中… Ⅲ.①区（城市）—上饶—2023—年鉴 Ⅳ.①Z525.64

中国国家版本馆 CIP 数据核字（2023）第 250237 号

广丰年鉴.2023

GUANGFENG NIANJIAN.2023

编　　者：	中共上饶市广丰区委党史党建研究中心（上饶市广丰区地方志编纂中心）
责任编辑：	刘兴华　　　　　　　责任校对：宋　悦　李佳莹
封面设计：	中联华文　　　　　　责任印制：曹　诤
出版发行：	光明日报出版社
地　　址：	北京市西城区永安路106号，100050
电　　话：	010-63169890（咨询），010-63131930（邮购）
传　　真：	010-63131930
网　　址：	http://book.gmw.cn
E - mail：	gmrbcbs@gmw.cn
法律顾问：	北京市兰台律师事务所龚柳方律师
印　　刷：	三河市华东印刷有限公司
装　　订：	三河市华东印刷有限公司

本书如有破损、缺页、装订错误，请与本社联系调换，电话：010-63131930

开　　本：	210mm×285mm		
字　　数：	690千字	印　　张：	21.25
版　　次：	2025年3月第1版	印　　次：	2025年3月第1次印刷
书　　号：	ISBN 978－7－5194－7673－1		
定　　价：	180.00元		

版权所有　　翻印必究

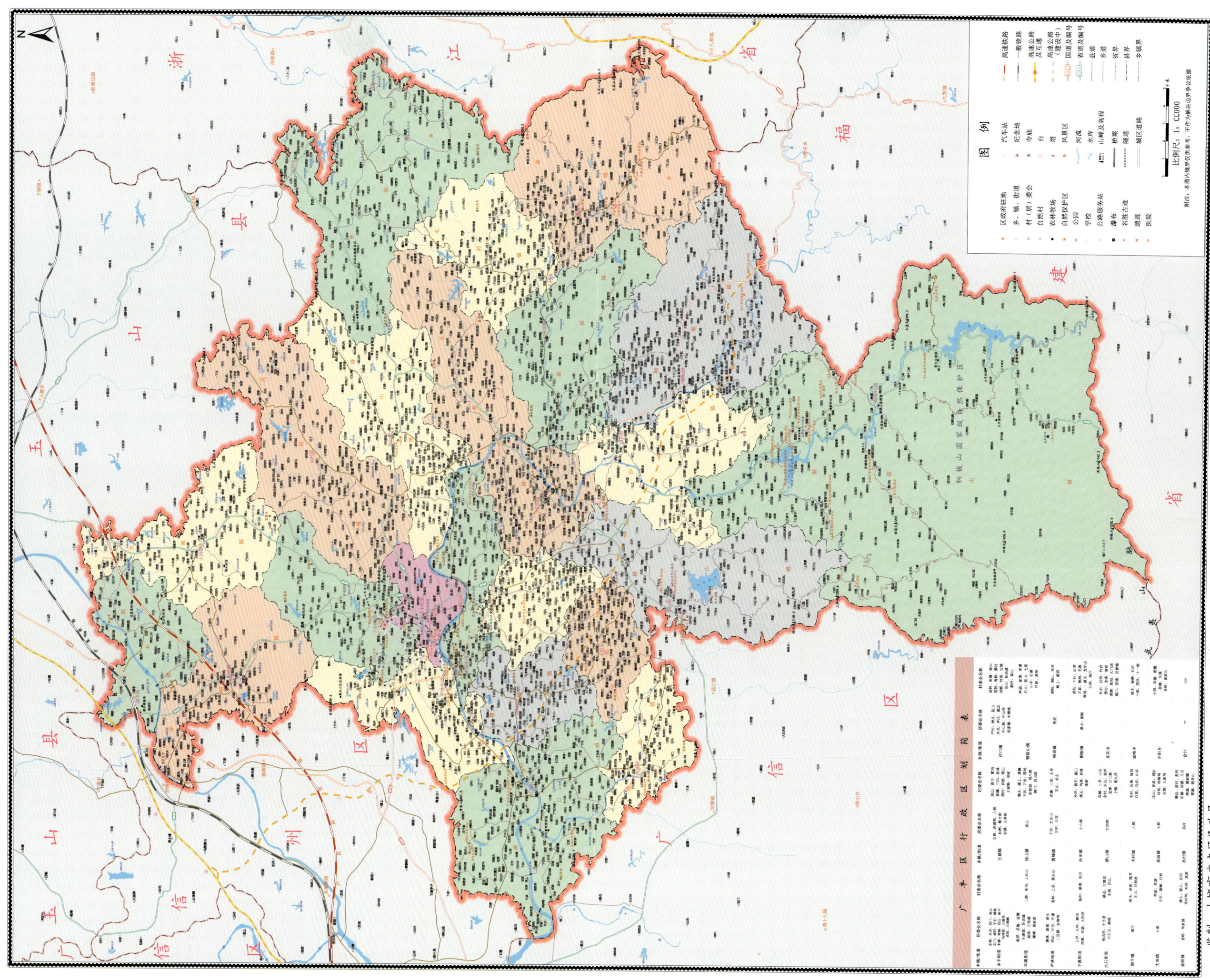

上饶市广丰区地方志编纂委员会

主　　　编　龚振宙

副 主 编　吴　松

　　　　　　舒前鑫

　　　　　　洪厚火

　　　　　　叶建华

执 行 主 编　周书强

执行副主编　郑招明　洪　勤

编　　　委　徐齐武　祝绣峰　艾俊奇　陈茜茜

重要会议

1月11日，区委经济工作会议召开，会议提出2022年全区经济工作的总体要求，强调坚持"三个事关"工作方向，统筹疫情防控和经济社会发展，统筹发展和安全，继续做好"六稳""六保"工作，着力稳定经济发展基本盘，着力畅通经济循环，着力强化科技支撑，着力全面深化改革开放，着力保障和改善民生，着力保持社会大局稳定，坚定不移推进高质量跨越式发展
（潘栋拍摄）

7月9日—10日，广丰区召开区委工作务虚会，会议强调，坚持"三个事关"的决策方向，紧盯"打造全市领先、全省一流的现代化强区"战略目标，深入实施"八个千方百计"工作策略，干在实处再出发，走在前列谱新篇，奋力推进经济社会高质量发展
（潘栋拍摄）

2月18日—19日，上饶市广丰区第十七届人民代表大会第二次会议在区人民法院会议中心召开。会议审议通过上饶市广丰区人民政府工作报告、区人大常委会工作报告、区人民法院工作报告、区人民检察院工作报告、区人民政府关于广丰生态文明建设和生态环境状况的报告及决议；审查了广丰区2021年国民经济和社会发展计划执行情况与2022年国民经济和社会发展计划草案的报告、关于广丰区2021年财政预算执行情况与2022年财政预算草案的报告，批准了2022年计划、预算，票决通过广丰区人民政府2022年度部分重大投资建设和重点民生实事项目

2月17日—18日，政协上饶市广丰区第十三届委员会第二次会议在区法院会议中心召开。会议审议通过政协上饶市广丰区第十三届委员会常务委员会工作报告、区政协十三届二次会议提案初步审查情况报告、政协上饶市广丰区第十三届委员会第二次会议的决议
（本页图片均为潘栋拍摄）

重点项目

至2022年,广丰区建成4层及6层以上的标准厂房达287万平方米,工业用地集约化改革走上省市前列。广丰区加大标准厂房招商力度,至2022年年底,园区标准厂房入驻项目240余个

广丰黑滑石展览展示馆(沙盘)
(本页图片均为潘栋拍摄)

广丰黑滑石基地、江西泰珂年产 100 万吨黑滑石粉体新材料项目
（图片来源："微讯广丰"微信公众号，夏明土拍摄）

广丰时代智能终端产业园年产 3000 万套 COB 半导体、1000 万套 Mini Led 半导体显示屏及 10 万套新能源智能终端项目
（潘栋拍摄）

江西锦荣新材料产业园年产 100 万平方 FCCL 材料项目

江西维易科半导体生产科技有限公司
（本页图片均为潘栋拍摄）

上饶立景创新光学产业园年产 180KK 摄像模组项目

上饶科翔光电有限公司年产 150 万平方 FPC 项目
（本页图片均为潘栋拍摄）

12月24日，江西省渝网科技股份有限公司被评为2022年高成长性科技型企业名单，这是广丰区企业首次成功入选，实现了瞪羚企业"零的突破"
（图片来源："微讯广丰"微信公众号）

北湖公园
（广发集团供图）

12月，广丰区首座人行天桥月兔天街正式通行。天桥位于月兔广场东北侧，横跨永丰大道，南起新天地，北接广丰里，全长约60米，宽6米，高5米，设置步行楼梯、电动扶梯、和无障碍电梯等公共设施。桥上的灯光亮化工程以及桥身的金属质感完美地融入周围街边的环境及夜景工程，该桥建成后成为广丰市民新的"网红"打卡点
（潘栋拍摄）

五里乡村振兴示范园
（农垦集团供图）

促消费系列活动

至年底,"广丰里"夜经济项目,总投资达10亿元,总建筑面积约3万平方米,以夜生活、文化市井、烟火人情为主题,打造集购物、休闲、商务、社交、美食、娱乐于一体的夜经济标杆

(本页图片均为潘栋拍摄)

6月26日晚，2022"夜YOU广丰"文旅商贸促消费系列活动在月兔广场拉开帷幕，现场进行文艺演出、无人机表演、文化创意集市、灯光秀。促消费活动按照"注入时尚元素、营造市井情调、点亮万家灯火"的要求，以"十个主题，百场活动，千企参与，万人空巷"为核心理念，政企协力共同打造更加安心、舒心、放心的"夜经济"消费新场景。促消费活动持续到年底，以"夜游、夜秀、夜食、夜展、夜读、夜宿、夜竞、夜购、夜娱、夜品"为十大主题，融合"商业、美食、文化、演艺"等夜间多元化消费元素，在广丰城区及周边，持续打造地标性夜经济集聚区、夜经济示范街，联动举办百场夜经济活动

（图片来源："微讯广丰"微信公众号，周振宇拍摄）

推广马家柚

11月12日—13日,"2022年上饶市农产品展示展销暨上饶广丰马家柚品鉴活动"在江天·农博城举行。本次活动以"上上之选·饶有风味"为主题,集中展示上饶各县(市、区)特色农产品

(图片来源:"微讯广丰"微信公众号,潘栋拍摄)

11月25日,上饶市农业农村局、广丰区人民政府联合主办上饶广丰马家柚南昌专场"五进"(进市场、进门店、进机关、进社区、进校园)营商活动正式启动。"五进"活动在南昌各地持续一个月,进一步扩大上饶广丰马家柚的知名度和美誉度,助力广丰马家柚更好地走向更广阔的市场

(图片来源:"微讯广丰"微信公众号,顾荣辉拍摄)

江西好人　上饶好人

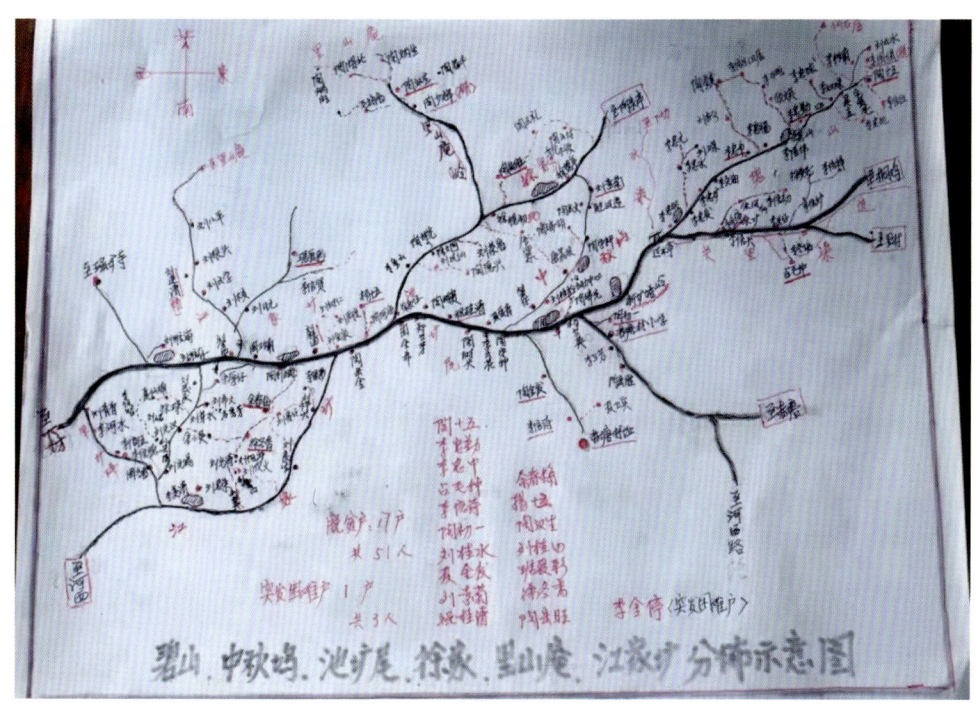

霞峰镇赤塘村李信生（74岁老村医"手绘地图"，守护村民健康53载）入选2022年第三季度敬业奉献"江西好人"。图为乡村医生李信生"手绘地图"

（卫健委供图）

10月23日晚，"感动上饶"2022年上半年度"上饶好人"集中发布仪式在广丰区月兔广场举行，发布"上饶好人"25件事迹28人。图为"上饶好人"吴和平、李翠瑛夫妇上台领奖

（图片来源："微讯广丰"微信公众号，周振宇　潘栋　顾荣辉拍摄）

民生实事

1月23日,上饶卫校附属医院(广丰区妇幼保健院)新院区举行揭牌仪式,新院区位于铜钹山大道66号,是一所集临床、教学、保健、康复、预防为一体,按照二级综合医院标准设置的综合性医院
(潘栋拍摄)

8月,广丰区城东幼儿园竣工,9月投入使用。该幼儿园位于丰溪街道金犀、塘犀社区,占地面积15亩,总建筑面积10208平方米,总投资3000万,可容纳18个教学班和500余名幼儿
(图片来源:"微讯广丰"微信公众号,夏情拍摄)

5月5日,在第三轮区域核酸采样中,五都镇六都村翁家核酸采样点搭设便民伞方便群众
(图片来源:"微讯广丰"微信公众号,周莉莉拍摄)

11月1日,广丰至上饶城际公交开通。起点站为信州区带湖路汽车站,终点站为广丰区白鹤客运站,其间途经23个站点,里程约35公里,票价调整为5元,实行全程一票制
(图片来源:"江西省综合交通运输事业发展中心"网站)

文化旅游

5月25日—29日，广丰区成功承办首届江西省文化产业博览交易会（简称文博会）。文博会展会期间，观展人数达8.83万余人次，现场交易额381万元，项目签约23.9亿元（图片来源："微讯广丰"微信公众号，潘栋 顾荣辉拍摄）

12月5日,洋口老街历史文化街区入选第六批省级历史文化街区
(图片来源:"微讯广丰"微信公众号)

1月28日,广丰区2022年铜钹山新春游园报喜节举行
(图片来源:"微讯广丰"微信公众号,顾荣辉拍摄)

12月10日,美国战争纪录片《动荡的历史》在洋口镇举办中国首映式。该片根据"杜立特突袭东京行动"的历史事实拍摄,再现美国"杜立特行动"和中国江西上饶、浙江衢州的村民英勇营救美国飞行员的感人历史
(图片来源:"微讯广丰"微信公众号,徐道贵拍摄)

1月,同心同书 祖国新春好 书法家写春联送万福走进裕丰社区
(永丰街道供图)

编辑说明

一、依据《地方志工作条例》，《广丰年鉴》是广丰区本级地方综合年鉴，由上饶市广丰区人民政府组织，《广丰年鉴》编辑委员会主持，上饶市广丰区地方志编纂中心编辑。

二、《广丰年鉴》是一套系统记述广丰区自然、政治、经济、文化、社会等方面情况的年度资料性文献。其编纂坚持以马克思列宁主义、毛泽东思想、邓小平理论、"三个代表"重要思想、科学发展观、习近平新时代中国特色社会主义思想为指导，坚持辩证唯物主义和历史唯物主义的立场、观点和方法，全面、真实记录广丰经济和社会发展的基本情况，为存史、资政、育人服务。

三、《广丰年鉴》每年出版一卷。本卷着重记载2022年广丰区的重大事情，内容分为综合情况、动态信息和辅助资料三大部分。按照方志体例横分门类，以类目、分目、条目3个层次为框架结构，以条目为主要载体。综合情况设特载、大事记、专记、广丰概览4个类目。动态信息设中国共产党上饶市广丰区委员会，上饶市广丰区人民代表大会，上饶市广丰区人民政府，中国人民政治协商会议上饶市广丰区委员会，纪检监察，群众团体，军事，法治，经济管理与监督，财政 税收，工业，农林水，招商引资 商业贸易，城乡建设管理，交通 邮政 通信，生态环境，文化旅游 新闻出版，教育体育 科学技术，卫生健康，社会生活，退役军人事务，应急管理，国有企业，银行 保险，乡镇（街道），人物 荣誉，共26个类目。辅助资料设附录1个类目。年鉴内容层次设置是为了方便分类编纂和读者阅读，并不反映严格的科学体系，机关、企事业单位等排序和层次并不表示其地位和规模。部分条目因内容需要对比，时间有所上溯。

四、《广丰年鉴》所载文稿，均由区委各部门、区直各单位、各人民团体、各乡镇（街道）和相关单位提供，并经撰稿单位审核认定。

五、由于数据来源、统计方法或使用角度不同，不同部门提供的同项数据可能不一致，虽经编辑人员反复核实，仍有一些难以统一，使用时请注意出处。部分数据因四舍五入的原因，存在着分项与合计不等的情况，本书均未作机械调整。全区性数据应以区统计局公布的数据为准。

六、考虑到历史原因及习惯，目前在中国广大农村"亩"仍是最主要的土地面积计量单位，所以本书在记述农业事项时，土地面积仍使用"亩"作为计量单位，1亩=666.67平方米，随文不再括注同比例平方米数。

七、本书使用的上饶市广丰区行政区划图，为广丰区民政局监制，2021年12月出版，经江西省自然资源厅审批合格的地图。使用的图片由供稿单位、专业人士提供。

八、本书收录了区委、区人大、区政府、区政协组成人员名单，区委各部门、区直各单位、各人民团体、各乡镇（街道）领导班子名单以区委组织部提供的2022年12月31日的名单为准，条管单位以相关单位提供资料为准。

目　录

特　载

加快打造全市领先、全省一流的现代化强区　奋力谱写全面建设社会主义现代化广丰新篇章——在区委十四届三次全体会议暨区委经济工作会议上的讲话 … 1

政府工作报告——2023年2月8日在上饶市广丰区第十七届人民代表大会第三次会议上 ……………… 7

大事记

一月 …………………………………………… 14
二月 …………………………………………… 15
三月 …………………………………………… 16
四月 …………………………………………… 17
五月 …………………………………………… 17
六月 …………………………………………… 18
七月 …………………………………………… 19
八月 …………………………………………… 20
九月 …………………………………………… 21
十月 …………………………………………… 22
十一月 ………………………………………… 23
十二月 ………………………………………… 24

专　记

2022年广丰区经济亮点回顾 ………………… 25

广丰概览

自然环境 ……………………………………… 27
区域位置 …………………………………… 27
地貌地势 …………………………………… 27
河流湖泊 …………………………………… 27
矿产资源 …………………………………… 27
土地资源 …………………………………… 28
生物资源 …………………………………… 28
历史概况 ……………………………………… 28
建置沿革 …………………………………… 28
行政区划 …………………………………… 29
境域变迁 …………………………………… 29
人口发展状况 ………………………………… 29
环境质量 ……………………………………… 29
环境空气质量状况 ………………………… 29
地表水环境质量状况 ……………………… 30
气候概述 ……………………………………… 30
概况 ………………………………………… 30
降水 ………………………………………… 30
气温 ………………………………………… 31
日照 ………………………………………… 31
水文监测情况 ……………………………… 31
领导名录 ……………………………………… 33

中国共产党上饶市广丰区委员会

综述 …………………………………………… 50
重要会议 ……………………………………… 52
区委常委会 ………………………………… 52
区委全会 …………………………………… 57
区委经济工作会议 ………………………… 57
区委十四届三次全体会议暨区委经济工作会议 …… 57
重要文件 ……………………………………… 57
印发《关于加强政务服务中心窗口工作人员管理的意见》 …… 57
印发《关于深入推进营商环境优化升级"一号改革工程"实施方案》 …… 58

印发《关于深入推进数字经济做优做强"一号发展工程"的实施方案》 …… 58
印发《关于区直机关打造让党放心、人民满意的模范机关的工作方案》 …… 58
印发《上饶市广丰区全面深化改革十大攻坚行动实施方案（2022—2024年）》 …… 58
印发《关于推行"党建+网格+微小事"的工作方案》 …… 58
转发《上饶市广丰区普法教育工作领导小组关于开展法治宣传教育的第八个五年规划（2021—2025年）》 …… 58
印发《关于落实全面从严治党主体责任实施意见（试行）》的通知 …… 58
印发《全面建设勤廉广丰实施方案》 …… 58
印发《关于广丰区民生实事项目人大代表票决制工作实施方案》 …… 58
印发《关于深入推进红色基因传承的实施方案》 …… 59
印发《关于推进全区水利高质量发展的工作意见》的通知 …… 59
印发《上饶市广丰区农村宅基地制度改革和规范管理实施方案（2022—2024年）》 …… 59

区委办工作 59
概况 …… 59
文稿服务 …… 59
信息调研 …… 59
办文档案办会 …… 59
保密机要和国安 …… 59
督查 …… 60
民声通道 …… 60
党内法规 …… 60
省委巡视整改 …… 60

政策研究 60
概况 …… 60
决策研究服务 …… 60
全面深化改革 …… 60
"广丰区工业用地集约化改革"获评2022年度江西省全面深化改革工作优秀案例 …… 61

组　织 61
概况 …… 61
基层党组织"三化"建设 …… 62
发展壮大村级集体经济 …… 62
干部队伍建设 …… 62
人才引育服务 …… 62
公务员工作 …… 62
老干部工作 …… 63
党建五争创五引领"十件实事" …… 63
年度综合考核工作 …… 63

宣　传 63
概况 …… 63
理论学习 …… 64
舆论引导 …… 64
网络舆情 …… 64
文化建设 …… 64
承办首届江西省文化产业博览交易会 …… 64
举行美国战争纪录片《动荡的历史》中国首映式 …… 64

统　战 65
概况 …… 65
推进非公领域健康发展 …… 65
维护民宗领域和谐稳定 …… 65
有效延伸联谊交友范围 …… 65
持续筑牢共同思想政治基础 …… 66

机构编制 66
概况 …… 66
乡镇（街道）机构改革 …… 66
机构编制资源配置 …… 66
机构编制日常管理 …… 66
事业单位登记管理 …… 66

机关党建 67
概况 …… 67
区直机关政治建设 …… 67
打造模范机关 …… 67
区直机关基层党组织建设 …… 67
党建融合 …… 67
区直机关意识形态工作和作风建设 …… 67

信　访 67
概况 …… 67
开展社会稳定风险评估 …… 68
信访矛盾大排查 …… 68
化解信访积案 …… 68
"红色文化+信访"工作模式 …… 68

史　志 68
概况 …… 68

| 党史编研 | 69 |
| 志鉴编纂 | 69 |

党　校
概况	69
干部培训教育	69
教学改革	69
打造红色讲台	69
青年干部培训班	69

档　案
概况	70
档案接收和查阅利用	70
档案宣传	70
档案安全体系建设	70

机关事务
概况	70
公务接待	70
公务用车和办公用房管理	70
开展"节能降碳，绿色发展"的主题活动	70

上饶市广丰区人民代表大会

综　述　71
重要会议　72
区第十七届人大常委会第四次会议	72
区第十七届人民代表大会第二次会议	72
区第十七届人大常委会第五次会议	72
区第十七届人大常委会第六次会议	72
区第十七届人大常委会第七次会议	73
区第十七届人大常委会第八次会议	73
区第十七届人大常委会第九次会议	73
区第十七届人大常委会第十次会议	73

监督工作　74
概况	74
法律监督	74
经济工作监督	74
民生领域监督	74
重大事项监督	74
区人大监督优化营商环境	74

决定重大事项　74
关于政府工作报告的决议	74
关于上饶市广丰区人大常委会工作报告的决议	75
关于上饶市广丰区人民法院工作报告的决议	75
关于上饶市广丰区人民检察院工作报告的决议	75
关于广丰区2021年国民经济和社会发展计划执行情况与2022年国民经济和社会发展计划的决议	75
关于上饶市广丰区2021年财政预算执行情况和2022年预算的决议	76
关于上饶市广丰区生态文明建设和生态环境状况的决议	76

选举和任免　76
| 选举情况 | 76 |
| 区人大常委会任免干部情况 | 76 |

代表工作　77

上饶市广丰区人民政府

综　述　78
重要会议　79
十七届区人民政府第7次常务会	79
十七届区人民政府第8次常务会	79
十七届区人民政府第9次常务会	79
十七届区人民政府第10次常务会	79
十七届区人民政府第11次常务会	80
十七届区人民政府第12次常务会	80
十七届区人民政府第13次常务会	80
十七届区人民政府第14次常务会	81
十七届区人民政府第15次常务会	81
十七届区人民政府第16次常务会	81
十七届区人民政府第17次常务会	81
十七届区人民政府第18次常务会	82
十七届区人民政府第19次常务会	82
十七届区人民政府第20次常务会	82
十七届区人民政府第21次常务会	83
十七届区人民政府第22次常务会	83

重要文件　83
印发《上饶市广丰区松材线虫病疫情防控五年攻坚行动实施方案》	83
印发《上饶市广丰区工业主导产业招商引资优惠办法》	83
印发《〈上饶市广丰区多层次医疗保障体系建设方案〉及做好"广福保"投保工作的通知》	83
印发《上饶市广丰区农业招商引资优惠办法》	84
印发《上饶市广丰区数字经济产业发展扶持办法	

（暂行）》 …………………………………… 84
印发《广丰区全面推进"双随机、一公开、一集中"
监管工作实施方案》 …………………………… 84

办理人大代表建议和政协委员提案 …………… 84
办理人大代表建议情况 ……………………… 84
办理政协委员提案情况 ……………………… 84

区政府办工作 ………………………………… 84
概况 …………………………………………… 84
调查研究 ……………………………………… 84
办文办会 ……………………………………… 84
金融工作 ……………………………………… 85
政务信息 ……………………………………… 85
督查工作 ……………………………………… 85
民生实事 ……………………………………… 85

政务服务与优化营商环境 …………………… 85
概况 …………………………………………… 85
组建政务服务和大数据管理局 ……………… 85
建立责任落实体系 …………………………… 86
提升窗口服务 ………………………………… 86
优化政务环境 ………………………………… 86
优化市场环境 ………………………………… 86
优化法治环境 ………………………………… 86
落实减税降费惠企政策 ……………………… 87
"低保救助一件事"联办 …………………… 87
区人大监督优化营商环境 …………………… 87
工业园区优化营商环境 ……………………… 87
优化市场准入环境 …………………………… 87
优化办税服务和推广"非接触式"办税 …… 87
司法局打造一流法治营商环境 ……………… 88
法院打造一流法治营商环境 ………………… 88
检察院推进涉案企业合规改革 ……………… 88
区工商联搭建平台助力优化营商环境 ……… 88
公安局优化法治营商环境 …………………… 89
优化工程建设项目审批 ……………………… 89

中国人民政治协商会议上饶市广丰区委员会

综述 ……………………………………………… 90
重要会议 ……………………………………… 91
区政协十三届一次常委会会议 ……………… 91
区政协十三届二次会议 ……………………… 91
2022年广丰区政协工作推进会 ……………… 91
区政协十三届三次常委会会议暨常委理论学习中心

组学习会 …………………………………… 91
广丰区"好商量"基层协商民主建设工作推进会
…………………………………………………… 92
区委书记与政协委员面对面专题协商会 …… 92
区政协十三届五次常委会会议暨常委理论学习中心
组学习会 …………………………………… 92
区政协十三届六次常委会会议 ……………… 92
区长与政协委员面对面专题协商暨重点提案办理协
商会 ………………………………………… 92

重要建议 ……………………………………… 92
重大活动 ……………………………………… 93
专题协商 ……………………………………… 93
视察活动 ……………………………………… 93

调查研究 ……………………………………… 93
政协办公室、专门委员会工作 ……………… 94
政协办公室工作 ……………………………… 94
提案委工作 …………………………………… 94
农业和农村委工作 …………………………… 94
教科卫体委工作 ……………………………… 95
社会和法制委工作 …………………………… 95
经济委工作 …………………………………… 96

纪检监察

综述 ……………………………………………… 97
重要会议 ……………………………………… 98
召开中国共产党上饶市广丰区第十四届纪律检查委
员会第二次全体会议 ……………………… 98
召开区纪委监委打造模范机关动员会 ……… 98
召开全区乡镇（街道）纪（工）委书记座谈会
…………………………………………………… 98
召开全区纪检监察系统集体政治谈话会 …… 99
召开全面建设勤廉广丰工作推进会 ………… 99

创新监督方式 ………………………………… 99
概况 …………………………………………… 99
做实"一清单一报告一档案" ……………… 99
构建贯通融合、协调协同的大监督网络 …… 99
推动压力传导一贯到底 ……………………… 99

作风建设 ……………………………………… 99
严肃查处漠视侵害群众利益的腐败和作风问题
…………………………………………………… 99
开展"1+N"专项治理 …………………… 100

开展违规吃喝违规收送礼品礼金问题专项治理 …… 100
　　强化重点领域监督 …… 100
查办违纪违法案件 **100**
　　概况 …… 100
　　完善制度 …… 101
　　警示教育 …… 101
政治巡察 **101**
　　概况 …… 101
　　巩固边巡边移机制和探索建立问题线索"五方会审"综合研判机制 …… 101
　　延伸巡察村（社区） …… 101
　　深化巡察成果运用和督促解决民生问题 …… 102

群众团体

上饶市广丰区总工会 **103**
　　概况 …… 103
　　职工维权 …… 103
　　职工帮扶 …… 103
　　区总工会助力"双一号工程" …… 103
　　打造户外劳动者服务站点"爱心驿站" …… 103
共青团上饶市广丰区委员会 **103**
　　概况 …… 103
　　团员青年意识形态教育 …… 104
　　招募大学生上岗服务 …… 104
　　健全志愿服务网 …… 104
　　关爱留守儿童 …… 104
　　广丰区青年志愿者协会成立 …… 104
　　广丰区贯彻落实《江西省中长期青年发展规划（2018—2025年）》联席会议第三次全体会议召开 …… 104
上饶市广丰区妇女联合会 **104**
　　概况 …… 104
　　关爱妇女儿童 …… 105
　　保护妇女儿童权益 …… 105
　　助推创业创优 …… 105
　　助力疫情防控 …… 105
　　助力"创文巩卫" …… 105
　　全区领导干部配偶"家风养廉"专题讲座 …… 105
上饶市广丰区工商业联合会 **105**
　　概况 …… 105
　　规范基层商会建设 …… 105
　　区工商联搭建平台助力优化营商环境 …… 106
　　引导非公有制经济人士履行社会责任 …… 106
　　"村企共建" …… 106
上饶市广丰区文学艺术界联合会 **106**
　　书画 …… 106
　　文学创作 …… 106
　　摄影 …… 106
　　音乐舞蹈 …… 106
　　戏剧曲艺 …… 106
上饶市广丰区科学技术协会 **107**
　　概况 …… 107
　　广丰区通过公民科学素质国家测评 …… 107
　　青少年科普活动 …… 107
　　多类型多主体科普活动 …… 107
　　申报3家市级专家工作站 …… 107
　　马家柚科普馆建成启动 …… 107
上饶市广丰区残疾人联合会 **108**
　　概况 …… 108
　　残疾人民生保障 …… 108
　　残疾人康复服务 …… 108
　　残疾人就业创业 …… 108
　　残疾人权益保障 …… 108
　　残疾人节日宣传活动 …… 108
　　承办全市残联基层组织建设现场会 …… 109
　　广丰区残疾人联合会第五次代表大会召开 …… 109
　　承办上饶市第31个"国际残疾人日"活动 …… 109
　　残疾人康复中心项目建设 …… 109
上饶市广丰区归国华侨联合会 **109**
　　概况 …… 109
　　服务归侨侨眷和侨资企业 …… 109
　　成立"检侨之家" …… 109
　　组织参与"世界华人学生作文大赛" …… 109
　　实施侨爱心工程 …… 109
上饶市广丰区红十字会 **110**
　　概况 …… 110
　　社会募捐 …… 110
　　"三献"志愿活动 …… 110
　　组建"江小红"宣讲团 …… 110
　　开展"博爱送万家"活动 …… 110
　　关爱留守儿童、百岁老人系列活动 …… 110
　　参与疫情防控、抗洪救灾 …… 110
　　投放首批自动体外除颤仪（AED） …… 110

上饶市广丰区社会科学界联合会 **111**
 概况 111
 课题研究 111
 社科宣传 111
 社科调研 111
 社科学会建设 111
 成立广丰方言传承协会 111

军 事

武装部 **112**
 概况 112
 练兵备战 112
 国防动员 112
 后勤装备保障 112

人民防空 **112**
 概况 112
 人防工程项目建设与维护 112
 开展9.18主题系列活动 112

法 治

政法委 **113**
 概况 113
 维护社会稳定 113
 平安广丰建设 113
 社会治理创新 113
 法治广丰建设 113
 政法队伍建设 113

公安 **113**
 概况 113
 维护社会安定 114
 开展群防群治 114
 公安优化法治营商环境 114
 基层站所建设 114
 "雪亮工程"建设 114
 夏季治安打击整治"百日行动" 115
 打击电诈"1.06专案"集群战役 115

法院 **115**
 概况 115
 依法惩治刑事犯罪 115
 依法调处民商事纠纷 115
 依法化解行政争议 115
 依法兑现胜诉权益 115
 法院打造一流法治营商环境 115
 开展为群众办实事示范法院建设活动 115
 推进"五化三美"法庭建设 116
 推动赣法民意广丰分中心建设 116
 推进市域治理现代化建设 116
 关爱未成年人成长 116
 持续推进智慧法院建设 116

检察院 **116**
 概况 116
 严厉打击损害人民群众切身利益的违法犯罪行为 116
 办理生态环境和自然资源领域公益诉讼案件 116
 检察院推进涉案企业合规改革 117
 检察帮困 117
 诉源治理 117
 检察为民办实事 117
 深化未成年人保护 117
 接受监督评议 117
 推进全面从严治检 117

司法行政 **117**
 概况 117
 行政执法监督 118
 完善行政执法程序 118
 重大决策合法性审查 118
 行政复议与行政诉讼 118
 司法局打造一流法治化营商环境 118

交警 **118**
 概况 118
 交通秩序整治 119
 交通安全设施建设 119
 交通安全宣传 119
 道路安全隐患排查治理 119
 车辆管理服务 119
 事故处理 120

经济管理与监督

经济综合管理与调控 **121**
 概况 121
 推进经济运行平稳向好 121
 推进"双一号"工程 121
 加快项目建设 121
 坚持深化改革 121

推进生态文明建设 …… 122
推动保供稳价 …… 122

物价管理 … 122
概况 …… 122
价格改革 …… 122
价格认证 …… 123
开展猪肉收储投放 …… 123
启动社会救助和保障标准与物价上涨挂钩联动机制 …… 123

国有资产管理 … 123
概况 …… 123
壮大国有资产总量 …… 123
促进国有资产保值增值 …… 123
国有企业阳光采购管理 …… 123

重点项目建设 … 124
概况 …… 124
项目谋划储备 …… 124
破解要素制约 …… 124
项目协调推进 …… 124
项目规范管理 …… 124

市场监督管理 … 124
概况 …… 124
市场主体登记 …… 124
优化市场准入环境 …… 125
食品药品安全监管 …… 125
质量品牌建设 …… 125
知识产权保护 …… 125
12315平台投诉举报办理 …… 125
燃气专项监督检查与电梯智慧报警建设 …… 125
创建放心消费示范街区 …… 125
省级首批商业秘密保护联系点、指导站、基地 …… 125
广丰区新增5家企业获"江西名牌"称号 …… 125

统计管理 … 126
概况 …… 126
统计基层基础规范化建设 …… 126
统计造假不收手不收敛问题专项纠治 …… 126

审计监督 … 126
概况 …… 126
财政审计 …… 126
经济责任审计 …… 126
政府投资项目审计 …… 126

审计整改 …… 127
清欠、减税降费审计 …… 127
启动政府投资项目审计服务框架协议采购 …… 127

财政 税收

综述 …… 128

财政管理 … 128
概况 …… 128
支持实体经济发展 …… 128
促进城乡协调发展 …… 129
民生资金保障 …… 129
财政开源节流 …… 129
防范化解地方政府债务风险 …… 129

税务管理 … 130
概况 …… 130
落实减税降费政策 …… 130
优化办税服务和推广"非接触式"办税 …… 130
政府非税收入划转 …… 130
税收征管"五员"管理改革试点 …… 130

工 业

综述 …… 131

上饶高新技术开发区 … 132
概况 …… 132
园区规划与基础设施建设 …… 132
产业发展 …… 132
标准厂房建设与项目入驻 …… 132
园区招商引资与项目建设 …… 132
实施创新驱动战略 …… 133
保障工业用地 …… 133
信贷支持与人才引进 …… 133
工业园区优化营商环境 …… 133
"环保管家"运行情况 …… 133
工业园区疫情防控和安全生产 …… 134
上饶高新区科技企业孵化器获国家科技部备案为国家级科技企业孵化器 …… 134

工业和信息化 … 134
概况 …… 134
新电子产业 …… 134
新智造产业 …… 134
新材料产业 …… 134

省级两化融合示范企业和省级军民融合企业名单 …
　　　　……………………………………………………… 134
　　江西同欣机械制造股份有限公司获得国家级"专精
　　　　特新"小巨人企业认定 ……………………… 135
江西中烟工业有限责任公司广丰卷烟厂 ………… **135**
　　概况 ………………………………………………… 135
　　卷烟生产 …………………………………………… 135
　　卷烟销售 …………………………………………… 135
　　卷烟质量管控 ……………………………………… 136
　　设备管理 …………………………………………… 136
　　降成本增效益情况 ………………………………… 136
　　科技创新与人才培养 ……………………………… 136
　　信息化建设 ………………………………………… 137
　　物流保障 …………………………………………… 137
　　安全生产 …………………………………………… 137
　　国有企业党的建设 ………………………………… 137
黑滑石产业 …………………………………………… **138**
　　概况 ………………………………………………… 138
　　黑滑石硅镁分离与高值化利用项目研发成效 …… 138
　　江西泰珂黑滑石新材料项目开工 ………………… 138
　　黑滑石产业发展推介会召开 ……………………… 139
　　黑滑石产业园建设情况 …………………………… 139
　　黑滑石矿山建设情况 ……………………………… 139
　　吴村镇助力黑滑石产业发展 ……………………… 139
数字经济 ……………………………………………… **139**
　　概况 ………………………………………………… 139
　　数字经济招商引资 ………………………………… 139
　　打造数字经济发展平台 …………………………… 139
　　推进重点数字产业集群发展 ……………………… 140
　　制造业数字化转型 ………………………………… 140
　　农业数字化转型 …………………………………… 140
　　服务业数字化转型 ………………………………… 140
　　数字场景应用 ……………………………………… 140
　　"政务服务"智能应用 …………………………… 140
　　5G网络建设 ……………………………………… 140
　　区总工会助力"双一号工程" …………………… 140
电　力 ………………………………………………… **140**
　　概况 ………………………………………………… 140
　　电网建设 …………………………………………… 141
　　应急抢修 …………………………………………… 141
　　落实惠企利民政策 ………………………………… 141
　　优化用电服务 ……………………………………… 141
　　开展营销关键业务治理和历史遗留问题整治 …… 141
　　安全生产 …………………………………………… 141
丰溪水电 ……………………………………………… **142**

农林水

农业农村 ……………………………………………… **143**
　　概况 ………………………………………………… 143
　　粮食安全 …………………………………………… 143
　　"菜篮子"工程 …………………………………… 143
　　特色养殖业 ………………………………………… 143
　　农业产业化经营 …………………………………… 143
　　推行乡村建设1∶2筹资奖补机制 ……………… 144
　　农村厕所革命与生活垃圾分类 …………………… 144
　　农民专业合作社质量提升整县推进试点工作 …… 144
　　"五拆五清"百日攻坚行动 ……………………… 144
广丰马家柚产业 ……………………………………… **144**
　　概况 ………………………………………………… 144
　　区供销社助力马家柚产业发展 …………………… 144
　　马家柚精深加工 …………………………………… 145
　　马家柚统购统销 …………………………………… 145
　　马家柚入驻盒马鲜生 ……………………………… 145
　　马家柚科普馆建成启动 …………………………… 145
林　业 ………………………………………………… **145**
　　概况 ………………………………………………… 145
　　森林培育 …………………………………………… 146
　　森林资源保护 ……………………………………… 146
　　松材线虫病防控 …………………………………… 146
　　森林防灭火 ………………………………………… 146
　　湿地保护和修复 …………………………………… 146
　　野生动植物保护 …………………………………… 146
　　林业经济与林业特色产业 ………………………… 146
　　落实林长制 ………………………………………… 147
水　利 ………………………………………………… **147**
　　概况 ………………………………………………… 147
　　防汛抗旱 …………………………………………… 147
　　农村饮水安全 ……………………………………… 147
　　水利项目建设 ……………………………………… 148
　　水库移民 …………………………………………… 148
　　维护农田水利工程 ………………………………… 148
　　落实河长制 ………………………………………… 148
　　农业水价综合改革和水利营商环境建设 ………… 148
　　水行业管理 ………………………………………… 148

巩固拓展脱贫攻坚成果同乡村振兴有效衔接 …… **149**
 概况 …… 149
 防返贫致贫监测 …… 149
 结对帮扶 …… 149
 资金保障 …… 149
 项目建设 …… 150
 产业帮扶与光伏帮扶 …… 150
 教育帮扶 …… 150
 健康帮扶 …… 150
 住房安全保障 …… 150
 饮水安全 …… 150
 脱贫人口小额信贷 …… 150
 就业帮扶 …… 150
 易地搬迁后续扶持 …… 150
 政府兜底保障 …… 150
 志智双扶 …… 151
现代农业示范区 …… **151**
 概况 …… 151
 发展山桐子产业 …… 151
饶丰灌区 …… **151**
 概况 …… 151
 渠系项目建设和农田水利工程养护 …… 151
 农业水价综合改革完成验收考核 …… 152
 助力乡村振兴 …… 152

招商引资　商业贸易

上饶市广丰区商务局 …… **153**
 概况 …… 153
 招大引强 …… 153
 促进消费 …… 153
 对外贸易与跨境电商 …… 153
 电子商务 …… 153
 打造夜经济街区 …… 154
上饶市广丰区供销合作社 …… **154**
 概况 …… 154
 组织体系建设 …… 154
 内部治理体系建设 …… 154
 区供销社助力马家柚产业发展 …… 154
上饶市广丰区烟草专卖局 …… **155**
 概况 …… 155
 打假打私行动 …… 155
 烟草专卖终端建设 …… 155

广丰石油分公司 …… **155**
 概况 …… 155
 网点建设 …… 155
 石油营销 …… 155
 安全生产 …… 155

城乡建设管理

综　述 …… **156**
城乡规划管理 …… **157**
 概况 …… 157
 规划审批项目 …… 157
 完善城市乡村规划 …… 157
 编制《上饶市广丰区国土空间总体规划（2020—2035年）》 …… 157
国土资源管理 …… **157**
 概况 …… 157
 盘活土地资源 …… 157
 土地调查登记监测 …… 157
 矿产资源管理与绿色矿山建设 …… 158
 国土空间生态修复治理 …… 158
 土地卫片监测 …… 158
 扫黑除恶自然资源领域专项整治 …… 158
城乡建设 …… **158**
 概况 …… 158
 美丽集镇建设 …… 158
 保障性住房 …… 159
 棚户区、老旧小区改造 …… 159
建筑业管理 …… **159**
 概况 …… 159
 建筑企业和从业人员 …… 159
 技术装备与施工能力 …… 159
房地产管理 …… **159**
 概况 …… 159
 房地产开发与经营 …… 160
城市管理 …… **160**
 概况 …… 160
 环境卫生保洁与垃圾分类 …… 160
 园林绿化管护 …… 160
 路灯亮化 …… 160
 公园管理 …… 160
 居民建房管理 …… 160
 燃气安全 …… 161

污水处理厂扩容 …………………………… 161	
西溪河与卧龙渠水环境治理项目 ………… 161	
新建"城市驿站" ……………………………… 161	

住房公积金管理 …………………………… 161
 概况 …………………………………………… 161
 推广线上服务 ………………………………… 161
 风险防控 ……………………………………… 161

交通　邮政　通信

交通运输 …………………………………… 162
 概况 …………………………………………… 162
 公路重点项目建设 …………………………… 162
 道路运输管理 ………………………………… 163
 交通政务服务 ………………………………… 163
 超限超载治理 ………………………………… 163
 公路水毁防治 ………………………………… 163
 农村公路"建管养" …………………………… 163
 配合疫情防控 ………………………………… 163

公路事业 …………………………………… 163
 概况 …………………………………………… 163
 公路养护 ……………………………………… 163
 公路工程建设 ………………………………… 164
 公路安全防护 ………………………………… 164
 完善路产档案 ………………………………… 164
 路域环境整治 ………………………………… 164

汽车运输 …………………………………… 164
 概况 …………………………………………… 164
 "阳光班组"品牌创建 ………………………… 164

邮政管理 …………………………………… 164
 概况 …………………………………………… 164
 金融业务 ……………………………………… 164
 寄递业务 ……………………………………… 164
 文传业务 ……………………………………… 164
 惠农合作项目 ………………………………… 165
 协同项目开发 ………………………………… 165
 绿色邮政生态环保"9917"工程 …………… 165

移动通信 …………………………………… 165
 概况 …………………………………………… 165
 落实网络强国建设 …………………………… 165

联合网络通信 ……………………………… 165
 概况 …………………………………………… 165
 推动数字经济建设 …………………………… 165

生态环境

综述 ………………………………………… 166

污染防治攻坚战 …………………………… 167
 概况 …………………………………………… 167
 蓝天提升攻坚战 ……………………………… 167
 碧水提升攻坚战 ……………………………… 167
 净土提升攻坚战 ……………………………… 168
 开展八大标志性战役30个专项行动 ……… 168

环保督察整改 ……………………………… 169
 概况 …………………………………………… 169
 环保督察整改情况 …………………………… 169

环境监测 …………………………………… 169
 水生态环境监测 ……………………………… 169
 污染源执法监测 ……………………………… 169
 农村环境监测 ………………………………… 169
 在线监控管理 ………………………………… 169
 环境质量自动监测 …………………………… 169

环境监管 …………………………………… 170
 概况 …………………………………………… 170
 排查风险隐患 ………………………………… 170
 执法突出问题整治 …………………………… 170

生态环境治理 ……………………………… 170
 创建生态乡镇 ………………………………… 170
 开展绿盾行动 ………………………………… 170
 维护区域环境安全 …………………………… 170
 配合疫情防控 ………………………………… 170

文化旅游　新闻出版

综述 ………………………………………… 171

文艺创作与演出 …………………………… 172
 概况 …………………………………………… 172
 文艺获奖作品 ………………………………… 172

社会文化 …………………………………… 172
 概况 …………………………………………… 172
 基层公共文化建设 …………………………… 172
 中心城区城市书房、书吧建设 …………… 172

文化市场监管 ……………………………… 173
 概况 …………………………………………… 173
 开展普法宣传 ………………………………… 173
 文化市场经营场所集中整治行动 …………… 173

非物质文化遗产保护 ……………………… 173

概况 173
　　非遗展示传承场所建设 173
　　非遗展示活动 173
　　老广丰文化展陈馆建成开放 173
文化产业 174
　　概况 174
　　文化产业招商 174
　　文化产业技术改造 174
　　文化惠民工程 174
文化人才队伍建设 174
　　概况 174
　　建立健全人才奖励机制 174
　　广丰·杭州临平文化走亲书画作品线上联展 174
文物、博物 174
　　概况 174
　　文物保护 175
　　第46个国际博物馆日活动 175
图书馆藏 175
　　概况 175
　　图书借阅 175
　　举办展览讲座活动 175
新闻出版、版权管理 175
　　概况 175
　　开展校园周边文化市场检查 175
　　打击制售非法出版物行为 175
　　版权保护执法 176
　　召开印刷企业、书店业主大会 176
电影 176
　　概况 176
　　公益电影放映 176
旅游发展 176
　　概况 176
　　旅游项目建设 176
　　旅游景区基础设施建设 176
　　旅游宣传 176
　　文旅行业管理 177
　　开展文旅活动 177
　　"夜YOU广丰"夜经济文旅商贸促消费系列活动 177
　　广丰红木文化创意产业园被评为江西省工业旅游示范基地 178
融媒体 178

　　概况 178
　　舆论引导 178
　　对外宣传 178
　　公益广告宣传 178
　　融媒矩阵建设 178
图书发行 179
　　概况 179
　　重点政治读物发行 179
　　城市书房建设 179

教育体育　科学技术

综　述 180
基础教育 181
　　概况 181
　　公办幼儿园劳动合同制教师和保育员公开招聘 181
　　校车安全管理 181
　　城东幼儿园建成开园 181
义务教育 181
　　义务教育"就学一件事" 181
　　中小学寒假托管 181
　　两校入选全省首批"信息科技"素养培育项目学校 181
　　《广丰区中小学德育工作实施方案》 181
高中教育 182
　　概况 182
　　改善高中办学条件 182
　　首次举办高考志愿填报线上公益讲座 182
职业教育 182
　　概况 182
　　江西凤凰高级技工学校一期建成 182
特殊教育 182
　　概况 182
　　开设特色课程 182
　　开展送教上门 183
民办管理 183
　　概况 183
　　民办学校分类登记 183
　　民办学校资金监管 183
教育研究 183
　　概况 183
　　选调教研员 183

开展名师送教 ……………………………… 183
　　开展"亮翅杯"中小学教科研水平展示活动 … 183
　　举办教育系统"回归初心,做舒展生命的教育"主
　　　题培训 …………………………………… 183
　　举办教育系统"爱国主义、爱岗敬业、关爱学生"
　　　三爱主题及教师能力提升教育主题培训 ……… 183
教育督导 **184**
　　概况 ………………………………………… 184
　　幼儿园挂牌督导全覆盖 …………………… 184
　　开展中小学校"五项管理"专项督导 …… 184
竞技体育 **184**
　　概况 ………………………………………… 184
　　"三三模式"推进中小学生游泳教育 …… 184
群众体育 **184**
　　概况 ………………………………………… 184
　　全民健身场地设施建设 …………………… 185
　　发展传统武术 ……………………………… 185
　　印发《上饶市广丰区"十四五"体育发展规划》
　　　……………………………………………… 185
　　发布《上饶市广丰区全民健身实施计划(2021—
　　　2025年)》 ………………………………… 185
科学技术 **185**
　　概况 ………………………………………… 185
　　完善创新体制机制 ………………………… 185
　　科技创新服务 ……………………………… 185
　　企业研发投入和人才培育 ………………… 186
　　推广"科贷通"业务 ……………………… 186
　　推进科技合作 ……………………………… 186
　　科技创新平台建设 ………………………… 186
江西省广丰中学 **186**
　　概况 ………………………………………… 186
　　推进广丰中学整体改造提升项目 ………… 186
　　创新学生培养模式 ………………………… 186
　　教学科研成果 ……………………………… 186
　　打造"希望教育"校园文化品牌 ………… 187
　　校友回馈母校 ……………………………… 187
上饶市广丰区教师进修学校 **187**
　　概况 ………………………………………… 187
　　发展中等职业教育 ………………………… 187
　　举办"互联网+教师专业发展"全员培训…… 187
　　开放学院办学情况 ………………………… 187
上饶市广丰技工学校 **187**

　　概况 ………………………………………… 187
　　宣传职业教育 ……………………………… 187
江西省广丰贞白中学 **188**
　　概况 ………………………………………… 188
　　办学管理 …………………………………… 188
　　养成教育 …………………………………… 188
上饶卫生学校 **188**
　　概况 ………………………………………… 188
　　招生就业 …………………………………… 188
　　校企合作 …………………………………… 188
　　实验实训设备 ……………………………… 188

卫生健康

综　述 **189**
医政管理 **190**
　　概况 ………………………………………… 190
　　常态化疫情防控 …………………………… 190
　　新冠感染医疗救治 ………………………… 191
　　药事管理 …………………………………… 191
　　推进"平安医院"建设 …………………… 191
农村医疗卫生 **191**
　　概况 ………………………………………… 191
　　健康乡村建设 ……………………………… 191
　　基层医疗卫生机构服务能力建设 ………… 191
　　基本公共卫生和家庭医生签约服务 ……… 191
　　乡村医生队伍建设 ………………………… 192
卫生监督 **192**
　　概况 ………………………………………… 192
　　职业、放射卫生监督 ……………………… 192
　　学校卫生监督 ……………………………… 192
　　饮用水卫生监督 …………………………… 192
　　公共场所卫生监督 ………………………… 192
　　医疗废物、传染病防控监督 ……………… 192
　　医疗卫生监督 ……………………………… 192
疾病预防控制 **192**
　　疫情报告管理 ……………………………… 192
　　传染病防治 ………………………………… 193
　　卫生应急培训和演练 ……………………… 193
妇幼保健与社区卫生 **193**
　　妇幼重大公共卫生服务 …………………… 193
　　妇幼保健单位常态化疫情防控 …………… 193
　　妇幼保健服务能力建设 …………………… 194

"两集中管理"情况 …… 194
《出生医学证明》管理与托育机构管理 …… 194

采供血 194

皮肤病性病防治 194
概况 …… 194
艾滋病防治宣传 …… 194
艾滋病干预和检测 …… 194
麻风病防治 …… 195

血吸虫病及地方病防治 195
查灭螺与查治病 …… 195
血吸虫病防治宣传 …… 195
血吸虫病传播风险评估 …… 195

爱国卫生运动 196
健康教育 …… 196
病媒生物防制 …… 196
7个乡镇获评"省级卫生乡镇" …… 196

人口工作 196
概况 …… 196
落实计划生育利导政策 …… 196
婴幼儿照护服务 …… 197

老龄工作 197
老年人家庭医生签约履约服务 …… 197
老年友善医疗机构创建与老年医学科建设 …… 197
实施医养结合与失能老年人评估指导项目 …… 197
老年健康宣传周活动与打击整治养老诈骗专项行动 …… 197
开展"敬老月"活动 …… 197

医疗保障 197
概况 …… 197
实施"全民参保计划" …… 198
完善多层次医疗保障体系 …… 198
医保支付方式改革 …… 198
落实长期护理保险制度 …… 198
医保基金监管 …… 198
优化医保公共管理服务 …… 198
"智慧医保"建设 …… 198

上饶市广丰区人民医院 199
概况 …… 199
"两大中心"通过认证 …… 199
亚专科建设 …… 199
巩固医联体 …… 199

上饶市广丰区中医院 200
概况 …… 200
开展中医适宜技术 …… 200
培养中医药人才 …… 200
开展义诊活动 …… 200
疫情期间线上诊疗及健康咨询服务 …… 200
集中培训考核全区核酸采样人员 …… 201
江西中医药大学附属医院医联体医院暨江西热敏灸医院广丰分院成立 …… 201

上饶卫校附属医院（广丰区妇幼保健院） 201
概况 …… 201
校院融合 …… 201
妇幼保健服务 …… 201
多学科建设 …… 201
配合疫情防控 …… 201

社会生活

人力资源和社会保障 202
概况 …… 202
就业与创业 …… 202
人才工作与人事管理 …… 202
社会保险 …… 202
促进校企合作 …… 202
推进欠薪根治 …… 203
化解劳资纠纷 …… 203
打击欺诈骗保专项治理行动 …… 203

精神文明建设 203
概况 …… 203
新时代文明实践阵地建设区乡村全覆盖 …… 203
精神文明创建 …… 203
举行"感动上饶"2022年上半年度"上饶好人"集中发布仪式 …… 203
5户家庭入选2022年江西省"最美家庭" …… 203
李信生被评为"江西好人" …… 204

婚姻登记 204
概况 …… 204
婚嫁移风易俗 …… 204
婚姻档案数字化 …… 204
婚姻登记"全市通办"试点 …… 204

居民收入与消费 204

社会福利 205
概况 …… 205
老年人福利制度建设 …… 205

儿童福利政策落实 ………………………… 205
福利彩票 ………………………………… 205
社会救助 …………………………………… **205**
概况 ……………………………………… 205
社会救助兜底保障 ………………………… 205
城镇困难群众解困脱困 …………………… 205
"低保救助一件事"联办 ………………… 206
"一老一幼"阳光慈善基金 ……………… 206
未成年人保护 ……………………………… **206**
概况 ……………………………………… 206
儿童关爱服务 …………………………… 206
未成年人保护信息数据精准化 …………… 206
"护童成长"项目 ………………………… 207
"未成年人保护宣传月"活动 …………… 207
基层群众自治 ……………………………… **207**
概况 ……………………………………… 207
基层群众性自治组织规范化建设 ………… 207
城乡社区服务体系建设 …………………… 207
城乡社区示范创建评选 …………………… 207
社会组织管理 ……………………………… **207**
概况 ……………………………………… 207
社会组织参与稳岗就业 …………………… 208
社会组织助力乡村振兴 …………………… 208
行业协会商会收费清理整治 ……………… 208
社会团体分支（代表）机构专项整治行动 …… 208
殡葬管理 …………………………………… **208**
概况 ……………………………………… 208
推进"身后一件事"联办 ………………… 208
殡葬突出问题治理 ………………………… 208
清明节文明祭祀 …………………………… 208
区划、地名和边界管理 …………………… **209**
概况 ……………………………………… 209
地名普查成果应用 ………………………… 209
界线管理 ………………………………… 209
获得《上饶地名大会》优秀组织奖 ……… 209

退役军人事务

抚恤优待 …………………………………… **210**
概况 ……………………………………… 210
发放义务兵家庭优待金 …………………… 210
优待证申领制发 …………………………… 210
烈士褒扬 …………………………………… **210**

烈士纪念设施保护 ………………………… 210
缅怀革命先烈 ……………………………… 210
开展"替烈士看爹娘、为烈属办实事"活动 …… 210
组建"红色文化宣讲小分队" …………… 211
双拥活动 …………………………………… **211**
概况 ……………………………………… 211
开展敲锣打鼓送喜报活动 ………………… 211
驻区部队助力地方经济社会发展 ………… 211
开展军民共建活动 ………………………… 211
复员退伍军人安置 ………………………… **211**
概况 ……………………………………… 211
退役士兵经济补助与生活补助 …………… 211

应急管理

安全生产 …………………………………… **212**
概况 ……………………………………… 212
安全责任体系建设 ………………………… 212
落实安全防范警示日制度 ………………… 212
隐患排查整治 ……………………………… 212
专项整治三年行动"巩固提升"攻坚战 …… 212
"打非治违"专项行动 …………………… 212
市场监管领域安全监管 …………………… **212**
防灾减灾救灾 ……………………………… **213**
概况 ……………………………………… 213
"5.12"防灾减灾宣传 …………………… 213
防汛 ………………………………………… **213**
概况 ……………………………………… 213
防汛隐患排查 ……………………………… 213
应急处置6.20洪涝灾害 …………………… 213
抗旱 ………………………………………… **214**
概况 ……………………………………… 214
蓄水调度与水毁水利设施维修 …………… 214
人工降雨作业 ……………………………… 214
指导抗旱 ………………………………… 214
森林防灭火 ………………………………… **214**
概况 ……………………………………… 214
森林火警 ………………………………… 214
"鸣锣+广播"宣传 ……………………… 214
救援协调 …………………………………… **215**
修订完善应急预案和开展应急演练 ……… 215
安全防范投入建设 ………………………… 215
开展"大练兵大比武"活动 ……………… 215

"智慧应急"项目建设 … 215

地质灾害防治 … 215
概况 … 215
地质灾害隐患排查 … 215
群测群防体系建设 … 216
地灾防治项目建设与申报 … 216

消防救援 … 216
概况 … 216
火灾防控基础设施建设 … 216
应急救援能力建设 … 216
火灾隐患专项整治 … 216
3·15广丰区洋口镇工业二路纺纱厂火灾扑救 … 216
6·20广丰区湖丰镇抗洪抢险救援 … 216

国有企业

月兔集团 … 218
概况 … 218
落实国企改革创新三年行动 … 218
重点民生项目建设 … 218
新能源汽车充电站点建设 … 218
疫情防控集中隔离点管理情况 … 218

广发集团 … 219
概况 … 219
做大平台资产 … 219
完善风险防范机制 … 219
重点项目建设 … 219
融资工作2022年度综合考核第一名 … 219
北湖公园建成 … 219

广投集团 … 219
概况 … 219
国有资产经营管理和风险管理 … 219
工业地产建设 … 220
水务产业发展 … 220
重点项目建设 … 220

市政集团 … 220
概况 … 220
重点项目建设 … 220
整合城市停车资源 … 220
月兔广场周边城市更新工程 … 221
首座人行天桥"月兔天街"建成 … 221
"广丰里"商圈建设 … 221

疫情防控隔离点建设 … 221

农垦集团 … 221
概况 … 221
做大平台资产 … 221
重点项目建设 … 221
城区燃气建设 … 221
马家柚精深加工 … 222
马家柚统购统销 … 222
马家柚入驻盒马鲜生 … 222
广丰区西坛标准果园项目建设 … 222
广丰马家柚深加工产业园项目建设 … 222

交建集团 … 222
概况 … 222
重点道路建设及道路周边提升项目建设 … 222
防疫、"创文"和抢修项目建设 … 223

广旅集团 … 223
概况 … 223
国有资产经营管理 … 223
重点项目建设 … 223
推进文化旅游发展 … 223
探索"两山"经营管理 … 223

银行 保险

综述 … 225

中国人民银行广丰支行 … 225
概况 … 225
信贷支持实体经济 … 225
助力乡村振兴 … 226
防范化解金融风险 … 226
信用环境建设 … 226
基础金融服务 … 226
普惠金融发展 … 226

银行保险监督管理 … 226
概况 … 226
开展支持受疫情影响的小微企业金融服务 … 226
法人机构风险化解与保险业机构规范 … 226
助力巩固脱贫攻坚与乡村振兴有效衔接 … 226

中国工商银行广丰支行 … 227

中国农业银行广丰支行 … 227
概况 … 227
支持地方经济发展 … 227

中国建设银行广丰支行 … 227

概况 ... 227
　　拓展经营业务 ... 227
　　开展"百行服务千企万户"活动 ... 228
中国银行广丰支行 ... 228
　　概况 ... 228
　　处置不良贷款 ... 228
　　发展普惠金融 ... 228
上饶银行广丰支行 ... 228
　　概况 ... 228
　　优化金融产品 ... 228
　　拓展普惠金融 ... 228
广丰广信村镇银行 ... 229
　　概况 ... 229
　　服务实体经济 ... 229
　　助力乡村振兴 ... 229
　　优化金融服务 ... 229
广丰农商银行 ... 229
　　概况 ... 229
　　信贷投放 ... 230
　　发展普惠金融 ... 230
　　举办"金融夜校" ... 230
招商银行上饶广丰支行 ... 230
江西银行上饶广丰支行 ... 230
　　概况 ... 230
　　营运服务与安全防范 ... 230
中国邮政储蓄银行广丰区支行 ... 231
　　概况 ... 231
　　服务地方经济发展 ... 231
　　促进个人金融业务转型 ... 231
赣州银行广丰支行 ... 231
　　概况 ... 231
　　服务小微企业 ... 231
九江银行广丰支行 ... 231
中国人民财产保险股份有限公司上饶市广丰支公司 ... 232
　　概况 ... 232
　　履行保险承诺组织经济补偿 ... 232
　　推进政策性"三农"保险 ... 232
　　推进各类责任保险 ... 232
中国人寿保险股份有限公司上饶市广丰区支公司 ... 232
　　概况 ... 232

　　理赔服务 ... 232
　　依法合规经营 ... 232

乡镇（街道）

永丰街道 ... 234
　　概况 ... 234
　　招商引资和项目建设 ... 234
　　巩固拓展脱贫攻坚成果同乡村振兴有效衔接 ... 234
　　民生社会事业 ... 234
　　"巩卫创文"情况 ... 234
　　基层社会治理 ... 235
　　基层党建 ... 235
丰溪街道 ... 235
　　概况 ... 235
　　招商引资 ... 235
　　丰溪码头文化旅游项目征地拆迁 ... 235
　　巩固拓展脱贫攻坚成果同乡村振兴有效衔接 ... 236
　　"巩卫创文"情况 ... 236
　　基层社会治理 ... 236
　　基层党建 ... 236
　　开展"乡镇街道吹哨，部门单位报到，领导统筹协调"工作 ... 236
芦林街道 ... 237
　　概况 ... 237
　　招商引资和项目建设 ... 237
　　"巩卫创文"情况 ... 237
　　"党建+网格+微小事" ... 237
　　村级集体经济发展 ... 237
下溪街道 ... 238
　　概况 ... 238
　　招商引资和项目建设 ... 238
　　巩固拓展脱贫攻坚成果同乡村振兴有效衔接 ... 238
　　"巩卫创文"情况 ... 238
　　民生社会事业 ... 239
　　基层社会治理 ... 239
　　常态化疫情防控 ... 239
　　基层党建 ... 239
大石街道 ... 239
　　概况 ... 239
　　招商引资 ... 239
　　巩固拓展脱贫攻坚成果同乡村振兴有效衔接 ... 239
　　"巩卫创文"情况 ... 239

"党建+网格+微小事" …… 240
党风廉政建设 …… 240
举办"面朝大石 春暖花开"文化采风活动 …… 240

洋口镇 **240**
概况 …… 240
招商引资和项目建设 …… 240
巩固拓展脱贫攻坚成果同乡村振兴有效衔接 … 241
民生社会事业 …… 241
基层社会治理 …… 241
基层党建 …… 241

五都镇 **242**
概况 …… 242
招商引资和项目建设 …… 242
巩固拓展脱贫攻坚成果同乡村振兴有效衔接 … 242
美丽集镇建设 …… 242
农业产业发展 …… 242
民生社会事业 …… 242
基层社会治理 …… 242

霞峰镇 **243**
概况 …… 243
招商引资和项目建设 …… 243
巩固拓展脱贫攻坚成果同乡村振兴有效衔接 … 243
粮食安全 …… 243
秀美乡村建设和人居环境整治 …… 243
优化营商环境 …… 243
民生社会事业 …… 243
基层社会治理 …… 243
实施网格化管理 …… 244
基层党建 …… 244

枧底镇 **244**
概况 …… 244
招商引资 …… 244
巩固拓展脱贫攻坚成果同乡村振兴有效衔接 … 244
秀美乡村建设和人居环境整治 …… 244
民生社会事业 …… 245
基层社会治理 …… 245

湖丰镇 **245**
概况 …… 245
招商引资 …… 245
巩固拓展脱贫攻坚成果同乡村振兴有效衔接 … 245
秀美乡村建设和人居环境整治 …… 245
民生社会事业 …… 245

壶峤镇 **246**
概况 …… 246
招商引资和项目建设 …… 246
美丽集镇建设和人居环境整治 …… 246
民生社会事业 …… 246
疫情防控 …… 246
应急处置特大洪涝灾害 …… 246

大南镇 **247**
概况 …… 247
招商引资和项目建设 …… 247
巩固拓展脱贫攻坚成果同乡村振兴有效衔接 … 247
粮食安全 …… 247
马家柚特色产业发展情况 …… 247
秀美乡村建设和人居环境整治 …… 247
民生社会事业 …… 248
基层社会治理 …… 248
应对汛期连续强降雨 …… 248

排山镇 **248**
概况 …… 248
招商引资和服务企业 …… 249
巩固拓展脱贫攻坚成果同乡村振兴有效衔接 … 249
农业特色产业发展 …… 249
美丽集镇建设和人居环境整治 …… 249
民生社会事业 …… 249
优化营商环境 …… 249

吴村镇 **250**
概况 …… 250
招商引资和项目建设 …… 250
吴村镇助力黑滑石产业发展 …… 250
粮食安全与天桂梨特色产业发展 …… 250
巩固拓展脱贫攻坚成果同乡村振兴有效衔接 … 250
美丽集镇建设和人居环境整治 …… 250
基层社会治理 …… 250
基层党建 …… 251

东阳乡 **251**
概况 …… 251
招商引资和项目建设 …… 251
巩固拓展脱贫攻坚成果同乡村振兴有效衔接 … 251
粮食安全与农业特色产业发展 …… 251
农村人居环境整治 …… 251
民生社会事业 …… 252
基层社会治理 …… 252

控违拆违	252
基层党建	252

泉波镇 … 252
概况	252
招商引资和项目建设	252
农业特色产业发展	252
农村人居环境整治和生态环保	253
民生社会事业	253
基层社会治理	253
基层党建	253
开展"比六格拼十绩"创先争优活动	253

毛村镇 … 254
概况	254
招商引资和项目建设	254
巩固拓展脱贫攻坚成果同乡村振兴有效衔接	254
农村人居环境整治	254
民生社会事业	254
基层社会治理	255
基层党建	255

嵩峰乡 … 255
概况	255
招商引资与项目建设	255
巩固拓展脱贫攻坚成果同乡村振兴有效衔接	255
粮食安全	255
美丽集镇与秀美乡村建设	255
农文旅产业发展	256
社会保障	256
农村人居环境整治	256
基层社会治理	256
村级集体经济	256

桐畈镇 … 256
概况	256
招商引资与项目建设	256
巩固拓展脱贫攻坚成果同乡村振兴有效衔接	256
粮食安全	257
美丽集镇和秀美乡村建设	257
农村人居环境整治	257
社会保障	257
社会治理和疫情防控	257
村级集体经济	257
基层党建	257

沙田镇 … 257
概况	257
招商引资和项目建设	257
脱贫攻坚成果同乡村振兴有效衔接	258
粮食安全和农业特色产业发展	258
秀美乡村建设	258
农村人居环境整治与控违拆违	258
基层党建	258
"党建+农村互助养老服务"被列入省级示范点	258

横山镇 … 258
概况	258
招商引资和项目建设	258
巩固拓展脱贫攻坚成果同乡村振兴有效衔接	259
农业特色产业发展	259
美丽集镇和秀美乡村建设	259
农村人居环境整治	259
民生社会事业	259
村级集体经济发展	259
基层社会治理	259
基层党建	259
"鱼菜共生"项目建设	259

少阳乡 … 259
概况	259
招商引资	260
巩固拓展脱贫攻坚成果同乡村振兴有效衔接	260
高标准农田和应急水毁项目建设	260
美丽集镇和秀美乡村建设	260
农村人居环境整治	260
社会保障	260
基层社会治理	260
村级集体经济	260
基层党建	260

铜钹山镇（铜钹山国家森林公园） … 260
概况	260
招商引资	261
铜钹山旅游产业	261
美丽集镇和秀美乡村建设	261
农村人居环境整治	261
民生社会事业	261
社会治理和疫情防控	261

人物　荣誉

2022年获得市厅级以上荣誉的先进个人 … **262**

王兵被评为全国档案工匠型人才 …………… 264
袁钰凯被评为2022年度全国组织系统新闻宣传优秀个人 …………………………………………… 265
毛珍家庭荣获第十三届"全国五好家庭"称号 … 265
2022年获得市厅级以上荣誉的先进集体 ………… 266
2022年评定中小学教师高级专业技术资格人员（61人） ……………………………………………… 272
2022年评定卫生系列高级专业技术资格人员（36人） ……………………………………………… 274
2022年评定相关专业高级专业技术资格人员（3人） ……………………………………………… 275

附　录

2022年广丰区国民经济和社会发展统计公报 …… 276
《半月谈》专题报道"民间活水活了乡村建设" …………………………………………………… 277
释放"两山"资源红利 拓宽乡村振兴路子
——广丰区"两山"模式助力乡村振兴特色做法 ………………………………………………… 278
关于全区2022年度综合考核先进集体的通报 …… 279

特 载

加快打造全市领先、全省一流的现代化强区 奋力谱写全面建设社会主义现代化广丰新篇章

——在区委十四届三次全体会议暨区委经济工作会议上的讲话

（2023年1月03日）

区委书记 胡心田

同志们：

这次区委十四届三次全体会议暨区委经济工作会议，主要任务是以习近平新时代中国特色社会主义思想为指导，全面学习、全面把握、全面落实党的二十大精神，深入贯彻中央、省市决策部署，乘势而上、勇毅前行，加快打造全市领先、全省一流的现代化强区，奋力谱写全面建设社会主义现代化广丰新篇章。

下面，我代表区委常委会作工作报告，并就学习贯彻党的二十大精神，为做好当前和今后一段时期的工作作个部署。

一、关于过去一年区委常委会工作

2022年是党的二十大召开之年，是"十四五"时期的关键之年。面对错综复杂的国内外形势以及多轮疫情冲击和极端天气影响，区委紧扣迎接和学习贯彻党的二十大这条主线，认真贯彻"疫情要防住、经济要稳住、发展要安全"重要要求，大力实施"八个千方百计"工作策略，不断加快广丰高质量跨越式发展步伐，交出了一份厚重提气的高质量"答卷"。

（一）筑牢政治忠诚，对标看齐更加坚定自觉。坚持把习近平总书记发表的重要讲话、作出的重要指示批示，作为"第一议题"学习、"第一遵循"贯彻、"第一政治要件"落实，坚定捍卫"两个确立"，坚决做到"两个维护"。组建"八个千方百计"工作专班，扎实做好省委巡视反馈意见整改，不折不扣推动各项政治任务落地落实。党的二十大召开后，第一时间组织学习研讨、深入宣传宣讲、推动贯彻落实，进一步激发全区上下紧跟总书记、奋进新征程、建功新时代的巨大政治热情。

（二）推进高质量发展，经济运行保持向好态势。坚持每月召开全区高质量发展推进会，强化经济运行分析与调度，抢抓一季度、强攻二季度、拼搏三季度、决战四季度，全力拼经济、抓发展、稳增长。前三季度，我区GDP、社会消费品零售总额、规上工业增加值增幅分别位列全省第一、第五、第六。预计全年完成GDP 620亿元，增长7%。

（三）挺起工业脊梁，现代产业体系加速构建。聚焦新电子、新材料、新智造三大主导产业，新开工工业项目66个，新投产77个，广丰时代科技百亿项目即将竣工投产，全年完成工业税收47.27亿元，增长22.6%。预计全年规上工业营业收入820亿元。建成标准厂房227万平方米，入驻企业85家。新增规上工业企业20家，新增数全市第一。狠抓数字经济"一号发展工程"，新引进数字经济项目133个。加快提振文旅消费，成功承办首届江西文化产业博览交易会，月兔广场商圈完成升级，"广丰里"夜经济项目竣工开业。聚焦马家柚主导产业，建成马家柚产业展示中心、马家柚初深加工标准化厂房、马家柚科研中心、农产品交易中心、西坛马家柚标准果园，广丰马家柚综合产值突破20亿元。通过两年多的工作实践，广丰"工业独大"的局面得到有效转变，三次产业初步实现高质量协同发展，经济发展呈现"总量之美"与"结构之美"齐步的喜人态势。

（四）强化改革创新，开放发展活力持续迸发。纵深推进"一号改革工程"，成立区政务服务和大数据管理局，建立区领导坐班督导、定期调度机制，实行政务服务"好差评"机制，营商环境持续优化，全年新

增市场主体9481户。积极探索实施工业用地集约化改革，改革经验得到省委改革办、省工信厅、省自然资源厅充分认可。千方百计招商引资、招大引强，新引进工业项目103个，其中，"5020"项目11个，再创新高。泰珂新材料、广丰时代填补了广丰百亿项目的空白。广丰区上榜2022年全国投资潜力百强区第18位。

（五）统筹城乡发展，美丽广丰形象更加彰显。在城区，统筹推进老城区有机更新和城北新区整体开发建设。完成7个老旧小区改造、7条道路"白改黑"，新建19个口袋公园、7个城市驿站、10个停车场，城市功能品质进一步提升。城北新区二期拆迁完成，城北城市综合体、五星级国际大酒店、拆迁安置房小区等项目加速推进，亦仁路、学育路等路网建设加速成型，现代化新城区初具雏形。同创一项荣誉，投入资金3.2亿元，实施15大类301个创文项目，深入开展"七大专项整治"，全力创建全国文明城市。在乡村，持续推进乡村建设1∶2筹资，累计撬动资金7.65亿元，高标准实施了1164个乡村点建设。扎实推进18个美丽集镇建设，基本完成三年攻坚"扫一遍"目标。

（六）加快系统治理，生态环境质量稳步提升。聚焦生态治理突出问题，系统推进城区、园区、乡村、矿山、河流5大领域31个突出问题治理，城内29个老旧小区实现雨污分流，38个自建房小区实现纳污接管。乡镇污水处理厂、垃圾中转站基本实现全覆盖。投入3.9亿元对西溪河、卧龙渠实施了综合生态治理。全区空气质量持续改善，水环境质量稳中有升。

（七）加大民生投入，人民生活品质不断改善。集中财力办好年度20件民生实事。上饶卫校二期开工建设，广丰中学改造提升、贞白中学改扩建、城东幼儿园基本完成，完成6所农村寄宿制学校改造。区人民医院内外科大楼、区中医院中医药大楼、区妇幼保健院建成投用，完成13所乡镇卫生院改造提升。设立"一老一幼"阳光慈善基金，已筹集社会资金1056万元。建立领导干部包保困难群众制度，用心兜牢民生底线。扎实做好疫情防控、安全生产、信访维稳等工作，营造了安全稳定的社会环境。

（八）加强管党治党，政治生态更加风清气正。严格落实意识形态工作责任制，坚决守牢意识形态安全防线。坚持大抓基层鲜明导向，大力实施基层党建"十件实事"，重点抓好"党建+网格+微小事"，完成微小事1034件。树牢实干实绩选人用人导向，大力倡导"干在实处、走在前列"的工作作风，党员干部干事创业的热情更加高涨。开展落实中央八项规定精神十周年"回头看"活动，严肃查处群众身边腐败和作风问题。扎实做好查办案件"后半篇文章"，放大一体推进"三不腐"综合功效。加强党对人大、政协工作的领导，支持和保障"一府一委两院"依法履职，完善大统战工作格局，发挥群团组织作用，落实党管武装制度，广泛凝聚各方面智慧和力量。

奋斗充满艰辛，成就令人鼓舞。回顾一年来的工作，我们更加深切感受到，这些成绩的取得，得益于以习近平同志为核心的党中央领航掌舵，得益于习近平新时代中国特色社会主义思想的科学指引，得益于省委、省政府，市委、市政府的坚强领导，得益于区四套班子和各乡镇（街道）各部门单位的不懈努力，得益于全区广大党员干部群众的团结奋斗。我代表区委常委会，向同志们表示衷心的感谢并致以崇高的敬意！

当然，我们还要清醒地看到，发展不足、发展不充分，仍是广丰最大的区情；产业结构不优、创新能力不强、民生欠账较多等问题仍然突出；少数干部担当实干的劲头和能力不足，仍然是我们发展的绊脚石；反腐败斗争形势依然严峻复杂，全面从严治党任重道远；等等。对此，我们要保持清醒头脑，认真加以解决，努力把各项工作做得更好。

二、关于当前广丰发展的时代方位

把握大势才能看清走势，立足大局才能统揽全局。面对世界之变、时代之变、历史之变，我们要做到底数清、定位准、方向明、路子对，才能交上不俗的时代答卷。

第一，放眼全局，面对宏观环境的危与机，我们必须坚定信心、乘势而上。当前，我国经济恢复的基础尚不牢固，需求收缩、供给冲击、预期转弱三重压力仍然较大，外部环境动荡不安，给我国经济带来的影响加深。但也要看到，我国经济韧性强、潜力大、活力足，各项政策效果持续显现，2023年经济运行有望总体回升。近年来，我区主要经济指标增幅持续位居全市前列，经济总量由2019年的全省第12位上升至第10位，实现了疫情下经济逆势上扬。特别是一大批重大产业项目的投资落地、传统产业的技改升级，为全区高质量跨越式发展积蓄了强大势能。面对良好的发展大势，我们要更加坚定做好经济工作的信心，把握机遇、乘势而上，坚决推动广丰高质量跨越式发展。

第二，环顾周边，面对区域竞争的进与退，我们必须干在实处、走在前列。当前，新一轮城市竞争、县域竞争日益加剧。从全省来看，省委大力创新综合考核评价机制，推动全省上下形成比学赶超、争创一流的生动局面。资源的抢夺、政策的争取、招商的竞争、人才的比拼空前激烈。从全市来看，市委通过召开县域发展"双月"现场会，变一年一比拼为"双月"一较量，全市各地只争朝夕、大干快上的氛围十分浓厚。作为全市县域经济发展排头兵，我们要牢固树立"没有走在前列也是一种风险"的忧患意识，切实增强紧迫感和责任感，把赶超作为追求，让领跑成为常态，不断提升广丰在全省、全市发展大局中的位势。

第三，审视自身，面对高质量发展的破与立，我们必须砥砺奋进、开创新局。当前，广丰区正同全省一道，处于工业化的中后期和城镇化的快速推进期，面临着做大总量与提升质量的"双重压力"、扩大规模与结构升级的"双重使命"、要素拉动与创新驱动的"双重要求"、加快发展与维护安全的"双重挑战"，发展不平衡不充分的问题仍然突出。市委陈云书记要求广丰在抓好"四个排头兵"的基础上，要在工业发展的大企业顶天立地上求突破、在黑滑石产业精深加工上求突破、在推动铜钹山景区发展上求突破、在马家柚品牌推广上求突破等"四个求突破"，这既是市委对广丰高质量发展的殷殷嘱托，更是我们广丰必须直面的现实挑战。面对高质量发展的破与立，我们必须拿出攻坚克难、破难而出的勇气，全力战胜各种困难挑战，在砥砺奋进中拓展发展新空间、塑造发展新优势、开辟发展新境界。

党的二十大明确了以中国式现代化全面推进中华民族伟大复兴的使命任务，科学回答了建设什么样的社会主义现代化强国、怎么建设社会主义现代化强国的重大时代课题，为我们奋斗新时代、奋进新征程提供了根本遵循。省委十五届三次全会提出了加快打造"五个现代化"的战略部署，描绘了全面建设社会主义现代化江西的生动画卷。市委五届三次全会对"建设制造强市 打造区域中心 奋力开创现代化大美上饶新篇章"作了部署要求。我们要全面学习、全面把握、全面落实，锚定打造全市领先、全省一流的现代化强区目标，扎实推进中国式现代化的广丰实践。具体来讲，要努力打造"八个一流"：

一是打造产业发展一流的现代化强区。深入实施工业强区战略，做强新电子、新材料、新智造三大主导产业，加速迈向智造强区。三次产业协调发展，区域性消费城市完美展现，马家柚特色农业品牌深入人心，具有广丰特色的现代经济体系基本形成，经济总量在全省实现进位前移。

二是打造城乡建设一流的现代化强区。统筹布局生产、生活、生态空间，老城有机更新和城北新区建设"同向发力"，城市功能品质大幅跃升。乡村振兴全面实施，宜居宜业和美乡村建设全面完成，城乡公路实现快速互联互通，高标准打造全省城乡融合发展示范区和乡村振兴示范区。

三是打造生态环境一流的现代化强区。生态文明建设纵深推进，生态环境质量巩固提升，资源能源利用效率不断提高，生态产品价值实现机制建设走在全市前列，努力走出一条经济社会发展绿色转型之路。

四是打造营商环境一流的现代化强区。对标长三角地区营商环境标准，扎实推进全省营商环境创新试点，着力打造"审批最快、事项最少、服务最优、时限最短"的营商环境和政务服务体系，全力争当全省政务服务满意度一等县（市、区）。

五是打造生活品质一流的现代化强区。坚持把高质量发展的"蛋糕"越做越大、越分越好，推动社会保障体系更加完善，公共服务水平更加周全，区域、城乡和收入"三个差距"持续缩小，人民群众的获得感成色更足、幸福感更可持续、安全感更有保障。

六是打造精神文明一流的现代化强区。全面推进文化强区建设，社会主义核心价值观深入人心，大力弘扬"一座城、一条心、一起拼、一定赢"精神，群众文化生活更加丰富多彩，精神文明与物质文明同步提高，成功创建全国文明城市。

七是打造社会治理一流的现代化强区。积极构建经济治理、社会治理、城市治理有机衔接的治理体系，平安广丰、法治广丰建设不断深化，基层治理体系和治理能力现代化水平明显提高，共建共治共享的社会治理格局基本形成。

八是打造管党治党一流的现代化强区。坚持和加强党的全面领导，认真贯彻新时代党的建设总要求和新时代党的组织路线，弘扬伟大建党精神，纵深推进全面从严治党，把各方智慧和力量全面凝聚起来，以高质量党建引领广丰高质量发展。

三、关于今年经济工作

今年是全面贯彻落实党的二十大精神的开局之年，做好今年工作意义重大。今年全区经济工作的总体要求是：以习近平新时代中国特色社会主义思想为指导，全面贯彻落实党的二十大和中央、省市经济工作会议精神，坚持稳中求进工作总基调，完整、准确、全面贯彻新发展理念，主动服务和融入新发展格局，更好统筹疫情防控和经济社会发展，更好统筹发展和安全，把实施扩大内需战略同深化供给侧结构性改革有机结合起来，坚持"三个事关"工作方向，着力提振市场信心，着力扩投资促消费，着力强化创新驱动，着力深化改革开放，着力保障改善民生，着力防范化解风险，全力当好县域经济发展、城市建设、优化营商环境、乡村振兴等"四个排头兵"，加快打造全市领先、全省一流的现代化强区，奋力谱写全面建设社会主义现代化广丰的新篇章。

区委综合考虑宏观环境、中央政策和我区实际情况，确定今年全区经济增长主要预期目标为：地区生产总值（GDP）增长7.5%以上，一般公共预算收入增长7%以上，规上工业增加值增长10.5%以上，固定资产投资增长9%以上，社会消费品零售总额增长7.5%以上，城镇和农村居民人均可支配收入分别增长5.2%以上、6.2%以上，主要污染物排放等指标完成省、市下达目标。

需要强调的是，以上预期目标是保底数，各地各部门要主动自我加压、跳起摸高，尽最大努力求最好发展，确保主要指标增速稳居全市"第一方阵"。重点要抓好以下六项工作：

第一，要坚定不移主攻工业，在构建现代产业体系上实现新突破。

主导产业要做大做强。做大新电子产业，聚焦光学、智能终端产品和数字经济产业等领域，做大做强以捷配、科翔为代表的新型电子元器件，以立景科技为代表的光学元器件和以广丰时代为代表的消费电子产业链条，力争营业收入突破200亿元。做优新材料产业，聚焦铜、铝等领域，全力推进银泰乐技改，着力做大贵金属产业产值；加快推进黑滑石应用材料科研开发，全力推动黑滑石、石灰石产业基地建设和锦荣新材料二期、和烁丰三期项目建设，做大非金属材料产业规模，力争营业收入突破700亿元。做强新智造产业，聚焦装备制造、五金标准件等领域，以同欣机械、寸金实业、维易科等企业为骨干，推动互联网+先进制造的深度融合，大力促进产业技术改造和产品升级，力争营业收入突破150亿元。

传统产业要提档升级。实施工业企业新一轮技术改造行动，扶持重诺铜业、欧凯实业等一批"有意愿、有市场、有技术、有前景"的企业就地"长高长壮"。要加快推进芦林纸业、银泰乐等在建技改项目早日竣工、早出效益。要加快培育新经济，积极推进制造业数字化转型，加快中小企业"上云上平台"，大中型企业深度上云，激发产业新动能。

要素保障要持续发力。坚持以"亩产论英雄"，坚持节约集约用地要求，继续加快标准厂房建设，力争全年再新建100万平方米以上。积极推进低效闲置用地的盘活，通过企业并购、增资扩股、嫁接改造等方式，力争全年盘活600亩以上，处置再利用闲置（低效）厂房15万平方米。持续强化用工保障，加大企业招工帮扶工作，深化校企合作，切实满足企业用工需求。

营商环境要更加优化。深入推进"一号改革工程"，不断完善自然人、法人全生命周期"一件事"集成办理，强化乡镇（街道）便民服务中心规范化建设，实现更多高频事项"就近办、家门口办"。要以全省营商环境创新试点为契机，聚焦市场主体关切，深入开展"领导挂点帮扶""千名干部入千企""开拓市场万里行"活动，尽心竭力帮助企业解难题、办实事。要优化"惠企政策兑现窗口"服务专区，建立惠企政策全链条全流程服务机制，真正实现惠企政策兑现"一窗受理、集成服务"。

第二，要坚定不移扩大内需，在释放投资消费潜力上实现新突破。

要全力扩大有效投资。加大招商引资力度。始终把招商引资工作摆在头版头条位置，按照"提高精准度、算好长远账、把好认定关、提升转化率"要求，瞄准产业链实施精准招商，不断提升招商工作实效。特别是要注重在招大引强上求突破，围绕主导产业、瞄准重点区域、主攻优势企业，把最强的力量派到招商一线，力争引进一批链主型、群主型龙头企业，以此带动产业集聚发展。加大跑项争资力度，积极抢抓国家利好政策的"窗口期"和基础设施建设"机遇期"，对照2023年谋定的309个重点项目，加强跑项争资、跑省进厅，力争有更多项目进入中央、省市"笼子"。加大项目建设力度，继续实行三级调度机制，每月开展重点项目"红旗奖""蜗牛奖"评定工作，争分夺秒推动项目早开工、早竣工、早投产、早见效。

要全力推动消费升级。坚持把恢复和扩大消费摆在优先位置，全力推动消费回补和市场回暖，让市井街巷充满"烟火气"，促进消费旺起来、经济活起来。做旺商贸消费，积极培育创建省级示范商业街、高品质美食街区和高品质夜经济街区，做优做旺月兔商圈、"广丰里"夜经济消费区，加快风情一条街建设，着力打造市井情调、近悦远来的特色街区，推动商贸消费升级。做热节庆消费，坚持"有节过节、无节造节"，继续推出系列优惠政策，办好零售、网购、农产品等各具特色的系列板块消费促进活动，释放消费需求，促进消费增长。做优文旅消费，做好铜钹山景区开发，有序规划建设一批星级酒店、精品民宿、精品农家乐，加大旅游厕位、车位供给，推动"过路游"向"过夜游"转型。要加快推动大唐时光小镇项目建设，规划建设"广丰·童话里"综合性农文旅示范区，拓展旅游新业态，激发消费新动能。

第三，要坚定不移推进科教强区，在强化创新驱动发展上实现新突破。

要强化科技创新。健全科技投入体系，引导企业扩大研发投入，加快前沿技术研发和应用推广，开辟更多新赛道。要强化创新主体培育，加快构建"科技型中小企业—高新技术企业—瞪羚（潜在）企业"梯次培育机制，力争2023年培育科技型中小企业90家，高新技术企业27家，瞪羚（潜在）企业1家。要强化科创平台建设，竭力推进上饶高新区创建国家级高新区，支持振兴马家柚科技研究中心、黑滑石产业研究院申报省级新型研发机构，力争全年新增省级以上科创平台6家。

要建设教育强区。学前教育要"增普惠"，统筹推进城区、乡镇公办幼儿园建设，落实小区配套幼儿园建设，加快构建广覆盖、保基本、有质量的学前教育公共服务体系。基础教育要"重均衡"，继续推进农村寄宿制学校改造，加快广丰中学、五都中学和洋口中学整体改造提升进度，促进义务教育优质均衡发展。职业教育要"促融合"，结合广丰产业发展实际，积极推进校企共建模式，精准培养新时代产业工人队伍。

要强化人才支撑。坚持围绕产业抓人才、抓好人才促产业的理念，扎实开展"线上线下""双招双引"等系列活动，健全完善人才管理、评价、流动、激励机制，用活"人才飞地"引育孵作用，加快建设一支规模宏大、结构合理、素质优良的人才队伍。

第四，要坚定不移统筹城乡建设，在加快城乡融合发展上实现新突破。

要提升城市功能品质。接续推进老城区有机更新，聚焦城市功能短板，新建10个口袋公园、8个城市公厕，推进6个老旧小区改造项目，布局一批城市驿站、邻里中心、城市书吧、新能源汽车充电设施，形成"15分钟便民生活圈"。要统筹抓好城北新区开发建设，全速推进城北综合体、广丰国际大酒店、第四代住宅小区、健身园、创新创业基地等一批重大城建项目建设，加快推动城北路网建设，不断提升城市综合承载能力，加快打造现代化新城。要全面提升城市管理精细化水平，全力抓好创文工作，持续开展市容环境美化、绿化、亮化行动，让城市每一个角落都干干净净，让城市每一处细节都充满温馨。

要全面推进乡村振兴。坚决扛起粮食安全重任，落实最严格的耕地保护制度，持续抓好高标准农田建设，逐步把永久基本农田全面建成高标准农田，确保粮食产量稳定在18万吨以上。要持之以恒抓好产业发展，聚焦打造马家柚全产业链目标，深耕品质提升、品牌营销、精深加工等重点、关键环节，让广丰"柚惑"家喻户晓。统筹推进天桂梨、广丰山羊等特色产业发展，促进产业兴旺、人民增收。要精心打造"饶有丰味"区域公共品牌，积极做好宣传推广，支持特色门店走出去，不断扩大广丰农特产品影响力、美誉度。要因地制宜建设宜居宜业和美乡村，继续用好1：2筹资机制，统筹推进乡村基础设施建设，深入推进农村人居环境整治提升五年行动，健全长效管护机制，进一步改善乡村居住环境。要加快推动大湖公路、柚果飘香乡村振兴示范带建设，同步做好沿线产业布局和乡村点建设，串点成线、美丽成片。

要筑牢绿色发展根基。加快推动绿色低碳发展，协同推进降碳、减污、扩绿、增长，让绿色成为广丰的鲜明底色。认真落实省委、省政府《关于进一步加强生态环境保护深入打好污染防治攻坚战的实施意见》，坚持不懈推进城区、园区、乡村、矿山、河流5大重点领域31项生态环境问题的系统治理，进一步巩固提升生态环境质量。要持续完善乡镇污水处理设施，同步推进行政村污水治理站及配套污水管网建设，进一步提升乡村污水处理能力。要稳妥推进碳达峰碳中和，落实能耗"双控"约束目标，探索广丰"两山"转化路径，促进经济社会发展全面绿色转型。

第五，要坚定不移促进共同富裕，在提高人民生活品质上实现新突破。

要以更大的力度促增收。注重把经济复苏背景下的用人需求，与人民群众的就业需要更好匹配起来，进一步完善高校毕业生、退役军人等重点群体就业支持体系，动态消除"零就业"家庭，稳步提高就业质量和就业收入。要持续巩固拓展脱贫攻坚成果，多措并举促进脱贫人口持续增收，坚决守住不发生规模性返贫底线。

要以更实的举措保健康。继续支持区人民医院创"三甲"，加快推进人民医院扩建工程、中医院综合楼提升改造项目建设，同步推进乡镇卫生院改造提升，不断推动优质医疗资源扩容和均衡布局，更好地为群众提供全方位全生命周期的健康服务。要稳妥有序执行"乙类乙管"政策，保障好群众的就医用药，重点抓好老年人和患基础性疾病群体的防控，全力以赴保健康、防重症，确保平稳转段和社会秩序稳定。

要以更高的标准强保障。加快推进安置区、保障性住房建设，让棚改征迁户和困难群众住有所居。要持续完善社会救助体系，用好"一老一幼"阳光慈善基金，切实保障困难群众基本生活。要全面推进18个乡镇敬老院改造提升，持续推进"党建+康养之家"、社区嵌入式养老院等养老服务设施建设，进一步提升养老服务质量。要按照"最大范围覆盖、最大程度兜底"原则，健全完善领导干部帮扶机制，常态化开展走访慰问，把党委、政府的温暖送到每一位困难群众心坎上。

第六，要坚定不移统筹发展和安全，在提升社会治理水平上实现新突破。

要抓早抓小防范化解重大风险。加强经济和金融领域风险监测预警防控能力建设，严防政府隐性债务、房地产和国有企业债务等领域风险叠加共振，坚决守住不发生系统性、区域性风险的底线。特别是要高度关注国有企业债务风险，全面摸清债务底数，动态监测债务变动，定期开展风险预警，做到红线不碰、底线不破。要全力打击电信诈骗、网络金融诈骗、养老诈骗等金融违法行为，牢牢守住百姓的"钱袋子"。

要从严从紧筑牢公共安全防线。加快推进更高水平的平安广丰建设，常态化推进扫黑除恶斗争，全面做好社会治安管控，坚决维护社会安定。要加强网络舆情监督，坚决做到发现在早、处置在小。要全面落实安全防范警示日制度，常态化开展全覆盖、无死角的风险隐患排查整治，健全"督查—反馈—整改—回头看"闭环整改机制，切实把问题隐患消除在成灾之前、萌芽之时。要大力推行区领导接访、包案化解、属地管理等信访化解机制，切实把矛盾纠纷解决在基层。

要用心用情推进社会治理创新。坚持和发展新时代"枫桥经验"，构建源头防控、排查梳理、纠纷化解、应急处置的社会矛盾综合治理机制。要深入推进市域社会治理现代化试点，健全完善"乡镇（街道）吹哨、部门单位报到、领导统筹协调"工作机制，不断提升网格化管理水平，努力形成人人有责、人人尽责、人人享有的社会治理共同体。

四、不断强化现代化建设的引领保障

习近平总书记强调："力量生于团结，幸福源自奋斗。"奋进新征程，我们要牢牢把握团结奋斗的时代要求，大力弘扬自我革命精神，以更加紧密的团结、更加顽强的奋斗，奋力绘就中国式现代化的广丰画卷。

第一，要永葆紧跟核心的政治忠诚。万山磅礴，必有主峰；船重千钧，掌舵一人。新征程上，全区各级党组织和党员干部要深刻领悟"两个确立"的决定性意义，把捍卫"两个确立"、践行"两个维护"作为最高政治原则，善于从政治高度思考和推进经济社会发展工作，坚决做到习近平总书记有指示号令、党中央有决策部署、省市有工作要求，广丰第一时间学习领会、不折不扣贯彻落实。要大力发扬斗争精神，知难而进、迎难而上，敢抓敢管、敢闯敢试，全力战胜前进路上的各种困难和挑战，不断增强团结奋斗的底气。

第二，要筑牢坚强有力的战斗堡垒。党的全面领导、全部工作要靠党的坚强组织体系来实现。我们要坚持大抓基层的鲜明导向，统筹做好农村、社区、机关、企业、学校等各领域党建工作，着力构建"大抓党建、抓大党建"的工作格局。要突出抓党建促发展，加强村（社区）党组织书记队伍建设，常态化整顿软弱涣散基层党组织，不断增强基层党组织政治功能和组织功能。要持续深化"我是党员我带头""党员精准联户""党建+网格+微小事"等党建品牌，更好引导广大党员立足岗位建功立业。

第三，要锻造唯实惟先的干部队伍。干部是干事创业的决定性因素。要坚持党管干部原则，坚持好干部标准，树牢正确用人导向，旗帜鲜明选用忠诚干净担当的干部。要注重能力提升，在经济发展最前沿、项目建设主战场、急难险重"热锅"上磨炼干部，着力增强推动高质量发展、推进现代化建设的能力。要强化实干担当，通过每月召开高质量发展推进会、评选"骏马奖""蜗牛奖"等方式，激励各级干部以时时放心不下的责任感、积极担当作为的精气神，干出更多新时代"第一等的工作"。

第四，要凝聚同心同向的强大合力。全面建设社会主义现代化广丰是103万广丰人民的共同事业，必须调动各方面积极因素共同发力。要坚持和完善党领导经济社会发展的体制机制，不断提高把方向、谋大事、定政策、促改革的能力和水平。各级党员干部要牢固树立全区一盘棋思想，自觉在大局下行动，坚持小道理服从大道理、地方利益服从整体利益，上下一心、同频共振，始终围绕党的事业想在一起、干在一起，着力形成无往不胜、无坚不摧的强大合力。

第五，要涵养向上向好的政治生态。全面从严治党是我们党做好一切工作的重要保障。全区各级党组织要牢牢扛起管党治党政治责任，坚持严的基调不动摇，纵深推进全面从严治党，加快建设勤廉广丰。各级领导干部要严格落实"一岗双责"，带头廉洁自律，带头管好自己、管好队伍、管好身边的人，切实做到严于律己、严负其责、严管所辖。要坚持党性党风党纪一起抓，锲而不舍落实中央八项规定精神，深入整治"四风"突出问题，重点纠治形式主义、官僚主义。要坚定不移正风肃纪反腐，深化整治权力集中、资金密集、资源富集领域的腐败，坚决惩治群众身边的"蝇贪"，推动全区政治生态更加风清气正、健康向上。

同志们，对历史最好的致敬，就是书写新的历史；对未来最好的把握，就是开创更美好的未来！让我们更加紧密地团结在以习近平同志为核心的党中央周围，深入学习贯彻党的二十大精神，坚定信心、埋头苦干、踔厉奋发、笃行不怠，加快打造全市领先、全省一流的现代化强区，奋力谱写全面建设社会主义现代化广丰新篇章！

政府工作报告

——2023年2月8日在上饶市广丰区第十七届人民代表大会第三次会议上

区长　龚振宙

各位代表：

又是一年交卷时。

现在，我代表区人民政府，向大会报告政府工作，请予审议，并请区政协委员和列席会议的同志提出意见。

一、同心干、用心答，交出攻坚克难、砥砺奋进的靓丽卷

习近平总书记指出，"时代是出卷人，我们是答卷人，人民是阅卷人"。过去一年，是党的二十大胜利召开之年，也是本届政府全面履职的开局之年。一年来，在市委、市政府和区委的坚强领导下，在区人大、区政协的监督支持下，我们从党的二十大精神中汲取奋进伟力，深入贯彻中央、省、市和区委的决策部署，坚决贯彻"疫情要防住、经济要稳住、发展要安全"重要要求，与时间赛跑、和困难较量、向一流看齐，同心应考、用心答题，较好地完成了区十七届人大二次会议确定的各项目标任务。全年完成地区生产总值629.02亿元，升至全省第9，增长5.7%，位列全省第5；一般公共预算收入31.73亿元，增长5.7%；规上工业增加值增长9.5%，位列全省第7；固定资产投资增长9%；社会消费品零售总额159.25亿元，增长6.1%。在2022年度全市经济社会和党的建设巡查中荣获县（市、区）第一，综合实力连续25年保持全省第一方阵、全市第一的位置。这一系列亮眼成绩，充分展现出广丰经济的强大韧性和潜力。

这一年，我们一路奔跑、一路领跑，实现开局漂亮、全年精彩，重点做好了六个方面工作：

（一）攻坚克难，经济发展取得新成效。稳企保市场。把稳增长摆在更加突出位置，因时应势出台稳经济"42条"，大力推行"即申即享""免申即享""直达快享"，全年为企业减负19.87亿元。健全"千名干部入千企"、供应链专班、"映山红行动"、"开拓市场万里行"等机制，新增市场主体9507户、总数达5.68万户，促成企业达成销售订单210亿元。抓项目扩投资。升级实施"项目大会战"，高位推进"四大攻坚行动"，坚决做好节假日"两不停"工作，争取上级各类资金36.56亿元，5个省重点项目、46个省大中型项目、86个市重点项目建设进度位居省市前列。促消费畅流通。总投资10亿元、占地3.6万平方米的"广丰里"夜经济项目炫目登场，月兔商圈精彩亮相，大力开展"夜YOU广丰"系列活动，发放各类消费券超2000万元。全力畅通邮政快递和城乡配送末端网络，成功入选2023年县域物流配送体系建设试点县名单。

（二）真抓实干，产业发展实现新突破。工业发展倍增升级。全年引进工业项目103个，其中，"5020"项目11个，百亿项目2个，立景二期、锦荣新材料等82个项目竣工投产。新增规上工业企业30家，位列全市第一。完成重点企业技改20家，新增产值200亿元以上。黑滑石产业按精深加工方向持续推进，中南大学柴立元院士团队高纯度硅镁分离技术中试车间落户广丰，投资百亿元的泰珂黑滑石粉体新材料项目已开工建设即将试生产。园区平台不断夯实，建成标准厂房227万平方米，进驻企业85家。完成规上工业主营业务收入833亿元，增长15.7%。喜获全省工业高质量发展先进县（市、区）、2019—2021年度全省工业崛起年度贡献奖、省级制造业高质量发展试验区。上饶高新区获评全省数字经济集聚区、全省2022年度绿色园区。现代农业持续壮大。全方位夯实粮食安全根基，2021年度3000亩高标准农田建设顺利通过省级验收并获评省级三等奖，粮食种植面积达53.03万亩，总产3.61亿斤。深入实施"菜篮子"工程，新建高标准大棚600亩、大棚蔬菜基地2000亩，蔬菜种植面积超12万亩。广丰马家柚品牌更加响亮，乡村振兴示范园、西坛标准果园成功接受全省农业发展大会检阅，全力打造"饶有丰味"区域公用品牌，区农产品交易中心建成投用，马家柚成为全省首个进驻盒马鲜生的农产品，综合产值超20亿元。获评部省共建江西绿色有机农产品基地试点省"个十百千万"行动县级先行标杆。旅游业稳步提升。成功引进总投资36亿元的大唐时光文旅项目，铜钹山文旅项目加速推进。成功创评七星下庄坑等4个省3A级乡村旅游点。成功承办全省首届文博会，红木文化创意产业园获评2022年度江西省工业旅游示范基地。成功获评全省民间文化艺术之乡。数字经济蓬勃发展。引进数字经济项目133个，位列全市第一。全年企业上云上平台总量达2983家，位列全市第一。新开通5G基站499个，城区重点场所5G

网络通达率100%。金融业稳健运行。年末存、贷款余额分别达460.1亿元、364.8亿元，分别增长16%、14.2%。大力破解企业融资难问题，全年为企业发放贷款7.21亿元。

（三）持之以恒，城乡面貌展现新颜值。城市建设高标准推进。融入中心城区步伐加快，稼轩东大道、上浦高速加速推进，上饶至广丰城际公交开通运行。老城更新深入实施，建成口袋公园19个、城市驿站7个、停车场10个，完成老旧小区改造7个，道路"白改黑"7条，水南大桥、芦林大桥等城区桥梁改造提升，加装既有住宅电梯16台。城北新区加速打造，城北片区（二期）征迁工作全面完成，北湖公园、竹航山公园建成开园，尚绿酒店竣工营业，"四纵四横"、鱼丘安置区等项目全速推进。投入3.2亿元，实施15大类301个创文项目，全力创建全国文明城市。乡村建设高质量实施。持续推进乡村建设1：2筹资，累计撬动资金7.58亿元，高标准实施了1164个乡村点建设。扎实推进18个美丽集镇建设，基本完成三年攻坚"扫一遍"目标。完成农村公路改造106.5公里，危桥改造5座，户厕改造5013个，农村无害化卫生户厕普及率达95.12%。生态环境高效能治理。全速推进建制镇污水处理厂建设，11个污水处理厂建成投用，完成85.3公里污水管网建设。持续推进火木公司矿区生态修复和33个证矿山生态治理，成功创建2家绿色矿山。完成人工造林0.52万亩、封山育林1万亩、退化林修复2.5万亩、森林"四化"建设300亩。全年PM2.5浓度为24.7微克/立方米，全区河流断面水质达标率均为100%。霞峰镇石山村等5个乡村获评省级森林乡村。铜钹山镇获评江西省生态园林城镇，军潭水库水源地入选长江流域重要饮用水水源地。

（四）敢闯敢试，改革开放凝聚新动能。重点改革不断深化。纵深推进"放管服"改革，深入推进"一把手"走流程模式，项目、自然人、法人全生命周期"一件事"集成改革全面推行，各类申请材料减少25%，办事环节压减42%，审批时间压减76%，开办企业全流程缩短至1个工作日以内。积极探索实施工业用地集约化改革，改革经验得到省委改革办等部门充分认可。工程建设项目审批、跨省通办等各类改革走在省市前列。获评2021年度江西省全面深化改革工作先进县（市、区）。创新驱动不断强化。R&D经费支出占GDP比重较上年大幅增长30%。新增高新技术企业26家，科技型中小企业、"专精特新"企业分别达103家、30家。上饶高新区科技企业孵化园获评国家级科技企业孵化器，为全省唯一入选，填补全市"零的空白"。渝网科技成功入选省级高成长性科技型企业，实现我区瞪羚企业"零的突破"。营商环境不断优化。成立区政务服务和大数据管理局，设立非公有制企业维权服务中心和法治化营商环境司法服务中心，建立区领导坐班督导、定期调度机制，实行政务服务"好差评"机制，推行"容缺办""错时办""帮代办"模式。"人生十件事"一站式联办等15项改革经验在"江西营商"微信平台推广。营商环境年度考核位居全市第一，全省排名大幅提升。上榜2022年全国投资潜力百强区第18位，被列入全省首批营商环境创新试点城市。

（五）矢志为民，民生福祉得到新改善。社会保障坚实有力。坚持民生导向，全年民生投入达62.43亿元。设立"一老一幼"阳光慈善基金，筹集社会资金1056万元。积极巩固拓展脱贫攻坚成果，获评全省财政衔接推进乡村振兴补助资金绩效评价整体推进县。全力稳定重点群体就业，新增城镇就业4205人，转移农村劳动力8280人。城镇居民人均可支配收入4.93万元，农村居民人均可支配收入2.3万元，分别增长8%、8.5%。社会事业日益繁荣。全面完成20件民生实事，办成微小事1034件。强力攻坚民生"七个位"，新增就业岗位1.7万个、托幼园位1620个、上学座位9750个、医疗床位818个、养老点位24个、停车车位491个、如厕厕位346个。上饶卫校二期开工建设，广丰中学改造提升、贞白中学改扩建、城东幼儿园基本完成，完成6所农村寄宿制学校改造。区人民医院医技大楼、区中医院中医药大楼、区妇幼保健院建成投用，13所乡镇卫生院完成改造提升。大力发展养老服务事业，新建社区居家养老服务中心42个、"党建+康养之家"134家，覆盖率分别达100%、80.2%。新建健身路径11条、健身步道16公里，建成全民健身站点338个。未成年人保护工作走在全省前列。社会治理不断强化。始终坚持人民至上、生命至上，科学精准做好常态化疫情防控工作，坚决守护人民群众生命安全和身体健康。面对历史极值的大汛情、百年未有的大旱情，广大干群冲锋在前、风雨同舟，在大战大考中展现了"广丰精神"。深入推进市域社会治理现代化建设试点，圆满完成党的二十大期间安保维稳任务。扎实做好打击电诈、信访维稳等工作，全区安全生产形势总体稳定。获评全省消防工作先进县（市、区）、全省平安校园建设优秀县（市、区）。

（六）从严从实，自身建设再上新台阶。"五型"政府建设提质提能。全面掀起学习宣传贯彻党的二十大精神热潮，纵深推进"五型"政府建设，坚定不移把讲政治、践忠诚、抓落实贯穿于政府工作各方面全过程，政府治理效能和水平进一步提升。获评全省政府系统"五型"政府建设先进集体。法治建设走深走实。深入推进依法行政，"双随机一公开""互联网+

监管"工作取得有效进展。自觉接受人大依法监督、政协民主监督、社会舆论监督和群众日常监督，认真办结人大代表建议140件、政协提案135件，办结率均达100%。全年受理行政复议58件。全面推进"八五"普法，群众法治意识不断提高。获评全市法治政府建设工作先进单位。廉政建设高标高效。持续加大行政监察、审计监督、政务公开力度，着力完善政府常务会议事规则、项目设计评审等制度。坚持过紧日子，压减一般性支出和三公经费支出，加强政府采购管理、设计评审以及政府性投资审计，累计节约资金达24.34亿元。坚决落实中央八项规定精神，认真履行"一岗双责"，一体推进"三不"工作，政府系统党风廉政建设和反腐败斗争取得积极成效。

与此同时，人民武装、民族宗教、外事侨务、对台、人防、保密、供销、消防、气象、供电、工会、工商联、社科联、残联、文联、科协、红十字、老干部、妇女儿童、青少年、关心下一代等各项事业均取得显著进展。

各位代表！壮阔征程看开局，中流击水看起势。过去的一年，我们取得了来之不易、令人振奋的成绩。这是习近平新时代中国特色社会主义思想科学指引的结果，是市委、市政府坚强领导的结果，是区委高屋建瓴、统揽全局的结果，是区人大、区政协有力监督、大力支持的结果，更是全区人民同心同向、艰苦奋斗的结果。在此，我谨代表区人民政府，向全区人民，向各位人大代表、政协委员，向离退休老同志，向各民主党派、各人民团体和社会各界人士，向武警官兵、公安干警，向省市驻区单位，向所有关心、支持、参与广丰建设和发展的朋友们，致以崇高的敬意和衷心的感谢！

各位代表！思危方可居安，知忧才能克难。我们深知，前进道路上还面临不少困难和挑战，主要是：经济持续增长压力较大；产业结构还不够优、创新能力较弱；城市功能品质还需进一步提升，城乡发展还不够均衡；等等。对此，我们一定直面问题、迎难而上、排难而进、全力化解。

二、奋力冲、拼力跑，跑好高质量发展的接力赛

2023年是贯彻党的二十大精神的开局之年，是实施"十四五"规划承上启下之年。我们要聚焦"作示范、勇争先"的目标要求，拉高标杆争创一流，踔厉奋发跨越赶超，以"干就干得最好、做就做到极致"的拼劲闯劲，推动全区各项工作纵向有进步、横向有进位、整体上台阶，力争在省市有地位、创特色；我们要立足"打基础、利长远"的发展定位，善于用政治眼光分析经济社会问题，不断深化区情认识，坚持以人民为中心的发展思想，多做夯实发展基础、增强发展后劲的事，既要做人民群众看得见、摸得着、得实惠的事，更要做经得起历史、实践和人民检验的事，让造福全区人民成为我们的最大追求、最强共识。

今年政府工作的总体思路是：以习近平新时代中国特色社会主义思想为指导，全面贯彻落实党的二十大和中央、省市两会及经济工作会议精神，坚持稳中求进工作总基调，完整、准确、全面贯彻新发展理念，主动服务和融入新发展格局，更好统筹疫情防控和经济社会发展，更好统筹发展和安全，把实施扩大内需战略同深化供给侧结构性改革有机结合起来，坚持"三个事关"工作方向，着力提振市场信心，着力扩投资促消费，着力强化创新驱动，着力深化改革开放，着力保障改善民生，着力防范化解风险，全力当好县域经济发展、城市建设、优化营商环境、乡村振兴等"四个排头兵"，加快打造全市领先、全省一流的现代化强区，奋力谱写全面建设社会主义现代化广丰的新篇章。

2023年经济社会发展的主要预期目标是：地区生产总值（GDP）增长7.5%以上，一般公共预算收入增长7%以上，规上工业增加值增长10.5%以上，固定资产投资增长9%以上，社会消费品零售总额增长7.5%以上，城镇和农村居民人均可支配收入分别增长5.2%以上、6.2%以上，主要污染物排放等指标完成省、市下达目标。

各位代表！高质量发展绝非风平浪静下的马到成功，也不可能是鲜花掌声中的乐享其成，而注定是一条需要迈过重重险滩、陡坡、难关的艰辛道路。这个时候，躺平不可取、躺赢不可能、奋斗正当时。我们必须放开手脚大干一场，一年接着一年干、一锤接着一锤敲、一棒接着一棒跑，唯有如此，才能不断开辟高质量发展新境界、迎来历史新荣光。

今年，我们将紧扣既定目标，努力在七个方面跑出好成绩。

（一）聚焦提质增效，以更大力度跑出产业升级"加速度"。

不断强化创新引领。培育创新主体。力争培育高新技术企业27家、科技型中小企业90家、"专精特新"企业5家、瞪羚（潜在）企业1家。持续加大全社会研发投入，力争R&D经费支出占GDP比重增长0.25个百分点。搭建研发平台，引导鼓励入驻标准厂房企业及供地企业搭建研发中心，力争台鑫钢铁成功申报省级技术创新中心，推进黑滑石产业研究院申报省级新型研发机构，力争新增省级以上科创平台6家。夯实人才储备。依托江西凤凰高级技工学校、广丰技工学校等职业教育资源，开展"订单式"培训，力争全年培育产业工人4000人以上。通过飞地孵化中心（深圳），发挥人才政策优势，大力开展招才引智，解

决企业用人难问题。

持续壮大工业实力。坚持"工业挂帅",深入实施产业链链长制,加速产业集群发展,力争全区规上工业主营业务收入超1040亿,其中上饶高新区突破千亿大关。不断壮大战略性新兴产业。牢牢把握电子信息产业发展"风口",大力扶持立景、维易科、锦荣、华冠储能、科翔、广丰时代等重点企业做大做强,全力推动欣宏电子、鑫电能源、赛华显示、闽海科技等重点项目早日竣工投产,力争新电子产业全年营业收入突破260亿元。持续助推传统产业转型升级。全力推动重诺铜业、欧凯实业、双鼎纸业等10个企业技改增效,提升有色金属产业精深加工水平,延伸拓展产业链条。加快推进特色资源开发。抓好黑滑石应用材料研发利用,加大精深加工项目引进力度,全力推动黑滑石、石灰石产业基地建设,努力将资源优势转化为经济优势、发展优势。积极探索2.5产业。解放思想、先行先试,探索实践混合产业用地供给之路,进一步提高土地使用效率,引导创新型企业集聚发展,保障产业发展空间,努力打造全市样板。全力优化园区平台。对标创建国家级高新区验收标准,补短板、强弱项,确保一次性通过专家考核评审。切实做优做实工业平台,加快打造泛半导体产业园、新能源产业园、智慧光储产业园,持续推进博山二期基地配套设施建设,建成6层和8层以上标准厂房100万平方米,完成土地征迁1152亩,报批土地961亩。大力扶持龙头企业。力争培育百亿级企业1家,50亿级企业5家,新增规上工业企业35家以上。

全力打造旅游品牌。加快推进铜钹山景区开发,有序规划建设一批星级酒店、精品民宿、精品农家乐,加大旅游厕位、车位供给,推动"过路游"向"过夜游"转型。加快推进大唐时光文旅综合体、广丰"童话里"、丰溪码头等一批重点项目,拓展旅游新业态,激发消费新动能。大力实施疫后文旅促消费行动,积极抢抓假日经济机遇,针对性出台景区门票优惠,不断加大引流力度。加快推进旅游集散中心建设,努力建设智慧旅游平台,积极打造创评一批省A级乡村旅游点、省旅游休闲街区,国家级、省级旅游重点村。大力推动"旅游+""+旅游",因地制宜发展城市游、红色游、研学游、康养游、工业游,推出更多精品化、差异化高端旅游产品,培育彰显广丰特色的复合型旅游新业态。

大力发展数字经济。加大数字经济项目招引力度,加快推进挖掘机、马家柚、人力资源等三大数字化平台建设,持续壮大产业规模,力争引进产业项目150个以上,数字产业营收突破300亿元。深入实施"上云用数赋智"行动,大力发展工业互联网和智能制造,推动同欣机械、江西寸金等企业数字化转型升级,力争深度上云企业达160家,新增省级两化融合示范企业20家以上,两化融合贯标认证企业6家以上。加强数字基础设施建设,力争建成5G基站1250个,每万人拥有5G基站数达16个。

(二)聚焦扩大内需,以更实举措跑出经济增长"加速度"。

扩大有效投资。深入实施"项目大会战"和"四大攻坚行动",加快推动总投资1370亿元的309个重点项目建设,完成年度投资632亿元以上。按照"储备一批、开工一批、建设一批"的要求,抢抓国家扩大专项债券支持领域机遇,新增专项债券资金超30亿元。坚持"要素跟着项目走",完善重点项目协调推进机制,推动项目天天有新进展、周周有新变化、月月有新形象。

做旺消费市场。深入实施促进商贸消费提质扩容三年行动,立足把"8小时经济变为24小时经济",坚持"有节过节、无节造节",充分发挥广丰里、月兔商圈优势,更大力度发放电子消费券,繁荣发展网红经济、夜间经济,打造更多新业态、新商圈。持续做大电商消费、跨境消费、大宗消费、乡村消费等,力争新增限额以上商贸单位45家,社会消费品零售总额突破185亿元。优化升级物流业,加快推进总投资20亿元的智慧物流产业园项目建设,加强仓库、堆场、接驳、停车场等转运设施建设,着力形成便捷高效的物流基础设施网络。持续做活金融业,坚决打击逃废债行为,切实维护区域金融稳定。

(三)聚焦品质提升,以更高标准跑出城市建设"加速度"。

让老城旧貌更有品位。围绕城市功能短板,加快推进2个邻里中心、8个城市驿站、10个口袋公园项目建设,完成3个城市书吧、600个新能源汽车充电桩建设,打造"15分钟便民生活圈"。启动实施6个老旧小区改造提升、4处棚改、6个安置区项目建设,建成安置房2717套,加装电梯45台。新建公共停车场8个,新增停车位5260个,新增城市绿地40万平方米、绿道10公里,不断满足人民群众对美好生活的向往。

让城北新区更加现代。加快推进白鹤大道西延伸段、桑梓路、学育路等城北路网建设,不断织密交通网络。优化完善《国土空间规划》《城北片区规划》等规划编制,启动实施城北综合体、第四代住宅、数字大楼、体育公园等项目建设,持续提升城北片区服务能级。

让城市管理更具效能。全力打好创文"收官之战",让城市每一个角落都干干净净,每一处细节都充满温馨。加快建立分类投放、分类收集、分类运输、分类处理的生活垃圾管理系统，推动生活垃圾分类由点到面全面铺开。加快推进"城市大脑"建设，全方位整合智慧交通、智慧城管、智慧应急等板块，积极构建"一屏观全域，一网管全城"治理体系，做到城市治理"耳聪目明"。畅通拓展志愿者服务等参与渠道，充分激发广大市民参与城市管理的主动性、积极性和创造性，实现"人民城市人民管"。

（四）聚焦融合发展，以更快步伐跑出乡村振兴"加速度"。

促进农业提质。坚决扛稳粮食安全主体责任，严守耕地保护红线，持续健全种粮农民收益保障机制，抓好6万亩高标准农田建设，确保粮食种植面积53万亩以上，总产3.6亿斤以上。进一步做大做强马家柚品牌，深耕品质提升、品牌营销、精深加工等重点环节，高起点、高标准打造一批精品果园，加快推进农产品交易中心二期、乡村振兴示范园二期建设，积极推动种植、加工、流通、销售标准化，让广丰"柚惑"家喻户晓。精心打造"饶有丰味"区域公用品牌，支持特色门店走出去，不断扩大广丰农特产品影响力、美誉度。深入实施种业振兴行动，抓好广丰铁蹄牛、广丰山羊、白耳黄鸡、白翎鹅、马口鱼等地方特色农业良种资源保护开发，稳步发展茶叶、畜禽、水产业，保证蔬菜、水产品等充分供给。加快农业全产业链培育发展，积极探索体验农业、休闲农业、郊区农业等新业态。

建设美丽乡村。进一步发挥乡村建设1∶2筹资机制优势，实现"用分散的钱办重要的事""用大家的钱办大家的事"，着力打造宜居宜业和美乡村。深入实施农村人居环境整治提升五年行动，完成村庄整治提升400个、庭院整治2万户，力争农村卫生厕所普及率达95.6%以上。扎实开展美丽集镇建设，新建东阳、嵩峰、少阳3个美丽集镇，完成五都、湖丰美丽集镇二期建设，提前实现全面扫一遍。加快通建制村农村公路提升改造，新（改）建农村公路105公里，全力争创全国"四好农村路"示范县（市、区）。

推动农民增收。巩固拓展脱贫攻坚成果同乡村振兴有效衔接，打好"产业+就业+消费"帮扶组合拳，加快打造大湖公路、柚果飘香（下溪—大南）乡村振兴示范带，同步做好沿线产业布局，促进当地农民增收。持续壮大村级集体经济，积极推行村企共建模式，完善利益联结机制，让"资源变资产、资金变股金、农民变股东"。坚决贯彻《保障农民工工资支付条例》，全力保障农民工基本权益。

（五）聚焦动能升级，以更新思路跑出改革开放"加速度"。

推进重点领域改革。全面推进"一网、一门、一次、一窗"改革，深入推行自然人、法人、项目全生命周期"一件事"集成改革。深入实施国资国企改革创新三年行动，全力支持国有资本做大做强，力争广发集团有效资产总额突破310亿元。完善政府举债融资机制，防范化解地方政府债务风险。落实行政备案事项规范管理工作，加快涉企经营许可事项改革。深入推进义务教育学校"县管校聘"改革，全面盘活师资力量。大力实施企业上市"映山红行动"升级工程，全力扶持企业上市。

持续扩大对外开放。一刻不停招大引强，紧盯世界500强、国内500强以及行业领军企业，发挥招商小分队作用，围绕产业鱼骨图，深入推进产业链招商、"点对点"招商、精准招商、专业招商，大力开展"三请三回"活动，力争引进工业项目130个，"5020"项目16个，百亿元项目1个。不断扩大对外贸易规模，加大对本地外贸综合服务企业和跨境电商企业的扶持力度，力争利用外资2亿美元、省外资金95亿元，完成外贸出口31亿元、现汇进资2200万美元。

不断优化营商环境。切实落实"两个毫不动摇"，对标最高标准、最好水平，持续优化营商环境，力争营商环境全省评价挤进全省前列。强化乡镇（街道）便民服务中心规范化建设，实现更多高频事项"就近办、家门口办"。继续实施"千名干部入千企""开拓市场万里行"等机制，常态化开展"一把手坐班走流程"活动，健全惠企政策兑现"一站式"服务，力争全年为企业减负22亿元以上。发挥好非公企业维权服务中心作用，实现"中心吹哨、部门报到"。

（六）聚焦绿色崛起，以更大决心跑出生态建设"加速度"。

加强污染防治。坚持平时抓、抓平时，狠抓5大重点领域31项生态环境问题系统治理。加强工地、道路扬尘等污染治理，禁烧农作物秸秆。持续开展长江经济带"共抓大保护"攻坚行动和河湖"清四乱"行动，扎实推进农村生活污水治理，新改建污水管网107公里，确保工业固体废弃物综合利用率、工业废水排放达标率、主要河流断面水质达标率均达100%。实施化肥农药减量化行动，严厉打击偷倒危险废弃物行为，持续推进白色污染治理。推进绿色矿山建设，修复废弃矿山29座。严格落实"林长制"，强化松材线虫病防治，完成营造林3.2万亩。加快推进建筑垃圾消纳场、餐厨垃圾处理中心等项目建设。

加快低碳转型。加快发展方式绿色转型，有序推动生态乡镇创建。严格落实"双碳"政策下能耗双控要求，探索建立促进企业节能减排约束机制，强化节能减排监管，培育绿色技术创新企业，积极组织申报国家级绿色园区、绿色工厂和节水标杆园区、节水型企业。加快推动"两山"价值转化，积极拓展"生态+"旅游、"生态+"健康、"生态+"农业等富民新业态、新经济，开辟多元化增收渠道，将"绿水青山"转化为带动社会经济增长的"金山银山"。

（七）聚焦共建共享，以更强担当跑出民生改善"加速度"。

完善社会保障体系。深入实施就业优先战略，把稳就业摆在经济社会发展和宏观政策优先位置，新增城镇就业4130人，转移农村劳动力8200人，发放创业担保贷款2亿元，城镇登记失业率控制在3%以内。持续推进全民参保计划，确保养老保险和城乡居民医疗保险参保率均保持在95%以上。完善社会救助体系，扎实做好困难群众兜底保障工作。深入推进国防动员、兵役征集、民兵后备力量建设，强化退役军人服务管理保障。

完善公共服务体系。坚持教育优先发展，全力推进大塘中学、城北中学等21个教育项目建设，继续推进五都、嵩峰、横山等农村寄宿制学校改造，新增学位11500个，寄宿生床位8400个，幼教园位4140个。持续扩充普惠性学前教育资源，力争普惠性幼儿园覆盖率达89.5%。加快上饶卫校二期、区技工学校建设，促进职业教育与产业发展融合互促、相得益彰。深入推进健康广丰建设，积极推进区人民医院感染性疾病专科大楼等项目建设，全力创建"三甲"医院。加快推进精神病医院建设，完成大石、嵩峰等5个卫生院整体搬迁，新（改）建156所规范化产权公有村卫生室，新增医疗床位800张，婴幼儿托位300个。加快养老、体育等事业发展，实施特殊困难老年人家庭居家适老化改造200户，新建"党建+康养之家"17个、社区嵌入式养老院3个、老年食堂4个。加快推进区殡仪馆改扩建。新建健身步道20公里，社会足球场5个，乡镇学校游泳池5个。

完善社会治理体系。稳妥有序执行新冠病毒感染"乙类乙管"政策，加强老年人和患基础性疾病群体防控，确保人民群众生命安全和身体健康。全面落实安全防范警示日制度，坚决遏制重特大事故发生。防范化解金融、房地产等领域重大风险。持续强化基层网格和微网格力量配备，坚持和发展新时代"枫桥经验"，加快推进综治中心规范化建设、实体化运行。加快新时代现代化公安派出所标准化建设，常态化开展扫黑除恶斗争，依法严厉打击各类违法犯罪活动，全力建设更高水平的平安广丰、法治广丰。

各位代表！做好政府工作，必须持续加强政府自身建设，敢有作为、善有作为、快有作为，全力打造更加有为、有力、有效的"五型"政府。对党忠诚讲政治。坚持以习近平新时代中国特色社会主义思想为指导，全面贯彻党的二十大精神，深刻领悟"两个确立"的决定性意义，增强"四个意识"、坚定"四个自信"、做到"两个维护"，以实际行动践行对党绝对忠诚，不折不扣贯彻落实中央、省、市和区委的决策部署。依法履职树形象。深入推进依法行政，加强法治政府建设，不断强化法治思维、提升治理能力。严格执行民主集中制和重大行政决策程序，自觉接受人大法律监督、政协民主监督、监察监督，强化审计监督和政务公开，高质量办好建议、提案。主动接受社会和舆论监督，推进阳光执法，让权力运行更加公开透明。雷厉风行抓落实。视抓落实为政府工作生命线，锤炼先行一步的谋事能力、统筹兼顾的办事能力、破题解难的成事能力，解决问题硬碰硬、推进工作实打实，坚决杜绝接受任务"没问题"，跟踪进度"正在搞"，倒逼结果"没办法"，让实干成为政府工作最动人的旋律。勤廉为民守底线。认真贯彻全面从严治党要求，深入推进政府系统党风廉政建设，强化政府预算管理与支出约束，用政府"紧日子"换取群众"好日子"。敢于自我革命，笃定为民务实，将群众问题清单作为干部履职清单，以更多民生"小切口"满足群众身边"小幸福"。

各位代表！千里之行，始于足下，系于你我。我们正在书写历史，或挺立潮头、不息求索，或懈怠不前、碌碌无为。呈现什么样的未来，要看今天的行动。让我们更加紧密地团结在以习近平同志为核心的党中央周围，在市委市政府和区委坚强领导下，以"勇"字开路，以"韧"字贯之，踔厉奋发、笃行不怠，干在实处、走在前列，努力把党的二十大擘画的宏伟蓝图变成富民强区的生动实践，合力谱写全面建设社会主义现代化广丰崭新篇章！

《政府工作报告》有关名词及缩略语注释

1. 开拓市场万里行：指用政府公信力为企业开拓市场"背书担保"，通过政府增信，最大限度帮助企业抢占发展先机、拓展市场份额，促进工业经济健康发展。

2. 项目大会战：指工业、农业、服务业、重大基础设施、新基建、公共服务六大领域"项目大会战"。

3. 四大攻坚行动：指城市棚户区改造，"大交通"建设，水利、文旅领域基础设施建设四大攻坚行动。

4. "两不停"：指重大项目不停工、重点企业不停产。

5. "专精特新"：指专业化、精品化、特色化、创新型。

6. 瞪羚企业：指银行对成长性好、具有跳跃式发展态势的高新技术企业的一种通称。瞪羚是一种善于跳跃和奔跑的羚羊，业界通常将高成长中小企业形象地称为"瞪羚企业",一个地区的瞪羚企业数量越多,表明这一地区的创新活力越强,发展速度越快。

7. 人生十件事:指"就业一件事、军人退役一件事、个人创业一件事、医保一件事、退休一件事、就学一件事、二手房不动产登记证及水电气过户一件事、公积金贷款一件事、低保救助一件事、身后一件事"。

8. 双随机一公开:指在监管过程中随机抽取检查对象,随机选派执法检查人员,抽查情况及查处结果及时向社会公开。

9. R&D:科学研究与试验发展的简称,指的是从事科研与试验发展活动所必需的人力、物力、财力等。R&D 经费支出及其占 GDP 的比重,是衡量一个地方科技活动规模和科技投入水平的重要指标。

10. "2.5 产业":是指介于第二和第三产业之间的中间产业,重点布局集中办公、产业研发、总部经济、科研院所、人力资源、知识教育等内容。既有服务、贸易、结算等第三产业的职能,又兼备研发中心、产品生产中心和现代物流等第二产业的职能。

11. "旅游+":"旅游+"是指充分发挥旅游业的拉动力、融合能力及催化、集成作用,大力发展旅游+农业、工业、交通、体育、卫生、健康、科技、航空等,为相关产业和领域发展提供旅游平台,插上"旅游"翅膀,形成新业态,提升其发展水平和综合价值。

12. "+旅游":指与旅游业发展相关联的各行业、各部门在规划、部署、建造、运营本行业、本部门的事和物时,主动地"+"进旅游元素或要素,或有意识地接受旅游的辐射,或主动性地放大旅游的助力,或自觉性地对接与旅游的融合,用主观上为自身发展助力旅游、客观上带来旅游发展的成果,反助自身发展。

13. "上云用数赋智"行动:"上云"是指探索推行普惠型的云服务支持政策;"用数"是在更深层次推进大数据的融合运用;"赋智"是要加大对企业智能化改造的支持力度,特别是要推进人工智能和实体经济的深度融合。

14. "城市大脑":城市大脑是基于云计算、大数据、人工智能、物联网等新一代信息技术构建的人工智能开发创新和运营平台。城市大脑的核心就是利用丰富的城市数据资源,对城市进行全局实时分析和全域感知,驱动业务流程优化和再造,优化调配公共资源。

15. "县管校聘":全体公办义务教育学校教师和校长全部都实行县级政府统一管理,特别是统一定期强制流动到县域内的义务教育学校,从而将教师和校长从过去的某学校的"学校人"改变为县义务教育系统的"系统人"。

16. "枫桥经验":20 世纪 60 年代初,浙江省诸暨市枫桥镇干部群众创造了"发动和依靠群众,坚持矛盾不上交,就地解决。实现捕人少,治安好"的"枫桥经验"。

大事记

一月

1日，广丰区举行"广丰里"夜经济项目入驻暨开工仪式。该项目利用广丰卷烟厂旧址改造建设，总投资达10亿元，总建筑面积约3万平方米，由区市政集团建设，引进上饶儒禧商业管理有限公司运营，以夜生活、文化市井、烟火人情为主题，打造集购物、休闲、商务、社交、美食、娱乐于一体的夜经济标杆。至年底，项目全面建成，2023年元旦正式运营。

同日，江西卫视晚间6：50《江西天气预报》栏目开始预报广丰区具体天气，左上方窗口展示的城市名片为"世界滑石之都 千年光阴福地"——广丰。

同日，广丰区制定出台《关于进一步推动科技企业孵化器高质量发展的扶持办法（试行）》。

同日，广丰区制定出台《关于容错纠错认定指标体系的指导意见（试行）》，从9个方面21个维度，确定41项主要指标，相应提出容错纠错处理意见，推动容错纠错机制的规范化、科学化、精准化。

2日，广丰区举行社区矫正管理局揭牌仪式暨"社区矫正中心"开放日活动。社区矫正管理局牌子挂在广丰区司法局内。

4日，广丰区慈善总会被江西省慈善总会评为"慈善助力脱贫攻坚"先进慈善单位和2021年度"99公益日网络配捐活动"先进慈善单位。

5日，省委常委、副省长任珠峰到上饶市专题调研工业产业高质量发展情况。在广丰区，任珠峰实地调研叁久国际新能源科技有限公司、捷配工业互联网有限公司；在叁久国际新能源科技有限公司召开调研座谈会，帮助企业协调解决问题。任珠峰强调，要突出技术创新、产品创新、工艺创新和管理创新，加快转型升级步伐，持续提高品质、叫响品牌，加快形成产业发展新优势，为工业经济稳中有进打牢基础；要围绕打造"政策最优、成本最低、服务最好、办事最快"的"四最"营商环境，持续推进"放管服"改革；要全面落实支持工业经济发展的各项政策，推动企业可持续发展，确保工业经济平稳运行，以工业运行的"稳"，支撑经济发展的"进"，实现质量效益的"优"。

5日—7日，上饶市安委会第二专项巡查组对广丰区进行安全生产专项巡查。

7日，广丰区政协组织委员视察政务服务中心工作，此次视察主题为"优化营商环境 提升办事效率和服务水平"。

8日，广丰区召开高质量发展推进会。自本月起，广丰区每月（一般在月底）召开一次高质量发展推进会，2月为高质量发展考核总结表彰会。会上，观看政务服务中心、便民服务中心窗口服务、各乡镇（街道）创建全国文明城市、城乡环境综合整治情况明察暗访专题片，通报当月信访维稳、农村环境综合整治、乡村建设、优化营商环境、跑项争资、安全生产、重点项目推进、"双创"、巩固脱贫成果后评估、生态环境信访件整改、企业技改、签约项目投产、打击治理电信网络新型违法犯罪、农村公路建设、控违拆违、美丽集镇建设等重点工作进展情况、存在的问题和全区排名，布置下一阶段重点工作。

9日，《光阴名城 大美广丰》专题片在央视18：30发现之旅首播。

同日，召开全区涉粮问题专项巡察监督检查集中反馈暨整改部署推进会。

同日，在嵩峰乡十都村文化广场举行"嵩峰——芋·宴"文旅活动。

10日，广丰区月兔广场外部环境优化和基础设施提升项目完成，正式对外开放。月兔广场始建于1999年。为提升广丰城市功能品质，更好满足人民群众休闲、体育的需求，2021年9月，广丰区启动月兔广场提升改造项目，总投资1500多万。本次改造后月兔广场面积为46000平方米，改造主要内容为优化星级公厕、增加红色主旋律升降雕塑、规划亲子天地、新辟林下休憩空间、铺设彩色沥青跑道等。

11日，区委经济工作会议召开，会议提出2022年全区经济工作的总体要求，强调坚持"三个事关"工作方向，统筹疫情防控和经济社会发展，统筹发展和安全，继续做好"六稳""六保"工作，着力稳定经济发展基本盘，着力畅通经济循环，着力强化科技支撑，着力全面深化改革开放，着力保障和改善民生，着力保持社会大局稳定，坚定不移推进高质量跨越式发展。

19日至3月18日，祥虎迎春·广丰区书画作品展在吴俊发艺术馆举行，100余幅作品参展。

20日，区政府办公室印发《上饶市广丰区松材线虫病疫情防控五年攻坚行动实施方案》。

22日，广丰区制定出台《上饶市广丰区松材线虫病疫情防控五年攻坚行动实施方案》。

23日，广丰区委党史学习教育总结会召开，会议强调，要深入学习贯彻习近平总书记关于党史学习教育重要讲话、重要指示精神，从党的百年奋斗历程中汲取智慧和力量，推进党史学习教育常态化长效化，持续巩固拓展党史学习教育成果。

同日，上饶卫校附属医院（广丰区妇幼保健院）在新院区举行揭牌仪式，新院区位于铜钹山大道66号，是一所集临床、教学、保健、康复、预防为一体，按照二级综合医院标准设置的综合性医院。

24日，广丰区2022年绿色金融政银企对接暨项目签约活动在上饶高新区举行，13家商业银行与26家企业进行现场授信签约，累计授信额度9.98亿元，对接项目120多个。

28日，广丰区2022年铜钹山新春游园报喜节暨月兔广场焕新绽放正式开园活动在月兔广场举行。

29日，区委农村工作会议召开，会议强调，要牢牢守住保障国家粮食安全和不发生规模性返贫"两条底线"，有序推进乡村发展、乡村建设、乡村治理三项重点工作，确保农业稳产增产、农民稳步增收、农村稳定安宁。

同日，中共上饶市广丰区第十四届纪律检查委员会第二次全体会议召开。上饶市副市长、广丰区委书记胡心田出席并讲话，会议强调坚持严的主基调不动摇，永葆自我革命精神，永吹正风肃纪反腐冲锋号，坚持不懈把全面从严治党向纵深推进。会议审议通过区委常委、区纪委书记、区监委主任吴献金代表区纪委常委会所作的工作报告。

本月，广丰区在全市率先完成首批历史建筑测绘建档，让历史建筑有了"数字化档案"。广丰区采用三维激光扫描、无人机倾斜摄影、VR等技术，对历史建筑进行全方位数据信息采集，绘制历史建筑的平立剖面图和大样图，形成"一处一册"档案信息表和现状测绘图。

二月

11日，广丰区制定出台《上饶市广丰区工业主导产业招商引资优惠办法》。

同日，广丰区湖丰镇、毛村镇入选江西省基层政务公开标准化规范化"十县百乡"建设名单。

15日，上饶市委第三考核组到广丰区对2021年度广丰区落实党风廉政建设责任制进行集中考核。

16日，2022年省市县三级联动推进重大项目开工暨"项目大会战"动员大会召开，广丰区在稼轩大道项目现场设立分会场。在收听收看省、市开工大会后，广丰区举行全区重大项目集中开工大会。本次集中开工的项目有113个，总投资341.6亿元，年计划投资148亿元。

17日—18日，政协上饶市广丰区第十三届委员会第二次会议在区法院会议中心召开。会议审议通过政协上饶市广丰区第十三届委员会常务委员会工作报告、区政协十三届二次会议提案初步审查情况报告、政协上饶市广丰区第十三届委员会第二次会议的决议。

18日，广丰区桐畈镇卫生院在2021年"优质服务基层行"活动中，获得国家卫生健康委办公厅和国家中医药局办公室通报表扬。

同日，中国科协"流动科技馆"在广丰区青少年活动中心正式展出。

18日—19日，上饶市广丰区第十七届人民代表大会第二次会议在区人民法院会议中心召开。会议审议通过上饶市广丰区人民政府工作报告、区人大常委会工作报告、区人民法院工作报告、区人民检察院工作报告、区人民政府关于广丰生态文明建设和生态环境状况的报告及决议；审查了广丰区2021年国民经济和社会发展计划执行情况与2022年国民经济和社会发展计划草案的报告、关于广丰区2021年财政预算执行情况与2022年财政预算草案的报告，批准了2022年计划、预算，票决通过广丰区人民政府2022年度部分重大投资建设和重点民生实事项目。

20日，玉山县人大常委会主任张常青带队到广丰区调研。

22日，中国人民解放军联勤保障部队第九〇八医院与广丰区人民医院共建医联体揭牌仪式举行。揭牌仪式后，开展"军地携手 服务百姓"义诊活动。

24日，举行TCL高盛达（二期）线路板生产项目签约仪式。此次签约的项目总投资20亿元，达产达标后年产值可达30亿元，税收5000万元以上。

25日，广丰区举行全区领导干部学习贯彻党的十九届六中全会精神专题研讨班暨"思想再解放、作风再提升、开放再出发"活动。上饶市副市长、广丰区委书记胡心田作开班动员讲话并授课。

26日，召开区委常委会（扩大）会议，研究成立广丰区深入推进数字经济做优做强"一号发展工程"、深入推进营商环境优化升级"一号改革工程"领导小组，审议并原则通过广丰区深化发展和改革双"一号工程"两个工作清单。

27日，广丰区入围2021年江西省经济总量十强县（区、市）。

同日，广丰区获评"2021年度江西省全面深化改革工作"先进县（区、市），全面深化改革工作首次被评为全省先进。

三月

1日至6月29日，上饶市副市长、广丰区委书记胡心田参加中央党校（国家行政学院）中青年干部培训三班（第6期）学习。

2日，省生态环境厅党组书记、厅长徐延彬到广丰东阳乡龙溪村、丰溪饮用水水源地调研，了解污水处理、水源地保护情况。

同日，广丰区在党员政治生活馆举行基层党建信息化平台上线启动仪式。该平台包含了大屏指挥端、电脑操作端、手机移动端和微信小程序等"三端一微"四个子平台，正式上线运行后，将进一步推动基层党建传统优势与信息技术高度融合，借助信息技术力量推动广丰基层党建创新发展。

3日，市委常委、副市长帕塔尔·胡加买提到广丰区江西芦林纸业股份有限公司、洋口镇昆山居公益性墓地、乡村振兴示范园、捷配工业互联网、和烁丰二期、标准厂房（一期、二期）、月兔广场及周边改造提升、裕花园老旧小区改造、凤凰技工学校、北湖公园、稼轩东大道、广丰卷烟厂技改等项目现场，调研广丰区民政、工业、农业、教育、城建等方面工作开展情况。

5日，广丰区青年志愿者协会成立。

同日，广丰区首家中医志愿者服务站揭牌仪式暨中医药文化进社区·学雷锋义诊活动举行。

7日，广丰区纪念"三八"国际劳动妇女节112周年暨区妇联十四届执委（扩大）会举行。会议表彰4个全区"三八"红旗集体、4个全区巾帼文明岗、16名全区"三八"红旗手、16名巾帼建功标兵、10名最美村妇女小组长、4名优秀创业女能人、100户"最美家庭"、100户清洁示范家庭、100户健康示范家庭、50名"五好新女性"。

同日，广丰青年项德仁成功捐献造血干细胞220毫升，系2022年上饶市第一例捐献造血干细胞的志愿者。

10日，市政协党组成员、副主席诸立到广丰区永丰街道协商议事室、丰源社区协商议事室、壶峤镇协商议事室，调研基层协商民主建设工作。

同日，十四届区委启动第二轮巡察，派出3个常规巡察组，对区教体局、区城管局、区住建局、湖丰镇、霞峰镇、桐畈镇及所辖村（社区）等6个单位开展常规巡察，集中巡察时间为3月中旬至6月中旬。

11日，副市长王勇到广丰区铜钹山鹊桥谷、白花岩、九仙湖等景区，调研景区项目建设和疫情防控工作。

13日，广丰区召开生态文明建设（碳达峰碳中和工作）领导小组、区推动长江经济带发展领导小组、区生态环境保护委员会暨中央、省生态环保督察反馈问题整改工作推进会。

15日，区政府办公室印发《〈上饶市广丰区多层次医疗保障体系建设方案〉及做好"广福保"投保工作的通知》，引导保险公司、第三方机构、本地居民、社会公益人士等多方共同参与，搭建广丰区多层次医疗保障体系。

17日，市委副书记、市长邱向军到广丰区调研。在广丰会展中心，听取2022年江西文化产业博览交易会前期筹备情况介绍，察看策划设计方案，并就展馆设计、展台搭建等方面提出指导性意见；在洋口老街，邱向军与商户、游客交流，详细了解老街改造、运营等情况；在和烁丰新材料项目、标准厂房（一期、二期）建设项目现场，详细了解项目建设和企业生产经营情况。

同日，市委常委、宣传部部长蒋丽华到广丰区新时代文明实践中心、下溪街道西溪社区（永丰街道丰源社区）新时代文明实践站，调研督导新时代文明实践中心（所、站）建设工作。

同日，市政协副主席谢柏清到广丰区同欣机械、立景创新科技等6家企业开展"优化营商环境"调研。

同日，广丰区人民法院和上饶高新区联合设立的"法治化营商环境司法服务中心"正式揭牌，方便企业解决涉法涉诉问题。

19日，广丰区举行江西增昌新材料项目签约仪式，是广丰区2022年引进的第二个"5020"项目，项目总投资达20亿元。

23日，广丰区获得"2021年度全省工业高质量发展二类先进市县"称号。

同日，副市长郭峰到广丰芦林纸业有限公司、立景创新科技有限公司、台鑫钢铁有限公司调研，为加快企业发展提出指导意见。

24日，广丰区举行2022年第一次工业项目集中开（竣）工活动。市委书记陈云出席并下达开工令。此次集中开（竣）工的项目有86个，其中开工项目58个、竣工项目28个，项目总投资达218亿元，达产达标后可实现年产420亿元、年利税40亿元。在这些项目中，属于"新电子、新智造、新材料"三大主导产业的项目有60个，投资20亿元以上项目有6个。

28日，市人大常委会城建环资工委到广丰进行《上饶市住宅物业管理条例》执法检查暨"物业社区行"专题调研并召开座谈会。

29日，区委、区政府印发《关于深入推进营商环境优化升级"一号改革工程"实施方案》《关于深入推进数字经济做优做强"一号发展工程"的实施方案》。

31日，市人大常委会一级巡视员郑晓春一行到广丰开展《中华人民共和国乡村振兴促进法》和《江西省乡村振兴促进条例》的执法检查并召开座谈会。

同日，市政协副主席毛敏珍一行到广丰区开展"城区饮用水源保护工作"专项民主监督活动。

四月

1日，广丰区制定出台《上饶市广丰区农业招商引资优惠办法》。

2日，副市长郭峰到广丰调研黑滑石产业发展工作并主持召开项目现场推进会，指出黑滑石产业是全省"十四五"规划重点发展产业，也是全市打造千亿级产业规模的优势产业，全局与全链要同步谋划，高起点、高标准规划矿区建设、矿山开采工作，发挥资源优势，做优做精深加工，拉长拓宽产业链，将黑滑石资源优势转化为产业优势、经济优势。

12日，广丰区人民医院得到上饶市卫健委批复同意升格按三级综合医院执业登记。

同日，副市长王勇到广丰区数字经济聚集区暨跨境电商产业园拟建地、"广丰里"夜经济项目施工现场、马家柚精深加工标准化厂房、江西柚香糖业科技有限公司、芦林纸业有限公司、上饶市方舟电子有限公司调研，指出要进一步加快工业互联网建设和应用，推动企业数字化改造和产业模式创新，大力推动科技创新、管理创新、模式创新，加快构建"多链协同"的产业生态，为经济高质量发展注入新动能。

13日，市委常委、统战部部长刘斌到广丰区新生代企业家商会、上饶高新区企业商会，同企业家召开座谈会，对加强商会建设、推动民营经济发展等方面提出意见建议。

15日，区委常委会（扩大）会议召开，学习贯彻习近平总书记重要讲话精神，传达贯彻李克强总理在江西考察调研时的重要讲话要求。审议并原则通过《关于区直机关打造让党放心、人民满意的模范机关的工作方案》。

16日，广丰区黑滑石综合开发系列项目之粉体新材料投资项目签约仪式举行。项目总投资100亿，这是广丰引进的首个百亿元项目。

19日，上饶高新区科技企业孵化器备案为2021年度国家级科技企业孵化器。上饶高新区科技企业孵化器于2017年建立，位于上饶高新技术产业园区，是一家致力于高新技术企业孵化及中小微企业培育的科技创新综合性服务平台。

同日，省委第七巡视组巡视广丰区工作动员会议召开。会上，省委第七巡视组组长涂俊伟作动员讲话，对深入学习贯彻习近平总书记关于巡视工作重要论述和中央、省委关于巡视工作的部署要求，共同完成好巡视任务提出要求。省委巡视组在广丰区工作时间为2个月左右。

20日，省委常委、省委宣传部部长庄兆林在上饶市调研，到广丰会展中心，深入了解2022文化强省建设推进大会系列活动筹备工作进展以及数字文化产业、文旅融合发展等情况。

同日，市人大常委会副主任吴曙到永丰街道人大代表联络工作站接待选民，就优化营商环境召开座谈会。

21日，广丰区被评为全省利用省外项目资金一类县（市、区）。

22日下午，广丰区农村人居环境整治提升暨"五拆五清"百日攻坚行动部署推进会召开，会上解读《上饶市广丰区农村人居环境整治"五拆五清"百日攻坚战行动实施方案》。至2022年年末，全区累计"五拆"3.5万栋（处）212万平方米，"五清"11万处393万平方米。

25日，广丰区十七届人大常委会专家聘书颁发仪式暨2021年度全区人大工作总结表彰大会召开。会上宣读《关于聘任何笑等22位同志为上饶市广丰区第十七届人大常委会专家的决定》，为专家组成员颁发聘书。

27日，广丰11个社区（铜山村社区、桐畈社区、茭塘村社区、廿三都社区、七都社区、排山社区、丰源社区、白鹤畈社区、苏塘社区、融城社区、金御湾社区）被确定为江西省第一批绿色社区。

28日，市委常委、组织部部长任海斌到广丰区调研非公企业党建和创文工作。

29日，区委办公室、区政府办公室印发《关于推行"党建+网格+微小事"的工作方案》。

五月

1日8:00起，广丰区中心城区（永丰街道、丰溪街道、芦林街道、下溪街道、大石街道）范围实施静态管理。当日22:00起,广丰区实施全域静态管理。10日14:00起,除永丰街道、丰溪街道、芦林街道、下溪街道、大石街道、洋口镇、湖丰镇以外,广丰区其他乡镇解除静态管理,恢复常态化疫情管理。11日13:00起,广丰区全域解除静态管理,恢复常态化疫情防控。仍为封控区、管控区的部分区域,封控区内实行"区域封闭、足不出户、服务上门",管控区内实行"人不出小区、严禁聚集"。12日起,区内高三、初三年级师生返校,恢复线下教学。16日,全区各级各类学校(幼儿园)全面恢复线下教育教学秩序。

4日,广丰区洋口镇青桥村区域范围内划定封控区,并落实相关封控措施。18日10:00时起,解除洋口镇青桥村慈坞组、富山安置区的封控管理措施,按常态化防控措施管理。

5日,上饶高新技术产业园区获评全省开发区高质量考核综合先进单位。

7日,在收听收看全国、全省、全市自建房安全专项整治电视电话会议之后,广丰区召开自建房安全专项整治暨疫情防控重点工作推进会,部署落实国家、省、市会议精神。

8日,副市长郭峰到江西台鑫钢铁有限公司专题调研重点企业生产经营情况。

15日,宁辉、项素香、刘丽萍、陈青莲、叶柳兵等5户家庭入选"弘扬好家风 喜迎二十大"2022年江西省"最美家庭"。

19日,投资20亿元的电容器及电子元器件生产项目签约仪式举行,项目主营电子元器件的研发生产。

20日,总投资达100亿元的智能控制设备生产项目签约仪式举行。这是当年广丰区成功签约的第二个百亿元项目。本次落户的广丰时代科技有限公司项目,主要生产芯片封装、笔记本电脑、支付终端、半导体封装、新能源电池、液晶模组、扫地机器人等智能电子终端产品。

同日,广丰区人防蓝天救援队队长周和睦被评为全省"最美人防工作者"。

25日—29日,首届江西文化产业博览交易会在上饶市广丰会展中心举办。此次文博会以"'智'联万物 文创未来"为主题,将新媒体技术与现代展陈艺术相结合,采取博览展示和产品交易、项目对接与招商洽谈、数字赋能和现场互动、线下和线上相结合的方式,集中展示新发展阶段全省文化体制改革成果和文化产业发展新成就,搭建全国头部文化企业展示平台,推动全省文化产业招商。广丰会展中心设有32个展馆,总面积8000平方米,分综合展区、城市展区和特色文化展区等,共有30家国内头部文化企业、720家省内参展商参加主会场展出,展会期间观展人数8.83万余人次,现场交易额381万元、项目签约23.9亿元。广丰馆在本届文博会上亮相。

26日,省政协副主席李华栋到铜钹山九仙湖、白花岩等地,调研旅游工作情况。

28日—6月5日,广丰区2022年第二届"红五月"房地产交易展销会在月兔广场举行,以"安居广丰,幸福生活"为主题,设置展位10个,有参展企业和项目12个。

30日,市政协主席俞健到广丰区永丰街道调研"好商量"基层协商民主建设。

同日,广丰区"爱心筑梦·益童成长"关爱未成年人巾帼暖心行动在霞峰镇中心小学启动。

31日—6月1日,省委常委、省纪委书记、省监委主任马森述到上饶调研。马森述来到广丰,实地了解经济社会发展、营商环境、乡村振兴和全面从严治党情况;看望基层纪检监察干部并座谈交流,强调要立足经济社会发展大局推进全面从严治党,聚焦落实"三新一高"要求强化政治监督,督促领导干部践行正确政绩观,规范权力行使,强化制度执行,以严的主基调营造最优营商环境。

31日—6月1日,省政协副秘书长、九三学社省委会专职副主委肖礼庆一行来广丰开展推进优化营商环境民主监督专题调研并召开座谈会。

六月

1日,市政协副主席叶震春带领部分市政协委员到广丰区视察上饶市"5020"重大工业项目建设情况。

同日,上饶师范学院党委副书记、校长詹世友,党委委员、副校长李永明一行来广丰区开展访企拓岗促就业调研活动。

2日,区委、区政府转发《上饶市广丰区普法教育工作领导小组关于开展法治宣传教育的第八个五年规划(2021—2025年)》。

同日,区委办公室印发《关于落实全面从严治党主体责任实施意见(试行)》。

9日,省政府稳经济发展第九督导组到广丰督导调研,强调把切实稳住经济发展作为当前经济工作的首要任务,以"当先锋、打头阵"的担当作为,强攻二季度、确保双过半,为全年经济稳定发展奠定坚实基础。

10日,丰城市人大常委会主任曾兆昕带领丰城市考察团到广丰区考察创建全国文明城市工作。

11日,广丰区以"连接现代生活 绽放迷人光彩"(非遗)为主题,在省级非遗小镇——洋口镇,举办2022年"文化和自然遗产日"非遗系列活动,展示广丰区非遗保护成果，举办"非遗购物节"，组织省级非遗项目广丰木雕走进洋口镇中心小学开展非遗进校园。

16日，广丰区制定出台《上饶市广丰区预防学生溺水工作实施方案》。

18日，广丰区创建全国文明城市动员大会召开。会议强调，大力弘扬"一座城、一条心、一起拼、一定赢"精神，动员全区广大干部群众，进一步深化创文攻坚，确保"一次创建、一次成功"，全面提升城市文明程度和市民幸福指数。

19日，央视《新闻联播》播出《江西：建好流动党支部》，其中报道广丰区驻南昌市东湖区流动党员党支部为流动党员和在外务工人员解决就业难题。

20日，广丰区制定出台《上饶市广丰区数字经济产业发展扶持办法（暂行）》。

21日，广丰区举行江西泰珂黑滑石新材料项目开工仪式和黑滑石产业发展推介会。江西泰珂黑滑石新材料项目是上丰矿业公司与桂广公司合作的黑滑石精深加工项目，该项目位于广丰区黑滑石产业基地南区。

24日，市美丽办考核验收组来广丰区开展美丽集镇验收工作。

26日晚，2022"夜YOU广丰"文旅商贸促消费系列活动在月兔广场拉开帷幕，现场进行文艺演出、无人机表演、文化创意集市、灯光秀。促消费活动按照"注入时尚元素、营造市井情调、点亮万家灯火"的要求，以"十个主题，百场活动，千企参与，万人空巷"为核心理念，政企协力共同打造更加安心、舒心、放心的"夜经济"消费新场景。促消费活动持续到年底，以"夜游、夜秀、夜食、夜展、夜读、夜宿、夜竞、夜购、夜娱、夜品"为十大主题，融合"商业、美食、文化、演艺"等夜间多元化消费元素，在广丰城区及周边，持续打造地标性夜经济集聚区、夜经济示范街，联动举办百场夜经济活动。活动期间分批发放800万元消费券，带动市民的消费热情。

28日，全市"平安智慧小区"建设现场推进会全体参会人员到越兴府小区、裕花园小区、安利小区，实地参观广丰区平安智慧小区建设情况。

同日，上饶市人大常委会副主任、信州区委书记潘表光带队检查组到广丰开展《江西省优化营商环境条例》实施情况检查并召开座谈会。

30日，"长江颂"百位长江流域书法名家作品巡展在广丰区吴俊发艺术馆举行。

七月

1日，广丰区制定出台《关于加强财政衔接推进乡村振兴补助资金使用管理的实施意见》。至11月16日，广丰区2022年使用财政衔接资金安排项目总金额为10663.14万元，安排项目共195个，全部完工、完成验收并结算，完工率、验收率均为100%。195个项目的绩效目标达成预期目标，绩效目标完成率100%。

同日，2022润田翠"幸福江西行"首站——魅力"广丰"万人健步走在月兔广场启动。

同日，市政协副主席张庆国到广丰区调研"双减"政策落实情况。

5日，省安委会第九巡查组安全生产巡查广丰区工作汇报会召开。省安委会第九巡查组组长、省工信厅副厅长江明成出席并讲话。会后，巡查组通过开展访谈、查阅资料、抽查企业等方式，详细了解广丰安全生产工作情况。

6日，全国人大常委会委员、省人大常委会副主任马志武带领执法检查组到广丰区开展文物保护"一法一条例"执法检查。

同日，广东省残联党组书记、理事长张永安，江西省残联党组书记、理事长何剑锋带队到广丰调研残疾人就业工作。

8日，江西台鑫钢铁"开拓市场万里行"现场工作对接会在台鑫钢铁公司召开。

同日，省红十字会党组书记、常务副会长龚建辉到横山镇上孚村调研博爱家园项目建设情况。

8日—12日，广丰区2022年首届汉服文化美食节在木雕城广丰会展中心广场举办。

9日—10日，广丰区召开区委工作务虚会，会议强调，坚持"三个事关"的决策方向，紧盯"打造全市领先、全省一流的现代化强区"战略目标，深入实施"八个千方百计"工作策略，干在实处再出发，走在前列谱新篇，奋力推进经济社会高质量发展。会议期间，与会人员还集中观看全面从严治党相关视频，开展全面从严治党知识考试。

12日，上饶市"五好"宗教活动场所建设工作现场推进会在广丰区召开，市委常委、统战部部长刘斌出席会议并讲话。

15日，广丰区获评2021年度全省开放型经济工作利用省外项目资金先进单位。

17日，广丰区委全面从严治党形势分析会暨龚建华案以案促改"七个有之"专项治理工作会议召开。

同日，广丰区首张"一照含证"营业执照颁发。"一照含证"的营业执照是指通过"赣服通"扫描营业执照上的二维码，即可查看该便利店的营业执照信息以及食品经营许可信息。

19日，市人大常委会副主任、市工商联主席郑艳斐带领调研组对广丰区义务教育阶段"双减"工作开展专题调研。

20日，省委书记、省人大常委会主任易炼红到上饶调研，在广丰立景创新科技公司、和烁丰新材料公司、捷配工业互联网公司实地考察。在立景创新科技公司，易炼红指出，要坚持创新驱动发展，加强技术研发攻关，推动更多产品、工艺进入中高端、关键环，切实把科技的命脉牢牢掌握在自己手中。在和烁丰新材料公司，易炼红强调，各地各部门要按照"高大上、链群配"思路，以拼的姿态、拼的精神招引承接更多"5020"项目，全力抓对接、促开工、抢进度、见实效，切实以源源不断的大项目好项目为拼搏三季度、奠定全年胜提供有力支撑。在捷配工业互联网公司，易炼红指出，要纵深推进数字经济做优做强"一号发展工程"，全面实施企业"上云用数赋智"工程，加快推进制造业向数字化、网络化、智能化转型升级，充分发挥数字经济对产业发展的放大、叠加、倍增作用，努力实现变道超车、换车超车。

21日，上饶市副市长、广丰区委书记胡心田带领四套班子领导，专题调研园区标准厂房所有入驻企业生产经营情况，精准把脉施策着力点。

25日，广丰区警示教育大会召开。市委常委、市纪委书记、市监委主任陈冰出席会议并讲话。会上播放了郑华森、张景忠、徐利火的忏悔片和非法违规建房问题专题警示教育片，传达学习习近平总书记关于全面从严治党重要论述和指示批示精神，通报严重违纪违法案件有关情况。会议以视频形式开到乡镇（街道），广丰区1300余名党员干部参加会议。

28日，区委办公室印发《全面建设勤廉广丰实施方案》。

同日，区委办公室印发《关于广丰区民生实事项目人大代表票决制工作实施方案》，从2023年开始，区、乡（镇）实施民生实事项目人大代表票决制，每年年初召开区、乡（镇）人代会票决。

29日，全市上半年经济形势分析会暨第一次县域发展"双月"现场会第一站来到广丰。市党政班子领导，市人大常委会、市政协主要领导，"12+3"党政主要负责同志集中考察广丰区部分工业、城乡建设、社会民生等项目。

31日，"夜YOU广丰"主题曲首发式暨流行音乐协会夜秀专场文艺汇演在区文化馆梦想剧场举行。

自本月起，对广丰区烈士陵园进行提升改造。

八月

2日，广丰区创建国家文明城市暗访测评反馈会召开。

同日，广丰月兔商圈招商推广发布会在丰溪唐韵举行。

8日，中国国民党革命委员会上饶市广丰区总支成立暨第一次党员代表大会召开。会议选举毛礼蛟、叶荣丽、刘丹、周令贵、周建英、项寻赟、徐璇、蒋昌月8人为民革广丰总支第一届委员会委员。蒋昌月当选民革上饶市广丰区总支主委。

9日，广丰区红十字会举行自动体外除颤仪（AED）投放启动仪式，此次广丰区共投放8台。AED中文全称是自动体外除颤仪，一般设置于公共场所，是一种便携式、易于操作、用于患者心脏骤停后的早期除颤的急救设备，适合非专业人员在紧急状态下使用，被誉为"救命神器"。

10日，上饶市生活垃圾分类业务培训在广丰区东阳乡开班。此次培训为期26天，分13期对650余名学员进行轮训。

12日上午，全省"营商环境蹲点式调研、跟踪式研究"广丰区企业家座谈会召开。省民营经济研究院院长张新芝出席会议。

13日，央视《新闻直播间》"在希望的田野上"播放《铜钹山：丹霞绝胜处 青山伴绿水》，节目时长34秒。

14日，农发行上饶分行首单政策性开发性金融工具（基金）投放广丰区，总金额2500万元。该笔投资基金用于支持广丰区城北水厂新建及自来水管改造项目。

15日，区委全面深化改革委员会第五次会议暨改革十大攻坚行动推进会召开，会议审议通过《广丰区科技体制改革三年攻坚行动实施方案》《广丰区深化国资国企改革创新攻坚行动实施方案（2022—2024年）》《广丰区乡村振兴体制机制改革攻坚行动实施方案（2022—2024年）》《广丰区打造美丽中国"江西样板"改革攻坚行动实施方案（2022—2024年）》《广丰区健全完善民生保障制度改革攻坚行动实施方案（2022—2024年）》《广丰区深入推进市域社会治理现代化改革攻坚行动实施方案（2022—2024年）》《广丰区深化人才发展体制机制改革攻坚行动实施方案（2022—2024年）》《广丰区深化文化体制改革攻坚行动实施方案（2022—2024年）》《广丰区深入一体推进"三不"体制机制改革攻坚行动实施方案（2022—2024年）》，审议《广丰区关于探索工业用地集约化改革项目实施方案》。

同日，市委副书记郭素芳到广丰区大南镇古村村、湖丰镇槐芳村调研受污染耕地安全利用和防旱抗旱工作。

17日，市人大常委会《中华人民共和国长江保护法》执法检查组到广丰区开展实地检查工作。

18日，总投资22亿元的"5020"台资项目——智能设备工业综合体项目签约。该项目落户于上饶高新区信江产业园，用地面积110亩，主要生产智能设备、测试机、控制器等高端制造品，系"新智造"工业综合体产业。

20日，区委办公室印发《关于深入推进红色基因传承的实施方案》。

21日，广丰区公办幼儿园保育教育收费标准调整听证会召开。

22日，广丰区12支代表队参加第二十届江西省中小学智能机器人技能提升活动全部获奖，其中获得一等奖11个，包揽全省WER普及赛小学组、初中组和高中组冠军。

23日，广丰区举办消防安全指导服务中心暨乡镇（街道）消防所集中揭牌仪式。

25日，江西财经大学·上饶高新区战略合作签约暨研究生实习实践基地揭牌仪式举行。

同日，收听收看省委第三巡视组巡视上饶市反馈意见整改工作动员会后，省委第七巡视组巡视广丰区反馈意见整改工作动员会召开。上饶市副市长、广丰区委书记、省委巡视反馈意见区委整改工作领导小组组长胡心田出席会议并讲话，强调认真贯彻落实省委、省委巡视组的要求，以最坚决的态度、最务实的作风、最果断的行动抓好省委巡视反馈问题整改落实，扎实做好巡视"后半篇文章"。会上解读了《中共上饶市广丰区委关于认真做好省委第七巡视组巡视广丰区反馈意见整改工作的通知》。

31日，江西省政府公布2019—2021年度全省加快工业发展加速工业崛起先进单位名单以及江西省制造业高质量发展试验区名单，广丰区荣获"年度贡献奖""江西省制造业高质量发展试验区"，上饶高新技术产业园区荣获"园区发展专项奖"。

本月，广丰区城东幼儿园竣工，9月投入使用。该幼儿园位于丰溪街道金埠、塘堨社区，占地面积15亩，总建筑面积10208平方米，总投资3000万，可容纳18个教学班和500余名幼儿。

本月，广丰、江山、浦城三地试行食品经营许可跨省通办。

九月

1日下午，总投资20亿元的动力电池组智能制造产业链项目签约。该项目由东莞鑫电能源有限公司投资，项目前期入驻上饶市高新区标准厂房（四期），总面积约5.4万平方米。

3日，上饶市广丰区浙江商会在广丰永利大酒店正式成立，并召开第一次全体大会。陈礼平当选商会会长。会议期间举行关爱"一老一幼"阳光基金捐赠活动，现场捐款339.9万元。

4日，经过社会各界代表评审和网络投票，最终确定"月兔天街"为广丰首座人行天桥名称。

5日，十四届区委启动第三轮巡察，安排4个巡察组，对区人社局、区水利局、区交通局、区民政局等4个党组织开展常规巡察。

7日，万年县委副书记、县长谢军带领考察团到广丰区考察融资平台运作、棚户区改造和城市管理工作。

8日，广丰区庆祝第38个教师节暨表彰大会在贞白中学多功能报告厅召开，对广丰区第六届"十佳校长""十佳教师""十佳班主任""师德标兵""最美山区教师"、教体系统"先进集体"、捐资助学先进集体和先进个人进行表彰。

同日，市委政研室主任、市委改革办副主任廖焕水到广丰区调研民生保障制度改革攻坚行动推进情况并召开工作座谈会。

同日，"聆商·亲清谈"走进广丰座谈会召开，市委常委、统战部部长刘斌主持会议并讲话。

13日，市政协副主席叶震春到江西凤凰高级技工学校专题调研特色班工作并召开座谈会。

14日，广丰区2022年青年干部培训班举行开班仪式，上饶市副市长、区委书记胡心田出席仪式并作专题授课。

15日，横峰县委副书记、县长陈元带队到广丰区考察，并参加矿产资源全产业链综合开发利用工作交流座谈会。

16日，"广盾—2022"实战演练活动在区燃气公司举行。

19日，广丰区制定出台《2022年上饶市广丰区秀美乡村建设实施方案》。

20日，上饶市农业巨灾保险（广丰区）现场赔付仪式在湖丰镇举行。

同日，中南大学党委常委、副校长、中国工程院院士柴立元一行到广丰调研黑滑石产业。25日，上饶市副市长、广丰区委书记胡心田带队赴湖南省长沙市，考察位于中南大学的国家重金属污染防治工程技术研究中心，并与中国工程院院士柴立元及其研究团队进行座谈交流。

21日，市委常委、副市长帕塔尔·胡加买提到广丰区调研养老服务体系建设工作。

22日，省人大常委会委员、省人大环资委主任委员吴治云带队到广丰区开展"环保赣江行"检查活动。

24日，广丰区召开特色产品区域公用品牌标识专家评审会。特色产品区域公用品牌标识，旨在发挥广丰本土特色资源优势，推广广丰马家柚、天桂梨、红糖糕、羊肉粉、铜钹山旅游等本土产品，提升产品知名度、竞争力和品牌价值。活动面向社会各界征集作品 184 套，由评审委员会选出 20 套入围作品，10 月 1 日至 7 日进行网上投票，计算出综合得分确定入选作品。最终选定的广丰区特色产品区域公用品牌标识为"饶有丰味"。

27 日，市人大常委会组织主任会议成员和部分市人大代表对全市妇女儿童健康权益保障工作情况开展专题视察，在广丰区召开座谈会。

同日，广丰区举行烈士陵园烈士墓集中安葬仪式。

28 日，2022 江西"百城百夜"文化和旅游消费季广丰分会场在月兔商圈拉开帷幕。

29 日，广丰区政务服务和大数据管理局挂牌成立，办公地点在芦林大道 207 号（广丰长途汽车站旁）。

30 日，副市长王勇到广丰调研数字经济工作，并主持召开数字经济"一号发展工程"调研座谈会。

本月，上饶海关为上饶市立景创新科技有限公司颁发海关 AEO（经认证的经营者）高级认证证书，这是广丰区首家通过 AEO 高级认证的企业。

十月

1 日，广丰区政府发布《广丰区关于调整大型汽车时段性通行管控措施的通告》，对限行区域、时间等进行调整，自 2022 年 11 月 1 日起实施。

4 日，广丰区举行设备购置贴息贷款项目集中签约仪式。此次集中签约项目 12 个，涵盖文教、卫生、工业、体育等多个领域，签约贷款需求总额 4.918 亿元。

8 日，广丰中学举行新校门落成暨校名揭牌仪式。广丰中学新校门建设是学校整体改造提升项目工程之一，大门上"江西省广丰中学"七个大字由俞鸿儒院士题写。

10 日，广丰区大唐时光文旅项目签约，项目总投资 36 亿元，占地约 500 亩。项目以唐代历史文化为背景，打造集吃、住、行、游、购、娱、教于一体的独具盛唐气质的全国一流文旅小镇。

同日，广丰区制定出台《上饶市广丰区 2022 年农村"厕所革命"工作实施方案》。

13 日，万达集团到广丰区考察交流座谈会召开。

15 日，广丰区传承红色基因研讨会召开，邀请市委党校封肖平作专题授课。

16 日，广丰各界踊跃收听收看党的二十大开幕会。

17 日，中组部、团中央第 22 批赴赣博士服务团马家柚产业发展服务基地揭牌仪式举行。

18 日，省政协副主席张勇带领调研组到广丰区永丰街道社区卫生服务中心、永丰街道"好商量"协商议事室、西坛标准果园调研。

20 日，广丰区 2022 年高标准农田建设项目开工仪式在洋口镇壶山村举行。2022 年广丰区新建高标准农田 4 万亩，涉及 17 个乡镇 83 个行政村，10 多万农业人口，总投资 1.2 亿元。

同日，省委宣传部副部长、省文资办主任郎道先一行到广丰区调研文化产业，并召开座谈会。

23 日晚，"感动上饶"2022 年上半年度"上饶好人"集中发布仪式在广丰区月兔广场举行，发布"上饶好人"25 件事迹 28 人。

24 日，广丰区召开领导干部会议，传达学习党的二十大精神，全面部署学习宣传贯彻落实各项工作。会议强调，要更加紧密团结在以习近平同志为核心的党中央周围，深入学习贯彻党的二十大精神，以时不我待的紧迫感、只争朝夕的使命感、奋斗有我的责任感，坚定信心、同心同德，埋头苦干、奋勇前进，不断迈出"打造全市领先、全省一流的现代化强区"新步伐，为以中国式现代化全面推进中华民族伟大复兴作出新的更大贡献。

25 日，副市长王勇到广丰区大唐时光文旅小镇、西坛田园综合体、大湖公路乡村振兴示范带（鱼菜共生）、九仙湖、白花岩等项目现场调研。

同日，上饶市广丰区台鑫钢铁入选省级水效领跑企业、芦林纸业入选省级节水标杆企业。

26 日，广丰区在"文明点亮饶城"暖视频大赛中获得一等奖 1 个，二等奖 2 个，获得优秀组织奖。

26 日—27 日，市委书记陈云到广丰区调研并宣讲党的二十大精神。

27 日，上饶军分区"学习贯彻二十大 齐心共筑强军梦"第四届讲红色主题故事比赛在广丰区贞白中学举行。广丰区的《铜钹山二十一勇士》获得冠军。

28 日，阿里巴巴"双 11 农货多一件"官方发布会在广丰区举行，进一步推动马家柚产地数字化品牌发展，树立广丰马家柚品牌。

同日，中国老科协科学报告团江西报告会（智能手机应用）在广丰区举办。

同日，广丰区残疾人联合会召开第五次代表大会。大会选举产生新一届主席团主席、副主席和出席上饶市残联第五次代表大会的代表。推举区残联执行理事会理事长。

29 日，市委副书记、市长邱向军到广丰区调研并宣讲党的二十大精神。

本月，霞峰镇赤塘村李信生（74 岁老村医"手绘地图"，守护村民健康 53 载）入选 2022 年第三季度敬业奉献"江西好人"。

十一月

1日，上饶市副市长、广丰区委书记胡心田到洋口镇向基层干部群众宣讲党的二十大精神。

同日，2022年城北片区城中村（二期）改造动员大会召开，此次城中村改造征收350户10.4万平方米。在一个月时间全面完成签约任务；22日，正式启动拆除工作。

同日，广丰至上饶城际公交开通。起点站为信州区带湖路汽车站，终点站为广丰区白鹤客运站，其间途经23个站点，里程约35公里，票价调整为5元，实行全程一票制。

2日，市人大常委会党组书记、主任候选人提名人选李高兴到广丰区宣讲党的二十大精神，调研经济社会发展和人大工作。

同日，区委副书记、区长龚振宙来到永丰街道向基层干部群众宣讲党的二十大精神。

3日，广丰区2022年"开拓市场万里行"供需对接会召开。

4日，市人大常委会党组副书记、副主任杨建林到广丰开展2022年前三季度经济运行暨做强县域经济实力专题调研并召开座谈会。

5日，广丰区以"清风润万家、家风促廉洁"为主题，举办村（居）支部书记及其配偶"家庭助廉日"活动。

5日—6日，上饶市副市长、广丰区委书记胡心田带队赴苏州等地开展招商考察活动。

6日，江西省文联"万名艺术家下基层"学习宣传贯彻党的二十大精神文艺演出活动在洋口镇举行。

同日，"全民健身·幸福广丰"2022年上饶市广丰区全民健身展演暨全民健身系列赛事活动启动仪式在月兔广场举行。

10日，省台办二级巡视员喻志东到广丰开展"精准服务台企月"活动调研，走访调研台资企业并宣讲党的二十大精神。

11月10日晚，上饶市广丰区放心消费示范"街区"启动仪式举行，12家商户被授予"放心消费示范单位"称号。

11日，"数字新广丰 超级马家柚"2022年广丰马家柚丰收采摘暨盒马上新启动仪式在广丰区乡村振兴示范园举行，就广丰马家柚入驻盒马鲜生进行现场签约，广丰马家柚及相关产品入驻盒马鲜生华中区48家门店。广丰区与阿里巴巴集团在天猫、淘宝直播、盒马、阿里云、菜鸟、淘菜菜等业务板块实现深入合作。

12日—13日，"2022年上饶市农产品展示展销暨上饶广丰马家柚品鉴活动"在江天·农博城举行。本次活动以"上上之选·饶有风味"为主题，集中展示各县（市、区）特色农产品和广丰马家柚。马家柚品鉴评比结果：广丰区富马种养专业合作社获得一等奖。

13日，江西中医药大学附属医院医联体医院暨江西热敏灸医院广丰分院揭牌仪式在区中医院举行。

14日，从本日起，全市学习宣传贯彻党的二十大精神送课下基层党员大培训活动先后在广丰区下溪街道、洋口镇、大石街道、东阳乡、排山镇、壶峤镇、湖丰镇、永丰街道、霞峰镇、少阳乡、嵩峰乡、毛村镇、芦林街道、吴村镇、丰溪街道等乡镇（街道）举行。

同日，学习宣传贯彻党的二十大精神专题送戏下乡文艺演出，走进毛村镇山岩村，把党的二十大精神送到乡村。

18日，在中国中小城市发展指数研究课题组、国信中小城市指数研究院联合发布的2022年度全国投资潜力百强区名单上，广丰区位列第18位。

19日，江西锦荣新材料有限公司的产品电子信息新材料，在第二十四届中国国际高新技术成果交易会上获得优秀产品奖。

同日，广丰区退役军人和其他优抚对象优待证首发仪式举行。

24日，上饶市以"服务实体经济 助力科技创新"为主题的研发费用归集暨高新技术企业申报专题首场培训会在广丰区举行。本年度，广丰区新增高新技术企业26家，高新技术企业总数69家。

25日，上饶市农业农村局、广丰区人民政府联合主办的上饶广丰马家柚南昌专场"五进"（进市场、进门店、进机关、进社区、进校园）营销活动正式启动。"五进"活动在南昌各地持续一个月，进一步扩大上饶广丰马家柚的知名度和美誉度，助力广丰马家柚更好地走向更广阔的市场。

29日，广丰区制定出台《上饶市广丰区农村宅基地制度改革和规范管理工作方案（2022—2024）》。广丰区积极稳慎推进第二轮宅基地制度改革，结合乡村振兴、和美乡村建设、乡村治理、农村人居环境综合整治、厕所革命、农村生活污水处理等，系统谋划、统筹发展，理顺宅改工作党委领导、政府主导、部门指导、农民主体的工作机制体制，以宅基地"三权分立"为切入点，坚守好三条红线不突破，切实维护好群众切身利益，盘活农村沉睡土地资源，实现闲置宅基地的财产性收益增值增效。

30日，广丰区学习贯彻党的二十大精神市委宣讲团宣讲报告会举行，市委宣讲团成员、上饶市委党校常务副校长刘伟明作宣讲报告。

同日，广丰区委理论学习中心组学习（扩大）会议召开，邀请江西省环科规划院气候所所长冯明雷以"完整准确理解碳达峰碳中和战略，推动区域绿色低碳高质量发展"为主题，作碳达峰碳中和专题辅导报告。

十二月

5日，洋口老街历史文化街区入选第六批省级历史文化街区。

6日上午，广丰区组织广大干部群众收听收看江泽民同志追悼大会直播，沉痛悼念江泽民同志。

7日，广丰企业家座谈会召开，上饶市副市长、广丰区委书记胡心田主持会议并讲话。

8日，上饶高新区电子信息产业集聚区（主要赛道：电子元器件和智能终端）被评为江西省数字经济集聚区（第二批）。

10日，美国战争纪录片《动荡的历史》在洋口镇举办中国首映式。该片根据"杜立特突袭东京行动"的历史事实拍摄，再现美国"杜立特行动"和中国江西上饶、浙江衢州的村民英勇营救美国飞行员的感人历史。

同日，小品《花田喜事》荣获第二届"江西省戏剧小品大赛"二等奖。

12日，广丰区组织副县级以上退休（退二线）老干部代表考察区重点项目建设和经济社会发展情况。

13日，省财政厅副厅长苏昌平到广丰调研乡村振兴、经济发展形势和财政运行状况等工作情况。

14日，广丰区公安局开出《反电信网络诈骗法》首张罚单。

同日，省教育厅二级巡视员杨美珍一行到广丰区调研义务教育优质均衡发展和学前教育普及普惠工作。

15日—17日，区委副书记、区长龚振宙带队赴西安、黄石等地开展招商活动。

24日，江西省渝网科技股份有限公司被选入2022年高成长性科技型企业名单，这是广丰区企业首次成功入选，实现了瞪羚企业"零的突破"。

25日上午，广丰区疫情防控工作调度会召开，会议强调，要落实好"二十条"和"新十条"优化措施，始终坚持人民至上、生命至上，以"时时放心不下"的责任感抓好疫情防控措施和医疗服务工作落实，确保平稳转段和社会秩序稳定，坚决守护好人民群众生命安全和身体健康。

同日，以"饶有丰味"区域公用品牌命名的首家特色生态产品旗舰店在"广丰里"试营业，这是广丰区以区域公用品牌为引领，采取政府引导、市场运作的方式，带动企业品牌发展，提升广丰品牌影响的创新举措。

26日，广丰区制定出台《上饶市广丰区营商环境创新试点实施方案》。

本月，广丰区首座人行天桥——月兔天街正式通行。天桥位于月兔广场东北侧，横跨永丰大道，南起新天地，北接广丰里，全长约60米，宽6米，高5米，设置步行楼梯、电动扶梯和无障碍电梯等公共设施。桥上的灯光亮化工程以及桥身的金属质感完美地融入周围街边的环境及夜景工程，该桥建成后成为广丰市民新的"网红"打卡点。

31日，广丰区2022年财政收支汇报会召开。2022年，全区财政总收入完成73.11亿元，增收5.33亿元，增长7.86%。其中，税收收入完成62.55亿元，增收5.29亿元，增长9.23%；非税收入完成10.56亿元，增长0.5%。一般公共预算收入完成31.73亿元，增收1.7亿元，增长5.65%。总量位居全市第一、全省第一方阵。

专　记

2022年广丰区经济亮点回顾

2022年，是党的二十大胜利召开之年，也是本届政府全面履职的开局之年。一年来，上饶市广丰区坚持以习近平新时代中国特色社会主义思想为指导，深入贯彻中央、省、市和区委的决策部署，坚决贯彻"疫情要防住、经济要稳住、发展要安全"重要要求，与时间赛跑、和困难较量、向一流看齐，同心应考、用心答题，较好地完成了区十七届人大二次会议确定的各项目标任务。

一、2022年经济工作的基本情况

全区生产总值完成629.02亿元，升至全省第9，增长5.7%，位列全省第5；一般公共预算收入31.73亿元，增长5.7%；规上工业增加值增长9.5%，位列全省第7；固定资产投资增长9%；社会消费品零售总额159.25亿元，增长6.1%。在2022年度全市经济社会和党的建设巡查中荣获县（市、区）第一，综合实力连续25年保持全省第一方阵、全市第一的位置。

二、经济发展取得新成效

一是工业发展倍增升级。全年引进工业项目103个，其中，"5020"项目11个，百亿项目2个，立景二期、锦荣新材料等82个项目竣工投产。新增规上工业企业30家，位列全市第一。完成重点企业技改20家，新增产值200亿元以上。园区平台不断夯实，建成标准厂房227万平方米，进驻企业85家。完成规上工业主营业务收入833亿元，增长15.7%。二是现代农业持续壮大。2022年度粮食种植面积达53.03万亩，总产3.61亿斤。深入实施"菜篮子"工程，新建高标准大棚600亩、大棚蔬菜基地2000亩，蔬菜种植面积超12万亩。广丰马家柚品牌更加响亮，乡村振兴示范园、西坛标准果园成功接受全省农业发展大会检阅，全力打造"饶有丰味"区域公用品牌，区农产品交易中心建成投用，马家柚成为全省首个进驻盒马鲜生的农产品，综合产值超20亿元。三是商贸文旅加速发展。开展总投资10亿元、占地3.6万平方米的"广丰里"夜经济项目，及"夜YOU广丰"系列活动，发放各类消费券超2000万元。引进总投资36亿元的大唐时光文旅项目，铜钹山文旅项目加速推进。创评七星下庄坑等4个省3A级乡村旅游点。承办全省首届文博会，红木文化创意产业园获评2022年度江西省工业旅游示范基地。成功获评全省民间文化艺术之乡。四是企业项目加快落地。出台稳经济"42条"，推行"即申即享""免申即享""直达快享"，全年为企业减负19.87亿元。新增市场主体9507户、总数达5.68万户，促成企业达成销售订单210亿元。争取上级各类资金36.56亿元，5个省重点项目、46个省大中型项目、86个市重点项目建设进度位居省市前列。

三、生态环境展现新面貌

一是城市建设高标准推进。上饶至广丰城际公交开通运行，建成口袋公园19个、城市驿站7个、停车场10个，完成老旧小区改造7个，道路"白改黑"7条，水南大桥、芦林大桥等城区桥梁改造提升，加装既有住宅电梯16台。城北片区（二期）征迁工作全面完成，北湖公园、竹航山公园建成开园，尚绿酒店竣工营业，"四纵四横"、鱼丘安置区等项目全速推进。投入3.2亿元，实施15大类301个创文项目。二是乡村建设高质量实施。持续推进乡村建设1∶2筹资，累计撬动资金7.58亿元，高标准实施了1164个乡村点建设。扎实推进18个美丽集镇建设，基本完成三年攻坚"扫一遍"目标。完成农村公路改造106.5公里，危桥改造5座，户厕改造5013个，农村无害化卫生户厕普及率达95.12%。三是生态环境高效能治理。推进建制镇污水处理厂建设，11个污水处理厂建成投用，完成85.3公里污水管网建设。推进火木公司矿区生态修复和33个持证矿山生态治理，创建2家绿色矿山。完成人工造林0.52万亩、封山育林1万亩、退化林修复

2.5万亩、森林"四化"建设300亩。全年PM2.5浓度为24.7微克/立方米，全区河流断面水质达标率均为100%。

四、改革开放凝聚新动能

一是重点改革不断深化。纵深推进"放管服"改革，深入推进"一把手"走流程模式，项目、自然人、法人全生命周期"一件事"集成改革全面推行，各类申请材料减少25%，办事环节压减42%，审批时间压减76%，开办企业全流程缩短至1个工作日以内。积极探索实施工业用地集约化改革，改革经验得到省委改革办等部门充分认可。工程建设项目审批、跨省通办等各类改革走在省市前列。获评2021年度江西省全面深化改革工作先进县（市、区）。二是创新驱动不断强化。R&D经费支出占GDP比重较上年大幅增长30%。新增高新技术企业26家，科技型中小企业、"专精特新"企业分别达103家、30家。上饶高新区科技企业孵化园获评国家级科技企业孵化器，为全省唯一入选。渝网科技入选省级高成长性科技型企业，实现广丰区瞪羚企业"零的突破"。三是营商环境不断优化。成立区政务服务和大数据管理局，设立非公有制企业维权服务中心和法治化营商环境司法服务中心，实行政务服务"好差评"机制，推行"容缺办""错时办""帮代办"模式。"人生十件事"一站式联办等15项改革经验在"江西营商"微信平台推广。营商环境年度考核位居全市第一，全省排名大幅提升。上榜2022年全国投资潜力百强区第18位，被列入全省首批营商环境创新试点城市。

五、民生福祉得到新改善

一是社会保障坚实有力。全年民生投入达62.43亿元。设立"一老一幼"阳光慈善基金，筹集社会资金1056万元。积极巩固拓展脱贫攻坚成果，获评全省财政衔接推进乡村振兴补助资金绩效评价整体推进县。全力稳定重点群体就业，新增城镇就业4205人，转移农村劳动力8280人。城镇居民人均可支配收入4.93万元，农村居民人均可支配收入2.3万元，分别增长8%、8.5%。二是社会事业日益繁荣。全面完成20件民生实事，办成微小事1034件。新增就业岗位1.7万个、托幼园位1620个、上学座位9750个、医疗床位818个、养老点位24个、停车车位491个、如厕厕位346个。上饶卫校二期开工建设，广丰中学改造提升、贞白中学改扩建、城东幼儿园基本完成，完成6所农村寄宿制学校改造。区人民医院医技大楼、区中医院中医药大楼、区妇幼保健院建成投用，13所乡镇卫生院完成改造提升。大力发展养老服务事业，新建社区居家养老服务中心42个、"党建+康养之家"134家，覆盖率分别达100%、80.2%。新建健身路径11条、健身步道16公里，建成全民健身站点338个。三是社会治理不断强化。科学精准做好常态化疫情防控工作，坚决守护人民群众生命安全和身体健康。深入推进市域社会治理现代化建设试点，圆满完成党的二十大期间安保维稳任务。扎实做好打击电诈、信访维稳等工作，全区安全生产形势总体稳定。获评全省消防工作先进县（市、区）、全省平安校园建设优秀县（市、区）。

广丰概览

自然环境

【区域位置】 广丰区位于江西省东北部,上饶市东部,与浙江、福建两省接壤。地处武夷山脉北段、仙霞岭以西。东界浙江省江山市,南接福建省浦城县、武夷山市,西毗上饶市信州区、广信区,北邻玉山县,为浙、闽、赣三省交界处。区境南北长62.5千米,东西宽45千米,总面积1376.88平方千米。地理坐标:北纬28°3′30″—28°37′23″,东经118°1′18″—118°29′15″。区人民政府驻地永丰街道。

【地貌地势】 境内地貌,因受地质构造运动的影响,并在武夷山脉和仙霞岭的支配下,呈现南峻西缓,东高北低。境内海拔最高点铜钹山尖1534.6米,城区95米,最低处有洋口镇的谢家洲、壶峤镇的渡船头村,约72米。境内整体地势从东南向西北渐次倾斜,形成半山区半丘陵的地貌特征。根据广丰地貌成因类型及地形的绝对高度、相对高差所形成的地貌形态,可划分为五个类型,地理学上称侵蚀构造地形、剥蚀构造地形、剥蚀堆积地形、侵蚀堆积地形、侵蚀溶蚀地形。

侵蚀构造地形。广泛分布在区境东部嵩峰山及南部铜钹山一带。由中生代火山岩及燕山期中酸性侵入岩组成。海拔500~1500米,相对高差500~1000米,形成区内的中低山地形,山坡陡峻,坡度40°~70°,强烈切割,水流湍急,形成许多"V"字形山谷。宜杉宜竹,是区内林业生产基地。

剥蚀构造地形。主要分布于区境北部,由震旦亚系变质岩、震旦系火山岩—中生代地层组成,海拔300~600米,相对高差80~250米,形成区内低山丘陵区,中等切割,坡度30°~50°,形成"U"字形山谷。山麓缓坡,已基本上开垦为旱地,沟垄大部分开垦为水田,是粮棉生产基地之一。

剥蚀堆积地形。广泛分布于区境中部及北部,由中生代红色、紫色陆相碎屑岩及火山喷发岩组成。海拔100~250米,相对高差50~150米,形成区内丘陵岗地,浅切割,坡度20°~40°,地形起伏不大,形成一些浑圆状、馒头式的小山包。山坡地种植经济林(油茶等)和薪炭林,小山包大部分已开垦为旱地,沟垄平坂已开垦为水稻田。水利条件较好,是主要经济作物和水稻区之一。

侵蚀堆积地形。主要分布于信江和丰溪两岸,呈条带状展布,组成一级河漫滩阶地和河谷地貌。地形较平坦,海拔75~150米,地面覆盖物为近期河流冲积物。一般一级阶地及河漫滩为沙土及河卵石组成,二级阶地上部为侵蚀堆积壤质冲积土,下部亦为沙土和卵石层。土质较深厚,水肥条件较好,是区内主要水稻高产区。

侵蚀溶蚀地形。主要分布区北东大南、排山一带,呈长条状展布,发现有暗河、蓄水洞、溶沟、石林等碳酸岩类景观。海拔100~300米,相对高差100~200米,形成区内峰林状山脊及溶蚀洼地。土层多数较薄,洼地也有厚层出现,质地黏重,部分山地已垦为旱地,沟垄开垦为水稻田,山上除垦为旱地外,还有稀疏的薪炭林,为区内农业低产地区。

【河流湖泊】 境内丰溪河,是信江上游南岸的主要支流,发源于福建省浦城县仙霞岭,从区境东部流向西北,在五都折向西流,至洋口镇清湖出境,在信州区郊汇入信江,全长117公里,流经区境87公里,流域面积为2143平方公里。有十都港、枧溪水、廿四都水、下溪水、塘边水、石杉水、排山水、大石水、赵塘水、十五都港、棠岭港11条支流,汇入丰溪河,流入信江,年平均水位89.42米,最高水位93.83米,最低水位88.68米;流出区外有大南水、壶桥水、湖口水3条河流;流出省外有龙溪水1条,流入须江。

【矿产资源】 全区非金属矿产资源丰富,已成为江西省非金属矿产品加工利用和加工贸易的重要基地。已发现各类矿产品30余种(金属矿产8种、非金属矿产20种、能源矿产3种),矿产地100余处,其中查明资源储量的14种,已列入江西省矿产储量表的有11种:黑滑石、水泥用灰岩、萤石、膨润土、高岭土、长石、珍珠岩、磷、铜、伴生银、伴生硫;未列入表的有煤、白云岩、水泥配料用砂岩。境内高品位黑滑石储量达

10亿吨以上，储量之大居世界之首，居全省前列的有膨润土、珍珠岩。此外，水泥用灰岩、萤石、磷矿等矿产在全省也占较大比重，具有找矿远景的有：玄武岩、钨、铀、钒、石英石、沸石等。

【土地资源】 区内土壤类型多样，有山地丘陵面积10.32万公顷，占国土总面积的74.9%。土壤类型有：水稻土、紫色土、红壤、黄壤、黄棕壤、石灰土、红色石灰土、潮土8类，14个亚类，13个母质类型，44个土属，105个土种，其中水稻土面积3.43万公顷，占25.5%。

【生物资源】 据调查统计（按Hutchinson系统），境内高等植物有254科956属2412种，其中苔藓植物60科130属283种（含3个变种）。其中，属于《国家重点保护野生植物名录》（第一批）的有17种，有国家Ⅰ级重点保护植物2种，分别是南方红豆杉、伯乐树，占全省的28.57%；国家Ⅱ级重点保护植物15种，分别是香榧、闽楠、浙江楠、鹅掌楸、凹叶厚朴、樟树、蛛网萼、金荞麦、毛红椿、花榈木、喜树、银鹊树等，占全省的41.18%。有省级重点保护植物88种，占全省的37.93%，其中省Ⅰ级重点保护植物有14种，Ⅱ级重点保护植物18种，Ⅲ级重点保护植物56种。包括南方铁杉、粗榧、罗汉松、香槐、柳杉、白玉兰、紫花含笑、香桂、豹皮樟、紫荆、猴欢喜、白花前胡、华重楼、白芨、建兰、蕙兰、独蒜兰、绶草等。

区内动物资源丰富，记录的脊椎动物有33目89科229属337种，其中哺乳类动物7目19科35属44种，鸟类17目47科124属198种，爬行类1目2亚目7科32属44种，两栖类2目8科18属29种，鱼类4目8科20属22种。贝类4目18科31属48种（含未定种6个），虾蟹类1纲1目4科13种，昆虫25目260科1357属1953种，蜘蛛33科123属316种。野生动物中，有国家级重点保护野生动物37种，其中国家Ⅰ级4种，国家Ⅱ级33种。

（供稿人：吴卫强）

历史概况

【建置沿革】 今广丰区地，春秋时属吴、越，战国时属楚。秦始皇二十六年（前221），属九江郡余汗县；区境东北角（指建县时从衢州须江县〔今江山市〕划入之一小部分区域，下同）属会稽郡太末县。汉高祖四年（前203），改九江郡为淮南国。六年，分淮南国置豫章郡，辖余汗县，今广丰区地属之。汉末，余汗地尽属孙吴。献帝兴平二年（195），吴孙策分豫章置庐陵郡，今广丰区地属庐陵郡余汗县；东北角属会稽郡新安县。建安十五年（210），孙权分豫章郡置鄱阳郡，同时析余汗地置葛阳县，今广丰区地属鄱阳郡葛阳县，东北角仍属会稽郡新安县。三国时期隶属同上。晋、南北朝，皆属鄱阳郡葛阳县。区境东北角，晋泰始二年（266）属东阳郡新安县。太康元年（280）新安改名信安。陈天嘉三年（562）属金华郡信安县。隋开皇二年（582），区境东北角属婺州信安县。大业三年（607），葛阳改名弋阳，今广丰区地属鄱阳郡弋阳县；区境东北角属婺州东阳郡信安县。

唐武德四年（621），改鄱阳为饶州，置上饶县，同时设立永丰镇，因境内有永丰山得名，属饶州上饶县。分信安地置须江县，隶衢州，区境东北角属衢州须江县。武德七年（624），省上饶入弋阳，隶饶州；武德八年（625），省须江入新安，隶婺州。今广丰区地属饶州弋阳县，东北角属婺州新安县。永昌元年（689），复须江县。

唐乾元元年（758），置信州，分上饶县之永丰镇、益以衢州须江县之西南地设永丰县，是为建县之始，隶信州。元和七年（812），省永丰县入上饶复为镇。五代时，今广丰区地皆为信州上饶县永丰镇。其间，信州于后梁太祖开平二年（908）改属吴，后晋天福四年（939）改属南唐。宋太祖开宝八年（975），信州改隶江东路。宋神宗熙宁七年（1074），永丰镇复为永丰县，仍隶信州。

元初，实行"行省制度"。至元十四年（1277），升信州为路，隶江浙行中书省，永丰县属江浙行中书省信州路。至正二十年（1360），朱元璋部将胡大海取信州路，改名广信府，辖永丰县，仍隶江浙行省。明洪武四年（1371），因广信府隶浙漕运不便，改隶江西行省，永丰县皆属广信府。清代沿用明制。雍正十年（1732）因吉安府亦有永丰县，加之境内有丰溪河，改广信府永丰县为广丰县，与"永丰"意近。明、清两代，划分6乡51都。

民国元年（1912），废州府，各县直属于省。民国三年设道，广丰县属豫章道。民国十五年废道，各县仍直属于省。民国二十一年至三十一年，全省四次划分行政区，广丰县皆属第六行政区。第二次国内革命战争时期，盘岭山区及其周围各地，曾先后建立县、区、乡苏维埃政权。

1949年5月5日，广丰解放，5月20日成立县人民政府，隶赣东北行政区上饶专区。9月，赣东北行政区被撤销，广丰改属上饶专区。1971年4月，上饶专区改称上饶地区。2000年10月，上饶地区撤地设市，广丰县属上饶市。2015年2月16日，国务院批复（国函〔2015〕37号）江西省政府同意撤销广丰县，设立上饶市广丰区，以原广丰县的行政区域为广丰区的行政区域；3月6日，江西省政府通知（赣府字〔2015〕21号）调整行政区划；6月6日，举行广丰撤县设区授牌授印仪式，广丰撤县设区正式挂牌。

【行政区划】　至2022年年底，全区辖5个街道、15个镇、3个乡：永丰街道、丰溪街道、芦林街道、下溪街道、大石街道、五都镇、洋口镇、霞峰镇、枧底镇、湖丰镇、壶峤镇、大南镇、排山镇、吴村镇、泉波镇、毛村镇、桐畈镇、沙田镇、横山镇、铜钹山镇、东阳乡、嵩峰乡、少阳乡；设铜钹山国家森林公园管理委员会、上饶高新技术产业园区管理委员会2个功能区管理机构。至2022年年末，全区共有159个村民委员会和77个居民委员会。与2021年相比，新设立芦林街道黄尖山、桐畈镇龙华山2个村民委员会。

【境域变迁】　广丰建县后之疆域、四至，明嘉靖二十三年（1544）《永丰县志》记载："永丰在唐以镇升县，明为广信六属之一，距府东南四十五里。东西广里七十有五，南北袤里一百三十。东抵衢之江山县境六十里，界竹岩；西抵上饶县境一十五里，界菱塘；南次上饶县境八十里，界八坊场；北至玉山县境三十里，界信丰乡乌石岭。"

此后几次编纂的县志，所载广、袤里数相同，但四至略有小异。清康熙四十一年（1702）《广永丰县志》谓"东界衢之江山官溪"；乾隆二十年（1755）《广丰县志》则称"东界衢州江山松峰山""南界封禁山铜塘"，道光三年（1823）、同治十一年（1872）《广丰县志》均采此说。

历次旧志，虽记有境域广（宽）袤（长）里数及四至，均未见面积数字。入民国后，始有此项记载，但限于当时的水平和条件，所载面积既不准确又自相矛盾。民国二十三年（1934）8月《县政概况》"疆域及面积"记载："本县居上饶县东南，地形犬牙交错，形同飞鸢。计东西广75里，南北长130里。东界浙江江山之廿八都广渡，西界上饶之皂头、蔡家街、菱塘铺，南界福建铜钹山之浦城，北界玉山之乌石岭及上饶之沙溪。面积约4700方里（折合1175平方公里）缺。"民国三十二年12月《广丰县兵要地志》记载全县面积为4813平方市里（折合1203.25平方公里）。而民国三十五年10月《施政统计》一书记载："疆界：东江山、西上饶、南浦城、北玉山。长阔：南北150市里，东西80市里，全县面积1200平方公里。"

经现代先进科学技术实测和计算，县境南北长62.5公里，东西宽45公里。1998年10月勘界实测，县境周边共长413.26公里。1984年12月26日，经江西省人民政府审核认定，全县总面积为1377.79平方公里，折合地积13779公顷。2019年12月31日，根据广丰区第三次全国国土调查项目成果数据认定，全区总面积1376.88平方公里。（区地方志编纂中心）

人口发展状况

2022年年末，广丰区共有户籍人口980072人，其中乡村人口420216人，城镇人口480311人，总户数达261408户，户均3.75人。

2022年年末，广丰区共有常住人口771584人，其中乡村人口291273人，城镇人口480311人，城镇化率达62.25%，较上年提高0.66个百分点。

（供稿人：郑浩）

环境质量

【环境空气质量状况】　2022年，广丰区环境空气质量评价采用布设在城区的1个空气自动站监测点监测数据平均值作为质量评价依据，监测项目为二氧化硫、二氧化氮、一氧化碳、臭氧、可吸入颗粒物和细颗粒物六项。

2022年，城区空气质量与去年相比，有所恶化，主要受去年下半年的极端干旱天气影响较大，全年污染天有33天，比去年增加15天，优良率为89.7%，比去年下降5.1%，仍属良好水平。影响广丰城区空气环境质量的各项主要污染物中，臭氧和可吸入颗粒物是广丰大气环境中的首要污染物。

细颗粒物：PM2.5年均值为24.8μg/m³，较去年下降3.2μg/m³，达到国家PM10年平均一级标准（35μg/m³），全区日均值达标率为97.5%。

臭氧：全区O_3日最大8小时均值为143μg/m³，比去年上升12μg/m³，达到国家年平均二级标准（160μg/m³），全区日均值达标率为93.4%。

二氧化硫：全区SO_2年均值为6.8μg/m³，比去年下降6.2μg/m³，达到国家一级标准（20μg/m³），全区日均值达标率为100%。

二氧化氮：全区NO_2年均值为18.8μg/m³，比去年下降0.8μg/m³，达到国家年平均一级标准（40μg/m³），全区日均值达标率为100%。

可吸入颗粒物：全区 PM10 年均值为 38.9μg/m³，较去年下降 5.1μg/m³，达到国家 PM10 年平均一级标准（50μg/m³），全区日均值达标率为 98.9%。

一氧化碳：全区 CO 年平均值为 0.62μg/m³，比去年下降 0.38μg/m³，达到国家日平均一级标准（4μg/m³），全区日均值达标率为 100%。

【地表水环境质量状况】 广丰区辖区内主要有丰溪河和信江两条河流。分别各设有一个断面：渡船头和窑山。监测频次为每个月监测1次，每月月初采样。

一、监测点位设置

2022年广丰区辖区设置地表水监测点位如下：

1. 跨区（区）河流交接断面

设置3个区控断面，设在上饶市信州区与广丰区交界处（渡船头断面），广信区与广丰区交界处（窑山断面），十五都港（黄家桥断面）。

表1 2022年广丰区辖区内河流（断面）水质类别状况

月份	断面水质类别	渡船头	窑山	黄家桥
1月		Ⅲ类	Ⅲ类	Ⅱ类
2月		Ⅲ类	Ⅲ类	Ⅰ类
3月		Ⅲ类	Ⅲ类	Ⅱ类
4月		Ⅲ类	Ⅲ类	Ⅱ类
5月		Ⅱ类	Ⅲ类	Ⅱ类
6月		Ⅲ类	Ⅲ类	Ⅱ类
7月		Ⅲ类	Ⅲ类	Ⅱ类
8月		Ⅱ类	Ⅲ类	Ⅱ类
9月		Ⅲ类	Ⅲ类	Ⅱ类
10月		Ⅲ类	Ⅲ类	Ⅰ类
11月		Ⅲ类	Ⅲ类	Ⅰ类
12月		Ⅲ类	Ⅲ类	Ⅱ类

评价标准：《地表水环境质量标准》（GB 3838-2002），评价指标为：pH、溶解氧、高锰酸盐指数、化学需氧量、五日生化需氧量、氨氮、挥发酚、铜、锌、镉、砷、硒、铅、汞、六价铬、硫化物、总磷、氰化物、阴离子表面活性剂、氟化物、石油类，共计21项。

2022年断面水质监测结果显示，广丰区信江（湖丰段渡船头）和丰溪河（广丰段窑山）河流断面水质均达到Ⅲ类水以上标准，十五都港（黄家桥）河流断面水质均达到Ⅱ类水以上标准。均符合相关流域水质要求，达标率100%，没有出现超标现象。

2. 集中式饮用水源地水质监测点位

钓鱼潭取水口备用水源地：在水厂取水口上游100米处设置监测断面，采样深度为水面下0.5米处；军潭水库水源地：在水源取水口周边设置1个监测点位进行常规采样，采样深度为水面下0.5米处。水质监测结果如下表：

表2 2022年钓鱼潭、军潭水库饮用水断面水质监测结果

季度	断面水质类别	钓鱼潭	军潭水库
1季度		Ⅱ类	Ⅰ类
2季度		Ⅱ类	Ⅱ类
3季度		Ⅲ类	Ⅱ类
4季度		Ⅱ类	Ⅱ类

广丰区城区饮用水水质评价指标：《地表水环境质量标准》（GB 3838-2002）的地表水环境质量标准基本项目24项、集中式生活饮用水地表水源地补充项目5项，集中式生活饮用水地表水源地特定项目33项，共计62项。

二、地表水环境质量现状评价

1. 渡船头断面均为Ⅲ类以上水质，水质状况为优良，达标率100%；窑山断面均为Ⅲ类以上水质，水质状况为优良，达标率100%；黄家桥断面均为Ⅱ类以上水质，水质状况为优良，达标率100%。

2. 广丰区城区集中式饮用水水源地（钓鱼潭）水质类别为Ⅲ类以上，水质状况为优良，达标率100%。广丰区城区集中式饮用水水源地（军潭水库）水质类别为Ⅱ类以上，水质状况为优良，达标率100%。

（供稿人：刘辉文）

气候概述

【概况】 2022年，广丰区气温偏高，雨量偏多，日照略偏多。全年主要受雷电、暴雨、高温、干旱等灾害性天气影响。其中高温、干旱影响最为严重，给人民生活带来不利影响。

【降水】 2022年降雨分布不均，春、夏季降水偏多，秋、冬季与历年同期基本持平，但9月、10月雨量异常偏少。总降水量2018.1毫米，较历年平均值偏多275.1毫米。年最大日降水量为111.5毫米，出现在6月2日。

春季：全区降水量为801.7毫米，比历年同期平均偏多143.7毫米。3月降水量319.7毫米，比历年同期偏多118.7毫米；4月降水量125.5毫米，比历年同期偏少114.5毫米；5月降水量356.5毫米，比历年同期偏多139.5毫米，属偏多月份。

夏季：全区降水量为698.6毫米，比历年同期平均偏多118.6毫米。6月降水量544.6毫米，比历年同期偏多214.6毫米；7月降水量47.8毫米，比历年同期偏少99.2毫米；8月降水量106.2毫米，比历年同期偏多3.2毫米，属偏多月份，6月出现洪涝灾害。

秋季：全区降水量为193.1毫米，比历年同期平均偏少14.9毫米。9月降水量9.8毫米，比历年同期偏少66.2毫米；10月降水量9.9毫米，比历年同期偏少43.1毫米；11月降水量173.4毫米，比历年同期偏多94.4毫米。9月、10月降水异常偏少，不利于马家柚成熟期生长。

冬季：全区降水量为324.7毫米，比历年同期偏多27.7毫米。12月降水量78.8毫米，比历年同期偏少20.2毫米；1月降水量91.8毫米，比历年同期偏多6.8毫米；2月降水量154.1毫米，比历年同期偏多41.1毫米。

表3 月降水量情况 （单位：毫米）

月份	1	2	3	4	5	6	7	8	9	10	11	12	平均
2022	91.8	154.1	319.7	125.5	356.5	544.6	47.8	106.2	9.8	9.9	173.4	78.8	2018.1
历年	85	113	201	240	217	330	147	103	76	53	79	99	1743
距平	6.8	41.1	118.7	-114.5	139.5	214.6	-99.2	3.2	-66.2	-43.1	94.4	-20.2	275.1

【气温】 广丰2022年平均气温偏高，3月、8月、11月气温异常偏高，2月、5月、12月气温偏低，夏季气温整体偏高。年平均气温19.0℃，较历年平均值偏高1.0℃；年极端最高气温41.2℃，出现在8月23日；年极端最低气温-3.0℃，出现在12月18日和12月19日。

表4 月平均气温情况 （单位：℃）

月份	1	2	3	4	5	6	7	8	9	10	11	12	平均
2022	7.8	5.8	15.9	18.3	20.1	25.9	31.1	31.9	26.8	20.4	17.5	6.5	19.0
历年	6.0	8.1	11.8	17.9	22.7	25.6	29.3	28.8	24.9	19.6	13.7	8.0	18.0
距平	1.8	-2.3	4.1	0.4	-2.6	0.3	1.8	3.1	1.9	0.8	3.8	-1.5	1.0

【日照】 2022年总日照时数为1802.8小时，较历年平均值偏多28.8小时，属略偏多年份。光照条件总体较好，其中3月、7月、9月、10月日照偏多，8月异常偏多，2月、5月、11月、12月日照偏少。

表5 月日照时数 （单位：小时）

月份	1	2	3	4	5	6	7	8	9	10	11	12	平均
2022	66.9	42.5	134.7	138.1	95.2	123.5	284.5	316.2	222.7	206.1	80.7	91.7	1802.8
历年	93	82	93	121	154	148	237	229	181	163	139	134	1774
距平	-26.1	-39.5	41.7	17.1	-58.8	-24.5	47.5	87.2	41.7	43.1	-58.3	-42.3	28.8

（供稿人：汤卫强）

【水文监测情况】 广丰区设广丰（塘西）站、十六都站、二渡关站等3个水文站，隶属于信州水文水资源监测大队（该大队主要负责上饶市信州区、广丰区、玉山县、广信区一县三区境内防汛抗旱、工程建设等方面的水文站网规划建设及管理，实时雨情水情信息采集传输和水文情报预报，水文分析计算，水文勘测，水文资料整编和水文服务工作，大队下设12个水文站），采用巡测管理。2022年，信州水文水资源监测大队巡测广丰(塘西)站31次,测流相应水位80.73米~84.97米,实测最低、最高水位80.64米、84.99米,实测相应流量为3.36m³/s~1240m³/s;巡测十六都站14次;巡测二渡关站24次。上述3个水文站流量测次均满足水文测验质量核定标准。

(供稿人:夏亮)

领导名录

（截至 2022 年 12 月 31 日）

中共上饶市广丰区委

胡心田	上饶市政府党组成员、副市长、广丰区委书记
龚振宙	区委副书记、区政府党组书记、区长
陈金良	区委副书记、区委党校校长
邓荣军	区委常委、组织部部长
吴献金	区委常委、纪委书记、监委主任
路明生	区委常委、人武部部长
吴松	区委常委、区政府党组副书记、副区长、区行政学校校长
程剑虹	区委常委、宣传部部长
刘晓芳（女）	区委常委
廖文华	区委常委、统战部部长、政法委书记、区政协党组副书记、区民宗局局长
幸锋	区委常委、区政府党组成员、副区长

上饶市广丰区人大常委会

皮晓瑶（女）	区人大常委会党组书记、区人大常委会主任
刘旭涛	区人大常委会党组副书记、区人大常委会副主任、区总工会主席
颜显高	区人大常委会党组成员、区人大常委会副主任
俞柳君（女）	区人大常委会副主任
李积林	区人大常委会党组成员、区人大常委会副主任
刘荣伟	区人大常委会党组成员、区人大常委会副主任、区委办公室主任
李强	区人大常委会党组成员、区人大常委会副主任

上饶市广丰区人民政府

龚振宙	区委副书记、区政府党组书记、区长
吴松	区委常委、区政府党组副书记、副区长、区行政学校校长
幸锋	区委常委、区政府党组成员、副区长
徐建军	区政府党组成员、副区长、区公安局党委书记、局长、督察长
王斐（女）	区政府副区长
林辉	区政府党组成员、副区长
舒前鑫	区政府党组成员、副区长
汪学文	区政府党组成员、副区长
饶敏	区政府党组成员、副区长（挂职两年）

政协上饶市广丰区委员会

李军	区政协党组书记、区政协主席
严卫华	区政协党组副书记（7月任）、区政协副主席
黄登纪	区政协副主席
包晓辉	区政协党组成员、区政协副主席
刘成业	区政协副主席、区红十字会常务副会长
刘建红（女）	区政协副主席、区工商业联合会主席

区纪律检查委员会（区监察委员会）

吴献金	区委常委、纪委书记、监委主任
祝文君	区纪委副书记、监委副主任
周彪	区纪委副书记、监委副主任
徐洪辉	区纪委副书记、监委副主任
邱美星（女）	区纪委常委、监委委员
吴选峰	区纪委常委、监委委员
杨杰	区纪委常委、区委巡察工作领导小组办公室主任
徐忱佳（女）	区纪委常委
罗伟	区监委委员
肖建军	区监委委员
林华英（女）	区纪委室主任
俞立斐（女）	区纪委室主任
余智音（女）	区纪委室主任（试用期一年）
杨世忠	区纪委室主任（试用期一年）
韩亚超（女）	区纪委室主任（试用期一年）
吴建敏	区纪律检查委员会、区监委室（部）主任（部长）（试用期一年）
揭建斌	区纪律检查委员会、区监委室（部）主任（部长）（试用期一年）
郑利辉	区纪律检查委员会、区监委室（部）主任（部长）（试用期一年）
徐忠彪	区纪律检查委员会、区监委室（部）主任（部长）

郑德福	区纪律检查委员会、区监委室（部）主任（部长）	郑 斌	区委第三巡察组正科级巡察专员
蒋诗勇	区纪律检查委员会、区监委室（部）主任（部长）	徐慧丽（女）	区委第四巡察组正科级巡察专员
		祝小泉	区委第一巡察组副组长
郑 霈	区廉政教育中心主任	毛慧英（女）	区委第二巡察组副组长
		刘国华（女）	区委第三巡察组副组长

纪委监委派驻各单位纪检组

顾汉文	区纪委区监委驻区委办公室纪检监察组组长
程良忠	区纪委区监委驻区政府办公室纪检监察组组长
郑宜国	区纪委区监委驻区法院纪检监察组组长
刘中胜	区纪委区监委驻区委组织部纪检监察组组长
毛杰锋	区纪委区监委驻区交通局纪检监察组组长、区交通局党组成员
姜海燕	区纪委区监委驻区财政局纪检监察组长（试用期一年）
徐 剑	区纪委区监委驻区住建局纪检监察组组长
王志晓	区纪委区监委驻区农业农村局纪检监察组组长
陈乐红	区纪委区监委驻区卫健委纪检监察组组长
韩植树	区纪委区监委驻区人大机关纪检监察组组长
余小敏（女）	区纪委区监委驻政协机关纪检监察组组长
陈卫华	区纪委区监委驻市自然资源局广丰分局纪检监察组组长
周梯敏	区纪委区监委驻区教体局纪检监察组长、区教体局党委委员
杨良林	区纪委区监委驻区水利局纪检监察组长、区水利局党委委员
林军辉	区纪委区监委驻市公安局广丰分局纪检监察组组长、区公安局党委委员

区委巡察工作领导小组办公室

杨 杰	区纪委常委、区巡察工作领导小组办公室主任
冯 江	区委巡察工作领导小组办公室副主任

区委巡察组

夏良勇	区委第一巡察组组长
潘维国	区委第二巡察组组长
余修海	区委第三巡察组组长
周志强	区委第四巡察组组长
顾华明	区委第一巡察组正科级巡察专员
郑胄敏	区委第二巡察组正科级巡察专员
倪 铖	区委第四巡察组副组长（试用期一年）

区委办公室

刘荣伟	区人大常委会副主任、区委办公室主任
胡发水	区委办公室副主任（试用期一年）
管建东	区委办公室副主任
郑光有	区委（政府）信访局局长、区委办公室副主任（兼职）

区委政研室（区委全面深化改革领导小组办公室）

吴国红	区委政策研究室主任
诸婧静（女）	区委政策研究室副主任（试用期一年）

区委组织部（老干部局、公务员局）

邓荣军	区委常委、组织部部长
杨华峰（女）	区委组织部常务副部长
吴建民	区委组织部副部长
吕振东	区委组织部副部长
黄兴仁	区委机构编制委员会办公室主任、区委组织部副部长（兼职）
周 慧（女）	区委组织部部务委员
叶拯国	区委组织部部务委员
方向明	区人才发展服务中心主任
万 雷	区人才发展服务中心副主任（试用期一年）

区委宣传部（区委网络安全和信息化领导小组办公室）

程剑虹	区委常委、宣传部部长
蒋文伟	区委宣传部主持日常工作的副部长
陈天敏	区委宣传部副部长
彭国真	区委宣传部副部长
周红华	新时代文明实践促进中心（网络安全和信息化中心）主任

区委统战部

廖文华	区委常委、区政协党组副书记、统战部部长、政法委书记、区民宗局局长
俞 辉	区委统战部常务副部长、民宗局副局长
陈伟华	区委统战部副部长、区工商联党组书记、区政府侨务办公室主任（兼职）
陈剑飞	区委统战部副部长
杨隆坦	区博山寺风景名胜区管委会主任（试用期一年）

区委政法委

廖文华	区委常委、区政协党组副书记、统战部部长、政法委书记、区民宗局局长

汪耀光	区委政法委主持日常工作的副书记
郑宜雄	区委政法委副书记
程丽琼（女）	区委政法委副书记
黄　磊	区综治和社区网格化中心主任
蒋雅彬（女）	区综治和社区网格化中心副主任（试用期一年）
林雅舟（女）	区综治和社区网格化中心副主任（试用期一年）

区委机构编制委员会办公室

黄兴仁	区委机构编制委员会办公室主任、区委组织部副部长（兼职）
潘红建	区委机构编制委员会办公室副主任
张爱华（女）	区委机构编制委员会办公室副主任

区委（政府）信访局

郑光有	区委（政府）信访局局长、区委办副主任（兼职）
尤　红（女）	区委（政府）信访局正科级信访督查专员
陈昌海	区委（政府）信访局副局长
林正华	区委（政府）信访局副局长
徐志丰	区委（政府）信访局副局长（挂职两年，2022.07起算）
韩亚萍（女）	区委（区政府）信访局副局长（挂职两年，2022.07起算）、毛村镇副镇长

区委党史党建研究中心（区地方志编纂中心）

周书强	区委党建研究中心（区地方志编纂中心）主任（试用期一年）
郑招明	区委党建研究中心（区地方志编纂中心）副主任
洪　勤（女）	区委党建研究中心（区地方志编纂中心）副主任（试用期一年）

区机关事务服务中心

刘庆辉	区机关事务服务中心主任
叶身鸿	区机关事务服务中心副主任
徐佩臻（女）	区机关事务服务中心副主任

区委党校（区行政学校）

陈金良	区委副书记、区委党校校长
吴　松	区委常委、区政府党组副书记、副区长、区行政学校校长
严剑飚	区委党校常务副校长
徐积木	区委党校副校长
周　俊（女）	区委党校副校长
郑信丰	区委党校校务委员
程祖彬	区委党校校务委员

区融媒体中心（区广播电视台）

夏广凯（女）	区融媒体中心（区广播电视台）党组书记、主任（台长）
邓志荣	区融媒体中心（区广播电视台）总编辑（任至11月）
周常金	区融媒体中心（区广播电视台）党组副书记、总编辑（11月任）
陈良斌	区融媒体中心（区广播电视台）党组成员、副主任（副台长）
应伟红	区融媒体中心（区广播电视台）党组成员、副主任（副台长）
余国丰	区融媒体中心（区广播电视台）副主任（副台长）
徐国英（女）	区融媒体中心（区广播电视台）党组成员、按原职务管理
郑乐军	区融媒体中心（区广播电视台）副科级干部

区档案馆

杨晓孟	区档案馆馆长
王菊云（女）	区档案馆副馆长
王　兵	区档案馆副馆长

区人大常委会办公室

饶敏云	区人大常委会党组成员、办公室主任
何燕飞（女）	区人大常委会办公室副主任（试用期一年）

区人大常委会预算审查委员会（区人大财政经济委员会）

周华武	区人大常委会预算审查工作委员会主任、区人大财政经济委员会主任委员
徐　凯	区人大常委会预算审查工作委员会副主任、区人大财政经济委员会副主任委员

区人大常委会法制委员会（区人大常委会监察和司法工作委员会主任、人大常委会备案审查工作委员会）

祝灵文	区人大常委会监察和司法工作委员会、人大常委会备案审查工作委员会主任、区人大法制委员会主任委员

区人大常委会教育科学文化卫生工作委员会（人大常委会外事华侨民族宗教工作委员会）

周冰飞	区人大常委会教育科学文化卫生工作委员会主任
徐朝霞（女）	区人大常委会教育科学文化卫生工作委员会副主任

区人大常委会选举任免联络工作委员会

曹学敏（女）	区人大常委会选举任免联络工作委员会主任（试用期一年）

区人大常委会城乡建设和环境资源工作委员会

陈丽军（女）	区人大常委会城乡建设和环境资源工作委员会主任

苏　慧	区人大常委会城乡建设和环境资源工作委员会副主任	郑明伟	区检察院党组成员、副检察长
		郑淑慧	区检察院党组成员、检委会专职委员

区人大常委会农业和农村工作委员会

王建红（女）区人大农业农村工作委员会主任
李建标　　按原职务继续使用

区人大常委会社会建设委员会

龚哲峰　　区人大常委会社会建设委员会主任委员

区政协机关

罗国强　　区政协党组成员、秘书长

区政协办公室

郑　路　　区政协办公室副主任

区政协提案委员会

姚益华　　区政协提案委员会主任
黄晓慧（女）区政协提案委员会副主任委员（试用期一年）

经济委员会（港澳台侨和外事委员会）

陶艳芳（女）区政协经济委员会（港澳台侨和外事委员会）主任

区政协教科卫体委员会（文化文史和学习委员会）

周　钢　　区政协教科卫体委员会（文化文史和学习委员会）主任（试用期一年）

区政协农业和农村委员会

毛　瑜　　区政协农业和农村委员会（人口资源环境委员会）

区政协社会和法制委员会（民族宗教委员会）

李　波　　区政协社会和法制委员会（民族宗教委员会）主任
王　韬　　区政协社会和法制委员会（民族宗教委员会）副主任

区人民法院

雷瑞甫　　区法院党组书记、院长
朱晓强　　区法院党组成员、副院长
陈　琅（女）区法院党组成员、副院长
叶小强　　区法院党组成员、审判委员会专职委员
周小兵　　区法院党组成员
周献辉　　区法院党组成员
韩剑峰　　区法院洋口法庭庭长
周鸿敏　　区法院大南法庭庭长
余招树　　区法院八都法庭庭长
余芳芳（女）区法院排山法庭庭长
黎金涛　　区法院桐畈法庭庭长
高林芳（女）区法院五都法庭庭长

区人民检察院

严　毅　　区检察院党组书记、检察长
吴必礼　　区检察院党组副书记、副检察长
林　忠　　区检察院副检察长

徐　涛　　区检察院政治部主任
夏裕旺　　区检察院检委会专职委员（试用期一年）
俞艳敏（女）区检察院党组成员
谢超琼（女）区检察院党组成员、检察委员会委员、第一检察部主任（股级）
叶　漫　　区检察院党组成员（股级）

区总工会

刘旭涛　　区人大常委会副主任、区总工会主席
朱建敏　　区总工会党组副书记、常务副主席
余节水　　区总工会党组成员、副主席
李梦莹（女）区总工会经审委主任（试用期一年）

共青团广丰区委员会

占慧敏（女）共青团广丰区委书记
廖静雯（女）共青团广丰区委副书记
钟喜鹏　　共青团广丰区委副书记

区妇女联合会

王　艳（女）区妇联党组书记、主席
黄文艳（女）区妇联党组成员、副主席
项寻赟（女）区妇联副主席

区工商业联合会

刘建红（女）区政协副主席、区工商联主席
陈伟华　　区工商联党组书记、区委统战部副部长
杨小林　　区工商联党组成员、副主席

区文学艺术界联合会

方向准　　区文联党组书记、主席
杨　瑛（女）区文联党组成员、副主席
吴秀萍（女）区文联党组成员、副主席

区科学技术协会

邱参政　　区政协副主席、区科协主席
吴　锋　　区科协党组书记
吴　静（女）区科协副主席
周　通　　区科协党组成员、副主席
赵湘鸿（女）区科协副主席（挂职两年）

区残疾人联合会

卢文旭　　区残联党组书记、理事长
刘圣木　　区残联党组成员、副理事长
尤祖云　　区残联党组成员、副理事长

区归国华侨联合会

潘发广　　区侨联主席
余　莉（女）区侨联副主席（试用期一年）

区红十字会

刘成业　　区政协副主席、区红十字会常务副会长
吴贞河　　区卫健委党组书记、主任、区红十字会监事会监事长（兼职）

郑　煜（女）	区红十字会党组成员、副会长	毛　锋	区工业和信息化局党组成员、上饶高新区管委会经济发展局局长
周坤福	区红十字会副会长（挂职2年）		
俞小红（女）	区红十字会党组成员	黄　骥	区工业与信息化融合推进中心主任

区社会科学界联合会

陈海锋	区社联党组书记、主席
陈丽君（女）	区社联党组成员、副主席
周　涯	区社联党组成员、副主席（试用期一年）

区政府办公室

洪厚火	区政府党组成员、区政府办公室党组书记、主任
刘慧燏	区政府办公室党组成员、副主任
黄　琦	区政府办公室党组成员、副主任
叶　剑	区政府办公室党组成员
叶建华	区政府办公室党组成员

区发展和改革委员会

俞江良	区发展和改革委党组书记、主任
林必臣	区发展和改革委党组成员、副主任
李水根	区发展和改革委党组成员、副主任
郑彦骏	区发展和改革委党组成员、区重点项目服务中心主任（试用期一年）

区教育体育局

周荣敏	区教育体育局党委书记、局长
余章才	区教育体育局党委委员、区教育体育局副局长
谢榴榴（女）	区教育体育局党委委员、区教育体育局副局长
吴华明	区教育体育局党委委员、区教育体育局总督学
周梯敏	区纪委区监委驻区教体局纪检监察组组长、区教体局党委委员
周敏高	区教育体育局党委委员
周善勇	区教育体育局党委委员
刘丽娟（女）	区教学研究中心主任
余兴华	五都中学校长（试用期一年）
朱有忠	洋口中学校长（试用期一年）

区科学技术局

毛建明	区科学技术局党组书记
黄雅婷（女）	区科学技术局局长
程剑斌	区科学技术局党组成员、区科学技术局副局长
宁武华	区科学技术局党组成员、区科学技术局副局长（试用期一年）

区工业和信息化局

肖坚雄	区工业和信息化局党组书记、局长
李健鸿	区工业和信息化局副局长
周潘娜（女）	区工业和信息化局党组成员、副局长

区民政局

洪强明	区民政局党组书记、局长
邵接宗	区民政局党组成员、副局长
徐粤英（女）	区民政局副局长
傅洪彪	区民政局党组成员、区城乡社会救助局局长、区民政事务服务中心主任
吕信东	区民政局党组成员（区民政事务服务中心按原职务管理）
韩礼财	区民政局党组成员
王有福	区民政局党组成员
叶　艳（女）	区老龄工作委员会办公室副主任（主持工作）（股级）
吕昊辉	按原职务管理（原区殡葬改革执法大队大队长）

区司法局

童毛生	区司法局党组书记、局长
徐宇华	区司法局党组成员、副局长
俞岸伟	区司法局党组成员、副局长
罗贤通	区司法局党组成员、副局长
夏呈辉	区司法局党组成员、副局长
徐　冰（女）	区司法局党组成员
徐　璇（女）	区司法局永丰司法所所长
周美熠（女）	区司法局丰溪司法所所长（试用期一年）
李雪梅	区司法局芦林司法所所长
洪梯伟	区司法局下溪司法所所长
黄红军	区司法局大石司法所所长
项艳燕（女）	区司法局洋口司法所所长（试用期一年）
钱泽文	区司法局五都司法所所长
罗林华	区司法局枧底司法所所长
陈铭思（女）	区司法局湖丰司法所所长（试用期一年）
毛庆华	区司法局壶峤司法所所长
吴选鸿	区司法局大南司法所所长
陈　思（女）	区司法局吴村司法所所长（试用期一年）
詹王辉	区司法局东阳司法所所长
黄忠华	区司法局泉波司法所所长
吕奏珊	区司法局毛村司法所所长
黄　军	区司法局桐畈司法所所长（试用期一年）
王仙芳（女）	区司法局沙田司法所所长（试用期一年）
夏孝松	区司法局横山司法所所长（试用期一年）
陈　攀	区司法局少阳司法所所长
程全文	区司法局铜钹山司法所所长
俞　旭（女）	区司法局排山司法所所长（试用期一年）
徐慧华	区司法局嵩峰司法所所长（试用期一年）

刘　波	区司法局霞峰司法所所长	周晓辉	区交通运输局党组成员、交通运输综合执法支队广丰大队副大队长

区财政局（国有资产监督管理办公室）

占王剑	区财政局党委书记、局长、区国有资产监督管理办公室主任	刘飞春	上饶市交通运输综合执法支队广丰大队按原职务管理
尹金笔	区财政局党委副书记、副局长		

区水利局

颜志灵	区财政局党委委员、副局长	余朝辉	区水利局党委书记、局长
吕建忠	区财政局党委委员、副局长	徐信才	区水利局党委委员、副局长
杨国良	区财政局总会计师	陈地峻	区水利局党委委员、副局长
张国海	区财政局党委委员（区财政公共服务中心按原职务管理）	杨良林	区水利局党委委员、区纪委区监委驻区水利局纪检监察组组长
吴云军	区财政局党委委员	朱继安	区水利局党委委员
毛礼浩	区财政公共服务中心主任	刘　涛	区水利工程管护中心主任
黄祖斌	区国有资产服务中心主任		

区农业农村局

诸建林	区国有资产服务中心副科级干部	宁晓华	区农业农村局党组书记、局长，农业综合行政执法大队大队长

区人力资源和社会保障局

严如彬	区人力资源和社会保障局党组书记、局长	王玉琴（女）	区农业农村局副局长
		王协强	区农业农村局党组成员、副局长
刘　莹（女）	区人力资源和社会保障局党组成员、副局长	郑章其	区农业农村局党组成员、副局长
		刘信芳	区农业农村局党组成员、副局长
邱元忠	区人力资源和社会保障局党组成员、副局长	江　岩	区农业农村局党组成员、副局长
		周新发	区农业农村局党组成员
祝增喜	区人力资源和社会保障局党组成员、区社会保险管理中心主任	吴少发	区农业产业发展服务中心主任
		毛祥青	区农业产业发展服务中心按原职务管理
郑凯锋	区人力资源和社会保障局党组成员、区就业创业服务中心主任	邱翠金	区农业产业发展服务中心按原职务管理
		俞吉波	区农业产业发展服务中心按原职务管理
		邓全贵	区农业产业发展服务中心按原职务管理
周志坚	按原职务管理	郑先贵	区农业产业发展服务中心按原职务管理

区住房和城乡建设局

潘剑波	区住房和城乡建设局党组书记、局长	张燕兵	区农业综合行政执法大队分管日常工作的副大队长（试用期一年）
李　兴	区住房和城乡建设局党组成员、副局长		

区商务局

黄祖献	区住房和城乡建设局党组成员、副局长	李新良	区商务局党组书记、局长
刘兴才	区住房和城乡建设局党组成员、副局长	祝芙静（女）	区商务局副局长
许天宇	区住房和城乡建设局党组成员、副局长	朱华富	区商务局党组成员、副局长
鲍向华	区住房和城乡建设局党组成员、区住房建设保障中心主任	洪财富	区商务局党组成员（8月任）
		胡　慧（女）	中国国际贸易促进委员会江西省上饶市广丰区委员会副会长
郑卫华	区住房和城乡建设局党组成员		
李　峰	区住房建设保障中心副主任	余　潇	中国国际贸易促进委员会江西省上饶市广丰区委员会副会长（试用期一年）
赵中樑	区住房建设保障中心副主任		
徐树顺	区住房建设保障中心副主任		
郑招富	区住房建设保障中心副主任		

区文化广电新闻出版旅游局

区交通运输局

陶艳青（女）	区交通运输局党组书记、局长	俞剑波	区文化广电新闻出版旅游局党组书记、局长，区文化市场综合执法大队大队长
王卫标	区交通运输局党组成员、副局长		
苏许军	区交通运输局党组成员、副局长	郑康忠	区文化广电新闻出版旅游局党组成员、副局长
毛杰锋	区纪委区监委驻区交通局纪检监察组组长、区交通局党组成员		
		林　磊	区文化广电新闻出版旅游局党组成员、副局长
王文永	区交通运输局党组成员	王德建	区文化广电新闻出版旅游局党组成员、

	副局长
李红英（女）	区文化广电新闻出版旅游局党组成员、副局长
徐晓燕（女）	区文化广电新闻出版旅游局党组成员
毛春梅（女）	区文化广电新闻出版旅游局党组成员
应伟高	区文化市场综合执法大队主持日常工作的副大队长（试用期一年）
张云岚（女）	按原职务管理
姜丽敏（女）	按原职务管理

区卫生健康委员会

吴贞河	区卫生健康委党组书记、主任
吴 隆	区卫生健康委党组成员、副主任
刘 锋（女）	区卫生健康委党组成员、副主任
吕裕火	区卫生健康委员会党组成员
吴奀菊（女）	区卫生健康委员会党组成员
姚冬红（女）	区卫生健康委员会党组成员
徐书炎	区卫生健康委员会党组成员、区血吸虫病防治站站长
黄 胜	区卫生健康综合监督执法局局长
杨林丽（女）	区妇幼保健院（妇幼保健计划生育服务中心）院长（主任）
蒋昌瑞	区疾病预防控制中心主任（试用期一年）
施 德	区皮肤病性病防治所所长（试用期一年）
郑新斌	区中医院院长
赵湘鸿（女）	按原职务管理、区科学技术协会副主席（挂职两年）
吴登清	按原职务管理
陈义兴	按原职务管理

区退役军人事务局

刘任军	区退役军人事务局党组书记
夏少波	区退役军人事务局局长
刘金花（女）	区退役军人事务局党组成员、副局长
叶少光	区退役军人事务局党组成员、副局长

区应急管理局

夏洪欣	区应急管理局党委书记、局长，区应急管理综合行政执法大队大队长
周 怿	区应急管理局党委委员、副局长
张建平	区应急管理局党委委员、副局长
杨开余	区应急管理局党委委员
吴 琼（女）	区应急管理局党委委员、区应急救援保障中心按原职务管理
夏晨峰	区应急管理综合行政执法大队分管日常工作的副大队长（试用期一年）
管寿贵	区应急救援保障中心主任
林谋煌	区应急救援保障中心按原职务管理

区审计局

叶旭辉	区审计局党组书记、局长
潘伊军	区审计局党组成员、副局长
俞怀风	区审计局党组成员、副局长
余洪韬	区审计局党组成员、区审计局经济责任审计工作领导小组办公室专职副主任
周海浪（女）	区审计局总审计师（试用期一年）
方 亮	区审计局党组成员、区审计技术保障中心按原职务管理
余美芳（女）	区审计技术保障中心主任（试用期一年）

区市场监督管理局

王青山	区市场监督管理局党组书记、局长
俞圣华	区市场监督管理局党组成员、副局长
陈习文	区市场监督管理局党组成员、副局长
黄贵平	区市场监督管理局党组成员、副局长
朱小兵	区市场监督管理局党组成员、副局长
徐厚炉	区市场监督管理局党组成员、副局长
徐繁华	区市场监督管理局党组成员、副局长
邵剑锋	区市场监督管理局党组成员、副局长
傅学明	区市场监督管理局党组成员
俞伟华	区市场监督管理局岭底分局局长（股级）
潘慧敏	区市场监督管理局芦林分局局长
何裕云	区市场监督管理局永丰分局局长
郑万恩	区市场监督管理局洋口分局局长
俞燕民	区市场监督管理局五都分局局长
陈仕敏	区市场监督管理局城厢分局局长
林谋丰	区市场监督管理局桐畈分局局长
陈立新	区市场监督管理局大南分局局长
祝 岗	区市场监督管理局排山分局局长
苏海波	区市场监督管理局横山分局局长
周必智	区市场监督管理局八都分局局长
唐智强	区市场监督管理局湖丰分局局长
郑上勰	区市场监督管理执法稽查局广丰分局分管日常工作副局长（试用期一年）

区统计局

徐小平	区统计局党组书记、局长
刘小丰	区统计局党组成员、副局长
刘文广	区统计局党组成员、副局长（试用期一年）
吴冬仙（女）	区统计局党组成员
周 夏（女）	区普查中心主任（试用期一年）

区人民防空办公室

阮承有	区人民防空办公室党组书记、主任
陈国标	区人民防空办公室党组成员、副主任
朱 静（女）	区人民防空办公室党组成员、副主任

区乡村振兴局

王智丰	区乡村振兴局党组书记、局长
叶修武	区乡村振兴局党组成员、副局长
王祥福	区乡村振兴局党组成员、副局长（试用期一年）
夏宗海	区乡村振兴局党组成员

区医疗保障局

王传师	区医疗保障局党组书记、局长
乐迎红（女）	区医疗保障局党组成员、副局长
徐家洪	区医疗保障局党组成员、副局长
管华强	区医疗保障局党组成员、区医疗保障服务中心主任
林贤清	区医疗保障局党组成员

区城市管理局

祝建正	区城市管理局党组书记、局长、城市管理综合行政执法大队大队长
付师东	区城市管理局党组成员、副局长
洪仁全	区城市管理局党组成员、副局长
夏训华	区城市管理局党组成员
纪辉才	区城市管理局党组成员
鲍春仙（女）	区城市管理局党组成员
段建波	区城市管理综合行政执法大队分管日常工作的副大队长（试用期一年）
叶华恩	区市政公用服务中心主任

区政务服务和大数据管理局

余玉辉	区政务服务和大数据管理局党组书记、局长
周坤福	按原职务继续试用
周真毗（女）	按原职务继续试用
叶修宇	区政务服务中心按原职务管理
戴驰川	按原职务继续使用
程桃英（女）	按原职务继续使用

区公安局

徐建军	区政府副区长、党组成员，区公安局党委书记、局长
韩民锋	区公安局政委、党委副书记
陈 强	区公安局党委委员、交警大队大队长
林军辉	区纪委区监委驻市公安局广丰分局纪检监察组组长、区公安局党委委员
余利水	区公安局副政委
刘荣辉	区公安局副局长
陈明旺	区公安局党委委员、副局长
张庆忠	区公安局副局长
颜顺狼	区公安局副局长
陈问诗	区公安局党委委员、政工科长
徐继明	区公安局副政委
郭学慧	区公安局党委委员、永丰派出所所长
张金元	区公安局刑事警察大队大队长
王建华	区公安局刑事警察大队教导员（试用期一年）
鲍运文	区公安局巡逻警察大队大队长
范忠东	区公安局巡逻警察大队教导员
王春雨	区公安局情报信息大队教导员
胡磊华	区公安局科技信息化大队大队长
邓丛艳（女）	区公安局出入境大队大队长
万 苗	区公安局网络安全保卫大队大队长（试用期一年）
张锋平	按原职务继续试用，看守所所长（兼职）（3月任）
虞小波	区公安局副主任科员
王卫华	区公安局治安警察大队教导员
诸绍坚	区公安局国内安全保卫大队大队长
阮旭伟	区公安局国内安全保卫大队教导员
徐 静（女）	区公安局指挥中心主任
张鲁君（女）	区公安局指挥中心教导员
吕茂龙	区公安局经济犯罪侦查大队大队长
纪伟雷	区公安局经济犯罪侦查大队教导员
俞振东	区公安局警务督察大队大队长
刘晓兵	区公安局警务督察大队教导员
林传意	区公安局看守所所长（股级）（任至3月）
张小平	区公安局法制科长（股级）
刘胜军	区公安局食药环犯罪侦查大队大队长（股级）
刘 武	区公安局永丰派出所教导员（试用期一年）
郑为强	区公安局丰溪派出所所长
王春亮	区公安局丰溪派出所教导员
周 伟	区公安局芦林派出所所长
应站剑	区公安局芦林派出所教导员
周清华	区公安局下溪派出所所长
潘敬清	区公安局下溪派出所教导员
周智成	区公安局大石派出所所长
余率春	区公安局大石派出所教导员（试用期一年）
李 强	区公安局洋口派出所所长
顾仁斌	区公安局洋口派出所教导员（试用期一年）
刘康锋	区公安局五都派出所所长
黄耿杰	区公安局五都派出所教导员（试用期一年）
韩礼荣	区公安局霞峰派出所所长

占强辉	区公安局霞峰派出所教导员
张恩通	区公安局枧底派出所所长
李金海	区公安局枧底派出所教导员（试用期一年）
吕爱东	区公安局湖丰派出所所长
余斌武	区公安局湖丰派出所教导员
刘利敏	区公安局壶峤派出所所长
许　振	区公安局壶峤派出所教导员（试用期一年）
俞　明	区公安局大南派出所所长
廖静华	区公安局大南派出所教导员（试用期一年）
纪少斌	区公安局吴村派出所所长
周建文	区公安局排山派出所所长
郑志坚	区公安局排山派出所教导员（试用期一年）
邓卫立	区公安局东阳派出所所长
俞洪雷	区公安局东阳派出所教导员（试用期一年）
黄　瑾	区公安局泉波派出所教导员（试用期一年）
汤尚辉	区公安局毛村派出所所长
王建炜	区公安局毛村派出所教导员（试用期一年）
王武强	区公安局桐畈派出所所长
陈泳剑	区公安局桐畈派出所教导员
祝哲华	区公安局沙田派出所所长
许盛飞	区公安局沙田派出所教导员
郑宜良	区公安局横山派出所所长
朱志坚	区公安局横山派出所教导员（试用期一年）

特警防暴大队

刘海波	区公安局特警大队大队长
余小永	区公安局特警防暴大队副大队长
潘毅军	区公安局特警大队副大队长（试用期一年）

区交通警察大队

陈　强	区公安局党委委员，交警大队大队长
俞吉祥	区公安局交通警察大队教导员
刘文波	区公安局交通警察大队副大队长
严小军	区公安局交通警察大队副教导员
李　玲（女）	区公安局交通警察大队副教导员
刘　斌	区公安局交通警察大队副大队长
程胜东	区公安局交通警察大队副大队长
夏其敏	区公安局交通警察大队副大队长
廖云见	区公安局交通警察大队永丰中队中队长（试用期一年）
江诗尖	区公安局交警大队永丰中队教导员
罗英杰	区公安局交警大队芦林中队中队长
邓　弦（女）	区公安局交警大队芦林中队教导员
王小华	区公安局交通警察大队洋口中队中队长（试用期一年）
俞东炎	区公安局交警大队洋口中队教导员
徐新国	区公安局交通警察大队湖丰中队中队长（试用期一年）
刘　剑	区公安局交通警察大队湖丰中队教导员（试用期一年）

上饶市广丰区公安局森林分局（区公安局森林警察大队）

罗树旺	区公安局森林分局局长
诸达敏	区公安局森林分局政委（试用期一年）
于　泳	区公安局森林分局副政委
周流敏（女）	区公安局森林分局副局长
叶旭康	区公安局森林分局铜钹山派出所教导员（试用期一年）

市林业局广丰分局

俞书炎	上饶市林业局广丰分局党组书记、局长
周有华	上饶市林业局广丰分局党组成员、副局长
陈双伟	上饶市林业局广丰分局党组成员、副局长
柯建攀	上饶市林业局广丰分局党组成员、黄尖山生态林场（林业科学研究所）按原职务管理
毛坤寿	上饶市林业局广丰分局党组成员
刘家洪	上饶市林业局广丰分局党组成员
柯建攀	上饶市林业局广丰分局党组成员、按原职务管理

区供销合作社联合社

胡天福	区供销合作社联合社党组书记、主任
俞震南	区供销合作社联合社党组成员、副主任
俞真飞	区供销合作社联合社党组成员、副主任
刘晨光	区供销合作社联合社监事会主任（试用期一年）
徐丽红（女）	区供销合作社联合社党组成员

区现代农业示范区管委会

徐道奎	区现代农业示范区管委会党工委书记、主任
刘康耿	区现代农业示范区管委会党工委委员、副主任
万彩虹（女）	区现代农业示范区管委会副主任（试用期一年）

上饶市广丰区饶丰灌区水资源保护中心
徐小友	区饶丰灌区水资源保护中心党组书记、主任
周平平	区饶丰灌区水资源保护中心党组成员、副主任
潘　烨	区饶丰灌区水资源保护中心党组成员、副主任
项少杰	区饶丰灌区水资源保护中心按原职务管理

区计划生育协会
杨　珍（女）	区计划生育协会副会长
俞海燕（女）	区计划生育协会秘书长

广丰中学
徐海波（女）	广丰中学党委书记、校长
沈志凌	广丰中学副校长
祝堂永	广丰中学党委委员、副校长（试用期一年）

区职业技术学校（区教师进修学校）
邓志荣	区职业技术学校（区教师进修学校）校长（11月任）
黄衣锋	区职业技术学校（区教师进修学校）副校长
琚瑞峰	区职业技术学校（区教师进修学校）副校长

上饶市广丰区技工学校
严小青	区技工学校校长
项新国	区技工学校副校长（试用期一年）
徐妍蕾（女）	区技工学校副校长（试用期一年）

区人民医院
刘积旺	区医院党委书记、院长
周友武	区医院党委副书记、副院长
黄　剑（女）	区医院党委委员、纪委书记
翁冠裕	区医院党委委员、副院长
刘建耀	区医院党委委员、副院长
诸美琴（女）	区医院党委委员
王小玲（女）	区医院党委委员、院长助理（股级）

区商业总公司
诸明明	区商业总公司党委书记、总经理
余良华	区商业总公司常务副总经理
刘　瑾	区商业总公司副总经理

上饶市广丰区黑滑石产业发展研究中心
刘卫宙	区黑滑石产业发展研究中心党组书记、主任
何裕蝈	区黑滑石产业发展研究中心党组成员、副主任
潘险峰	区黑滑石产业发展研究中心党组成员、区副主任

市自然资源局广丰分局广丰区城乡规划研究中心
陈海军	区城乡规划研究中心主任

江西月兔企业集团有限公司
管立柱	月兔集团党委书记、董事长
郑继辉	月兔集团副董事长、总经理
余良建	月兔集团公司党委委员、常务副总经理
阮学德	月兔集团公司党委委员、总工程师
邱　剑	月兔集团（按副科级管理）党委委员、纪委书记
黄曙光	月兔集团（按副科级管理）党委委员、副总经理、工会主席
余明林	原广丰卷烟厂副科级
谌雷鸣	月兔集团党委委员、总经理助理
潘维新	月兔集团党委委员
周洪钟	月兔集团总经理助理，江西月兔丰华彩印有限公司董事长、江西广厦包装印刷有限公司董事长
范树明	月兔集团党委委员、总经理助理
夏智清	江西月兔丰华彩印有限公司总经理、江西广厦包装印刷有限公司总经理（按副科级管理）

区发展集团有限公司
毛光华	区发展集团党委书记、董事长
吕竑飞	区发展集团公司党委副书记、总经理
刘先林	区发展集团公司党委副书记
郑志华	区发展集团公司党委委员、常务副总经理
杨建分	区发展集团公司党委委员、副总经理
付祥国	区发展集团公司党委委员、财务总监
张辉武	区发展集团公司党委委员、总工程师
叶利明	区发展集团公司总经理助理

广丰投融资控股集团
罗黎丰	广丰投融资控股集团党委书记、董事长
周兴水	广丰投融资控股集团党委副书记、总经理
潘先明	广丰投融资控股集团党委副书记
叶旭林	广丰投融资控股集团党委委员、常务副总经理
纪　敏	广丰投融资控股集团党委委员、副总经理
毛　玮	广丰投融资控股集团党委委员、副总经理
俞　阳	广丰投融资控股集团党委委员、副总经理
胡林金	广丰投融资控股集团党委委员、总经理

	助理（股级）		经理
汤哲东	广丰投融资控股集团党委委员、总经理助理（股级）	周泽鹏	区交通建设投资集团党委委员、副总经理

丰溪自来水公司

潘伟丰	丰溪自来水公司董事长
王乃兵	丰溪自来水公司总经理

广丰农垦集团

祝凌莉（女）	区农垦集团党委副书记、总经理
余　斌	区农垦集团党委委员、纪委书记
余朝阳	区农垦集团党委委员、常务副总经理
王文锡	区农垦集团党委委员、副总经理
刘丽华（女）	区农垦集团党委委员、副总经理
吴云卿	区农垦集团党委委员、副总经理
廖晓敏	区农垦集团党委委员、总经理助理（股级）

广丰市政集团

邓国华	市政集团党委书记、董事长
韩朝春	区市政集团总经理
吕言海	市政集团党委副书记、常务副总经理
林荣庆	市政集团党委委员、纪委书记
祝浩荣	市政集团党委委员、副总经理
蒋昌月（女）	市政集团副总经理
纪辉宇	市政集团党委委员、副总经理
江　涛	市政集团党委委员、副总经理
朱继超	市政集团党委委员、副总经理
周华军	市政集团党委委员、副总经理
祝翔宇	区市政集团副总经理（股级）
周　锐	市政集团总经理助理（股级）

区旅游发展集团

吕剑锋	区旅游发展集团党委书记、董事长
刘孝炉	区旅游发展集团党委副书记、总经理
夏丽珍（女）	区旅游发展集团党委副书记
张新华	区旅游发展集团纪委书记
夏红敏（女）	区旅游发展集团副总经理
张恩辉	区旅游发展集团副总经理
吴龙清	按副科级管理
刘武华	区旅游发展集团党委委员、副总经理（股级）
朱旭晖	区旅游发展集团党委委员、总经理助理（股级）
俞大宗	区旅游发展集团总经理助理（股级）

区交通建设投资集团

阮小丰	区交通建设投资集团党委书记、董事长
项庆林	区交通建设投资集团党委副书记、总经理
陈国辉	区交通建设投资集团党委委员、副总经理
吴宗武	区交通建设投资集团党委委员、总经理助理（股级）
刘平飞	区交通建设投资集团总经理助理（股级）

上饶高新区

郑敏强	上饶高新区党工委书记
蒋小晖	上饶高新区党工委副书记、管委会主任（试用期一年）
吕晓军	上饶高新区党工委委员、纪检监察工委书记
邱建勇	上饶高新区党工委委员、管委会副主任
吴诗武	上饶高新区党工委委员、管委会副主任（试用期一年）
俞　慧（女）	上饶高新区管委会副主任（挂职一年）
姜子奇	上饶高新区党工委委员、管委会社会事务管理局局长
项　勇	上饶高新区党工委委员
潘春晖	上饶高新区纪检监察工委副书记
毛　锋	上饶高新区管委会经济发展局局长
吴耘富	上饶高新区管委会招商局局长
郭学发	上饶高新区规划建设局局长
蒋　岩	上饶高新区管委会党政办主任
郑金娥（女）	上饶高新技术产业园区科技发展中心主任（试用期一年）

铜钹山镇（铜钹山国家森林公园）

刘金华	铜钹山国家森林公园党工委书记、铜钹山镇党委书记
周　鹏	铜钹山国家森林公园党工委副书记、主任（试用期一年），铜钹山镇党委副书记、镇长，铜钹山国家级自然保护区管理局局长
俞方勤	铜钹山国家森林公园党工委副书记，铜钹山镇党委副书记，统战委员，政法委员、政协工作联络组组长
徐　晖	铜钹山国家森林公园党工委委员、纪检监察工委书记，铜钹山镇党委委员、纪委书记
林奕红	铜钹山国家森林公园管委会副主任
叶敬友	铜钹山镇党委委员、副镇长
郑礼剑	铜钹山镇党委委员、人武部部长
陈　耿	铜钹山镇党委委员、组织委员、组织员、宣传委员
杨志凯	铜钹山镇副镇长
郑超超	铜钹山镇副镇长

俞瑶天（女）	铜钹山镇人大副主席
张炜梅（女）	铜钹山镇综合便民服务中心主任（试用期一年）
杨　慎	铜钹山镇综合行政执法大队大队长（试用期一年）

铜钹山国家森林公园党工委（管委会）

刘金华	铜钹山国家森林公园党工委书记、铜钹山镇党委书记
周　鹏	铜钹山国家森林公园党工委副书记、主任（试用期一年），铜钹山镇党委副书记、镇长，铜钹山国家级自然保护区管理局局长
俞方勤	铜钹山国家森林公园党工委副书记，铜钹山镇党委副书记，统战委员，政法委员、政协工作联络组组长
徐　晖	铜钹山国家森林公园党工委委员、纪检监察工委书记，铜钹山镇党委委员、纪委书记
林奕红	铜钹山国家森林公园管委会副主任
尤利东	铜钹山国家森林公园管委会副主任（试用期一年）
方文华	铜钹山国家森林公园管委会规划建设环保办公室主任
黄丽敏（女）	铜钹山国家森林公园管委会党政办公室主任
金晓星（女）	铜钹山国家森林公园管委会旅游管理办公室主任（试用期一年）
陈克彬	铜钹山国家森林公园管委会农业综合办公室主任（试用期一年）
叶鹏飞	铜钹山国家森林公园管委会社会治安综治办公室主任（试用期一年）

永丰街道

郑　波	永丰街道党工委书记
朱磷丰	永丰街道党工委副书记、办事处主任
杨　涓（女）	永丰街道党工委副书记、政协工作联络组组长
高学文	永丰街道党工委副书记
黄华广	永丰街道党工委副书记
刘　潇	永丰街道党工委委员、纪工委书记
黄少华	永丰街道党工委委员、办事处副主任
韩松华	永丰街道党工委委员、人武部部长
林　勇	永丰街道党工委委员、永丰街道办事处副主任
刘溪屏（女）	永丰街道党工委委员、组织委员、组织员
项　咚	永丰街道党工委委员、政法委员
付　强	永丰街道党工委委员、统战委员
乐　欣（女）	永丰街道党工委委员、宣传委员
吴克健	永丰街道办事处副主任
叶为波	永丰街道办事处副主任
尹天歌（女）	永丰街道办事处副主任
魏　望（女）	永丰街道办事处副主任（试用期一年）
郑理瑞	永丰街道人大工委主任
吴德坚	永丰街道人大工委副主任

丰溪街道

倪　艳（女）	丰溪街道党工委书记
王晓东	丰溪街道党工委副书记、办事处主任
毛彩琳（女）	丰溪街道党工委副书记、政协工作联络组组长
刘　晓	丰溪街道党工委副书记、政法委员
虞功球	丰溪街道党工委副书记
詹庭民	丰溪街道党工委委员、纪工委书记
鲍同强	丰溪街道党工委委员、办事处副主任
丁雨田	丰溪街道党工委委员（试用期一年）、人武部部长
周伟敏	丰溪街道党工委委员、办事处副主任
刘珊珊（女）	丰溪街道党工委委员、宣传委员、统战委员
郭代文	丰溪街道党工委委员、组织委员、组织员
张　颖（女）	丰溪街道办事处副主任
刘　丰（女）	丰溪街道办事处副主任
田　剑	丰溪街道办事处副主任
陈地春	丰溪街道人大工委主任
高　英（女）	丰溪街道人大工委副主任
吴　璇（女）	丰溪街道综合便民服务中心主任（试用期一年）
周云火	丰溪街道综合行政执法大队大队长（试用期一年）

芦林街道

洪常艳（女）	芦林街道党工委书记
黄　盛	芦林街道党工委副书记、办事处主任
张　犇	芦林街道党工委副书记、政法委员
周冠辉	芦林街道党工委副书记、政协工作联络组组长
程传兴	芦林街道党工委副书记
韩　瑜	芦林街道党工委委员、纪工委书记
黄富金	芦林街道党工委委员、办事处副主任
周海军	芦林街道党工委委员、办事处副主任
陈　灿	芦林街道党工委委员、组织委员、组织员
汤尚剑	芦林街道党工委委员、人武部部长

周真红（女）	芦林街道党工委委员、宣传委员、统战委员	吴惠丰（女）	大石街道综合便民服务中心主任（试用期一年）
周新华	芦林街道办事处副主任	林亨飘	大石街道综合行政执法大队大队长（试用期一年）
刘 浏	芦林街道办事处副主任	**洋口镇**	
吕逸隽（女）	芦林街道办事处副主任	芮可文	洋口镇党委书记
俞忠华	芦林街道人大工委主任	湛志强	洋口镇党委副书记、镇长
叶身财	芦林街道人大工委副主任	李小娟（女）	洋口镇党委副书记、政法委员
周 彤（女）	芦林街道综合便民服务中心主任（试用期一年）	李 伟	洋口镇党委副书记、统战委员
黄惠林	芦林街道综合行政执法大队大队长（试用期一年）	杨 超	洋口镇党委委员、纪委书记
		张健晶（女）	洋口镇党委委员、副镇长
下溪街道		刘 慧（女）	洋口镇党委委员、组织委员、组织员、宣传委员
阮承臣	下溪街道党工委书记		
孟照金	下溪街道党工委副书记、办事处主任	王仁超	洋口镇党委委员、人武部部长
周镇宇	下溪街道党工委副书记、统战委员、政协工作联络组组长	龚伟阳	洋口镇副镇长
		周力波	洋口镇副镇长
夏杰锋	下溪街道党工委副书记、政法委员	邹 戈	洋口镇人大主席
廖德光	下溪街道党工委委员、纪工委书记	徐书国	洋口镇人大副主席
赵 坚	下溪街道党工委委员、办事处副主任	尤玉英（女）	洋口镇综合便民服务中心主任（试用期一年）
周景乐	下溪街道党工委委员、人武部部长	杨嘉伟	洋口镇综合行政执法大队大队长（试用期一年）
俞 飞	下溪街道党工委委员、办事处副主任		
杨林杰	下溪街道党工委委员、组织委员、组织员、宣传委员	**五都镇**	
		黄宗敏	五都镇党委书记
傅鹏根	下溪街道办事处副主任	俞益文	五都镇党委副书记、镇长
徐安水	下溪街道人大工委主任	徐狄芳（女）	五都镇党委副书记、统战委员、政协工作联络组组长
傅春燕	下溪街道人大工委副主任		
林 英（女）	下溪街道综合便民服务中心主任（试用期一年）	邓志武	五都镇党委副书记、政法委员
		徐 敏	五都镇党委委员、纪委书记
刘 俊	下溪街道综合行政执法大队大队长（试用期一年）	林邦松	五都镇党委委员、副镇长
		杨文槐	五都镇党委委员、副镇长
大石街道		张春玉（女）	五都镇党委委员、人武部部长
吴建新	大石街道党工委书记	王宾怀	五都镇党委委员、组织委员、组织员、宣传委员
郭祥海	大石街道党工委副书记、办事处主任		
颜 君	大石街道党工委副书记、统战委员、政协工作联络组组长	俞 强	五都镇副镇长
		周义富	五都镇副镇长
杨雪珍（女）	大石街道党工委副书记、政法委员	余厚庆	五都镇人大主席
吴兴耀	大石街道党工委委员、纪工委书记	舒 俊（女）	五都镇人大副主席
陈明祥	大石街道党工委委员、办事处副主任	宁 敏	五都镇综合便民服务中心主任（试用期一年）
蒋飞龙	大石街道党工委委员、办事处副主任		
张忠亮	大石街道党工委委员、人武部部长	苏智富	五都镇综合行政执法大队大队长（试用期一年）
毛剑姿（女）	大石街道党工委委员、组织委员、组织员、宣传委员		
		霞峰镇	
高荣华	大石街道办事处副主任	朱康贵	霞峰镇党委书记
黄 晟	大石街道办事处副主任（试用期一年）	毛志飞	霞峰镇党委副书记、镇长
杨利华	大石街道人大工委主任	颜建锋	霞峰镇党委副书记、政法委员
郑柳玉（女）	大石街道人大工委副主任		

杨 垒	霞峰镇党委副书记、统战委员、政协工作联络组组长
戴忠伟	霞峰镇党委委员、纪委书记
郑 斌	霞峰镇党委委员、副镇长
陈华剑	霞峰镇党委委员、人武部部长
余 潜	霞峰镇党委委员、副镇长
管文飞	霞峰镇党委委员、组织委员、组织员、宣传委员
桂莉华（女）	霞峰镇副镇长
蔡 丹（女）	霞峰镇副镇长
徐慧霖	霞峰镇人大主席
郭满英（女）	霞峰镇人大副主席
毛 赟	霞峰镇综合便民服务中心主任（试用期一年）
董海军	霞峰镇综合行政执法大队大队长（试用期一年）

枧底镇

王治国	枧底镇党委书记
徐 骞	枧底镇党委副书记、副镇长
江 皓	枧底镇党委副书记、统战委员、政法委员、政协工作联络组组长
夏文韬	枧底镇党委委员、纪委书记
徐盛雨	枧底镇党委委员、副镇长
吴杰林	枧底镇党委委员、人武部部长
郑上波	枧底镇党委委员、组织委员、组织员、宣传委员
林玉香（女）	枧底镇副镇长
方小林	枧底镇人大主席2023年11月6日被双开（广纪审〔2023〕35号、广监审〔2023〕5号）
周秋萍（女）	枧底镇人大副主席

湖丰镇

周家炉	湖丰镇党委书记
张桂枝（女）	湖丰镇党委副书记、镇长
叶接运	湖丰镇党委副书记、统战委员、政协工作联络组组长
王艳涛	湖丰镇党委委员、政法委员
周 琼（女）	湖丰镇党委委员、纪委书记
郑家文	湖丰镇党委委员、副镇长
陈武斌	湖丰镇党委委员、人武部部长
徐志丰	湖丰镇党委委员、副镇长
付红英（女）	湖丰镇副镇长
周晓艳（女）	湖丰镇副镇长
阮春仙（女）	湖丰镇人大主席
廖雪珍（女）	湖丰镇人大副主席
徐常清	湖丰镇综合便民服务中心主任（试用期一年）
黄赟洲	湖丰镇综合行政执法大队大队长（试用期一年）

壶峤镇

梁红军	壶峤镇党委书记
刘 钰	壶峤镇党委副书记、镇长
邓 锋	壶峤镇党委副书记、统战委员、政协工作联络组组长
吴祥征	壶峤镇党委副书记、政法委员
朱丽霞（女）	壶峤镇党委委员、纪委书记
占 鹏	壶峤镇党委委员、副镇长
陈德明	壶峤镇党委委员、副镇长
潘继波	壶峤镇党委委员、人武部部长
郑曼惠（女）	壶峤镇党委委员、组织委员、组织员、宣传委员
胡学炜	壶峤镇副镇长
李 伟	壶峤镇副镇长
刘洪峰	壶峤镇人大主席
朱国发	壶峤镇人大副主席
刘燕玲（女）	壶峤镇综合便民服务中心主任（试用期一年）
程云斌	壶峤镇综合行政执法大队大队长（试用期一年）

大南镇

周 浩	大南镇党委书记
张紫游	大南镇党委副书记、镇长
叶兴梁	大南镇党委副书记、统战委员、政法委员、政协工作联络组组长
张贤标	大南镇党委委员、纪委书记
刘为章	大南镇党委委员、副镇长
郑红燕（女）	大南镇党委委员、人武部部长
周 玢（女）	大南镇党委委员、组织委员、组织员、宣传委员
徐利明	大南镇副镇长
杨 柳	大南镇副镇长
王卫国	大南镇人大主席
郑晓金	大南镇人大副主席
严 斌	大南镇综合便民服务中心主任（试用期一年）
石 俊	大南镇综合行政执法大队大队长（试用期一年）

排山镇

祝让忠	排山镇党委书记
谢远标	排山镇党委副书记、镇长
王 滔	排山镇党委副书记、统战委员、政协工作联络组组长

周孝华	排山镇党委副书记、政法委员		宣传委员
何斌贵	排山镇党委委员、纪委书记	纪　峰	东阳乡乡长
黄丽玲（女）	排山镇党委委员、副镇长	李超超	东阳乡副乡长
祝凯翔	排山镇党委委员、副镇长	黄文敬	东阳乡人大主席
陈忠武	排山镇党委委员、人武部部长	陈　昊	东阳乡人大副主席
叶　克	排山镇党委委员、组织委员、组织员、宣传委员	**泉波镇**	
		祝金荣	泉波镇党委书记
韩礼英（女）	排山镇副镇长	罗晓强	泉波镇党委副书记、镇长
朱祥贵	排山镇副镇长	程　宁	泉波镇党委副书记、统战委员、政协工作联络组组长
余利华	排山镇人大主席		
周红林	排山镇人大副主席	吴珍彩（女）	泉波镇党委副书记、政法委员
吕　玲（女）	排山镇综合便民服务中心主任（试用期一年）	饶庆蔚	泉波镇党委委员、纪委书记
		魏春蕾	泉波镇党委委员、副镇长
周　烨	排山镇综合行政执法大队大队长（试用期一年）	王明强	泉波镇党委委员、人武部部长
		连春宝	泉波镇党委委员、副镇长
吴村镇		应文炜	泉波镇党委委员、组织委员、组织员、宣传委员
庄　勇	吴村镇党委书记		
余翔宇	吴村镇党委副书记、镇长	林双飞	泉波镇副镇长
周　磊	吴村镇党委副书记、统战委员、政协工作联络组组长	梅　鑫	泉波镇副镇长
		俞日波	泉波镇人大主席
杨继威	吴村镇党委副书记、政法委员	吴丽琼（女）	泉波镇人大副主席
潘凯锋	吴村镇党委委员、纪委书记	**毛村镇**	
林祥云	吴村镇党委委员、副镇长	王　菲（女）	毛村镇党委书记
纪辉飞	吴村镇党委委员、副镇长	吴浙江	毛村镇党委副书记、镇长
程敬华	吴村镇党委委员、人武部部长	吕　震	毛村镇党委委员、纪委书记
方雪红（女）	吴村镇党委委员、组织委员、组织员、宣传委员	余志勇	毛村镇党委委员、副镇长
		席方强	毛村镇党委委员、人武部部长
邓　瑶（女）	吴村镇副镇长	周　标	毛村镇党委委员、组织委员、组织员、宣传委员
王　琪（女）	吴村镇副镇长		
朱利锋	吴村镇人大主席	韩亚萍（女）	毛村镇副镇长
蒋昌金	吴村镇人大副主席	吕　文	毛村镇副镇长
郑利平	吴村镇综合便民服务中心主任（试用期一年）	张庆伟	毛村镇人大主席
		俞燕燕（女）	毛村镇人大副主席
夏金盘	吴村镇综合行政执法大队大队长（试用期一年）	吴连林	毛村镇综合便民服务中心主任（试用期一年）
东阳乡		郑华筠	毛村镇综合行政执法大队大队长（试用期一年）
刘德意	东阳乡党委书记		
夏灵邦	东阳乡党委副书记、乡长	**嵩峰乡**	
杨小平	东阳乡党委副书记、统战委员、政协工作联络组组长	徐敏驹	嵩峰乡党委书记
		汤华东	嵩峰乡党委副书记、乡长
杨　震	东阳乡党委副书记、政法委员	陈　晓	嵩峰乡党委副书记、统战委员、政法委员、政协工作联络组组长
林　亮	东阳乡党委委员、纪委书记		
吕振文	东阳乡党委委员、副乡长	叶智锐	嵩峰乡党委委员、纪委书记
谢晓军	东阳乡党委委员、人武部部长	俞方陶	嵩峰乡党委委员、副乡长
林　宇	东阳乡党委委员、副乡长	吕　睿	嵩峰乡党委委员、人武部部长
叶念遥（女）	东阳乡党委委员、组织委员、组织员、	程潇雅（女）	嵩峰乡副乡长

沈玮景	嵩峰乡人大主席	柯奥迪	横山镇党委委员、人武部部长
周雨薇（女）	嵩峰乡人大副主席	李 珍（女）	横山镇党委委员、组织委员、组织员、宣传委员

桐畈镇

吕 勇	桐畈镇党委书记
黄 翼	桐畈镇党委副书记、镇长
姚 科	桐畈镇党委副书记、统战委员、政协工作联络组组长
王 艳（女）	桐畈镇党委副书记、政法委员
姚 磊	桐畈镇党委委员、纪委书记
俞 璐（女）	桐畈镇党委委员、副镇长
吴 骢	桐畈镇党委委员、副镇长
鄢小莉（女）	桐畈镇党委委员、组织委员、组织员、宣传委员
毛钰麟	桐畈镇党委委员、人武部部长
王 锐	桐畈镇副镇长
杨奇慧（女）	桐畈镇副镇长
余 磊	桐畈镇人大主席
陈云英（女）	桐畈镇人大副主席
余忠波	桐畈镇综合便民服务中心主任（试用期一年）
吕献礼	桐畈镇综合行政执法大队大队长（试用期一年）

沙田镇

毛熠睿	沙田镇党委书记
童 翔	沙田镇党委副书记、镇长
朱秋梦（女）	沙田镇党委副书记、统战委员、政协工作联络组组长
张小勇	沙田镇党委副书记、政法委员
叶华强	沙田镇党委委员、纪委书记
郑荣浩	沙田镇党委委员、副镇长
罗贤辉	沙田镇党委委员、副镇长
王 晖	沙田镇党委委员、组织委员、组织员、宣传委员
刘 鹏	沙田镇党委委员、人武部部长
叶玉和	沙田镇副镇长
徐子淦	沙田镇副镇长
郑诗田	沙田镇人大主席
张朝伟	沙田镇人大副主席

横山镇

郑道坎	横山镇党委书记
周文敏	横山镇党委副书记、镇长
李建山	横山镇党委副书记、统战委员
周 伊（女）	横山镇党委副书记、政法委员
上官世河	横山镇党委委员、纪委书记
谢 颖（女）	横山镇党委委员、副镇长
俞坤新	横山镇党委委员、副镇长
姚信泰	横山镇副镇长
吴洪亮	横山镇副镇长
夏小光	横山镇人大主席
罗 清	横山镇人大副主席
陈德祥	横山镇综合便民服务中心主任（试用期一年）
周晓辉	横山镇综合行政执法大队大队长（试用期一年）

少阳乡

郑雪峰	少阳乡党委书记
刘 卿	少阳乡党委副书记、乡长
朱发强	少阳乡党委副书记、统战委员、政法委员、政协工作联络组组长
周有龙	少阳乡党委委员、纪委书记
周文敏	少阳乡党委委员、副乡长
赖炳旺	少阳乡党委委员、组织委员、组织员、宣传委员
叶协芳	少阳乡副乡长
陈卓群（女）	少阳乡副乡长
梅端敏	少阳乡人大主席
陈李巧（女）	少阳乡人大副主席
蒋滔滔	少阳乡综合便民服务中心主任（试用期一年）
祝伯丰	少阳乡综合行政执法大队大队长（试用期一年）

（区委组织部提供名单）

上饶市自然资源局广丰分局

郑翔宇	上饶市自然资源局党组成员、副局长、上饶市自然资源局广丰分局党组书记（任至10月）
李剑波	党组书记（10月任）
周幸乐	局长
陈卫华	区纪委监委派驻纪检组组长、党组成员
俞志高	党组成员、副局长
胡 莹	党组副书记
王欣红	党组成员、副局长
黄义溪	党组成员
王晓斌	党组成员、副局长
周凤仙（女）	党组成员
纪仁发	党组成员、副局长
俞懿民	党组成员、副局长
周 密（女）	副局长

丰溪水电

杨　辉	党总支书记、总经理
徐建波	党总支委员、副总经理
吴登洪	党总支委员、副总经理
徐华庆	党总支委员、副总经理
汪　涛	党总支委员、财务总监
苏承丛	党总支副书记

广丰石油分公司

林　辉	经理（任至8月）
王　鑫	经理（8月任）
陈旭坤	副经理

区气象局

杨双伦	党组书记、局长

中国邮政集团有限公司江西省广丰区分公司

曹剑明	总经理
饶泽权	副总经理
徐昊翔	副总经理
俞华欣	副总经理、寄递事业部常务副总

饶丰灌区水资源保护中心

徐小友	党组书记、主任
周平平	党组成员、副主任
潘　烨	党组成员、副主任

上饶汽运广丰公司

吴　广	经理
吴国光	副经理
杨长勇	副经理

上饶市广丰区烟草专卖局

黄淑英	局长、经理

中国人民银行广丰支行

程　斌	行长
徐　亮	纪检组组长
刘　慧	副行长

中国农业银行广丰支行

张剑华	党委书记、行长（任至8月）
周水明	党委书记、行长（8月任）
吴海明	党委委员、纪委书记
顾晓军	党委委员、副行长
朱宏伟	党委委员、副行长
刘淑珍（女）	党委委员、副行长

中国银行广丰支行

毛　琼（女）	行长
俞丽琼（女）	副行长
吴文丰	主任级中级经理

江西银行上饶广丰支行

林　静（女）	行长
张月月（女）	副行长

江西广丰农村商业银行股份有限公司

程建平	党委书记、董事长
汪国训	党委委员、行长
郝　钧	党委委员、副行长
李益群	党委委员、监事长
孙　莉（女）	党委委员、副行长

广丰广信村镇银行

俞直华	董事长
俞建华	行　长
华　喆	监事长

招商银行上饶广丰支行

闵　杰	副行长

银保监

叶剑平	上饶银保监分局广丰监管组组长

中国电信股份有限公司广丰分公司

翁　波	书记、总经理
石　勇	副总经理
占桂华	副总经理
李　航	副总经理兼贞白分局局长（任至8月）
张龙海	副总经理兼贞白分局局长（8月任）
余黎明	铜钹山分局局长

中国人民财产保险股份有限公司上饶市广丰支公司

王贵锋	经理
余映红	副经理
蔡　越	经理助理

中国联合网络通信有限公司广丰区分公司

冯　什	总经理

（以上由各有关单位提供）

中国共产党上饶市广丰区委员会

综 述

2022年，在市委、市政府的坚强领导下，广丰区委坚持以习近平新时代中国特色社会主义思想为指导，紧扣迎接和学习贯彻党的二十大这条主线，认真贯彻"疫情要防住、经济要稳住、发展要安全"重要要求，大力实施"八个千方百计"工作策略，不断加快广丰高质量跨越式发展步伐，交出了一份厚重提气的高质量"答卷"。全年完成GDP 629.02亿元，增长5.7%，总量前移至全省第9，增速全省第5；规上工业增加值增速9.5%，全省第7。市级统计部门公布的18项主要经济指标中广丰有16项位列全市前三，实现"9个第一""3个第二""4个第三"（"9个第一"即地区生产总值、一般公共预算收入、地方税收收入、实际利用外商直接投资总量、地区生产总值、500万元以上固定资产投资、新增"四上"企业、新增法人单位、利用省外资金增速，全市第1；"3个第二"即利用省外资金、进出口额总量、城镇居民人均可支配收入增速，全市第2；"4个第三"即工业用电量总量、工业增加值、社会消费品零售总额、金融机构各项人民币存款余额，全市第3）。

一、旗帜鲜明讲政治，对标看齐更加坚定自觉。一是全面强化理论武装。坚持把学懂弄通做实习近平新时代中国特色社会主义思想作为首要政治任务和长期战略任务，坚持读原著学原文、悟原理知原义，在深学细悟、深信笃行中不断增进政治认同、思想认同、情感认同。先后召开区委常委会（扩大）会议、区委理论学习中心组集体学习会46次，自觉做到真学真懂真信真用。区委常委以身作则，带头开展交流研讨52人次。深入学习贯彻党的二十大精神，通过召开区委常委会（扩大）会议、全区领导干部会议、区委理论学习中心组会议、集中宣讲、印发《关于认真学习宣传贯彻党的二十大精神的通知》等形式，对学习宣传贯彻工作进行部署，持续推动党的创新理论入脑入心、落地见效。

二是全面加强政治建设。坚持把政治建设作为根本性建设来抓，突出加强政治教育和政治训练，不断提高各级党员干部政治判断力、政治领悟力、政治执行力。严肃党内政治生活，坚持民主集中制原则，认真落实"三会一课"、民主生活会、组织生活会等制度。紧紧围绕"三新一高"、疫情防控等"国之大者"强化政治监督，确保党中央重大决策部署在广丰区落地落实。严守政治纪律和政治规矩，区委常委会带头召开全面从严治党形势分析会，坚决防范纠治搞"七个有之"等问题。扎实做好省委第七巡视组巡视广丰反馈意见整改、市纪委监委关于做好查办铜钹山违建别墅案件"后半篇文章"以及深刻汲取郑华森、张景忠、徐利火等案件教训的纪检监察建议整改工作。

三是全面抓好对标落实。坚持"第一议题"制度，对习近平总书记发表的重要讲话、作出的重要指示批示，及时召开区委常委会等会议进行传达学习，结合实际研究贯彻措施，确保总书记有号令、党中央有部署，广丰第一时间不折不扣抓落实、见成效。认真落实省委、市委工作要求，组建八个"千方百计"工作专班，制定专门工作方案，细化实化具体工作举措，确保每项工作都有人抓、有人管、有人落实。召开区委十四届三次全会，对照党的二十大提出的宏伟目标、总体任务、战略部署，制定出台《中共上饶市广丰区委关于深入学习宣传贯彻党的二十大精神加快全面建设社会主义现代化广丰的决定》，推动党的二十大精神在广丰区全面落实。

二、全力以赴谋发展，现代产业体系加速构建。一是工业脊梁加速挺起。聚焦新电子、新材料、新智造三大主导产业，全年新开工工业项目85个，新投产82个，新增规上工业企业30家。建成标准厂房227万平方米，入驻企业96家，全年完成规上工业营业收入833亿元。获评全省工业崛起年度贡献奖，工业强区成为广丰高质量发展最亮眼的底色。狠抓数字经济"一号发展工程"，新引进数字经济项目134个，数字产业主营业务收入达296亿元。

二是文旅商贸提档升级。成功承办首届江西文化产业博览交易会，总投资10亿元、占地3.6万平方米的"广丰里"夜经济特色网红商业街炫目登场，月兔商圈精彩亮相。大力开展"夜YOU广丰"系列活动，"铜钹山星空帐篷露营地"成为网红打卡点，广丰的夜生活更加绚丽多彩。铜钹山文旅项目加速推进，投资36亿元，与西安曲江文旅集团合作的大唐时光小镇开工建设，打造广丰的"大唐不夜城"。洋口老街获评省级历史文化街区、省级3A级乡村旅游点。

三是农业产业提质增效。牢牢守住粮食安全底线，完成粮食种植面积53.03万亩，总产量达3.61亿斤，油菜播种面积11万亩。聚焦马家柚产业，高标准打造乡村振兴示范园和西坛马家柚标准果园，作为现场参观点接受全省农业发展大会检阅，有效促进产业提档升级。广丰马家柚喜获丰收，成为江西首个进驻盒马鲜生的农产品，综合产值突破20亿元。全力打造"饶有丰味"区域公用品牌，广丰农特产品影响力不断扩大。

三、坚定不移扩开放，发展动力活力持续增强。一是创新驱动成效显著。强化科技创新驱动，出台促进科技创新系列奖励扶持政策，全方位提升企业创新能力，R&D经费支出占GDP比重较上年大幅增长30%。新增高新技术企业26家，科技型中小企业、"专精特新"企业分别达103家、30家。渝网科技成功入选省级高成长性科技型企业，实现广丰区"瞪羚企业"零的突破。上饶高新区科技企业孵化园获评国家级科技企业孵化器，填补全市"零的空白"。

二是营商环境持续升级。坚持"一把手"抓"一号改革工程"，纵深推进"人生十件事""法人十件事"集成改革，扎实做好助企纾困解难，全年新增市场主体9507户，为各类市场主体减税降费20亿元。成立区政务服务和大数据管理局，建立区领导坐班督导、定期调度机制，实行政务服务"好差评"机制，推行"容缺办""错时办""帮代办"。广丰被列入全省首批营商环境创新试点城市，上榜2022年全国投资潜力百强区第18位。

三是对外开放硕果累累。把招商引资作为工业强区的"头等大事"，组建52支招商小分队、3支安商小分队，突出"三新"主导产业领域，建立每月通报排名、末位表态、项目会审机制，以超常规的力度大招商、招大商、招好商。全年新引进工业项目103个，总投资563.9亿元，其中，"5020"项目11个，再创新高。泰珂新材料、广丰时代填补了广丰百亿项目的空白。

四、统筹协调促融合，城乡发展面貌更新蝶变。一是城市品质不断提升。统筹推进老城区有机更新和城北新区整体开发建设。在老城区，完成月兔广场、上广公路、迎宾大道、铜钹山大道周边等重要景观节点改造提升，完成7个老旧小区改造、7条道路"白改黑"，新建19个口袋公园、7个城市驿站、10个停车场，进一步补齐城市功能短板。在城北新区，加快推进城北新区路网建设，完成城北片区二期拆迁，城北综合体、广丰国际大酒店、拆迁安置房小区等项目全速推进，现代化新城区初见雏形。同创一项荣誉，投入资金3.2亿元，实施15大类301个创文项目，深入开展"七大专项整治"，全力创建全国文明城市。

二是乡村更加宜居宜业。聚焦补齐乡村基础设施短板，持续推进乡村建设资金1：2筹措机制，累计完成社会筹资2.73亿元，撬动财政建设资金7.65亿元，高标准实施了1164个乡村点建设，重点开展"七改三网"，着力补齐基础短板。扎实推进农村人居环境整治，积极开展"五拆五清"专项整治行动，全区累计"五拆"3.5万栋（处）212万平方米，"五清"12万处412万平方米，乡村环境更加整洁宜居。扎实推进18个美丽集镇建设，基本完成三年攻坚"扫一遍"目标。

三是生态环境持续向好。聚焦生态治理突出问题，系统推进城区、园区、乡村、矿山、河流5大领域31个突出问题治理，城内29个老旧小区实现雨污分流，38个自建房小区实现纳污接管。乡镇污水处理厂、垃圾中转站基本实现全覆盖。投入3.9亿元对西溪河、卧龙渠实施综合生态治理。深入实施河长制，统筹推进水旱灾害、水资源、水生态、水环境系统治理，河湖生态环境提升明显，2022年广丰区2个省控断面达标率100%，集中饮用水源地达标率100%，全区水环境质量稳中向好。

五、持之以恒惠民生，人民生活品质显著提升。一是全力办好民生实事。坚持尽力而为、量力而行，集中财力办好年度20件民生实事。广丰中学改造提升、贞白中学改扩建、城东幼儿园基本完成，8所农村寄宿制学校改造完成。区人民医院内外科大楼、区中医院中医药大楼、区妇幼保健院建成投用，完成13所乡镇卫生院改造提升，教育医疗水平不断提升。完成农村公路改造项目22个，改造提升106.5公里，畅通群众出行"最后一公里"。

二是全面加强兜底保障。扎实做好巩固拓展脱贫攻坚成果与乡村振兴有效衔接工作，强化动态监测，健全帮扶体系，坚决筑牢不发生规模性返贫致贫底线。设立"一老一幼"阳光慈善基金，至去年年底已筹集社会资金1056万元。建立领导干部包保困难群众制度，切实加大对城镇特困群众、城乡困难户等弱势困难群体的关爱帮扶力度，让人民群众充分感受到党和政府的温暖。抓好"村企共建"促进农民就业。精准科学落实新冠防控各项措施，压实压紧防控责任，从

2020年第一波疫情结束到"优化防控二十条"发布，这期间广丰未新发现一例本土病例。

三是持续强化社会治理。深入推进市域社会治理现代化试点，探索推行"乡镇（街道）吹哨，部门单位报到，领导统筹协调"城市治理新模式。大力推行区领导接访、包案化解、属地管理等机制，107件信访积案得到化解。坚持和发展新时代"枫桥经验"，洋口镇矛盾纠纷化解中心示范点建设建成投用。全面做好安全生产工作，严厉打击电信网络诈骗等违法犯罪行为，人民生活更加安居乐业。

六、一以贯之抓党建，政治生态更加风清气正。一是狠抓意识形态。认真落实意识形态工作责任制，把意识形态工作作为一项极端重要的工作来抓，扎实做好网络、宗教等领域意识形态工作，加强中小学思政课建设，坚决维护意识形态领域绝对安全。以"五好"宗教活动场所建设为契机，推动全区宗教场所实现规范管理。加大红色基因传承，投入850余万元对革命烈士陵园、广丰县苏维埃政府旧址、中共广丰县委旧址进行改造提升。举办"展示百年风华传承红色基因——广丰区革命文物图片展"，累计参观人数5万余人次。

二是筑牢基层堡垒。积极抓好"党建+网格+微小事"工作，完成"微小事"项目1034个。持续推进"区级统筹""村企共建"的发展模式，全区村集体经济经营性收入平均达30.5万元。抓实软弱涣散村（社区）党组织整顿提升，调整、撤换11名党支部书记。建立村（社区）干部报酬稳步增长机制，在全市率先为村（社区）干部和回村任职大学生办理社会养老保险，消除后顾之忧。

三是强化正风肃纪。认真落实党风廉政建设责任制，坚持严的基调不动摇，注重加强对下级"一把手"的监督，常态化开展提醒谈话、专题约谈、廉洁教育，督促其严于律己、严负其责、严管所辖。坚持以零容忍态度惩治腐败，严肃查处群众身边腐败和作风问题，共查处群众身边腐败和不正之风问题115起，给予党纪政务处分167人。持续放大"三不腐"一体推进效能，召开千人警示教育大会，扎实做好郑华森、张景忠、徐利火等案件查处"后半篇文章"，全区政治生态持续向上向好。

同时，加强党对人大、政协工作的领导，支持和保障"一府一委两院"依法履职，发挥群团组织作用，落实党管武装制度，广泛凝聚各方面智慧和力量。加强基层统战工作力量配备，实现乡镇（街道）统战委员、统战干事配备全覆盖。

重要会议

【区委常委会】 1月8日，区委召开常委会议，传达学习习近平总书记近期重要讲话精神（致首届中国网络文明大会的贺信精神，在第三次"一带一路"建设座谈会、中央全面深化改革委员会第二十二次会议、全国宗教工作会议、中共中央政治局第三十五次集体学习等会议上的重要讲话精神）；传达学习十八大以来习近平总书记关于粮食安全的重要讲话和指示批示精神，中央农村工作会议精神；全省涉粮问题专项巡视监督检查集中反馈暨整改部署推进会议精神，全市涉粮问题专项巡察监督检查集中反馈暨整改部署推进视频会精神，市委巡察工作领导小组关于我市涉粮问题专项巡察监督检查情况的通报、关于对广丰区开展涉粮问题专项巡察监督检查发现问题的清单文件精神，同时研究我区贯彻落实意见；传达学习省委、市委经济工作会议精神，并研究召开区委经济工作会议有关事宜；传达学习全省生态环境保护工作会议暨省生态环境保护委员会2021年第二次会议、市生态环境保护委员会2021年度第五次全体会议暨环保督察反馈问题整改工作调度推进会，市委办、市政府办关于印发《上饶市贯彻落实中央生态环境保护督察报告整改方案》的通知，市环委会办公室关于印发《贯彻落实环境信息依法披露制度改革方案责任分工方案》的通知精神，并研究我区贯彻落实意见；研究《岁末年初重点工作安排》；审议《2022年重点项目计划》；审议《2022年工业和开放型经济工作要点》。

1月10日，区委召开常委会议，审议《关于做好2022年春节前夕"大走访、送温暖"活动有关事项的通知》，审议《关于进一步做好2021年度高质量发展考核工作的通知》。

1月27日，区委召开常委会议，传达学习习近平总书记重要讲话重要指示批示精神（在省部级主要领导干部学习贯彻党的十九届六中全会精神专题研讨班开班式、中央全面深化改革委员会第二十三次会议上的重要讲话精神，关于全国老干部工作、党的建设研究工作、加强党内法规制度建设的重要指示和全国党内法规工作会议精神）；传达学习习近平总书记在十九届中央纪委六次全会上的重要讲话和中纪委全会、省纪委全会精神，并研究召开区纪委全会有关事宜；传达学习习近平总书记对党史学习教育作出的重要指示精神，中央、省委、市委党史学习教育总结会议精神；

传达学习习近平总书记对政法工作作出的重要指示和中央、省委、市委政法工作会议精神并研究我区贯彻落实意见，审议关于贯彻落实《中国共产党政法工作条例》、中共江西省委《关于贯彻〈中国共产党政法工作条例〉实施细则》的实施方案；传达学习《中国共产党纪律检查委员会工作条例》；传达学习《中共中央、国务院关于做好2022年全面推进乡村振兴重点工作的意见》；传达学习《中共中央办公厅 国务院办公厅印发〈关于更加有效发挥统计监督职能作用的意见〉》并研究我区贯彻落实意见；传达学习全国、全省政法队伍教育整顿总结会议精神；传达学习省、市"两会"会议精神，并研究召开区"两会"有关事宜；传达学习省委办关于印发中央纪委国家监委纪检监察建议整改工作方案的通知精神；研究五项重点工作的责任落实；听取区人大常委会党组、区政府党组、区政协党组、区纪委区监委、区人民法院党组、区人民检察院党组工作汇报。

2月7日，区委召开常委会议，传达学习中办关于印发贯彻落实中央人大工作会议重点任务分工方案的通知，审议《广丰区乡村振兴重点工作清单》，审议《关于进一步明确2022年重点项目责任分工的通知》。

2月16日，区委召开常委会议，传达学习习近平总书记重要讲话精神（在中共中央政治局第三十六次集体学习时的重要讲话，在北京2022年冬奥会欢迎宴会上的致辞）；传达学习中办印发《关于加强新时代廉洁文化建设的意见》的通知，中纪委关于认真学习贯彻习近平总书记在十九届中央纪委六次全会上的重要讲话精神的通知，省纪委办公厅印发关于地方政府投融资平台公司存在问题的文件，省自然资源厅党组党史学习教育专题民主生活会会议精神；传达学习中办印发关于巩固全国政法队伍教育整顿成果推进全面从严管党治警的意见的通知精神；传达学习全省深化发展和改革双"一号工程"推进大会精神，省委、省政府《关于深入推进数字经济做优做强"一号发展工程"的意见》《关于深入推进营商环境优化升级"一号改革工程"的意见》精神，并研究我区贯彻落实意见；传达学习全市领导干部学习贯彻党的十九届六中全会精神专题研讨班暨"思想再解放、作风再提升、开放再出发"活动精神；审议《2021年度全区高质量发展考核结果》并研究召开总结表彰会有关事宜。

2月26日，区委召开常委会议，传达学习习近平总书记在《求是》杂志上发表的重要文章《坚持走中国特色社会主义法治道路 更好推进中国特色社会主义法治体系建设》；传达学习中办印发《关于2021年中央政治局贯彻执行中央八项规定情况的报告》《关于2021年整治形式主义为基层减负工作情况的报告》的通知精神；传达学习省委主要领导在上饶调研时的讲话精神；传达学习省委关于印发《中共江西省第十五届委员会常务委员会工作规则》的通知精神；传达学习省委办关于印发《省第十五次党代会确定目标任务落实工作总体方案》的通知精神并研究我区贯彻落实方案；传达学习全省机关党的工作会议暨打造模范机关动员部署会，省委办印发《关于省直机关打造让党放心、人民满意的模范机关的实施方案》的通知精神；传达学习省委、省政府《关于完整准确全面贯彻新发展理念做好碳达峰碳中和工作的实施意见》精神；传达学习市委《关于加强新时代党员干部队伍建设 努力把上饶打造成为最讲党性最讲政治最讲忠诚最讲担当地方的意见》精神；传达学习市纪委全会精神；传达学习全市深化发展和改革双"一号工程"推进大会精神，研究成立深入推进数字经济做优做强"一号发展工程"、深入推进营商环境优化升级"一号改革工程"领导小组，并审议我区两个工作清单；审议《关于成立中共上饶市广丰区委考核工作委员会的请示》；审议《关于加强政务服务中心窗口工作人员管理的意见》；研究三项重点工作清单。

3月29日，区委召开常委会议，传达学习习近平总书记重要讲话和中央重要会议精神［在中央政治局第三十七次集体学习上的重要讲话、在中央深改委第二十四次会议上的重要讲话、在中央党校（国家行政学院）中青年干部培训班开班式上发表的重要讲话、在《求是》杂志上发表的"中央人大工作会议上的讲话""在中央政协工作会议暨庆祝中国人民政治协商会议成立70周年大会上的重要讲话"精神］；传达学习习近平总书记在3月17日中共中央政治局常务委员会会议上的重要讲话精神，以及近期中央、省、市疫情防控有关会议精神并研究我区贯彻落实意见；传达学习全国两会精神（市委办《习近平总书记在全国两会期间的重要讲话精神以及栗战书委员长参加江西代表团审议时的讲话精神传达提纲》《十三届全国人大五次会议精神传达提纲》《全国政协十三届五次会议精神传达提纲》）；传达学习在全党开展党史学习教育总结报告、《关于推动党史学习教育常态化长效化的意见》精神；传达学习中办关于印发中央层面整治形式主义为基层减负专项工作机制2022年工作要点的通知、省委办关于转发省委整治形式主义为基层减负专项工作机制2022年工作要点及责任分工的通知精神，审议我区《2022年区委区政府督查检查考核计划》；传达学习省委、省政府《关于推进农业农村高质量发展 奋力打造新时代乡村振兴样板之地的意见》精神；传达学习省委办印发关于巩固全省政法队伍教育整顿成果 推进全面从严管党治警的实施意见精神；传达学习省委办、省政府办关于印发《江西省农村人居环境整治提升五年行动实施方案》的通知精神；传达学习市委主要领导在督导调研重大项目推进情况及安全生产工作时的讲话精神、市政府主要领导在广丰调研时的讲话精神；传达学习市委、市政府《关于乘势而为全方位对接融入长三角一体化发展勇毅前行开创上饶高质量跨越式发展新局面的实施意见》《关于学习宣传贯彻省委书记易炼红在上饶调研讲话精神工作方案》精神并审议我区的《工作方案》；传达学习市委办关于印发中央纪委国家监委纪检监察建议整改工作方案的通知精神并审议我区整改方案；传达学习市委、市政府印发《关于开展"比学赶超"活动实施方案》的通知，市委办、市政府办《关于在全市建立"比学赶超"荣誉榜的通知》精神；传达学习市委、市政府《关于深入推进数字经济做优做强"一号发展工程"的实施意见》精神并审议我区《实施方案》；传达学习市委、市政府《关于深入推进营商环境优化升级"一号改革工程"的实施意见》并审议我区《关于深入推进营商环境优化升级"一号改革工程"的实施方案》和《上饶市广丰区提升政务服务水平优化营商环境整改方案》；传达学习市委办、市政府办关于印发《上饶市全面深化改革十大攻坚行动实施方案（2022—2024年）》的通知精神；研究《当前需要落实的几项重点工作责任清单》；审议《区委理论学习中心组2022年学习计划》；审议《关于表扬全区关心下一代工作先进集体和先进个人的通报》；听取广丰区义务教育工作、少先队工作情况汇报；听取涉粮问题整改进展情况汇报；听取区直机关党建工作汇报；听取区委党校工作汇报；审议《中共上饶市广丰区第十四届委员会常务委员会工作规则》。

4月6日，区委召开常委会议，传达学习2022年全国巡视工作会议暨十九届中央第九轮巡视动员部署会主要精神；省委巡视工作领导小组《关于巡视上饶市广丰区的通知》精神；审议《配合省委第七巡视组来广丰区巡视工作方案》《配合省委巡视工作领导小组及各工作组成员名单》；传达学习习近平总书记重要指示精神和李克强总理批示要求以及全国、全省、全市安全生产电视电话会议精神，省市有关安全生产会议精神，并研究我区贯彻落实意见；重温电视专题片《生命重于泰山——学习习近平总书记关于安全生产重要论述》。

4月15日，区委召开常委会议，传达学习习近平总书记重要讲话和重要文章精神（在北京冬奥会冬残奥会总结表彰大会上的重要讲话、在《求是》杂志发表的重要文章《坚持把解决好"三农"问题作为全党工作重中之重，举全党全社会之力推动乡村振兴》）；传达学习李克强总理在江西考察调研时的重要讲话要求；传达学习《信访工作条例》；传达学习市委办印发的《关于市直机关打造让党放心、人民满意的模范机关的实施方案》，审议《关于区直机关打造让党放心、人民满意的模范机关的实施方案》。

4月29日，区委召开常委会议，审议《区委常委会2022年工作要点》；审议《中共上饶市广丰区委组织部2022年工作要点》；传达学习习近平总书记重要讲话重要文章、中央重要会议精神（在《求是》杂志上发表的文章《促进我国社会保障事业高质量发展、可持续发展》，致首届全民阅读大会的贺信，致首届大国工匠创新交流大会的贺信，中央财经委员会第十一次会议）；传达学习省委书记易炼红的文章《以干部创先激发全社会创新创业活力》，再次学习文章《关于抓工作落实的调研与思考》，学习省委办印发《关于狠抓工作落实的若干措施》的通知精神；传达学习省委关于印发《江西省年度综合考核办法（试行）》的通知精神；传达学习省委办、省政府办印发《关于进一步强化安全生产责任落实坚决防范遏制重特大事故的实施方案》的通知精神；传达学习省委、省政府《关于新时代深入实施工业强省战略推动工业高质量跨越式发展的意见》精神；传达学习全省推进政府融资平台优化升级工作推进会议精神并研究我区贯彻落实意见，审议《关于政府融资平台优化升级的工作方案》；传达学习省、市基层党建工作重点任务推进会，全市推进党建工作"十件实事"暨"党建+网格+微小事"动员部署会并研究我区贯彻落实意见，市委办、市政府办印发《关于推行"党建+网格+微小事"工作的实施方案》的通知精神，并审议我区《具体方案》；审议《2022年全区干部教育培训工作计划》；审议《上饶市广丰区关于有效应对疫情帮助中小企业纾困解难若干政策的实施细则》；审议《上饶市广丰区关于推进城乡供水一体化先行县建设实施方案》《上饶市广丰区2022年度农业水价综合改革实施方案》；审议《上饶市广丰区农村人居环境整治"五拆五清"百日攻坚行动实施方案》。

6月2日，区委召开常委会议，传达学习习近平总书记重要讲话、重要文章精神（在《求是》杂志发表的重要文章《正确认识和把握我国发展重大理论和实践问题》，在中共中央政治局第三十八次集体学习时的重要讲话）；传达学习4月29日中共中央政治局会议，省委办、省政府办关于疫情防控措施调整的紧急通知要求，全市"防疫情、稳经济、保安全"工作电视电话会议精神；传达学习习近平总书记在庆祝中国共产主义青年团成立100周年大会上的重要讲话；传达学习习近平总书记对湖南长沙居民自建房倒塌事故作出重要指示、李克强总理重要批示精神；传达学习习近平总书记近期关于巩固拓展脱贫攻坚成果同乡村振兴有效衔接重要讲话精神；传达学习易炼红书记调研文章《关于提升基层治理水平的调研与思考》精神；传达学习省纪委书记马森述在广丰调研座谈会上的讲话精神，审议《中共上饶市广丰区委落实全面从严治党主体责任实施意见（试行）》；传达学习省纪委书记马森述在省政府第五次廉政工作会议上的讲话，省纪委《关于党员干部权色交易、钱色交易违纪违法问题及其教训警示的通报》，省纪委《关于我省10起违反中央八项规定精神典型问题的通报》，市纪委《关于我市7起粮食购销领域违纪违法典型案例的通报》，市纪委办公室《关于做好查办铜钹山违建别墅案件"后半篇文章"的工作方案》精神，审议我区的《实施方案》；审议《中共上饶市广丰区委2022年度政党协商计划》；审议《区委、区政府领导同志督导督查安全防范工作方案》。

6月20日，区委召开常委会议，宣布领导干部违纪相关情况，研究干部职级晋升事宜。

6月30日，区委召开常委会议，研究《关于征求郑华森违纪违法问题处理意见的函》的回复意见（饶纪办函〔2022〕127号）。

7月24日，区委召开常委会议，传达学习省委主要领导在广丰调研时的讲话精神；传达学习市纪委办《关于当前乡镇管党治党存在问题的通报》（主送广丰区委）精神和市纪委《关于当前乡镇管党治党存在普遍性倾向性问题的通报》，并审议我区《整改方案》；审议《区委落实全面从严治党主体责任2022年度任务安排》。

7月28日，区委召开常委会议，传达学习习近平总书记重要讲话、重要文章精神（在庆祝香港回归祖国25周年大会暨香港特别行政区第六届政府就职典礼并对香港进行视察时的重要讲话，在《求是》杂志上发表的重要文章《把中国文明历史研究引向深入 增强历史自觉坚定文化自信》）；听取上半年全区经济社会发展情况汇报并研究下半年工作打算；传达学习省委主要领导在设区市市委书记座谈会上的讲话精神；审议八个"千方百计"工作方案；传达学习《纪检监察机关派驻机构工作规则》，省委办印发《关于开展落实中央八项规定精神十周年"回头看"活动方案》的通知，省纪委《关于我省6起公职人员酒驾醉驾背后"四风"问题的通报》，市委关于印发《全面建设勤廉上饶实施方案》的通知，《关于我市3起违规收受烟酒"寄售变现"典型案例的通报》精神，审议《关于开展落实中央八项规定精神十周年"回头看"活动方案》《全面建设勤廉广丰实施方案》《关于开展违规吃喝、违规收受礼品礼金问题专项治理的工作方案》《广丰区深化一体推进"三不"体制机制改革工作方案》；省审计委员会《关于转发〈关于进一步发挥改革效能 有力推进纪检监察监督巡视巡察监督与审计监督贯通协同高效的指导意见〉的通知》；传达学习易炼红书记署名文章《扛起巡视整改和成果运用政治责任》精神；省委第三巡视组巡视上饶市情况反馈会议精神和省委第七巡视组巡视广丰区情况反馈会议精神；省委巡视工作领导小组印发《省委第七巡视组关于巡视上饶市广丰区的反馈意见》的通知、省委组织部《关于印发十五届省委第一轮巡视选人用人专项检查反馈意见的通知》、省委宣传部《关于广丰区委落实意识形态工作责任制专项检查情况的反馈意见》；研究成立广丰区委落实巡视整改工作领导小组，审议我区对应的3个《整改工作方案》；听取巡视专报指出问题的情况说明；审议《区政协2022年重点协商工作计划》《区党政领导每人每年到政协通报协商制度》；审议《2022年广丰区教育系统"归雁计划"实施方案》《2022年广丰区卫生健康系统"归雁计划"实施方案》；通报《区委常委会会议、书记专题会议会务工作规范》。

8月20日，区委召开常委会议，传达学习习近平总书记重要讲话和中央重要会议精神（习近平总书记在辽宁考察时的重要讲话、在中共中央政治局第四十一次集体学习时的重要讲话）；传达学习习近平总书记在中央统战工作会议上的重要讲话、在党外人士座谈会上的重要讲话精神，传达学习《中国共产党政治协商工作条例》精神，审议我区《贯彻落实〈关于加强和改进新时代市县政协工作的二十条措施〉主要任务的责任分工方案》《关于上饶市广丰区党外知识分子联谊会2022年换届工作的方案》；传达学习习近平总书记、李克强总理关于统计工作的重要指示批示，《防范和惩治统计造假弄虚作假重要文件汇编》，省委办、省政府办印发《关于更加有效发挥统计监督职能作用的若干措施》的通知，全省、全市统计造假不收手不收敛问题专项纠治工作动员部署会精神并研究我区贯彻落实意见；传达学习省委关于深入贯彻习近平总书记视察江西重要讲话精神以优异成绩迎接党的二十大胜利召开的决定，全面建设"六个江西"基层观测点现场工作交流会暨省"六个专项办"双月协调会精神；审议我区"六个江西"实施方案（《广丰区落实推进全面建设创新江西任务实施方案》《广丰区落实推进全面建设富裕江西任务实施方案》《广丰区落实推进全面建设美丽江西任务实施方案》《广丰区落实推进全面建设和谐江西任务实施方案》《广丰区落实推进全面建设幸福江西任务实施方案》《广丰区落实推进全面建设勤廉江西任务实施方案》）；传达学习省委办、省政府办关于印发江西省贯彻执行粮食安全责任制规定的若干措施的通知精神；传达学习市委、市政府关于加快推进基层治理体系和治理能力现代化建设的任务清单精神，审议我区《关于加快推进基层治理体系和治理能力现代化建设的任务清单》《深入推进市域社会治理现代化工作方案》；传达学习市委办、市政府办关于印发《上饶市农村人居环境整治提升五年行动实施方案》的通知精神，审议我区《实施方案》；审议《区委网络安全和信息化委员会2022年工作要点》；审议《区委理论学习中心组贯彻〈中国共产党党委（党组）理论学习中心组学习规则〉实施意见》《中共上饶市广丰区委关于强化政治理论学习的工作方案》；审议《广丰区学习宣传贯彻〈反有组织犯罪法〉实施方案》。

9月2日，区委召开常委会议，传达学习习近平总书记重要讲话精神（8月30日中央政治局会议精神）；传达学习省委主要领导在全省工业强省推进大会上的讲话精神并研究我区贯彻落实意见；审议《关于开展对基层干部队伍建设调研的实施方案》；研究调整区委教育工作领导小组有关事宜，研究广丰区庆祝第三十八个教师节暨表彰大会方案和表彰名单。

9月13日，区委召开常委会议，传达学习习近平总书记重要指示和中央重要会议精神（习近平总书记在中央全面深化改革委员会第二十七次会议上的重要讲话、对四川甘孜泸定县6.8级地震作出重要指示）；传达学习省委主要领导在省民声通道调研时的讲话、在上饶调研时的讲话、在视频点名调度会上的讲话精神，《以正确的方法做正确的事情 下最大的功夫求最好的效果》文章精神；传达学习中央纪委国家监委公开通报十起违反中央八项规定精神典型问题；布置疫情防控、安全生产、森林防火、信访维稳、营商环境、数字经济、规上企业结对帮扶、招商引资招大引强、加快推进重点项目工作。

9月26日，区委召开常委会议，传达学习习近平总书记关于国家粮食安全的重要讲话和重要指示批示精神并研究我区贯彻落实意见；传达学习中办《关于加强新时代市县党政正职队伍建设的意见》精神；传达学习中办《推进领导干部能上能下规定》，饶综考办《2022年度"大美上饶"建设单项评选实施方案》的通知精神，研究2021年度拟嘉奖、记三等功公务员名单；传达学习省市党史部门负责人会议、全省地方志机构负责人会议精神并研究我区贯彻落实意见；审议《广丰区最洁净和最脏乱乡镇（街道）评选方案》；审议《广丰区困难群众领导干部帮扶包保实施方案》《关于开展"喜迎二十大 慰问暖民心"城乡困难群众大走访的活动方案》；审议《2023年重点项目表》，听取《2022年民生实事进展和2023年民生实事谋划情况报告》；听取《十四届区委第一轮巡察整改情况及第二轮巡察情况的综合报告》。

10月29日，区委召开常委会议，传达学习中国共产党第二十次全国代表大会、中共二十届一中全会、中共十九届七中全会，习近平总书记在参加党的二十大广西代表团讨论时的重要讲话，在瞻仰延安革命纪念地时的重要讲话，在中共中央政治局第一次集体学习时的重要讲话，在二十届中共中央政治局常委同中外记者见面时的重要讲话，在出席军队领导干部会议时的重要讲话精神，审议《中共上饶市广丰区委关于认真学习宣传贯彻党的二十大精神的通知》；传达学习习近平总书记关于加强和改进人民政协工作的重要思想；传达学习全省稳增长、防风险、保稳定、惠民生工作部署会精神；传达学习省纪委印发《调研反映当前纪检监督系统对"一把手"和领导班子监督工作中存在的部分问题》精神；传达学习市委、市政府主要领导在广丰区调研时的讲话精神；传达学习市委、市政府《关于纵深推进乡村振兴加快建设现代农业强市的实施意见》精神，并审议我区《实施意见》；传达学习市委办、市政府办关于印发《上饶市城市功能与品质再提升行动方案》的通知精神并审议我区《行动方案》；传达学习全市未成年人思想道德建设工作推进会精神，并审议《广丰区2022年未成年人思想道德建设工作要点》；审议《关于加强巡察整改日常监督的实施办法》。

11月19日，区委召开常委会议，传达学习习近平总书记在陕西延安和河南安阳考察时重要讲话，在视察军委联合作战指挥中心时的重要讲话，11月10日中共中央政治局常务委员会精神；传达学习省委办《易炼红、叶建春在全省前三季度经济运行分析会暨"决战四季度、夺取全年胜"动员会上的讲话》精神；传达学习省委、市委《关于认真学习宣传贯彻党的二十大精神的通知》；研究设立中共上饶市广丰区政务服务和大数据管理局党组的有关事宜。

11月29日，区委召开常委会议，传达学习习近平总书记对河南安阳市凯信达商贸有限公司火灾事故作出重要指示精神并研究我区贯彻落实意见；传达学习生态环境部《关于加强生态环境保护推进美丽中国建设的指导意见》，听取广丰区生态环境保护工作通报及明年省环保督察研判汇报；审议《关于召开上饶市广丰区第十七届人民代表大会第三次会议相关事宜的请示》《关于召开政协上饶市广丰区第十三届委员会第三次会议有关事项的请示》；审议《岁末年初重点工作安排》；审议《广丰区推进共青团基层组织改革工作实施方案》。

12月2日，区委召开常委会议，传达学习省委主要领导在上饶调研时的讲话精神，审议《上饶市广丰区融资平台优化升级工作实施方案》，审议《2023年招商引资工作方案》，听取岁末年初安全生产工作情况汇报；听取《关于推进工程领域拖欠农民工工资问题包案工作情况汇报》，审议《中共上饶市广丰区委关于省委第七巡视组巡视反馈意见整改进展情况的报告》。

12月13日，区委召开常委会议，传达学习李克强总理在第十次全国深化"放管服"改革电视电话会议上的讲话精神，审议《工业和开放型经济工作要点》，听取《中共上饶市广丰区委2022年度网络意识形态工作情况报告》《中共上饶市广丰区委2022年度贯彻落实党委（党组）意识形态工作责任制情况报告》《关于当前我区意识形态领域有关情况的通报》，听取重点防范领域和重点隐患整改情况汇报。

12月27日，区委召开常委会议，传达学习中央经济工作会议精神，以及市委办、市政府办关于认真贯彻落实中央和省委有关文件精神做好下一步经济工作的实施意见精神；传达学习中央农村工作会议精神；传达学习习近平总书记对爱国卫生运动作出的重要指示精神；传达学习中共江西省委十五届三次全体（扩大）会议，省委《关于深入学习宣传贯彻党的二十大精神加快全面建设社会主义现代化江西的决定》，省委办《贯彻落实〈中共江西省委关于深入学习宣传贯彻党的二十大精神加快全面建设社会主义现代化江西的决定〉重点任务责任分工方案》精神，并研究召开区委十四届三次全体会议暨区委经济工作会议有关事宜，审议《关于深入学习宣传贯彻党的二十大精神加快全面建设社会主义现代化广丰的决定》；审议《关于开展2022年度全区工业项目现场推进会和考核表彰工作方案》《2022广丰区工业和开放型经济先进集体和先进个人表彰意见》；审议《2023年春节前开展"宣传二十大、走访送温暖"活动方案》；审议《关于进一步加强广丰区农村公路在建项目质量与安全工作的实施意见》。

【区委全会】 2022年1月8日，区委十四届二次全体会议召开，区委常委、组织部部长邓荣军同志作上饶市广丰区推荐提名江西省出席党的二十大代表候选人情况的说明；区委委员对上饶市广丰区推荐提名江西省出席党的二十大代表候选人进行举手表决。

【区委经济工作会议】 2022年1月11日，区委经济工作会议召开。区委书记胡心田主持会议并讲话，区委副书记、区长龚振宙总结部署经济工作。会议提出2022年全区经济工作的总体要求是：坚持以习近平新时代中国特色社会主义思想为指导，全面贯彻党的十九大和十九届历次全会以及中央经济工作会议精神，深入贯彻习近平总书记视察江西重要讲话精神，按照省第十五次党代会、省委经济工作会议、市第五次党代会、市委经济工作会议以及区第十四次党代会的部署要求，坚持稳字当头、稳中求进，完整、准确、全面贯彻新发展理念，加快融入新发展格局，坚持以供给侧结构性改革为主线，坚持"三个事关"工作方向，统筹疫情防控和经济社会发展，统筹发展和安全，继续做好"六稳""六保"工作，着力稳定经济发展基本盘，着力畅通经济循环，着力强化科技支撑，着力全面深化改革开放，着力保障和改善民生，着力保持社会大局稳定，坚定不移推进高质量跨越式发展，干在实处、走在前列，奋力打造全市领先、全省一流现代化强区，以优异成绩迎接党的二十大胜利召开。会议强调做好2022年经济工作，要牢牢把握"必须坚持党的全面领导、必须坚持发展第一要务、必须坚持高质量发展、必须坚持稳中求进、必须坚持统筹协调、必须尊重经济发展规律"六点原则。会议就工业和开放型经济发展、城市发展、乡村振兴、生态文明建设、增进民生福祉等五个方面重大问题，作出安排部署。

【区委十四届三次全体会议暨区委经济工作会议】
2023年1月3日，中共上饶市广丰区委十四届三次全体会议暨区委经济工作会议召开，传达中央、省委、市委经济工作会议精神，听取区委常委会工作报告，总结2022年全区经济工作，部署2023年全区经济工作，表决通过《中共上饶市广丰区委关于深入学习贯彻党的二十大精神，加快全面建设社会主义现代化广丰的决定》。区委常委会主持会议。区委书记胡心田代表区委常委会作工作报告，并就学习贯彻党的二十大精神，做好当前和今后一段时期工作作部署。区委副书记、区长龚振宙部署2023年经济工作，区委副书记陈金良作《中共上饶市广丰区委关于深入学习贯彻党的二十大精神，加快全面建设社会主义现代化广丰的决定（草案）》的说明。会议还对疫情防控、安全生产、信访维稳、招商引资、春节"两不停"、廉洁过年、环境卫生等16项工作进行了部署。

重要文件

【印发《关于加强政务服务中心窗口工作人员管理的意见》】 2月26日，区委办公室、区政府办公室印发《关于加强政务服务中心窗口工作人员管理的意见》（广办字〔2022〕29号）（以下简称《意见》），《意见》包括严格选派要求、规范管理体制、建立激励机制、加强队伍建设、强化责任追究、健全考核机制等，共23条。

【印发《关于深入推进营商环境优化升级"一号改革工程"实施方案》】 3月29日，区委、区政府印发《关于深入推进营商环境优化升级"一号改革工程"实施方案》（广发〔2022〕3号）（以下简称《方案》），《方案》提出力争到2022年年底，营商环境优化升级取得突破性成效，综合排名位列全市第一，全省位次大幅前移进档进入全省前列，2—3项指标居全省前列，推出1项全省可复制可推广的创新举措和亮点做法。至2025年年底，构建起更有效率的企业全生命周期服务体系，城市综合实力和投资潜力显著提升，成功打造江西营商环境优化升级的广丰样板。《方案》从深化公平竞争的市场环境、深化便捷高效的政务环境、深化平等保护的法治环境、深化开放包容的人文环境等四个方面提出36条措施。

【印发《关于深入推进数字经济做优做强"一号发展工程"的实施方案》】 3月29日，区委、区政府印发《关于深入推进数字经济做优做强"一号发展工程"的实施方案》（广发〔2022〕4号）（以下简称《方案》），《方案》提出力争到2025年，数字经济发展水平居全市前列，数字经济增加值占GDP的比重达到48%，数字经济核心产业增加值占GDP比重达到12%。积极打造全省数字产业发展集聚区、产业数字化转型示范区、数字化治理先导区，努力成为全省数字经济发展新高地。《方案》从提档升级数字基建、培育壮大数字产业、大力推进产业数字化转型、开展数字应用场景培育行动、进一步提高数字治理能力、进一步创新制度供给、进一步优化空间布局、进一步完善创新平台等八个方面提出20项任务。

【印发《关于区直机关打造让党放心、人民满意的模范机关的工作方案》】 4月15日，区委办公室印发《关于区直机关打造让党放心、人民满意的模范机关的工作方案》（广办发〔2022〕4号）（以下简称《方案》），《方案》提出五项重点任务：坚持对党绝对忠诚，在做到"两个维护"上当先锋、作表率；坚持围绕发展大局，在服务中心工作上当先锋、作表率；坚持人民至上理念，在践行党的宗旨上当先锋、作表率；坚持狠抓工作落实，在务实担当作为上当先锋、作表率；坚持清正廉洁本色，在加强自身建设上当先锋、作表率。

【印发《上饶市广丰区全面深化改革十大攻坚行动实施方案（2022—2024年）》】 4月22日，区委办公室、区政府办公室印发《上饶市广丰区全面深化改革十大攻坚行动实施方案（2022—2024年）》（广办发〔2022〕5号）

【印发《关于推行"党建+网格+微小事"的工作方案》】 4月29日，区委办公室、区政府办公室印发《关于推行"党建+网格+微小事"的工作方案》（广办发电〔2022〕18号）（以下简称《工作方案》），《工作方案》提出，在五个街道所辖的43个城区社区，以"办好千件微小事、三年行动见成效"为目标，力争在3年内办好约3000件"微小事"。"微小事"指社区群众关注、受益面广、急需解决的民生小事项，主要包括便民利民、群众活动、公益风尚、公共设施、安全维护等事项。

【转发《上饶市广丰区普法教育工作领导小组关于开展法治宣传教育的第八个五年规划（2021—2025年）》】 6月2日，区委、区政府转发《上饶市广丰区普法教育工作领导小组关于开展法治宣传教育的第八个五年规划（2021—2025年）》（广发〔2022〕8号）（以下简称《规划》），《规划》提出到2025年，实现公民法治素养和社会治理法治化水平显著提升；法治观念深入人心，公民对法律法规的知晓度、法治精神的认同度、法治实践的参与度、法治宣传教育普及率显著提高，公民尊法学法守法用法的自觉性、主动性和依法办事能力显著增强；全民普法完备的制度体系、精准的实施体系、科学的评价体系和健全的责任体系基本形成。

【印发《关于落实全面从严治党主体责任实施意见（试行）》的通知】 6月2日，区委办公室印发《关于落实全面从严治党主体责任实施意见（试行）》的通知（广发电〔2022〕3号）（以下简称《意见》），《意见》提出深化思想认识，增强全面从严治党政治自觉；认真履职尽责，践行全面从严治党政治担当；强化责任落实，扛牢全面从严治党政治责任；细化举措10条。

【印发《全面建设勤廉广丰实施方案》】 7月28日，区委办公室印发《全面建设勤廉广丰实施方案》（广发〔2022〕11号）（以下简称《方案》），《方案》提出经过五年努力，使党的领导和党的建设全面加强，管党治党责任更加严实，党员干部更加担当实干，权力运行更加规范高效，一体推进"三不腐"的体制机制更加完善，反腐败斗争压倒性胜利不断巩固发展，党内政治生态更加风清气正，党风政风和社风民风持续上扬，勤廉文化深入人心，各级党组织创造力凝聚力战斗力明显增强，党的执政基础更加巩固。《方案》从全面加强党的政治建设、持续聚焦一体推进"三不腐"、有力建设忠诚干净担当干部队伍等三个方面提出23条工作举措。

【印发《关于广丰区民生实事项目人大代表票决制工作实施方案》】 7月28日，区委办公室印发《关于广丰区民生实事项目人大代表票决制工作实施方案》（广办发电〔2022〕33号）（以下简称《方案》），《方案》提出从2023年开始，区、乡（镇）实施民生实事项目人大代表票决制，每年初召开区、乡（镇）人代会上启动票决。民生实事项目人大代表票决制，是指政府在广泛征求各方面意见建议的基础上，依据有关规定和程序筛选认证，提出民生实事候选项目，报党委研究后，经同级人大代表在本级人民代表大会会议上，以差额投票表决方式决定正式项目，再交本级人民政府组织实施，并接受人大代表和人民群众监督。

【印发《关于深入推进红色基因传承的实施方案》】 8月20日，区委办公室印发《关于深入推进红色基因传承的实施方案》（广发〔2022〕12号）（以下简称《方案》），《方案》从提升红色基因铸魂育人功能，加强红色资源科学保护利用，深化红色基因研究阐释，营造红色基因传承浓厚氛围，夯实红色基因传承基础保障等五个方面提出15条措施。

【印发《关于推进全区水利高质量发展的工作意见》的通知】 9月26日，区委办公室印发《关于推进全区水利高质量发展的工作意见》的通知（广发〔2022〕14号）（以下简称《意见》），《意见》从健全系统完善的防洪减灾体系，优化保障有力的水资源配置体系，推动建立科学系统的河湖生态健康体系，建成智能畅通的智慧水利体系，健全协同高效的水利管理体系，形成富有特色的法治机制体系等六个方面提出了20项工作任务。

【印发《上饶市广丰区农村宅基地制度改革和规范管理实施方案（2022—2024年）》】 11月25日，区委办公室、区政府办公室印发《上饶市广丰区农村宅基地制度改革和规范管理实施方案（2022—2024年）》（广办发〔2022〕9号）（以下简称《方案》），《方案》提出到2024年年底，在基本摸清农村宅基地底数、编制村庄规划、妥善处置历史遗留问题上取得阶段性成果，宅基地使用权确权登记颁证工作全面完成，宅基地审批、监管制度基本健全，率先在理顺管理体制、完善审批制度、建立健全执法体系、推动盘活闲置宅基地等方面出典型、出经验，努力打造宅基地制度改革的"广丰样本"。实施步骤分四个阶段。

区委办工作

【概况】 2022年，区委办督促各地各单位抓好学习宣传贯彻党的二十大精神，深化开展"比学赶超"活动，举办全区办公室系统业务能力提升培训班，打造"守初心、优服务、树标杆、作示范"一流模范机关，全办党员干部鼓足干劲争一流、走在前，不断提升"三服务"工作水平。

【文稿服务】 2022年以来，区委办牵头起草各类工作报告、汇报材料、领导同志讲话稿等大型综合文稿150余篇60余万字，其中"以'干在实处、走在前列'的状态 推动党的二十大精神落地落实""'护童成长'新机制织密农村儿童关爱保护网"等文稿，被《上饶日报》等上级党报党刊采用并刊发。

【信息调研】 2022年，区委办注重充分调研、丰富实例，不断提升信息报送质量。全年上报信息500余条，其中长篇被省、市委办采用130余条，被中办采用6条，被省领导批示2次，其中《广丰区推进重大项目建设和招商引资情况》被省委主要领导批示，《广丰区推出首个普惠型商业补充医疗保险》被市委主要领导批示。同时，持续做好《每日要情》刊物编辑。严格执行重大节假日期间每日零报告工作制度和突发事件信息报送制度，全年向市委总值班室报送应急信息20条。坚持问题导向，围绕区委"三个事关"和工作实际需求，统筹推进"加快推进乡村振兴，推动农业高质高效、乡村宜居宜业、农民富裕富足"主题调研活动，完成"群众最期盼区委、区政府解决的1件事""基层干部队伍建设""全区教育高质量发展""县域视角下乡村振兴战略研究"等20余篇调研报告20余万字。

【办文档案办会】 2022年，区委办落实文件精简要求，规范公文格式，优化公文运转流程，落实密级文件管理制度。全年全区印发各类文件3356个，同比减少1.11%，办理上级来文633个；收发密码电报1534份，收取明电1316份，未出现漏办、错办电报情况，确保机要密码绝对畅通、绝对安全。牵头做好全区重大事项请示报告工作，向省委巡视办书面报告4个事项，向市委报告32个事项。统筹推进全区《秘书工作》《中办通讯》征订工作，征订总数同比增加7%。结合"6·9"国际档案日，组织开展"喜迎二十大·档案颂辉煌"主题宣传活动，参与线上答题活动7000余人次。组织开展2022年档案安全专项检查及"双随机一公开"行政执法监督，依法严肃查处档案违法行为。做好省委主要领导、省纪委主要领导、中国工程院院士等领导、专家到广丰调研接待工作。牵头开展全区领导干部学习贯彻党的十九届六中全会精神专题研讨班暨"思想再解放、作风再提升、开放再出发"活动、全区3.23警示教育活动等，配合做好全市"双月"现场会、"饶派"金秋消费季活动，为广丰区高质量跨越式发展打下坚实基础。全年保障全区性大型会议70余次，调研等各类活动60余次。

【保密机要和国安】 2022年，区委办推进保密宣传教育，加强全区失泄密案件警示教育，"上饶市广丰区召开保密工作推进会"被《江西保密》刊物采用。参加全省保密知识竞赛，干部被选入市代表队参赛。开展安可替代工作，组织全区23个乡镇（街道）、67家部门单位填写统计表并形成底账报告，计划替代终端××××台。做好保密机要监督检查，覆盖全区23个乡镇（街道）、16个重点行业领域部门，排除风险隐患23起，下发整改通知书20份。国安方面，审议出台2022年工作要点、协调机制工作规则、工作考核细则等重要文件，进一步强化制度建设。开展"4.15"全民国家安全日系列宣传教育活动，坚持每月调度情报信息，分析研判重点领域国家安全形势，共向市委国安办报送45篇，采用信息28篇，采编数排县（市、区）第二。

【督查】 2022年，区委办严控督查检查考核事项，制定《2022年区委区政府督查检查考核工作计划》，每月联合区委区政府综合督查组对控违拆违、美丽集镇建设等18项重点工作开展督查。落实上级督办，完成市委对广丰区推进基层治理体系和治理能力现代化暨市域社会治理现代化试点工作、加强改进人大工作、老年体协工作落实情况等5次专项督查和18件市委主要领导批示抄清件办理。

【民声通道】 2022年，区委办常态化长效化开展"我为群众办实事"实践活动，坚持听民声、解民忧，全年收到民声通道各类反映件、人民网网友给书记留言、领导批示抄清等各类情况反映130余件，均在规定时限内办结，做到群众"不出门、不见面、不上访"就能使诉求得到快速有效的答复和解决。

【党内法规】 2022年，区委办严格做好备案审查，向市委报备党内规范性文件10件。按要求开展涉计划生育区委党内规范性文件清理工作，全面梳理改革开放以来党委文件近7000件，筛选出需要清理的涉计划生育区委党内规范性文件16件，按法定程序进行废止及宣布失效。

【省委巡视整改】 2022年，区委办履行牵头抓总、统筹协调职能，制定配合省委巡视工作方案，牵头整理并汇总省委巡视查阅（调阅）资料，高质量组织开展各项会议，积极做好后勤保障、联系对接等工作。做好巡视整改"后半篇文章"，对照省委巡视反馈意见，牵头制定整改工作方案，组建区委整改办公室，实行分组分级工作调度机制，全面掌握整改进展情况，协调解决重要问题，至年底，107条整改措施完成82条，占76.63%。严格落实意识形态工作责任制，执行《区委工作宣传报道内容审核制度》，高度重视省委意识形态工作专项巡视检查，全面梳理近年来意识形态工作资料，积极配合检查组检查并顺利通过。会同区委宣传部抓好区委重大网络舆情的管控处置，全年交办、督办网络舆情信息34期，第一时间交办、处理、回复各类舆情问题近60个。

（供稿人：杨璐）

政策研究

【概况】 2022年，广丰区推进决策咨询和文稿服务，区委政策研究室发挥智囊参谋作用，众多研究成果进入区领导决策视野，转化为决策思维。广丰区全面深化改革工作被江西省委政研室（改革办）评为2022年度江西省全面深化改革工作先进县（市、区），"广丰区工业用地集约化改革"获评2022年度江西省全面深化改革工作优秀案例。

【决策研究服务】 2022年，广丰区坚持问题导向、目标导向和效果导向，精细开展决策研究，提供务实管用的决策建议。根据党政领导干部带头落实开展调查研究工作有关规定，围绕"三个事关"，统筹推进"基层干部队伍建设调研"主题调研活动，形成31篇调研报告6万余字，为区委科学决策谋良方、献好计。区委政策研究室围绕解决广丰区转型发展中的现实难题找对策、定思路、谋发展、求实效。全年开展乡村振兴、营商环境、科技体制、全面从严治党等专题调研，形成调研报告7篇。区委政策研究室突出重要文稿服务，牵头负责区委主要领导同志文稿服务工作。全年起草把关各类工作报告、汇报材料、领导同志讲话稿等文稿160余篇80余万字。牵头起草的区委十四届三次全会暨区委经济工作会议讲话稿等多篇文稿得到区委主要领导高度肯定。

【全面深化改革】 2022年，广丰区坚持把全面深化改革作为推动高质量发展的"关键一招"，以"钉钉子"精神抓好各项改革任务落地落实。区委、区政府主要领导以身作则，重要改革亲自部署、重大方案亲自把关、关键环节亲自协调、落实情况亲自督察，从抓改革方案制定入手，一直抓到部署实施、政策配套、督察落实。充分发挥深改委议事决策职能，全年召开区委深改委会议2次，研究审议改革文件27个，开展改革专项督察3次，谋划了"191+421+1"项重点改革任务，改革任务台账销号率达92.3%。2022年，广丰区共承担国家级省级改革试点8个，其中2个国家级（农村生活垃圾分类和资源化利用示范县、"护童成长"儿童关爱服务体系建设试点县区）、1个省级试点（医疗卫生机构传染病防治监督分类综合评价试点）已结项，其余国家级全国农民合作社质量提升整县推进试点、省级中小学生游泳教育试点、省级营商环境创新试点、省级制造业高质量发展试验区、两新组织党务工作者队伍建设试点有序推进；探索工业用地集约化改革项目经验得到省委改革办、省工信厅、省自然资源厅高度认可，向全省推介。广丰区被列为全省农业发展大会、全省文化强省建设推进大会现场观摩点。

2022年，广丰区乡村建设筹资奖补、流动党员党支部、未成年人保护等经验在全国唱响，工业用地集约化改革、"两山银行"等多项改革工作经验在全省、全市推广，《广丰区以集约化改革破解工业用地"之困"》在省委改革办《江西改革动态》刊发。《广丰区以改革创新思维推进乡村建设》《广丰区深化三大机制助推重大项目建设》在《上饶改革动态》刊发，《上饶市广丰区探索建立乡村建设多元化投入机制》等15篇改革信息被"江西改革"微信公众号采用，上稿量位列上饶市县（市、区）第一。

【"广丰区工业用地集约化改革"获评2022年度江西省全面深化改革工作优秀案例】 至2022年年底，广丰区有耕地38.3万亩，人均耕地仅0.38亩，人多地少，用地矛盾突出。广丰区坚持以问题为导向，积极探索工业用地集约化改革，有效缓解工业用地供需矛盾，为高质量发展开拓了新空间。"广丰区工业用地集约化改革"获评2022年度江西省全面深化改革工作优秀案例。

完善集约用地统筹推进机制，强化改革支撑保障。成立探索工业用地集约化改革工作领导小组，实行"双组长"制，区委书记担任第一组长，区委副书记、区长担任组长。领导小组下设亩产效益评价、闲置（低效）土地处置、新增土地高效利用3个专班，集中力量攻坚。制定探索工业用地集约化改革实施方案，出台工业用地集约化改革考核办法，定期开展督导考核检查。建立"专门团队、组团服务、疑难会商"专班化服务推进机制，深入细致做好各项改革工作。结合新一轮国土空间规划编制，科学预留未来工业用地空间。坚持向空间要效益，建立健全工业用地差别化政策，重点保障标准化厂房建设用地，激发土地最大效用。2021年、2022年，共建成标准厂房200余万平方米，在建标准厂房80万平方米，节约土地1600亩。

探索低效用地分类处置模式，深挖存量用地效益。构建亩产效益综合评价体系，对闲置（低效）企业大力开展"腾笼换鸟"专项行动，处置完成闲置（低效）企业25家，盘活工业用地面积1500余亩，消化批而未供工业土地1065亩。对已停产、半停产的"僵尸企业"，依法依规依合同收回土地、厂房等资产，采取政府回购方式高效率"腾笼"，再通过重新招引项目方式高质量"换鸟"。通过政府回购方式处置企业10家，处置面积620亩。出台相关产权交易、土地价格、税收优惠等奖励政策，支持低效企业进行市场化嫁接，引进符合产业规划且有意愿入驻的"俊鸟"，通过合作经营、直接收购等方式实现高品质"换鸟"。建立企业处置"府院联动机制"，将存在债务、产权纠纷、未按合同履约等问题又不支持腾换的企业起诉到法院，依托司法拍卖途径解决。比如，吉意豪闲置用地项目通过司法拍卖方式完成腾换。建立工业项目用地全程管理机制，对批而未供土地，采取标准厂房建设一批、招商引资消化一批、审查情况核减一批等"三个一批"方式进行分类整改。比如，广丰区黑滑石产业基地通过引进投资100亿元的黑滑石新材料项目，成功消化批而未供土地800亩。

优化新增用地高效利用机制，提升产业发展质量。聚焦新电子、新材料、新智造三大主导产业，建立项目会商研判机制，明确一般工业项目全部入驻标准厂房，引导土地资源精准高效配置。2022年全区共引进工业项目103个，投资总额563.9亿元。针对需单独供地的重大产业项目推行"标准地+承诺制"改革，强化重大项目要素保障。上饶高新区累计供应工业"标准地"42宗，面积约1989亩。把标准厂房建设作为节约集约用地重要手段，一方面，创新推行"政府代建+企业自建"的标准厂房供给模式，大力推进标准厂房建设并鼓励企业建设多层标准厂房，推动工业用地由"供土地"向"供平台"转变。另一方面，加强"软件"管理，制定出台《上饶市广丰区标准厂房管理细则》，全面规范企业入驻条件、优惠政策和退出办法，构建入驻企业"能进能出"长效机制。至年底，上饶高新区标准厂房入驻项目240余个，投资额500亿元。

（供稿人：郑佳佳）

组　织

【概况】 2022年，广丰区委组织部全面贯彻落实新时代党的建设总要求和新时代党的组织路线，以组织体系建设为重点，以"基层建设年"和组织工作"规范提升年"为抓手，强思想、抓基层、建队伍、聚人才，为推动全区经济社会发展提供坚强组织保证。4月19日至6月24日，市委第三联动巡察组对区委组织部开展巡察；5月，省委组织部选人用人第三检查组结合十五届省委第一轮巡视，对广丰区开展选人用人工作专项检查；区委组织部对照反馈意见认真抓好整改。

2022年8月，中共上饶市广丰区直属机关工作委员会职能划转至中共上饶市广丰区委组织部承担，中共上饶市广丰区委组织部加挂中共上饶市广丰区直属机关工作委员会牌子（注：区直机关党建工作情况本书单独设置分目）。

【基层党组织"三化"建设】 2022年，广丰区委组织部通过"项目化"推动基层党组织"三化"建设，把"三化"建设作为区、镇、村三级书记的"书记项目"，明确区、乡、村三级党组织书记是第一责任人，要求亲自管、直接抓、重点推。通过"靶向式"发力，针对全区在"三化"建设过程中梳理出的20项共性问题，制定《关于村（社区）"两委"班子、干部绩效考核的实施意见》等8项制度予以规范。通过"网格化"管理，将全区904个党支部按领域划分为90个网格，在网格内建立一周一交流、一月一评比工作机制，推动网格内支部相互学习、共同提升。建立网格长季度工作例会机制，并以网格为单位，对"三化"建设验收率进行通报排名，推动网格之间比学赶超。至年底，全区各领域基层党组织"三化"建设验收达标率均为100%。

【发展壮大村级集体经济】 广丰区明确村级集体经济发展模式"十条路径"：物业租赁型、开发预留地型、流转土地山场型、招商引资税收奖补型、入股合作社型、服务创收型、特色产业种植型、合作创办物业经济型、兜底保障型、抱团发展型等。2022年，全区集体经济经营性收入总量7459万元，平均每个村（社区）31.6万元，其中收入50万元以上村（社区）30个，收入总量较2016年启动时增长8倍。广丰区推行村企共建，在区级层面统筹国有企业和乡村资产、资源，实施联建发展，将项目收益按比例分摊给有关村（社区），达到"一个项目受益一片"和做大做强国有企业的"双赢"效果。实施村级组织活动场所整体提升三年行动：全年全区投入1800余万元，新建和维修改造45个村级组织活动场所，其中区属国有企业代建村级组织活动场所15个，其他方式新建8个，维修改造22个。广丰区创新推行支部引领乡村建设1∶2筹资奖补机制，加快改善乡村基础设施，2022年村民、社会自筹资金2.02亿元，政府奖补和配套资金5.56亿元，合计撬动资金7.58亿元，高标准实施了1164个乡村点建设。

【干部队伍建设】 2022年，广丰区在干部选拔任用中，始终坚持"忠诚干净担当"的标准，坚持以德为先，把强化政治素质考察作为识别评价干部的"第一道关口"，推动形成"首关不过、余关莫论"的鲜明导向。2022年举办各类培训班10期。制定《关于在全区开展"万名党员进党校"活动的实施方案》，筛选出100门优秀课程，建立广丰区"流动讲师团"师资库和课程库，23个乡镇（街道）全部开展党员轮训，培训人数3000余人。坚持以廉为本，实行党委（党组）书记、纪委书记干部推荐意见"双签字"制度，对人选廉洁自律情况提出结论性意见，确保选任人选干净、廉洁、自律。坚持以能为重，在选人用人上始终体现讲担当、重担当的鲜明导向，大力选拔任用敢于负责、勇于担当、善于作为、实绩突出的干部。提拔使用干部做到"六个结合"：结合年度考核、半年考核、专项考核、部长谈心谈话、党委推荐、听取区分管领导意见等工作。2022年，全区提拔107人，其中副科95人，正科12人；进一步使用28人。2022年新招录111名社区工作者和文明实践员，全区234个村（社区）全部实现"一村一名大学生"。

【人才引育服务】 2022年，广丰区制定《关于构建人才发展全市最优生态 打造全省人才集聚示范区的行动计划》，确定"十四五"期间广丰人才工作"一个目标、两条主线、十大行动"的任务目标。制定《广丰区乡土人才"双百"行动方案》，计划利用5年时间，在全区建设100个产才融合特色村（组），培育100名头雁领航乡土人才，构建广丰乡土人才雁阵格局。广丰区扎实推动人才强区战略走深走实，至2022年年底，全区人才总量6.03万余人，新纳入市级人才库321人，增长11.2%。2022年引进各类高层次人才43人，其中，国家级人才5人、博士25人；培育"省双千"人才4人，新增1家瞪羚企业（江西渝网科技股份有限公司）和4处省级以上人才承载平台〔国家级平台1个（上饶市博通电子商务有限公司），省级平台2个（江西寸金实业有限公司、江西齐力实业发展有限公司），博士后创新实践基地1个（江西齐力实业发展有限公司）〕。开展第一批高层次和急需紧缺实用性人才评选及平台奖励，评定高层次人才18人、急需紧缺实用性人才59人，发放平台及人才奖励资金273.08万元。全年对接"双招双引"项目3个，通过"人才飞地"成功引进、对接8个项目、企业入驻高新园区，其中2家研发机构，5家实体企业。开展"三请三回"乡贤座谈会及人才走访慰问活动，打造以广丰创业文化为主题元素的城南人才公园，开发人力资源大数据平台APP，实现人才服务"一网通办"。

【公务员工作】 2022年，广丰区新招录117名公务员，其中乡镇公务员59人。贯彻落实《公务员考核规定》《公务员奖励规定》，对2021年度考核优秀的公务员给予嘉奖，对2019年—2021年连续三年年度考核优秀的公务员记三等功，全区共奖励439人，其中嘉奖327人、记三等功112人。落实职级公务员享受相应职务层次交通补贴，明确从2023年1月执行。开展乡镇机关工作人员绩效考核，2022年底，全区各乡镇及时兑现40%乡镇绩效考核奖金。

【老干部工作】 至2022年年底，广丰区有51个离退休干部党支部（其中区直单位28个，乡镇街道23个），2个党小组，分成6个片区，实行片长负责制，强化自我管理能力。区委组织部老干办、区关工委关爱报告团联合开展红色大讲堂宣讲，在全区离退休干部党支部中开展20余场宣讲，受教育人数1500余人。发挥省级"银耀赣鄱"平台作用，展示老干部"乐工作""乐学习""乐展示"风采。全年利用节假日开展离退休干部、退休党员干部和老党员走访慰问活动230多人次，发放走访慰问金12万余元；七一期间对全区离退休干部党支部书记进行人文关怀，发放关怀慰问金3.48万。2022年东阳乡离退休干部党支部创建省级"示范党支部"通过核查验收，被江西省委老干部局授予全省离退休干部"示范党支部"称号；湖丰镇、区老年大学、横山镇和毛村镇通过市级离退休干部"示范党支部"核查验收，被上饶市委老干部局授予全市离退休干部"市级示范党支部"称号。

【党建五争创五引领"十件实事"】 2022年，广丰区落实上饶市创新实施党建工作五争创五引领"十件实事"，以"小切口"谋划"大党建"、以"小抓手"激发"大活力"。全力创建"党员精准联户"工作品牌，全区3224名农村党员与8140户脱贫户、农村留守儿童等结成对子，着力打造一支群众身边"永久牌"工作队。全年累计为困难群众解决各类"急难愁盼"问题6200余件次。全力创建"村企共建"工作品牌，按照"自主自愿"和"就亲就熟就便"原则，发动141个本地企业与141个村居结成对子。全年共建企业累计在共建村建立加工车间15个，吸纳脱贫农民工就业970余人，累计为村集体和农民增收近2000万元。全力创建"党建+网格+微小事"工作品牌，针对城市居民关心关切的道路硬化、树木绿化、人居环境美化等"微小事"，实行"三公开一评议"机制，推动解决群众身边的"微小事"。全年全区完成"微小事"1034件，群众测评满意率为100%。广丰区"三件实事"分别得到江西电视台、《江西日报》等省级媒体关注报道。

上饶市党建工作"十件实事"主要涉及基层党组织建设、干部人才队伍建设、模范机关创建、优化营商环境、提升基层社会治理效能、办好群众身边"微小事"等内容，具体分为"五争创、五引领"两部分。"五争创"即争创方志敏精神品牌、争创基层力量建设品牌、争创让党放心人民满意模范机关品牌、争创推动高质量发展考核工作品牌、争创信息化建设品牌，"五引领"即党建引领办好群众身边"微小事"、党建引领优化营商环境、党建引领基层社会治理"一张网"、党建引领村级集体经济量质提升、党建引领高层次人才"一会一园"建设。

【年度综合考核工作】 根据《中共江西省委关于印发〈江西省年度综合考核办法（试行）〉的通知》（赣发〔2022〕14号）和《中共上饶市委关于印发〈上饶市年度综合考核实施办法（试行）〉的通知》（饶发〔2022〕14号），2022年8月20日成立中共上饶市广丰区委综合考核工作委员会，综合考核工作委员会办公室设在区委组织部。9月8日印发《中共上饶市广丰区委综合考核工作委员会工作规则》《中共上饶市广丰区委综合考核工作委员会办公室工作细则》（广综考办字〔2022〕1号）。

2022年度，省委、省政府对县（市、区）的考核包括高质量发展成效、加强党的建设成效、满意度评价三部分，2022年度省综合考核47个责任单位。市委、市政府大美上饶建设单项评选中，纳入评选的有6个项目（党的建设，工业和招商，城乡功能品质及环境，双"一号"工程，旅游和商贸，乡村振兴），涉及30个责任单位。在接受省、市考核过程中，各责任单位每月10日前将指标更新情况反馈给考核办，考核办进行统一汇总调度，形成广丰区综合考核调度机制，省、市考核短板指标调度机制，"大美上饶"建设单项评选争优工作推进机制。

2022年度，广丰区被省政府认定表彰2022年全省工业高质量发展一类先进县市区，被省政府认定表彰2019—2021年工业发展贡献奖，被确定为江西省制造业高质量发展试验区；被上饶市政府认定为全市工业高质量发展绩效评估县市区第一名，全市工业项目建设第一名；上饶高新区被认定为省级绿色园区；在全市"12+3"六个评选项目中，广丰区获得五个先进荣誉（工业和招商、城乡功能品质及环境、双"一号工程"、旅游和商贸、乡村振兴）。

2022年度，广丰区本级综合考核设综合奖和单项奖，10个乡镇（街道）、上饶高新技术产业园区、36个区直单位、3个条管单位为2022年度综合考核第一等次，30个领导班子、316名领导干部为2022年度区管领导班子和领导干部考核优秀等次。

（供稿人：姜帅）

宣 传

【概况】 2022年，广丰区委宣传部紧扣举旗帜、聚民心、育新人、兴文化、展形象的使命任务，积极担当，守正创新，扎扎实实推进宣传思想文化各项工作，理论武装走深走实、主流思想舆论不断壮大、网络安全态势平稳可控、文化事业产业繁荣发展，为广丰改革发展提供强大思想保证和精神动力。

【理论学习】 2022年，广丰区制定《区委理论学习中心组贯彻〈中国共产党委（党组）理论学习中心组学习规则〉实施意见》（广办发电〔2022〕31号）、《关于贯彻落实〈关于推动党史学习教育常态化长效化的意见〉的若干措施》（广学组发〔2022〕1号），落实"有计划、有制度、有专题、有记录、有考勤、有阵地、有成果"的"七有"学习制度。区委理论学习中心组全年举行专题学习14次，集体收听收看视频会4次。推进理论研究，在相关媒体发表理论文章20余篇。发挥"1+N"特色宣讲队作用，全年开展对象化、分众化、互动化宣讲1800余场，受众9万余人次。

【舆论引导】 2022年，广丰区在学习强国发稿近300篇，发稿量位列全省前列、全市第一方阵；在《江西日报》发稿的综合积分同比增长超过100%，位居全市第一；大报大台上稿总积分同比翻番，排名大幅提升。聚焦"双一号工程"、省文博会、全省农业产业发展现场会等主题，邀请全国媒体和网络名人走进广丰看"双一号工程"，组织策划"知名媒体走进广丰看振兴"宣传活动，取得丰硕成果。广丰政务服务改革、科技赋能马家柚发展、乡村建设成就等素材先后被澎湃新闻、经济日报、光明日报、新华每日电讯等媒体刊发，实现广丰十年来首次央媒上稿全覆盖，《半月谈》2022年第21期以"民间活水活了乡村建设"为题，专篇报道广丰区推行乡村建设1∶2筹资奖补机制，以公共财政撬动民间资本，助力乡村振兴。及时抓取五都镇六都村立伞为做核酸的村民遮阳的好素材，得到人民日报、新华每日电讯等上百家媒体的关注，总阅读量过亿，被江西省委网信办《网络阅评》采用为正面宣传工作典型。让特色工作"出圈"，广丰垃圾分类事迹被乡村振兴主题纪录片《田野之上》选用。以纪念"杜立特行动"80周年为契机，在洋口镇举行美国战争纪录片《动荡的历史》中国首映式，将上饶元素和上饶人民的情义，通过这部纪录片传递到世界各地；提升对外宣传专班工作成效，开设各类账号共计36个，有5个帐号粉丝数超过了2000，海外帐号总粉丝数超过3万。

【网络舆情】 2022年，区委宣传部制订印发《广丰区贯彻落实〈上饶市敏感舆情预管控一体化协作机制〉任务工作方案》，完善网络舆情三级应对处置机制。严格落实7×24小时舆情监测制度。全年处置各类舆情信息560余条，编发《网络舆情参考》35期。开展"清朗"、清理"历史虚无主义"等系列专项行动，依法关闭属地违法违规网站4家、自媒体账号1个，查删网上有害信息300余条。加强网评队伍建设，网评文章《让农家书屋的书香味更飘远》入选2022年网络评论"创四优"竞赛活动作品。

【文化建设】 2022年，广丰区不断提升公共文化服务能力，投入2000多万元建成5座城市书房（注：见本年鉴类目"文化旅游 新闻出版"分目"社会文化"【中心城区城市书房、书吧建设】、分目"图书发行"【城市书房建设】），投入100余万元持续完善各乡镇（街道）文化设施，完成9个乡镇的图书馆、文化馆数字化建设，更好地满足基层群众的文化活动需求。全年辅导30余支业余文艺团体，指导编排节目40余个；送戏下乡80余场，送电影1200余场次，累计文化惠民人数35万余人。

【承办首届江西省文化产业博览交易会】 5月25日—29日，首届江西文化产业博览交易会在上饶市广丰会展中心（注：位于洋口镇的广丰木雕城）举行，由江西省委宣传部、江西省文化和旅游厅、江西省广播电视局、上饶市人民政府联合主办，上饶市委宣传部、上饶市文化广电新闻出版旅游局、广丰区委、广丰区政府联合承办。此次文博会围绕"'智'联万物 文创未来"主题，将新媒体技术与现代展陈艺术相结合，打造了一个可观看、可聆听、可互动、可交易的多元艺术空间。展会采取博览展示和产品交易、项目对接与招商洽谈、数字赋能和现场互动、线下和线上相结合的方式，集中展示新发展阶段全省文化体制改革成果和文化产业发展新成就，搭建全国头部文化企业展示平台，推动全省文化产业招商。文博会共设32个展馆，总面积达25000平方米，分为综合展区、城市展区和特色文化展区等，共有30家国内头部文化企业、720家省内参展商参加主会场展出，展会期间观展人数8.83万余人次，现场交易额381万元、项目签约23.9亿元。

【举行美国战争纪录片《动荡的历史》中国首映式】 2022年12月10日上午，美国战争纪录片《动荡的历史：美国、中国和杜立特突袭东京行动》中国首映式在洋口镇老街举行，上饶市抗战文化研究会会员、区委常委、宣传部部长程剑虹等有关部门领导、特邀研究专家罗时平教授、媒体、洋口镇群众代表近百人到场观映。《动荡的历史》是美国纽约电影学院比尔·艾因雷霍夫导演根据80年前美国"杜立特突袭东京行动"的历史事实拍摄的，纪录片从中美两国的角度，重述了二战时期日本偷袭珍珠港后，美国中校杜立特率领航空舰队轰炸东京。归途中，战机迫降中国浙江和江西等地。中国民众冒死抢救美军飞行员，并护送他们全部平安返回。之后，25万中国人因此遭日寇屠杀。该片展现了中国江西上饶和浙江衢州军民营救美国飞行员的感人场景和中美军民并肩抗击法西斯，在战火中结下的深厚情谊。影片中上饶广丰村民纪英杰、官冬香、纪云大用广丰本土方言讲述了父亲营救美国飞行员的故事，将上饶元素和上饶人民的情义，通过这部有影响力的纪录片传递到世界各地。

（补充：2018年10月21日，美国"杜立特行动"子女协会成员、杜立特14号机赫伯·马西亚中尉的儿子托马斯·马西亚，怀揣父亲保留了76年的照片，专程来到上饶，到广丰区寻找当年父亲的救命恩人及后人。托马斯·马西亚是美国陆军退役中校，他到上饶进行了为期三天的寻访，受到上饶地方政府和当地人民的热情接待，在广丰找到了父亲坠机跳伞获救的现场。2022年，马西亚以营救他父亲的广丰乡亲为背景，创作一幅油画，纪念那段珍贵历史，表达他的感恩之情。）

（供稿人：刘俊富）

统 战

【概况】 2022年，广丰区以习近平总书记关于做好新时代党的统一战线工作的重要思想和《中国共产党统一战线工作条例》为指导，发挥新时代统一战线的重要法宝作用，推进统战工作创新发展、提质增效，凝聚起打造全市领先、全省一流现代化强区的强大合力。

【推进非公领域健康发展】 2022年，广丰区优化升级营商环境，服务非公经济健康发展。强化非公经济人士思想政治引领，全面推动党的二十大精神进商会、协会、企业，举办多场非公经济代表人士"学习宣传贯彻党的二十大"座谈会，筑牢共同奋斗思想基础。组织全区非公经济代表人士赴上饶集中营红色革命教育基地开展红色研学走读暨理想信念教育活动，引导非公经济代表人士增强思想认同，筑牢非公企业家理想信念。发挥外埠商会、上饶高新区企业商会独特优势，建立起多元化、交互式的政企沟通渠道，促进营商环境改善提升。强力推进发展与改革"双一号工程"，持续深化千名干部入千企、"民营企业家"宣传月活动，努力形成"百般呵护企业，充分尊重企业家"的浓厚氛围。深化政企沟通桥梁，2022年全区共引进工业项目103个、台资企业3家。开展助企纾困，定期组织召开政商见面会，区委区政府主要领导当面听取企业家的意见与建议，现场解决实际问题。实行规上工业企业统战联络员工作机制，成立1个非公企业维权服务中心和2个"侨检之家"，协调解决企业生产经营困难问题，帮助企业解决融资、用工等方面问题90余个，助推企业发展提质增效。

【维护民宗领域和谐稳定】 2022年，广丰区以"五好"宗教活动场所建设（注：以"爱国爱教好、民主管理好、安全稳定好、环境整洁好、服务社会好"为主要内容的"五好"宗教活动场所创建活动，以江西省落实全国宗教工作会议精神、深化坚持我国宗教中国化方向的创新举措）为抓手，不断规范宗教活动场所管理。按照"试点先行、一寺一策、立规明矩、规范管理"的工作思路，扎实推进"五好"宗教活动场所建设工作，全区首批建成省级"五好"宗教活动场所4个。组织宗教界人士到茅家岭烈士陵园等红色基地参观学习，开展爱国主义专题教育，培养宗教界人士爱国情怀。完善风险防范机制，进一步压实三级网络两级责任制，调动区、镇、村三级巡查力量，加密日常巡查密度，全年累计组织巡查宗教活动场所及其他重点场所11000余次。采取宗教"周报"制度，每周由各乡镇（街道）上报宗教工作实况，摸清辖区内安全底数。联合区直单位研判民宗领域工作形势，把握安全维稳主动权，全年共发现和及时处置非法宗教活动2次，查处非法出版物160余册。

以铸牢中华民族共同体意识为主线，利用民族团结进步宣传月契机，先后开展铸牢中华民族共同体意识、"中华民族一家亲，同心共筑中国梦""喜迎二十大、共筑中国梦"等民族宣传活动，提高广大群众民族团结意识，营造民宗领域和谐稳定浓厚氛围。加强城区少数民族服务管理，成立3个街道少数民族流动人口服务管理工作站，及时帮助解决少数民族流动人口证件办理、子女就学、店面租赁等问题，进一步促进民族交流交融。

【有效延伸联谊交友范围】 2022年，广丰区坚持沟通联系，建好多层次、广覆盖的统战联谊组织，加深统战力量的深度和力度。充分发挥新联会平台载体作用，发挥党建引领作用，及时更新新阶层人士数据库，激发平台活力。依托上饶高新区科技企业孵化器打造实践创新基地，充分发挥"会长联络站"作用，积极开展学习宣传贯彻党的二十大系列活动，举办全区新的社会阶层人士培训班，广泛凝聚思想共识，提升统战工作品牌影响力。推动区知联会换届，依托同心书屋打造党外知识分子之家，开展"喜迎二十大、同心跟党走"红色走读活动和书画作品展活动等。积极开展全区无党派人士政治面貌推荐认定，及时更新全区党外知识分子代表人士数据库150余人，吸纳优秀人才，优化队伍结构。支持无党派人士参加政党协商活动，发挥建言献策、参政议政、民主监督作用，形成党外人士调研成果6篇。建立区委组织部、区委统战部两部联席会议制度，出台《关于建立健全党外干部培养选拔工作联席会议制度的意见》，形成党外干部全链式培养使用机制，建立党外"后备干部储备库"。把党外干部培训纳入全区干部教育培训计划，定期召开党外干部座谈会，全面掌握党外干部综合表现情况。全区现有党外科级干部55人，政府组成部门党外正职配备2名，副职配备4名。

【持续筑牢共同思想政治基础】 2022年，广丰区加强统战宣传阵地建设，丰富活动内涵，强化政治引领，凝聚思想共识。紧扣主题唱响主旋律，分阶段、分领域、多形式开展党的二十大精神学习宣传教育活动，组织开展"喜迎二十大 同心跟党走"红色研学实践活动和"献礼二十大 同心奋进新征程"主题艺术作品展，召开党外人士学习贯彻党的二十大精神座谈会，将爱国统一战线主题活动不断引向统战各界人士，扩大统战"朋友圈"。围绕中心建强主阵地，加强宣传部门与统战部门协作配合，以"广丰统战微讯"公众号为宣传主阵地，加强信息资源交流互动，开设"乡镇党委书记谈统战讲《条例》""乡镇统战""学习贯彻党的二十大精神"等专栏，建立"三审三校"制度，累计发布原创文章50余篇，公众号关注量、转发量大幅提升。强化宣传展现好风采，制定《关于进一步加强统战信息宣传工作的实施方案》，引入区、乡两级量化考核，搭建全区统战工作信息资源库，形成"全员做统战、全员写统战"工作格局，唱响广丰统战"好声音"。报送的信息被《中国统一战线》杂志采用2篇，"中国统一战线杂志"微信公众号采用1篇，江西省统一战线网站采用11篇，"赣鄱统战"微信公众号采用8篇。

（供稿人：王钰泫）

机构编制

【概况】 2022年，广丰区学习宣传机构编制政策法规，在区委理论中心组学习会上学习习近平总书记关于机构编制工作的重要指示批示精神和《中国共产党机构编制工作条例》等政策法规。区委编办全面了解各单位机构编制事项落实执行情况、实际运行效果以及存在的问题，提高机构编制管理规范化、科学化水平。

【乡镇（街道）机构改革】 2022年，广丰区深化乡镇（街道）改革"后半篇文章"，对改革成效较好乡镇（街道），及时评估总结经验做法，对部分进展较慢、改革不够彻底的乡镇（街道）进行重点督导。区委编办会同区司法、区政务服务中心、区财政局、区人社局等部门，指导乡镇（街道）开展行政执法、审批服务、账户管理、岗位设置等。至年底，全区23个乡镇（街道）改革工作全部通过市委编办评估验收，并对各乡镇（街道）下属的2个事业单位科级领导职数全部批准备案。

【机构编制资源配置】 2022年，广丰区组建区政务服务和大数据管理局，为区政府工作部门，正科级。同时，将区大数据发展服务中心、区政务服务中心调整为区政数局管理的事业单位。

组织制定《上饶市广丰区清理规范开发区管理机构促进开发区创新发展实施方案》，全区有2个开发区管理机构纳入清理规范范围，清理规范后，全区有开发区管理机构1个。

以区人民防空办公室为基础，调整组建上饶市广丰区人民政府国防动员办公室，为区政府工作部门，归口区发展和改革委员会。

在区农业农村局加挂区粮食局牌子，区军粮供应站加挂区粮食安全保障中心牌子。

在区文化广电新闻出版旅游局加挂文物局牌子，在其内设机构"公共服务股"加挂"文物保护股"牌子，明确1—2名机关在编人员具体从事文物管理工作。

在区博物馆加挂区文物保护和考古中心牌子，增加事业编制5名。

【机构编制日常管理】 2022年，区委编办严格执行进人核编制度，加强与组织、人社、财政部门协同配合，优化再造用编、入编、出编审批流程。加强和完善机构编制实名制管理，注重日常监管，不断完善实名制管理工作制度，建立多部门联动的机构编制和实有人员信息数据库。机构编制纳入巡察、选人用人和审计专项检查，对检查发现的违纪违规问题，综合运用通报批评、责令限期纠正等措施进行处理。

【事业单位登记管理】 2022年，区委编办依托网上登记管理系统，采取"互联网+登记"和邮递办理方式，推行线上线下一体化政务服务。全面完成2022年度事业单位年度报告公示工作，对188个法人事业单位进行年度报告审核公示。根据机构设置及事业单位法人变更要求，全年完成事业单位的设立登记2个，变更登记42个，注销3个事业单位的法人证书。实地走访调研，摸清事业单位依法履职和规范运行情况，为事业单位机构设置、职能配置、用编计划提供重要依据。

（供稿人：周雨震）

机关党建

【概况】 2022年，区委组织部（区直机关工委）紧紧围绕学习贯彻党的二十大精神"一条主线"，认真贯彻习近平新时代中国特色社会主义思想和习近平总书记关于机关党建工作重要论述，以党的政治建设为统领，全面落实区委决策部署，着力铸造机关党组织坚强战斗堡垒，充分发挥机关党员先锋模范作用，推动机关党建工作提质增效。

【区直机关政治建设】 2022年，组织开展二十大精神宣讲会、"七一"专题党课、线上知识竞赛等学习活动40余次。抓好培训教育，党员教育培训在机关基层党组织全线延伸，实现线上教育日常化、全覆盖，线下教育常态化、重点化，构建机关党员分类组合、分类培训的党员教育模式，2022年共培训1万余人次。

【打造模范机关】 2022年，研究制定"1+2"制度文件，突出一个总抓手、强化两个着力点，从五个"当先锋、作表率"目标任务聚焦施策、强力推进。召开打造模范机关动员部署会，成立模范机关办公室。结合具体实际，深入研究机关工作特点，制订工作方案和《打造模范机关重点任务推进表》，区直各单位第一时间召开动员部署会，把打造模范机关工作摆上重要议事日程，实现动员100%、覆盖100%。从80个区直单位发现好经验、好案例、好典型，撰写广丰区打造模范机关的参阅文稿，至2022年年底，已发布8期打造模范机关工作简报，推广各单位打造模范机关工作有效举措，同时向市直机关工委投送打造模范机关工作稿件，上稿3次。2022年年底对区直机关创建模范机关工作进行验收，结合《广丰区直机关打造模范机关重点任务推进表》66项重点任务，实行逐项"销号"制，进一步增强区直机关打造模范机关的自觉性和主动性。

【区直机关基层党组织建设】 2022年，完善对区直机关基层党组织的分类指导，选优配强专兼职党务干部队伍，组织开展专兼职党务干部业务培训，持续规范机关基层党组织设置、调整。指导76个区直单位按期换届选举，区直机关258个基层党组织全部完成换届选举，充分发扬党内民主，调动党员主动性和积极性。督促机关基层党组织严肃党内政治生活。100%全覆盖开展党建督查，2022年对区直机关76个直属基层党组织开展2轮全覆盖式督查，通过实地查看、查阅资料等方式，逐一点明督查中发现的重点问题，对下一步整改工作提出系统安排和明确要求。深化党建网格化管理工作机制，每季度对各网格区党建工作考核纪实，注重选树"赣鄱先锋""三化精品示范点"。加大党内激励关怀力度，为33名机关退休党员颁发"光荣在党50年"纪念章，走访慰问老党员、困难党员80余人。

【党建融合】 2022年，组织发动机关党支部和党员干部投身服务发展一线、服务群众一线。"五一"静态管理期间，广丰区直机关3298名干部进社区报到，各级机关党组织发动2543名在职党员参与社区疫情防控。在抗洪救灾一线，区直机关党组织和党员干部冲锋在前、担当作为，30余个机关单位党组织带领机关党员干部，支援抗洪救灾1042人次，到镇、村、户开展临灾应急处置、危险区域人员转移避险、物资发放等工作。坚持"围绕经济抓党建，抓好党建促发展"思路，把促进经济社会发展作为机关党建工作的出发点和落脚点。如广丰区市场监管部门积极对接毗邻的浙江省江山市市管局、福建省浦城县市管局，探索食品经营许可证"跨省通办"试点工作，实现异地办理"就近办、网上办、一次办"，切实提升企业和群众办事创业环境。为打造一流政务服务环境，区政务服务和大数据管理局通过开展"亮身份、亮职责、亮承诺"活动等措施，营造干事创业浓厚氛围，不断提升窗口服务水平。

【区直机关意识形态工作和作风建设】 2022年，认真履行意识形态工作职责，定期召开专题会议研判意识形态工作职责，统筹协调、指导督促区直单位党组（党委）履行抓意识形态工作的主体责任，深入分析研判掌握区直机关意识形态工作情况。组织2900余名机关干部观看警示教育片《"赶考"路上》等，引导党员干部知敬畏、守底线、筑防线，不断巩固发展风清气正良好政治生态。全面配强配齐机关纪委，充分发挥机关纪委和党支部纪检委员作用，纠治"四风"问题。明确落实全面从严治党主体责任，压实机关各级党组织书记履行管党治党第一责任人职责，组织区直机关坚持党组织书记抓基层党建工作述职评议考核，督促机关基层党组织书记向党组（党委）和全体党员述职，压实"第一责任人"责任和"一岗双责"。

（供稿人：龙文静）

信 访

【概况】 2022年，广丰区宣传贯彻《信访工作条例》，深化信访工作制度改革，建立健全信访工作长效机制，区委、区政府主要领导多次调度信访工作，全年召开信访积案化解工作推进会、调度会、信访联席会议等40余次，妥善化解了一大批社会重点矛盾信访事项，全区信访形势持续好转，实现了信访总量、进京访、赴省访、初信初访、重复访"五个下降"。区委信访局运用"两微一端"等信息化手段，宣传政策法规、工作动态，传播信访正能量，全年在省级以上主流媒体上稿21篇。

【开展社会稳定风险评估】 2022年，广丰区推动重大事项社会稳定风险评估机制，将社会稳定风险评估引入重大建设项目、重大社会管理中，对决策可能引发的各种风险进行科学预测、综合研判，确定风险等级并制定相应的化解处置预案。政策出台后，广泛宣传，规范运作。尤其在征地、拆迁、安置等易发矛盾纠纷的问题上，坚持公正、公开、透明。引入"红色商议"，将基层协商民主和社会治理相结合，扩大群众的参与度，将信访矛盾化解在源头，预防在先，遏制"增量"。如2021年下溪街道王洋社区王洋自然村棚改时，出现多次群体访、进京访情况，2022年，通过开展风险评估和宣传，王洋社区老佛店门棚改时，未发生任何信访事件（注：老佛店门离信访局直线距离不到500米）。

【信访矛盾大排查】 2022年，广丰区落实新时代"枫桥经验"，将信访工作纳入平安建设内容，开展信访矛盾大排查，把可能引发信访问题的矛盾纠纷化解在基层、化解在萌芽状态。坚持"三位一体"信访工作机制，将工作触角延伸到基层的每一个角落，形成"纵向到底、横向到边、全覆盖、无缝隙"的信访隐患排查网络，切实掌握影响稳定的各种问题、动态、信息和苗头，逐件逐案登记造册，建立工作台账。对各种可能引发信访问题和影响社会和谐稳定的矛盾纠纷进行全面深入排查，特别是对劳动和社会保障、房地产、征地拆迁、农村农业、涉法涉诉、集资融资等重点领域的重点人员、重点群体矛盾纠纷进行重点排查，做到底数清，情况明，不落一个人，不落一件事。

【化解信访积案】 2022年，广丰区对列入重点访治理的信访事项每周汇总每月调度，在每月召开的全区高质量发展大会上通报。按照"一个案件、一名领导、一套班子、一个方案、一抓到底"的化解工作措施，逐案落实区级、科级领导包案，包案领导亲自听取案情汇报、亲自召开会商会、亲自面见信访人，推动案件化解。坚持分类施策，严格落实"三到位一处理"原则，对重复信访中反映的诉求合理但责任落不到位的，限期解决；诉求无理的，加强思想引导；存在困难的，及时落实帮扶措施；诉求无理但信访人缠访闹访的，加强教育疏导，对有违法行为的依法处理；对"三跨三分离"信访事项，事发地或有权处理单位主动承担主办责任，信访人户籍地或常住地及其他相关单位承担协办责任，各方共同协商化解。2022年，广丰区对存在违法行为的缠访闹访户刑事拘留2人，行政拘留12人，行政警告1人。

【"红色文化+信访"工作模式】 2022年，广丰区探索"红色文化+信访"工作新模式，将红色文化与信访工作深度融合，促进信访工作高质量发展。坚持以红色文化引领、凝聚、武装人，邀请专家教授作专题宣讲、组织党员干部走进革命教育基地等，传承红色基因，筑牢思想根基。区委信访局把党支部建在接访、办信、调解一线，开展"我是党员我带头"活动，推行"一站式"服务和佩戴党徽上岗，推行"一声告知我是共产党员、一句安慰有话好好说有理慢慢讲、一杯茶水传递信访温度、一场倾听解开矛盾心结、一份通告宣传法治信访"的"五个一"接访工作法，让群众"找到了人、办得了事"。探索实施"绿黄红灯制度"，对责任单位受理的信访事项按照处理进程给予相应"亮灯"，倒逼责任单位提升初信初访工作成效。创新开展信访"红色代办""红色调解""红色商议"活动，在区、乡镇（街道）、村（社区）三级打造家门口信访服务体系。2022年，全区共设立区信访"红色代办"接待室4个、乡镇（街道）级"红色代办"服务站23个、村（社区）级"红色代办"服务点228个，全覆盖打通信访便民服务"最后一公里"。区、乡两级设立红色协商议事室，认真听取民声民意，积极开展议事协商，有效解决一系列重大疑难信访问题。红色代办员以常驻、轮驻、派驻的形式开展服务。组建"红色调解"工作队伍，从党员群众中筛选一批工作经验丰富、为人公道正派、社会影响力大的"老红军、老专家、老支书、老党员、老模范、老信访调解员"和各职能部门业务骨干及律师法官、乡贤能人参与到调解工作，推动源头治理，实现矛盾纠纷在家门口化解。2022年，吸纳红色调解员260余名，调解信访矛盾纠纷千余起，打造出"金牌调解员吴和平工作室""东小舅调解室"等一系列知名红色协商调解品牌，全年信访工作群众满意率达98.61%。

（供稿人：徐章伟）

史 志

【概况】 2022年，广丰区推进党史编研、宣教和志鉴编纂，推进史志事业高质量发展。区委党史党建研究中心（区地方志编纂中心）围绕史志编研这项核心业务，组织实施"深研精编 担当奋进"项目，加强理论学习，开展业务研磨，转变工作作风，促进党员干部提高理论素养和编研能力。坚持正确的党史观，每天在赣政通广丰史志工作联系群发布"党史今日"，推进党史学习教育常态化长效化。

【党史编研】 2022年，区委党史党建研究中心（区地方志编纂中心）根据上级要求，完成《毛致用同志口述史》资料征集。协同区委宣传部等部门，开展红色资源普查。严格审查革命遗址遗迹、烈士纪念设施的展陈内容，在广丰县苏维埃政府旧址、中共广丰县委旧址修缮并重新进行红色文化展陈中，多次会同建设单位对上墙资料、图片等进行审核，严把政治关、史实关、文字关。开展广丰苏区时期法治建设研究，从依法选举建立苏维埃政权、依法开展土地革命等方面，进行深入分析、总结提炼，初步形成"广丰苏区时期法治建设的实践和启示"研究成果。完善"广丰地方党组织的演变与发展"党史资料。对铜钹山革命史资料进行整理汇编。整理广丰古代名人张叔夜等资料，丰富勤廉广丰建设的文化内涵。

【志鉴编纂】 2022年，区委党史党建研究中心（区地方志编纂中心）克服专业人员缺乏的突出矛盾，坚持边学边做，按照"多条腿同时走"的策略，加快编纂进度，实现"一年一鉴、公开出版"。《广丰年鉴（2021）》通过三审三校并交付出版印刷，全书73.5万字。《广丰年鉴（2022）》按进度加快编纂。完成《江西年鉴（2022）》《上饶年鉴（2022）》广丰篇内容编写。为时光公园提供广丰建制改革的地情服务。

（供稿人：洪勤）

党 校

【概况】 2022年，广丰区委党校加强理论教育和党性教育，提升党校干部培训工作科学化水平，发挥党性理论主阵地作用。2022年紧扣十九届六中全会精神、党的二十大精神等党的创新理论开展集体备课并赴机关、乡镇、社区、学校、企业等地进行宣传宣讲，全年宣讲60余场次，受众人数1.5万余人次。

【干部培训教育】 2022年，区委党校举办各类班次20期，培训人数合计5000余人次。以"千名干部大轮训"为抓手，分系统分领域开展培训，其中举办全区科级干部学习十九届五中全会精神专题轮训班4期，受训人数1400余人；举办党建类培训班4期，培训人数550多人。实行"领导干部上讲台"制度，广丰区委常委带头上讲台授课，年内常委上讲台6人次。9月份区委书记胡心田在青年干部培训班上作开班动员讲话并授课。

【教学改革】 2022年，区委党校以习近平新时代中国特色社会主义思想为教学核心，打造"1+5+n"的教学模块培训精品专题，形成习近平新时代中国特色社会主义思想教学课程体系；围绕总论，形成"习近平新时代中国特色社会主义思想概论"课程，并随着理论的创新不断完善；围绕分论，形成"习近平强军思想""习近平新时代中国特色社会主义外交思想""习近平新时代中国特色社会主义经济思想""习近平生态文明思想""习近平法治思想"等课程；围绕总书记在相关领域的重要论述，形成"意识形态工作责任制""全面从严治党""'两个确立'的决定性意义""习近平谈治国理政第四卷"学习辅导、"党的二十大精神专题辅导"等课程。在不同的班次上推动课程体系进入不同的培训班、进基层宣讲，其中"中国共产党人的党性和党性修养"，被上饶市委组织部评为2022年干部教育优质课程。

【打造红色讲台】 2022年，区委党校挖掘本地红色文化资源，对《铜钹山二十一勇士》《无我气节》继续优化打磨作为主体班的重要课程之一，优化主体班课程设置，设立"党史学习与红色基因传承"单元。联合其他党组织、利用主题党日等载体，开展形式多样的红色基因传承教育活动。发挥红色资源教化作用，采取诵读红色家书、重温入党誓词、唱红色歌曲、办读书会、开红色主题班会、知识考试等多种形式，丰富培训内容，提高培训效果。

【青年干部培训班】 2022年9月14日至10月18日，广丰区举办2022年青年干部培训班。区委书记胡心田出席开班式并作《不负青春韶华，勇担时代重任，争当推动广丰高质量跨越式发展的先锋力量》的专题授课，强调青年干部要始终牢记习近平总书记的殷殷嘱托，不负青春韶华、勇担时代重任，以坚韧不拔的意志、一往无前的精神、脚踏实地的作风，拼搏奋进，砥砺前行，努力在广丰高质量跨越式发展实践中当先锋、作表率，用奋斗青春书写无悔的人生华章。来自区直单位、乡镇（街道）的50名青年干部参加培训。培训班采取专题授课、讨论座谈、演讲比赛、文体活动、军事训练等形式开展培训。课程设置针对性强，师资力量配置高，教学形式多样、方法灵活、互动性强。既有课堂教学，又有实践调研；既有理论解读，又有现场教学；既有专家授课，也有领导讲学；既有老师专题培训，也有学员座谈发言。

（供稿人：程祖彬）

档 案

【概况】 2022年，广丰区档案馆坚持档案服务民生、服务党和国家工作大局，优化查档流程和手续，实行查阅利用环节告知承诺制，解决档案查阅利用环节群众多头跑、来回跑、办事难等问题，优化为民服务能力，得到群众好评。加强业务指导，提高机关、企事业单位的档案综合管理水平，对广丰卷烟厂档案室档案规范化管理省二级认证进行初步摸排。

【档案接收和查阅利用】 2022年，广丰区档案馆共接收8个立档单位27329卷16850件入馆，其中农业农村土地确权档案22个乡镇（街道）20114卷。2022年，广丰区档案馆全年接待查档群众逾5200人次，查阅复印档案资料35600多页。

【档案宣传】 2022年，广丰区档案馆结合6.9国际档案日、12.4全国法制宣传日等，通过上街设点发放宣传资料、悬挂宣传横幅、行政中心及馆内等大屏幕滚动播放档案法律法规等形式，开展档案法律法规知识的宣传，向广大人民群众普及档案知识，增强社会档案意识，提高档案事业的社会影响力，保障实体档案的安全。

【档案安全体系建设】 2022年，广丰区档案馆落实档案库房"八防"措施，每月28日定期开展档案安全日检查，聘请专业技术人员对电梯、消防等设备进行日常维保。开展档案库房清点盘库，发现问题及时登记和处置。安装档案库区监控、门禁、防盗门，确保档案实体安全，实现安全零事故。

（供稿人：吕梅）

机关事务

【概况】 2022年，上饶市广丰区机关事务服务中心主要承担公务接待、机关事务管理、公务用车、办公用房、公共机构节能等方面工作。围绕区委、区政府中心工作，扎实推进各项后勤服务保障工作高效开展。

【公务接待】 2022年，按照《江西省党政机关国内公务接待管理办法》《上饶市党政机关国内公务接待管理实施办法》《广丰区党政机关国内公务接待管理实施办法》，上饶市广丰区机关事务服务中心对接待流程进行规范，在保证客人必要的工作、生活条件的前提下，坚持一切从实际出发，不摆阔气，不讲排场，严格按照要求办事，既保证接待工作的圆满完成，又节省接待支出，减轻财政压力。注重"三个突出"即突出特色，结合来宾特点，强化地域特征，确保来宾不留遗憾；突出细节，坚持从大局着眼，从细节入手，切实做到一张笑脸迎贵宾、一声问候暖人心、一桌菜肴显特色；突出个性化，认真了解客方禁忌，以便有针对性合理安排菜式、布置房间等，提升广丰接待形象。

【公务用车和办公用房管理】 2022年，广丰区公务用车OBD设备安装及使用全覆盖，并由专人查看车辆使用轨迹和约单派遣情况。6月，区机关事务服务中心联合区纪委、区政府办、区财政局开展下乡公车督查工作。

2022年，根据江西省委巡视组反馈的意见，广丰区开展易地交流干部交流房清理整治自查自纠，全部整改落实到位。聘请第三方测绘公司，对广丰区党政机关工作人员办公用房使用面积进行测量，对超标办公室进行腾退整改。开展机构改革涉改部门办公用房的调整，对所有涉改单位现有的办公用房，以及收储的空闲办公用房进行登记造册，结合涉改单位工作实际，科学规划、统一调配。

【开展"节能降碳，绿色发展"的主题活动】 2022年，广丰区开展"节能降碳，绿色发展"的主题活动，区机关事务服务中心向行政大楼工作人员及到大楼办事群众发放500余份节能宣传材料。推进节约型公共机构示范创建和节水型单位创建工作，本年度创建58家节约型机关。

（供稿人：诸怀芳）

上饶市广丰区人民代表大会

综 述

2022年是党的二十大胜利召开之年，也是区十七届人大常委会全面依法履职的开局之年。过去一年，在中共上饶市广丰区委的坚强领导下，区人大常委会坚持以习近平新时代中国特色社会主义思想为指导，全面贯彻党的十九大和十九届历次全会精神，认真学习宣传贯彻党的二十大精神，深入贯彻习近平法治思想、习近平总书记关于坚持和完善人民代表大会制度的重要思想、中央人大工作会议精神，坚决贯彻党中央重大决策部署和省市区委工作安排，坚持党的领导、人民当家作主、依法治国有机统一，努力践行全过程人民民主，各项工作取得新成效。

一年来，常委会听取审议专项工作报告14项，对13个报告事项开展满意度测评，检查4部法律法规实施情况，对48件规范性文件进行备案审查，作出决议决定11项，办理代表建议140件，依法任免国家机关工作人员53人次，配合省、市人大在广丰开展立法调研、执法检查、专题调研17次，圆满完成区十七届人大二次会议确定的各项工作任务，为广丰经济社会高质量发展作出积极贡献。

始终与党委同向，忠诚履职不负信仰。持续强化政治统领。坚持"第一议题"制度和党组理论学习中心组学习制度，完善联动学习机制，深入学习贯彻党的创新理论，及时传达学习习近平总书记重要讲话、重要指示批示精神，努力做到思想跟进、认识跟进、行动跟进。认真履行政治责任。全面履行党组把方向、管大局、保落实的领导作用，切实把党的领导体现到监督、决定、代表等工作中。充分展现政治担当。主任会议成员服从服务区委工作安排，压紧压实包抓责任，深入一线调研督导，推动解决实际问题，在大事要事中展现人大"永远在线"的责任担当，全力助推经济社会发展和改革攻坚进程。

始终与法治同行，依法履职不负使命。保障宪法法律实施。不断拓展宪法宣传教育的深度和广度，推动全社会形成尊崇宪法、学习宪法、遵守宪法、维护宪法、运用宪法的良好法治氛围，切实维护社会主义法治统一、权威和尊严。依法开展决定任免。坚持党委决策与人大依法决定相统一，完善讨论决定重大事项制度，不断提高议事决策科学化、民主化、法治化水平，坚持党管干部与人大依法行使任免权相结合，进一步提升人事任免工作规范化水平。促进社会公平正义。监督促进依法行政、依法监察、公正司法，积极回应人民群众对公平正义的期待，切实维护群众合法权益。

始终与大局同频，担当履职不负发展。规范财政经济监督。坚持完整、准确、全面贯彻新发展理念，为人民群众守好"钱袋子"，推动审计监督更好发挥作用，促进国有资产保值增值，推动政府防范和化解债务风险。助力优化营商环境。采取线上线下互动、明察暗访结合的方式，实地走访企业，召开座谈会，列出问题清单向区政府及其相关部门进行交办。召开优化营商环境执法检查专题询问会，以刚性监督推动问题落实，努力为广丰当好优化营商环境"排头兵"贡献人大的智慧和力量。服务乡村全面振兴。坚持巩固脱贫攻坚成果与乡村全面振兴有效衔接，开展乡村振兴促进"一法一条例"执法检查，围绕产业、人才、文化、生态和组织五大方面分别提出意见建议，对反映的突出问题，持续跟踪问效，用法治的力量助力全区农业更强、农村更美、农民更富。

始终与人民同心，为民履职不负重托。强化民生领域监督。持续提升住宅物业管理水平和社区治理能力，促进劳动者技能素质提高和青年就业创业，提升公共服务水平，让群众获得感成色更足、幸福感更可持续、安全感更有保障。推进民生主题活动。推动全区水环境质量持续改善，提升行业质量安全水平，筑牢人民群众舌尖上的安全防线，助推旅游产业创新发展、有序发展、规范发展。同时，积极推动老旧小区改造、口袋公园、城市书吧等民生事项落地见效。实施民生实事票决。协助区委制定民生实事项目人大代表票决制工作实施方案，进一步推动民生实事项目决策民主化、科学化、法治化，确保最大程度实现"政府干的"与"群众盼的"精准合拍，确保民生实事项目真正成为民心工程。

始终与代表同力，创新履职不负期望。突出代表主体地位。不断创新代表履职载体，激发代表履职活力，引导鼓励人大代表为区委各项决策部署贯彻实施凝聚最大共识，汇聚最强力量。积极响应区委区政府"一老一幼"阳光慈善基金募集，向全区各级人大代表发出倡议书，代表们踊跃参与，以实际行动彰显代表的责任担当。增强联系群众实效。高标准建设"广丰区代表之家"，行业代表联系点，积极打造密切联系群众、服务行业发展、发挥代表专长的新阵地。常态化开展代表进站驻点接待选民活动，坚持乡镇（街道）主官带头进站制、月初通报制、统一接待日制、流动代表联络站常态化工作制。优化代表履职服务。举办区十七届人大代表履职培训班，增强代表履职能力，保障代表知情知政。完善代表参与常委会工作常态化机制，更好地发挥代表在参与管理地方国家事务中的重要作用。完善年初交办、年内督办、年终审议的全链条代表建议办理机制，坚持常委会领导督办重点建议，代表和群众的满意度逐年提升。

始终与时代同步，务实履职不负时光。党的建设持续加强。严明党的政治纪律和政治规矩，坚决扛起全面从严治党政治责任。统筹推进党风廉政建设和反腐败斗争，扎实开展警示教育，抓好以案促改工作，积极营造风清气正、健康向上的政治生态。协同联动更加紧密。积极构建上下贯通、左右协调的人大工作新格局。主动向省市人大常委会请示汇报工作，自觉接受监督指导，加强与兄弟县（市、区）学习交流。强化与区"一府一委两院"的工作衔接，确保在区委领导下协调一致开展工作。新闻宣传成效明显。坚持把人大新闻宣传作为一项重要工作来抓，成立工作专班，量化宣传任务，强化工作激励，推行"月月统计、季度通报、年终考核"工作机制，综合利用报、刊、网、微等载体，全方位、深层次、多角度讲好新时代广丰人大故事。

重要会议

【区第十七届人大常委会第四次会议】 2月10日，上饶市广丰区十七届人大常委会第四次会议召开。区人大常委会主任皮晓瑶主持会议。区人大常委会副主任刘旭涛、颜显高、俞柳君、李积林、刘荣伟、李强出席会议。副区长舒前鑫，区人民法院院长雷瑞甫，区人民检察院检察长严毅，区监察委员会负责同志列席会议。

会议审议区人大常委会代表资格审查委员会关于代表资格的审查报告；听取审议区人民政府关于区十七届人大一次会议代表建议、批评和意见办理工作情况的报告，并进行满意度测评；审议区人大常委会工作报告（讨论稿）；审议区十七届人大二次会议有关建议名单草案。会议表决通过有关人事事项。

区纪委监委驻人大机关纪检监察组主要负责同志，区人大各专委、各工委负责同志，以及乡镇（街道）人大负责人、人大秘书列席会议。

【区第十七届人民代表大会第二次会议】 2月18日，上饶市广丰区第十七届人民代表大会第二次会议在区人民法院中心会场隆重开幕。区人民政府区长龚振宙在大会上作政府工作报告。大会第二阶段由大会主席团常务主席刘旭涛主持。区人大常委会主任皮晓瑶向大会作上饶市广丰区人大常委会工作报告。大会听取区人民法院院长雷瑞甫所作的《上饶市广丰区人民法院工作报告》、区人民检察院检察长严毅所作的《上饶市广丰区人民检察院工作报告》。

大会提请审查关于广丰区2021年国民经济和社会发展计划执行情况与2022年国民经济和社会发展计划草案的报告、关于上饶市广丰区2021年财政预算执行情况和2022年财政预算草案的报告，提请审议广丰区生态文明建设和生态环境状况的报告、区人民政府2022年度部分重大投资建设和重点民生实事候选项目。

【区第十七届人大常委会第五次会议】 4月25日，广丰区十七届人大常委会第五次会议召开。区人大常委会主任皮晓瑶主持会议，副主任刘旭涛、颜显高、俞柳君、李积林、刘荣伟、李强出席会议。副区长、公安局局长徐建军，区人民法院院长雷瑞甫，区人民检察院检察长严毅，区监察委员会负责同志列席会议。

会议书面传达学习十三届全国人大五次会议精神，听取审议区人民政府关于法治副校长工作情况的报告，审议并表决通过关于提请任命潘黎军、陈云海、刘益婳等40名同志为人民陪审员的议案，会议还进行其他事项。

【区第十七届人大常委会第六次会议】 6月22日上午，广丰区十七届人大常委会第六次会议召开。区人大常委会主任皮晓瑶主持会议，副主任刘旭涛、颜显高、俞柳君、李积林、刘荣伟、李强出席会议。副区长王斐，区人民法院院长雷瑞甫，区人民检察院检察长严毅，区监察委员会负责同志列席会议。

会议传达学习省人大常委会关于开展人大代表聚焦"六个江西"建设，争当"四个表率"主题活动的实施方案，市人大常委会关于在全市各级人大代表中深入开展"五个聚焦、五项助力行动"主题活动的实施方案精神。

会议审议并通过关于叶宁辞去上饶市广丰区第十七届人民代表大会代表职务的议案、关于对上饶市广丰区第十七届人民代表大会代表徐慧霖采取治安拘留强制措施的议案、区第十七届人大常委会代表资格审查委员会关于代表资格的审查报告，会议还审议区人民政府关于政府债务管理情况的报告。

会议听取审议区人民法院关于《民法典》实施情况的报告，区人民政府关于我区养老服务工作的报告，区人大常委会执法检查组关于检查《上饶市住宅物业管理条例》《中华人民共和国职业教育法》、乡村振兴促进"一法一条例"实施情况的报告。会议还进行其他事项。

【区第十七届人大常委会第七次会议】 8月26日，广丰区第十七届人大常委会第七次会议召开。区人大常委会主任皮晓瑶主持会议，副主任刘旭涛、颜显高、俞柳君、李积林、刘荣伟、李强出席会议。区委常委、常务副区长吴松，区人民检察院检察长严毅，区监察委员会、区人民法院负责同志列席会议。

会议审议并通过关于余玉辉辞去上饶市广丰区第十七届人民代表大会常务委员会委员职务、饶敏云辞去上饶市广丰区第十七届人民代表大会财政经济委员会主任委员职务请求的议案。

会议进行人事任免。皮晓瑶为新任命人员颁发了任命书，随后，举行庄严的宪法宣誓。

会议听取审议区政府关于2022年上半年国民经济和社会发展计划执行情况报告、区政府关于2021年区级决算和2022年上半年预算执行情况报告、区政府关于2021年区级预算执行情况和其他财政收支的审计工作报告、区政府关于打击治理电信网络诈骗犯罪工作情况的专项报告、区政府关于区人民医院创建三甲医院工作情况的报告、区政府关于全区国有资产管理情况综合报告和2021年度全区卫健系统国有资产管理情况专项报告。会议还批准广丰区2021年财政决算。

【区第十七届人大常委会第八次会议】 10月26日，广丰区第十七届人大常委会第八次会议召开。区人大常委会主任皮晓瑶，副主任颜显高、俞柳君、李积林、刘荣伟、李强出席会议。区委常委、常务副区长吴松，区监察委员会主任吴献金，区人民法院院长雷瑞甫，区人民检察院检察长严毅列席会议。区人大常委会副主任刘旭涛主持会议。

会议传达学习党的二十大精神，听取区人民政府关于落实区人大常委会检查《上饶市住宅物业管理条例》实施情况报告及审议意见情况的报告、关于落实区人大常委会对法治副校长工作审议意见情况的报告、关于落实区人大常委会检查《中华人民共和国职业教育法》实施情况报告及审议意见情况的报告、关于落实区人大常委会对2021年度全区国有资产管理和2021年度全区卫健系统国有资产管理审议意见情况的报告、关于落实区人大常委会检查《江西省优化营商环境条例》实施情况报告及审议意见情况的报告、落实区人大常委会《关于〈中华人民共和国乡村振兴促进法〉和〈江西省乡村振兴促进条例〉执法检查报告及审议意见》实施情况报告及审议意见情况的报告，听取区人民法院关于落实区人大常委会检查《民法典》实施情况报告及审议意见情况的报告，并进行满意度测评。

会议表决通过饶敏为广丰区人民政府副区长等有关人事事项。皮晓瑶为新任命人员颁发任命书，随后举行庄严的宪法宣誓。

【区第十七届人大常委会第九次会议】 12月14日，广丰区第十七届人大常委会第九次会议召开。区人大常委会主任皮晓瑶主持会议，副主任刘旭涛、颜显高、俞柳君、李积林、刘荣伟、李强出席会议。区人民政府副区长林辉，区人民法院院长雷瑞甫，区人民检察院检察长严毅，区监察委员会负责同志列席会议。

会议传达学习《江西省人民代表大会常务委员会关于加强检察公益诉讼工作的决定》，审议区人大常委会城建环资工委关于"2022年环保广丰行"活动情况汇报和区人大常委会教科文卫工委关于"2022年食品药品安全赣鄱行"活动情况汇报，审议并通过关于召开上饶市广丰区第十七届人民代表大会第三次会议的决定（草案）的议案。

【区第十七届人大常委会第十次会议】 12月29日上午，广丰区第十七届人大常委会第十次会议召开。区人大常委会主任皮晓瑶主持会议，副主任刘旭涛、颜显高、俞柳君、李积林、刘荣伟、李强出席会议。区委常委、区监察委员会主任吴献金，区委常委、区人民政府常务副区长吴松，副区长饶敏，区人民法院院长雷瑞甫，区人民检察院检察长严毅列席会议。

会议听取区政府关于2022年预算收支计划调整的报告，听取和审议区监察委员会关于整治群众反映强烈问题工作情况的专项报告，听取区人民政府关于区十七届人大二次会议代表建议和意见办理工作情况的报告、区政府关于落实区人大常委会对2021年区级决算和2022年上半年预算执行情况报告审议意见情况的报告、区政府关于2021年区级预算执行情况和其他财政收支的审计查出问题整改情况的报告、区人民政府落实区人大常委会《关于打击治理电信网络诈骗工作审议意见》情况的报告、区人民政府关于落实区人大常委会对区人民医院创建三甲医院工作审议意见情况的报告并进行满意度测评。

会议审议并表决通过关于接受邱在庆辞去上饶市广丰区第十七届人大常委会委员职务请求的议案，审议上饶市广丰区第十七届人大常委会代表资格审查委员会关于代表资格的审查报告，审议区人大常委会教科文卫（外侨民宗）工委关于2022年助推旅游强区建设系列活动情况汇报、区政府关于政府债务管理情况的报告、区人大常委会农业农村工委关于"2022年赣鄱农产品质量安全行"活动情况汇报。会议表决通过有关人事事项。

监督工作

【概况】 2022年，区人大常委会听取审议专项工作报告14项，对13个报告事项开展满意度测评，检查4部法律法规实施情况，对48件规范性文件进行备案审查，作出决议决定11项，办理代表建议140件，依法任免国家机关工作人员53人次，配合省、市人大在广丰开展立法调研、执法检查、专题调研17次，完成区十七届人大二次会议确定的各项工作任务，为广丰经济社会高质量发展作出积极贡献。

【法律监督】 2022年，区人大常委会组织开展国家宪法日、宪法宣传周、"八五"普法宣传活动，实施宪法宣誓、宪法知识任前考试等制度。紧扣法律规定，对《上饶市住宅物业管理条例》等4部法律法规开展执法检查，把法律法规建立起来的制度优势转化为治理效能。首次听取审议区监委整治群众反映强烈问题工作情况报告，推动群众反映的"急难愁盼"问题得到有效解决。落实省人大常委会加强检察公益诉讼的决定，听取审议区人民政府关于法治副校长、打击治理电信网络犯罪工作情况报告，听取审议区人民法院民法典实施情况报告，监督支持公检法司维护社会公平正义、服务经济社会发展。认真接待群众来信来访，全年共接待涉法涉诉来访群众16批次，切实维护群众合法权益。

【经济工作监督】 2022年，区人大常委会定期召开经济形势分析会，听取审议预决算、审计、计划执行等报告，批准预算调整方案，指导乡镇人大规范开展预决算审查监督工作，为人民群众守好"钱袋子"。强化审计查出问题整改跟踪监督，组织新审计法培训，加强联网监督，推动审计监督更好发挥作用。加强国有资产管理监督，听取审议年度全区国资管理综合报告及卫健系统国资管理专项报告，促进国有资产保值增值。加强地方政府性债务监督，一年两次听取审议政府债务管理情况报告，主任会议成员集中视察政府债券资金重大项目建设情况，推动政府防范和化解债务风险。

【民生领域监督】 2022年，区人大常委会围绕物业管理融入基层社会治理的目标任务，开展《上饶市住宅物业管理条例》执法检查暨"物业社区行"活动，持续提升住宅物业管理水平和社区治理能力。围绕职业教育与普通教育融合发展，以职业教育法26年首次修订为契机，组织开展执法检查，回应群众"职校条件差、学生成才难、就业受歧视"等认识，促进劳动者技能素质提高和青年就业创业。围绕提高人民生活品质，组织开展妇女儿童健康权益保障专题视察，听取审议养老服务、区人民医院创建三甲医院等专项工作报告，提升公共服务水平。

【重大事项监督】 2022年，区人大常委会认真贯彻落实中央和省市区委《关于健全人大讨论决定重大事项制度、各级政府重大决策出台前向本级人大报告的实施意见》，区政府重大事项均通过座谈会等形式征求人大及代表的意见建议。严格落实备案审查制度，首次听取规范性文件备案审查工作情况的报告，全年共收到并审查规范性文件48件，切实维护社会主义法治统一、权威和尊严。全年依法作出决议决定11项，确保党的主张通过法定程序成为全区人民的共同意志。

【区人大监督优化营商环境】 2022年，区人大常委会围绕优化营商环境"一号改革工程"，打好监督"组合拳"。派出6个由常委会组成人员带队的工作组，采取线上线下互动、明察暗访结合的方式，实地走访企业226家，召开座谈会13场次，收回线上线下有效调查问卷451份，列出问题清单共六大类157个问题，结合市人大常委会组织的交叉暗访发现的问题，向区政府及其相关部门进行交办。在此基础上，组织各级领导干部中的人大代表进联络站开展专题活动，主任会议成员集中视察政务服务中心工作，召开优化营商环境执法检查专题询问会，由区融媒体中心全程录播，以刚性监督推动问题落实。

（供稿人：何燕飞、吴国溪）

决定重大事项

【关于政府工作报告的决议】 2022年2月19日，上饶市广丰区第十七届人民代表大会第二次会议听取和审议区长龚振宙所作的《政府工作报告》。会议认为，2021年是中国共产党成立100周年，也是"十四五"

起步之年。一年来，在市委、市政府和区委的坚强领导下，在区人大、区政协的监督支持下，全区深入贯彻中央、省、市的决策部署，统筹推进疫情防控和经济社会发展，顺利实现了"十四五"良好开局，向建党100周年交出了一份靓丽的"广丰答卷"。会议充分肯定区人民政府过去一年的工作，同意报告提出的今年全区经济社会发展预期目标、主要任务和工作举措，决定批准这个报告。会议指出，2022年是党的二十大召开之年，也是本届政府全面履职的开局之年。区人民政府要坚持以习近平新时代中国特色社会主义思想为指导，全面贯彻党的十九大和十九届历次全会以及中央经济工作会议精神，深入贯彻习近平总书记视察江西重要讲话精神，按照省第十五次党代会、省委经济工作会议、市第五次党代会、市委经济工作会议以及区第十四次党代会的部署要求，坚持稳字当头、稳中求进，完整、准确、全面贯彻新发展理念，加快融入新发展格局，坚持以供给侧结构性改革为主线，坚持"三个事关"工作方向，统筹疫情防控和经济社会发展，统筹发展和安全，继续做好"六稳""六保"工作，着力稳定经济发展基本盘，着力畅通经济循环，着力强化科技支撑，着力全面深化改革开放，着力保障和改善民生，着力保持社会大局稳定，坚定不移推进高质量跨越式发展，干在实处、走在前列，奋力打造全市领先、全省一流现代化强区，以优异成绩迎接党的二十大胜利召开！

【关于上饶市广丰区人大常委会工作报告的决议】
2022年2月19日，上饶市广丰区第十七届人民代表大会第二次会议听取和审议区人大常委会主任皮晓瑶所作的《上饶市广丰区人大常委会工作报告》。会议充分肯定区人大常委会过去一年的工作，同意报告提出的2022年工作总体安排，决定批准这个报告。会议认为，2021年是中国共产党成立100周年，也是人大工作具有里程碑意义的一年。党中央首次召开中央人大工作会议，为新时代坚持和完善人民代表大会制度、加强和改进人大工作指明前进方向、提供根本遵循。过去一年，在区委的领导下，区人大常委会坚持以习近平新时代中国特色社会主义思想为指导，全面贯彻党的十九大和十九届历次全会以及中央人大工作会议精神，依法履职尽责，圆满完成区乡两级人大换届选举工作，各项工作取得新成效，为我区实现"十四五"良好开局持续作出了人大贡献。会议要求，区人大常委会要高举习近平新时代中国特色社会主义思想伟大旗帜，全面贯彻落实党的十九大和十九届历次全会以及中央人大工作会议精神，弘扬伟大建党精神，深入学习贯彻习近平法治思想、习近平总书记关于坚持和完善人民代表大会制度的重要思想，坚持党的领导、人民当家作主、依法治国有机统一，紧紧围绕区第十四次党代会确定的目标任务，依法履行各项职责，充分发挥代表作用，深入践行全过程人民民主，努力在推动"四个机关"建设上走前列，努力创造新时代广丰人大"第一等的工作"，为广丰全力打造全市领先、全省一流的现代化强区实现新的更大作为，以优异成绩迎接党的二十大胜利召开。会议号召，各位代表要更加紧密地团结在以习近平同志为核心的党中央周围，高举习近平新时代中国特色社会主义思想伟大旗帜，在中共上饶市广丰区委领导下，坚定初心使命，砥砺奋进前行，为广丰建设高质量小康社会、开启全面建设社会主义现代化国家新征程而努力奋斗！

【关于上饶市广丰区人民法院工作报告的决议】 2022年2月19日，上饶市广丰区第十七届人民代表大会第二次会议听取和审议区人民法院院长雷瑞甫所作的《上饶市广丰区人民法院工作报告》。会议充分肯定区人民法院过去一年的工作，同意报告提出的2022年工作安排，决定批准这个报告。会议要求，区人民法院要坚持以习近平新时代中国特色社会主义思想为指导，全面贯彻落实党的十九大、十九届历次全会精神和习近平法治思想，始终坚持党对法院工作的绝对领导，全力践行"作示范、勇争先"的目标要求，以走稳前列的实干笃行、争做标杆的拼搏奋进，奋力推动法院工作高质量发展，全力维护社会经济发展和大局稳定，为广丰全力打造全市领先、全省一流的现代化强区提供有力的司法保障，以实际行动迎接党的二十大胜利召开！

【关于上饶市广丰区人民检察院工作报告的决议】
2022年2月19日，上饶市广丰区第十七届人民代表大会第二次会议听取和审议区人民检察院检察长严毅所作的《上饶市广丰区人民检察院工作报告》。会议充分肯定区人民检察院过去一年的工作，同意报告提出的2022年工作安排，决定批准这个报告。会议要求，区人民检察院要坚持以习近平新时代中国特色社会主义思想为指导，深入贯彻习近平法治思想和党的十九大和十九届历次全会精神，全面落实《中共中央关于加强新时代检察机关法律监督工作的意见》，紧紧围绕全区中心大局，抓住检察工作"质量建设年"的契机，聚焦高质量发展，以强作风、重落实、提效能为导向，推动检察政治建设、履职能力水平整体提升，进一步做到做实战略前瞻、理念先进、办案精细、素能过硬、基础坚实、管理科学，为广丰全力打造全市领先、全省一流的现代化强区提供有力的司法服务和保障，以实际行动迎接党的二十大胜利召开！

【关于广丰区2021年国民经济和社会发展计划执行情况与2022年国民经济和社会发展计划的决议】 2022年2月19日，上饶市广丰区第十七届人民代表大会第二次会议审查了区人民政府向大会提交的《关于上饶市广丰区2021年国民经济和社会发展计划执行情况与2022年国民经济和社会发展计划草案的报告》及2022年国民经济和社会发展计划（草案）。会议同意上饶市广丰区人民代表大会财政经济委员会的审查结果报告，决定批准《关于上饶市广丰区2021年国民经济和社会发展计划执行情况与2022年国民经济和社会发展计划草案的报告》，批准2022年国民经济和社会发展计划。

【关于上饶市广丰区2021年财政预算执行情况和2022年预算的决议】 2022年2月19日，上饶市广丰区第十七届人民代表大会第二次会议审查了区人民政府向大会提交的《关于上饶市广丰区2021年财政预算执行情况和2022年预算草案的报告》及2022年预算草案。会议同意上饶市广丰区人民代表大会财政经济委员会的审查结果报告，决定批准《关于上饶市广丰区2021年财政预算执行情况及2022年预算草案的报告》，批准2022年区级财政预算和区直73个部门预算。

【关于上饶市广丰区生态文明建设和生态环境状况的决议】 2022年2月19日，上饶市广丰区第十七届人民代表大会第二次会议听取和审议区人民政府向大会提交的《关于上饶市广丰区生态文明建设和生态环境状况的报告》。会议认为，一年来，全区上下深入贯彻习近平生态文明思想，认真落实习近平总书记视察江西重要讲话精神，深化国家生态文明试验区建设，狠抓长江经济带"共抓大保护"，坚决打好污染防治攻坚战，启动碳达峰碳中和行动，生态文明理念持续深化，生态文明制度取得战略性成果；生态环境质量在高水平基础上持续改善，绿色发展水平持续提升，环境风险得到有效控制，生态安全得到有效保障；绿色动能更强、产业结构更优、经济与生态协调发展，广丰生态文明区建设取得新的显著成绩。会议同意报告提出的2022年工作目标，决定批准这个报告。会议要求，全区上下要以习近平新时代中国特色社会主义思想为指导，深入贯彻习近平总书记视察江西重要讲话精神，深入打好污染防治攻坚战，纵深推进国家生态文明试验区建设，加快推动绿色低碳发展，持续改善生态环境质量，做好治山理水、显山露水文章，加快构建具有广丰特色、系统完整的生态文明体系，以更高标准推进生态文明领域治理体系和治理能力现代化，争当"生态文明标兵、绿色崛起先锋"，奋力打造全市领先、全省一流的现代化强区。

选举和任免

【选举情况】 代表选举：2022年2月10日，区十七届人大常委会第四次会议根据代表资格审查委员会的报告，确认占王剑（丰溪街道小康城选区）、杨利华（大石街道水阁选区）、周冰飞（洋口镇壶山选区）、刘华波（霞峰镇坑东村、大洋村选区）、俞江良（五都镇双桥、红旗林场选区）、吴连强（五都镇五都居选区）、管仕华（东阳乡田青铺、舵阳、清淤选区）等7人代表资格有效。

代表辞职：2022年2月10日，区十七届人大常委会第四次会议，接受陈光辉（霞峰镇大尖山、下坊含机关选区）辞去区十七届人大代表职务；2022年6月22日，区十七届人大常委会第六次会议，接受叶宁（排山镇卅八都村、墩头村选区）辞去区十七届人大代表职务。

【区人大常委会任免干部情况】 2022年2月10日，区十七届人大常委会第四次会议任命9人：任命周冰飞为区人大常委会教育科学文化卫生工作委员会主任、任命苏慧为区人大常委会城乡建设和环境资源工作委员会副主任、任命李建标为区人大常委会农业和农村工作委员会副主任、任命祝建正为区城市管理局局长、任命肖建军为区监察委员会委员、任命余芳芳为区人民法院审判员、任命赖燏为区人民法院审判员、任命吴义良为区人民法院审判员、任命刘霞为区人民检察院检察员。

2022年4月25日，区十七届人大常委会第五次会议，任命潘黎军等40人为区人民陪审员。

2022年8月26日，区十七届人大常委会第七次会议任命11人：任命饶敏云为区人大常委会办公室主任、任命周华武为区人大常委会预算审查委员会主任、任命童毛生为区司法局局长、任命余朝辉为区水利局局长、任命徐小平为区统计局局长、任命王传师为区医疗保障局局长、任命韩剑峰为区人民法院洋口法庭庭长、任命周鸿敏为区人民法院大南法庭庭长、任命余招树为区人民法院八都法庭庭长、任命余芳芳为区人民法院排山法庭庭长、任命余景怡为区人民法院审判员。

2022年10月26日，区十七届人大常委会第八次会议任命7人：任命饶敏为区人民政府区长，任命祝文君为区监察委员会副主任，任命韩诗强为区人民法院刑事审判庭庭长、审判委员会委员，任命周剑峰为人民法院行政审判庭庭长，任命李琴为区法院审判委员会委员，任命赖燸为区人民法院刑事审判庭副庭长，任命吴义良为区人民法院洋口人民法庭副庭长。

2022年10月26日，区十七届人大常委会第八次会议免职9人：免去邓颖翔的区人民政府副区长职务，免去周华武的区监察委员会副主任职务，免去王韬的区监察委员会委员职务，免去罗杰的民事审判一庭庭长、审判委员会委员职务，免去郑师炎的区人民法院行政审判庭庭长、审判委员会主任职务，免去俞文清区人民法院民事审判二庭庭长、审判委员会委员职务，免去周剑峰的区人民法院刑事审判庭庭长职务，免去李琴的区人民法院民事审判一庭副庭长职务，免去王世真的区人民法院审判委员会委员职务。

2022年2月10日，区十七届人大常委会第四次会议免职2人：免去周冰飞的人大常委会城乡建设和环境资源工作委员会副主任职务、免去刘金林的区城市管理局局长职务。

2022年8月26日，区十七届人大常委会第七次会议免职9人：免去余玉辉的区人大常委会办公室主任职务、免去饶敏云的区人大常委会预算审查工作委员会主任职务、免去余朝辉的区统计局局长职务、免去陈国健的水利局局长职务、免去汪小青的司法局局长职务、免去周永红的区医疗保障局局长职务、免去韩剑峰的区人民法院大南法庭庭长职务、免去韩诗强的区人民法院八都法庭庭长职务、免去程行旺的区人民法院排山法庭庭长职务。

2022年10月26日，区十七届人大常委会第八次会议免去邓颖翔的区人民政府副区长职务。

2022年10月26日，区十七届人大常委会第八次会议免职8人：免去周华武的区监察委员会副主任职务，免去王韬的区监察委员会委员职务，免去罗杰的民事审判一庭庭长、审判委员会委员职务，免去郑师炎的区人民法院行政审判庭庭长、审判委员会主任职务，免去俞文清区人民法院民事审判二庭庭长、审判委员会委员职务，免去周剑峰的区人民法院刑事审判庭庭长职务，免去李琴的区人民法院民事审判一庭副庭长职务，免去王世真的区人民法院审判委员会委员职务。

代表工作

2022年，区人大常委会把尊重代表主体地位、充分发挥代表作用、保障代表依法履职，作为推动实现全过程人民民主，保障人民当家作主的主要抓手。

一是在提高代表联络工作站质效上下功夫。广丰区人大常委会深入贯彻落实习近平总书记关于坚持和完善人民代表大会制度的重要思想和中央人大工作会议精神，围绕"为民、务实、高效"的目标，聚焦"标准高不高、运行好不好、成效优不优"三大问题，全力推进平台建设守正创新、提质增效。2022年度，全区各级人大代表进站2646人次，接待选民2803人次，收集意见建议907条，推动解决问题737个，代表与群众联系更加紧密，民意反映渠道更加顺畅，让群众真切感受到"人大离得很近，代表就在身边"。

二是在丰富"双联"内容上下功夫。把以人民为中心的发展思想落实到实际工作之中，进一步丰富"双联"内容。2022年度，70名区人大代表参加百名代表委员视察区重点项目工作，10名市、区人大代表参加市人大营商环境交叉暗访检查工作，10名区人大代表被区人民检察院聘任为听证员库成员，5名代表参加民生实事项目票决制工作领导小组会议。

三是在提高代表建议办理质量上下功夫。按照"突出重点、注重实效"原则，规范完善办理机制，强化跟踪督办，推进代表建议办理工作。区十七届人大二次会议代表建议140件，其中重点督办建议11件。经过区政府办和各承办单位的努力、区人大常委会各专工委的督办，在规定时间内全部办理完毕，办复率为100%。

（供稿人：吴国溪）

上饶市广丰区人民政府

综 述

2022年,在市委、市政府和区委的坚强领导下,广丰区坚持以习近平新时代中国特色社会主义思想为指导,持续深入学习贯彻习近平总书记视察江西重要讲话和重要指示批示精神,完整准确全面贯彻新发展理念,统筹安全与发展,坚定信心,铆足干劲,团结带领全区干部,进一步推动广丰高质量发展行稳致远。全年完成地区生产总值629.02亿元,升至全省第9,增长5.7%,位列全省第5;一般公共预算收入31.73亿元,增长5.7%;规上工业增加值增长9.5%,位列全省第7;固定资产投资增长9%;社会消费品零售总额159.25亿元,增长6.1%。在2022年度全市经济社会和党的建设巡查中荣获县(市、区)第一,综合实力连续25年保持全省第一方阵、全市第一的位置。

一、经济提升。出台稳经济"42条",大力推行"即申即享""免申即享""直达快享",全年为企业减负19.87亿元。健全"千名干部入千企"、供应链专班、"映山红行动""开拓市场万里行"等机制,新增市场主体9507户、总数达5.68万户,促成企业达成销售订单210亿元。争取上级各类资金36.56亿元,5个省重点项目、46个省大中型项目、86个市重点项目建设进度位居省市前列。总投资10亿元、占地3.6万平方米的"广丰里"夜经济项目炫目登场,月兔商圈精彩亮相,大力开展"夜YOU广丰"系列活动,发放各类消费券超2000万元。

二、产业发展。持续开展项目招引培育,全年引进工业项目103个,其中,5020项目11个,百亿项目2个。新增规上工业企业30家,位列全市第一。完成重点企业技改20家,新增产值200亿元以上。黑滑石产业按精深加工方向持续推进,投资百亿元的泰珂黑滑石粉体新材料项目已开工建设即将试生产。建成标准厂房227万平方米,进驻企业85家。完成规上工业主营业务收入833亿元,增长15.7%。2021年度3000亩高标准农田建设顺利通过省级验收并获评省级三等奖,粮食种植面积达53.03万亩,总产3.61亿斤。马家柚成为全省首个进驻盒马鲜生的农产品,综合产值超20亿元。获评部省共建江西绿色有机农产品基地试点省"个十百千万"行动县级先行标杆。成功引进总投资36亿元的大唐时光文旅项目,创评七星下庄坑等4个省3A级乡村旅游点,承办全省首届文博会。引进数字经济项目133个,位列全市第一。金融业稳健运行。年末存、贷款余额分别达460.1亿元、364.8亿元,分别增长16%、14.2%。

三、城乡面貌。融入中心城区步伐加快,稼轩东大道、上浦高速加速推进,上饶至广丰城际公交开通运行。建成口袋公园19个、城市驿站7个、停车场10个,完成老旧小区改造7个,道路"白改黑"7条。城北新区加速打造,城北片区(二期)征迁工作全面完成,北湖公园、竹航山公园建成开园,尚绿酒店竣工营业,"四纵四横"、鱼丘安置区等项目全速推进。投入3.2亿元,实施15大类301个创文项目,全力创建全国文明城市。持续推进乡村建设1:2筹资,累计撬动资金7.58亿元,高标准实施了1164个乡村点建设。扎实推进18个美丽集镇建设,基本完成三年攻坚"扫一遍"目标。完成农村公路改造106.5公里,危桥改造5座,户厕改造5013个,农村无害化卫生户厕普及率达95.12%。全速推进建制镇污水处理厂建设,11个污水处理厂建成投用,完成85.3公里污水管网建设。持续推进火木公司矿区生态修复和33个持证矿山生态治理,成功创建2家绿色矿山。完成人工造林0.52万亩、封山育林1万亩、退化林修复2.5万亩、森林"四化"建设300亩。全年PM2.5浓度为24.7微克/立方米,全区河流断面水质达标率均为100%。

四、改革攻坚。纵深推进"放管服"改革,各类申请材料减少25%,办事环节压减42%,审批时间压减76%,开办企业全流程缩短至1个工作日以内。获评2021年度江西省全面深化改革工作先进县(市、区)。R&D经费支出占GDP比重较上年大幅增长30%。新增高新技术企业26家,科技型中小企业、"专精特新"企业分别达103家、30家。上饶高新区科技企业孵化园获评国家级科技企业孵化器,为全省唯一入选,填补全市"零的空白"。上榜2022年全国投资潜力百强区第18位，被列入全省首批营商环境创新试点城市。

五、民生福祉。坚持民生导向，全年民生投入达62.43亿元。全面完成20件民生实事，办成微小事1034件。强力攻坚民生"七个位"，新增就业岗位1.7万个、托幼园位1620个、上学座位9750个、医疗床位818个、养老点位24个、停车车位491个、如厕厕位346个。完成6所农村寄宿制学校改造，13所乡镇卫生院完成改造提升。新建社区居家养老服务中心42个、"党建+康养之家"134家，覆盖率分别达100%、80.2%。深入推进市域社会治理现代化建设试点，圆满完成党的二十大期间安保维稳任务。扎实做好打击电诈、信访维稳等工作，全区安全生产形势总体稳定。获评全省消防工作先进县（市、区）、全省平安校园建设优秀县（市、区）。

重要会议

【十七届区人民政府第7次常务会】 2022年1月26日，龚振宙区长主持召开。传达学习习近平总书记在中共中央政治局党史学习教育专题民主生活会上的重要讲话精神，传达学习习近平总书记在全国政协新年茶话会上的重要讲话精神，传达学习习近平总书记在中共中央政治局常务委员会上的重要讲话精神，传达学习习近平总书记在省部级主要领导干部学习贯彻党的十九届六中全会精神专题研讨班开班式上的重要讲话精神，传达学习习近平总书记在十九届中央纪委六次全会上的重要讲话精神，传达学习习近平总书记在2022年世界经济论坛视频会议上的重要讲话精神，传达学习省、市"两会"会议精神，传达学习省委书记易炼红《高质量打造构建新发展格局的重要战略支点》，传达学习市长邱向军在市政府全体会议上的讲话《以赶考的姿态奋进 以奔跑的状态跨越》，传达学习新修订《审计法》并研究我区贯彻落实意见，传达学习全市涉粮问题专项巡察监督检查集中反馈暨整改部署推进视频会精神并研究我区贯彻落实意见，审议《上饶市广丰区贯彻落实中央生态环境保护督察报告整改方案》，审议《广丰区关于建立城市体检评估机制推进城市高质量发展实施方案》，审议《关于切实加强岁末年初安全防范工作的报告》，审议《上饶市广丰区2022年农村生活垃圾分类工作实施方案》。

【十七届区人民政府第8次常务会】 2022年2月15日，龚振宙区长主持召开。传达学习习近平总书记在山西看望慰问基层干部群众时的重要讲话精神，传达学习习近平总书记在2022年春节团拜会上的重要讲话精神，传达学习省委书记易炼红在鄱阳走访慰问时的讲话精神，传达学习省委办、省政府办印发《关于进一步明确我省事业单位"双创"政策适用人员范围的通知》精神，传达学习市委办、市政府办《关于弋阳县未严格执行重大事项请示报告制度情况的通报》，传达学习全市领导干部学习贯彻党的十九届六中全会精神专题研讨班暨"思想再解放、作风再提升、开放再出发"活动精神，传达学习全国卫生健康工作会议精神并研究我区贯彻落实意见，传达学习省委办、省政府办印发《关于进一步推进文化强省建设的若干措施》的通知精神并研究我区贯彻落实意见，传达学习全省深化发展和改革双"一号工程"推进大会会议精神并研究我区贯彻落实意见，传达学习上饶市建设区域性消费中心城市座谈会议精神并研究我区贯彻落实意见，审议《上饶市广丰区涉粮国有企业清产核资工作实施方案》，审议《关于文物保护方案编制采购预算控制价确定事宜》，审议《拟推荐表彰全区2021年度高质量考核先进集体名单》，审议《关于2022年医保意外伤害经办事宜的相关请示》。

【十七届区人民政府第9次常务会】 2022年2月25日，龚振宙区长主持召开。传达学习习近平总书记重要文章《坚持走中国特色社会主义法治道路 更好推进中国特色社会主义法治体系建设》，传达学习省委书记易炼红来饶调研时的讲话精神及市委常委会（扩大）会议上学习贯彻落实精神，传达学习2022年江西省文化强省建设推进大会系列活动专题部署会议精神并研究我区贯彻落实意见，传达学习全省统计工作会议精神并研究我区贯彻落实意见，传达学习全省人力资源和社会保障工作会议精神并研究我区贯彻落实意见，审议《2022年就业专项资金预算报告》，审议《关于加强政务服务中心窗口工作人员管理的意见》《关于规范涉企涉审中介服务的工作方案》，审议《关于广丰区东街明珠二期（东街棚改）项目变配电工程事宜》，审议《TCL高盛达（二期）线路板生产项目投资合作事宜》，审议《广丰区关于进一步加强行政、民事应诉工作的实施意见》，审议《关于建设园林式五星级酒店有关前期工作的情况汇报》。

【十七届区人民政府第10次常务会】 2022年3月19日，龚振宙区长主持召开。传达学习习近平总书记在中共中央政治局第三十七次集体学习上的重要讲话精神，传达学习习近平总书记在中央党校（国家行政学院）中青年干部培训班开班式上的重要讲话精神，传达学习习近平总书记在全国两会期间的重要讲话精神以及栗战书委员长参加江西代表团审议时的讲话精神，传达学习省委书记易炼红在省委教育工作领导小组2022年第一次全体会议上的讲话，传达学习叶建春省长在全面建设创新江西专项工作组会议上的讲话，传达学习市委书记陈云在督导调研重大项目推进情况及安全生产工作时的讲话精神、市长邱向军在广丰调研时的讲话精神，传达学习第三十五次全国"扫黄打非"工作电视电话会议精神并研究我区贯彻落实意见，传达学习副省长罗小云同志在2022年江西省科协第八届委员会全体会议暨江西省全民科学素质工作培训班上的讲话精神并研究我区贯彻落实意见，传达学习省政府办公厅转发《国务院办公厅关于印发全国政府系统值班工作规范（试行）的通知》，传达学习省、市生态环境保护工作会议精神并研究我区贯彻落实意见，审议《广丰区乡镇（街道）综合便民服务中心标准化规范化便利化建设方案》，审议《广丰区数字经济及其核心产业发展扶持办法》《2022年广丰区数字产业项目招商及数字产业指标任务分解表》，审议《关于申请拨付吴村镇萍塘矿区支出费用及产生利息的请示》，审议《关于开展区重点项目"红旗奖""蜗牛奖"评定工作的通知》，审议《关于2021年度金融机构促进区域经济增长考核情况的报告》，审议《关于加强区属国有企业阳光采购管理的实施办法（试行）》，审议《关于促进广丰区建筑业高质量发展的若干建议》，审议《关于做好全区村级组织活动场所（综合服务平台）新建和维修改造工作的有关事宜》。

【十七届区人民政府第11次常务会】 2022年4月3日，龚振宙区长主持召开。传达学习习近平总书记在中央人大工作会议的重要讲话精神，传达学习省委副书记吴忠琼同志在饶调研时的讲话精神，传达学习省普法教育工作领导小组关于印发张鸿星同志在第十四次全省法治宣传教育工作会议上的讲话的通知，传达学习省委办、省政府办关于印发《江西省农村宅基地制度改革试点和规范管理行动方案（2022—2024年）》的通知精神，传达学习省委、省政府《关于推进农业农村高质量发展奋力打造新时代乡村振兴样板之地的意见》精神，传达学习省政府办公厅关于进一步做好精文简会整治形式主义为基层减负工作的通知，审议《上饶市广丰区"十四五"应急体系规划》，审议《广丰区金财机械租赁有限公司股权内部转让事项》，审议《关于进一步加强和规范征地管理工作的意见》，审议《广丰区城区征迁常见林木补偿标准指导意见》，审议《关于表扬全区关心下一代工作先进集体和先进个人的通报》，听取广丰区义务教育工作、少先队工作情况汇报，听取关于设立中国国际贸易促进委员会江西省上饶市广丰区委员会的报告。

【十七届区人民政府第12次常务会】 2022年4月23日，龚振宙区长主持召开。传达学习习近平总书记在参加首都义务植树活动时的重要讲话精神，传达学习习近平总书记在北京冬奥会冬残奥会总结表彰大会上的重要讲话精神，传达学习习近平总书记在《求是》杂志发表的重要文章《坚持把解决好"三农"问题作为全党工作重中之重，举全党全社会之力推动乡村振兴》，传达学习李克强总理主持召开经济形势部分地方政府主要负责人座谈会时的重要讲话精神，传达学习李克强总理在江西考察调研时的重要讲话要求，传达学习中共中央关于加强对"一把手"和领导班子监督的意见，传达学习省委办公厅重要信息《江西应该向粤港澳大湾区学什么——赣州市首批派往大湾区挂职的27名干部感悟及建议》，传达学习国家、省乡村振兴局加强衔接资金使用管理工作视频会议精神并研究我区贯彻落实意见，传达学习全省推进政府融资平台优化升级工作推进会议精神并研究我区贯彻落实意见，审议《关于政府融资平台优化升级的工作方案》，审议《关于调整赋予乡镇（街道）审批服务执法权限的指导目录》，审议《关于加强地方政府专项债券管理使用工作的实施意见》，审议《关于做好身患重疾在职干部关心关爱工作的通知》，审议《关于与江西江汇地质工程勘察院共同开发玄武岩、铜矿等矿产资源的请示》，审议《上饶市广丰区持续深化工程建设项目策划生成"一把抓"工作实施方案》，审议《上饶市广丰区关于有效应对疫情帮助中小企业纾困解难若干政策的实施细则》，审议《上饶市广丰区农村人居环境整治"五拆五清"百日攻坚行动实施方案》。

【十七届区人民政府第13次常务会】 2022年5月17日，龚振宙区长主持召开。传达学习习近平总书记在博鳌亚洲论坛2022年年会开幕式上发表的主旨演讲精神，传达学习习近平总书记在中国人民大学考察时的重要讲话精神，传达学习4月29日中共中央政治局会议精神，传达学习习近平总书记在庆祝中国共青团成立100周年大会上的重要讲话，传达学习2021年度全省综合考核总结暨积极践行"孺子牛、拓荒牛、老黄牛"精神干部表扬通报会议精神，传达学习全市"防疫情、稳经济、保安全"工作电视电话会议精神，传达学习《中华人民共和国反有组织犯罪法》并研究我区贯彻落实意见，传达省纪委关于我省10起违反中央八项规定精神典型问题的通报、区纪委关于我区3起党员干部酒驾醉驾典型问题的通报，传达学习全省地方金融风险防控工作部署会精神并研究我区贯彻落实意见，传达学习中共中央办公厅 国务院办公厅印发《关于推进以县城为重要载体的城镇化建设的意见》，审议《关于王洋（鱼丘）安置区110KV航马线铁塔迁改有关事宜的报告》，审议《区委、区政府领导同志督导督查安全生产工作方案》，审议《关于区妇幼保健院资产移交事项的报告》，审议《关于开展"夜YOU广丰"夜经济文旅商贸促消费系列活动的报告》，审议《关于进一步加强生态环境保护深入打好污染防治攻坚战的实施意见》，审议《关于广丰区工业用地差别化管理的实施意见（试行）的报告》，听取广丰区疫情防控物资紧急采购情况汇报。

【十七届区人民政府第14次常务会】 2022年6月17日，龚振宙区长主持召开。传达学习习近平总书记在庆祝中国国际贸易促进委员会建会70周年大会暨全球贸易投资促进峰会上发表的视频致辞，传达学习习近平总书记在《求是》杂志发表的重要文章《努力建设人与自然和谐共生的现代化》，传达学习李克强总理在国务院第五次廉政工作会议上的讲话精神，传达学习5月23日国务院常务会议精神，传达学习习近平总书记在中共中央政治局第三十九次集体学习时的重要讲话精神并研究我区贯彻落实意见，传达学习国务院关于印发扎实稳住经济一揽子政策措施的通知，传达学习省政府办公厅关于推进市场主体信用风险分类管理的实施意见并研究我区贯彻落实意见，传达学习市委办、市政府办印发关于进一步强化安全生产责任落实、坚决防范遏制重特大事故的实施方案的通知并研究我区贯彻落实意见，审议《上饶市广丰区政府性投资建设项目审计办法》，审议《关于区看守所、拘留所、武警训练基地建设项目配电新建工程有关事宜的报告》，审议《关于新增设立芦林街道黄尖山村和桐畈镇龙华山村有关事项的审核意见》，审议《关于推进全区社会工作人才队伍与新设立乡镇（街道）社会工作服务站建设增强基层民政服务能力的实施方案》，审议《2022年度广丰区综合考核指标责任清单》《2022年度上饶高新区综合考核指标责任清单》，审议《关于"夜YOU广丰"文旅商贸促消费系列活动电子消费券发放工作方案》，审议《关于桂广公司泰珂项目地块原顺生实业地面构筑物残值处置事宜的报告》，审议《关于霞峰电子信息产业园10KV-5#/6#线工程事宜的报告》，审议《关于请求对广丰区商城设施改造项目实施应急改造的报告》，审议《关于加强广丰区地方畜禽遗传资源保护与利用的实施方案》，审议《关于老城区商业功能更新项目有关事宜的报告》。

【十七届区人民政府第15次常务会】 2022年7月27日，龚振宙区长主持召开。传达学习习近平总书记在企业家座谈会上的重要讲话精神；传达学习省委主要领导同志来饶调研时的讲话精神；传达学习《中华人民共和国突发事件应对法》并研究我区贯彻落实意见；传达学习李克强总理重要批示精神，全国、全省、全市安全生产电视电话会议和全省公共领域安全防范工作推进视频会议精神并研究我区贯彻落实意见；传达学习省委、省政府关于推进全省水利高质量发展的意见精神；传达学习全省、全市统计造假不收手不收敛问题专项纠治工作动员部署会会议精神并研究我区贯彻落实意见；审议《关于设立自建房安全专项整治有奖举报公告的报告》；审议《上饶市广丰区关于推进装配式建筑发展实施意见》；审议《上饶市广丰区五都镇杉溪矮坞砖用页岩矿采矿权出让方案》；审议《关于开展上饶市建筑石料用玄武岩矿调查评价项目的报告》；审议《关于进一步强化安全生产责任落实坚决防范遏制生产安全事故的实施方案》；审议《上饶市广丰区安全生产委员会工作规则》；审议《上饶市广丰区安全生产举报奖励办法》；审议《关于开展财政可持续发展科研项目的报告》。

【十七届区人民政府第16次常务会】 2022年8月17日，龚振宙区长主持召开。传达学习习近平总书记在十九届中共中央政治局第四十一次集体学习上的重要讲话精神，传达学习党中央、国务院，省委、省政府和市委、市政府领导有关困难群众救助补助资金审计发现问题专项治理工作批示精神并研究我区贯彻落实意见，传达学习全省林下经济高质量发展动员部署暨油茶竹产业发展现场推进会议精神并研究我区贯彻落实意见，传达学习2022年全省粮食收购工作电视电话会议主要精神并研究我区贯彻落实意见，传达省纪委关于6起营商环境领域腐败和作风典型问题的通报，传达学习了全省营商环境优化升级"一号改革工程"工作推进会和全市优化营商环境、重大项目建设、防火安全重点工作会议精神并研究我区贯彻落实意见，审议《上饶市广丰区标准厂房管理细则》，审议《上饶市广丰区党政机关商务接待细则》，审议《上饶市广丰区招商小分队管理办法》，审议《关于续租广丰电子商务生态产业园原租用场地的情况报告》，审议《上饶市广丰区2022年法治政府建设工作要点》，审议《广丰区突发环境事件应急预案》，审议《广丰区深入打好污染防治攻坚战八大标志性战役30个专项行动工作方案》《广丰区系统推进生态环境整治工作方案》，审议《关于广丰区遏制高价彩礼推动婚嫁移风易俗的实施方案》。

【十七届区人民政府第17次常务会】 2022年9月17日，龚振宙区长主持召开。传达学习习近平总书记在辽宁考察时的重要讲话精神；传达学习中央全面深化改革委员会第二十七次会议精神；传达全省党史部门负责人会议、全省地方志机构负责人会议、全市史志部门负责人会议精神并研究我区贯彻落实意见；传达学习全省、全市抗旱救灾会商调度会议精神并研究我区贯彻落实意见；传达学习全市农村宅基地制度改革试点和规范管理工作现场推进会会议精神并研究我区工作方案；传达学习全市数字经济"一号发展工程"会议精神，通报1—7月全区数字经济工作市级考评指标情况并研究我区贯彻落实意见；审议《关于2022年度工业企业申请技改扶持奖励资金相关事宜的请示》；审议《广丰区"十四五"交通运输发展规划》；审议《上饶市广丰区全民科学素质行动规划纲要实施方案（2021—2025年）》；审议《广丰区妇女发展规划（2021—2030年）》《广丰区儿童发展规划（2021—2030年）》；审议《关于印发广丰区城镇燃气安全排查整治工作实施方案的通知》；审议《关于印发广丰区防盗窗（网）消防安全专项整治工作实施方案的通知》；审议《关于完整准确全面贯彻新发展理念做好碳达峰碳中和工作的实施意见》；审议《关于开展2021年度公务员考核奖励的工作方案》；审议《关于开展综合管理类职级公务员享受相应职务层次交通补贴的工作方案》；审议《上饶市广丰区2022年农村"厕所革命"工作实施方案》。

【十七届区人民政府第18次常务会】　2022年10月7日，龚振宙区长主持召开。传达学习9月9日中共中央政治局会议精神，传达学习省委办、省政府办全面推进省直机关和事业单位经营性国有资产脱钩移交集中统一监管实施方案精神并研究我区贯彻实施方案，传达学习习近平总书记关于国家粮食安全的重要讲话和重要指示批示精神并研究我区贯彻落实意见，传达学习全省乡村建设行动现场推进会精神并研究我区贯彻落实意见，传达学习江西省人民政府办公厅关于印发江西省规范招商引资优惠政策强化依法履约实施办法的通知并研究我区贯彻落实意见，传达学习省生态环境保护委员会视频会议暨"百日攻坚"行动部署启动会议精神并研究我区贯彻落实意见，传达学习全省抓项目扩投资暨四大攻坚行动推进会议、全市推进重大项目扩大有效投资推进会议精神并研究我区贯彻落实意见，审议《关于紧急采购疫情物资的汇报》，审议《关于建立乡镇（街道）粮食应急供应网点的方案》，审议《关于将全区现有敬老院（福利院）院长、会计纳入公益一类事业编制社保系统待遇的报告》，审议《关于加强风险防范完善产业基金投资决策管理工作的建议》，审议《关于广丰区铜钹山镇岭底村曹坑地块房屋改建成康养度假酒店综合体的报告》，审议《关于区职业技术学校与区职业高级中学合作办学收益的评估及比例的汇报》，审议《关于中升乙源公司加装电梯项目遗留问题处置事宜的报告》，审议《广丰区打造特色生态产品区域公用品牌的实施方案》。

【十七届区人民政府第19次常务会】　2022年10月23日，龚振宙区长主持召开。传达学习党的二十大报告精神，传达学习习近平总书记在《求是》杂志上发表的重要文章《坚持人民至上》，传达学习《省委办、省政府办印发〈关于推动建筑业高质量发展冲刺总产值过万亿元百日行动方案〉的通知》精神并研究我区贯彻落实意见，传达学习全省国土绿化、森林防火、松材线虫病防控、湿地候鸟保护工作电视电话会议精神并研究我区贯彻落实意见，传达学习《江西省人民政府办公厅关于印发〈江西省网上中介服务超市管理办法〉的通知》精神以及我区贯彻落实意见，传达学习全市金融工作会议精神并研究我区贯彻落实意见，传达学习省、市冬种工作会议精神并研究我区贯彻落实意见，审议《2023年重点项目表》《2023年重点民生实事表》，审议《关于政府投资建设项目工程变更情况的报告》，审议《健康广丰行动实施方案》，审议《关于2022年度事业单位公开招聘及政策性安置工作人员的聘用名单》，审议《关于请求编制上饶市广丰区总体城市设计的报告》，审议《关于修订〈广丰区人民防空方案〉、修编〈广丰区人防建设专项规划〉和编制〈广丰区城北片区详细规划人民防空设施配置〉的请示》，审议《广丰区关于推动食品安全"两个责任"落实落细的实施方案》，审议《关于马家柚研究中心与阿里巴巴数字乡村事业部合作共建品牌宣传的报告》。

【十七届区人民政府第20次常务会】　2022年11月17日，龚振宙区长主持召开。传达学习习近平总书记在陕西、河南考察时的重要讲话精神，传达学习习近平总书记瞻仰延安革命纪念地时的重要讲话精神，传达学习李克强总理在第十次全国深化"放管服"改革电视电话会议精神并研究我区贯彻落实意见，传达学习省、市前三季度经济运行分析会暨"决战四季度、夺取全年胜"动员会会议精神并研究我区贯彻落实意见，传达学习《中华人民共和国行政处罚法》，传达学习《关于进一步优化新冠肺炎疫情防控措施　科学精准做好防控工作的通知》精神，传达学习全市医改工作暨健康上饶行动电视电话会议精神并研究我区贯彻落实意见，传达学习省政府办印发《关于进一步夯实统计基层基础全面提升统计能力和水平若干措施的通知》并研究我区贯彻落实意见，传达学习加快做好县（市、区）政府融资平台优化升级实施方案编制和复核的工作方案并研究我区贯彻落实意见，传达市纪委市监委《关于上饶经开区城管局公车私用、"私车公养"、利用公务加油卡套现典型案例的通报》，审议《上饶市广丰区大覆船山矿区建筑用安山岩矿采矿权出让方案》，审议《广丰区推进共青团基层组织改革工作实施方案》，审议《上饶市广丰区2022—2023年度松材线虫病防控工作实施方案》，审议《广丰农垦精品马家柚统购统销方案》，审议《关于上饶高新区标准厂房（七期）内部配电项目的实施建议》，审议《关于拨付招商引资项目装修及设备补贴的报告》，审议《2023年上饶市广丰区和美乡村建设方案》，审议《关于成立上饶市广丰区非煤矿山开发利用领导小组的报告》。

【十七届区人民政府第21次常务会】 2022年12月2日，龚振宙区长主持召开。传达学习习近平总书记对河南安阳市凯信达商贸有限公司火灾事故作出的重要指示精神、《关于汲取河南安阳"11·21"火灾事故教训开展全市消防安全大检查大整治的通知》并研究我区贯彻落实意见，传达学习习近平总书记向"杂交水稻援外与世界粮食安全"国际论坛发表书面致辞主要精神，传达学习习近平总书记关于文物保护和安全工作的重要论述和指示批示精神并研究我区贯彻落实意见，传达学习习近平总书记在二十届中共中央政治局第一次集体学习时的重要讲话精神，传达学习中共江西省委十五届三次全体（扩大）会议主要精神，传达学习《中华人民共和国政府信息公开条例》并研究我区贯彻落实意见，传达学习省委书记易炼红在上饶调研时的讲话精神、江西省委办公厅印发《关于进一步加大工作力度切实减轻基层负担的通知》，审议《二〇二三年招商引资工作方案》，审议《上饶市广丰区粮食应急预案》，审议《上饶市广丰区粮油加工企业社会责任储备管理办法》，审议《关于加快推进我区疫情防控应急能力建设的报告》，审议《关于紧急采购疫情防控物资的汇报》，审议《上饶市广丰区"一老一幼"阳光慈善专项基金暂行管理办法》，审议《上饶市广丰区督学补助考核管理办法》，审议《关于上饶市广丰区广信大道洋口段PPP项目（稼轩东大道二期）改线建设事项的报告》，审议《上饶市广丰区融资平台优化升级工作实施方案》。

【十七届区人民政府第22次常务会】 2022年12月25日，龚振宙区长主持召开。传达学习习近平总书记关于非物质文化遗产保护工作的重要指示精神并研究广丰区贯彻落实意见，传达学习12月6日中共中央政治局会议精神，传达学习《江西省消防安全委员会关于认真贯彻习近平总书记重要指示精神扎实开展冬春消防安全整治工作的通知》，省府办关于印发《进一步加强管水用水切实做好抗大旱抗久旱工作若干措施的通知》《上饶市安委会办公室关于切实抓好降温、大风等恶劣天气安全防范应对工作的紧急通知》并研究广丰区贯彻落实意见，传达学习全省松材线虫病防控暨造林绿化现场会精神并研究广丰区贯彻落实意见，传达学习中央经济工作会议精神，传达学习中央纪委国家监委公开通报十起违反中央八项规定精神典型问题、省纪委办《关于防止考核不正之风的工作提示》、市纪委监委《关于上饶市10起违规吃喝违规收送礼品礼金典型问题的通报》、省政协调研报告《纵深一体推进"三不腐"如何更有力有效 百名政协委员、界别群众访谈与思考》并研究广丰区贯彻落实方案，审议《关于大唐时光文旅项目范围内的高压线迁移相关事宜的报告》，审议《关于购买耕地占补平衡指标的请示》，审议《关于2022年度（第二批）工业企业申请技改扶持奖励资金相关事宜的请示》，审议《关于广丰区公益性墓地维护管理费的请示》，审议《关于2023年广丰区民生实事项目人大代表票决制工作报告》，审议《上饶市广丰区营商环境创新试点实施方案》，审议《上饶市广丰区碳达峰实施方案》，审议《广丰区教育事业发展"十四五"规划》，审议《广丰区统计基层基础规范化建设实施方案》，审议《上饶市广丰区强化产业链协同发展的工作意见》，审议《关于调整上饶高新区绩效工资基数的报告》。

重要文件

【印发《上饶市广丰区松材线虫病疫情防控五年攻坚行动实施方案》】 1月20日，区政府办公室印发《上饶市广丰区松材线虫病疫情防控五年攻坚行动实施方案》（广府办字〔2022〕18号）（以下简称《方案》），《方案》提出通过五年时间，实现控制一批、压缩一批、拔除一批，确保到2025年疫区数量控制在2020年水平以下，疫情发生面积和乡镇疫点数量实现双下降，从根本上扭转广丰区疫情扩散蔓延的态势。加大对疫木清理山场封山育林、补植补造、林分改造力度，确保全区森林覆盖率不下降，保障全区生态安全。《方案》还提出分乡镇（街道）目标。《方案》还就行动区划、行动内容、行动措施等作出具体规定。

【印发《上饶市广丰区工业主导产业招商引资优惠办法》】 2月10日，区政府办印发《上饶市广丰区工业主导产业招商引资优惠办法》（广府办字〔2022〕22号），共十章40条。

【印发《〈上饶市广丰区多层次医疗保障体系建设方案〉及做好"广福保"投保工作的通知》】 3月15日，区政府办公室印发《〈上饶市广丰区多层次医疗保障体系建设方案〉及做好"广福保"投保工作的通知》（广府办字〔2022〕34号），提出通过发挥政府指导作用，利用政企合作，社商共融发展模式，引导保险公司、第三方机构、本地居民、社会公益人士等多方共同参与，搭建广丰区多层次医疗保障体系，包括进一步做好基本医疗保险、引导商业保险公司开发普惠性医疗补充保险产品、开展慢病管理服务、设立罕见病专项投助资金，明确了"广福保"医疗商业补充保险项目具体方案。

【印发《上饶市广丰区农业招商引资优惠办法》】 4月1日，区政府办公室印发《上饶市广丰区农业招商引资优惠办法》（广府办字〔2022〕58号），共九章28条。

【印发《上饶市广丰区数字经济产业发展扶持办法（暂行）》】 6月20日，区政府办公室印发《上饶市广丰区数字经济产业发展扶持办法（暂行）》（广府办字〔2022〕69号），共六章21条。

【印发《广丰区全面推进"双随机、一公开、一集中"监管工作实施方案》】 8月1日，区政府办公室印发《广丰区全面推进"双随机、一公开、一集中"监管工作实施方案》（广府办字〔2022〕80号）（以下简称《实施方案》），《实施方案》提出：到2022年年底，形成市场监管领域"双随机、一公开、一集中"监管全覆盖的常态化新型监管工作机制。到2025年，形成监管机制更加科学合理、监管方式更加公开透明的现代市场监管体系，明确调整完善"两库一清单"等主要任务。

办理人大代表建议和政协委员提案

【办理人大代表建议情况】 区十七届人大二次会议期间，在区人大常委会的指导下，区人大代表认真贯彻落实习近平新时代中国特色社会主义思想，紧紧围绕"三个事关"，聚焦人民群众关注的重点问题，严格履行职责，积极建言献策，提出了许多切合实际、富有建设性和前瞻性的建议。这些建议，倾注了代表的心血和智慧，寄托着人民群众的关切与期盼。2022年，区政府系统承办的人大建议共140件。办理好这些建议，对于推动广丰区经济社会发展、推进政府科学民主决策和依法行政具有十分重要的作用。140件代表建议全部按期答复，答复率100%。从代表建议满意度测评结果来看，满意率为100%。其中，建议已经解决或基本解决的A类99件，占70.7%。建议所提问题列入计划逐步解决的B类34件，占办理总数的24.3%。建议所提问题暂难解决的C类7件，占办理总数的5%。

【办理政协委员提案情况】 区政协十三届二次会议期间，广大委员以高度的政治责任感和使命感，认真履行民主监督、参政议政职能，深入调查研究，积极建言献策，紧紧围绕"三个事关"，以及人民群众普遍关心的热点、难点问题，提出富有建设性和前瞻性的高质量提案。据统计，区政府系统承办的政协提案共135件。同时，区政府、区政协联合召开了提案交办会，上述135件提案分别转交51家单位具体承办。至2022年12月底，所有提案均已办复，从委员反馈意见看，提案人对办复结果满意和基本满意率较高。这些提案议题广泛、内容丰富、紧扣民生、针对性强，为推动广丰区经济社会高质量发展发挥了积极作用。其中委员所提提案已经解决或正在解决的A类84件，占提案总数的62.2%。委员所提提案列入规划逐步解决的B类39件，占提案总数的28.9%。委员所提提案因条件所限，一时难以解决的C类12件，占提案总数的8.9%。

区政府办工作

【概况】 2022年，区政府办公室加强与区委办、人大办、政协办之间的沟通协调，及时就四大班子的重大决策部署和需要协调事项进行协商沟通，增进团结和支持。主动参与疫情防控、"双创"棚户区改造等重难点工作，及时解决工作推进中遇到的困难和问题。认真组织保障全市经济社会发展巡查、省市人大代表巡查等各类大型会议和活动，确保重大活动及会议顺利举行。

【调查研究】 2022年，区政府办公室搜集整理全区经济社会发展情况，起草2022年政府工作报告以及区委经济工作会讲话等重要文稿。开展优化营商环境、城市建设、工业项目、基层人才等50余次调研，起草领导讲话、汇报材料、工作总结等各类文稿400余篇。严格按照《区政府办公室信息调研工作制度》坚持全员信息报送制度，及时报送广丰区贯彻落实上级重大决策部署和政策措施情况、经验做法和工作成效以及对策建议，全年上报每日要情1276条，报送约稿素材122条，上稿国办约稿42条，政务信息累计得分进入全市前列。积极向省"五型"办投稿，获省单篇采用刊发4篇，位列全省第一，成为2022年全省上稿"五型"政府专报最多的县（市、区）之一，《广丰区探索"工业上楼"集约化用地供给新模式》得到了省政府分管领导关注认可。

【办文办会】 2022年，区政府办公室审核印发区政府文件175件、区政府办公室文件197份、区政府常务会议纪要16次、抄告单801份。组织协调区政府党组会议14次，区政府常务会议16次，各类工作协调会

310多场次，保证区政府决策事项及政务工作的贯彻落实和正常开展。同时，加强对重点项目、重大活动的综合协调，协调办好2022年全省文化强省建设推进大会、全省农业发展大会及全区工业表彰大会，确保区政府各项决策部署落到实处、各项工作顺利推进。

【金融工作】 2022年，区政府办公室贯彻落实上级有关金融工作部署。助推企业上市，推动区内28家公司在省股交中心挂牌展示；金融信贷产品推陈出新，创新"两山银行"信贷模式，协助广丰区旅投集团以生态旅游资源并购向江西银行申请贷款，获得贷款3.48亿，成为"江西首例生态国有旅游资源并购贷"；推进融资平台优化升级工作，出台了《政府融资平台优化升级的工作方案》，全面盘清国有资产，整合注入融资平台，累计盘活资产23.74亿元，注入114宗资产18.95亿元，有效降低融资平台债务，提高融资平台发展能力；做好防范化解非法集资工作，积极开展非法集资陈案化解工作，同时，全覆盖举办防范非法集资风险现场宣传活动，全年累计开展26场现场宣传活动，发放20000份处非宣传小册子，10000份宣传海报。

【政务信息】 2022年，区政府办公室加强政府网站建设，保障信息公开质量。深入推进重点领域、重大政策、权责清单公开，做到"应公开、尽公开，应上网、尽上网"，全年政府网站公开各类信息8119条。创新政务公开方式，积极运用"广丰政务"等新媒体平台，发布重大政策、经济建设、生态建设等重要政务信息，全年共发布权威信息和民生服务信息626条。

【督查工作】 2022年，区政府办公室始终坚持把群众满意作为检验督查实效的最高标准。积极参与公共基础设施提升、城镇老旧小区改造等事关民生福祉的督查工作共计54轮，有力助推区委区政府一系列惠民利好决策部署的落地见效。认真办理人大代表建议和政协提案，办理质量和水平均有明显提高，全部完成了市、区两级的人大代表建议、政协委员提案的交办任务，共办理人大代表建议140件；办理政协提案129件，办结率100%。

【民生实事】 2022年5月静态管理期间，区长热线12345联合团区委组织成立爱心"青跑团"，帮助购买药物和奶粉等生活必需品，接送医护人员，打通服务群众"最后一米"。2022年6月，湖丰镇、壶峤镇部分村庄洪涝灾情期间，迅速贯彻区委、区政府防汛救灾部署要求，组织成立灾后重建工作组，协调其余21个乡镇（街道）对口支援湖丰镇、壶峤镇，同时，立足高质高效重塑，协调国有集团对受灾乡镇开展各项公共基础设施维修重建工作。2022年12月，为维护农民工的合法权益，制定并出台《关于保障农民工工资支付工作的通知》，牵头推进保障农民工工资支付工作。

（供稿人：刘静）

政务服务与优化营商环境

【概况】 2022年，广丰区认真落实营商环境优化升级"一号改革工程"，聚焦"全省一流、可比浙江"的营商环境目标，坚持问题导向、目标导向和结果导向，持之以恒抓重点、补短板、创特色，努力打造营商环境优化升级的广丰样板。9月29日，上饶市广丰区政务服务和大数据管理局挂牌成立。广丰区被确定为江西省首批营商环境创新试点城市，上榜全国投资潜力百强区第18名。《人民日报》1次，《江西日报》4次，《江西营商》15次，《上饶日报》25次报道广丰区营商环境经验做法。

【组建政务服务和大数据管理局】 2022年9月29日，上饶市广丰区政务服务和大数据管理局挂牌成立，为区政府工作部门，正科级，核定行政编制7名，下属1个副科级单位区政务服务中心（参公）和区大数据发展服务中心、上饶市公共资源交易中心广丰中心（注：上饶市公共资源交易中心广丰中心组建于2021年4月，由区政务服务中心管理）2个股级单位（事业）。内设机构有办公室、政务服务管理股、审批制度改革股、数据资源管理股。上饶市广丰区政府办公室不再加挂上饶市广丰区政务服务管理办公室牌子，其承担的政务服务管理职能划入上饶市广丰区政务服务和大数据管理局。同时将事业单位大数据发展服务中心机构级别由正科级调整为股级，政务服务中心机构级别由正科级调整为副科级，两者都隶属于上饶市广丰区政务服务和大数据管理局。新组建的政务服务和大数据管理局主要职责是：（一）宣传贯彻落实党和国家审批制度改革、政府职能转变、大数据发展、数字经济和数字政府建设、政务服务以及公共资源交易工作等方针政策和法律法规，负责拟订本部门的交易相关制度和交易现场规则或管理办法等，并组织实施。（二）承担区行政审批制度改革领导小组办公室和区政府推进职能转变协调小组办公室日常工作。牵头协调政府职能转变和"放管服"改革的统筹谋划、综合协调、督促检查、调查研究和评估分析工作，负责承接国务院、省、市人民政府下放的行政审批事项，落实国务院和省、市、区人民政府取消或暂停实施的行政审批事项，牵头行政权力清单的编制工作。（三）负责组织、指导、协调、督促全区政务服务体系建设工作，负责编制政务体系建设中长远规划和年度计划，并组织实施；负责区本级政务服务平台的运行管理，负责全区政务服务工作标准的制定、推广及运用，指导、督促、检查乡镇（街道）、村（社区）政务服务管理工作。（四）承担全区"互联网+政务服务"工作。负责全区互联网政务服务平台的规划、建设和组织管理；组织协调全区政务信息化，电子政务项目建设、管理和绩效评估，推动政务信息系统整合，协调推进公共审批系统和跨部门的业务系统的网络互联互通和数据信息共享。（五）负责统筹数据资源建设、管理。统筹政务数据采集汇聚、登记管理、共享开放，推动社会数据汇聚融合、互联互通，统筹推进大数据安全体系建设和安全保障工作。负责全区数据中心规划建设和集约利用。（六）负责全区数字经济的发展规划和行业管理，推进数字产业化、产业数字化发展。承担统筹推进有关示范区、产业基地建设工作，负责拟订区本级大数据产业发展专项资金年度使用计划并组织实施。（七）负责统筹推进全区大数据相关基础设施规划、协调、管理和监督。联系并协调驻区电信运行企业相关工作。承担全区电子政务外网的建设、运行和维护、管理。（八）负责本地区政府网站检核和管理的组织、协调，承担政府门户网站的建设和管理，统筹全区政府网站群。（九）承担综合性政务服务投诉平台、服务热线的建设和管理工作。（十）负责协调推进中介服务工作。（十一）负责公共资源交易服务工作等。

（供稿人：纪辉柳）

【建立责任落实体系】 2022年，广丰区强化"双组长"责任领导，成立以区委、区政府主要领导为双组长的优化营商环境工作领导小组，区委、区政府主要领导每半月听取优化营商环境情况汇报。区四套班子各明确一名分管区领导抓营商环境日常工作，实行坐镇督导，每天一线调度，及时解决问题。出台《关于深入推进营商环境优化升级"一号改革工程"实施方案》《推动营商环境优化提升工作方案》，明确"管部门必须管营商环境，管行业必须管营商环境，管业务必须管营商环境"的责任机制，围绕15个一级指标，逐一明确责任单位和具体任务。建立区营商办工作专班，充实区营商办力量，完善定期调度、定期通报、限期整改、联合督导、考核奖惩相关制度措施，对15项指标提升、四大专项整治实行周调度、月通报，并围绕各部门工作推进、指标优化、专项治理、诉求办理等情况开展常态化督查，以高密度调度督导推进责任落实。广丰区每月定期召开企业家座谈会、"工业日"会议，开展"千名干部入千企"活动，领导干部主动深入企业一线，了解企业的感受和需求，积极宣传各类营商环境政策措施，千方百计帮助企业破解难点痛点堵点问题。2022年，区领导着力解决区规上工业企业发展难题133件。搭建营商环境收集、办理、调度平台，组建服务工作专班，公布营商环境诉求专线，2022年累计通过平台收集到各类营商环境诉求8552件，已办结8465件，办结率98.98%。

【提升窗口服务】 采取政府购买服务方式招聘了85名工作人员担任政务服务中心前台窗口工作人员，在全市率先实现所有窗口人员由政务服务中心"统一招聘、统一管理、统一培训、统一考核"的前台窗口人员新模式，推进了政务服务从"以部门为中心"向"以事项为中心"的转变。通过营商环境月度年度考核、窗口工作人员年度评先评优考核及月度年度窗口明星、优秀服务单位等举措，全面提升政务服务水平和能力，努力打造"丰务好"政务服务广丰品牌。全面完成乡镇（街道）"一窗式"综合受理建设，96项赋权事项承接到位。全区228个村（社区）建立便民服务站，实现365天不打烊服务。

【优化政务环境】 2022年，广丰区实行服务便利化改革，开展行政审批"四减一优化"专项行动（注：减环节、减材料、减时限、减费用，从而优化审批机制，简称"四减一优化"专项行动），申请材料减少25.07%，办事环节压减41.52%，审批时间压减76.06%。开办企业全流程缩短至1个工作日以内，工程建设项目审批时限压缩到平均36个工作日、最短18个工作日。全面落实"一把手"走流程、错时延时预约服务、"帮办代办"、"好差评"等工作制度，积极推行一件事改革、自助办、掌上办、容缺办、异地办、免证办、并联办等政务服务新模式。工程建设项目审批制度改革、"一照含证"集成改革、窗口综合受理人员改革、跨省通办改革走在省市前列。

【优化市场环境】 2022年，广丰区推行"双随机、一公开"（注：2015年8月发布的《国务院办公厅关于推广随机抽查规范事中事后监管的通知》要求在全国全面推行"双随机、一公开"监管模式，即在监管过程中随机抽取检查对象，随机选派执法检查人员，抽查情况及查处结果及时向社会公开）和"互联网+监管"，实行"宁静日"制度和检查前备案制度，做到检查实施清单之外无检查。加强信用分级分类监管，实行"首违不罚"、"轻微不罚"。对87项轻微违法违规行为免予行政处罚，促进企业合法合规经营。建立公平竞争审查工作联席会议制度，全面纠正各类滥用行政权力排除、限制市场竞争的行为。

【优化法治环境】 2022年，广丰区在上饶高新区设立非公有制企业维权服务中心和法治化营商环境司法服务中心，在源头化解涉企纠纷。依法公正审理涉企案件，审慎使用拘留、查封、冻结、扣押等措施，对涉民营企业犯罪嫌疑人全面、从严落实"少捕""慎诉""慎押"刑事政策。2022年，全区5个"新官不理旧账"问题全部办结销号，严肃查处营商环境领域腐败和作风问题7起，处理10人。

【落实减税降费惠企政策】 2022年，广丰区制定出台42条帮助中小企业纾困解难工作措施，加大惠企政策帮扶力度。在区政务服务中心和上饶高新区企业服务中心专门设立"惠企政策兑现窗口"服务专区，建立惠企政策全链条全流程服务机制和惠企信息推送机制，实现企业获取免税退税和其他惠企政策兑现"一窗受理、集成服务"。2022年累计为各类市场主体减税降费19.86亿元；通过惠企通平台累计兑现金额10262万元；电子卖场交易额7023.94万元，订单数8514笔。

（供稿人：朱岳清）

【"低保救助一件事"联办】 2022年，广丰区改变传统多部门碎片化的救助模式，推行一次申请、协同救助的一站式服务模式，通过精简材料、优化服务、重塑流程，实现低保对象享受政策"最多跑一次"甚至"一次不用跑"。将区民政局、政务服务中心、大数据发展服务中心、教体局、人社局、区住建局、医保局、残联、供电公司、自来水公司承担的12类惠民政策申请事项汇总至《上饶市"低保救助一件事"申请表》一张表上，实现"多表合一"。以赣政通"低保救助一件事"系统为平台，将原先分散在10个部门的低保申请审核确认、困难群体城乡居民基本养老保险保费代缴、城乡居民基本医疗保险参保登记、医疗救助、教育救助、农村困难家庭危房改造、困难残疾人生活补贴、定量用电用水减免等12项帮扶救助事项，以"一件事"的视角全部归集到平台"一站式"联办，由乡镇（街道）将信息录入赣政通"低保救助一件事"系统。区民政部门将审核确认后的数据推送相关部门落实救助政策，实现区、乡、村三级窗口一网通用，以"数据跑路"代替"群众跑腿"。利用乡镇（街道）便民服务中心，通过社会救助专员、网格员、驻村干部等力量开展政策宣传，提高群众对"低保救助一件事"联办政策知晓度。至2022年年底，广丰区共受理19821件，办结13353件，办结量位居上饶市前列。该项工作获评江西省社会救助创新实践案例优秀案例，并参加全国社会救助创新案例评选。

（供稿人：杨昆）

【区人大监督优化营商环境】 2022年，区人大常委会围绕优化营商环境"一号改革工程"，打好监督"组合拳"。派出6个由常委会组成人员带队的工作组，采取线上线下互动、明察暗访结合的方式，实地走访企业226家，召开座谈会13场次，收回线上线下有效调查问卷451份，列出问题清单共六大类157个问题，结合市人大常委会组织的交叉暗访发现的问题，向区政府及其相关部门进行交办。在此基础上，组织各级领导干部中的人大代表进联络站开展专题活动，主任会议成员集中视察政务服务中心工作，召开优化营商环境执法检查专题询问会，由区融媒体中心全程录播，以刚性监督推动问题落实。

（供稿人：吴国溪）

【工业园区优化营商环境】 2022年，广丰区围绕园区大部制改革，推进服务职能"再整合"，设立高新区企业服务中心，加大涉企审批业务赋权和承接工作，推动"园区事、园区办"的闭环管理，实现工业投资项目全生命周期事项覆盖。建立惠企政策兑现"一窗式"便捷办理制度，开通"惠企通"平台，2022年共兑现惠企事项215件，兑现资金1亿余元。建立企业诉求"一门式"限时办结制度，全年推动解决要素保障热点难点问题133件。

（供稿人：蒋岩）

【优化市场准入环境】 2022年，广丰区市场监管局紧扣"三个一"争创"第一等"营商环境，"一张蓝图"统筹全局，"一日一晒"比学赶超，"一月一会"督促调度。集中服务事项"一窗办理"，"企业变更一件事"联办、企业"歇业备案"均实现零的突破，探索推行食品经营许可"跨省通办"。牵头推进"双随机一公开一集中"监管，对企业进一次门，办多项事，对低风险企业"无事不扰"，设定"企业安静期"，进一步推行包容审慎监管和容错纠错机制，严格执行"轻微违法违规行为免罚清单"。构建放心消费示范"四区"（注：指放心消费示范进景区、校区、社区、街区)，营造安全消费环境。2022年共受理"12315"等消费投诉举报2134件，成功办结2134件，办结率达100%。28家企业获重合同守信用"AAA"单位，14家企业获重合同守信用"AA"单位，区市场监管局驻政务服务中心市场准入窗口被区委评为2022年度"红旗窗口"。

（供稿人：林谋丰）

【优化办税服务和推广"非接触式"办税】 2022年，广丰区税务局落实"春风行动"便民办税举措，借助"春雨润苗"专项行动的"惠苗、助苗、护苗"，推出细化措施，将服务落到细处。畅通征纳互动渠道，召开2场小微企业税费服务专题座谈会，开展了2轮"万名税干访万企"活动，认真听取纳税人意见，及时回应纳税人诉求，开展税费政策宣传、征集意见建议、解决实际问题。打造"龚全珍办公室"，全天候提供涉税咨询、法律服务、争议解决等事项帮助。为特殊群体开通绿色通道，实行免预约、免排队，由导税人员、税收志愿者提供全程陪同服务。精简窗口，办税服厅由原来30余个综合窗口缩减为22个，重点加强导税服务，提升非接触办税比例。在办税服务厅增设权益维护岗，现场及时化解矛盾纠纷。落实"好差评"，2022年度"非常满意"评价100%。

2022年，广丰区税务局推进"一网畅办"，依托电子税务局、赣税通等渠道，进一步拓展"网上办"税费办理方式，引导纳税人缴费人主动适应"非接触式"办税模式，"多走网路，少走马路"。拓展"非接触式"服务范围，增添自助办税设备6台，推广"税企通"、江西省电子税务局等互联网办税模式。构建"办问协同"平台，组建"办问协同"服务团队，在办税服务厅配备2个坐席，推进远程咨询和办税辅导"办问协同"。开展全流程电子退税，显著提高退税办理"一次不跑"占比，误收退税时长压缩至1—2个工作日，为纳税人缴费人提供了安全、高效、便利的网上办税服务。

（供稿人：徐宇略）

【司法局打造一流法治营商环境】 2022年，广丰区司法局根据2022年4月《江西省司法厅关于全力打造一流法治化营商环境的工作措施》，推行"双随机、一公开"和"互联网+监管"，做到检查实施清单之外无检查。实行"宁静日"制度和检查前备案制度，每月第二周定为检查周，其他时间为"企业宁静日"。加强信用分级分类监管，2022年对全区纳税人进行了信用评价，开展守信激励和联合惩戒，将低信用等级纳税人列入重点监控对象。探索推行包容审慎监管模式，实行"首违不罚""轻微不罚"，梳理形成市场监管、生态环境、交通运输、文化旅游、农业农村、应急管理"六大领域"免罚事项清单，对87项轻微违法违规行为免予行政处罚，通过批评教育、指导约谈等措施，促进企业合法合规经营。

动态调整监管事项目录清单，实际领取监管事项1008项，录入完成检查实施清单633项，确保监管事项认领率、检查实施清单完成率和准确率均达到100%；全面录入、汇聚监管数据（行政检查、处罚、强制等数据），除挂起事项外，监管行为覆盖率100%，风险预警信息100%按时核查反馈，按规定报送监管动态和曝光台信息。至年底发布监管动态544条，曝光台信息197条，监管行为推送20165条。

（供稿人：龚名）

【法院打造一流法治营商环境】 2022年，广丰区法院成立以院党组书记、院长为组长的做优法治化营商环境领导小组，领导小组下设五个工作专班；先后印发《上饶市广丰区人民法院关于深入推进发展和改革双"一号工程"做优法治化营商环境的工作方案》《贯彻落实〈上饶市政法机关打造一流法治营商环境实施办法（试行）〉工作举措》，明确36项目标任务，明确岗位职责，细化任务分工。

广丰区法院加强与工商联、上饶高新区的协同配合，通过"送法入企""法治体检"，持续为各类企业、中小投资者提供"一对一"的法律服务，找准找实优化企业发展存在的突出问题、法律漏洞和工作困难，为企业优化发展和党委政府决策提供参考。2022年，广丰区法院设立优化法治化营商环境"专设窗口"，强化网上立案、跨域立案、律师服务平台的应用力度。在上饶高新区设立"法治化营商环境司法服务中心"，至2022年年底，服务中心接受法律咨询200余次。

2022年，广丰区法院妥善处理各类民商事案件6458件，案件办理平均用时缩短为33.78天，不断提升涉企纠纷案件办结效率，降低企业诉讼时间成本。提升合同执行效率，用好破产等有序退出市场机制，让企业家放心投资、安心经营，全年结破产积案5件。全年共受理涉中小企业案件2365件，结案2259件，结案率95.52%；执行632件，执行结案604件，执行到位金额23127.1192万元。依法审慎适用各类强制措施和失信惩戒措施，对已经履行的企业及时屏蔽、修复失信记录，最大限度降低司法活动对企业生产经营负面影响。2022年，广丰区法院对171家执行完毕的企业当天即解除财产保全措施，对2起中小投资者当事人申请执行事项，均在当日办结。

（供稿人：张青青）

【检察院推进涉案企业合规改革】 2022年，区检察院积极推进涉案企业合规改革工作，联合区司法局、财政局等8部门制定《上饶市广丰区涉案企业合规第三方监督评估机制工作办法》，成立第三方监督评估机制管理委员会，推动涉案企业或所在行业建立完善落实合规守法经营的长效机制，促使企业合规经营、健康发展。持续搭建"检企互动"平台，深化服务意识，通过检察开放日活动、征求意见座谈会、走访等形式，坚持开门纳谏，与企业"面对面"交流，精准对接企业法治需求，为企业提供优质法治服务。2022年，区检察院起诉破坏市场经济秩序犯罪9件12人，帮助追回全部经济损失1500余万元，护航民营企业健康发展。

（供稿人：徐倩筠）

【区工商联搭建平台助力优化营商环境】 2022年，区工商联搭建平台，加强政企交流、行业交流，畅通政企沟通渠道，在广丰的28名市工商联执（常）委分别对接联系23家乡镇（街道、园区）基层商会，形成联动机制，促进非公有制经济健康发展。让更多的企业家感受到"百般呵护企业、充分尊重企业家"的氛围。

商会交流平台，加强与商会和企业联系，指导和协助各乡镇商会开展工作，加强本地商会与外埠商会之间的交流，促进商会更好发挥作用；邀请沿海发达地区商会来广丰区考察交流，增进企业间的交流、合作，为广丰招商引资牵线搭桥。

资源共享平台，组建惠企纾困解难政策"宣讲团"，到园区、企业开展国家、省、市惠企政策解读，提高惠企政策触达度，打通企业申请政策盲点、堵点。通过上饶高新区工商联分会（企业商会）、区工商联新生代企业家商会和零售、食品流通、挖机等行业商（协）会平台，掌握企业发展遇到的难点堵点痛点问题，回应企业诉求，解决企业实际困难，让企业愿意来、留得住、发展得好。通过搭建银企对接交流合作平台，为企业解决"融资难"问题。

企业维权平台，在上饶高新区企业服务中设立非公有制企业维权服务中心，通过维权服务中心收集涉企诉求，及时汇总、交办督办、跟踪反馈；与公检法司建立联合机制，与检察院联合印发《关于进一步加强非公企业涉法涉检诉求移送和相关协调机制的规定》，及时解决企业的合理、合法需求。

（供稿人：刘跃）

【公安局优化法治营商环境】 2022年，广丰区公安局推进"千警万格百万群""万警千车下基层""千名干部入千企"等活动，深化放管服改革，公安政务从"一网通办"迈向"一网办好"，深化便民服务举措30余项，"一网通办""一网办好"业务10万余件。惠民利企政策由粗线条转向"点对点"，破获涉企案件20余起，涉案金额3000余万元，挽损1000余万元，全年公众安全感和公安满意度实现大幅度跃升。

（供稿人：罗词标）

【优化工程建设项目审批】 2022年，广丰区持续深化"放管服"改革，实现事项办理"一窗进"，精减审批事项，压缩审批时限。从项目立项到竣工验收全流程审批事项由原来的100余项精减到40多项。全流程审批时限由原来的平均120个工作日压缩至60个工作日内，最短的18个工作日，平均36个工作日。落实事项告知"一码清"。采用制作"二维码"的方式向社会广泛公开公示，推进审批事项告知标准化、规范化、公开化、便民化，约束自由裁量权。除直接涉及公共安全、生态环境保护以及直接关系人身健康、生命财产安全的行政审批事项外，对于通过事中事后监管能够纠正不符合审批条件的行为且不会产生严重后果的审批事项，实行"容缺审批+承诺制"改革。2022年通过工改系统实行"容缺审批+承诺制"进行容缺办理的告知承诺办件230多件，列上饶市第一。实现全流程在线审批。采取"项目信息网上申报、申请材料一窗受理、审批过程并行协同、审批结果关联共享"的方式，在"江西省一体化在线政务服务平台"将相关审批事项纳入相应审批阶段并行推进；以"一次一门办理、一窗一站服务"、落实审批线上监管、资料闭环流转，信息互联互通，批管互为促进，实现"系统之外无审批"。实现并联审批。把立项用地规划许可、工程建设许可、施工许可、竣工验收的四个阶段，采取"项目信息网上申报、申请材料一窗受理、审批过程并行协同、审批结果关联共享"的方式，将相关审批事项纳入相应审批阶段并行推进，同步审批办理，全年并联审批率达100%。实行联合验收。由区住建局牵头，自然资源、人防等主管部门分工协作，将以前各部门分别单独实施的各类专项验收转变为"一窗受理、联合验收、限时办结、统一出件"的验收模式，办理时限压缩到平均7个工作日，2022年联合验收项目110多个，建设工程项目联合验收率100%。实行"项目施工许可'一件事'集成办"。把原来分别到住建局、人防办、城管局、气象局等四个部门依次办理的九个审批事项按照"一张表单、一套材料、一次申报、一窗受理、限时办结"的模式实现"一件事"集成办。2022年完成办理240个。普及使用电子证照。在工程建设项目审批工作中推行使用电子证照、电子印章，实现工程建设项目审批的电子信息互认互信，至年底电子证照使用率70%以上。

（供稿人：俞斌）

中国人民政治协商会议上饶市广丰区委员会

综　述

2022年，区政协及其常委会坚持发扬民主和增进团结相互贯通、建言资政和凝聚共识双向发力，充分发挥专门协商机构作用，守正创新、尽心履职，服务中心展现新作为，为民履职取得新成效，为推动广丰经济社会高质量发展作出了积极贡献，谱写了新时代广丰政协工作新篇章。

一、坚持党的领导，持续强化思想政治引领。坚持"第一议题"制度，深入学习习近平新时代中国特色社会主义思想、习近平总书记关于加强和改进人民政协工作的重要思想、《习近平谈治国理政》第四卷，持续用党的创新理论武装头脑、指导实践、推动工作。引导广大委员和各界代表人士深入学习宣传贯彻中共二十大精神，深刻理解"两个确立"的决定性意义和"发展全过程人民民主"的任务要求，不断夯实团结奋斗的共同思想政治基础。全年组织党组会议、主席会议、常委会会议以及集体学习等各类学习活动35次，邀请专家专题授课4场次。持续推动党建工作与政协履职有机融合，以《区政协党组工作要点》统领政协履职，夯实履职基础，推进履职能力现代化建设，促进政协工作提质增效。健全完善区政协党组领导班子成员联系党外副主席、党外常委，党员委员联系党外委员等制度，探索成立5个专委会功能型党支部、23个乡镇（街道）及高新区联络组功能型党支部，覆盖了全部86名党员委员，推动政协党的组织和党的工作从"有形"覆盖向"有效"覆盖转变。

二、坚持服务大局，助推全区高质量发展。主动融入、全力服务全区发展大局，综合运用政协各种履职方式，集聚智慧、积聚力量，更好把人民政协制度优势转化为治理效能。全年共举行专题议政性常委会会议1场、专题协商会7场、重点提案办理协商会1场；开展重点课题调研6项；135件提案全部办复，办理结果满意率97%。一是建言资政，专题协商促发展。围绕"广丰马家柚的品牌和营销体系建设""广丰物流业发展""农村人居环境整治五年行动"等主题，召开专题协商会议，精准协商、高效议政，以高质量协商助推高质量发展。二是反映民意，提案协商建真言。十三届二次会议以来，广大政协委员紧紧围绕党委政府工作重点、群众普遍关心的热点、社会治理的难点问题，提交提案139件，经审查立案135件。通过重点提案党政领导与政协领导"双线"领衔督办、重要提案政协委员与承办单位协商督办、召开重点提案督办专题协商会等方式，有效提高提案办理实效，有力促进成果转化，一批群众关心的热点难点问题得到有效解决。三是集聚智慧，广泛协商献良策。发挥政协人才荟萃、智力密集、联系广泛、渠道畅通的优势，广泛征求社会各界人士对区委区政府工作的意见建议，开展民生项目大调研，用好政协话语权，助力党政增强决策科学性和施政有效性。四是主动作为，服务中心显担当。区政协领导认真贯彻区委部署，积极参与重点项目建设，认真负责、主动担当，助力棚改、美丽集镇建设、道路征迁、污水厂建设等20余项重点项目顺利推进。

三、坚持履职为民，服务民生改善。坚持把以人民为中心作为政协履职的鲜明立场，聚焦群众普遍关心的"急难愁盼"问题，充分发挥政协委员优势作用，听民声、汇民意、解民忧、暖民心。一是调研视察聚民意。聚焦马家柚产业发展、农村人居环境整治、职业教育发展、宗教场所有序管理、中小学生校内课后托管服务等主题深入开展调研，精准建言献策，形成了一批主题鲜明、重点突出、具有专业水准的参政议政精品。聚焦农村公路建管养项目建设、城乡供水一体化、住房保障、安置区建设、美丽集镇建设、养老服务体系建设、乡镇基层卫生院建设等，组织委员走基层、进部门开展专题视察，共收集群众反映的问题或建议信息450余条。二是基层协商连民心。充分用好用活255个"好商量"协商议事平台，坚持把政协委员"沉"下去，让社情民意"浮"上来，织密委员服务网格。各地围绕人居环境整治、创建文明城市、严防学生溺水、小区物业管理、生活垃圾分类等议题开展协商活动1340余次，助推解决群众"急难愁盼"

事项1130余件，得到群众广泛好评。2022年度，上饶高新区、5个乡镇（街道）、22个村（村居）获评市级"好商量"工作先进单位。三是畅通民意解民忧。建立完善社情民意信息的征集、报送等工作制度，引导激发政协委员深入研究本职工作领域、本界别的问题和对策，累计向省、市政协报送社情民意信息131篇，社情民意信息报送的针对性和实效性明显增强。

四、坚持团结民主，广泛凝聚共识。坚持把广泛凝聚共识作为政协履职的中心环节，把团结和民主两大主题贯穿于政协工作的全过程，画好"同心圆"，凝聚"向心力"。一是加强各方合作共事。加强与各民主党派、工商联、无党派人士和各人民团体联系沟通，积极为他们搭建参政议政平台，并通过多种方式，倾听意见、宣传政策、协调关系。一年来，各民主党派、工商联、无党派人士、人民团体的委员进行大会发言6人、提交提案60余件、参加政协组织的重要活动200多人次。二是密切开展交流协作。积极配合省、市政协来广丰开展"提案工作""优化营商环境""城区饮用水源保护工作专项民主监督"等调研考察活动。接待了瑞金市、资溪县、弋阳县等10多批次政协同仁学习考察。选送委员视频作品、书画、散文，参加市政协"喜迎二十大、委员说变化"书画展，获得优异成绩。三是充分激发界别活力。进一步完善主席会议成员联系界别制度、专委会与界别履职联动机制，加强对界别工作的组织领导和业务指导。各界别委员发挥自身专业优势和职业专长，通过调研视察、法律援助、纠纷调解、送医送药、捐款捐物、扶贫帮困等形式，为助力广丰区乡村振兴、疫情防控、抗洪救灾等工作献智出力。

五、坚持严实作风，提升履职服务水平。坚持质量导向，以改革创新精神不断加强自身建设，增强委员使命担当，优化委员履职环境，提升机关服务水平。一是创新搭建委员履职平台。精心打造"组+室+站"基层协商议事平台，在23个乡镇及上饶高新区设立政协工作联络组，在全区231个村（居）建立协商议事室，以界别、外地委员集中地为依托成立5个委员之家，通过"组+室+站"联动，推动"下沉"委员规范履职，主动参加协商议事活动，有效推进政协协商向基层延伸。二是持续加强委员履职管理。健全覆盖全体委员的学习制度，认真落实《关于加强委员服务管理和履职考核的实施办法》、常委述职等制度，有效激发委员在本职工作中的带头作用、政协工作中的主体作用和界别群众中的代表作用。三是不断加强机关建设。加强机关作风建设，引导机关工作人员强化责任意识，锤炼务实作风，争创一流业绩。进一步提升专委会工作的质量水平，构建了"一委一品"工作格局。

抓好日常监督管理，严格落实中央八项规定精神，持之以恒正风肃纪，努力营造风清气正、干事创业的良好氛围。

重要会议

【区政协十三届一次常委会会议】 1月24日下午，政协上饶市广丰区第十三届委员会常务委员会第一次会议在区政协九楼常委会议室召开。会议第一阶段听取《政府工作报告》起草情况说明并座谈讨论。第二阶段，传达学习十九届中央纪委六次全会精神和省政协十二届五次会议、市政协五届二次会议精神；协商决定机关人事任免和委员请辞事项；协商讨论区政协十三届常委会工作报告，确定报告人；协商决定区政协十三届二次会议有关事项。

【区政协十三届二次会议】 （期间召开区政协十三届二次常委会会议）2月16日—18日，区政协十三届二次会议在区人民法院中心会场召开。政协委员、特邀人员、列席人员参加会议。会上，听取和审议政协上饶市广丰区第十三届委员会常务委员会工作报告；列席上饶市广丰区第十七届人民代表大会第二次会议，听取和审议政府工作报告等；审议通过区政协十三届二次会议决议。

【2022年广丰区政协工作推进会】 3月25日上午，2022年广丰区政协工作推进会召开。会上，部署"赣"事好商量基层协商民主建设工作、乡镇（街道）政协工作联络组规范化建设工作、委员履职服务管理工作，宣读《关于全区2021年度"好商量"协商议事工作先进单位和先进个人的通报》。

【区政协十三届三次常委会会议暨常委理论学习中心组学习会】 6月10日，区政协十三届三次常委会会议暨区政协常委理论学习中心组学习会召开。会议传达学习习近平总书记在全国"两会"上的重要讲话精神，全国、省、市政协全会精神；传达学习全国政协副主席张庆黎在全国政协第139期干部培训班开班式上的讲话；传达学习省委书记易炼红在上饶调研时的讲话精神；传达学习中共江西省委办公厅印发《关于加强和改进新时代市县政协工作的二十条措施》的通知精神；传达学习《关于我市4起党员干部酒驾醉驾典型问题的通报》《关于我区3起党员干部酒驾醉驾典型问题的通报》《关于我区2起私车公养典型问题的通报》精神；通报《区政协党组2022年度工作要点》；协商讨论区政协2022年度协商计划、民主监督计划、调研计划、视察计划及常委理论学习中心组2022年度学习计划；协商决定人事和委员请辞事项。还邀请了上饶市委党校二级调研员、教授毛成作"稳字当头，稳中求进，推动中国经济行稳致远"专题讲座。

【广丰区"好商量"基层协商民主建设工作推进会】 6月24日上午，全区"好商量"基层协商民主建设工作推进会召开。会上，传达学习市政协"好商量"基层协商民主建设工作推进会精神，部署下一步工作。永丰街道、洋口镇、壶峤镇就"好商量"基层协商民主建设工作具体做法进行交流发言。

【区委书记与政协委员面对面专题协商会】 8月6日，区委书记与政协委员面对面专题协商会召开。区委书记胡心田围绕"广丰马家柚的品牌和营销体系建设"主题，与部分政协委员进行面对面专题协商。会上，听取"广丰马家柚的品牌和营销体系建设"议题调研情况；区农业农村局、区马家柚协会作了发言；部分政协委员、马家柚种植大户等围绕主题，直击广丰马家柚的品牌和营销体系建设中的痛点、难点，积极建言献策。

【区政协十三届五次常委会会议暨常委理论学习中心组学习会】 9月28日，广丰区政协十三届五次常委会会议暨区政协常委理论学习中心组学习会召开。会议第一阶段听取全区上半年经济社会发展情况的通报、区政府办关于区政协十三届二次会议提案办理进展情况的汇报。随后进行了座谈讨论。部分常委结合实际对全区经济及社会各项事业发展提出了意见建议。会议传达学习8月30日中共中央政治局会议精神，传达学习习近平总书记在中央政治局第四十次集体学习时的重要讲话精神、习近平总书记关于巡视工作的重要论述、习近平总书记关于意识形态工作的重要论述，传达学习《中国共产党政治协商工作条例》、易炼红同志署名文章《扛起巡视整改和成果运用政治责任》，研究决定机关人事任免事项和委员请辞事项。在第二阶段的学习会中，区委党校常务副校长严剑飚应邀作《习近平谈治国理政》第四卷及"习近平总书记在省部级主要领导干部专题研讨班上的重要讲话精神"的专题辅导讲座。

【区政协十三届六次常委会会议】 11月4日，政协上饶市广丰区第十三届委员会常务委员会第六次会议召开。会议第一阶段听取关于丰溪河景观照明提升改造项目有关情况的汇报。会议第二阶段，传达学习中国共产党第二十次全国代表大会、中共二十届一中全会、中共十九届七中全会精神，传达学习习近平总书记重要讲话精神和中央重要会议精神，传达学习省、市、区领导干部会议精神，协商讨论区政协各专门委员会组成人员名单。

【区长与政协委员面对面专题协商暨重点提案办理协商会】 11月30日上午，区长与政协委员面对面专题协商暨重点提案办理协商会召开。区委副书记、区长龚振宙与政协委员们一起，围绕"广丰区物流业发展"这一主题，开展"面对面"协商，广泛听取意见建议，共谋高质量发展良策。会上，听取"广丰物流业发展"议题调研情况；重点提案者、政协委员、物流快递企业负责人代表和特邀代表面对面协商讨论，围绕议题踊跃发言、各抒己见，就"建议加快建设广丰快递物流强区的建设""营造广丰物流快递价格优势"等方面提出许多建设性的意见和建议。

重要建议

一、调研报告目录

1.《关于广丰马家柚的品牌和营销体系建设的调研报告》

2.《降成本 增效益 谋发展——广丰区物流业发展调研报告》

3.《关于我区农村人居环境整治工作的调研报告》

4.《广丰区宗教场所依法管理调研报告》

5.《广丰区职业教育发展情况调研报告》

6.《中小学生校内课后托管服务调研报告》

二、重要提案目录

1. 加大推进科技创新，争创建设创新型县区的建议（提案者楼望江）

2. 加大对种粮大户的政策扶持力度（提案者陈伟华）

3. 关于更换一条宣传标语的建议（提案者俞红光）

4. 关于治理芦林学校北面山体水土流失的建议（提案者余良华）

5. 关于进一步完善城区居民房门牌号管理的建议（提案者郑宜雄）

6. 加强城区道路井盖设施管理，提升城市品质的建议（提案者王发明）

7. 关于广丰城区部分路口红绿灯合理设置的建议（提案者郑慧燕、汤华东）

8. 关于加快推进建筑垃圾填埋场的建议（提案者徐清云）

9. 落实研发加计扣除并进行后补助（提案者程剑斌）

10. 建议加快迎宾大道延伸段的建设（提案者释正

智）

11. 关于推进广丰外环路建设缓解交通问题的建议（提案者徐狄芳）

12. 关于振兴我区农村公办高中教育的建议（提案者平利斌）

13. 关于提升信江河流（广丰段）水质的建议（提案者刘辉文）

14. 关于在芦洲大道和流霞路口建造人行天桥的建议（提案者周光河、高艳媚）

15. 殡葬改革后火葬场服务的乱象及治理建议（提案者吴温根）

16. 关于加强小区物业管理的建议（提案者於忠林、蒋昌月、徐胜忠）

三、大会发言目录

1. 关于进一步促进我区工业制造业高质量发展的建议（周令贵）

2. 点亮"夜经济"助推广丰新发展（陈丽君）

3. 关于农村土地流转存在的问题及有关建议（邓锋）

4. 关于加强无物业小区管理的建议（蒋文珍）

5. 关于加快青年致富带头人培育 助推乡村振兴战略的建议（颜君）

6. 关于探索快递外卖行业从业人员参与基层社会治理的建议（尹天歌）

7. 做美乡村游 助力全域旅游（杨小平）

8. 关于农村养老服务工作的几点思考（朱秋梦）

9. 关于城镇餐厨垃圾集中收集处理的建议（孔琳）

10. 关于加强孕产妇健康教育工作的几点建议（王丽）

11. "双减"以后，乡村家庭教育怎么办（林梦）

重大活动

【专题协商】 2022年，广丰区政协围绕"广丰马家柚的品牌和营销体系建设""广丰物流业发展"主题，组织召开区委书记、区长与政协委员面对面专题协商会，高位推动广丰马家柚产业、物流业发展提质增效；围绕"农村人居环境整治五年行动"主题，召开专题议政性常委会会议，就基础设施建设、农村污水处理、厕所革命、村容村貌等方面广集良策，为加强农村人居环境整治贡献政协智慧；组织开展"深化全国文明城市创建""打造时代广场、新天地、水街、丰溪唐韵时尚都市商贸圈""加强医保基金管理，建立全方位、一体化的基金监管长效机制""整合资源发展嵩峰乡村旅游集群"等4项专题协商，精准协商、高效议政，以高质量协商助推高质量发展。

【视察活动】 2022年，区政协聚焦农村公路建管养项目建设、城乡供水一体化、住房保障、安置区建设、美丽集镇建设、养老服务体系建设、乡镇基层卫生院建设等，组织委员走基层、进部门开展专题视察，收集群众反映的问题或建议信息450余条。组织委员60余人次参加各类评审会、庭审观摩、听证会、征求意见座谈会，围绕"中小学教育收费""优化营商环境""破解城南交通拥堵"等主题说问题、谈对策，充分发挥民主监督职能作用。

调查研究

2022年，广丰区政协始终把调查研究作为履行职能的基础工作。聚焦马家柚产业发展、农村人居环境整治、职业教育发展、宗教场所有序管理、中小学生校内课后托管服务等主题深入开展调研，精准建言献策，形成一批主题鲜明、重点突出、具有专业水准的参政议政精品。

区政协副主席严卫华带领分管委办及部分政协委员，利用近2个月时间，开展"广丰马家柚品牌和营销体系建设"的调研，围绕进一步推动广丰马家柚产业提质增效，通过协商座谈交流、走访马家柚种植基地、查阅统计数据、借鉴学习等方式开展了调研，并撰写了《关于广丰马家柚的品牌和营销体系建设的调研报告》，以《政协专报》报送中共广丰区委、区政府，获得区委主要领导的高度肯定。

根据区政协常委会的年度工作安排，区政协副主席黄登纪带领调研组，针对宗教场所登记与建设不规范、宗教场所内部管理不到位等问题，以"宗教场所依法管理"为课题开展调研，提出了宗教场所建立独立的财务制度、加强宗教活动管理等意见建议10余条。

区政协副主席包晓辉带领专题调研组，通过走访调研物流快递企业、赴横峰学习考察、协商座谈交流等方式，就广丰区物流业发展作了深入调研，形成了调研报告。提出了强化管理科学统筹规划布局、强化整合培育骨干物流企业、优化环境落实物流扶持政策、强化合作建立人才培育机制、互联互通建立物流信息平台、多式联运引导物流运输融合、提高物流现代化水平，改善物流效率的7个方面建议。

区政协副主席刘成业带领区农业农村局、自然资源局、水利局、乡村振兴局、城管局、创文办、政协提案委等部门有关人员，深入湖丰、壶峤、东阳、毛村、五都、大南等乡镇，通过实地察看、听取汇报，其余乡镇以座谈交流等方式对广丰区农村人居环境整治工作进行了专题调研，形成《关于我区农村人居环境整治工作的调研报告》。

根据工作安排，区政协于2022年上半年启动"区职业教育发展"专题调研，调研由区政协副主席刘成业牵头，成员区政协提案委、区教体局、区人社局、职业技术学校有关负责人及部分区政协委员组成。调研组结合广丰区职业教育实际，通过召开座谈会、深入学校、企业调研等形式，详实了解广丰区职业教育现状、问题及建议对策，并就下一步深入开展调研活动进行了建议，并形成了《广丰区职业教育发展情况调研报告》。

区政协副主席邱参政带领部分委员和区教体局负责人开展以"中小学校内课后托管服务"为主题的调研活动，到永丰中学、贞白小学、壶峤小学、湖丰中学等基层中小学实地调研，全面了解课后托管服务开展情况、取得成效及存在的困难和问题，就如何进一步健全完善工作机制，结合外县外省先进经验和做法，形成《中小学生校内课后托管服务调研报告》。

为助力区委区政府统筹安排2023年重点项目，8月，区政协开展民生项目大调研，区政协党组专题安排、部署、推进，班子成员分别带组调研，摸排出群众反映强烈的民生项目1340余个；经汇总整理，向区委推荐拟实施的民生项目103个。

政协办公室、专门委员会工作

【政协办公室工作】 2022年，区政协办牵头完成党组会议13次，常委会会议6次，主席会议12次，协助完成专题协商会6次；保障调研、委员视察等活动40余次；制发各类公文19件，处理上级来文62件。密切与上级政协和兄弟县市政协的联系交流，配合省、市政协来广丰开展"提案工作""优化营商环境"等调研考察活动。接待瑞金市、资溪县、弋阳县等10多批次政协同仁学习考察。畅通社情民意反映渠道，建立完善社情民意信息的征集、报送等工作制度，定期推送社情民意信息选题参考，引导激发政协委员深入研究本职工作领域、本界别的问题和对策，社情民意信息报送的针对性和实效性明显增强，社情民意信息工作取得新突破。2022年累计向省、市政协报送社情民意信息131篇。

【提案委工作】 十三届二次会议以来，委员共提交提案139件，立案135件。所有提案均已办复，提案者对办复结果满意和基本满意率达97%。主要工作是引导委员撰写提案。加强选题引导。每次全体会议前区政协提案委提前印发征集提案通知，编发《提案选题参考要点》，向广大委员提供提案线索，供委员及早准备，提前开展调查研究，撰写提案。强化知情引导。通过开展专题调研、提案办理视察、民主评议、委员界别活动等，为委员掌握第一手材料提供条件和平台，帮助委员围绕中心工作多出精品提案。完善工作机制。通过重点提案党政领导与政协领导"双线"领衔督办、重要提案政协委员与承办单位协商督办、召开重点提案督办专题协商会等方式，提高提案办理实效，促进成果转化。积极搭建沟通平台，保证提案人能够与承办单位及时沟通联系，参与提案办理监督，会同"两办"督查室加大提案督办力度，促成提案有效办理。做好提案办理跟踪工作。2月11日参加副区长林辉主持的"关于尽快在城北新区择地建设五星级酒店的提案"交办会；9月9日，组织夏火青委员与市政集团有关负责人就智慧停车提案开展面对面协商；9月23日，组织提案者、部分委员、业主代表和永丰街办、城管局相关负责同志，就佘盛飞委员的提案"关于拆除并重新装修永丰中学对面沿街外墙装修线条造型的建议"进行现场协商督办；11月28日，就"深化全国文明城市创建"专题开展区长与政协委员面对面协商。做好调研视察工作。1月5日，组织委员对区市场监督管理局工作开展民主评议提案办理工作；1月，到五都、沙田、桐畈、横山、铜钹山、泉波、嵩峰等乡镇组织开展乡村人居环境整治工作调研。4月15日召开"我区职业教育发展"专题调研前期座谈会，12月8日到广丰区职业高级中学进行了实地调研，并形成了调研报告；9月6日—8日到芦林街道、大石街道、沙田镇、桐畈镇开展民生项目摸底调研座谈会；10月28日组织医药卫生界、社会福利与社会保障界委员于对桐畈、沙田镇卫生院进行了视察；11月3日，组织提案委功能型党支部党员委员于对广丰卷烟厂进行了视察。做好调研视察接待工作。接待了省政协提案工作调研、市政协"优化营商环境"调研、弋阳县政协"深入推进数字经济，做优做强'一号发展工程'"学习考察。做好学习交流工作。5月12日，到鄱阳县参加全市政协提案工作座谈会。

【农业和农村委工作】 2022年，农业和农村委开展调研协商议政工作。1月下旬始，开展"广丰马家柚品牌和营销体系建设"的调研，围绕进一步推动广丰马家柚产业提质增效，通过协商座谈交流、走访马家柚种植基地、查阅统计数据、借鉴学习等方式开展了调研，并撰写《关于广丰马家柚的品牌和营销体系建设的调研报告》，以《政协专报》报送中共广丰区委、区政府。4月，组织开展入委的界别委员助力"时尚都市商贸圈"建设暨界别小组活动，视察调研了时代广场、新天地、水街、丰溪唐韵、广丰里的商贸业态，围绕如何打造"时尚都市商贸圈"，激发消费活力和商贸消费升级开展协商座谈，建言献策。8月，组织召开区委书记与政协委员面对面会议，围绕"广丰马家柚的品牌和营销体系建设"进行专题协商，区委书记、区直有关单位就马家柚产业发展提质增效与政协委员、马家柚种植大户代表进行良好的互动协商交流。12月，组织召开"打造时代广场、新天地、水街、丰溪唐韵时尚都市商贸圈"专题协商会，围绕如何迸发商圈的商贸新活力，副区长、区直有关单位负责人与政协委员、部分商户代表开展良好的互动协商交流。组织委员开展视察民主监督工作。3月，协助市政协开展"城区饮用水源保护工作专项民主监督"，在分管副主席带领下，组织调研组深入广丰区城区饮用水源地军潭水库及上游沿线水系、居民点、厂矿企业和备用水源地钓鱼潭的河流沿岸，通过实地察看、走访了解、座谈讨论等方式开展前期调研，并组织召开市、区两级的饮用水源保护专项民主监督会议。撰写《共抓大保护，筑牢生态安全屏障》专项民主监督报告并报送区政府。做好调研视察接待工作。接待瑞金市、资溪县的政协考察调研组来广丰考察调研，开展县际政协交流。此外，还开展农村和城镇贫困户的精准扶贫结对帮扶工作；参与社区疫情防控志愿服务工作；配合做好机关离退休老干部相关工作，严格按财经制度落实财务收支工作。

【教科卫体委工作】 2022年，教科卫体委组织政协委员和政协干部专题学习党的二十大精神及全国、省、市"两会"精神，开展乡村振兴、全域旅游等专题视察学习，进一步提升履职能力。组织开展区政协常委理论学习中心组学习视察活动5次。围绕区委中心工作，开展委员界别活动。1月12日，组织委员开展"委员建言助力乡村振兴"界别活动。视察组先后来到横山上孚村秀美乡村连片点、前洋老佛堂秀美乡村点和溪洲秀美乡村点等地进行实地查看，并听取乡村负责人介绍乡村振兴工作开展情况。在随后召开的座谈会上，围绕"如何因地制宜、合理规划""产业振兴、人才振兴、文化振兴、生态振兴、组织振兴"等方面展开交流讨论。10月13日，组织区政协文艺界、科技界、特邀界委员一行来到区融媒体中心，就加快推动融媒体深度融合发展开展专题视察。并就传统媒体与新媒体如何融合发展、加强人才队伍建设、建立健全体制机制、提高新闻质量等方面提出意见建议。围绕对口协商工作，开展专题协商活动。11月18日，在嵩峰乡组织召开"整合资源发展嵩峰乡村旅游集群"专题协商会。11月25日，在区医保局召开"加强医保基金管理，建立全方位、一体化的基金监管长效机制"专题协商会。委员先后实地查看丰溪堂中医院、吴小华骨伤科医院、开心人大药房。接着在区医保局召开专题协商会。政协委员围绕医保基金监管工作在政策宣传、医保基金使用、管理、监督、成效和下步努力方向等方面提出意见建议。围绕"书香政协"工作，做好委员平台建设。分别在区政协、"广丰里"、龙溪大厦、丰溪街道等地建设"委员读书室""委员讲堂""委员书画院"等，充分发挥政协的人才优势，通过开展书画创作、研讨、交流等各种形式的活动，以书画为载体，以艺术为媒介，广泛团结社会各界人士，进一步扩大政协影响，为全区文化繁荣发挥积极作用。围绕课后托管服务，开展主题调研活动。组织部分委员和区教体局负责人开展以"中小学校内课后托管服务"为主题的调研活动，到永丰中学、贞白小学、壶峤小学、湖丰中学等基层中小学实地调研，全面了解课后托管服务开展情况、取得成效及存在的困难和问题，就如何进一步健全完善工作机制，结合外县外省先进经验和做法，形成《中小学生校内课后托管服务调研报告》。围绕文化文史工作，发挥政协引领作用。选送一幅视频作品、十二幅书画和六篇散文，参加上级政协组织的"喜迎二十大、委员说变化"书画展，获得优异的成绩；《广丰剿匪（1949—1953年）》书稿通过省委党史研究室初审，准备交付出版。

【社会和法制委工作】 2022年，社会和法制委充分利用委员之家、委员工作站、"好商量"协商平台，组织界别委员、入委委员广泛开展学习、调研、视察、议事等活动。如召集教育与体育、民族宗教与侨联等界别委员开展"教育高质量发展"主题界别活动，视察五都中学、洋口中学改造提升工作，就广丰教育发展提出130多条意见和建议，部分意见已落实。组织入委委员专题视察区信访局工作，先后参观信访局文化阵地建设、洋口镇综治中心等地。委员就信访对象心理纾解，解决好初信初访及考核机制方面提出建议和意见。通过开展"好商量"工作，在市域社会治理现代化方面充分发挥政协作用，促进社会和谐稳定。积极开展综治宣传，落实平安建设"一岗双责"，持续加强"双提升"、"扫黑除恶"和"反电诈"工作。调查研究选题精准。针对宗教场所登记与建设不规范、宗教场所内部管理不到位等问题，以"宗教场所依法管理"为课题开展调研，提出宗教场所建立独立的财务制度、加强宗教活动管理等意见建议10余条。专题协商落地有声。广丰农村人居环境存在不少短板，社法委与相关政府职能部门面对面沟通，就基础设施建设、农村污水处理、厕所革命、村容村貌等方面广泛征集意见，在政协常委会上开展了"农村人居环境整治五年行动"专题协商，确保协商议政更加有质有效、有针对性。推进基层协商民主建设工作走深走实。充分用好用活255个"好商量"协商议事平台，坚持把政协委员"沉"下去，让社情民意"浮"上来，织密委员服务网格。各地围绕人居环境整治、创建文明城市、严防学生溺水、小区物业管理、生活垃圾分类等议题开展协商活动1340余次，助推解决群众"急难愁盼"事项1130余件，得到群众广泛好评。2022年度，上饶高新区、5个乡镇（街道）、22个村（村居）获评市级"好商量"工作先进单位。

【经济委工作】 2022年，经济委完成"广丰区物流业发展"专题调研。成立专题调研组，通过走访调研物流快递企业、赴横峰学习考察、协商座谈交流等方式，就广丰区物流业发展作了深入调研，形成了调研报告。提出了强化管理科学统筹规划布局、强化整合培育骨干物流企业、优化环境落实物流扶持政策、强化合作建立人才培育机制、互联互通建立物流信息平台、多式联运引导物流运输融合、提高物流现代化水平，改善物流效率的7个方面建议。完成"区长与政协委员面对面"专题协商会。11月30日上午，组织召开区长与政协委员面对面专题协商暨重点提案办理协商会。区委副书记、区长龚振宙与政协委员们一起，围绕"广丰区物流业发展"主题，开展"面对面"协商，广泛听取意见建议，共谋高质量发展良策。重点提案者、政协委员、物流快递企业负责人代表和特邀代表面对面协商讨论，就"建议加快建设广丰快递物流强区的建设""营造广丰物流快递价格优势"等方面提出了许多建设性的意见和建议。视察住房公积金管理中心工作。组织部分区政协委员，对区住房公积金管理中心开展"加强住房贷款监管，确保公积金资金安全运行"专题视察，委员们对住房公积金管理中心工作提出了意见建议，并就公积金热点问题和相关单位进行了热烈探讨。配合区委政府完成中心工作。根据区委和政协统一部署，征求民营企业家对区委工作意见，征集意见建议47条。8月—9月，开展民生项目集中摸底调研活动，对丰溪、洋口、枧底、湖丰、东阳进行了调研摸排，共摸排出群众反映比较强烈的民生项目143个。10月，到广丰农商行、上饶银行广丰支行、江西龙溪集团开展信用风险专题调研并提出了可采取的工作措施。

（供稿人：余武军）

纪检监察

综 述

2022年，广丰区纪检监察机关围绕经济社会发展大局，坚持"三个事关"工作方向，忠实履职、担当作为，正风肃纪反腐不松劲、不停步，营造风清气正的政治生态。

聚焦政治忠诚，推动理论武装走深走实。坚持示范推动学，区纪委常委会紧跟区委步伐，坚持"第一议题"学习、"第一遵循"贯彻、"第一政治要件"落实习近平总书记重要讲话、重要指示批示精神，通过调研、督导、巡察等方式，及时监督推动基层党组织和党员干部严格落实"第一议题"制度。坚持专题研讨学，在全市率先举办全系统"学习党的二十大精神"专题研讨班，邀请多名省委党校专家作辅导报告，举办读书分享会，组织业务大比武，得到了市纪委主要领导批示肯定。坚持常态长效学，形成常委会和班子成员领学、机关党委督学、党支部研学、青年理论学习小组深学、干部个人自学"五学联动"，坚持每月一主题，学原文、悟原理、谈体会，全年集体学习13次，结合"做实监督"等主题学思践悟5期，机关干部上交"作业"353篇，确保学习成果看得见、用得上。

聚焦"两个维护"，推动政治监督具体化精准化常态化。心系"国之大者"，把习近平总书记和党中央关心强调的问题作为重点，跟进监督、精准监督、全程监督，确保执行不偏向、不变通、不走样。坚持以强有力监督护航疫情防控大局，派出9个督导组3148人次，深入疫情防控一线靠前监督，发现并督促整改问题，最大程度保护群众生命安全、最大限度减少疫情对广丰发展的影响。坚持以强有力监督推动"一号改革工程"，组建涉企问题线索办理专班，定期开展集体会诊，找准优化营商环境监督执纪的"靶心"，推动解决"新官不理旧账"等问题，发现并纠正政策落实等方面问题。坚持以强有力监督推动铁腕整治违法建设，推动拆除违建133处，对涉事党员干部进行严厉处分，着力维护社会公平。坚持以强有力监督筑牢粮食安全防线，专项监督春耕备耕、耕地"非粮化""非农化"，紧盯粮食购销领域作风和腐败问题，坚决惩治粮仓"蛀虫"。按照省市纪委部署，迅速启动高标准农田建设领域腐败问题专项治理，持续守护群众"粮袋子"。

聚焦民生福祉，推动新风正气向上向好。深入开展中央八项规定精神十周年"固堤行动"，严肃查处私车公养、违规吃喝、违规收送礼品礼金等违反中央八项规定精神问题92起137人。坚决惩治群众身边的"蝇贪"，严肃查处"鸡脚杆上揩油"等群众身边腐败和作风问题115起173人。深入开展"信访百日攻坚""我为群众说句话"等活动，化解重复信访积案34件。监督推动解决群众"急难愁盼"问题，以勤廉广丰建设为抓手，推动违规收取停车费专项整治，责令收缴违规收费，并对违规企业作行政罚款，推动月兔集团、市政集团提供免费车位1800余个，有效缓解周边群众停车难问题；推动工程运输车超速超载飘洒等问题专项整治，形成企业动态监控、路面执法查纠、源头倒查惩戒的闭环监管体制，切实提升群众安全感满意度；以查办入学诈骗案为切入点，深挖彻查其背后公职人员违纪违法问题，推动城区公开招录义教新生7100余名，清退借调教师168名，切实维护教育公平，得到市委主要领导批示肯定。通过重点领域专项突破，重要时间节点坚守，党风政风焕然一新，社风民风持续向好。

聚焦监督首责，推动日常监督常态常在。传导压力，拧紧责任链条。全区开展政治谈话，对区直、乡镇党政一把手廉政谈话全覆盖，通过找问题、剖原因、促整改，实现"两个责任"同向发力、同频共振，把管党治党压力层层传导下去，人民日报客户端进行报道。找准载体，做实"一清单一报告一档案"。梳理17类47项重点监督事项，将执行情况作为干部政治画像、廉政档案重要内容，更新科级干部廉政档案，对部门单位主要负责人、关键岗位党员干部进行政治画像，为精准监督提供参考。健全机制，联动协作提升监督质效。建立乡镇纪委一线监督、派驻驻点监督、巡察专项监督、纪律监察监督、行业全程监管的衔接协作机制，精准高效处置信访举报问题。

聚焦标本兼治，"三不腐"综合效应不断彰显。坚持严的基调不动摇，以全面从严治党成效赢得群众信赖和支持，不断厚植党的执政基础。坚持源头着手系统施治，开展"四会两书一查摆"，针对查办案件暴露的思想开关、制度执行、权力运行、监督管理等方面问题，推动完善相关制度26项。贯通查办案件"前后半篇文章"，召开1300余名党员干部参加的全区警示教育大会，先后有多名党员干部主动交代问题，上缴违纪款项。深入开展廉洁文化建设，讲好家风故事，举办廉政文化书画展、"青春倡廉我来说"演讲比赛、党员干部配偶培训班等活动，家庭助廉、家访促廉、家风养廉，厚植政德，让更多党员干部醒悟知止。

聚焦政治定位，充分发挥巡察利剑作用。坚持利剑高悬，全力支持配合省市巡视巡察，扎实推进巡视巡察反馈意见和中央纪委国家监委纪检监察建议整改。精准高效办结省委巡视移交信访件，得到省巡领导高度肯定。坚持人民立场，推动解决饮水安全、医疗报销、惠民资金发放等突出问题，返还群众建房保证金、发放外伤保险赔付款，有效增强人民群众的获得感、幸福感。坚持巡改并重，树立"整改从反馈开始、反馈从问题抓起"的理念，开展2轮巡视巡察反馈问题整改情况专项督导，面对面、点对点指导督促被巡察党组织落实整改主体责任，并将整改情况作为党风廉政意见回复的重要参考，暂缓被巡党组织主要负责人职级晋升，确保巡察反馈问题真改实改、全面整改。

聚焦队伍建设，着力提升干部能力工作质效。坚持把队伍建设作为"一把手工程"来抓，打造人人会学、人人会思、人人会干、人人会讲"四会"干部队伍。加强政治建设，发挥区纪委常委会表率作用，带动全系统做遵规守纪的模范。全年向市纪委、区委报告工作11项，得到市委主要领导批示肯定2件、市纪委主要领导批示肯定3件、区委主要领导批示肯定3件。加强能力建设，深化业务人才一体化培养，全员覆盖、以会促学、上挂下派、以案促训、实景模拟、以赛促练，全面提升干部综合素养和业务水平。加强作风建设，同读《我亲历的中央纪委故事》，从中感悟老一辈纪检人的精神力量。主动接受监督，首次向区人大常委会报告专项工作。严格内部监管，深化谈心谈话，着力纠正干部着装、言行偏差，提振队伍精气神。2022年，荣获全省纪检监察系统嘉奖1人，荣获全市首届"三清杯"精品案件奖项2个。坚持刀刃向内，在全区纪检监察系统开展"敲警钟明底线 守忠诚做卫士"警示教育，坚决防治"灯下黑"，有力维护全区纪检监察干部队伍的纯洁。

（供稿人：陈乾）

重要会议

【**召开中国共产党上饶市广丰区第十四届纪律检查委员会第二次全体会议**】 1月29日，中国共产党上饶市广丰区第十四届纪律检查委员会第二次全体会议在市民中心办公大楼召开。出席会议的区纪委委员25人，列席180人。区委书记胡心田出席会议并讲话。区委常委，区人大常委会、区政府、区政协领导同志，区法院、区检察院主要负责同志出席会议。全会由区纪律检查委员会常务委员会主持。全会审议通过吴献金同志代表区纪委常委会所作的《充分发挥全面从严治党引领保障作用，为打造现代化强区提供坚强保证》工作报告。全会强调，做好2022年的纪检监察工作，要坚决做到"两个维护"，强化政治监督推动党中央重大决策部署落地落实；持之以恒纠"四风"树新风，促进公平正义维护人民群众根本利益；坚持以党内监督为主导，贯通监督力量提升现代化治理效能；强化系统施治理念，坚定不移把反腐败斗争推向纵深；准确把握巡察监督政治内涵，充分发挥巡察利剑作用；持续深化纪检监察体制改革，推进规范化法治化正规化建设；坚持自我净化自我革新，锻造忠诚干净担当的纪检监察铁军。

【**召开区纪委监委打造模范机关动员会**】 4月28日上午，区纪委监委召开打造模范机关动员会，区委常委、区纪委书记、区监委主任吴献金出席会议。会上，传达学习省纪委监委相关案件通报，解读《关于区直机关打造让党放心、人民满意的模范机关的工作方案》内容。会议强调，要聚焦"讲政治"要求，建设政治型机关；聚焦"守纪律"要求，建设清廉型机关；聚焦"负责任"要求，建设服务型机关；聚焦"有效率"要求，建设效能型机关。

【**召开全区乡镇（街道）纪（工）委书记座谈会**】 6月8日下午，区纪委监委召开全区乡镇（街道）纪（工）委书记座谈会，总结上半年工作情况，分析问题和不足，安排部署下半年工作。区委常委、区纪委书记、区监委主任吴献金出席会议并讲话。全区23个乡镇（街道）纪（工）委书记作了半年工作情况汇报，区纪委监委各协作片区分管领导分别进行了点评。会议强调，全区纪检监察干部要在加强理论学习上当示范作表率，跟进学习习近平总书记系列重要讲话精神，特别要学习好《习近平关于坚持和完善党和国家监督体系论述摘编》《习近平关于全面从严治党论述摘编》

等著述汇编。

【召开全区纪检监察系统集体政治谈话会】 8月31日下午，全区纪检监察系统集体政治谈话会召开，区委常委、区纪委书记、区监委主任吴献金出席并讲话。5名谈话对象结合谈话中指出的问题和自身工作作了表态发言。谈话中，吴献金结合实际，指出了全区纪检监察工作存在的不足和短板；强调全区纪检监察干部要做到：强化理论武装、强化责任担当、强化斗争精神、强化自我提升。

【召开全面建设勤廉广丰工作推进会】 10月20日上午，全面建设勤廉广丰工作推进会召开。区委常委、纪委书记、监委主任吴献金主持会议并讲话。各牵头单位主要负责人、区纪委监委有关同志参加了会议。会议解读了《全面建设勤廉广丰实施方案》，听取了各牵头单位工作汇报。会议强调：要提高政治站位，充分认识全面建设勤廉广丰工作的重要意义；要聚焦重点难点，以有力有效举措推进勤廉广丰建设工作；要拧紧责任链条，将敢担当善作为贯穿勤廉广丰建设工作始终。

（供稿人：陈乾）

创新监督方式

【概况】 2022年，广丰区纪委区监委协助广丰区委制定落实主体责任实施意见，出台《千方百计做实监督工作方案》，促进"两个责任"贯通协同、一体落实。突出监督重点，综合运用纪检监察建议书、问题清单、廉政谈话等方式，推动各级"一把手"扛起主体责任。全年制发纪检监察建议书11份，梳理全区廉政风险点37类140个，政治谈话3507人，对101名区直、乡镇党政一把手廉政谈话全覆盖，通过找问题、剖原因、促整改，实现"两个责任"同向发力、同频共振，把管党治党压力层层传导下去。全区纪检监察机关处置问题线索224件，成案率达75%；其中上饶高新区纪工委查办案件2件，处理10人，实现纪工委派出后办案零突破。

【做实"一清单一报告一档案"】 2022年，广丰区纪委区监委梳理17类47项重点监督事项，将上述重点监督事项的执行情况作为干部政治画像、廉政档案重要内容，全年更新科级干部廉政档案985份，对部门单位主要负责人、关键岗位党员干部政治画像1064份，为精准监督提供参考。

【构建贯通融合、协调协同的大监督网络】 2022年，广丰区纪委区监委建立纵向联动机制、横向聚合机制，完善监督网络。

建立纵向联动机制：将委机关5个纪检监察室、15个派驻纪检组、全区24个乡镇纪委和街道、高新区纪工委，以及6个企事业单位纪委，划分为5个监督协作片区，贯通区、镇、居三级监督力量，达到监督力量攥指成拳效果。村级纪检员主要负责收集问题、发现问题、报告问题；乡镇纪委主要负责协调对接、跟踪问效；对需要区纪委解决的，及时报告对口纪检室；对疑难复杂案件，各协作区采取交叉、联合办案等方式提级办理，既推动了师徒互动，又提升了基层办案质量。

建立横向聚合机制：探索以党内监督为主导，以巡察监督为平台，以派驻监督为支点，将具有监督职能、资源资金集中、问题反映较多的部门单位，划入同一派驻纪检组监督范围，建立互联互通机制，打通信息壁垒，一体贯通四项监督与人大监督、审计监督、财政监督、媒体监督等各类监督力量，形成党委吹哨子、行业拔钉子、媒体拉面子、执法罚票子、监督扬鞭子的大监督格局。2022年全区纪检监察机关共受理信访举报570件，其中检举控告212件；处置问题线索243件，立案207件，同比增长41.8%；运用"四种形态"处理党员干部437人次，其中运用第一、二种形态处理398人次，占比91%。

【推动压力传导一贯到底】 2022年，广丰区纪委区监委主要领导带领对口室、派驻纪检组和巡察办，到农业、医保等15个涉及底板工作的部门单位和村居一线，带着信访问题、巡察反馈问题和纪检监察意见书，看"家底"、听履职报告、察队伍精气神、查整改落实情况，点对点把脉问诊、面对面传导压力，推动基层"一把手"严以律己、严负其责、严管所辖。

（供稿人：陈乾）

作风建设

【严肃查处漠视侵害群众利益的腐败和作风问题】 2022年，广丰区始终坚守人民立场，切实解决好群众"急难愁盼"问题，区纪委监委查处以权谋私、"新官不理旧账"等群众身边腐败和作风问题115起173人。通过信访举报、巡察、村级纪检员反映问题、"我为群众说句话"活动等途径，多渠道收集群众反映的问题线索，领导班子实行信访包案，推动职能单位及时化解，积极回应社会关注，进一步疏通基层治理中的痛点堵点。针对巡察期间群众反映建房保证金未退还问题，推动区城管局及时退还该村民建房保证金1万元。聚焦村（居）干部责任意识模糊、纪律意识不强问题，区监委班子分别带队深入全区234个村居调研，通过座谈交流、个别谈话等形式，督促村（居）干部做到廉洁自律、忠诚履职，压实全面从严治党"最后一公里"。

【开展"1+N"专项治理】 2022年，广丰区纪委区监委将整治群众身边腐败和作风问题作为监督执纪工作的重点，聚焦"学位、车位、窗口"等问题领域，开展"1+N"专项治理。

教育领域，推动区教体局实行"阳光招生"，有效杜绝"打招呼、递条子"现象。对某居民以帮助学生择校名义骗取学生家长资金问题，督促区公安局对其进行刑事立案侦查并予以逮捕，并成立工作专班，对案件涉及的党员干部、公职人员的违纪违法问题予以严肃查处。针对群众在抖音反映教师推荐学生到指定书店购书问题，约谈提醒1名校长，并责令学校对涉及的1名班主任作出处理。

停车收费领域，联合区城管局、区市管局开展监督检查，针对1家饭店无明码标价无经营范围违规收取停车费问题，督促区市场监管局没收其非法所得，并处罚款；针对1家收费停车场使用率不高问题，推动月兔集团进行内部优化改造，缓解路面停车位紧张、周边群众停车难问题。

营商环境领域，持续纠治营商环境领域腐败和作风问题，推动区城管局采取"窗口+中队"联合模式，解决门楣审批效率低问题。针对中介机构人员扎堆聚集、招揽生意、扰乱市民办件执行等乱象，推动区政务服务中心对长时间占用中心填单台办理业务的中介，强制进行清理。

【开展违规吃喝违规收送礼品礼金问题专项治理】 2022年，广丰区纪委区监委常态化进行明察暗访，推动规范公务接待97单，纠正违规接待7单，严肃查处1起公务接待用餐中违规饮酒问题。探索建立查清问题、剖析原因、堵塞漏洞、防控风险的综合处置机制，针对区人防办、区财政局等部门人员违规收受礼品礼金问题，推动案发单位以案促建，分级分类形成廉政风险防控措施。在此基础上，结合各领域典型案例，梳理形成全区廉政风险问题清单。

每逢重大传统节日，重申廉洁要求，严明纪律红线，特别是中秋节前，区四套班子领导、副科级以上干部、股（室）长、村居支书，亲手填写廉政承诺书，杜绝任何形式的行贿、收受礼品礼金等违纪违法行为。面向全区党员干部、公职人员，在微讯广丰、廉政广丰等公众号发布廉洁过节公开信，累计阅读量5000余次。下发廉洁过节提示，明确"六个严禁"，13000余名党员干部、公职人员分别签字背书，让遵规守纪意识内化于心、外化于行，逐步形成清清爽爽、规规矩矩的良好作风。

【强化重点领域监督】 2022年，广丰区纪委区监委坚持什么问题突出就重点解决什么问题，围绕用权、制权等环节，紧盯风险漏洞，坚持系统施治，"纠、治、树"并举，督促强化监管、完善制度，不断提升治理效能。

严肃查处铜钹山违建别墅问题背后的腐败和作风问题，运用第一种形态处理22人次；给予纪律轻处分12人，纪律重处分6人，其中县级干部2人，移送检察机关审查起诉1人。针对铜钹山景区违建别墅背后暴露出的问题，督促有关职能部门及时拆除违建别墅，举一反三，全面彻底排查整治；建立督查组，对排查情况进行再监督、再抽查，倒逼排查工作做实做细，确保习近平生态文明思想在广丰落地生根。

大力惩治粮仓"硕鼠"，严肃查处粮食购销领域靠粮吃粮问题，以及区粮油购销储备总公司原法定代表人吃喝成风、由风及腐、风腐一体问题。针对粮食购销领域存在的监管漏洞，向各涉粮单位制发监察建议，推动完善《上饶市广丰区国有粮食企业财务管理制度》《上饶市广丰区区级储备粮油收购质量标准规定》等相关制度16项。

针对易发多发的截留上级补助款、虚套资金、违规发放津补贴等问题，督促建章立制，规范权力运行，压缩滋生作风和腐败问题的空间。聚焦基层"小微权力"监督，推行村级三务"码上公开"，督促细化、统一公开时限、公开内容、公开标准，方便群众即时监督，让权力在阳光下运行。

与区市场监管局等职能单位建立异常数据推送、常态化专项检查、定期通报问题工作机制，督促落实好行业监管责任，推动主体责任和监督责任贯通协同，强监督和强监管同向发力。

（供稿人：陈乾）

查办违纪违法案件

【概况】 2022年，广丰区坚持严的主基调不动摇，把一体推进"三不腐"贯穿于想问题、做决策、谋发展的全过程，扛起管党治党政治责任，及时发现和解决自身存在的问题，坚决同特权思想、特权现象作斗争。广丰区纪委区监委严肃查处违反中央八项规定精神问题92起137人，群众身边腐败和作风问题115起

173人，做到敢管敢严、真管真严、长管长严。

【完善制度】 2022年，广丰区严惩腐败与严密制度协同推进，持续强化不能腐的刚性约束。把加强对权力运行的制约和监督作为源头防治腐败的重要举措，以查办案件、揭示问题为突破口，注意分析案件背后暴露的体制机制、权力运行等方面的问题，堵塞制度漏洞，推动健全完善相关制度规定，全方位织密扎牢制度笼子，做到边查办、边剖析、边整改、边治理。比如，查处农民建房违建问题后，区财政每年拿出3000万元，兜底乡镇刚性支出的不足部分，从根本上破解乡镇对农民建房收费依赖问题。认真落实加强对"一把手"和领导班子监督的意见，规范责任追究程序，严肃查处"做选择、搞变通、打折扣"现象，推动各级领导班子特别是"一把手"严于律己、严负其责、严管所辖。全力守护选人用人这个净化政治生态的第一道关口，坚决查处选人用人不正之风，推动规范选人用人动议酝酿程序，严把回复党风廉政意见关，以"上游来水清澈"遏制腐败滋生蔓延。

【警示教育】 2022年，广丰区净化生态与思想引领协同推进，持续增强不想腐的思想自觉。扎实开展"四会两书一查摆"，即用好郑华森、张景忠、徐利火等典型案件，开好支部处分决定宣布会、党委（党组）案件通报会、专题民主生活会，以及1300余名村、镇、区三级党员干部参加的警示教育大会；利用"剧中人"的忏悔书、纪检监察建议书，教育引导全区党员干部深刻汲取教训，筑牢拒腐防变的思想堤坝。警示教育会后，先后有32名党员干部主动交代问题，上缴违纪款40余万元。

（供稿人：陈乾）

政治巡察

【概况】 2022年，广丰区持续深化政治巡察要求，围绕"国之大者"开展政治监督，通过上下联动巡察、县域交叉巡察，先后开展3轮巡察，巡察22个党组织，发现并反馈巡察问题905个，移交问题线索36条，有力推动一批问题整改，彰显巡察震慑作用。按照"三个聚焦"要求，着重围绕"三新一高"、优化营商环境、促进基层治理、推进乡村振兴等方面强化监督，深入查找被巡察单位在管党治党、履职尽责、队伍建设等深层次、根源性问题查找政治偏差，综合分析研判政治生态，有力发现并推动被巡察单位普遍性倾向性问题的整改。做深做细巡察"后半篇文章"，推动中央重大决策部署和省委、市委、区委工作要求落实落地。

区委第一轮巡察：2021年12月1日至2022年1月20日，区委派出6个巡察组，按照"三个聚焦"工作要求，对区卫健委、区人民医院、区医保局、区中医院等4个医疗领域单位党组织开展常规巡察，对区工信局、区残联、区文联、区商务局、区科技局、区科协等6个单位党组织开展上下联动巡察，共发现问题349个，移交问题线索15条。

区委第二轮巡察：2022年3月至6月，区委派出6个巡察组，按照"三个聚焦"工作要求，着重围绕"三新一高"、优化营商环境、促进基层治理、推进乡村振兴等方面，对区城管局、区住建局、区教体局等3个区直单位和霞峰镇、桐畈镇、湖丰镇等3个乡镇及下辖重点村开展常规巡察，对区自然资源局、区生态环境局开展上下联动巡察，共发现问题379个，移交问题线索14条。

区委第三轮巡察：2022年9月至11月，区委派出4个巡察组，按照"三个聚焦"工作要求，重点围绕民生领域，对区人社局、区水利局、区交通局等3个单位开展常规巡察，对区民政局进行交叉巡察，共发现问题177个，移交问题线索7条。

【巩固边巡边移机制和探索建立问题线索"五方会审"综合研判机制】 2022年，广丰区紧盯问题线索，不断巩固边巡边移机制，探索建立问题线索"五方会审"综合研判机制，发挥巡察利剑作用。

完善问题线索边巡边移机制，对问题反映具体且可查性强的问题线索迅速移交纪检监察机关，快查快处，形成立竿见影的震慑效果。区委第二轮巡察，边巡边移问题线索2条，立案2件，给予党员干部警告处分1人、严重警告处分1人，形成强大震慑。

区委巡察机构发挥巡察综合监督作用，探索问题线索"五方会审"综合研判机制，组织审理室、案管室、对口纪检监察室、巡察组、巡察办对问题线索进行"五方会审"，不断在"精准"上下功夫，提升线索处置科学化水平。2022年，通过"五方会审"研判机制，移交处置问题线索36条。

【延伸巡察村（社区）】 2022年，广丰区认真贯彻落实延伸巡察村（社区）工作要求，将该项作为巡察工作重点，积极探索创新巡察手段方法，通过重点巡察、推磨式巡察等方式，不断完善巡察模式。巡察组巡察乡镇时，由巡察组副组长、巡察专员带队，抽调其他乡镇纪委书记、纪委副书记、纪检干事、组织干事参与巡察重点村（社区）。带队组长负责调度和指导抽调的纪委书记开展巡察。在巡察整改阶段，明确村级巡察反馈意见整改情况必须经过乡镇党委审核把关，并以乡镇党委名义上报，压实乡镇党委整改主体责任，形成镇、村同题共答，共同推进对村巡察整改工作。巡察办会同纪委、组织部门对巡村问题反馈整改情况开展督查检查，实地查看了解整改情况。2022年对3个乡镇的28个村（社区）开展常规巡察，巡察发现村（社区）问题330个，对7个重点村形成巡村报告，对21个一般村分别形成问题清单。巡察办及时将巡察反馈意见抄送纪委监委、组织部，针对村（社区）巡察发现的共性问题，向3个乡镇提出意见建议14条，向有关区委部门提出巡察意见建议3条，推动解决群众"急难愁盼"立行立改问题15个，通过巡察让群众有更多更直接的获得感。

【深化巡察成果运用和督促解决民生问题】 2022年，广丰区按照中央、省委关于加强对"一把手"监督要求，围绕权力集中、廉政风险较大的领域岗位，盯住关键少数，谈话了解履职担当、廉洁用权等情况，原汁原味记录，形成巡察谈话情况报告，精准、动态为领导班子个人"画像"，为区委对被巡察党组织政治生态分析研判和领导干部考核评价提供参考。认真梳理巡察发现的"一把手"等关键少数在履职尽责、廉洁自律等方面"活情况"，组织巡察组与对口纪检监察室、派驻纪检组、组织部门相关股室等进行面对面交流，将相关情况纳入"一清单一报告两档案"和领导班子成员政治画像内容，作为党风廉政意见回复重要参考和依据。2022年根据巡察发现的"活情况"和相关问题线索，暂缓2名"一把手"个人职级晋升，切实发挥了巡察震慑作用。

2022年，广丰区坚持把民生作为最大的政治，群众痛恨什么，就反对什么、纠正什么，重点关注民生问题领域有关单位，紧盯民生领域问题，对群众反映强烈、明显违反规定而且能够及时解决的问题，督促被巡察党组织立行立改，充分发挥巡察联系群众的纽带作用。2022年推动解决饮水安全、医疗报销、惠民资金发放等突出问题14个，返还群众建房保证金200余万元、发放外伤保险赔付款798万元，有效增强人民群众的获得感、幸福感。

（供稿人：冯剑、陈乾）

群众团体

上饶市广丰区总工会

【概况】 2022年，区总工会强化职工思想政治引领，提升职工维权服务实效，推进工会改革纵深发展，提升工会工作实效。加强基层工会组织建设，至2022年年底，广丰区非公企业建会162家，规模以上企业建会103家。帮扶困难劳模，发放全国、省、市劳模春节慰问金、各级劳模津补贴、困难补助。开展以"中国梦·劳动美——喜迎二十大 建功新时代"为主题的劳模宣讲，在上饶工会公众号、微讯广丰公众号、广丰报开设"劳模风采"专栏，发挥劳模示范引领作用。

【职工维权】 2022年，区总工会构建和谐劳动关系，突出"法院+工会"诉调，发挥"三师一室"（注："三师一室"指法律援助律师、劳动关系协调师、健康工程师和劳动争议调解室）的作用，配合做好根治拖欠农民工工资工作，依法保障好农民工合法权益。2022年受理案件25起，其中16起调解成功，9起引导走司法程序；接到来访、来电、网上信访等涉及工资、合同、工伤、困难帮扶等案件13起，全部协调解决到位。

【职工帮扶】 2022年，区总工会健全完善困难帮扶机制，开展"四送"温暖工程。开展"春风送温暖 就业送真情"为主题的"春送岗位"招聘活动，提供各种专业就业岗位300余个。"夏送清凉"活动，为户外高温作业的一线职工、农民工提供清凉包1650份，共计20余万元。为10名困难职工子女发放"金秋助学"助学金4.2万元。"冬送温暖"活动，慰问困难职工1545人次，共计61.31万元。开展助力疫情防控、助力企业复工复产、为边远乡村教师免费进行健康体检、走访一线环卫工人等一系列帮扶活动。完善互助保障机制，开展职工互助保障春节慰问活动，做好理赔工作，全年完成保费242万余元，参保人数27062人，理赔130人，金额106万余元。

【区总工会助力"双一号工程"】 2022年，区总工会落实符合条件的小微企业工会经费全额返还支持政策，优化返还工作流程，促进营商环境优化。落实"广工贷+数字经济"工作，由区总工会提供全额贴息贷款，向数字经济小微企业倾斜，完成"广工贷"业务10个，贷款180万元。动员广丰区数字经济企业技术骨干开展名师"传帮带"活动，遴选5位数字经济领域技术名师、培养30名数字技术能手，推动职工素质提升。为园区数字经济企业职工赠送"互保"、提供免费体检；组织"双一号工程"一线职工疗休养80名；开展各类培训25期，受益1100余人；开展数字经济和新就业形态职工心理健康服务、法治宣传服务，受益职工2000余名。

【打造户外劳动者服务站点"爱心驿站"】 2022年，广丰区投入33万余元，打造户外劳动者服务站点"爱心驿站"33个。"爱心驿站"内安装了电视、空调、饮水机等设备，选址在户外劳动者相对集中的沿街路段，主要面向环卫工等从事户外工作的劳动者，他们可以进入驿站，享受饮水、热饭、上网、如厕等日常免费爱心服务。

（供稿人：刘艳）

共青团上饶市广丰区委员会

【概况】 共青团上饶市广丰区委主要职责是组织领导全区共青团组织、思想和队伍建设，联系、教育和服务广大青少年群众，协助区委、区政府管理青少年事务。2022年，广丰区青年志愿者协会、广丰区人民检察院第一检察部、广丰立景创新科技有限公司人资行政部、广丰区裕丰大道消防救援站、上饶银行广丰支行、国网广丰区供电公司排山供电所外勤班组等被评为市"青年文明号"先进集体，国网上饶市广丰区供电公司第一团支部书记邱海翔、上饶银行广丰支行副经理周玲玲、广丰区青年志愿者协会秘书长余琦璇、广丰区人民检察院第一检察部副主任庄曼、广丰区永丰街道办事处副主任尹天歌、广丰区横山镇人民政府干部占熙文、广丰区大石街道综合执法大队大队长林亨飘等被评为市"青年岗位能手";团区委开展青年五四奖章和"两红""两优"评选(注:"两红"指五四红旗团委、五四红旗团支部,"两优"指优秀共青团员、优秀共青团干部),推报省级荣誉3个集体4个个人,市级荣誉12个集体20个个人。

【团员青年意识形态教育】 2022年,团区委开展形式多样的学习活动。全年累计54万余人次参与"青年大学习"网上主题团课。红领巾爱学习两个特辑学习率实现全覆盖。所有基层团务指标均提前达到100%。团区委组织青年讲师团和红领巾巡讲团,围绕建团100周年、学习宣传贯彻党的二十大精神等主题,开展"喜迎二十大 争做好青年""献礼二十大""唱支歌儿给党听""向国旗敬礼""祝福送给共青团""悦读青春周""缅怀革命英烈 传承红色基因"等一系列学习宣讲活动,累计开展600余场,7万人次参与,引导广大青少年坚定不移跟党走,激发团员青年勇做走在时代前面的奋进者、开拓者、奉献者。

【招募大学生上岗服务】 2022年,团区委在寒暑假累计招募千余名大学生上岗服务,暑期成立500余人平安广丰志愿服务队,开展平安广丰宣传、反诈APP安装、疫情防控等,暑假投入28万元,组织92名大学生开展2个月巡河,有效防止溺水事故发生。620名大学生以网格员身份,按"地域相邻、行业相近、志向相同"的原则,分配到任务最重、人员最多、开展服务最便捷的网格内,由当地组织直接管理,入户开展疫情防控、医保电子卡安装、社保卡年检等服务,服务网格800余个。

【健全志愿服务网】 2022年,团区委依托青年之家搭建志愿服务锚点,在每个乡镇的青年之家设置志愿小队或志愿联络站,从各行各业的青年领头人、青年志愿者协会骨干、大学生寒暑期实践活动发挥的佼佼者中推选志愿小分队、志愿联络站的队长,形成"大协会小团建"的作用;成立重点人群服务队、防疫知识宣传小分队等,构建完善的志愿服务网格经络网。在4月底万年疫情暴发期间,团区委组建一支由21名青年干部组成的青年志愿者抗疫突击队,开展为期9天的援万支援。

【关爱留守儿童】 2022年,团区委针对广丰区留守儿童数量多,父母在外务工无暇顾及孩子们的身心健康及课余生活等问题,整合新时代文明实践站、学校、农家书屋等资源,号召青年志愿者们在15个"童心港湾"建设点常态化开展亲情陪护活动,累计服务时长2500余小时,服务留守儿童1200名。开展"爱的港湾""情暖童心 书香陪伴""情暖童心 伴爱成长""童心向党 颂国爱家""童言暖心 爱在身边""快乐成长""亲情连线"等关爱留守儿童的青年志愿活动,2022年开展活动18场,帮助2000余名农村留守儿童实现微心愿。

【广丰区青年志愿者协会成立】 3月5日,在区文化馆召开广丰区青年志愿者协会成立大会,110名会员参加。会上,宣读《上饶市广丰区青年志愿者协会章程》;现场选举产生协会第一届理事会及常务理事会成员,协会第一任会长杨胤,常务副会长陈礼伟;为广丰区青年志愿者协会授旗,为常务理事会成员颁发聘任证书;进行志愿者宣誓。会后,协会派出4支志愿服务队分赴大南镇和东阳乡开展关爱留守儿童、关爱孤寡老人、反诈宣传和文明城市创建宣传志愿活动。至2022年年底,青年志愿者协会吸纳会员450名,全年累计发布疫情防控卡口值守、居家隔离人员排查、湖丰灾后重建、防溺水防诈骗宣传、扶弱助残、关爱留守儿童等活动172个,参与人数12000余人次,服务时长28000小时,受益人群29万人。

【广丰区贯彻落实《江西省中长期青年发展规划(2018—2025年)》联席会议第三次全体会议召开】 2022年9月21日,广丰区贯彻落实《江西省中长期青年发展规划(2018—2025年)》联席会议第三次全体会议召开,区委副书记陈金良出席并讲话。会上,收听收看上饶市贯彻落实《江西省中长期青年发展规划(2018—2025年)》第三次联席会议全体会议,书面传达省厅际联席会议第四次全体会议精神。会议强调团区委要着力加强自身建设,以理论武装为先导、狠抓落实为关键、规范运行为基础,切实把各级共青团组织建设成为广大青年想得起、找得到、靠得住的"青年之家";要加强与成员单位的沟通协调,及时掌握各成员单位实施进展,对规划实施情况和联席会议议定事项进行跟踪督查,总结好阶段性工作成果,推动广丰区贯彻落实《江西省中长期青年发展规划(2018—2025年)》深入实施,确保落到实处、见到实效。

(供稿人:周志森)

上饶市广丰区妇女联合会

【概况】 广丰区妇联主要职责是负责本地妇女儿童发展规划制定和实施;团结、动员妇女参与经济建设,促进社会经济发展;教育、引导广大妇女,全面提高素质,促进妇女人才成长;维护和保障妇女儿童合法权益等。2022年,区妇联以基层"妇女之家"为主阵地,开展"百千万"(百名妇女代表+千名妇联执委+

万名巾帼志愿者）巾帼大宣讲；以"巾帼心向党·喜迎二十大"为主题，开展巾帼大学习、大宣传、大宣讲，传播党的声音，坚定信念跟党走。

2022年5月，广丰区中医院毛珍荣获全国"五好家庭"称号，广丰刘丽萍、陈青莲、宁辉、项素香、叶柳兵5户家庭获评2022年江西省最美家庭，张燕敏家庭获评全省书香家庭，10户家庭获评2022年度上饶市"最美家庭"；广丰区妇联获得全区高质量发展党群政法类三等奖。

【关爱妇女儿童】 2022年，区妇联启动"百千万"巾帼关爱行动（百名爱心妈妈结对认亲+千名执委进基层访妇情+万名典范立榜样树新风）。以"六一"儿童节为契机，在全区范围开展留守儿童大走访大结对活动，38名区领导与76名留守儿童结对帮扶，区领导带头走访慰问结对留守儿童，304名区委部门、区直各单位科级干部与304名留守儿童结对帮扶，各乡镇（街道）领导干部与当地中小学校对接，每人结对帮扶一名留守儿童。常态化开展妇女儿童公益性关爱活动，以"家教家风、就业创业、教育培训"等服务妇女儿童和家庭关爱帮扶为主题，全区开展亲子阅读辅导、女性创业孵化平台培育、家庭文明礼仪培训、婚姻家庭指导服务、文艺健身公益服务等相关活动110余场次，惠及群众12000余人次。

【保护妇女儿童权益】 2022年，区妇联实施"百千万"社会治理"她"行动，组织百名巾帼法律专家、千名妇联执委、万名巾帼志愿者，常态化开展"维护成长权益·呵护少年儿童"未成年人权益保护主题宣传活动。一月份，区委宣传部、区妇联、区公安局、区民政局、区卫健委、区禁毒委员会、区禁毒志愿者协会等单位联合开展"爱与永恒 健康生活"广丰区禁毒帮教关爱活动，相关部门分管领导、志愿者、爱心企业代表、受助学生等90多人参加，区妇联为10名特殊受助学生每人发放500元春蕾助学金。区妇联和区教体局联合举办"把爱带回家"为主题的儿童关爱系列服务活动，为塘墀中心小学等8所学校的500余名留守儿童送去慰问。3月份，广丰妇联联合区禁毒协会、芦林街道以及上饶卫校附属医院，开展以"雷锋精神永存"为主题的巾帼志愿服务活动，慰问关爱特殊家庭的困境留守儿童。

【助推创业创优】 2022年，区妇联启动"百千万"助企巾帼行，组织百名女企业家、千名妇联执委、万名巾帼志愿者，进企业、访职工、办实事。围绕"双一号工程"，开展"巾帼建新功，助力优化营商环境"系列活动，4月份，广丰妇联联合区总工会开展评选最美女工、最美工嫂活动，开展"关爱女职工·情暖半边天"活动，为一线女职工和环卫女工送去"女工暖包"120余份。

【助力疫情防控】 2022年，区妇联开展"巾帼抗疫"行动，全区近2000多名妇联干部、妇联执委、妇女代表、巾帼志愿者们投身疫情防控工作，战斗在抗疫一线，区妇联筹集社会抗疫资金10余万元，募集社会抗疫物资价值30余万元。5月份，根据疫情防控需要，广丰区妇联成立"邻家嫂子"心理咨询志愿服务队，为社会提供心理咨询服务120余人次，内容包括提供心理疏导、开解心结等，让居民安心居家、配合管控、共同防疫。

【助力"创文巩卫"】 2022年，区妇联启动"百千万"文明清洁巾帼行，发出倡议，表彰百户清洁示范家庭、倡导千户家庭签名共建"最美家庭"、向万户家庭发出争创"健康示范家庭"。突出家庭文明建设，树立榜样家庭，表彰4个全区"三八"红旗集体、4个全区巾帼文明岗、16名全区"三八"红旗手、16名巾帼建功标兵、10名最美村妇女小组长、4名优秀创业女能人、100户"最美家庭"、100户清洁示范家庭、100户健康示范家庭、50名"五好新女性"。

【全区领导干部配偶"家风养廉"专题讲座】 2022年5月25日，由广丰区委主办，区纪委监委、区妇联共同承办的全区领导干部配偶"家风养廉"专题讲座在区图书馆一楼报告厅举行，向140余名领导干部配偶通报身边的典型案例，邀上饶市家庭教育协会会长朱弋红教授以"清风传家廉润广丰"为题授课。通过讲座，提醒领导干部配偶当好"廉内助"常吹"廉洁风"，算好"经济账"把好"廉政门"，当好"廉参谋"守住"廉洁关"，以实际行动共筑廉洁家庭的"安全港湾"，助推全区经济社会高质量发展。

（供稿人：项珍）

上饶市广丰区工商业联合会

【概况】 2022年，广丰区工商联服务中心大局，认真履行职能，促进"两个健康"。区工商联成立学习贯彻党的二十大精神宣讲队，进商会、入企业宣讲，引导广大非公有制经济人士增进对中国共产党和中国特色社会主义的政治认同。推荐江西欣旺卫生用品有限公司的董事长吕德旺为《当代赣商》丛书人选。广丰区工商联在2021—2022年度被评为全国五好工商联。

【规范基层商会建设】 2022年，区工商联推进工商联直属商会、基层商会改革发展，会员企业覆盖全区各行各业，辖区支柱行业和龙头企业进入区工商联

（商会）领导班子成员单位。按照"四好"商会的标准加强商会建设，做到"七个有"。至年底，广丰区22个乡镇（街道）商会都正常运转，会员数都大于30家企业或50名会员，都有办公人员和办公场所。商会建立健全工作分工、学习活动、外出考察、服务企业、联络汇报等规章制度，提升基层商会规范化建设成效。

【区工商联搭建平台助力优化营商环境】　2022年，区工商联搭建平台，加强政企交流、行业交流，畅通政企沟通渠道，在广丰的28名市工商联执（常）委分别对接联系23家乡镇（街道、园区）基层商会，形成联动机制，促进非公有制经济健康发展。让更多的企业家感受到"百般呵护企业、充分尊重企业家"的氛围。

商会交流平台，加强与商会和企业联系，指导和协助各乡镇商会开展工作，加强本地商会与外埠商会之间的交流，促进商会更好发挥作用；邀请沿海发达地区商会来广丰区考察交流，增进企业间的交流、合作，为广丰招商引资牵线搭桥。

资源共享平台，组建惠企纾困解难政策"宣讲团"，到园区、企业开展国家、省、市惠企政策解读，提高惠企政策触达度，打通企业申请政策盲点、堵点。通过上饶高新区工商联分会（企业商会）、区工商联新生代企业家商会和零售、食品流通、挖机等行业商（协）会平台，掌握企业发展遇到的难点堵点痛点问题，回应企业诉求，解决企业实际困难，让企业愿意来、留得住、发展得好。通过搭建银企对接交流合作平台，为企业解决"融资难"问题。

企业维权平台，在上饶高新区企业服务中设立非公有制企业维权服务中心，通过维权服务中心收集涉企诉求，及时汇总、交办督办、跟踪反馈；与公检法司建立联合机制，与检察院联合印发《关于进一步加强非公企业涉法涉检诉求移送和相关协调机制的规定》，及时解决企业的合理、合法需求。

【引导非公有制经济人士履行社会责任】　2022年，区工商联引导民营企业家在抗击疫情捐款捐物、秀美乡村建设、美丽集镇建设、乡村振兴等履行社会责任，增强荣誉感和使命感，各商会、协会和会员开展抗击疫情、抗洪抗旱和社会公益事业等活动捐赠款物累计3000余万元。

【"村企共建"】　2022年，区工商联引导民营企业投身到"万企兴万村"行动中，将企业自身发展与助推乡村振兴有机融合，因地制宜实施产业帮扶、解决就业、捐资助学、消费帮扶，助推乡村经济社会快速发展。探索"村企共建"工作，发动本地商会企业与所在村居结成对子，把企业上下游产业、生产销售经营、企业转型升级与结对村产业构建结合起来，发展村级集体经济项目，帮助壮大集体经济实力。全区有116家企业自愿与114个村（社区）结成对子，共设立15个村企共建生产车间，吸纳近千名农村富余劳动力在家门口就业。广丰区《村企共建扎实推进乡村振兴》的经验做法在《中华工商时报》刊登。

（供稿人：刘跃）

上饶市广丰区文学艺术界联合会

【书画】　7月2日，由广丰区委宣传部、区文广新旅局、区文联举办的"喜迎二十大，永远跟党走"广丰区书画展在区文化馆一楼展厅开展，展出书画作品92件，其中书法作品61件，美术作品31件。2022年，广丰区举办"玉兔迎新春·翰墨颂清风"广丰区廉政书画作品展，举办"初心印迹"纪念新兴版画运动90周年暨上饶版画与文献研究展，支持承办"长江颂"百位长江流域书法名家作品巡展。开展书法家写春联"送万福进万家"走进"广丰里"、洋口老街等活动，送出春联作品5千余幅。

【文学创作】　7月至11月，广丰区文联主办、区作家协会承办"共写夜广丰"主题征文大赛活动。2022年，广丰区举办"聚焦民生城管，笔绘文明广丰""贯彻二十大精神，走进洋口老街道"等笔会采风活动。持续出版《丰溪》会刊和运营作协公众号，发布作品60多篇（首）。区诗词学会举办"诗颂新时代，喜迎二十大"诗词大赛；编印梦溪诗社刊物《丰溪诗韵》第三册，收集广丰本地诗词爱好者诗词500多首，发表80期刊物。

【摄影】　2022年7月至2023年2月，广丰区文联主办、区摄影家协会承办"共摄夜广丰"摄影大赛。2022年，区文联举办"印象广丰"摄影比赛。摄影爱好者结合广丰区创建全国文明城市工作，利用相机记录身边感人事迹；结合棚户区改造，记录城市的变迁，记录人民乔迁新房的喜悦情景。

【音乐舞蹈】　2022年，区音乐家协会开展优秀原创歌曲《是你一直想着我》传唱活动，举行"喜迎二十大，迈向新征程"歌曲《领航》传唱活动，参加"夜来乐好"广丰区街头文化系列活动。区流行音乐协会和区舞蹈家协会举办文艺进军营公益演出。区流行音乐协会举行成立一周年文艺汇演，在丰溪唐韵状元坊举行为期五天的流行音乐演唱会，在铜钹山、横山镇等敬老院开展送温暖公益演出。

【戏剧曲艺】　2022年，区文联在状元坊举办"相约戏曲的风雅和浪漫"活动，"青春倡廉我来说"主题演讲比赛。组织音乐家协会、舞蹈家协会、戏剧曲艺家协会、流行音乐协会开展"领航新时代，奋进新征程"二十大精神宣讲活动。

(供稿人：吴琼英)

上饶市广丰区科学技术协会

【概况】 2022年，广丰区科协为科技工作者服务，为创新驱动发展服务，为提高全民科学素质服务，为党和政府科学决策服务，推动开放型、枢纽型、平台型科协组织建设，促进科技繁荣发展，促进科学普及和推广。

2022年9月底，广丰区公民科学素质国家测评顺利通过。广丰区科普和科学素质工作在2022年度全省高质量发展考评中获得满分且并列第一，广丰区科协被评为2022年度全市科协基层组织建设工作先进单位。

【广丰区通过公民科学素质国家测评】 6月1日开始，广丰区组织广大群众积极参加江西省全民科学素质网络大赛，全区参赛人员2500多人。6月6日，广丰区组织召开2022年全民科学素质工作推进会。7月初，区科协对全区23个乡镇（街道）进行全民科学素质提升暨科普信息员培训，共培训群众2400余人次。9月底，国家调查测评组到嵩峰乡里洋村和十都村共32户居民家中顺利开展现场调查，通过公民科学素质国家测评。

【青少年科普活动】 2022年，广丰区青少年科普活动丰富多彩，完成2022年中国"流动科技馆"广丰巡展工作，全区有2万余人参观巡展，其中大部分为中小学生，参与学校范围涵盖城区大部分中小学，近2000名学生参加巡展活动征文比赛。3月，区科协联合区教体局组织2万多名学生通过电视观看"天宫课堂"，区科协成功申报开设"天宫课堂"第二课两处地面课堂，分别在洋口镇中心小学和横山中心小学同时进行天地实验，通过和中国航天员天地互动，同步进行实验。推动"赣鄱科普大讲堂"进校园活动，邀请多行业的专家学者分别走进南屏中学、洋口小学、永丰小学，为学生开展"心理健康讲座""口腔保护知识讲座""食品安全科普讲座"等主题讲座，直接受众学生人数近1000人。协调市科技馆的科普大篷车先后到横山中学与城南小学，两个学校各有1000余名学生到现场观看了解科学展品并动手操作。

【多类型多主体科普活动】 2022年，区科协携手各单位在社区、学校、企业开展多类型的科普活动，在全国科普日平台申报、审核通过的科普活动有60多项，有关部门领导到乡村、校园、社区指导科普活动200多人（次），发放各类科普读物20000余册，科普活动得到群众广泛关注和热情参与。

区科协联合区老科技工作者协会举办"智慧助老"骨干培训班暨老年人智能手机培训班13期，培训内容包括帮助老年人使用智能手机进行刷健康码、刷医保社保卡和防诈反诈等，直接参训老人600余人。

开展"三长"（注：基层科协"三长"指医院院长、学校校长、农技站站长等"关键人物"）科普大行动与各类农技培训班10余次，直接参训农户500余人。联合医疗机构开展下沉基层服务、义诊18场（次）。先后在永丰街道社区、永丰小学、乡村振兴产业园等场所开展15次"食品卫生安全"宣传活动，直接受众近2000人。

【申报3家市级专家工作站】 2022年，区科协与区企业联合会签订关于为企业服务战略协作框架协议，双方合作的主要内容包括常态化助企纾困、加强企业科协组织建设、强化企业科普社会责任、推动科普公共服务市场化改革、鼓励和引导企业或社会机构投入科普事业等方面。帮助上饶市广丰区振兴马家柚科技研究中心、江西同欣机械制造有限公司、上饶市五溪农业开发有限公司等3家企业成功申报市级专家工作站。

【马家柚科普馆建成启动】 2022年7月，广丰区马家柚科普馆竣工，地址位于江西省上饶市广丰区芦林街道五里社区广丰乡村振兴示范园，总建筑面积为1380平方米，在区乡村振兴产业园马家柚主题馆的基础上融合科普元素建设，是展示马家柚种植技术、科技研发、技术应用和创新成果的现代化平台。场馆以广丰区马家柚产业发展为主线，展示上饶市推动马家柚一、二、三产业融合发展的经验做法。在第二产业展厅展出马家柚五大系列60余种产品，包括利用果皮加工而成的沐浴露、精油、柚枕等日用品，用果肉果汁加工的糖果、饮料、酒水等。在马家柚数智驾驶舱可以查看马家柚种植基地分布及面积、气象环境、土壤环境等数据，可以实现产品溯源以及对广丰马家柚产业数据进行汇总统计并展示。场馆建有线上教学诊断的农技学堂和线下培训的培训室。广丰区马家柚科普馆建成后，区教体局和区科协联合启动参观马家柚科普馆活动，分批次组织城区及周边乡镇（街道）中小学生参观，至年底，全区有3万余名学生到现场观展。

(供稿人：夏剑)

上饶市广丰区残疾人联合会

【概况】 2022年，广丰区乡镇（街道）残疾人联合会换届选举，全区23个乡镇（街道）选举产生新一届残联领导班子和133名出席广丰区残联第五次代表大会的乡镇（街道）代表。完善区残联工作人员、乡镇（街道）残联专职委员、村（社区）残协专职委员三级代办服务队伍，让残疾人办事"最多跑一次"甚至"不用跑"。区残联获评2022年度全市残联系统绩效管理考核"综合工作优秀单位""基础工作优秀单位""特色工作优秀单位"；在全区高质量发展考评上，获得跑项争资工作第三名。

2022年6月，江西省残联和省文联举办"奋进新征程 喜迎二十大"江西省残疾人美术书法作品展活动，广丰区选送3幅书法作品参加，其中听力残疾人邹春晖创作的书法作品《习近平：念奴娇·追思焦裕禄》获全省残疾人美术书法作品展书法类二等奖，肢体残疾人邱卫东创作的书法作品《习近平视察江西重要讲话精神》获全省残疾人美术书法作品展书法类优秀奖。

7月6日，广东省残联党组书记、理事长张永安，江西省残联党组书记、理事长何剑锋带队到广丰调研残疾人就业工作。

【残疾人民生保障】 2022年，区残联为全区所有重度残疾人统一购买医保和城乡居民基本养老保险，落实医疗和养老兜底保障措施。各乡镇（街道）残联按月发放两项补贴，全年共为11900多名残疾人发放两项补贴1474万多元。春节期间，区残联联合市残联对全区282户困难残疾人家庭开展走访慰问，发放慰问金18.48万元。6月1日上午，到广丰区特殊教育学校开展庆"六一"关爱残疾儿童活动，为112名残疾儿童送上节日礼物和美好祝愿，为上户走访送教上门的残疾儿童官某仁，送上慰问品，为他配送轮椅和浴凳。

【残疾人康复服务】 2022年，广丰区困难残疾儿童转介到外地康复机构抢救性康复的有18人，在本区康复机构做康复的有75人，全部实现应助尽助。全年全区有320多名残疾人申请适配基本型辅助器具410多件，发放辅助器具补贴57万多元。区残联帮助区残疾人康复托养中心在丰溪街办附近租赁1200平方米业务楼一幢，将教育康复类（含听力言语、孤独症及智力障碍等康复服务）全部搬迁至新场所，解决残疾人康复排队的困扰，并实现分类诊疗。区残联在嵩峰乡十一都村、霞峰镇方村村、洋口镇湖边村、大南镇大南居、下溪街道杨村村、沙田镇十六都村建立"自强健身示范点"，投入资金28万多元采购康复健身器材；在横山镇前洋村建立残疾人康复社区，投入资金5万多元采购康复器械。

【残疾人就业创业】 2022年，广丰区残联配合区税务局、财政局，全年征收残保金750万元。区残联联合区教育局，对符合条件的14名参加2022年高考的残疾大学生申请资助项目，其中11个专科、3个本科，发放资助金13.5万元。8月15日至19日，区残联协同市残联举办为期5天的全市残疾人手语培训班；区残联会同区人社局举办2场残疾人就业招聘会，帮助30余名就业困难的残疾人和残疾失业人员实现就业。区残联通过筛查审核，全区13家符合条件的种养专业合作社申报省、市、区级阳光助残基地。全区集中安置残疾人就业福利企业19家，集中安置1380多名残疾人。

【残疾人权益保障】 2022年，广丰区建立区、乡镇（街道）、村（社区）信访信息快速反应机制，第一时间上报并靠前处理，及时发现、处置信访问题，区残联全年接待办结10人次来信来访。协调评残医生下乡上门，对140多名不能到医院评定的重度残疾人进行现场评定、免费办证，为30多名残疾人实现"跨省通办"残疾人证。区残联依托各乡镇（街道）残联、村（社区）残协专职委员工作网络，对全区19600多名持证残疾人状况进行调查，并上报有关状况调查数据。

【残疾人节日宣传活动】 2022年3月3日是全国第23个爱耳日，区残联在月兔广场举办"爱耳日"宣传活动，现场分发宣传单1000余份，接待咨询人员200余人，听力健康检查110多人，适配助听器对象5人。4月2日上午，区领导陪同市残联领导到残疾人托养康复中心参加"世界孤独症关注日"活动，为残疾儿童送上慰问品。5月15日，在月兔广场举行第32次"全国助残日"宣传活动，设立残疾人就业服务咨询台和宣传展板，发放残疾预防知识手册，企业进行现场招聘；走访安置残疾人就业优秀单位，慰问行者汽车美容店、江西久顺科技有限公司的残疾人员工，向他们送上慰问品。6月6日，区残联在区特教学校开展第27个"全国爱眼日"宣传教育活动，眼科专家为师生做如何保护眼睛的知识讲座，为学生们检查视力和答疑解惑。8月25日上午，在洋口镇、横山镇举办以"普及残疾预防知识、建设健康中国"为主题的全国第六次残疾预防宣传活动，在集贸市场摆放科普知识展板、发放宣传材料、残疾预防纪念品等；同日下午，区残联邀请康复医师在永丰街道横路社区开展残疾预防知识讲座宣传活动。10月15日，广丰区残联联合区盲人协会，在区特教学校举办庆祝第 38 个国际盲人节主题活动，有 60 余名盲人朋友参加，他们表演独唱、吉他演奏、笛子独奏、合唱等节目，区残联为他们发放盲杖、多功能闹钟等纪念品和中餐补贴。12 月 3 日，由上饶市残联主办、广丰区残联承办的上饶市第 31 个"国际残疾人日"活动在广丰区月兔广场举行。

【承办全市残联基层组织建设现场会】 7 月 12 日，全市残联基层组织建设现场会在广丰举行，市残联、广丰区委领导出席活动。会上，广丰区残联主要负责人作经验交流。与会人员现场观摩五都镇残联、五都镇紫坞村和横山镇上乎村残协组织建设，了解残疾人工作"网格化"管理、"一窗受理、集成服务"和残协"帮办代办"服务。

【广丰区残疾人联合会第五次代表大会召开】 2022 年 10 月 28 日，广丰区残疾人联合会召开第五次代表大会，回顾总结过去五年工作，研究部署今后五年全区残疾人工作主要任务。上饶市残联、广丰区委、区政府领导出席。大会选举产生新一届主席团主席、副主席和出席上饶市残联第五次代表大会的代表，推举区残联执行理事会理事长。广丰区政府副区长汪学文当选区残联第五届主席团主席。

【承办上饶市第 31 个"国际残疾人日"活动】 12 月 3 日上午，由上饶市残联主办、广丰区残联承办的第 31 个"国际残疾人日"活动在月兔广场举行。上饶市残联、广丰区政府领导出席。活动现场，区残联与区司法局签订法律援助协议。残疾人代表作自强事迹励志演讲。开展残疾人书画、就业、康复、维权等宣传活动，营造全社会尊重残疾人、关爱残疾人、帮助残疾人的氛围。

【残疾人康复中心项目建设】 上饶市广丰残疾人康复中心项目位于广丰区芦林街道石谢社区，占地 25.02 亩，总建筑面积 31890.92 平方米，设计床位 249 张，总投资约 1 亿元（中央预算内投资 5166 万元），按二级康复机构标准设计。至 2022 年年底，广丰残疾人康复中心项目主体工程基本完工。项目建成后，将进一步健全残疾人社会保障体系和服务体系，满足残疾人多层次、多样化服务需求，提升残疾人生活质量，降低残疾人康复成本，减轻残疾人家庭压力，促进广丰区残疾人事业高质量发展。

（供稿人：张少勇）

上饶市广丰区归国华侨联合会

【概况】 2022 年，广丰区打造"区侨胞之家""检侨之家"，优化侨务议事协商平台建设，服务经济发展，依法维护侨益，拓展海外联谊，参政议政，弘扬中华文化，参与社会建设等，促进广丰区和谐社会建设和经济社会发展。

【服务归侨侨眷和侨资企业】 2022 年，广丰区坚持走访慰问归侨侨眷和服务侨资企业，关心侨界民生，全年走访慰问归侨侨眷 8 人次，发放慰问金及物品合计 10000 余元。区侨联多次到江西力科车业有限公司了解企业面临的困难和诉求，做好企业退税、贷款、生产等服务对接工作。联系江西精侑科技有限公司、江西寸金实业有限公司、晶艺光电科技（江西）有限公司等侨资侨属企业，做好对接和服务。区涉侨纠纷调解组织的相关人员参加人民法院在线调解平台在线调解直播培训，开展侨法学习和宣传活动，推进《侨眷权益保护法》进社区、进企业。

【成立"检侨之家"】 10 月，区侨联联合区检察院制定印发《关于进一步推进依法服务和保障侨资侨属企业健康发展的举措》，在侨资企业江西精侑科技有限公司、江西寸金实业有限公司成立"检侨之家"，着力优化侨务议事协商平台建设。完善"检侨之家"建设，实行检侨合作常态化联络机制，持续强化"检侨合作"，打造实体"检侨之家"，及时为广大侨商和侨企提供全方位、多渠道和精准化的法治服务。

【组织参与"世界华人学生作文大赛"】 2022 年，广丰区侨联联合广丰中学、贞白中学参与"第二十三届世界华人学生作文大赛"。广丰区有 14 名学子获奖，其中全国一等奖 3 人，全国二等奖 5 人，全国三等奖 6 人；12 名教师获评"优秀指导教师"。

【实施侨爱心工程】 2022 年，广丰区侨联与上饶市侨联对接，争取"澳大利亚魏基成天籁列车"捐赠冬衣 20 多件，发放给五都福利院；参与"金秋助学"走访慰问结对困难留守儿童活动；参与广丰区 2022 年国庆重阳双节走访慰问百岁老人活动，为广丰区 30 多位百岁老人每人送上一台助听器。

（供稿人：余莉）

上饶市广丰区红十字会

【概况】 红十字会是一个具有国际、政府、社会"三重赋权"的人民团体,是履行政府人道领域工作的重要助手,其职能大体上可以概括为"三救"(应急救援、应急救护、人道救助)和"三献"(献血液、献造血干细胞、献人体器官组织)。2022年3月至5月,广丰区芦林街道三官殿社区、横山镇上孚村、横山镇廿三都村、横山镇前洋村、实验中学等相继成立基层红十字会。至2022年年底,全区23个乡镇(街道)、2个医院、4个学校、1个行业协会、4个行政村和2个社区均成立基层红十字会。

2022年,广丰区红十字会接受社会捐赠款16477.71万元,实现器官捐献7例,开展应急救护知识培训1万余人次,其中公益性培训11071人、救护员培训1283人。

2022年,广丰区把监督贯穿红十字会决策和执行的全过程,区红十字会监事会开展3次专项监督检查,通过现场问询、查阅账册、财务凭证等方式,对区红十字会财务及捐赠款物收支情况进行专项监督,发现问题现场反馈,提出意见和建议。

【社会募捐】 2022年,广丰区坚持人民至上的理念,改善民生特别是弱势群体的生活状况,全年社会捐款16477.71万元,其中秀美乡村建设捐款15605.51万元,疫情防控捐款44.5万元,其他捐款827.7万元。

2022年,区红十字会以互联网募捐为重心,以腾讯公益平台为载体,在"5.8人道公益日"网上筹资中筹集善款7259.73元,在"99公益日"网络筹资中筹集善款107382.71元。

【"三献"志愿活动】 2022年,广丰区有1例造血干细胞捐献和7例遗体器官捐献。当年年底,区红十字会集中走访器官捐献者家属,为每户送上2000元慰问金、慰问品。

【组建"江小红"宣讲团】 2022年,广丰区红十字会组建广丰区红十字会"江小红"宣讲团,开展各类安全教育宣讲活动36场,受益人数近15000人次,其中养老服务普及培训362人,应急救护普及培训11071人,救护员持证培训1283人。组织贞白中学1000余名学生参加红十字生命教育防灾避险知识竞赛。

【开展"博爱送万家"活动】 2022年,广丰区"博爱送万家"活动,救助困难群众126户,发放人道救助款15.42万元,发放温暖箱40个(价值10723元);日常救助困难群众102户,发放人道救助款19.51万元。

【关爱留守儿童、百岁老人系列活动】 2022年,广丰区红十字心理应急救援队开展"留守不留心,让爱点心灯"关爱留守儿童系列活动。3月9日,在沙田镇十六都完小开展"留住希望 守护幸福"主题活动,帮助30名留守儿童健康成长,弥补感情缺失、培养积极的生活态度;5月30日,开展"粽情端午 让爱留守"端午节主题活动,提高孩子们的动手能力,让留守儿童感受到家的温暖,享受陪伴与关爱带来的幸福,促进留守儿童健康成长。在九九重阳佳节,广丰区红十字会开展"弘扬孝文化,喜迎二十大"走访百岁老人活动,区四套班子领导带队走访慰问35名百岁老人,为每位百岁老人送上1200元慰问金以及轮椅、手杖、助听器、蚕丝被等慰问品,让老人们感受到党和国家、社会各界对他们的尊重和关心。

【参与疫情防控、抗洪救灾】 2022年疫情防控期间,区红十字雄鹰救援队45名队员,在全区开展防疫消杀、高速路口执勤、村居卡口和核酸检测点登记扫码和维持现场秩序等志愿活动100余次。南丁格尔志愿服务队始终奋战在疫情防控一线,先后赴南昌、万年等地支援、帮助开展疫情防控,到社区、村组向居民宣传新冠肺炎疫情防控相关知识。

2022年6月份,湖丰镇、壶峤镇受到洪涝灾害,区红十字雄鹰救援队第一时间出队55人,携带橡皮艇和冲锋舟转移受灾群众150余人,运送救灾物资40余趟,配合相关部门清理路障,保证电力和通讯的恢复。灾后开展卫生清扫和环境消杀。区红十字会向上级红十字会争取到300个赈济家庭箱送给受灾群众,为受灾群众送去温暖。

【投放首批自动体外除颤仪(AED)】 8月9日,广丰区举行自动体外除颤仪(AED)投放仪式。2022年广丰区采购的首批8台自动体外除颤仪(AED)分别投放在横山镇上孚村、贞白中学、广丰中学、永丰中学、南屏中学、实验中学、芦林街道学校、大石街道中学等8个人流量较大的公共场所,同步开展应急救护培训,为广丰人民筑起生命健康的"防护墙"。

"AED"全称自动体外除颤器,是一种便携式、易于操作的急救设备。在人员密集场所配置AED,是抢救心脏骤停患者,提高危急重症抢救成功率、有效降低死亡率等的重要举措,是一个社会现代化程度、文明程度的重要标志。

(供稿人:沈丽珍)

上饶市广丰区社会科学界联合会

【概况】 2022年，广丰区社联认真履行"认识世界、传承文明、创新理论、咨政育人、服务社会"的职责，开展社科规划课题研究和社科知识宣传普及，加强社科调研和学术交流，推进社科学会建设等各项工作取得新成绩。

【课题研究】 2022年，区社联组织申报《新形势下广丰区实施乡村振兴战略的研究和对策》《广丰区居家养老服务业的探索与思考》《推进智慧城市建设 加快广丰发展升级》《乡村振兴背景下的红旅文化可行性分析》等课题，其中以区委书记胡心田为组长的课题《新形势下广丰区实施乡村振兴战略的研究和对策》，被列为市级重点课题立项。

【社科宣传】 2022年，区社联创新宣传手段和形式，开展内容丰富、形式多样的社科宣传普及活动。组织广丰光阴文化促进会会员，到大石街道溪边村开展"喜迎二十大，城乡看变化"文化采风活动，深入群众宣传创文知识。在永丰街道横路社区，开展国家安全教育宣传活动，发放宣传单500余份。先后到枧底镇、洋口镇、铜钹山镇开展老年人防电信网络诈骗宣传活动，发放防电信网络诈骗宣传手册1000余份。在永丰街道鸟林街社区，开展一年一度的社科普及宣传周活动启动仪式，通过展板展览、现场发放社科读物、问政咨询等向群众宣传社科工作，参与群众200余人次。在嵩峰乡、少阳乡、霞峰镇、横山镇新时代文明实践所开展《中国共产党宣传工作简史》《习近平谈治国理政（第四卷）》《中国共产党简史》等内容的专题宣讲活动，参与人数400余人。邀请区市场卫生监督管理局专家在丰溪街道开展食品安全教育讲座，参加人数100余人。邀请心理专家到南屏中学开展心理健康教育讲座，师生200余人参加。走进中小学校园，开展社科知识有奖竞赛活动，并赠送社科读物。开展以"喜迎党的二十大 感恩奋进新征程"为主题的网上社科有奖竞赛活动，参与群众3000余人次。

【社科调研】 2022年，区社联针对广丰经济社会发展前瞻性、应用型的问题以及群众关心关注的问题组织系列调研，邀请省、市社科专家到广丰区对工业经济高质量发展、产业布局等方面进行专题调研。6月9日，由上饶市工信局、市社联组成的联合调研组到广丰区，就推进上饶工业中部走前列发展战略研究课题进行调研，走访上饶高新区部分企业，召开座谈会，了解广丰区的产业扶持、税收优惠、科技创新、人才引进等政策，电子信息、黑滑石等主导产业发展情况，以及广丰区工业高质量发展面临的一些难题。6月14日，省社会科学院产业经济研究所所长孙育平一行到广丰区就县域工业发展情况进行专题调研，了解广丰区主导产业发展情况，产业数字化、数字产业化以及企业数字技术的运用情况，招商引资和营商环境建设的经验举措，对广丰区工业高质量发展提出意见和建议。

【社科学会建设】 区社联所辖的民间组织有光阴文化促进会、伏羲文化研究会、广丰方言传承协会。2022年，上述协会按照属地管理、分级负责和谁主管谁负责的原则，各协会会长对本协会内部意识形态工作负主体责任。协会成立或换届前，秘书长及以上候选人选，事先须报区社科联报备，各协会的刊物著作出版一个月内报社科联备案存档，网站、微信公众号等信息每年报备一次。

2022年，区社联指导和督促各社科学会（协会、研究会）加强学术研究、宣传普及、人才队伍等方面建设，修订完善《广丰区社科工作者职业道德守则》《广丰区社科联关于规范社会科学会活动报备的通知》等管理制度，推进学会的法治化、规范化建设。学会建设取得新进展。

【成立广丰方言传承协会】 广丰方言传承协会成立于2022年4月29日，该协会是由爱好广丰方言人士自愿组成，把广丰方言传承发扬光大的自主管理、服务社会非盈利性的民间群众组织。活动场所位于广丰区丰溪路520号，协会共吸纳会员50名，该协会的职责是对广丰方言进行研究、保护、传承、采集、补充、宣传、交流、整合辑编等。协会下设理事会，日常工作由理事会负责，制作分类讲解广丰方言视频推广节目，开展方言进校园、进乡村等宣传工作，下一步将开展方言进课堂等节目录制工作。

（供稿人：胡艳铭）

军 事

武装部

【概况】 2022年，广丰区人武部围绕"忠诚信仰夯实根基、聚焦主业全面准备、紧盯短板赶超先进、坚守底线创新发展"的思路，按时保质保量完成上级赋予的各项任务。2022年广丰区人武部被江西省军区表彰为"练兵备战先进单位""新闻报道先进单位"，被上饶市军分区表彰为"全面建设先进单位"。

【练兵备战】 2022年，广丰区坚持落实人武部党委议训，突出中心居中，使人力、物力、财力向备战打仗聚焦，及时修订完善作战、非战争军事行动和日常战备方案。投入专项经费60余万元补充战备物资和作战值班室建设，组织民兵进行"基地化"集中集训，高标准、严要求按训练"四落实"要求完成训练任务。6月21日至27日，出动基干民兵520人次参加湖丰镇和壶峤镇抢险救灾行动，较好完成上级赋予的灾后重建任务，有效提升应急应战能力。

【国防动员】 2022年，广丰区聚焦国防动员领域"十四五"规划开局，积极构建党的集中统一领导下，军地既各司其职又密切协同的国防动员新格局。区人武部扎实开展国防动员潜力调查，组织潜力数据会审，常态抓好国防动员潜力基础数据普查更新，常态核准上报点名数据，全面提高国防动员工作质效。紧盯往年民兵编建中的矛盾问题，压紧压实编兵整组各个环节，按照整组"八步法"（注：指组织潜力调查、展开整组准备、优化结构布局、调整更新人员、预建党的组织、清点落实装备、集合点验民兵、组织检查验收八个步骤）编精编实基干民兵，高标准完成民兵编建任务。围绕年度征兵任务，聚焦"五率"指标（注：指报名率、上站率、合格率、择优率、退兵率），深入开展宣传发动、体格检查、政治考核、思想化解工作，圆满完成年度征兵任务，并超额完成大学毕业生征集30名。

【后勤装备保障】 2022年，广丰区人武部扎实开展保障业务培训，认真组织财务、营房、采购、装备等各类法规制度学习，通过提升保障人员业务能力水平和法规意识，进一步规范后勤管理秩序，后装保障水平有了较大提升。协调军地有关部门联合开展"守护戎装"专项行动，打击非法买卖戎装等行为，维护戎装的严肃性。

（供稿人：黄彬彬）

人民防空

【概况】 2022年，广丰区落实省人防办"八大提升行动"和市人防办"九个人防建设"要求，完成各项任务，促进广丰人防高质量发展。2022年12月29日，上饶市广丰区国防动员办公室揭牌。2022年广丰人防蓝天的建设发展模式被省人防办借鉴并向全省推广；5月，广丰人防蓝天救援队队长周和睦获评全省最美人防工作者。

【人防工程项目建设与维护】 2022年，广丰区人防工程竣工验收项目8个，竣工验收面积×××××平方米；竣工验收备案项目6个，竣工验收备案面积×××××平方米。结建项目5个，地上总建筑面积××××××.××平方米，审批应建防空地下室面积×××××.××平方米。易地建设费项目28个，地上总建筑面积××××××.××平方米，收缴易地建设费16522005.1元。通过有效资产抵押为问题楼盘松绑，本年问题楼盘入库易地建设费805万元，化解问题楼盘经济周转问题，其中××生活广场项目足额缴交。

【开展9.18主题系列活动】 2022年9月16日，广丰区开展"广盾——2022"重要经济目标防护实战化演练，围绕燃气供应目标防护，进行空袭后果消除。在南屏中学、广丰中学等学校开展防灾减灾应急疏散演练，并对在"九一八"事变中牺牲烈士和逝世同胞深刻缅怀，教导学生铭记历史、勿忘国耻。龚振宙带领人防蓝天救援队队员到大石街道虎头背日军侵华杀人坑缅怀受难同胞。9月18日上午区人防办组织人员到月兔广场对防空警报试鸣、对国防知识进行讲解，发放宣传资料，赠送宣传用品。

（供稿人：杨绳金）

法 治

政法委

【概况】 2022年,广丰区坚持党对政法工作的绝对领导,坚持以人民为中心的发展思想,牢牢把握党的二十大安保维稳工作主线,忠实履行维护国家安全、社会安定、人民安宁的重大责任,奋力推动新时代政法工作高质量发展。2022年,广丰区公安局获全省集体二等功、洋口法庭获全省优秀法庭、高林芳获全省优秀法官、庄曼获全市公诉标兵。

【维护社会稳定】 2022年,广丰区严格落实24小时值班备勤、"日报告"和"零报告"制度,强化排查、稳控、教育、化解各环节的机制、流程及督查督办,各类重点群体和重点人员情况清、诉求清、职责责任实,管理措施实,实现了"五个不发生"的目标。坚持教育、帮扶、打击三管齐下,常态化开展"敲门行动"、走访慰问和打击处置。健全网上、网下一体化信息巡查管控机制,及时封堵、上报、删除网上政治谣言和有害信息,收集处置境外政治谣言、有害信息×××条,上报境外反恐情报信息×××条。建立健全重大决策社会稳定风险评估机制,完成社会稳定风险评估57件。

【平安广丰建设】 2022年,广丰区始终保持对各类违法犯罪严打高压态势,常态化推进扫黑除恶斗争,连续打响"百日行动""和谐4号""春雷行动"等专项战役,全区严重影响群众安全感的八大类犯罪、"两抢一盗"、电诈警情同比下降46.9%、44.7%、49.2%,社会治安平稳有序。依法批准逮捕各类犯罪嫌疑人140件166人、提起公诉385件478人,受理各类案件10709件,审执结10499件,结案率98.04%,人民群众安全感显著提升,在全省排名前进了35位。

【社会治理创新】 2022年,广丰区扎实有序推进全区市域社会治理现代化试点,坚持和发展新时代"枫桥经验",健全完善矛盾纠纷多元化解机制,全年调解矛盾纠纷4499起,调解成功率99.37%,完成洋口镇社会治理中心建设。织密织牢网格化服务管理体系,全区2434名网格员累计上报群众委托事项23万余件,办结率99.50%。强化信息赋能增效,推进立体化社会治安防控体系建设,建成"天网"一类监控7214路,整合二、三类监控11586路,建成平安智慧小区80个。

【法治广丰建设】 2022年,广丰区扎实推进全面依法治区,政法系统机构改革、司法责任制改革、司法体制综合配套改革等政法领域各项改革任务落实见效。深入推进"法律明白人"培养工程,整合法律援助、公证、仲裁、社区矫正等各项职能,着力打通公共法律服务"最后一公里",全年回复和办理群众有关法律诉求31859件。着力优化法治化营商环境,出台各项政法便民举措132项,协调解决企业发展、项目建设中的重大问题和困难186项,排查化解涉企矛盾纠纷830项,帮助企业追回经济损失1500余万元。

【政法队伍建设】 2022年,广丰区坚定不移推进全面从严管党治警,持之以恒推进自我革命,巩固深化政法队伍教育整顿成果。狠抓各项铁规禁令学习、执行、监督,严格落实中央八项规定精神十周年"回头看"活动,全面落实"十个严禁"和防止干预司法"三个规定"。9月22日至27日对区公安局党委、区法院党组开展政治督察和纪律作风督查巡查。严格规范执法,制定《广丰区委政法委执法监督工作实施意见》,抽取政法单位100件案件进行评查。实施教学练战一体化培训,举办全区政法系统政治轮训班、平安建设培训班、网格员培训班等,全面提升政法干警履职尽责的能力和水平。2022年,广丰区公安局获全省集体二等功、洋口法庭获全省优秀法庭、高林芳获全省优秀法官、庄曼获全市公诉标兵。

(供稿人:蒋文棋)

公 安

【概况】 2022年,广丰区公安局履行"打防管治"公安主业,连续打响"和谐1号""和谐2号""长风

4号""夏季治安打击整治百日行动""百日缉毒""獠猎行动""和谐4号"等专项战役,维护全区社会治安大局持续平稳。全年共接刑事类警情1576起,行政治安类警情3857起,同比分别下降28.3%、11.2%,刑事破案率、抓获嫌疑人数"两上升",刑事警情数、治安警情数、八大类犯罪数"三下降",电诈整治实现"两升两降"(注:指破案数、抓获人数上升和发案数、群众财产损失数下降),小案快破取得"三升两降"(注:指查处违法犯罪人数明显上升、破案数明显上升、追赃挽损明显上升、发案数明显下降、人民群众财产损失明显下降),连续16年现行命案全破,公众安全感、公安满意度实现大幅度跃升。坚持逆行战役,实现防疫政策调整前社会面"零疫情"和监管场所"零输入"。

广丰区公安局坚持政治建警、从严治警、文化育警、从优待警,研究制定《2022年度广丰区公安局政治督察实施方案》,对全局各单位开展政治督察,开展现场督察287次,进行视频督察779次,网上监督平台登录数14672次,整改可疑案件1100起,整改率100%。核查案件31起。2022年,广丰区公安局12个警种部门在综合考评中各项全优,18个警种部门跨入第一方阵。全局立集体二等功1次,集体三等功3次,5个单位获评省级以上先进集体,14个单位获得市级以上表彰,28人荣立个人三等功,2人获评"全省优秀人民警察",4人获评市级先进个人。指挥中心获评"全国巾帼文明岗",民警郭学慧当选江西省人大代表。年度公安综合绩效考评再次跻身全市第一方阵,连年获评"全市公安机关优秀单位",获全区高质量发展考核政府职能类综合一等奖。

【维护社会安定】 2022年,广丰区公安局全警忠实履职,坚持高标准、严要求、实措施,超常规部署安保工作,实现"五个严防、三个确保"总目标,做到重点人员"零失控、零进京、零非访、零登记",圆满完成二十大、冬奥会、冬残奥会等重大安保维稳任务,荣立集体二等功。

2022年,广丰区公安局打响夏季治安打击整治"百日行动""和谐2022""长风"等系列战役。全区刑事、行政治安类警情同比分别下降28.3%、11.2%,严重影响群众安全感的八大类犯罪同比下降45.4%,刑事破案率、抓获数同比分别上升17.8%、6.3%。深推"小案快破"工作机制,传统侵财案件破案数、追赃挽损率、打击人数分别上升61.48%、58.2%、127.9%,刑事、行政案件数分别下降20.2%、52.3%。深推电诈打击整治,电诈警情、群众损失分别下降28.56%、33.81%,打击数、挽损率分别上升159.2%、27.6%。深推命案攻坚,实现连续16年现行命案全破。

常态化开展扫黑除恶,成功摧毁黑恶势力团伙1个,破获九类案件26起。保持对食药环知水森领域违法犯罪的高压震慑态势,共立刑事案件60起,采取刑事强制措施58人,受理行政案件17起,行政拘留18人。

2022年,广丰区公安局完善缉毒执法机制,出台《广丰区公安局对群众举报毒品违法犯罪线索的奖励办法》,建成广丰区禁毒主题公园,持续推进吸毒人员和易制毒化学品管控,全年新增现吸人员大幅度下降,实现全年吸毒人员肇事肇祸"零发生",非法易制毒化学品"零流入"。

【开展群防群治】 创新发展新时代"枫桥经验",广丰区公安局选定9个派出所作为试点创建单位,逐一明确局领导负责牵头开展创建工作,积极打造"广丰义警""禁毒志愿者""反诈志愿者""交警志愿者"等四支群防群治队伍。推广"庭所对接""民调入所""律师进所"等矛盾纠纷多元化化解机制,动员社会力量、集聚民力民智,切实推动枫桥式公安派出所创建走深走实,17件市级以上交办信访积案全部化解成功。大力整治"黄赌毒"治安顽疾,社会风气得到持续净化。扩容优化特巡警队伍,培育组建"雷剑突击队",设置"135"快速反应圈26个,社会面刑事有效警情同比下降30.12%。针对全区未成年人犯罪的现状,组建一支10人的"关爱未成年人工作小分队",日常负责对违法犯罪未成年人的帮扶管教。成立广丰平安义警志愿者协会,下属20个中队,正式队员292人,志愿者3396人。

【公安优化法治营商环境】 2022年,广丰区公安局推进"千警万格百万群""万警千车下基层""千名干部入千企"等活动,深化放管服改革,公安政务从"一网通办"迈向"一网办好",深化便民服务举措30余项,"一网通办""一网办好"业务10万余件。惠民利企政策由粗线条转向"点对点",破获涉企案件20余起,涉案金额3000余万,挽损1000余万元,全年公众安全感和公安满意度实现大幅度跃升。

【基层站所建设】 2022年,广丰区坚持强基强所,下溪所、巡警大队实现整体搬迁,新看守所、拘留所基本完成验收,大石所、吴村所营房主体竣工,排山、霞峰、芦林、下溪4所完成标准化改造,永丰所、壶峤所、特警大队新建项目有序推进。全面铺开防控支点建设,建成市民中心警务站和84个社区警务室。

【"雪亮工程"建设】 2022年,广丰区新建天网一类监控1000路、平安智慧小区25个,全区累计建成"天网"一类监控7214路,整合二、三类监控11586余路,建成平安智慧小区80个,基本实现"点上成线、面上成网、外围成圈、覆盖城乡"的视频体系,农村"5+2"工程覆盖率达到100%,城区平安智慧小区覆盖率达100%。

广丰区开展"水美家安——全民防溺水"专项行动，完成重点水域"四个一"建设（注：一块警示牌、一个救生圈、一根安全绳、一根救生杆）220处，全区溺水死亡人数同比下降28.6%。

广丰区按照"财政保障、国企承建、公安指导"建设模式，推动校园安防"四个一"建设（注：一个安检门、一键报警器、一组存储柜、一间会客室），改造学校369所，全区学校覆盖率达100%。

【夏季治安打击整治"百日行动"】 2022年7月至9月，广丰区公安局在全区范围内开展夏季治安打击整治"百日行动"，查办黄赌毒案129起，寻衅滋事8起，抓获520人，采取刑事强制措施27人，行政处罚493人，清查九小场所1077处，清除治安乱点730处，整改安全隐患175处。

【打击电诈"1.06专案"集群战役】 2022年8月1日，上饶市公安局按照公安部、省公安厅的部署，以广丰为主战场，发起打击王某志等人团伙诈骗案全国集群战役。广丰区公安局成立综合调度组、侦办指导组、法制审核组、机动应急组、技术支撑组、后勤保障组和抓捕审查组，组织38个抓捕组120余名警力，奔赴浙江、广东、四川、湖南等13个省44个地市展开集中抓捕行动。成功破获案件100余起，抓获犯罪嫌疑人74人，缴获电子设备43套，查扣涉案银行卡138张，手机卡363张。此次集群战役实现全链条打击、捣毁诈骗犯罪团伙及跑分窝点。

（供稿人：罗词标）

法　院

【概况】 2022年，广丰区人民法院忠实履行宪法法律赋予的职责，开展贯彻落实《中国共产党政法工作条例》和省委《实施细则》自查梳理，完善党组领导监督审判执行工作制度机制，提升审判执行质效，服务区域经济社会发展。全年受理各类案件10709件，审、执结10499件，结案率98.04%，人均结案277.9件，居江西省前列。营商环境破产审判工作在全省考核中，居各县市一等，执行"3+1"核心指标、网络查控措施期限内发起率等指标位于全省前列。2022年，广丰区法院发布抖音作品23个，发布微信公众号文章365篇；在省级以上媒体上稿54篇，其中国家级媒体上稿4篇；深入开展"养老诈骗专项行动"，开展防范电信诈骗等法律知识讲座、宣传活动10余次，提升群众"防范养老诈骗"意识。

【依法惩治刑事犯罪】 2022年，广丰区法院依法受理刑事案件380件，审结379件，判处罪犯458人。守护群众"钱袋子"，审结诈骗、非法吸收公众存款等案件9件9人，审结帮助信息网络犯罪、电信诈骗等案件102件125人；维护群众生命财产安全，审结故意杀人、故意伤害、抢劫、强奸等暴力性犯罪案件32件32人；依法保护自然环境资源，审结非法采矿、非法狩猎等环境资源犯罪案件11件13人；保护好未成年人身心健康，妥善审理未成年人犯罪案件8件8人。

【依法调处民商事纠纷】 2022年，广丰区法院依法受理民商事案件6640件，审结6458件，结案率97.26%。审结离婚、赡养、抚养、继承等婚姻家庭纠纷案件1438件，保护了妇女、儿童、老年人合法权益。审结劳动用工、追索劳动报酬等劳动争议纠纷案件315件，促进了劳资关系和谐。线上庭审692场，实现疫情防控期间审判"不打烊"、庭审不误时。积极采用调解方式处理纠纷，民诉前调4823件，在线调解2247件，案件调解率58.27%。

【依法化解行政争议】 2022年，广丰区法院依法受理行政案件45件（含司法救助案件33件），审结45件（含司法救助案件33件），结案率100%。发挥司法能动作用，积极参与法律咨询服务和疏导工作，引导群众通过理性、合法途径和方式解决合理诉求，促进政府依法决策。

【依法兑现胜诉权益】 2022年，广丰区法院依法受理执行案件3626件（其中旧存8件、新收3618件），执结3617件，执结率为99.75%，申请标的金额79845.1307万元，实际执行到位金额38727.4604万元，执行标的到位率48.5%。实行周例会制度，提高执行效率。大力度开展执行专项行动，开展"年终集中执行行动""涉民生案件专项暖'薪'饶城行动""春雷行动"等集中专项执行行动共计6次，累计拘传45人，拘留22人，移送拒执公诉5件，自诉5件，搜查2户，执行到位536万余元。持续优化营商环境，在保障申请执行企业胜诉权益的同时，依法保障被执行企业生产经营权。

【法院打造一流法治营商环境】 见本年鉴类目"上饶市广丰区人民政府"分目"政务服务与优化营商环境"。

【开展为群众办实事示范法院建设活动】 2022年，广丰区法院聚焦群众"急难愁盼"问题，持续推进审判管理，抓好审判执行重点指标提升，加强质效评估，推动审判良性运行，实现高效均衡结案。严格执行审判公开，做好裁判文书上网工作，拓展司法公开的广度和深度。用足用好简易、速裁程序，持续推进"分调裁审"机制改革，减轻群众诉累。开展"涉诉（执）信访攻坚"专项活动，广丰区法院领导带头接访31次，信访窗口接访43次，处理各类信访件72件，切实解决群众难题。

【推进"五化三美"法庭建设】 2022年，广丰区法院推动法庭标准化建设和强基工作，坚持重心下移、警力下沉，对排山、洋口、大南等六个基层法庭各类功能用房进行重新布设，配齐配全通用审判物质装备，本院各审判庭均完成无纸化庭审改造，人民法庭的物质装备建设得到新加强，审判和办公场所得到根本性改善。结合村镇法庭实际情况，结合案件情况就地展开法治宣讲，以鲜活案例、互动形式增强普法实效，以"审案+法治宣讲"方式，积极参与基层社会治理。

【推动赣法民意广丰分中心建设】 2022年，广丰区法院充分发挥赣法民意中心"察民意、解民忧"的作用，切实把每一位群众诉求办理到位，开展线上线下满意度评价，累计接收办理各类群众诉求279个，建立分派工单279个，工单办理满意率100%。

【推进市域治理现代化建设】 2022年，广丰区法院参与广丰区洋口镇社会治理中心建设，处理涉诉纠纷调解54起，成功调处32起，其中，调处成功后进行司法确认13件，调解成功后申请撤诉14件（已实际履行或纠纷已化解）。

区法院积极参与文明城市创建、疫情防控，全年组织干警参与社区疫情防控156人次，开展相关党建活动5次，着力构建"党建+市域社会治理"工作体系。

【关爱未成年人成长】 2022年，广丰区法院刑事审判法官、法官助理进毛村镇中心小学、永丰中学进行未成年案例普法教育，开展"法治进校园"系列活动，宣讲"开学法治第一课"；邀请永丰中学学生旁听观摩庭审200余人次，通过观摩庭审为未成年学子打造"学法课堂"，让未成年人亲身体会法庭的威严、了解法律常识。

【持续推进智慧法院建设】 2022年，广丰区法院推进档案e管理，制定《上饶市广丰区人民法院档案e管理工作规程（试行）》《上饶市广丰区人民法院无纸化办案工作方案》等规范性文件，设立扫描员、质检员、管理员等"无纸化"专岗，定岗定责。

强化类案推送、类案检索、疑难共析等平台应用，帮助法官查明事实，正确适用法律，减少文书差错，减少司法裁判和司法决策过程中的不确定性和主观性，促进裁判尺度的统一。通过审判e管理可视化平台实时提取数据、分析案件信息，对案件审理重要节点和事项加强管控，实现管理动态化、流程化、精细化。至2022年年底，下发《审判管理双周报》24次，《审判运行态势分析》12次。

（供稿人：张青青）

检察院

【概况】 2022年，上饶市广丰区检察院依法能动履行法律监督职能，共批准逮捕各类犯罪嫌疑人166人，不捕217人，决定起诉478人，不起诉226人，办结民事生效裁判监督案件9件，对民事审判活动、执行活动违法行为提出检察建议19件，支持起诉56件，对行政审判活动、执行活动违法行为提出检察建议1件，立案办理公益诉讼案件69件，开展诉前程序65件，提起公益诉讼2件。

2022年，区检察院第一检察部获得共青团上饶市委"青年文明号"称号，1名干警以全市第一名成绩获得"全市公诉标兵"称号，1名干警获得全市公益诉讼检察业务三等奖，2篇案例入选《上饶市政法机关打造一流法治化营商环境故事会》，1篇案例被评为江西省人民检察院典型案例，1篇案例入选全国检察机关"千案展示"案例，并在正义网平台展播。

【严厉打击损害人民群众切身利益的违法犯罪行为】 2022年，区检察院严厉打击"黄赌毒""盗抢骗"、电信网络诈骗等损害人民群众切身利益的违法犯罪行为，积极回应人民群众平安需求，起诉220件300人。常态化开展扫黑除恶斗争，坚守"一个不放过、一个不凑数"，办理涉黑涉恶案件3件9人，改变定性1件7人。深化落实"四个最严"要求（注：最严谨的标准、最严格的监管、最严厉的处罚、最严肃的问责），办理食品药品领域公益诉讼案件6件，依法保障人民群众"舌尖上的安全"。迅速推进打击整治养老诈骗专项行动工作，深入社区、公园、养老院等公共场所开展系列宣传活动。

【办理生态环境和自然资源领域公益诉讼案件】 2022年，区检察院办理生态环境和自然资源领域公益诉讼案件23件，发出诉前检察建议23件，持续助力打好蓝天、碧水、净土保卫战。督促挽回、复垦、复绿被非法改变用途和占用的耕地、林地20余亩，拆除非法占用河道违建6万余平方米，清除处理各类生活垃圾、固体废物5吨，追偿修复生态、治理环境费用60余万元、野生动物资源损失费20余万元，督促违法犯罪行为人增殖放流鱼苗5万余尾，促进人与自然和谐共生。

积极落实"河长+检察长+警长""林长+检察长"工作机制,打好刑事检察与公益诉讼组合拳,推动林业、河湖治理现代化。形成《关于黑滑石矿产资源保护情况的调研报告》,就非法盗采现象提出打击、遏制建议,维护矿产资源开发秩序。

【检察院推进涉案企业合规改革】 2022年,区检察院积极推进涉案企业合规改革工作,联合区司法局、财政局等8部门制定《上饶市广丰区涉案企业合规第三方监督评估机制工作办法》,成立第三方监督评估机制管理委员会,推动涉案企业或所在行业建立完善落实合规守法经营的长效机制,促使企业合规经营、健康发展。持续搭建"检企互动"平台,深化服务意识,通过检察开放日活动、征求意见座谈会、走访等形式,坚持开门纳谏,与企业"面对面"交流,精准对接企业法治需求,为企业提供优质法治服务。2022年,区检察院起诉破坏市场经济秩序犯罪9件12人,帮助追回全部经济损失1500余万元,护航民营企业健康发展。

【检察帮困】 2022年,区检察院坚持法治帮扶和检察帮困相结合,开展司法救助助力乡村振兴,办理司法救助案件78件、发放司法救助金49.3万元。积极参与农村人居环境整治提升乡村宜居水平,排查生活垃圾露天堆放、农业面污染源、乡镇污水排放、饮用水源地污染等问题,发出诉前检察建议3件,促进美丽乡村建设,深入村社、农户,通过面对面讲解、发放普法手册、案例宣讲等方式,教育引导群众尊法、守法,推进法治乡村建设。

【诉源治理】 2022年,区检察院对群众信访"件件有回复",院领导包案办理首次信访,144件群众来信来访全部在7日内程序回复,3个月内办理过程或结果答复。坚持用心用情办好"小案",用好认罪认罚从宽、检调对接等制度机制,化解社会矛盾,减少诉讼对抗,节约司法资源,全年认罪认罚适用率为92.12%,确定刑量刑建议提出率为100%,法院采纳确定刑量刑建议率为100%。以诉源治理促进社会治理,抓前端、治未病,结合办案梳理社会治理中的薄弱点和风险点,发出"盲盒"市场违规经营、教师涉"两卡"犯罪等方面社会治理检察建议10件,推动相关部门深化源头治理,建章立制、消除隐患。

【检察为民办实事】 2022年,区检察院强化民事支持起诉工作,有效解决弱势群体、困难群众"急难愁盼"问题,办理民事支持起诉56件,其中涉农民工追索劳动报酬12件、赡养案件4件、涉老年人案件26件、涉未成年人案件7件,均获得法院支持。如办理的黄某某申请赡养支付起诉案,联合司法局、街道多次开展诉前和解协商、释法说理,最终促使子女主动与黄某某达成赡养协议。全面落实最高人民检察院"一号至八号"检察建议,充分发挥刑事、行政、公益诉讼检察协同效能,开展燃气安全、医疗用药、保健品销售、网络餐饮、安全生产等专项监督治理活动,督促相关部门排除安全隐患,守护人民群众生命财产安全。

【深化未成年人保护】 2022年,区检察院坚持实行"感化、教育、挽救"方针,对涉嫌轻微犯罪的未成年人依法宽缓到位,对未成年人严重恶性犯罪依法惩戒,批捕严重恶性犯罪未成年犯罪嫌疑人2人,起诉2人;批捕侵害未成年人犯罪11人,起诉11人。针对"问题父母"开展家庭教育指导工作54次。17名兼任中小学"法治副校长"的检察干警举办讲座20余次,开展校园安全检查工作30余次,发放普法宣传手册3000余份。严格落实入职查询和强制报告制度,督促区教体局对13003名教职人员进行审核,建立全区违法犯罪信息档案。密切关注校园周边环境、食品安全、设施安全等问题,发出检察建议1件,营造平安和谐校园。

【接受监督评议】 2022年,区检察院密切与人大代表、政协委员联系,向党外人士通报检察工作开展情况,邀请代表委员、人民监督员和检察听证员对140件刑事、民事和公益诉讼案件参与听证,邀请参加"检察开放日"、案件评查等活动,听取意见建议。在12309中国检察网,发布案件程序性信息779条、终结性法律文书90份、重要案件信息3条,保障人民群众的知情权、参与权和监督权。

【推进全面从严治检】 2022年,区检察院将巩固深化教育整顿成果与持续抓实最高检巡视"回头看"和省委巡视反馈意见整改工作紧密结合,以点带面、举一反三、对标对表抓好各项任务落实。严格执行防止干预司法"三个规定",填报过问或干预、插手办案等重大事项51件。全面落实员额检察官司法办案责任制,开展案件质量评查10次,评查案件275件,重点案件评查覆盖率100%。加强内部监督制约,开展检务督察12次,常态化开展警示教育,告诫引导干警防微杜渐、警钟长鸣。

(供稿人:徐倩筠)

司法行政

【概况】 2022年,广丰区司法局围绕全面依法治区总目标,把法治政府建设放在全局工作中统筹谋划,加快构建职责明确、依法行政的政府治理体系,全面建设职能科学、权责法定、执法严明、公开公正、职能高效、廉洁诚信、人民满意的法治政府。2022年共审核文件272件，其中规范性文件审查6件，涉及政府重大事项决策审查7件。全区各类行政执法部门共制定"双随机"检查计划1140个，开展双随机检查1177次。区政府2022年共收到行政复议申请58件，受理案件数55件。

2022年，广丰区乡镇（街道）、村（社区）人民调解委员会建成覆盖率100%，大力开展商事调解，有效化解涉企商事纠纷。

【行政执法监督】 广丰区持续推进"双随机一公开"监管工作，2022年全区各类行政执法部门共制定"双随机"检查计划1140个，开展双随机检查1177次，联合检查385次，联合检查与总事项占比62.7%，公开检查结果9474个，抽查检查市场主体6800多户。全区选择具有代表性企业，设立行政检查监测点15个，用以规范行政检查行为。下发通知，明确执法人员未持"双随机、一公开"任务通知书不得擅自对市场主体进行检查。

推进全区优秀行政执法案卷评查，2022年，广丰区司法局分上半年、下半年两次对全区各行政执法部门实施的行政许可、行政处罚案卷进行评查。从评查情况看，各执法部门的行政处罚、行政许可案卷制作质量均有不同程度的提高，行政处罚的主体合法、程序合法、适用法律依据准确、处罚内容适当，较好地执行了罚缴分离规定。行政许可能够按照《行政许可法》的规定进行办理，体现了公开、公平、公正、便民、高效的原则。

【完善行政执法程序】 2022年，广丰区落实行政执法主体公告制度，对行政执法主体进行动态更新。落实行政执法公示、执法全过程记录、重大执法决策法制审核制度。各行政执法单位均配备足量的执法记录仪，执法结果实时在江西省行政执法服务网公开，公安、交通运输、文化旅游、自然资源、生态环境、农业农村、市场监管、城市管理等部门法制审核的人员全部配备完成。规范涉企行政检查，在"双随机、一公开"的基础上，落实"一集中"（集中时间、进一次门、查多项事）原则，对象类型相同、检查时间相近的单部门监督检查，整合成跨部门联合检查，实现"一次检查、综合体检"的目标。

【重大决策合法性审查】 2022年，广丰区司法局对行政机关拟作出的重大决策，明确未经合法性审查或审查不合法的，不得提交区政府常务会议讨论。充分发挥法律顾问在加快推进法治政府建设中的重要作用，严格政府合同、规范性文件合法性审查，规范性文件报备率、报备及时率、规范率均达100%。2022年共审核文件272件，其中规范性文件审查6件，涉及政府重大事项决策审查7件，审查各类合同、协议232件，其他材料5件。

深入推进"一件事一次办"改革。大力推进"人生十件事""法人全生命周期一件事"集成改革。按照上饶市部署，"人生十件事"均上线，"法人全生命周期一件事"落实12件事，实现线上线下融合办理，做到同要素管理、同标准办理。

【行政复议与行政诉讼】 2022年，广丰区政府共收到行政复议申请58件，受理案件数55件，不予受理数3件。案件全部办结，维持和驳回案件数36件，经调解或和解后终止案件数8件。2022年法院共审理以区政府为被告的行政诉讼案件40件（德兴和市中院全部开庭审理，省高院公开开庭审理1件），审结36件，行政机关负责人出庭应诉率为93%。

【司法局打造一流法治化营商环境】 2022年，广丰区司法局根据2022年4月《江西省司法厅关于全力打造一流法治化营商环境的工作措施》，推行"双随机、一公开"和"互联网+监管"，做到检查实施清单之外无检查。实行"宁静日"制度和检查前备案制度，每月第二周定为检查周，其他时间为"企业宁静日"。加强信用分级分类监管，2022年对全区纳税人进行了信用评价，开展守信激励和联合惩戒，将低信用等级纳税人列入重点监控对象。探索推行包容审慎监管模式，实行"首违不罚""轻微不罚"，梳理形成市场监管、生态环境、交通运输、文化旅游、农业农村、应急管理"六大领域"免罚事项清单，对87项轻微违法违规行为免予行政处罚，通过批评教育、指导约谈等措施，促进企业合法合规经营。

动态调整监管事项目录清单，实际领取监管事项1008项，录入完成检查实施清单633项，确保监管事项认领率、检查实施清单完成率和准确率均达到100%；全面录入、汇聚监管数据（行政检查、处罚、强制等数据），除挂起事项外，监管行为覆盖率100%，风险预警信息100%按时核查反馈，按规定报送监管动态和曝光台信息。至年底发布监管动态544条，曝光台信息197条，监管行为推送20165条。

（供稿人：龚名）

交 警

【概况】 2022年，广丰区做好党的二十大交通安保，交通事故预防"减量控大"，巩固拓展队伍教育整顿成果，锻造"四个铁一般"的公安交警铁军，统筹推进道路交通事故预防、疫情防控、文明城市创建、道路交通秩序整治、"放管服"改革等，着力打造一流法治化营商环境。2022年广丰区公安局交警大队获得"全省优秀公安基层单位""全市创建国家卫生城市先进集体""全市优秀公安交警大队""全区高质量发展考核创卫创文工作单项奖第一名"等多项荣誉，有40多人分别受到省、市、区党委政府和公安机关表彰。

【交通秩序整治】 2022年，交警大队结合道路运输安全专项整治三年行动集中攻坚阶段工作和创建全国文明城市道路交通秩序整治工作，波次开展酒驾醉驾周末夜查统一行动、公路"双违"专项整治统一行动、全区道路交通安全风险防范工作、全区城区电动自行车规范悬挂号牌整治行动、全区交通路口交通秩序整治行动、全区校园周边交通秩序整治行动、全区"老年代步车"等低速电动车安全隐患治理等，持续严管"两客一危一货"、重中型货车、渣土运输车等重点车辆，加强对长途客车、面包车、校车、危化品运输车的检查，加大对酒驾醉驾、超速、超员、超载、涉牌涉证、疲劳驾驶、货车超载、违法载人、拼车超员、工程运输车交通违法，摩托车超员载人、不佩戴安全头盔等严重交通违法行为严管严处。全年共查处酒驾醉驾交通违法行为652起，涉牌涉证交通违法行为574起；查处"两客一危"车辆交通违法行为23124起，查处货车交通违法行为5602起，其中超载1245起、超员载客88起、违法载人1起；查处两、三轮车交通违法行为52342起，面包车交通违法行为1202起，低速车交通违法行为236起，工程运输车违法行为4462起，危化品运输车违法行为21起。

持续开展综合执法、"五车"整治、"乱停乱放"整治、交通路口秩序整治、城区电动自行车规范悬挂号牌整治、城区无障碍设施整治、道路交通不文明陋习专项执法行动等，施行精细化管理，整治影响城区交通秩序与安全的交通违法行为。全年共拖离乱停乱放电动车1022辆、小车54辆，拆除电动车非法安装遮阳伞（挡风披）79把，查处违停机动车辆28388起，劝导乱停乱放车辆68499辆，查处电动车机非不分、逆向行驶7304起，查处行人闯红灯、不走斑马线、翻越护栏469起；查处"五车"交通违法行为16445起（其中载人三轮车交通违法1起，载货三轮车交通违法51起，轻型货车违法行为455起，两轮车交通违法15829起）；查处机动车占用盲道交通违法行为326起，不按规定悬挂号牌210起。

【交通安全设施建设】 2022年，交警大队加大硬件建设投入，优化交通组织，完善交通安全设施，规范城区交通秩序，共安装违停标牌2套，安装更换267根反光警示柱，更换行人红绿灯杆件2根，更换导流牌3块，重新施划路口箭头9个，更换人行道红灯板一块、变压器一个，更换红绿灯老旧控制线81米，拆除不合理机非隔离护栏约140米，施划非机动车停车位200余个、机动车停车位160余个，施划标线520余米，更换阻车栏12.1米。

【交通安全宣传】 2022年，交警大队结合春运、清明、五一、端午、中秋、国庆等重要节点，认真组织开展"平安春运"、"开学第一课"进学校宣传、"一盔一带"安全守护行动、"一老一小"主题宣传、"美丽乡村行"巡回宣传、中高考出行宣传、交通安全阵地建设等系列主题宣传活动158场次。持续推进交通安全"五进"宣传活动，全年开展"五进"宣传176场次。开展"美丽乡村行"交通安全巡回宣传活动103场次，有18个乡镇61所学校逐步落实交通安全宣传阵地建设，通过短信平台向"两客一危一货"、校车等推送交通安全提示警示信息15000余条。曝光突出违法车900余辆，公布安全隐患和事故多发路段36处，曝光其他交通违法4800余起，曝光交通违法典型案例8起，震慑行业企业，警醒从业人员。依托传统媒体与新媒体阵地，持续深化媒体宣传，开展网络直播11场，"广丰公安交警"官方微信平台发布信息155条，发布微博206条，发放各类交通安全宣传资料180000余份。2022年大队在省级媒体刊登稿件94篇。

【道路安全隐患排查治理】 2022年，交警大队重点排查已出现的坑漕、车辙、水毁、不均匀沉降、易积水等隐患路段；长时间、长距离施工路段；交通标志标线和安全防护设施缺失点段；不符合最新技术规范的隧道出入口设计、隧道内照明、逃生、引导、应急救援点段；特别对事故多发的公路平交路口、一级公路中央分隔带开口，以及急弯陡坡、临水临崖等隐患路段进行排查，并将排查情况向相关职能部门通报，督促及时整改治理，防事故于未然。全年联合公路分局、交通局共治理200余处道路交通安全隐患。

【车辆管理服务】 2022年，交警大队改进服务举措，推动"业务大厅综合管理服务系统"应用全覆盖。使用系统取号、叫号、评价，开启人脸对比，"非法中介"黑名单等监管功能，严控非法中介代办和插队办事，全面遏制黄牛生存空间，全年业务取号4万多起；推进交所融合业务办理，将部分车管业务下放到23个乡镇（街道）派出所，方便群众就近办理简单的车驾管业务。全年派出所办理交管业务2611起；7月份起完成金浩服务站建设并投入使用，办理挂牌业务1639起；推广"交管12123"交通安全综合服务管理平台应用；落实"一窗办""一证办""容缺办"以及"一次性告知"制度和延时错时服务，在车辆查验窗口启动

"通道式"服务，车主在查验通道内一次办理完所有注册登记业务，全年交警大队共受理小型汽车注册登记2758辆，汽车抵押登记5281辆，普通摩托车注册登记6670辆，低速车注册登记81辆，轻便摩托车注册10185辆，电动自行车注册4521辆，汽车申领免检合格标3993辆，小型汽车科目一与五小车辆科目一考试共计9230人，小型汽车科目三安全文明考试与五小车辆科目三安全文明考试共计7556人，五小车辆驾驶人新增629人，增驾驾驶420人，驾驶证转入276人，满分学习448人，注销登记36人，补驾驶证760人，换驾驶证11897人。

【事故处理】 2022年，交警大队用手机app快处系统处理交通事故1872起，降低当事人事故处理成本，提高民警处理轻微事故工作效率，缓解因事故造成的道路拥堵问题。2022年，道路交通事故人民调解委员会受理调解交通事故案件342起，调解率85%，达到轻微道路交通事故快速处理理赔、一般道路交通事故高效审理和快速执结的目的。加大交通肇事逃逸案的侦破力度，建立和完善交通肇事逃逸案举报奖励机制、案件侦破激励机制、案件侦查责任机制，2022年全区共发生一般性交通肇事逃逸案件12起，侦破12起，侦破率100%，其中侦破死亡逃逸事故2起，维护交通法律法规的严肃性。

2022年，交警大队优化"警保联动"工作机制，为事故当事人提供现场一站式理赔指引及调处，全年通过警保联动调解交通事故案件521起。深推"警医合作"。在原基础上与区人民医院、区中医院召开座谈会，探索"警、保、医"三方联动，进一步完善警医合作长效机制，健全完善道路交通事故救援"绿色通道"，有效保障人民群众生命健康安全。

（供稿人：陈康平）

经济管理与监督

经济综合管理与调控

【概况】 2022年,广丰区发改委统筹推进疫情防控和经济社会发展,全力推进项目建设,持续优化营商环境,加强生态文明建设,推动广丰高质量跨越式发展,全年地区生产总值完成629.02亿元,增长5.7%,总量、增速分别排全省第九和第五。2022年推进重大项目"加速跑"的经验做法在江西日报、学习强国等主流媒体刊发,得到省市领导肯定。

【推进经济运行平稳向好】 促进经济稳增长:精心编制年度经济发展计划,持续加强经济运行分析监测,定期对"一周不用电、一月不开票"企业进行摸排抢救,促进全区经济发展稳中有进、稳中向好。全年地区生产总值完成629.02亿元,增长5.7%,总量、增速分别排全省第九和第五;固定资产投资增长9%,排全市第一;规模以上服务业营业收入完成100.56亿元,增长21%。有效防范安全风险:粮食安全方面,持续推动涉粮问题专项整治,区粮食局直属粮库大坪排仓库重建项目建设完成,严格执行稻谷最低收购价格政策。全力保持猪肉市场价格总体稳定,认真做好40吨冻猪肉收储和投放工作。积极做好天然气长输管道保护工作。

【推进"双一号"工程】 数字经济"一号发展工程"方面,上饶高新区电子信息产业集聚区获评江西省数字经济集聚区,江西捷配工业互联网有限公司年产10亿件电子元器件项目被列入省数字经济重点项目,齐力实业获评江西省企业技术中心。营商环境"一号改革工程"方面,出台42条有效应对疫情帮助中小企业纾困解难措施,编制《广丰区推动营商环境优化提升工作方案》《广丰区惠企政策汇编》,扎实开展营商环境评价、指标对标提升、人大反馈问题整改和"四大"专项治理等工作,广丰区获评江西省首批营商环境创新试点城市。(注:有关数字经济发展的内容,详见本年鉴类目"工业"分目"数字经济";有关优化营商环境的内容,详见本年鉴类目"上饶市广丰区人民政府"分目"优化营商环境")

【加快项目建设】 加强项目谋划储备:认真贯彻落实省市"项目大会战"活动部署,全年安排区重点建设项目303个,总投资901.62亿元,年计划投资390.02亿元。其中,5个项目纳入省重点项目,46个项目纳入省大中型项目,86个项目纳入市重点项目。推动工程建设项目"一把抓",储备五年规划项目511个,三年滚动项目409个。积极破解要素制约:资金方面,区发改委争取到中央预算内和省基建项目资金1.5亿元,专项债券资金26.08亿元,设备购置与更新改造贴息贷款资金1.47亿元。用地方面,申报争取省级用地指标重大项目17个,新增建设用地面积需求7259.22亩。加强重大项目管理:出台了《广丰区2022年政府性投资项目前期工作和程序管理的实施方案》,通过"核现场、查资料、找问题、促整改"等方式,推动项目规范化管理。每月对重点项目建设进度开展实地督查,全年编制重点项目工作简报37期,成立和调整项目建设指挥部58个,受理办结设计评审项目125个,累计核减金额16.67亿元,核减率22.95%。

【坚持深化改革】 统筹经济、生态文明体制改革:2022年初制定经济、生态文明体制改革专项小组年度工作计划,强力推进营商环境优化升级"一号改革工程"和打造美丽中国"江西样板"改革攻坚行动。持续推动"放管服"改革:10项依申请政务服务事项进驻窗口,全面实行"容缺审批+承诺制"办理模式,固定资产投资项目节能审查办理时限压缩至3个工作日,政府投资项目可研报告、初步设计审批压缩至5个工作日,招标核准由法定2个工作日优化成即时办结。全年审批政府投资项目728个,备案企业投资项目340个,完成节能审查项目5个。持续加强工程建设领域监管:全面实行"报价承诺法",组织召开17次联席会议,制定46个配套规范性文件。全年采用报价承诺法招标或发包的工程项目823个,项目总价约50.1亿元。进一步加强标后管理,大力开展房屋建筑和市政基础设施工程标后管理专项整治行动,重点治理违规发包、转包、挂靠等突出问题。全流程电子化率、不见面开标项目占比、保证金及时退付率全部达到

100%。持续加强信用体系建设和"双公示"（注：行政许可和行政处罚信息"双公示"）：制定《2022年广丰区社会信用体系建设工作要点》，建立信用信息归集通报制度，督促市场监管、税务、人社、医保、民政、生态环境等行业主管部门加大归集力度，全年向市信用信息平台推送信息70.45万条，排全市第二。2022年区发改委在市公共信用信息平台录入行政许可、备案数据2882条，在国家企业信用信息公示系统录入数据1948条。依法依规开展守信激励和失信惩戒工作，扎实开展诚信宣传系列活动。

【推进生态文明建设】 2022年，广丰区组织召开全区生态文明建设（碳达峰碳中和）、推动长江经济带发展领导小组2022年工作会议。制定出台《广丰区国家生态文明建设2022年工作要点》《广丰区碳达峰碳中和2022年工作要点》《广丰区推动长江经济带发展2022年工作要点》。开展全区领导干部碳达峰碳中和专题培训，组织有关企业和单位参加国家线上能源管理及碳达峰碳中和公益培训、全省生态产品总值核算培训。推动能源结构调整，制定《广丰区能源结构调整专项行动实施方案》《广丰区新能源汽车充电基础设施建设工作方案》《高新区屋顶光伏建设三年行动计划（2022—2024）》。4个项目申报纳入省能源局光伏规划库，装机容量共217MW。其中泉波镇、嵩峰乡150MW农光互补光伏电站项目成功纳入省能源局竞争优选项目。积极探索"两山"转化"广丰方案"，成立生态资源资产经营管理有限公司，畅通生态产品价值实现路径，将低效开发的林地、园地等国有重点生态资源存入两山银行，及时总结提炼"两山"转换经验做法，广丰区《推动"两山"转化，拓宽乡村振兴路》典型做法在江西日报、江西环境、学习强国等媒体刊发推广。

【推动保供稳价】 加强价格监测：实施静态管理期间，坚持每天对重要民生商品、防疫消杀药品、口罩等商品价格进行采集，编制《疫情防控应急价格监测工作简报》15期，确保疫情期间市场价格稳定。在"五一"、端午、"十一"、中秋等节日密切监控市场价格，对重点商品价格及时采集上报，密切监控成品油价格调整后广丰区油品市场的价格执行情况。加强收费管理：梳理全区行政事业性收费和经营性收费目录，编制《中介收费目录清单》，在区政府门户网站公开公示，做到目录清单外无收费。全面规范涉企收费，对涉企水电气建设安装收费问题进行清理规范。核定全区中小学校、公办幼儿园的学费、住宿费标准，制定出台《广丰区政府定价机动车停放服务收费标准》，制定大井头地下停车场、月兔公园地下停车场充电桩收费标准。加强价格管理：对城市管道天然气、大井头公园及月兔公园地下停车场管理服务、区幼儿园、芦林街道中心幼儿园及壶峤镇中心幼儿园成本进行了调查。结合天然气出厂价格高位运行的情况，按管理权限及时把非居民用管道天然气销售价格从3.25元/立方米调整为4.95元/立方米。及时启动社会救助和保障标准与物价上涨挂钩联动机制，累计发放临时价格补贴924.46万元，惠及城乡困难群众5.92万人。加强价格认证：坚持依法、依规，按照价格认证工作服务政府、服务司法、服务群众的要求，全年共受理办结各类案件189起，为政府和司法部门快速审理、调解、处置、平抑相关事件提供价格依据。

（供稿人：朱岳清）

物价管理

【概况】 2022年，广丰区发改委关注民生、服务群众，加强价格监测预测预警，密切监控市场价格动态，重点关注粮肉蛋等重要农产品市场供应和价格变化，扎实做好重要民生商品价格调控。对城区主要超市、农贸市场、连锁药店的居民生活必需品和部分药品价格按时进行采集分析，及时发现苗头性、趋势性的问题，提出了有利于"稳"的政策建议，全力维护市场物价的基本稳定，为全区经济发展作出贡献。

【价格改革】 2022年，区发改委编制《中介收费目录清单》，并在广丰区政府信息公开网站予以公布，做到目录清单外无收费，减轻企业负担。

停车收费：为统一城区停车收费标准，减轻城区停车难问题，简化行政审批流程，根据江西省发改委《关于进一步完善机动车停放服务收费政策的通知》（赣发改收费〔2016〕960号）、上饶市发改委《上饶市机动车停车服务收费管理办法》（饶发改价管〔2021〕9号）的规定，区发改委经征求各相关部门的意见，并报区政府同意，制定《上饶市广丰区政府定价机动车停放服务收费标准》（广发改字〔2022〕29号），根据该文件的规定，制定大井头地下停车场、月兔公园地下停车场充电桩收费标准。鉴于丰溪路月兔停车场停车收费标准试行期已满，且试行以来，情况良好，运行平稳，经成本监审，同意将丰溪路月兔停车场收费标准转为正式执行标准，具体标准作了适当调整。

非居民用管道天然气价格：按照《江西省发展改革委关于降低非居民用天然气价格并进一步推进价格市场化改革的通知》（赣发改商价〔2015〕1412号）等文件相关规定，结合2021至2022年第一季度国内

LNG出厂价格一直高位运行的实际情况，区发改委分别于3月、4月两次调整全区非居民用管道天然气（LNG）销售价格，即非居民用管道天然气（LNG）销售价格从3.25元/立方米调整为3.75元/立方米，从3.75元/立方米调整为4.95元/立方米，居民用气价格暂不作调整。

【价格认证】 2022年，区发改委共受理办结各类价格评估认定案件189起，涉案总金额160余万元，其中盗抢骗、毁财等刑事案件82起，行政案件107起，配合调解价格纠纷2次。对城市管道天然气、月兔公园及大井头公园地下停车场管理服务、区幼儿园、芦林街道中心幼儿园及壶峤镇中心幼儿园成本进行调查，为科学、规范制定价格提供定价依据。

【开展猪肉收储投放】 2022年，区发改委切实履行价格调控职能，重点关注猪肉等重要民生商品市场供应和价格变化，加强生猪逆周期调节，做好猪肉收储投放等工作，保持猪肉价格总体稳定。5月初，区发改委、商务局、财政局拟定了广发改〔2022〕34号文件，经区政府同意，广丰区启动政府猪肉收储工作，并与企业签订了40吨储备意向合作协议书。同年9月20日，上饶市启动投放储备肉，广丰区设三个投放销售点，分别为嘉百乐广丰广场店、广丰兴旺名都店、广丰洋口店，投放时间为2022年9月21日—2022年10月10日，共20天，投放销售价格为13.8元/斤（冻猪肉4号肉的后腿肉）。

【启动社会救助和保障标准与物价上涨挂钩联动机制】 2022年5、7、8、9、10五个月，广丰区居民消费价格指数单月同比涨幅超过3%，亮出红灯，符合启动社会救助和保障标准与物价上涨挂钩联动机制的条件。区发改委与财政、民政及社会保障等部门协商沟通，制定方案，启动社会救助和保障标准与物价上涨挂钩联动机制，对享受国家定期抚恤补助的优抚对象、城乡低保对象、特困人员、领取失业保险金人员、孤儿、事实无人抚养儿童、艾滋病感染儿童发放临时价格补贴，8月份开始又为领取失业补助金人员和低保边缘人口两类人员发放临时价格补贴，全年五个月共发放了924.46万元的临时价格补贴，惠及城乡困难群众5.92万人。

（供稿人：林玉云）

国有资产管理

【概况】 2022年，广丰区国资办认真履行国资监管职能，不断完善各项国资监管制度，深入实施国资国企改革发展，提高国有经济竞争力。广丰区政府制定《关于做好2022年度国有企业改革创新工作的意见》（广府办字〔2022〕25号）、《上饶市广丰区国资国企改革创新攻坚行动实施方案（2022—2024年）》《广丰区国资国企改革创新攻坚行动实施方案（2022—2024年）》，为继续做强做优做大国有资本和国有企业指明方向与目标。至2022年年末，全区资产总额835.05亿元，负债总额196.86亿元，其中区属国有企业资产总额662.97亿元，负债总额237.59亿元，负债率为34.26%。实现营业收入共7.7亿元，实现税收收入9888万元，实现利润3919.6万元。行政事业单位资产总额172.08亿元，负债总额10.44亿元，负债率6.07%，净资产161.64亿元，经济指标完成良好，呈现稳步发展态势。

【壮大国有资产总量】 2022年，广丰区根据《省发改委 省财政厅 省国资委 省机关事务管理局关于印发〈加快国有资产（资源）盘活整合注入市县政府融资平台工作方案〉的通知》（赣发改投资〔2022〕431）文件精神，为加快推进全区国有资产（资源）盘活整合注入区政府平台工作，全面盘清区政府国有资产（资源）情况，加快盘活整合注入融资平台，助力融资平台提升优质资产、增强核心竞争力，进一步提高融资平台发展能力，全区共注入114宗资产（资源），资产（资源）18.95亿元。

【促进国有资产保值增值】 2022年，广丰区遵循省市有关国有资产处置管理规定的文件精神，按照"公开、公平、公正"的原则，实行阳光操作，依法依规进行资产处置，做到交易程序规范，行为合法，全年全区产权交易29宗，交易金额5394.82万元，溢价769.94万元，有效地防止国有资产流失。

【国有企业阳光采购管理】 2022年，广丰区政府制定《关于加强区属国有企业阳光采购管理的实施办法（试行）的通知》（广府办字〔2022〕39号），对规范区属国有企业采购行为，加强采购管理作出规定，有效预防采购行为腐败，防止国有资产流失。区国资办指导、督促企业通过阳光采购服务平台，统一采购，统一交易，实现公开透明，充分发挥市场作用，集约采购，提质增效。对国有企业采购项目的采购预算进行审核，引入专业能力强、政府采购经验丰富的第三方咨询机构对采购文件进行分析论证，规范了采购文件的编制，排除倾向性、歧视性因素，杜绝"萝卜"招标现象。指导国有企业严格按照采购合同进行履约验收，对于复杂、专业性强的项目聘请第三方专业机构参与验收，把好验收廉洁关。全区国有企业全部进入阳光采购平台采购，2022年通过阳光采购平台采购，区属国有企业进场交易237笔，采购预算价2.76亿元，最后采购中标价 2.49 亿元，节约 2700 万元。

（供稿人：夏聚荣）

重点项目建设

【概况】 2022 年，广丰区强力推进"项目大会战"，抢抓一季度、强攻二季度、拼搏三季度、决战四季度，通过项目"加速跑"，为全区高质量跨越式发展提供强劲支撑。全年固定资产投资增长 9%，排名全市第一。5 个省重点项目、46 个省大中型项目、86 个市重大项目建设进度、专债项目资金争取及使用支付均位居全市前列。

【项目谋划储备】 2022 年，广丰区认真贯彻落实省市"项目大会战"活动部署，全年安排区重点建设项目 303 个，总投资 901.62 亿元，年计划投资 390.02 亿元。包括续建项目 112 个，新建项目 191 个。工业及基础设施项目 110 个，总投资 426.12 亿元；农林水项目 26 个，总投资 37.72 亿元；城市设施项目 113 个，总投资 224.82 亿元；社会事业项目 54 个，总投资 212.96 亿元。其中，5 个项目纳入省重点项目，总投资 134 亿元；46 个项目纳入省大中型项目，总投资 381.13 亿元；86 个项目纳入市重点项目，总投资 590.62 亿元。上饶高新区电子信息产业集聚区获评江西省数字经济集聚区，江西捷配工业互联网有限公司年产 10 亿件电子元器件项目被列入省数字经济重点项目。推动工程建设项目"一把抓"，完成 2022 年度项目合规性审查，储备五年规划项目 511 个，三年滚动项目 409 个。

【破解要素制约】 2022 年，广丰区抢抓国家政策窗口机遇，全力争取上级政策、资金和用地支持。资金方面，全年争取到中央预算内和省基建项目资金 1.5 亿元，专项债券资金 26.08 亿元，设备购置与更新改造贴息贷款资金 1.4716 亿元；积极引导中小微企业在全国信易贷平台上饶站注册并发布融资需求，6 家企业获得授信金额 532 万元；国有平台企业通过发行企业债、向政策性银行以及商业银行融资贷款等方式融资超 30 亿元。用地方面，申报争取省级用地指标重大项目 17 个，新增建设用地面积需求 7259.22 亩。

【项目协调推进】 2022 年，广丰区高质量推进重点项目建设，每个重点项目明确了项目责任领导和责任单位，由区领导担任项目指挥长，定期召开项目指挥部会议，制定倒排工期、工程进度和项目问题等各类清单。实行"项目指挥部、区政府、区委"三级调度机制，指挥长每三天至少调度一次，区长、区委书记每周分别召开一次重点项目问题调度会和重点项目推进会，及时了解项目建设动态，分析和解决项目存在问题和困难，防范项目建设风险，全力促进项目建设工作。制定《上饶市广丰区 2022 年推进重大项目"九大"攻坚行动、"五网"会战实施方案》，树牢"工业挂帅、项目为王"理念，强力推进"项目大会战"攻坚行动，大力促进重大项目实施，持续掀起"投资会战"热潮。持续优化项目调度机制，加强项目监督奖惩，提升项目服务水平，制定《关于开展区重点项目"红旗奖""蜗牛奖"评定工作的通知》，大力开展重点项目"红旗奖""蜗牛奖"评定，每月对重点项目建设进度开展督查。累计在发改微讯公众平台公开公示 37 期累计 111 篇重点项目工作简报，营造大干项目的浓厚氛围。

【项目规范管理】 2022 年，广丰区依据国家、省、市有关政策、经济和社会发展规划计划，坚持符合"三个事关"、实事求是、系统观念、统筹发展和安全、统筹解决经济发展和社会主要矛盾的原则，科学谋划 2022 年重点项目。全年受理初步设计评审项目 125 个，累计核减金额 16.67 亿元，核减率 22.95%。围绕"三个事关"要求，组织开展 50 万以上政府性投资项目核查工作，促进项目决策民主科学、项目建设合法合规、项目资金管理有序。制定"九大"行动、"五网"会战项目清单，出台专项行动方案，明确工作目标、具体任务、保障措施等，实行清单式管理，将目标任务落实到具体项目。持续加强政府投资项目前期控制，制定《广丰区 2022 年政府性投资项目前期工作和程序管理的实施方案》，通过"核现场、查资料、找问题、促整改"等方式，推动项目规范化管理。

（供稿人：郑玲飞）

市场监督管理

【概况】 2022 年，广丰区市场监督管理坚持"优化环境、保住底线、规范竞争、促进消费、提升质量、高效监管"，更加突出规范与提升，做到疫情防控和市场监管协同推进，营商环境进一步优化，风险管控更加有力，市场秩序进一步规范，服务发展能力不断提升，市场监管各项工作稳步推进。

【市场主体登记】 2022 年，广丰区继续优化营商环境，优化办事程序，全面推行市场主体全程电子化登记，实现注册登记"最多跑一次"和个体工商登记进窗口等服务方式，提高服务效能，激发市场活力。至

2022年12月31日，全区共有市场主体56824户，其中企业16708户、个体40116户，市场主体总数比2021年增长6.29%。2022年度共新增市场主体9507户，其中企业2766户、个体6741户；共注销市场主体6182户，其中企业1902户、个体4280户；本年度净增市场主体3325户，其中企业净增864户、个体净增2461户。2022年度新增市场主体数在上饶市排名第2，在江西省县区排30名左右。

【优化市场准入环境】 2022年，广丰区市场监管局紧扣"三个一"争创"第一等"营商环境，"一张蓝图"统筹全局，"一日一晒"比学赶超，"一月一会"督促调度。集中服务事项"一窗办理"，"企业变更一件事"联办、企业"歇业备案"均实现零的突破，探索推行食品经营许可"跨省通办"。牵头推进"双随机一公开一集中"监管，对企业进一次门，办多项事，对低风险企业"无事不扰"，设定"企业安静期"，进一步推行包容审慎监管和容错纠错机制，严格执行"轻微违法违规行为免罚清单"。构建放心消费示范"四区"（注：指放心消费示范进景区、校区、社区、街区），营造安全消费环境。2022年共受理"12315"等消费投诉举报2134件，成功办结2134件，办结率达100%。28家企业获重合同守信用"AAA"单位，14家企业获重合同守信用"AA"单位。区市场监管局驻政务服务中心市场准入窗口被区委评为2022年度"红旗窗口"。

【食品药品安全监管】 见本年鉴类目"应急管理"分目"市场监管领域安全监管"。

【质量品牌建设】 2022年，广丰区着力打造广丰金字招牌——"饶有丰味"区域公用品牌，支持马家柚、羊肉粉、廿四都糖糕等产业先行试点打造，构建广丰区域公用品牌和企业产品品牌为主体的品牌体系，提升广丰品牌影响力。另外，同欣机械获第五届上饶质量奖提名奖，评选出区长质量奖4名，提名奖4名。五家企业获得2022年"江西名牌"企业称号。

【知识产权保护】 2022年，广丰区与上级对接直报发明专利13件，搭建银企对接平台，促成知识产权质押贷款6565万元，知识产权创造运用保护水平进一步提高。

【12315平台投诉举报办理】 2022年9月下旬，广丰区新设立广丰天虹购物中心为ODR企业（注：ODR企业是指在县区市场监管部门指导监督下，通过全国12315平台ODR系统提供消费纠纷在线解决服务的企业），至此广丰区有2家ODR企业（另一家是江西嘉百乐贸易有限公司），通过政府搭台，企业维权，直接在线处理消费纠纷。据全国12315平台大数据统计，2022年1月1日至2022年12月31日，广丰区市场监管局完成全国12315平台投诉1357件，举报777件，来函9件，初查率99.74%、办结率100%、调解成功率56.20%（2021年调解成功率46.06%），调解成功率得到提升。

【燃气专项监督检查与电梯智慧报警建设】 开展燃气专项监督检查，查处非法运输、充装经营液化气案件3起，关停一塑料加工厂非法使用燃煤锅炉1台。推进96369电梯智慧报警建设，建成402部电梯，申报待安装567台。将辖区内39家重点特种设备使用单位的376台设备纳入年度检查计划，开展压力容器、"打非治违"行动专项隐患排查治理。

【创建放心消费示范街区】 2022年11月10日，在新天地举行广丰区放心消费示范街区揭牌仪式，商户代表现场签"放心消费示范店承诺书"并宣誓等。2022年广丰区按照以点带面、逐步推进，创建放心消费示范"四区"，共有88户放心消费示范商户，对于打造公平有序、安全舒适的市场环境，促进消费具有推动作用。

【省级首批商业秘密保护联系点、指导站、基地】 2022年，广丰区市场监管局举办商业秘密保护专场宣传活动，制发放商业秘密保护宣传册；指导企业建立商业秘密保护的组织架构、保护制度、完善保护措施；举办两期商业秘密保护专题讲座，帮助企业深入了解商业秘密保护的重要性、必要性以及如何保护的有关举措。广丰区建立建成首批省级商业秘密保护联系点、指导站、基地，获江西省市场监管局授牌的商业秘密保护联系点有江西东海食品有限公司、商业秘密保护指导站有广丰区企业联合会、商业秘密保护基地有上饶高新产业园区，成为全省唯一同时获得联系点、指导站、基地授牌的地方。

【广丰区新增5家企业获"江西名牌"称号】 江西省品牌建设促进会11月11日发布关于认定2022年江西名牌产品的公告，广丰区有5家企业获得2022年"江西名牌"产品称号（有效期三年），并荣获名牌标志及名牌证书。5家企业分别是（排名不分先后，括注内容为申报产品名称）：江西省降龙水利水电建设工程有限公司（建筑施工业）、江西台鑫钢铁有限公司（热轧钢筋）、江西东海食品有限公司（即食鱼糜制品）、广丰国铝实业有限公司（铝合金型材）、江西齐力实业发展有限公司（冰杨梅汁）。此次广丰区荣获"江西名牌"称号的企业呈现出企业入选数量多、涉及行业多、行业领跑型企业多的特点。自2014年开展"江西名牌"评选起至2022年，广丰区共有8家企业荣获"江西名牌"称号。另外3家企业系2021年获得"江西名牌"产品称号的江西芦林纸业有限公司（纸制品）、鹏盛建设集团股份有限公司（服务业建筑类）、江西银鹰建设集团有限公司（建筑施工业）。

（供稿人：林谋丰）

统计管理

【概况】 2022年，广丰区坚持依法统计，强化经济运行监测分析，狠抓统计数据质量。建立"数长"工作制度、"主管部门+统计局+服务单位"工作机制。广丰区统计局每个月发布统计专报，报送经济运行分析，有效评价经济社会重点领域发展情况，对推动经济社会健康运行和高质量发展进行预研预判，并提出对策建议和预警分析。每月及时编印统计月报和统计专报。依托"双随机一公开"平台，邀请信州区统计局执法人员共同完成6家企业统计执法检查。广丰区统计局被江西省统计局评为2022年度全省统计工作先进单位，被国家统计局上饶调查队评为市级劳动力调查先进单位，被广丰区委区政府评为2022年度全区高质量发展考核政府职能类综合奖一等奖。

2022年，广丰区统计局汇编《第七次人口普查资料》《广丰统计年鉴2022》《党的十八大以来广丰经济社会发展综述》等，丰富统计产品，发挥数据收集汇总分析职能。

【统计基层基础规范化建设】 2022年，根据《江西省统计基层基础规范化建设"三年行动"（2022—2024年）实施方案》，广丰区稳步推进统计基层基础建设，制定《广丰区统计基层基础规范化建设实施方案》，细化统计基层基础规范化建设具体举措，对乡镇（街道）基层基础规范化建设验收合格的给予10万元创建补助。稳定基层干部队伍，广丰区统计局制定乡镇（街道）首席统计员管理制度，规范基层统计人员的流动，稳定一批知统、能统、善统的统计干部。2022年共进行了12次统计业务培训，涉及基层统计干部人数500多人次，培训内容涵盖了工业、服务业、人口劳资、住户轮换多个方面。利用多频次、广覆盖的培训会帮助基层干部素质稳步成长。

【统计造假不收手不收敛问题专项纠治】 2022年，根据上级安排，广丰区综合采取全面自查、执法检查、数据查询、入退库专项检查等措施，重点围绕"四个必查"（注：权力干预、数据寻租、执法不严、入退库造假等四个必查内容）和"四项重点工作"，通过上下联动、内外协同、多管齐下，对2021年以来入库退库670家单位（项目）开展自查自纠，在短期内形成有效震慑效果，推动健全体制机制，巩固深化专项纠治

成果。

（供稿人：郑浩）

审计监督

【概况】 2022年，广丰区审计局完成审计项目101个，节约财政资金8147.85万元，查处违规资金7382.47万元、管理不规范资金27204.85万元，向被审计单位提出整改意见和建议112条，均得到采纳和落实，审计建设性作用得以彰显。

2022年，区审计局实施的"广丰区2020年度区财政本级预算执行和其他财政收支情况的审计"项目获得"市级优秀审计项目"荣誉，区审计局荣获全市审计项目质量管理先进单位、广丰区2022年度综合考评"优化营商环境"第二名、平安建设先进单位等荣誉，省审计厅对徐衰英同志参与省厅有关项目中的工作表现予以认可并以"表扬信"的方式予以嘉奖。

【财政审计】 2022年，广丰区审计局按照年初审计计划要求，实施2021年度区本级预算执行和其他财政财务收支情况审计及区文广新旅局、统计局、工信局、供销合作社、商业总公司、壶峤镇人民政府、湖丰镇人民政府的部门预算执行和财务收支审计。审计重点关注区本级预算收支的完整性、财政财务收支的真实合法效益、专项资金统筹整合、财政存量资金管理使用、中央八项规定精神的贯彻落实、"三公"经费管理使用情况等。通过审计监督，查处涉及问题金额37433.27万元，其中违规资金7048.83万元、管理不规范资金23512.36万元，已上缴财政1490万元、应归还已归还原渠道资金43.84万元。向被审计单位提出整改意见和建议39条，全部得到采纳和落实。

【经济责任审计】 2022年，广丰区审计局继续全面推进经济责任审计全覆盖，促进党政领导干部树立科学发展观和正确政绩观，促进领导干部守法守纪守规守责、廉洁用权、干净干事。至年底，已实施或完成经济责任审计项目35个，涉及被审计单位31个，审计重点关注领导干部履职尽责、推动本部门事业科学发展情况、预算编制执行、财政财务收支、重大工程建设、遵守有关廉洁从政规定等情况。通过审计监督，查处违规资金333.64万元、管理不规范资金3692.49万元，应归还已归还原渠道资金333.11万元。向被审计单位提出整改意见和建议73条，全部得到采纳和落实。

【政府投资项目审计】 2022年1月、7月分别制定印发《广丰区审计局关于进一步规范投资审计工作的实

施意见》《上饶市广丰区政府性投资建设项目审计办法》等制度,对工作责任、审计内容、审计范围等作出规定,进一步提高工作效率,防范审计风险,明确审计责任。2022年,广丰区审计局共完成政府投资项目审计55个,项目总送审资金96628.6万元,审定金额90347.7万元,共核减造价6280.9万元,核减率为6.5%,全区政府投资审计工作的规范化建设取得长足的进步。对重点投资项目以跟踪审计为主,推动政府投资项目从事后的决算审计向投资全过程监督转变,加强对项目投资决策、过程管理、项目绩效的审计力度。改变抽审、协审方式,变"事前指定抽审"为"事后随机抽审",变阶段性审计为全程审计,深化抽审关口,强化审计监督实效。

清理、考核社会中介机构:2022年经过考核,对核减率超过5%的中介机构全额扣除该项目的咨询服务费用,对核减率超过10%的中介机构全额扣除该项目的咨询服务费用并将该中介向造价咨询机构主管部门通报。

【审计整改】　广丰区审计局做好审计整改"后半篇文章",提高审计监督实效。对十九大以来审计查出问题整改情况进行系统性梳理,开展整改"回头看",建好问题清单、责任清单、整改清单,完善整改台账,对整改情况做到底数清、情况明。自十九大以来,广丰区审计局共出具审计报告166份,审计查出问题1280个。至2022年12月,共督促问题整改1263个,整改率98.67%,涉及问题金额115069.97万元,已整改金额108753.36万元。

【清欠、减税降费审计】　2022年,区审计局组织开展"清理中小(民营)企业欠款"行动,持续推进"减税降费"跟踪审计。针对国有企业、部门单位、乡镇(街道)等业主单位工程项目账款,清理拖欠中小、民营企业账款103.04万元;针对税务部门减税降费政策落实情况,推动落实减税政策共减税62109万元、落实降费政策共降费1220.6万元。

【启动政府投资项目审计服务框架协议采购】　2022年1月,《政府采购框架协议采购方式管理暂行办法》(中华人民共和国财政部令第110号)颁布,自2022年3月1日起实施。区审计局经过调研、外出学习先进地区经验做法,向广丰区委、区政府、区纪委监委提出《关于拟采用框架协议采购方式的专题报告》。2022年11月17日,广丰区政府同意参与政府投资项目审计的社会中介机构采用框架协议采购方式确定,并明确入围中介机构为25家,采购服务合同时间2年,框架协议采购工作正式启动。广丰区是上饶市第一个启动政府采购框架协议采购方式的县(市、区),对促进营商环境优化提升、节约政府行政成本、强化审计监督作用、防范廉政风险、规范中介行为等方面都将起到积极作用。

(供稿人:周龙)

财政 税收

综 述

2022年，面对纷繁复杂的国内国际形势，经济面临多重压力，减税退税降费政策力度加大，再生资源税收政策调整磨合期，尤其是重点企业因长三角地区疫情因素，部分时期企业生产经营受到较大影响。广丰区财税工作以"干在实处，走在前列"为引领，加强招商引资力度，大力培植税源，积极调整扶持政策，财政收入总量持续攀升，税收质量不断提升，实现了高基数的稳增长。

一、财政税收完成情况

（一）收入总量持续攀升。财政总收入完成73.1亿元，突破70亿元大关；一般公共预算收入完成31.73亿元，增长5.7%。收入始终保持全市第一、全省第一方阵（排名第八）。

（二）收入质量持续提高。税收收入完成62.55亿元，增收5.29亿元，增长9.2%。地方税收收入21.17亿元，增收1.65亿元，增长8.5%。

（三）重点行业贡献突出。烟厂入库税收18.26亿元，增收3.87亿元，增长26.9%；再生资源行业实现税收22.56亿元，增收4.05亿元，增长21.9%。

（四）提前谋划收入来源。2022年已预留税收入5亿元、非税收入4亿元在2023年入库，为2023年财政收入开门红奠定坚实基础。

二、具体措施和成效

（一）大力减免税费。落实落细退税减税降费政策，各项税费减免达19.87亿元，其中税收减免19.42亿元（征前减免9.25亿元，退库减免10.17亿元），非税收入减免0.45亿元，切实减轻企业负担，增强企业发展后劲。

（二）落实稳增长措施。发挥财政资金"四两拨千金"的引领功能，大力支持招商引资政策的实施。投入各类扶持资金17.73亿元，通过设备、装修补贴、租金减免等形式，有效支持"三新"企业、再生资源企业、台鑫钢铁、总部经济等稳定发展。

（三）切实解决企业融资需求。通过"财园信贷通"为94户中小微企业贷款4.62亿元；通过创业担保贷款帮助个体户883户、劳动密集型小企业33户贷款2.59亿元，财政贴息468.9万元，帮助解决企业融资难、融资贵的问题。

（四）扩大有效投资。积极把握国家发行债券的政策机遇，有效谋划债券项目，加大与省、市财政的对接力度，2022年争取到新增债券资金29.2亿元，额度在12个县（市区）中位居第一，切实支持棚改安置区项目、公立医院提升改造、城市新型停车场、残疾人康复中心、城区市政道路综合改造提升、职业技术学校改扩建等项目建设，有效满足重点项目资金需求。

（供稿人：项福火）

财政管理

【概况】 2022年，广丰区财政工作坚持稳中求进工作总基调，切实提升积极财政政策效能，兜牢"三保"底线，持续改善民生，稳定经济大盘，财政收入持续攀升，财政总收入完成73.1亿元，突破70亿元大关；一般公共预算收入完成31.73亿元，增长5.7%。收入始终保持全市第一、全省第一方阵（排名第八）。收入质量持续提高，税收收入完成62.55亿元，增收5.29亿元，增长9.2%。地方税收收入21.17亿元，增收1.65亿元，增长8.5%。重点行业贡献突出，烟厂入库税收18.26亿元，增收3.87亿元，增长26.9%；再生资源行业实现税收22.56亿元，增收4.05亿元，增长21.9%。为"打造全市领先、全省一流的现代化强区"贡献财政力量。

【支持实体经济发展】 2022年，广丰区继续实施积极的财政政策，大力支持实体经济发展，增强发展动能。大力减免税费，落实落细退税减税降费政策，各项税费减免达19.87亿元，其中税收减免19.42亿元（征前减免9.25亿元，退库减免10.17亿元），非税收入减免 0.45 亿元，切实减轻企业负担，增强企业发展后劲。落实稳增长措施，发挥财政资金"四两拨千金"的引领功能，大力支持招商引资政策的实施。投入各类扶持资金 17.73 亿元，通过设备、装修补贴、租金减免等形式，有效支持"三新"企业、再生资源企业、台鑫钢铁、总部经济等稳定发展。解决企业融资需求，通过"财园信贷通"为 94 户中小微企业贷款 4.62 亿元；通过创业担保贷款帮助个体户 883 户、劳动密集型小企业 33 户贷款 2.59 亿元，财政贴息 468.9 万元，帮助解决企业融资难、融资贵的问题。

【促进城乡协调发展】 2022 年，广丰区精确聚焦发力，强化攻坚保障，推动城乡协调发展。积极把握国家发行债券的政策机遇，有效谋划债券项目，扩大有效投资。加大与省、市财政的对接力度，2022 年争取到新增债券资金 29.2 亿元，额度在 12 个县（市区）中位居第一，切实支持棚改安置区项目、公立医院提升改造、城市新型停车场、残疾人康复中心、城区市政道路综合改造提升、职业技术学校改扩建等项目建设，有效满足重点项目资金需求。深入推进乡村振兴，投入农林水资金 15 亿元，支持农业农村发展。进一步加大投入，改善农村环境和农业生产条件，提高农业生产能力。积极落实强农惠农政策，惠农资金全部通过社会保障卡发放到农户手中。始终坚持绿水青山就是金山银山理念，持续攻坚生态环境问题，加强生态系统保护，投入 3 亿元用于城乡生活环境治理、城镇污水收集和处理、村庄环境长效管护、土壤污染防治、天然林保护等。

【民生资金保障】 2022 年，广丰区发挥财政兜底职责，解决人民群众急难愁盼的问题。坚持人民至上、生命至上原则，全力保障疫情防控资金需求。统筹投入本级和上级资金 4 亿元，用于核酸检测、隔离点建设、医疗物资采购、防疫人员补助，确保疫情防控工作取得胜利。坚持普惠性、基础性、兜底性，不断加大民生资金投入，持续性原则做好民生实事，稳步提高基本民生保障水平。2022 年民生支出 62.43 亿元，占一般公共预算支出 80.98%。切实促进教育事业发展，提高退休人员养老金待遇、困难群众基本生活保障水平和基本公共卫生服务均等化水平。扎实做好"保工资、保运转"，年初预算统筹安排财力性资金，按规定、按标准兜住保工资、保运转的底线；新增设立"三保"专户，保证专户 4 亿元左右的余额，确保全区工资、运转支出 13.62 亿元及 2022 年新增基础绩效 2.54 亿元按时足额到位。

【财政开源节流】 2022 年，广丰区财政坚持前瞻性思考、系统性谋划、整体性推进原则，统筹推进各项重点工作。提前谋划收入来源，2022 年已预留税收收入 5 亿元、非税收入 4 亿元在 2023 年入库，为 2023 年财政收入开门红奠定坚实基础。提前谋划 2023 年专项债券项目，紧紧围绕专项债券支持领域，做好项目提前谋划。广丰区 2023 年专项债券项目通过省级评审 26 个，涉及总投资 52 亿元，为 2023 年债券发行做好承接准备。已获得市财政下达的 2023 年提前批专项债券额度 9.19 亿元，额度位居全市第一。提前谋划项目资金支付，2023 年春节前重点项目资金需求，经过项目单位上报、汇总，多次会议研究，确定支付方案，在 12 月 27 日形成专题会议纪要，明确重点项目资金来源、支付金额等，确保重点项目资金及时、精准支付到位。

2022 年，广丰区坚持向存量要增量，积极应对财政收支"紧平衡"状态。压减各类支出 7.95 亿元。其中：坚持过紧日子，一般性支出较上年压减 18.6%，压减 2.5 亿元；"三公经费"支出较上年下降 26.6%，压减 0.19 亿元。预算投资评审项目 861 个，送审金额 62.54 亿元，审定 57.85 亿元，节约资金 4.69 亿元。政府采购送审项目 222 个，送审金额 4.39 亿元，审定 3.82 亿元，节约资金 0.57 亿元。深入推进预算绩效管理，研究制定《推进全区预算绩效管理提质增效工作方案》，依托预算管理一体化系统，切实推动全面建成"全方位、全过程、全覆盖"及"有评估、有目标、有监控、有评价、有应用"的预算绩效管理体系，财政四本预算、部门整体支出、300 万元以上项目全部纳入预算绩效管理，实现预算和绩效管理一体化，全区预算绩效管理水平明显提升。加大存量资金盘活力度，全面清理财政存量资金，按照"单位全覆盖、资金全覆盖"原则，继续对所有财政性资金存量资金进行清理，2022 年清理盘活存量资金 2.74 亿元，按规定收回财政统筹使用。

【防范化解地方政府债务风险】 2022 年，广丰区财政牢牢守住不发生系统性、区域性风险的底线。控制政府债务率，多措并举增加政府可用财力，存量债务按计划化解到位，确保政府债务率始终保持在绿色区间。省财政厅核定广丰区债务限额 97.65 亿元，政府债务余额 87.97 亿元，债务风险总体安全可控。杜绝新增隐性债务，严禁违法违规融资担保行为。严防以政府投资基金、政府和社会资本合作（PPP）、政府购买服务等名义变相举债。规范政府向国有企业注资行为，严格按规定程序向企事业单位拨付资金，严禁以企业债务形式增加政府隐性债务。建立健全债务风险管理机制。出台《关于进一步做好防范化解地方政府隐性债务风险有关事项的通知》《关于加强地方政府专项债券管理使用工作的实施意见》等政策管理文件，建立债务管理工作协调机制，有序、全面、高效地推进防范政府隐性债务风险工作。

(供稿人：项福火)

税务管理

【概况】 2022年，广丰区税务局组织各项税费收入121.73亿元，同比增收40.41亿元，首次突破100亿大关，其中税收收入入库63.4亿元（县区地方税收收入累计入库21.68亿元）、非税收入入库39.91亿元、组织入库社会保险基金收入15.83亿元、城乡居民基本医疗保险入库2.59亿元，圆满完成全年税收改革和各项工作任务，为广丰区经济高质量发展贡献了税务力量。

2022年，广丰区税务局共获11项（次）县处级以上荣誉。区税务局办公室被授予"上饶市工人先锋号"，区税务局被区委、区政府评为"2022年度服务企业先进单位"，并荣获"2022年度全区综合考核条管单位类综合奖二等奖"。一名同志获"全省社会保障工作先进个人"荣誉，另有一名同志被市委市政府授予"创建国家卫生城市先进个人"。在纳税人缴费人满意度调查中，广丰区排名在全国前30%，成绩位居全省第三。

【落实减税降费政策】 2022年，广丰区税务局认真落实退税减税降费政策，统筹推进新的组合式税费支持政策落实落细、落地见效。全年全区各项税费减免合计19.87亿元，其中税收减免19.42亿元、非税收入减免0.45亿元。

2022年，广丰区税务局推进构建一体化综合监督体系，与区纪委监委及公安部门建立信息互通机制，聘请11名社会人士担任特约监督员，并设立乡镇"税收营商环境"监测点，充分发挥外部监督作用，推动内部监督与外部监督同向发力，为推动全局各项税收工作深入开展提供坚强的纪律保障。

【优化办税服务和推广"非接触式"办税】 2022年，广丰区税务局落实"春风行动"便民办税举措，借助"春雨润苗"专项行动的"惠苗、助苗、护苗"，推出细化措施，将服务落到细处。畅通征纳互动渠道，召开2场小微企业税费服务专题座谈会，开展了2轮"万名税干访万企"活动，认真听取纳税人意见，及时回应纳税人诉求，开展税费政策宣传、征集意见建议、解决实际问题。打造"龚全珍办公室"，全天候提供涉税咨询、法律服务、争议解决等事项帮助。为特殊群体开通绿色通道，实行免预约、免排队，由导税人员、税收志愿者提供全程陪同服务。精简窗口，办税服务厅由原来30余个综合窗口缩减为22个，重点加强导税服务，提升非接触办税比例。在办税服务厅增设权益维护岗，现场及时化解矛盾纠纷。落实"好差评"，2022年度"非常满意"评价100%。

2022年，广丰区税务局推进"一网畅办"，依托电子税务局、赣税通等渠道，进一步拓展"网上办"税费办理方式，引导纳税人缴费人主动适应"非接触式"办税模式，"多走网路，少走马路"。拓展"非接触式"服务范围，增添自助办税设备6台，推广"税企通"、江西省电子税务局等互联网办税模式。构建"办问协同"平台，组建"办问协同"服务团队，在办税服务厅配备2个坐席，推进远程咨询和办税辅导"办问协同"。开展全流程电子退税，显著提高退税办理"一次不跑"占比，误收退税时长压缩至1—2个工作日，为纳税人缴费人提供了安全、高效、便利的网上办税服务。

【政府非税收入划转】 2022年，广丰区税务局推进非税收入征管职责划转，持续构建税费兼重的征管格局。与财政、人社、自然资源等部门对接，研判划转中会遇到的难点问题，研究解决划转具体问题，及时召开非税收入划转工作部署会议，进行划转动员部署，梳理业务模式，制定业务处理流程和业务规范。2022年，实现国有土地使用权出让收入、矿产资源专项收入、森林植被恢复费的顺利划转。

【税收征管"五员"管理改革试点】 2022年，广丰区税务局做好"五员"管理（注："五员"按工作职责将工作人员划分为办税服务员、网格管理员、调查审核员、风险应对员和税务稽查员）改革试点，为全市提供示范样本经验。推行前移事项"24+N"，进一步扩大前移税费审理事项范围。落实"一次办结"，结合纳税人分类分级管理要求，有关税费业务实现"一站式"办结，相关业务办结时间提高90%以上。完善新型税费监管体系建设，持续深化税费改革，稳妥推进专票电子化改革，持续抓好征管质量5C评价。

(供稿人：徐宇略)

工 业

综 述

2022年，广丰区坚持工业挂帅、项目为王理念，紧盯"三新"主导产业，全力引项目、强产业、促集群，做强广丰经济高质量发展核心引擎。全年实现规上工业增加值增幅9.5%；实现规上工业主营业务收入833.4亿元，增幅15.8%；实现工业利润84.8亿元，增幅3.3%；新增规上工业企业30家。广丰区被省政府认定表彰2022年全省工业高质量发展一类先进县（市、区），被省政府认定表彰2019—2021年工业发展贡献奖，被确定为江西省制造业高质量发展试验区；被上饶市政府认定为全市工业高质量发展绩效评估县（市、区）第一名，全市工业项目建设第一名；上饶高新区被认定为省级绿色园区；广丰区在全市"12+3"六个评选项目中工业和招商获得先进荣誉。

推进"三新"产业蓬勃发展。至年底，广丰区新引进工业企业103个，总投资563.9亿元。其中新电子、新材料、新智造"三新"主导产业项目占比93%。当年引进投产的企业有广丰时代科技有限公司、江西锦荣新材料有限公司、江西泰珂新材料有限公司。

推进传统产业技改升级。2022年，广丰区技改项目超过40个，其中华欣机械、银泰乐、芦林纸业老厂搬迁、精元电脑等4个技改项目投资超过5亿元，全区改投资超过30亿元，预计新增产值将超过100亿元。根据2021年11月印发的《上饶市广丰区工业企业技术改造扶持奖励办法》（广府办字〔2021〕124号），对广丰区规模以上工业企业或工业高新技术企业进行机器换人、节能降耗、信息化（数字化）、产能提升、提升产业集聚、提高安全生产水平等各类技术改造项目，购置设备和工器具金额200万元以上（含200万元），给予购置的设备和工器具金额10%的投资扶持奖励，单个企业最高扶持奖励金额为200万元；对特别先进或重大的项目按照"一事一议"原则，给予最高不超过500万元政策扶持奖励支持。2022年，广丰区对完成技改并竣工投产的8个技改项目给予451.78万元财政资金扶持奖励。

推进工业产业链发展。广丰区以产业升级为目标，以产业创新为动力，以提质增效为核心，坚持"政府引导、社会参与、扶优扶强、定向培育"的原则，建立产业链链长制，集中力量主攻优势产业链，全力以赴延伸产业链、提升价值链、融通供应链，构建更加完善的具有广丰特色的现代产业体系，为广丰高质量跨越式发展提供坚实支撑。2022年3月上饶市广丰区工业强区建设领导小组办公室印发《关于实施工业产业链链长制工作方案》，对新智造、新材料、黑滑石、新电子、家具制造、纸业包装、纺织服装等7大产业链进一步明确工作目标和重点任务，提出工作要求。为全面推动实施重点产业链链长制工作，区工信局通过企业大走访调研活动，开展产业链调研，以实地走访、面对面交流为主要方式，以重点产业链为抓手，摸清产业链和企业生产经营的实际情况。

实施创新提升行动和融合发展行动。广丰区引导企业加大科技研发投入，自主或联合建立技术中心、设计中心、重点实验室等研发机构，2022年，获得省级企业技术中心认定2个（上饶市立景创新科技有限公司、江西盈盛实业有限公司家企业技术中心），市级企业技术中心9个。推进新一代数字信息技术与产业链深度融合，指导中小企业进行信息化建设，继续推进两化融合管理体系贯标，培育一批两化融合示范企业。坚持智能制造主攻方向，推动产业链向高端化、智能化方向发展。2022年，广丰区成功申报企业两化融合贯标2家，省级两化融合示范企业11家。

开展"开拓市场万里行"行动。借助政府诚信助力产业链企业开拓市场、扩大销售，提高"广丰工业智造"的知名度。开展"重点骨干企业帮扶"活动，切实帮助产业链企业解决生产经营过程中遇到的困难和问题。2022年，广丰区区级领导外出精准招商、市场拓展等产业链对接活动85次，其中，开展产销对接会44次，达成合作项目53个，签约金额146亿元；开展产业链招商活动21次，签约项目29个，签约金额达334亿元；开展人才对接活动3次，引进人才10名。

实施稳企育企行动。全面落实关于"减免降缓"

税费、社保、租金、利息和用水用电成本等惠企稳企政策，降低企业成本；积极协调金融机构加大工业信贷支持，切实解决企业融资需求问题；着力化解产业链上下游配套不到位问题，鼓励企业加大对关键原辅料的研发和生产，推进企业就近配套，保障产业链畅通。

（供稿人：李健鸿）

上饶高新技术开发区

【概况】 上饶高新技术产业园区为省级开发区，总规划面积25平方公里，至2022年年底建成区面积13平方公里，形成"一区三园"架构（一区即为上饶高新技术产业园区，三园分别为芦洋产业园、信江产业园、电子信息产业园），主要发展新材料、新智造、新电子产业，上饶高新区科技企业孵化园获评全市首家国家级科技企业孵化器。2022年，广丰区坚持主攻工业、决战园区，以超常规力度抓招商、促技改，广丰全区引进工业项目103个（百亿项目2个、"5020"项目11个）；上饶高新区共新引进工业项目90个。推动战略性新兴产业加速集聚，传统产业迭代升级，其中电子信息产业实现"从小到大"，获评省级重点工业产业集群。园区全年主营业务收入787.0亿元，同比增长18.3%；工业增加值同比增长13.3%；工业固投151.5亿元，同比增长18.2%；实现利润总额78.1亿元，同比增长4.0%。2022年上饶高新区获评全省高质量考核开发区第一等次、省级开发区"综合先进单位"、省级"两化融合示范园区"和"数字经济集聚区"称号，全市工业高质量发展先进开发区第一名。

【园区规划与基础设施建设】 2022年，上饶高新区优化总体空间规划设计，对壶峤竹叶山地块、博山二期地块、石灰石基地地块，进行控规编制及优化；完成博山二期新制造基地、黑滑石基地、石灰石基地等道路配套建设的设计，电子信息产业园全面设计完成形成"三横六纵"产业园框架；完成了高新大道两侧整体风貌提升设计。全年高新区共征收土地1209亩，其中博山二期540亩、奋均汽车53亩、官兵山72亩、芦洋产业园A区50亩、洋口蔡村智能机械80亩、双鼎纸业80亩、电子信息产业园四期180亩、台鑫技改项目57亩、中凯领航52亩、芳妮10亩、博鑫路15亩、永佐机械20亩；建设标准厂房80万平方米，基本保障了落户项目对用地和厂房的需求。

按照"九通一平"标准，同步推进园区管、网、线、水、电、气、通讯、广电等基础设施建设。2022年，上饶高新区共有新开工重点项目市政道路配套项目、土石方项目、水渠改造项目28个，完成场地挖填方约80万方，整平土地约600亩，完成了2个零星应急工程（100万）项目、芦洋产业园道路整体改造提升及续建项目霞峰二路、霞峰二路南延段、泛霞路（泛霞渠）工程、标准厂房地块填方、博山二期土石方、闽海科技120亩地配套工程、纬四路延伸段工程、博山二期道路工程、丰州大道等13个平台基础设施建设进程；启动建设了捷配互联网科技、电子信息产业园二期标准厂房20家入驻企业、一期标准厂房2家企业的配变安装、电子信息产业园华欣机械10千伏外接电源工程、高盛达10千伏双回线路及安保电源工程、升华镍业、新世纪金属10千伏外线电源工程、湖丰砂娥线改造项目、博山二期双回路建设项目、江西锦荣新材料有限公司配电工程。

【产业发展】 新电子产业：随着捷配工业互联网、科翔电子一期、立景创新科技二期和锦荣新材料等"5020"重点企业先后投产，以及广丰时代、科翔二期项目的即将投产，上饶高新区新电子产业集聚态势显著，2022年高新区新电子产业实现主营业务收入过100亿元，约占高新区主营业务收入的12.5%。

企业技改升级：在卷烟厂、台鑫钢铁、芦林纸业等传统产业技改升级的带动下，2022年广丰区共有15家企业启动实施技改计划，总投资20.07亿元，5亿元以上项目2个，1亿元以上项目4个；至年底，完成技改项目4家，正在推进的项目11个，今年可完成技改项目7个，2023年上半年完成技改项目4个，15家企业技改完成后可增加产值160亿元，增加税收5亿元。

【标准厂房建设与项目入驻】 广丰区坚持"工业上楼+产业集群"的发展模式，至2022年年底，建成4层及6层以上的标准厂房287万平方米，实现链式企业最大限度集聚发展。盘活处置低效用地1500亩，"亩均强度"大幅提高，工业用地集约化改革走上省市前列。

2022年，广丰区加大标准厂房招商力度，并实行定制建设、按需装修，企业拎包入住，缩短建设周期，大幅度提高项目落地投产速度。坚持发展"大工业"战略，紧盯"三新"主导产业，全力培育新兴产业龙头，加大产业链延链、补链力度，推进产业集群发展。至2022年年底，园区标准厂房入驻项目240余个，投资额500亿元，其中"5020"项目10个，"三新"产业规上工业达206家，进一步提升产业集群综合竞争力。

【园区招商引资与项目建设】 2022年，上饶高新区紧盯主导产业，特别是电子信息这个首位产业，深入实施"招大引强"和"广商回归"工程，全力以赴招引符合广丰区产业发展规划的龙头企业、骨干项目落户。2022年，高新区共新引进工业项目90个，投资总额516.4亿元，其中亿元以上项目57个、"5020"项目9个、百亿元项目2个。

在推进项目落地建设上，以广丰区推行的"五个一"工作机制为核心，坚持"高新区每周调度、区分管领导月调度、区主要领导专项专题调度"三级调度及领导挂点、服务专班等制度，全方位、多层次协调解决项目建设过程中遇到的问题。全年共促成68个项目竣工投产，总投资144.4亿元，其中投资亿元以上项目32个，达产达标后预计可增加年产值220亿元，新增税收6亿元，新增就业岗位1800个；正常建设施工项目35个，年底前可促成增昌新材料、聚力新材料、广丰时代、宝隆新材料等20个项目竣工投产，未开工项目42个，其中28个项目正在办理开工前手续。

【实施创新驱动战略】 坚持创新驱动赋能，上饶高新区科技企业孵化园获评全市首家国家级科技企业孵化器，2022年广丰区新增高新技术企业26家，至当年年底，拥有高新技术企业69家，科技型中小企业103家，省级"专精特新"企业30家，江西同欣机械制造股份有限公司获国家级"专精特新"小巨人企业。全年高新区企业专利授权量达到490件（其中发明专利授权7件），同比增长2.5%；企业申请发明专利30件，东海食品申报国家知识产权优势企业已完成公示。全方位提升企业自主创新能力，推动49家传统制造业企业实施技改升级，新增产值300亿元以上。渝网科技成功入选省级高成长性科技型企业。

2022年，上饶高新区科技企业孵化器成功获批国家级科技企业孵化器。广丰区获批省级制造业高质量发展试验区，寸金实业获批省级科技企业孵化器，齐力实业获批省级博士后创新实践基地及省级企业技术中心（第一、三产业），立景创新、芦林纸业、台鑫钢铁等11家企业获批省级"两化"融合示范企业，捷配工业互联网被省工信厅列入省级工业互联网培育名单。台鑫钢铁申报省级技术创新中心、高新区申报省级文化与科技融合示范材料已报送省科技厅待审批；盈盛实业等4个省级企业技术中心，立景创新1个博士后创新实践基地，台鑫钢铁、芦林纸业、立景创新、富荣电子等4家省级绿色工厂及上饶高新区申报省级绿色园区等创新研发平台及载体的申报工作正在全力推进中。

【保障工业用地】 工业用地供应：根据《江西省人民政府关于实施"节地增效"行动的指导意见》（赣府发〔2019〕5号）以及《上饶市人民政府关于开展"节地增效"行动的实施方案》（饶府发〔2019〕12号）等文件精神，广丰区政府制定了"标准地"实施文件，《关于印发〈关于印发上饶市广丰区企业投资项目"标准地+承诺制"试点工作方案〉的通知》（广府办字〔2021〕号），至2022年10月11日，上饶高新区供出让工业用地22宗，总面积约1227亩，其中"标准地"19宗，面积约1205亩，其余未按"标准地"出让的3宗工业用地，均为整合土地集约节约利用土地资源，补供老企业的小面积地块。

批而未用消化：建立"批而未用"工作台账，根据"批而未用"土地不同情况，采取加大力度供应一批、标准厂房建设一批、招商引资消化一批、审查情况核减一批等"四个一批"方式进行分类整改，加大项目供应力度。上饶高新区范围内批而未供面积1888.52亩，至2022年10月11日，消化批而未供面积1063.59亩，剩余批而未供面积824.91亩。

工业用地报批：根据高新区实际规划，结合用地报批轻重缓急情况，2022年完成约1168亩工业用地报批工作，其中512亩土地已组卷，其余约656亩土地年度完成用地报批，保障工业发展用地需求。

【信贷支持与人才引进】 2022年，广丰区"财园信贷通"发放贷款约5.1244亿元，惠及全区106户中小微企业，其中转贷企业90户、贷款金额约4.2444亿，新增贷款企业16户、贷款金额约0.88亿元。此外，上饶高新区积极搭建政银企合作平台，支持合作银行开展信用贷款，全年各合作银行累计为企业发放各类纯信用贷款约1.3亿元。

2022年，上饶高新区积极引进企业发展急需的各类人才，其中引进李晶、赖崇德、黄林华、黄明明、朱小峰、周邦兵等省"双千计划"人才，协助企业完成黄成、王利鹏、姜通、周润华等市级高层次人才申报，指导企业完成51个急需紧缺实用型人才申报，激发创新创造活力，助推企业高质量发展。

【工业园区优化营商环境】 2022年，广丰区围绕园区大部制改革，推进服务职能"再整合"，设立高新区企业服务中心，加大涉企审批业务赋权和承接工作，推动"园区事、园区办"的闭环管理，实现工业投资项目全生命周期事项覆盖。建立惠企政策兑现"一窗式"便捷办理制度，开通"惠企通"平台，2022年共兑现惠企事项215件，兑现资金1亿余元。建立企业诉求"一门式"限时办结制度，全年推动解决要素保障热点难点问题133件。

【"环保管家"运行情况】 上饶高新区借助第三方"环保管家"，以"五水三气一平台"（即5个废水在线监控站点、3个空气质量监控站点及1个接收监控平台）的在线监控平台为核心，强化对园区企业生态环保日常督查，守住环境生态底线。全年完成394家企业环境风险隐患排查，其中重点企业30家，次重点企业169家、一般企业195家,对发现的130个问题,全部完成整改;出动人员322次,帮扶企业89家,指导问题整改132个,免于处罚案件1起,减免金额10万元,召开企业专项培训会4起;对重点排污企业进行重点监管,累计执法处罚企业3家。

【工业园区疫情防控和安全生产】 2022年,上饶高新区持续做好重点人员排查、交通卡口管控、重点部位检测,积极开展常规防控、企业员工核酸检测及企业物流保障等工作,确保疫情防控力度不减、经济发展节奏不停。其中,静态管理期间,对符合闭环生产、不停工不停产的立景创新、和烁丰新材料等企业,组织大巴车接送企业员工1400余人;助企协调物流货运报备13700余次。

2022年,上饶高新区常态化联合应急、消防、生态环境、市场监管等部门开展入企安全生产检测工作,全年排查安全隐患问题422个,逐一制定整改措施督促销号整改,向相关职能部门移交问题55个,连续守住重大安全生产事故为零的底线。

【上饶高新区科技企业孵化器获国家科技部备案为国家级科技企业孵化器】 该孵化器建立于2017年,是一家致力于高新技术企业孵化及中小微企业培育的科技创新综合性服务平台。该孵化器围绕初创企业成长需求,促进科技成果转化,培育科技企业和企业家精神为宗旨,提供创业场地、共享设施、技术咨询、投资融资、创业辅导、资源对接等服务。自运营以来,该孵化器聚焦广丰区新电子、新材料、新智造"三新"主导产业,完善补齐增强产业链条,集聚技术、人才资本等要素,开拓知识产权代理、高企申报对接、科技成果转移等方面服务工作,为企业提供增值服务,以实现孵化器提档升级。孵化器先后荣获江西省级科技企业孵化器、省级众创空间、省级知识产权孵化中心、省级微型小型企业创新创业孵化基地等称号。至2022年年底,上饶高新区科技企业孵化器招商签约入驻科技小微企业12家。

(供稿人:蒋岩)

工业和信息化

【概况】 广丰区牢固树立"工业挂帅、项目为王"发展理念,把工业摆在第一位,围绕"招商引资上项目、发展工业补短板"的主旋律,聚焦新电子、新材料、新智造"三新"主导产业,全力推进招引项目达产见效,不断夯实工业根基。

【新电子产业】 2022年,广丰区新电子产业规上工业企业31户,完成营业收入222.2亿元,同比增长40.2%;产业主营业务收入占全区规模以上工业企业主营业务收入的比重为26.67%,与2021年比,上升15.5个百分点。总投资100亿元的广丰时代科技有限公司是广丰区2022年重点引进的电子信息产业项目,主要生产芯片封装、笔记本电脑、半导体封装等智能电子终端产品。项目于2022年3月厂房开工建设,12月份企业已进入设备安装、调试阶段。江西锦荣新材料有限公司是2022年引进、建设、投产的企业之一,专业从事柔性线路板材料、石墨烯散热材料等产品研发、生产和销售的国家高新技术企业,公司取得10项发明专利、20多项实用型专利,当年四季度达标达产,项目达产达标后可实现年产值30亿元。

【新智造产业】 2022年,广丰区新智造产业规上工业企业16户,全年完成主营业务收入89.1亿,同比增长6.7%;产业主营业务收入占全区规模以上工业企业主营业务收入的比重为10.7%,与2021年比,下降1.65个百分点。2022年,江西华欣机械制造有限公司异地搬迁项目竣工投产,企业发展后劲和产业规模进入新的高质量高速度上升阶段,为广丰区新智造产业发展带来强劲后劲。

【新材料产业】 广丰区新材料产业包括有色金属和非金属(黑滑石)材料两大块。2022年,全区新材料产业规上工业企业24个,全年完成主营业务收入311.1亿元,同比增长23.7%;产业主营业务收入占全区规模以上工业企业主营业务收入的比重为37.35%。非金属材料(黑滑石)产业方面,2022年,投资100亿元的江西泰珂新材料有限公司黑滑石新材料项目在黑滑石产业基地破土动工建设,这是广丰区首次引进区外的黑滑石项目,为广丰区做大非金属材料(黑滑石)产业增添新的动力。有色金属产业方面,2022年,江西时达铜业有限公司和江西中鸿铜业有限公司等投资20亿元的有色金属深加工项目开工建设,开启广丰区打造有色金属产业深加工重要生产基地的序幕。

【省级两化融合示范企业和省级军民融合企业名单】 江西齐力实业有限公司、江西芦林纸业股份有限公司、江西盈盛实业有限公司、上饶市立景科技创新科技有限公司、上饶市京新药业有限公司、江西台鑫钢铁有限公司、江西和烁丰新材料有限公司、江西华欣机械制造有限公司、江西月兔家居有限公司、上饶市方舟电子有限公司和江西同欣机械制造股份有限公司等11家企业被认定为江西省两化融合示范企业。

江西寸金实业有限公司、江西塔卡瑞机械有限公司、江西华欣机械制造有限公司获得江西省省级军民融合企业认定。

【江西同欣机械制造股份有限公司获得国家级"专精特新"小巨人企业认定】 2022年，江西同欣机械制造股份有限公司获得国家级第四批"专精特新"小巨人企业认定和"赣出精品"产品认定，均为广丰区首例。江西同欣机械制造股份有限公司位于广丰区芦林工业区一路，是一家专业生产汽车、摩托车、船舶以及无人机等各类发动机凸轮轴、油泵凸轮轴的民营股份制企业，是吉利、奇瑞、东风、江铃、神龙、宝腾、比亚迪、北汽、玉柴、铃木等国内外著名汽车品牌厂家的主要配套供应商。公司一直以来注重科技创新引领企业发展，两年来，公司首创CBN磨削、激光感应复合焊，机械扩管组装工艺等关键技术，低合金冷激铸铁凸轮轴填补了国内空白，达国际先进水平。

"专精特新"是国家引导中小企业增强自主创新能力和核心竞争力，不断提高中小企业发展质量和水平而实施的重大工程。国家级专精特新"小巨人"企业是指具有"专业化、精细化、特色化、新颖化"特征的中小企业领军者和佼佼者，也是专注细分市场、创新能力强、市场占有率高、掌握关键核心技术、服务于产业链关键环节、质量效益优的排头兵企业。2022年6月，工信部印发的《优质中小企业梯度培育管理暂行办法》，将优质中小企业认定分为创新型中小企业、专精特新中小企业、专精特新"小巨人"企业三个梯度，其中专精特新"小巨人"企业认定标准最高。自2019年以来，工信部已先后公布3批共4762家"专精特新"小巨人企业培育名单，加上这次公布的第四批4357家，全国累计公布4批9119家"专精特新"小巨人企业。江西省第四批有70家企业上榜，累计获评210家，均位列全国第16位。

（供稿人：李健鸿）

江西中烟工业有限责任公司广丰卷烟厂

【概况】 2022年，江西中烟工业有限责任公司广丰卷烟厂全面实施广烟"1+3"十四五战略规划，坚持走内涵式高质量发展之路，高标准推进生产制造，高效能推进基础管理，高起点推进软实力建设，不断加快转型升级步伐，在安全生产、改革创新、人才培养、属地营销、作风建设等方面多点发力，圆满完成各项目标任务。全方位优化生产业务主线流程，加强标准化工作，制修订121项企业标准，构建富有韧性、多级支撑的现代化企业管理体系。充分运用对标分析、管理诊断、课题攻关等工具，改善生产各环节，提高综合效能。全年缴纳税金18.48亿元（含往年延期缴纳税金3.38亿元），同比增长0.51亿元，为地方经济发展提供了强大的动力。广丰卷烟厂获江西中烟2022年度工作业绩考核先进单位、江西中烟2022年度平安建设工作先进单位、江西中烟2022年度安全生产工作平安单位、2022年度宣传工作优秀组织奖、中央媒体信息发布单项奖。倪凤华劳模创新工作室被江西省总工会命名"劳模创新工作室"。2022年4月，广丰卷烟厂品质管理科被江西省总工会授予"2021年度江西省五一巾帼标兵岗"称号。2022年12月，行业发布第三十三届优秀质量管理小组成果表彰情况通报，江西中烟广丰卷烟厂卷包车间"精工"QC小组成果《降低ZB25机组封签偏斜故障次数》荣获三等奖。2022年4月，广丰卷烟厂退管办主任徐洪斌被中国烟草总公司授予"烟草行业先进离退休干部工作者"荣誉。俞辉获2022年度中国新闻社优秀通讯员、《东方烟草报》优秀通讯员荣誉。物资管理科徐建获上饶市"五一劳动奖章"。基建技改办夏洪伟获上饶市"创卫"工作先进个人。

【卷烟生产】 2022年，广丰卷烟厂落实生产运行分析新机制，针对影响生产组织效率提升的难点和瓶颈问题，进行课题攻关，完善生产计划、资源调配、过程控制等考核，均衡软、硬机包与手工烟生产节奏，有效提升柔性化生产水平。借鉴合作品牌生产特色做法，推动自主品牌生产一线管理变革，高效组织卷烟生产。企业生产的卷烟品牌有"庐山（新）""金圣（硬红瑞香）""金圣（智圣出山）""金圣（智圣出山·国瓷）""金圣（智圣出山·国味）""金圣（原生工坊）""金圣（软）""金圣（软红）""金圣（庐山）""利群（新版）""利群（软蓝）"。全年累计生产卷烟171539.28箱（提前一个月完成了年度机包生产任务），生产牌号11个，其中，软包烟产量73135.6箱、同比提升72.93%，异型烟产量24218.9箱、同比提升13.17%。完成利群产量40282.8箱，利群（新版）10071.6箱，利群（软蓝）30211.2箱，保质保量完成了各品牌生产任务，得到浙江中烟项目办和驻厂办的充分肯定。

【卷烟销售】 2022年，广丰卷烟厂以"拓市场、育新品、增销量、提结构、树形象"为目标，以金圣品牌高端高价位卷烟树形象，一类重点卷烟培育为引领，所属的上饶、景德镇、鹰潭3个属地市场，分别落实"万箱县市场维护""协同方式多元化""终端建设"靓柜行动，营销工作取得良好的成绩。通过密切高层互访，发挥地缘优势，在计划资源调配、金圣品牌培育、消费群体引导、现代终端建设等各项工作中通力合作，增进双方互信共赢。积极落实营销"三化"要求，提出"层次化"管理新概念，以"营销工作功能性区分"为导向，促进"层次化"过程管理与"三化"营销相结合，进一步激发营销人员的动力和活力。强化一类重点卷烟培育，分类开展"万箱县"市场维护和终端建设"靓柜"行动，协同加强上饶市场"星火365"流通品牌建设；创新线上直播营销活动，推进喜宴、升学宴等时节性热点活动，开展"百日千万""经典传承、感恩有你"专项活动，有效促进传统营销向现代营销转型发展。2022年，属地市场金圣品牌卷烟共计销售10.84万箱、同比增加1776箱，金圣一类烟销售4.24万箱、同比增加2882箱，属地三个销区均实现金圣总量和一类烟的同步增长。

【卷烟质量管控】 2022年，制定《广丰卷烟厂工艺质量管理提升实施方案》，全面核查体系制度建设、质量运行、风险清单运用等情况，建立21项质量缺陷管理改进案例，推进工艺测试、改进、攻关等活动，强化上下游工序质量控制的联动性，着力现场质量保障能力。同步推进质量文化建设、工艺人才队伍建设，加强科技创新工作，成立广烟科学技术委员会，形成了12个科研项目（3个公司级、8个厂级），取得QC成果19项（获公司二、三等奖各1项）；组织申报专利25项，确定9个质量管理提升项目。全年包装与卷制检验加权平均得分99.03分，优等品率达100%。

动力车间获得江西省现场管理评价（五星）

张文军电气创新工作室获评江西中烟电气自动化实训基地

卷包车间包装维修班"精工"QC小组：降低ZB25机组封签偏斜故障次数，获得QC成果行业三等奖、QC成果公司二等奖

物资管理科"精益物流"QC小组：研制卷烟码盘机空托盘异物在线自动清理装置，获得QC成果公司三等奖

信息管理科"坚信"QC小组：烟虫管理统计预警信息系统的研发，卷包车间"卷接机修"QC小组：卷烟机SE刀盘角度微调工具的研发，获得QC成果公司优秀奖、省质协一等奖

制丝车间"电气信息创新"QC小组：加料机热风温度控制双系统模式研制，品质管理科"工艺质量提升"QC小组：减小混丝瞬时加香比例变异系数，物资管理科"深思乐学"QC小组：降低机械手作业月故障次数，获得QC成果省质协一等奖

动力车间"聚集"QC小组：降低锅炉单箱天然气消耗，获得QC成果省质协二等奖

生产管理科：肖永兵《关于提高新厂制丝工艺设备管理水平的提案》，获得"聚合力 促发展"烟草行业优秀职工代表提案

【设备管理】 2022年，江西中烟工业有限责任公司广丰卷烟厂落实"设备保工艺"理念，以开展"设备管理年"活动为主线，构建"1+4+2"设备管理机制，开展OPL、OPS等活动，深化设备保养、润滑、点检日常监督检查，健全计量管理体系，严格控制设备维修计划，推进"国瓷""国味"等设备技术改造项目，配置一组软包机，扎实提高设备维修人员点检和预防维修能力，促进人机功能匹配。2022年，制丝万公斤故障停机时间同比下降32.3%，动力设备故障率同比下降34.8%，卷接、包装设备运行效率同比提升3.33%、9.28%，软包机组台时产量分别为59.91、50.29箱，同比提高0.87箱、1.01箱。零备件库存金额302.53万元，库存2年以上备件占比13.33%，零配件修旧利废金额110万元。

【降成本增效益情况】 2022年，广丰卷烟厂坚持破旧立新，向管理要效益，与涪陵、南昌卷烟厂全面对标37项关键目标指标，制订改进计划8项，短板问题台账15项。持续深化"3+4+1"成本管控体系应用，着力开展单批次产出攻关、成本清单管控、节能降碳等活动，深入挖掘厂内各运行环节增值潜力。2022年生产制造环节可比成本节约284.9万元，单批次产量232.49箱，同比增加4.95箱，行业分类对标指标进步9项，指标同比提升率69.23%。严格落实双控目标责任考核，精准管控生产与非生产"两类清单"，全年综合能耗为17.19千克标煤/箱，同比进步0.04公斤。

【科技创新与人才培养】 2022年，广丰卷烟厂加强科技创新工作，成立广烟科学技术委员会，形成12个科研项目（3个公司级、8个厂级），取得QC成果19项（获公司二、三等奖各1项）；组织申报专利25项，确定9个质量管理提升项目。

2022年，广丰卷烟厂大力实施电气、机械等4个专项人才培养方案，推进青工培养计划，加强两个创新工作室建设，其中张文军电气创新工作室获得首批公司"电气自动化实训基地"称号，倪风华劳模创新工作室获得江西省"劳模创新工作室"称号。发挥内训师队伍作用，推动员工"走出去"学习技术技能，分类推进人才培养，成效明显。

2022年，广丰卷烟厂制定"十四五"人力资源专项规划和年度工作要点，强化电气、机械、信息化、工艺质量等专项人才培养方案的落地执行，与上饶市职业技术学院建立校企合作关系，与浙江中烟、郑州烟草学院建立专业合作关系，促进专业人才积极"走出去"，通过学习交流提升技术技能水平。同时发挥企业内训师队伍的积极作用，创新"线上+线下"信息化培训模式，全年共组织参与各类培训63期，达1200人次，并开展操作示范、课题攻关、合作创新等多形式

学习活动，有效推进专业人才的实践培训。至2022年年末，企业拥有行业技师16人、中级专业技术以上职称120人，在岗行业特有工种技能人员360多人。以职工职业技能大赛为主线，开展设备操作、机械维修、电气维修、叉车操作、烟草检验等多项专业竞赛，选派人员参加江西省第一届职业技能竞赛和江西中烟青工职业技能竞赛及工艺质量岗位竞赛等，1人获得二等奖。

【信息化建设】 2022年，广丰卷烟厂落实"十四五"信息化专项规划，深入推行"1+4+N"运维管理模式，明确38项目标任务，加强信息系统优化、流程管理提升等工作。以MES系统（注：MES软件即制造企业生产过程执行管理软件，是一套面向制造企业车间执行层的生产信息化管理系统）为中心，增强卷包数采、制丝集控等系统在业务工作中自动化控制能力，促进物资保障、设备运行、品质管控、信息支撑等有效联动，提升生产信息两化融合。扎实做好网信工作，统一互联网接口，加强网络攻防演练，有力提升网络安全防护水平。

【物流保障】 2022年，广丰卷烟厂完善原料、辅料和成品保障协同机制，开展"不同仓库温湿度条件对烟叶贮存质量的影响研究"等课题，强化原料精益养护工作室建设，提升在库原料精益养护水平。优化烟用材料仓储布局，提升库容10%，保障特殊时期材料有序到货入库。纸滑托联运出库68998箱，循环利用纸箱近438265箱（达成全年度任务250.4%），圆满完成绿色物流专项任务。完善成品管理"一理二做三核"工作模式，2022年成品出库率、及时率、工商网配及时率和准确率均为100%，有效提升对商业的物流服务水平。2022年5月荣获公司"物流红旗团队"称号。

【安全生产】 2022年，广丰卷烟厂落实安全生产责任，层层签订安全生产承诺书，加强149个岗位安全责任清单管控。厂领导分片挂点，上安全公开课。制定《安全环保绩效考核实施方案》《安全环保工作目标考核评价分配表》，加大对员工行为的规范，推进隐患排查、闭合整改等工作，构建更加完善的安全网格化管理机制。推进双重预防机制建设，制定《风险分级管控清单》，针对564项隐患问题，按照"五定"的要求加强整改。严格落实国家安全生产15条举措、省50条措施和上饶市70条举措，加强和规范安全管理与监督，规范监督检查的方法和程序。推进环境和职业健康安全管理体系运行，形成"安全风险自辨自控、隐患自查自治"的工作格局，持续提升安全生产整体预控能力。开展消防微视频制作、手指口述竞赛、消防安全演练等系列安全活动，丰富安全文化的内容，强化"用感知与行动让身边更安全"的行为，提升全员安全意识。

疫情防控方面，2022年先后召开5次疫情专题会议，保持"行业抗疫先进集体"的高昂斗志，严格执行第九版防控方案、二十条优化措施，坚持"四验一戴"，加强人员排查管控、员工个人防护、场所日常防控、员工外出管理，毫不动摇做到"三个坚定不移"。特别是面对5月份上饶疫情突发和12月疫情复杂趋势，强化责任，扎实做好检核检测、现场消杀、食堂管理、相关方管控以及生产作业预防等工作，确保疫情防控与安全生产"两不误"。

【国有企业党的建设】 2022年，广丰卷烟厂持续加强党的全面领导，落实全面从严治党"两个责任"，积极推动党建责任与生产经营有效联动，推动党建工作与中心工作的深度融合。严格贯彻民主集中制原则，召开党委会议25次，讨论通过议题144项。完善干部管理配套机制，加强干部教育培训和管理监督，选拔任用4名正科级干部，推进22名干部轮岗交流，明确1名干部不再担任二级助理。加强支部"三化"建设，优化20个党（总）支部设置，配强支部班子成员，完善支部硬件配备，设立18个党员示范岗；聚焦"智慧党建"，推广"赣鄱党建云""金圣红土行"；强化党建基础工作"月查、季评、年考"模式，创新"党建+N"实践活动，深化党员同普通产业工人"N+N"结对互助模式，有效提升基层组织战斗力。组织开展党建项目、政研论文（获公司二等奖1篇）、微党课（获荐国家局1篇）、劳模（工匠）进车间宣传活动。全面铺开"纪律与作风建设专项整治"行动，对各条线同步开展"起底"查摆，并逐一制定整改措施，逐级审核把关，全面巩固"两项整改"（注：烟草行业的两项整改工作指的是行业内部专卖管理监督检查与同级审计检查）和巡视整改成效。开展巡视整改情况"回头看"督导检查，制定"三不"一体制度正面清单，运用"四种形态"处置23人次。修订《定点帮扶地区驻村干部管理办法》，选派了2名驻村干部扎根定点帮扶乡村，持续跟进68家脱贫户，巩固脱贫攻坚成果；协助乡、村两级政府引进强村富民产业项目，广丰区横山镇龙潭村村民活动中心项目建设完工，横山镇上铺村金圣广场二期项目和少阳乡泉岭村村民活动中心项目预计2023年2、3月份开工建设。党建工作科周坤强《编草席》获得2022年度"我家的人世间故事"全国主题征文优秀奖。

（供稿人：俞辉）

黑滑石产业

【概况】 黑滑石是对黑色、灰黑色滑石的统称,是一种链状结构的含水镁质硅酸盐矿物,化学式为 $Mg_3[Si_4O_{10}](OH)_2$,晶体具微弱多色性,通常呈"假鲕状"集合体出现,部分呈片状集合体出现,因含有类石墨烯碳层呈黑色。黑滑石是江西省独有的特色非金属矿产,用途非常广泛,是天然绿色工业原材料(黑滑石/TiO_2 纳米复合材料,是一种高效、可循环使用、低成本的染料污染物光催化降解材料),还是节能材料(黑滑石/$NiFe_2O_4$ 复合材料与微波辐照技术结合,配合类 Fenton 试剂,对邻苯二甲酸二甲酯进行微波催化降解测试,去除效率从低于10%提高到58%;黑滑石二次烧成的镁质瓷,物化性能和强度全面超过骨质高档瓷,而其配方成本是骨质瓷的1/4—1/5)和高性能工程复合材料的增强填料。

广丰境内黑滑石矿体断续延长20公里,查明储量超1.93亿吨,远景推测储量10亿吨;黑滑石矿中硅、镁的含量超过95%,系全球储量最大的高品位稀有矿种,有"世界黑滑石之都"的美称,为中国黑滑石主要产区。广丰黑滑石有三个特点:1. 品位高。黑滑石主要成分是氧化镁、二氧化硅,品位高低主要由镁含量决定,广丰黑滑石含镁26%~28%,最高可达32%,煅烧后的白度可达95%以上,是国内罕见的高品位滑石矿。2. 储量大。3. 埋藏浅、开采难度较低。

黑滑石产业是江西省"十四五"规划重点发展产业。《广丰区黑滑石产业发展规划》提出,从原矿开采、分级精选、标准化原料生产,再发展到亚纳米、超亚纳米微细粉,最后依托基础材料,引进陶瓷、涂料、塑料、橡胶等生产企业,乃至于电子信息、模具、精细化工、汽车等尖端制造领域,整个产业链可以延展到千亿级别。2020年,在上饶市委、市政府的大力支持和江西省、上饶市自然资源及相关部门的倾力协助下,广丰区果断按下黑滑石产业"重启键"。广丰区以科研攻关为支撑,以黑滑石精深加工为抓手,谋划全产业链发展,致力于把黑滑石产业打造成为百亿乃至千亿产业,使之成为广丰经济发展的强大引擎。2022年年初,黑滑石高纯纳米粉体新材料项目签约并落户于黑滑石产业基地,产品主要应用于橡胶制品领域。9月25日,区委书记胡心田带队赴湖南省长沙市,考察位于中南大学的国家重金属污染防治工程技术研究中心。

2020年6月 上饶市上丰矿业有限公司成立(广丰区政府与上饶投资控股集团有限公司共同组建,负责黑滑石资源开发和产业发展,注册资本金10.2亿元。该公司以黑滑石矿产资源获取为基础,打造集采掘、精加工、新产品研发、销售为一体的新材料科技投资企业,业务涵盖矿产资源开采、矿产资源勘探、非金属矿及制品销售、房屋建筑和市政基础设施项目工程总承包、采矿行业高效技能技术研发等)

2020年10月 大安滑石矿矿权办理完成

2020年12月 矿山外接公路路基浇筑完成

2021年4月 大安矿区土地流转完成

2021年5月 黑滑石产业规划通过专家评审,并经广丰区政府批准

2021年6月 国家非金属矿深加工工程技术研究中心上饶黑滑石分中心挂牌成立

2021年7月 上饶黑滑石产业研究院成立

2021年11月 黑滑石产业发展研究中心成立

2022年3月 中国工程院院士、中南大学副校长柴立元领衔拉开黑滑石提纯分离研发序幕

2022年6月 投资100亿元的泰珂新材料项目奠基开工,当年年底竣工投产

2022年8月 大安矿矿山建设拉开帷幕,用两个月时间实现原矿开采

2022年12月 提纯分离项目完成实验进入中试环节

(供稿人:徐孟鸿、管成兵)

【黑滑石硅镁分离与高值化利用项目研发成效】 上饶黑滑石产业研究院〔2021年7月成立,地址位于上饶高新技术产业园电子信息双创园(芦洋产业园B区),注册资金为1500万元,拥有实验设备125台(套),办公实验生活配套用房总计6000平方米,拥有经验丰富的研发、管理人员团队〕,与中南大学、中国地质大学、常熟理工大学等5个专家团队合作,中南大学柴立元院士团队的硅镁分离与高值化利用项目成效显著,计划2023年3月份在广丰区进行硅镁分离项目中试工作,并兴建一条试生产线。2022年9月20日,中南大学党委常委、副校长、中国工程院院士柴立元一行,来到广丰区黑滑石展览展示馆、吴村镇河源村大安黑滑石矿山等地调研黑滑石产业,了解黑滑石生产运行、成果转化、产学研合作及未来科技创新发展方向等情况,并就黑滑石发展方向、发展定位、产业布局、项目谋划等方面座谈交流。

【江西泰珂黑滑石新材料项目开工】 2022年6月21日上午,在广丰区黑滑石产业基地举行江西泰珂黑滑石新材料项目开工仪式。广丰区政府区长龚振宙致欢迎辞,区政府常务副区长吴松主持。桂林市国资委副

主任陈江，上投集团总经理高磊，桂林市国投产业发展集团有限公司党委副书记林海虹，上投集团董事会秘书诸文泉，桂林市桂广滑石开发有限公司董事长杨俊，广丰区人大常委会主任皮晓瑶，广丰区委统战部部长廖文华，广丰区人大常委会副主任刘荣伟，桂林市桂广滑石开发有限公司常务副总经理陈向波，上饶高新区党工委书记郑敏强、管委会主任蒋小晖等出席。江西泰珂黑滑石新材料项目是桂林桂广滑石开发有限公司与上饶市上丰矿业有限公司合作投资百亿元的黑滑石精深加工项目，该项目位于广丰区黑滑石产业基地南区，总用地约800亩，分为粉体材料、超白细粉、工程塑料、造纸填料等八大板块，计划按三期六年投资完成，达产达标后年产值可达30亿元以上。项目突破传统黑滑石陶瓷应用范围，致力于建设国内最大的工程塑料母粒新材料供应企业。项目在2022年年底竣工投产。

【黑滑石产业发展推介会召开】 2022年6月21日下午，在永利国际大酒店举行以"迈步重越 华实在望"为主题的黑滑石产业发展推介会。广丰区政府区长龚振宙致辞，区政府常务副区长吴松主持。江西省自然资源厅矿产资源保障服务中心主任王先广、中国科学院博士应忠、江西理工大学教授王平、桂林市桂广滑石开发有限公司董事长杨俊等分别围绕黑滑石的产业发展、科研成就、广阔前景进行交流发言。在推介会上举行签约仪式。上投集团总经理高磊、江西省地质局第八地质大队大队长俞宽坤、桂林市国资委副主任陈江、桂林市国投集团有限公司党委副书记林海虹、上投集团董事会秘书诸文泉、上饶高新区管委会主任蒋小晖等出席。

(供稿人：管成兵)

【黑滑石产业园建设情况】 上饶高新区壶峤片区黑滑石基地（省级特色产业基地），总规划面积4平方公里，一期建设2.5平方公里。至2022年年底，该基地基础设施及配套建设总投资约16700万元，主要建设内容：1.道路建设累计长度约3公里及场地整平，在建道路长约0.5公里，投资约7000万元；2.建设马家山110KV变电站一座及建设电力通道，投资约4000万元；3.建设黑滑石产业基地门站、LNG气化站及管道工程，投资约4200万元；4.建设黑滑石陈列展厅，投资约1500万元。

(供稿人：蒋岩)

【黑滑石矿山建设情况】 上丰矿业有限公司已经掌握黑滑石矿产资源量1376.5万吨。至2022年年底，该公司先后完成大安黑滑石矿的安评、环评、开采方案、土地流转、房屋征迁、上山道路、排土场建设等一系列工作，流转土地480亩，建成容量145万方排土场一座，275—225六个开采平台全面完工，挖方量总计60余万立方米，成功开采出黑滑石原矿12万吨。

(供稿人：徐孟鸿)

【吴村镇助力黑滑石产业发展】 2022年，吴村镇引进总投资100亿元的黑滑石精深加工项目——泰珂新材料项目，是广丰区引进的首个百亿项目。吴村镇全力服务黑滑石产业，做优做实黑滑石产业的基础平台。完成大安矿463亩征地及土地流转，完成大安矿区11栋房屋的拆迁，完成萍塘矿范围内35户遗留房屋拆迁，为黑滑石"千亿产业"发展扫清障碍、夯实基础。持续推进萍塘矿、周家坞矿、大安矿、樟坞岭矿的矿山整治工作，推动4家矿山企业创建"绿色矿山"。2022年，吴村镇会同自然资源局、公安机关、交通部门开展联合执法，多措并举，严厉打击黑滑石盗采等违法犯罪活动，保证黑滑石矿区的平安稳定。

(供稿人：陈长波)

数字经济

【概况】 2022年，广丰区认真落实数字经济"一号发展工程"，制定《深入推进数字经济做优做强"一号发展工程"的实施方案》《广丰区数字经济产业扶持办法》，从项目落户、生产经营、财税奖补、产业人才等多方面加大对电子信息产业，以及数字创意、数字营销等大数据及关联产业发展的扶持力度，数字经济发展保持"增"的势头，取得"进"的成效，全区大数据及关联产业营收96.01亿元，完成全年任务175%。

【数字经济招商引资】 2022年，广丰区实施"走出去、请进来"战略，精心绘制长三角数字产业转移图谱，发挥广丰人在外创新创业的人脉优势和异地商会桥梁纽带作用，全面发动全区52支招商小分队、5支招大引强小分队外出开展驻点招商。重点围绕数字经济产业链开展招商引资，富荣电子、贪玩游戏、江西捷配等一批数字经济优质项目成功落地。重点布局华为供应链生态圈，先后引进上饶市立景创新科技有限公司、华丽丰科技有限公司等华为供应链企业。全区共签约数字经济项目134个，其中百亿项目1个（广丰时代）、"5020"项目5个（科翔电子、赛华显示、华冠光电、欣宏电子、华迪动力）位列全市第一。

【打造数字经济发展平台】 2022年，广丰区全力打造"一区两园三平台"，不断提升产业发展核心竞争力，以数字经济产业园为平台载体，围绕资源优势和产业基础，重点建设15000平方米的广丰数字经济集聚区，为新引进的数字文娱、数字营销企业提供入驻服务。同时依托广丰本土优势，全力打造挖掘机产业链数据化平台、人力资源数字化平台、广丰马家柚数智产业平台等三大本土特色数字平台，为广丰区数字经济发展增添强劲动力。

【推进重点数字产业集群发展】 2022年，广丰区全力推动数字经济核心产业尤其是电子信息产业健康发展，加快产业链、人才链和创新链协同，聚力推进重点数字产业集群发展，特别是在打造"光芯屏端网"产业集群上，拥有10余家"硬核"企业（光学领域：立景创新科技；芯片领域：欣宏电子、方舟电子；显示领域：赛华显示、立景、科翔电子；智能终端领域：盈盛实业、富荣电子、精元电脑；网络应用领域：捷配工业互联网）。

【制造业数字化转型】 2022年，广丰区深入开展企业"上云用数赋智"行动，2022年全区新增制造业两化融合管理体系贯标评定企业2家，数量位列全市第一；企业上云上平台总量5183家，位列全市第一；新增工业互联网平台1个，标识解析体系新增企业节点数57家，位列全市第二；"5G+工业互联网"项目3个，位列全市第四。推进工业互联网建设，依托联通工业互联网研究院上饶分院、华为公司，大力实施工业企业数字化诊断工程，全年开展问诊把脉企业30余家，其中芦林纸业投入2亿元，引进动态稳定控制、ERP等多个行业领先的数字系统，实现装备自动化、管理数据化。

【农业数字化转型】 2022年，广丰区重点围绕马家柚产业发展，建设西坛数字马家柚示范基地和乡村振兴示范园马家柚智慧分选工厂等重要物联网节点，持续深化"互联网+农业"，推动全区特色农业产业发展转型升级。

【服务业数字化转型】 2022年，广丰区立足地域文化特色，全面打造"广丰里"、丰溪水街等"数智化"商圈，不断放大"数字化引流+沉浸式体验"优势。同时，发展智慧文旅，铜钹山以及红木文化创意产业园景区全部接入省大数据平台，实现景区监控全覆盖、门禁智能化、服务智能化、数据共享化。

【数字场景应用】 2022年，广丰区加大数字经济领域应用场景开放力度，加快培育数字经济新业态、新模式，以场景为牵引、应用为导向，推动全区更多的数字技术应用场景对接落地。成功申报46例机会清单和产品清单，其中以公共服务、城市管理、社会治理为重点领域，开发改造了智慧医疗医保平台接口、5G智慧工厂、智慧云充电、数字乡村、数字农场、智慧教育、智慧城管、智慧社区、智慧汽车充电、绩效管理、健康管理、智慧服务等系统，全区有6个乡镇社会治理数字化中心投入使用。

【"政务服务"智能应用】 广丰区赣服通4.0项目已经完成，分厅运行稳定并经验收合格。高频事项、"赣通分"应用服务、小程序、五个涉农事项、适老化改造等建设清单内容均完成，广丰区全面推行数字政务、着力建设智慧城市、加快推进数字治理、加速数字新基建建设，实现政府运行"一网协同"、政务服务"一网通办"，基层治理"一张网络覆盖、一个网格办事、一个终端运行"。2022年赣服通用户覆盖率52.99%，全市第一；平均日活用户数9720，居全市第二；全年分厅访问量1131.76万，居全市第三。赣政通用户活跃度保持在80%左右，人均待办数达120条。

【5G网络建设】 2022年，广丰区网络基础设施优化升级，全区建成5G基站991个，位列全市第三，其中每万人5G基站建设数将近13个。积极协调各通信运营商推进5G基站建设，多举措支持5G网络建设与发展。移动物联网本地发卡总数累计达9.6万，用户占比达42%以上，500M以上用户总数达8.9万，用户占比达40%以上。

（供稿人：章华）

【区总工会助力"双一号工程"】 2022年，区总工会落实符合条件的小微企业工会经费全额返还支持政策，优化返还工作流程，促进营商环境优化。落实"广工贷+数字经济"工作，由区总工会提供全额贴息贷款，向数字经济小微企业倾斜，完成"广工贷"业务10个，贷款180万元。动员广丰区数字经济企业技术骨干开展名师"传帮带"活动，遴选5位数字经济领域技术名师、培养30名数字技术能手，推动职工素质提升。为园区数字经济企业职工赠送"互保"、提供免费体检；组织"双一号工程"一线职工疗休养80名；开展各类培训25期，受益1100余人；开展数字经济和新就业形态职工心理健康服务、法治宣传服务，受益职工2000余名。

（供稿人：刘艳）

电 力

【概况】 国网上饶市广丰区供电公司于1999年4月12日股份制改革挂牌成立，担负着广丰区23个乡镇（街道）以及上饶高新区的电力供应。至2022年年末，共有4个职能部门、3个业务部门、17个供电所，客户数量31.31万户。全口径用工人677人，平均年龄46.7岁。2022年，国网上饶市广丰区供电公司推进公司"党建+"工程与中心工作深度融合，持续开展"奉献之光"企业文化、"光阴筑梦"党团大讲堂等活动，干部队伍建设持续强化，员工的精气神和企业的凝聚力显著增强，健康的政治生态和管理生态持续向好。2022年公司荣获江西省第十六届"江西省文明单位"、上饶市广丰区委区政府颁发的"2022年服务企业先进单位"等称号，公司"文化传承"QC小组（注：QC小组指质量控制小组）获江西省QC一等技术成果。2022年，国网上饶市广丰区供电公司完成固定资产投资6950.65万元，完成售电量20.61亿千瓦时，同比下降12.03%（主要受国家能耗双控限制、地方疫情影响及洪灾影响，造成广丰区台鑫公司等高产能企业多次减产、停产，仅台鑫公司2022年度就减少4个亿电量），完成综合线损率4.36%，同比上升1.53个百分点（剔除台鑫及线变损电量，同比上升0.81个百分点），完成概念收益4.01亿元，增长率-7.23%。全年未发生投诉，公司整体实现连续"零投诉"629天。2022年，对广丰区会展中心所属的变电站进行专项巡视及隐患点排查整改，针对主会场供电，专项制定现场供电应急预案，并主动协助各展馆开展用电安全检查，全力提供设备运维技术指导，应急保障车做好24小时供电服务，保障文博会期间电网安全可靠运行。

【电网建设】 2022年，广丰区供电公司紧扣电网高质量发展主题，加速推进重点工程进度，霞峰220千伏变电站已开工实施，完成大唐110千伏变电站和7座城网开闭所的建成投运。常态化开展无人机精细化巡视工作，完成69条线路的综合整治，消除隐患85处，加装快速熔断器26组。完成辖区内17条35千伏线路和101条10千伏线路树障清理工作，共清理8108棵。

开展自主实施项目，全年自主建设工程总投资4465万元，完工投运率94.79%；第三批常规配网项目总投资328万元，完工率100%；配电自动化覆盖率提升，累计新增智能开关82台，投入地型馈线自动化线路53条，FA（注：馈线自动化 Feeder Automation，简称FA。它具备监测及控制配电线路运行状态的功能，能够准确迅速地定位和隔离故障区间，并完成非故障区间的恢复供电）投入率51.96%；线路共安装FTU（注：Fault Transmission Unit 是一种用于检测和传输故障信息的设备，它可以检测电力系统中的故障，并将故障信息传输给远程控制中心，从而实现电力系统的远程控制和管理。FTU的主要作用是检测电力系统中的故障，并将故障信息及时传输给远程控制中心，以便及时处理故障）210台，故障指示器58台，DTU（Data Transmission Unit 是一种远程监控和控制设备，它可以实现电力系统的远程监控和控制，从而提高电力系统的可靠性和安全性。DTU的主要作用是收集和传输电力系统的运行数据，以及远程控制电力系统的开关设备）6台，配电自动化覆盖线路93条，覆盖率91.2%。积极开展带电作业，提高用户用电感知，全年实现312次带电作业。开展12项如主变轮换工作，解决2023年渡冬春节35千伏设备重过载问题。完成35千伏毛村变#1主变、桐畈变#2主变的扩容轮换，35千伏东塘配电站#2主变、社后配电站#2主变的扩建，黄狮、八都、少阳等3座配电站的新建工作。积极开展降损工作，实现HPLC智能表全覆盖，分布式电源报装新增208户，合计安装容量达6709.74千瓦。

【应急抢修】 2022年6月，广丰区普降大暴雨，其中湖丰、壶峤两个镇受灾严重，暴雨导致湖丰镇5条10千伏线路停运，11000户停电，公司启动抗洪保电Ⅲ级防汛应急响应，立即组织抢修人员乘坐皮艇进行抢修，并安排无人机进行灾区线路巡视，七小时内解决受灾企业生活用电问题，两天恢复80%受灾居民供电，被中央电视台"朝闻天下"栏目实时报道。

【落实惠企利民政策】 2022年，国网上饶市广丰区供电公司根据国家政策，疫情期间对工商业用户电费减免5%，共减免243.8912万元，低保五保共计优惠129.1341万元，合计373.0253万元。与广丰区团委共同打造的"闽浙赣毗邻三县区乡村振兴云平台"，提取农产品交易额2%的比例作为公益基金，助力乡村振兴，让更多的青少年和留守儿童得到关爱和帮助。

【优化用电服务】 2022年，国网上饶市广丰区供电公司强化"大服务"理念，坚持以客户为中心，打造全环节线上、全流程协同、省时省钱省心的获得电力服务新模式，形成"所有部门围绕服务、所有工作都是服务"的工作氛围，先后开展了春节、度夏、度冬等特殊时段全员走访计划，对辖区内用户开展全覆盖的精准走访，有效降低投诉风险，共受理投诉降级工单27件，降幅44.90%。坚持"换位"思考，超前对接客户用电需求，更加注重客户实际感受，真心实意为客户解决问题，做到受理即上机，杜绝体外循环，不断提升人民群众的获得感和满意度。

【开展营销关键业务治理和历史遗留问题整治】 2022年，国网上饶市广丰区供电公司深入开展营销关键业务治理和历史遗留问题整治，共核实疑似问题用户293户，已销号293户，完成进度100%，追补电量139.19万千瓦时，追补电费446.94万元，其他概念收益完成655.45万元，电费回收率100%。

【安全生产】 2022年，国网上饶市广丰区供电公司推进安全生产专项整治三年行动，完成"三下三上"巩固提升阶段工作，制订竹航山220千伏变电站电缆防火措施改造计划。持续开展安全隐患排查工作，共排查录入安监一体化系统隐患数60条，已整改38条。

常态化开展安全责任清单检查，共查处全员安全责任清单及项目部安全责任清单问题18项，全部完成整改。狠抓反违章工作，共查处各类违章203起，其中严重违章57起，一般违章146起。输电故障停运率由13次降为2次，降低84%。10千伏线路主线跳闸率1.2729次/百公里·年。制定2项属地管理制度，获得输、变电流动红旗各一面。

（供稿人：虞帅飞）

丰溪水电

江西省广丰丰溪水电有限责任公司下辖七星、条铺、军潭、黄家潭四座电站及七星、条铺、军潭三座水库，电站总装机容量为28050千瓦，三座水库担负着发电、防洪、抗旱、供水等任务。2022年全年上网电量达到8562.42万度，实现销售产值2996.85万元（含税）；自来水取水总量为1771万立方米，收入88.55万元（含税），合计产值（含税）3085.4万元。至2022年，丰溪水电公司的七星、条铺、军潭、黄家潭四座电站全部成功通过了水利部农村水电站安全生产标准化一级达标单位的审核验收，四座电站生态流量监测装置安装完成。

（供稿人：冯翔、黄国锋）

农林水

农业农村

【概况】 2022年，广丰区农业农村工作克服疫情、灾情影响，主导产业扬优成势，粮食等主要农作物连年丰收，营商环境不断优化，农业经营主体不断壮大，重点水域禁捕成效明显，乡村环境更加宜居，农村活力逐步增强。

2022年广丰区实现农林牧渔业总产值480915万元，增长4.2%，其中农业产值239016万元、增长1.3%，林业产值94741万元、增长8.2%，牧业产值67912万元、增长5.2%，渔业产值51632万元、增长5.0%，农林牧渔服务业产值24083万元、增长14.0%。

2022年全区粮食种植面积53.025万亩，总产量18.05万吨；油料面积11万亩，油料总产1.32万吨；广丰马家柚种植面积19.5万亩，总产量3.6万吨，综合产值达20亿元；茶叶4.6万亩，产量716吨；蔬菜种植面积12.99万亩，产量39.8万吨；肉类年总产量3.7587万吨，生猪存栏101405头、出栏185531头（其中能繁母猪8252头）；牛出栏1.2498万头，存栏3.9084万头；羊出栏7.7942万头，存栏7.78万头；家禽出笼1334.5657万羽，存笼538.3055万羽；水产养殖面积2.83万亩，渔业总产量3.27万吨，同期养殖产量比上年增长5.06%；特种水产品产量约1.18万吨，同期比上年增长5.31%；繁育淡水鱼苗2.25亿尾，同期比上年增长2.27%。

【粮食安全】 2022年，广丰区落实粮食播种面积53.025万亩，总产18.05万吨。落实油菜种植面积11万亩。坚持"藏粮于技"，扩大优质水稻种植面积，良种覆盖率100%。提升农业机械化水平，建设完成省级全程机械化综合农事服务中心1家，创建水稻机械化育秧中心4家。全区206台农业机械全部安装北斗农机运行监控信息终端。农机总动力21.93万千瓦，水稻耕种收综合机械化率达82%，主要农作物耕种收综合机械化率76.02%。集成推广减肥控药、统防统治等绿色防控技术，建立化肥农药减量示范区、绿色防控示范区各1000亩；坚持"藏粮于地"，提升耕地生产能力，2022年新建4万亩高标准农田，在17个乡镇83个行政村实施，预计2023年3月底完工。强化耕地质量管控，完成安全利用类耕地面积34463亩、严格管控类面积1925亩；坚持"藏粮于库"，加快推进上饶军民融合军粮区域配送中心项目建设；投资1000万元的大坪排库点重建项目已完工。投资55.058万元在芦林、大南、七都、洋口、大坪排等库点安装83个摄像头，芦林粮食储备库和大坪排库点实现智能化监管全覆盖，其他装粮仓房配备智能化监管设备；投资50万元对大南、洋口、八都粮管所基础设施修缮改造。

【"菜篮子"工程】 广丰区大力发展以大棚蔬菜为主的蔬菜产业，2022年新建大棚蔬菜基地2000亩，600亩高标准大棚投入使用。畜禽水产品保持平稳增长，生猪存栏101405头，出栏185531头；家禽出笼1334.5657万羽，存笼538.3055万羽，肉类总产量3.7587万吨。水产养殖面积2.83万亩，渔业总产量3.27万吨，支持鱼菜共生和圆桶养殖模式，嵩峰乡建设千桶陆基圆桶养殖基地，是全省规模最大的圆桶养殖基地。

【特色养殖业】 2022年，广丰区持续推动种业振兴工作，新增马口鱼省级水产原、良种场，全区共有省级以上地方种业原种场5个（白耳黄鸡、广丰山羊、广丰牛、花䱗鱼、马口鱼），支持广丰白翎鹅创建省级原种保护场。推进畜牧业转型发展，稳步提高畜产品供应保障能力，全区牛羊规模养殖场5户，白耳黄鸡饲养量达1080万羽。抓好畜禽养殖污染治理、重大动物疫病防控和畜产品质量安全监管等重点工作，全区规模养殖场粪污处理设施配套率达到100%，畜禽粪污综合利用率达99.03%。

【农业产业化经营】 2022年，广丰区培育龙头企业和新型经营主体，新增区级以上农业龙头企业37家（其中省级龙头企业4家，市级3家，区级30家）、农业合作社29家、家庭农场20家、各类农业休闲点15个，总数分别达330家、732家、335家、330个。加快农业数字化转型，新增江西齐力实业有限公司、江西广粮粮油有限公司"农业物联网示范企业"示范基地，全区共有5家农业物联网示范企业。

【推行乡村建设1：2筹资奖补机制】 为调动乡村建设积极性，引导社会资本投向农村，解决乡村建设资金来源单一、短缺的问题，广丰区于2020年下半年创新筹资机制，设立秀美乡村建设专项基金，对申请乡村建设点并已募集社会资金10万元以上的村（居），在不增加政府债务的前提下，区财政按1：2进行配套奖补，同时整合相关涉农项目资金。通过政策支持、财政奖投，引导社会各界尤其是农民企业家、返乡创业人员、农村致富带头人、在外成功人士等新乡贤捐资和党员、群众义务投工投劳，建立"财政补助、集体投入、农民参与、社会支持"的经费保障机制。2022年村民、社会自筹资金2.02亿元，政府奖补和配套资金5.56亿元，合计撬动资金7.58亿元，高标准实施了1164个乡村点建设。资金由乡镇（街道）统筹安排，重点开展"七改三网"（注："七改"指改路、改水、改厕、改房、改沟、改塘、改环境，"三网"指电网、广电网和互联网）建设、配置"8+4"（注：农村基层综合公共服务平台、卫生室、便民超市、农家书屋、文体活动场所、垃圾处理设施、污水处理设施、公厕、小学、幼儿园、金融服务网点、公交站）公共服务项目，着力补齐基础短板。2022年完成改路43.7千米、改水0.25万户、改厕0.5万户、改沟渠85.64千米，整修水塘95口，整治庭院3.6万户（处）。统筹推进农村"厕所革命"、农村生活垃圾治理、生活污水处理、村容村貌提升等，以财政资金撬动社会资本，助力乡村建设，实现"用分散的钱办重要的事""用大家的钱办大家的事"。《半月谈》2022年第21期以"民间活水活了乡村建设"为题，专篇报道广丰区推行乡村建设1：2筹资奖补机制，以公共财政撬动民间资本，助力乡村振兴。

【农村厕所革命与生活垃圾分类】 2022年，广丰区持续推进农村厕所革命，重点推动农村问题户厕改造，完成农村改厕5000户、完成全年计划100%，农村卫生厕所普及率94.58%；同步开展农村生活垃圾分类，建成沤肥场57个、再生馆1个；梯次开展村庄污水治理，坚持控污与治污并重，加大村庄河道、沟渠整治力度，农村生活污水治理率不断提升，乱倒乱排得到管控；健全村庄长效管护机制，克服重建轻管现象，建立网格长负责制。建设"5G+"长效管护建设平台，将以点带面推进广丰区村庄管护的信息化、数字化。

【农民专业合作社质量提升整县推进试点工作】 2022年，广丰区实施农民专业合作社质量提升整县推进试点，提升合作社规范化建设。全区清理空壳社233家，有35家合作社获得中央财政资金扶持，新增怡轩阁农业、小丰牛岭底田园居、东阳立水家庭农场、原味家庭农场等4个市级休闲农业示范点，总数达到14个。

【"五拆五清"百日攻坚行动】 2022年4月22日下午，广丰区农村人居环境整治提升暨"五拆五清"百日攻坚行动部署推进会在区政府常务会议室召开。区委副书记、区长龚振宙主持会议并讲话，区委副书记陈金良部署农村人居环境整治提升、"五拆五清"百日攻坚行动等重点工作，副区长汪学文解读《上饶市农村人居环境整治提升工作现场交叉评估方案》及《上饶市广丰区农村人居环境整治"五拆五清"百日攻坚战行动实施方案》。2022年，全区累计"五拆"3.5万栋（处）212万平方米，"五清"11万处393万平方米。以"五拆五清"整治活动为抓手，全区223个行政村（居）开展农户"整洁庭院"整治专项提升行动、"村庄环境长效管护"专项提升行动。

（供稿人：谢金长）

广丰马家柚产业

【概况】 广丰区坚持把马家柚特色产业作为富民支柱产业，深入实施"品牌文化、品质提升、品牌营销、精深加工、仓储服务"五大发展工程，马家柚特色产业成为上饶市主推发展的优质特色农产品之一。至2022年年底，全区种植规模19.5万亩，其中500亩以上基地47家、百亩以上基地300余家。2022年虽然受干旱影响，但仍获得丰收，产量2000余万公斤，带动5万户果农增收。2022年重点打造乡村振兴示范园、马家柚产业主题馆、西坛标准果园。深入挖掘广丰马家柚历史文化内涵，在中央2套及江西1套电视栏目，宣传广丰马家柚地理标志农产品品牌故事，广丰马家柚品牌更加响亮，综合产值超20亿元。在全市马家柚品鉴评比活动上，广丰区生产的马家柚包揽前两名；在南昌组织"五进"（进市场、进门店、进机关、进社区、进校园）专场营销推介活动；大力发展精深加工，支持齐力、日远、果福、柚香糖业等果品加工企业发展。

（供稿人：谢金长）

【区供销社助力马家柚产业发展】 2022年，上饶市广丰区供销合作社联合社下辖广丰区惠农服务公司，以技术、资金、信息优势全力为柚农当好"柚保姆"。打造农业生产服务平台，积极为农民和各类新型农业经营主体提供产前、产中、产后系列化服务，通过先进的农机设备，惠农公司马家柚种植技术指导服务队托管6个马家柚生产基地，面积达670公顷，培训农民

900人次，提高生产效率和科技水平。区供销社承接电子商务进农村示范项目，推行"互联网+农业合作社+农民+农村物流快递"，加快发展电子商务促销售，打通电子商务进农村最后"一公里"。供销社惠农公司吸收区域销售能人和外地批发商入股，成立马家柚销售公司，整合益农信息社、淘宝电子商务平台以及"供销e家"网络平台资源，依托上饶市供销集团建设的马家柚选检系统对线上销售的马家柚产品进行统一选检，严把销售质量关。坚持市场经济导向和联合合作原则，整合基层社，打造"互联网+第四方物流"供销集配体系建设，发挥供销社独特的组织体系和服务网络优势，运用现代流通和信息技术手段，在全区范围内建成第四方集配中心，第四方集配网点覆盖全区的乡镇和大部分行政村，形成以"江西供销集配"为统一字号、统一形象标识、统一服务规范、统一信息系统的连锁化物流配送服务体系，做大做强"江西供销集配"服务品牌。

（供稿人：俞真飞）

【马家柚精深加工】 2022年，振兴马家柚科研中心制定马家柚品质提升"3316工程"，同华中农大、江西农大等高校院所签订技术合作协议，建立马家柚数智驾驶舱、柚种质源保护与创新基地等。大力推进马家柚精深加工，建成马家柚产业展示中心、马家柚初深加工标准化厂房等，引进柚香糖业、果福农业等农业龙头企业开发柚子精深加工产品，延伸产业链。至2022年年底已开发柚子饮料、果脯、精油、酒等产品60余种。

【马家柚统购统销】 2022年，广丰区以农垦集团为主体实行精品马家柚统购统销，树立好吃的广丰马家柚品牌。通过采购大南、排山、嵩峰、湖丰、枧底、西坛等地的马家柚种植大户的精品果品，以基地为单位粘贴溯源标贴，支持原产地查询，实现基地到餐桌全过程可追溯，让消费者放心消费。全年通过线上、线下多种渠道，销售20余万斤精品果。开拓产业"互联网+"新模式，聚合阿里数字乡村、微博、抖音、小红书等平台优势，为广丰马家柚做产品推介。

【马家柚入驻盒马鲜生】 11月11日上午，"数字新广丰 超级马家柚"2022年广丰马家柚丰收采摘暨盒马上新启动仪式在广丰区乡村振兴示范园举行。区委副书记、区长龚振宙，区委副书记陈金良，阿里数字乡村事业部南区总经理黄柏江出席仪式，副区长汪学文主持仪式。仪式上，广丰区与阿里数字乡村事业部就广丰马家柚入驻盒马鲜生进行现场签约，马家柚成为全省首个进驻盒马鲜生的农产品。广丰区与阿里巴巴集团在天猫、淘宝直播、盒马、阿里云、菜鸟、淘菜菜等业务板块深入合作，广丰马家柚种植、产品分选分级、供应链、产销对接、营销等"种—产—供—销"的全链数字化初具雏形，广丰马家柚及相关产品入驻盒马鲜生华中区48家门店。在广丰区西坛果园举办的"丰收采摘节"线下活动持续至当月底，市民通过超级马家柚、柚见笑容、柚问柚答、超级加柚站四个打卡点完成拍照、问答等任务，领取贴纸，集齐贴纸兑换现场的马家柚限定甜品，并可以获取入园采摘的臂贴，体验马家柚采摘。

（供稿人：潘俊豪）

【马家柚科普馆建成启动】 2022年7月，广丰区马家柚科普馆竣工，地址位于江西省上饶市广丰区芦林街道五里社区广丰乡村振兴示范园，总建筑面积为1380平方米，在区乡村振兴产业园马家柚主题馆的基础上融合科普元素建设，是展示马家柚种植技术、科技研发、技术应用和创新成果的现代化平台。场馆以广丰区马家柚产业发展为主线，展示上饶市推动马家柚一、二、三产业融合发展的经验做法。在第二产业展厅展出马家柚五大系列60余种产品，包括利用果皮加工而成的沐浴露、精油、柚枕等日用品，用果肉果汁加工的糖果、饮料、酒水等。在马家柚数智驾驶舱可以查看马家柚种植基地分布及面积、气象环境、土壤环境等数据，可以实现产品溯源以及对广丰马家柚产业数据进行汇总统计并展示。场馆建有线上教学诊断的农技学堂和线下培训的培训室。广丰区马家柚科普馆建成后，区教体局和区科协联合启动参观马家柚科普馆活动，分批次组织城区及周边乡镇（街道）中小学生参观，至年底，全区有3万余名学生到现场观展。

（供稿人：夏剑）

林 业

【概况】 2022年，区林业局持续做好建设好、保护好、利用好绿水青山"三篇文章"，林业各项工作取得突出成效。2022年全区森林覆盖率达62.05%。全力支持重点项目、民生项目的林地要素保障，2022年全区共报批林地1775亩。2022年，在区林业局对口挂点嵩峰乡银丰村实施乡村森林公园项目，实施封山育林500亩，给予3万森林防火工作经费。2022年全省林业局综合考核中，广丰区位列全省第8名（一类县第8名）；2022年全市林业局林长制考核中，广丰区位列全市第2名（一类县第1名）；2022年全区高质量发展综合考核中，区林业局荣获2022年度全区综合考核重点项目建设工作第二名、全区综合考核政府职能类三等奖。

【森林培育】 2022年,省下达广丰区2021—2022年度造林绿化2.5万亩任务,广丰区共完成人工造林0.5207万亩,占计划任务260%;封山育林1万亩,占计划任务500%;退化林修复2.5254万亩,占计划任务120%。完成市下达任务退耕还林地征占用异地重造143.3亩。实施森林"四化"建设,省市共下达2021—2022年度森林"四化"建设任务300亩,结合实情,在铜钹山国家森林公园重点地段实施林相改造110亩,在竹航山实施森林抚育改造项目190亩,其中竹航山森林抚育改造项目在2022年上半年全区重点工作考评中,荣获全区重点项目建设"红旗奖"第一名。完成国土空间规划明确造林绿化空间图斑调查工作。

【森林资源保护】 2022年,广丰区林业局统筹推进造林绿化、林业资源保护、森林防灭火和松材线虫病防控等林业重点工作。严格实行限额采伐制度,分解落实年度森林采伐限额39254立方米。深入开展全区涉林突出问题专项整治行动,坚决整治靠林吃林等涉林腐败问题,收集到乡镇(街道)信息18条,上报问题线索4条。开展森林督查等工作,2022年国家下发的一期248个、二期392个图斑,经核查,对其中存在违法违规的一期20个、二期18个图斑全部进行查处并上报;2022年市云平台下发第一季度8个疑似问题预警图斑(问题图斑4个),第二季度又下发13个疑似问题预警图斑,全部完成问题图斑查处。启动森林、草原、湿地调查监测,完成一期295个、二期367个森林草原湿地监测点的调查。

加强公益林和天然林保护管理,根据省最新核定数据,2022年度核定广丰区生态公益林面积45.6003万亩,其中:国家级公益林面积20.3403万亩,省级公益林面积25.26万亩;天保林面积18.1573万亩。进一步规范、完善公益林、天保工程补偿资金发放程序,对资金分户数据、信息进行重新采集,到林农分户资金由"社会保障卡监管平台"统一发放;完成省、市下发的侵占公益林、天保工程疑似图斑核查工作,共12处。

认真开展秋季普查工作,根据普查结果,科学制定防治方案,为2022—2023年防控工作打下坚实基础。做好林业有害生物防控工作。开展林业外来入侵物种普查、草原有害生物普查等调查工作。

【松材线虫病防控】 广丰区持续抓好松材线虫病防控工作,松材线虫病疫情防控逐年得到有效控制,发生面积逐年减少,除治株数逐年减少,至2022年3月底,共清理37886株,比上年度减少10892株;发生面积为23154亩,比上年度减少10773亩,圆满完成市政府下达本区年度松材线虫病防控责任目标任务,并顺利通过市级核查,省第三方绩效考核。

【森林防灭火】 2022年入夏以后,广丰区降水量少、气候干燥,森林火灾形势十分严峻。9月10日,发布《上饶市广丰区人民政府禁火令》,严格落实"五个禁止"规定,村(居)护林员明确"责任田"。9月19日,发布《上饶市广丰区人民政府关于划定森林防火区的通告》,把火情排查作为护林员、监管员的重要职责。10月1日,印发《广丰区森林防火十条硬措施》,进一步明确乡镇(街道)防火责任。区委区政府成立5个安全防范检查组,到乡镇(街道)开展安全生产、森林防火工作督促检查,督促乡镇(街道)、区森林防灭火指挥部成员单位各司其职、各负其责,减少人为火灾发生。加大对国有林区、自然保护区、森林公园等重点地方的监管巡查力度,在黄尖山和铜钹山生态林场推广应用防火码,共设6个卡口。

【湿地保护和修复】 2022年,区林业局加强湿地保护的监管,全年巡查7次,发现问题,及时整治。开展小微湿地生态修复项目建设,启动嵩峰乡十都村小微湿地修复项目,成功申报东阳乡龙溪村小微湿地修复项目。

【野生动植物保护】 区林业局牵头开展"2022清风行动",打击野生动植物非法贸易,先后开展"世界湿地宣传日""5.22国际生物多样性日""爱鸟周""野生动植物宣传月""野生动植物湿地专项行动"等专项宣传活动,提升全社会保护野生动植物意识。完成林业外来入侵物种普查工作任务,帮助民间成立野生动物救治站,救助50多只野生动物,包括斑头鸺鹠、猴面鹰等,并启动野猪致害保险(试点)。同时,扎实做好名木古树保护工作,对20株古樟等名木古树进行修复保护工作。

【林业经济与林业特色产业】 2022年林业总产值401955万元,同比增长5.73%,林业经济发展保持良好态势。2022年争取到省级林业补助、林业改革发展资金、林业有害生物防治等各类项目资金和补助共4259.80万元,有力推动全区林业经济发展。加强林产品监测管理,及时落实油茶籽、春冬笋样品的送检,不断提升林产品的质量,邮寄4份冬笋及泥土至指定机构进行检测。开展省级林业龙头企业申报及监测工作,对全区9家省级林业龙头企业的营运情况进行监测,并报送上级审核,经省林业局审核并发文公示,监测全部合格。

油茶产业:2022年全区新造油茶3600亩,占计划任务100%;完成油茶低产低效林抚育改造4409亩,占计划任务116%;提升改造3700亩,占计划任务100%,系上饶市第一个全面完成油茶种植改造任务的县(市、区)。区政府办公室印发了《上饶市广丰区关于推动油茶产业高质量发展工作的通知》《关于加快油茶产业高质量发展工作的通知》等油茶产业高质量发展扶持政策。

竹产业：2022年出台《加快推进竹产业高质量发展的实施意见》，编制《2023—2024年广丰区竹产业高质量发展项目实施方案》，2022年共实施笋竹两用林基地建设项目3415亩。

森林药材：2022年广丰区森林药材种植面积共8397亩。

【落实林长制】 2022年4月8日、7月5日、10月5日，区委书记、总林长胡心田先后三次签发广丰区总林长令，指导督促全区林长制各项工作开展；8月6日，广丰区召开区级总林长会；全区各级林长积极履职，林长制工作持续向好。2022年区、乡两级林长全部由党政负责同志担任，各级林长严格落实责任区域森林资源清单、工作提示单、主要问题清单、问题整改反馈单和督办函"四单一函"机制，在各自责任区域内，积极开展巡林，巡林工作做到前期有计划、过程有记录、结果有反馈，并积极使用"林长通"APP开展巡林，注重巡林成效，及时发现问题、解决问题。

2022年制订《广丰区林长制"抓示范、促提升"活动实施方案》，结合广丰区实际，打造"乡级林长+项目"示范点。完成林长制智慧管理平台升级，健全森林资源源头管理机制，日常平台由专人管理，做到应用管理到位，系统更新及时、上报问题处理程序规范，系统上报事件办结率100%。开展林长制工作宣传，2022年开展"江西省林长制"宣传活动23次，并将林长制内容纳入区党校培训班，多篇广丰区林长制工作开展的报道在江西日报等主流媒体报道，营造良好工作氛围。

（供稿人：王冠华）

水 利

【概况】 2022年，广丰区水利局贯彻落实《关于推进全省（全市）水利高质量发展的意见》，推进水利重点项目建设，加强水利行业管理，防范水旱灾害，推动全区水利工作稳步前进。

2022年的水旱情况总体显示两个极端。一是全年降雨量1633.5毫米，总降雨量与历史大体持平，主要集中在4月至7月，强降雨4次，尤以6月20日为最，引起了较大的汛情灾害，启动防汛Ⅲ响应1次，由于预判及时，科学调度，提前泄洪、防范有力，未发生较大汛期灾害，但湖丰、壶峤镇因受上游七一水库泄洪影响，遭受小区域受灾现象；二是8月至10月连续88天未降雨，导致河（港）道水位持续走低，丰溪河平均水位89.59米、十五都港平均水位141.37米、棠岭港二渡关站水位147.73米、全区小（2）型水库干涸11座、占比9%，重要山塘干涸1891座、占比19.4%，七星水库水位318.96米、库容3580万立方米，军潭水库水位214.42米、库容3150万立方米，关里水库水位191.96米（较昨天低0.14米）、库容904万立方米，24座小1型水库蓄水量1588万立方米，广丰区启动抗旱Ⅱ级响应1次。

【防汛抗旱】 2022年，在防汛上，制发《上饶市广丰区专题会议纪要》第38号纪要，下达水利基础设施区级融资资金12934.5万元、项目590个（其中一般水毁项目299个、资金8263.4万元，应急水毁项目291个、资金4671.1万元）；下达中央水利救灾资金906万、项目63个，应急项目完成90%，一般水毁修复项目完成10%。

在抗旱上，按照抗旱Ⅱ级应急响应要求，制定抗旱工作方案，成立抗旱救灾工作小组，区水利局以片区为单位，放弃节假日休息，坚持到乡镇（街办）指导帮助抗旱，采取有效措施，保饮水安全、粮食生产安全。

持续干旱，山区偏远区域水源普降50%，部分地方降低率达70%以上，甚至已近干枯，这部分水源性缺水农村小型、分散供水水厂和以水库为水源的农村水厂，主要采取分时段、分区域供水方式供水，或重新启用农村老井给予解决，总体生活用水平稳，但水量、水压仍然给群众带来不便。城乡集中供水方面，督促水库电站执行暂行发电令，坚持"先生活、后生产"供水原则，加强水源统一调配管理，通过节水管理、片区升压、错峰供水等措施，供水大体平稳。针对取用河道水源水厂，通过加强囤水、引水、抽水等措施，确保旱期供水稳定。重点关注水厂是五都水厂，预防因上游军潭水库停发电，有可能造成短时水源供应不足问题；桐畈水厂、湖丰水厂、壶峤水厂，随时关注上游棠岭港、玉山水的河道来水量；大南水厂加强取水口上下游施工与供水关系协调。其他河道取水水厂密切关注取水口下游拦水坝的管理，确保正常取水水位。

【农村饮水安全】 2022年，广丰区决定创建城乡供水一体化先行县，工作机制建立、统一服务落实、工程体系完善、供水监管建设、信息化管理五个方面得到明确；投资6000万城北水厂新建项目开工准备工作就绪，投资8000万霞峰水厂新建项目进入供水试运行准备。按照2020年10月《江西省水利厅农村水利处关于切实做好农村供水工程安全隐患排查整改"一厂一策"工作的通知》要求，农村供水工程"一厂一策"编制工作进行政府采购，农村供水工程水质在线设备及安装启动询价程序。农村供水水压、水质更加稳定，较好落实巩固拓展脱贫攻坚成果和乡村振兴有效衔接，未发生大范围的停水现象，无影响面大的饮水问题投诉。

2022年，广丰区下达用于农村饮水工程维修养护的中央水利发展资金339万元、项目11个。

【水利项目建设】 争资立项方面，至2022年年底，广丰区向上争取水利专项资金4896.59万元，涉及项目9类。项目建设推进有力，克服疫情影响，合理安排汛期施工，实施项目3个，其中维修加固河堤工程较好发挥防洪作用，保护管理范围两岸安全，在建工程均经受本轮汛情考验。

水利建设管理方面，完成全区国有水利工程划界，确定国有水利工程的管理范围线和保护范围线，对国有水利设施进行有效保护。逐步建立信息平台，通过网络实事监控水库安全、稳定情况，为"智慧水利"建设提供强有力的基础保障。山洪灾害防御无线预警广播站点维护，团结水闸、俞宅水闸大坝安全鉴定，112座水库水雨情监测设备站点维护，160座水库调度规程方案编制，"三区三线"及小型水库划界，2021年剩余7座水库大坝安全监测，国有水利工程划界（含水库、水闸、泵站等），"碍洪事件"技术编制，堤防白蚁防治工作等按照上级统一调度，前期工作全面就绪，11月启动城市防洪规划编制。

【水库移民】 2022年，广丰区实施水库移民项目41个，实施资金957.06万元，主要用于移民点水利基础设施建设，至11月底全部竣工验收。

2022年先后下达3批大中型水库移民后期扶持项目省级资金824万元、项目44个，解决水利民生实际问题。

【维护农田水利工程】 2022年，由广丰区润丰水资源有限公司编制完成2022年度维养实施方案及维养具体清单。全区出动1050余人次开展骨干工程及田间工程的清杂、清淤等，对全区460千米的骨干及田间工程渠道进行维养，其中第三方维养公司维养长度350千米（骨干工程维养长度80千米，田间工程维养长度270千米），排山、毛村、嵩丰等乡镇维养110千米。建立广丰区骨干工程管护工作台账、广丰区田间工程管护工作台账、巡查记录等，对水源工程、农田水利骨干和田间工程隐患进行整治，确保农田用水的畅通，实现农田水利工程的长效良性运行。

【落实河长制】 2022年，广丰区对区乡村三级河湖长进行调整，下达2022年河长令，开展巡河督导，开展"一湖清水"保护攻坚行动、"清河行动"、河湖"清四乱"，发现问题3个，及时整改，河湖水质不断好转。围绕中央巡视组反馈的河湖圩堤管理范围房屋问题整改，对河湖岸线非法矮围进一步摸排，发现1个问题，及时整改，河湖环境持续改善。

【农业水价综合改革和水利营商环境建设】 2021年5月，广丰区政府制定《广丰区农业水价综合改革实施方案》，全区农业水价综合改革整体推进县改革任务为35.82万亩。

推进"放管服"改革，确定"两个统一（统一领导、统一思想）、两个分开（审批与监管分开、审批与事权分开）、两个机制（工作联动机制、工作协调机制）、一个方案（'放管服'改革操作方案）"的改革举措，32项政务服务事项全部一个窗口办理，2022年受理办理行政审批16件，零投诉。

【水行业管理】 2022年，广丰区全区颁发取水许可证48户，征收水资源费103.89万元。

节约用水及水资源监管方面，2022年广丰区万元GDP用水量56.6立方米/万元、较2020年降低8%，万元工业增加值用水量13.9立方米/万元、较2020年降低9.7%。2022年创建省级节水型小区1个。

水土保持监管方面，2022年广丰区完成水土保持生态修复任务6平方公里，开展矿山水土保持生态环境问题大排查大整治专项行动，排查矿山11个，发现整改水土保持具体问题1个，审批生产建设项目水保方案8个。

水利安全生产治理方面，结合江西省水利安全生产专项整治三年行动和岁末年初水利安全生产专项治理百日行动，加强对重点领域、关键环节的督查检查，集中整治违法转包、现场管理混乱和在未落实安全管理措施的前提下赶工期、抢进度等突出问题；指导工程参建单位针对工程实际和春季施工特点，研究制定科学合理安全的施工组织方案，加大对重大危险源的管控，强化施工现场安全防护、用火、用电安全管理，落实施工安全生产措施，严防群死群伤；抓好工程运行安全管理，督促工程运行管理单位加强巡查监测和养护工作，关注水库蓄水、维修检修、有限空间作业等，防止发生高处坠落、物体打击、中毒和窒息等事故；强化勘察（测）设计、水文监测、水保监测、水质监测、水利科研与实验等领域管理，对存在问题隐患的限期整改到位；严格工程建设设计、施工、验收全过程质量控制，确保在建水利工程优良率30%以上，在建水利工程单元工程验收质量优良率40%以上。

水行政执法方面，聚焦河道采砂管理、水利工程建设、河湖岸线保护、水资源管理、水土保持监管等重点领域，推进水利资源清源整治，依法摸排整治问题2个。

（供稿人：苏承联）

巩固拓展脱贫攻坚成果同乡村振兴有效衔接

【概况】 2022年，广丰区坚持把巩固拓展脱贫攻坚成果同乡村振兴有效衔接作为首要政治任务、第一民生工程和头等大事，严格落实"四个不摘"要求（注：摘帽不摘责任、摘帽不摘政策、摘帽不摘帮扶、摘帽不摘监管），以"不放松、不停顿、不懈怠"的韧劲，扎实做好巩固拓展脱贫攻坚成果与乡村振兴有效衔接，全区巩固拓展脱贫攻坚成果成色足、质量高、发展稳。2022年度全区有脱贫户7191户23560人，监测对象793户2701人，已消除风险监测对象410户1397人；省定重点帮扶村11个。2022年，广丰区委常委会、区政府常务会研究部署巩固拓展脱贫攻坚成果同乡村振兴有效衔接各11次；区农业农村工作领导小组、乡村振兴衔接领导小组先后召开防贫监测会议10次，先后召开有效衔接工作会议20余次，完善健全防止返贫动态监测和帮扶机制、易地搬迁后续扶持、扶贫项目资产管理工作等政策，有序推进脱贫攻坚与乡村振兴政策衔接。

2022年广丰区严格落实"六个增补"（注：市外就业收入不够市内补、园区就业收入不够其他岗位补、普工不够技工补、扶贫产业收入一个不够两个补、长期不够短期补、产业收入不够就业补）等措施，坚持因户因人施策，实现脱贫户稳收增收，脱贫户人均纯收入15001.82元，比2021年提高1802.38元。

在2022年度全省巩固脱贫攻坚成果后评估考核中，广丰区获得江西省乡村振兴局肯定，在全省考核中排第十二名，在全省的整体推进县中排名第三。

【防返贫致贫监测】 2022年，广丰区认真落实应纳尽纳要求，健全防止返贫监测和帮扶机制，全年新增监测户192户750人，包括边缘易致贫户67户253人，脱贫不稳定户23户106人，突发严重困难户102户391人，消除风险410户1397人。广丰区无返贫致贫人口。区财政投入390万元为"三类人员"（注：边缘易致贫户、脱贫不稳定户、突发严重困难户）购买"乡村振兴保"（注：乡村振兴保险全称是乡村振兴小额保险），积极化解致贫返贫风险。同时，坚持因户因人落实帮扶，按照缺什么补什么的原则，对纳入监测的对象开展针对性帮扶。

【结对帮扶】 2022年，广丰区配优配强帮扶队伍，延续脱贫攻坚期间各项人才智力支持政策，加强基层一线人才培训，强化基层人才支撑。

调整充实帮扶力量，组建驻村工作队47支，驻村工作队员141人，区内重点帮扶村实现驻村工作队全覆盖，有巩固脱贫成果任务的非重点村（居）全部落实2人以上的乡村振兴工作组，派出4539名帮扶干部，做到脱贫户、"三类人员"监测户结对帮扶全覆盖。全区所有乡镇（街道）扶贫工作站改为乡村振兴工作站，在保持原有乡镇党委副书记担任工作站长的基础上，帮扶任务重的乡镇还安排1名协管领导和2名扶贫专干（信息员），确保每个乡村振兴工作站有3—5名有生力量，落实15万元的工作经费。

严格落实巩固拓展脱贫攻坚成果同乡村振兴有效衔接的人才支撑要求，加大对基层干部业务培训力度。对区乡村振兴局干部、乡镇（村）乡村振兴工作站（室）负责人进行普遍培训和驻村工作队、帮扶干部的示范培训。全年举办6期区级干部培训，1001人次参加培训。严格按照有脱贫村至少培育3名创业致富带头人，非脱贫村至少培育1名创业致富带头人的要求，共培育创业致富带头人377名。

严格按照"三弱二多一不强"（注：产业发展薄弱，基础设施弱，集体经济弱，低收入人口多，社会矛盾多，基层组织力不强）的标准选定重点帮扶村，按照乡村申报、县级审查、市级审核、省级批准的程序，选定11个行政村（高阳村、龙溪村、十都村、水阁村、王坑村、山岩村、石人村、坞垄村、铜坑村、十一都村、黄丰村）为"十四五"省重点帮扶村。至2022年年底，11个省定乡村振兴重点帮扶全面启动村庄规划编制；2022年11个省重点村共投入产业帮扶及农村人居环境整治基础设施资金3402.1万元，安排项目44个，平均每村投入资金300余万元，远高于上级规定的每村投入不少于100万的资金要求。至2022年年底，所有衔接项目全部完成，资金拨付达100%。

【资金保障】 2022年，广丰区制定出台《广丰区关于加强财政衔接推进乡村振兴补助资金使用管理的实施意见》，继续落实乡村振兴投入稳定增长机制，2022年累计投入各级财政衔接专项补助资金10663.14万元，其中区本级财政衔接配套资金2390万元，较上年增长4.4%。持续加大产业投入力度，2022年全区产业方面投入5880万元，其中中央资金用于产业投入达3150万元，占比达91.3%，占比高于上年中央资金投入产业的占比，且高于上级规定的中央资金投入产业项目资金占比要达到55%以上的要求。至2022年年底，累计用于脱贫户和监测户教育帮扶方面支出997.04万元，危旧房改造方面支出177.5万元，健康帮扶方面支出

9152.72万元，助残和兜底保障帮扶方面支出8616.04万元，就业帮扶方面支出1250.99万元。

【项目建设】 2022年，广丰区巩固拓展脱贫攻坚成果同乡村振兴有效衔接累计安排项目195个。加强项目实施环节的管理，注重项目事前事中事后三道关口的监管，继续实行乡级验收制度，区级层面对通过乡镇初验的项目进行抽查复核。至2022年年底，2021年以前资金全部拨付到位，结余率为0，所有项目全部完工，完工率100%；2022年拨付资金10663.14万元，资金拨付率100%。

【产业帮扶与光伏帮扶】 广丰区始终把马家柚产业作为富民支柱产业来抓，区财政每年设立1000万元产业发展资金，做大做强支柱产业，带动脱贫户持久增收。积极探索股份合作型、订单合同型、服务协作型、流转聘用型四种农企利益联结模式，共联结帮扶村150个，联结农户0.7901万户。培育农业龙头企业315家，其中有带贫益贫的农业龙头企业54家，产业扶贫组织化程度进一步提升。村级光伏帮扶方面，广丰区共6个村级光伏电站，总装机容量2156千瓦，共关联18个脱贫村。

【教育帮扶】 2022年，广丰区全面落实学生资助政策，精准资助建档立卡脱贫家庭、最低生活保障家庭、特困救助供养家庭等家庭经济困难学生，全区无因贫辍学、失学现象，无义务教育阶段脱贫家庭学生辍学现象。全年全区资助家庭经济困难学生3.4万人次，发放资助金1767.55万元，减免学费182.08万元。

【健康帮扶】 2022年，广丰区脱贫户及低收入人员100%参加城乡居民基本医疗保险、大病保险，财政对城乡特困人员（含孤儿）实行全额（350元）资助参保，共资助参保2592人，90.72万元；对城乡低保对象35363人、脱贫不稳定人口338人、边缘易致贫人口1317人实行定额（320元）资助参保，财政共资助1184.576万元，其他脱贫稳定人口不再资助参保。广丰区有49家定点医疗机构，脱贫户患者住院全部实行先诊疗后付费（外伤除外）及一站式结算，脱贫户患者在广丰区定点医疗机构住院报销比例达90%。全区167家定点村卫生室全部实行便捷式结算，至2022年10月31日，村卫生室门诊统筹就诊84808人次，统筹基金支付438.21万元。2022年1至10月，脱贫户住院门诊46730人次，总费用7891.3万元，各道保障线合计报销金额7102.87万元，报销比例达90%。全区组织家庭医生签约服务团队365个，2022年脱贫户和监测对象签约25042人，其中履约服务24911人；脱贫户和监测对象慢病患者4077人，脱贫户和监测对象慢病患者签约4030人，脱贫户和监测对象慢病患者履约4030人，履约率100%；脱贫户和监测对象慢性病患者签约满意度100%。各乡镇卫生院对签约的脱贫户和监测对象每年进行一次免费健康体检，对高血压、糖尿病等重点慢性病人群每年随访4次。

【住房安全保障】 2022年，广丰区持续推进农村危房改造，共实施116户危房改造[其中农村易返贫致贫户（边缘户）8户、低保户78户、五保户25户、因病因灾因重大事故刚性支出监测户5户]。至2022年年底，全区完成低收入群体住房动态监测并建立监测台账，对历年未享受过危房改造的脱贫户和监测户的现有住房进行鉴定，确保住房安全问题得到保障。

【饮水安全】 2022年，广丰区持续做好脱贫户饮水安全状况的动态监测，同时对新增"三类人员"的饮水安全进行评价和监测，确保脱贫户和"三类人员"饮水安全。2022年投入600万元用于饮水安全项目，确保脱贫户和监测对象饮水安全，持续做好村级饮水安全工程的监督和管理，督促乡镇、村居开展饮水工程自查和整改，建立应急供水预案，形成工程有人管、老百姓有水喝的良性运行机制。

【脱贫人口小额信贷】 至2022年年底，广丰区当前贷款余额3208.74万元，当年发放脱贫人口小额贷款2926.87万元，惠及脱贫户及监测人口1037户，累计发放脱贫人口小额贷款资金9274.66万元，惠及脱贫户及监测人口5099户。

【就业帮扶】 2022年，广丰区开发村级公益性岗位1279个，全部安置人员上岗。根据信息系统比对情况对就读中高职业学校的脱贫家庭学生全面落实"雨露计划"补助政策，2022年春季符合补助条件896人，发放"雨露计划"资金137.25万元；2022年秋季符合补助条件1085人，发放"雨露计划"资金163.8万元。2022年广丰区外出务工脱贫劳动力人数为11347人，高于2021年外出务工总数10062人。

【易地搬迁后续扶持】 2022年，广丰区依托各安置区自身优势发展马家柚、芋头、高山油茶等特色农业，将脱贫搬迁户纳入当地合作社进行资产收益帮扶。稳定搬迁群众就业，搬迁群众就业人口144人，其中企业务工59人，灵活就业61人，公益岗10人，自主创业14人。加强安置点社区治理，成立安置点社区管理服务工作室，在社保、低保、就业、新农合等方面，及时提供便捷服务。各安置区水、电、路、垃圾和污水处理、照明等基础设施配套完善，公共服务设施主要依托原行政村所建设施，2022年各安置区配套建设微型消防站。

【政府兜底保障】 2022年，广丰区严格按照上级有关规定要求，将困难群众低保提标到位，其中脱贫户和监测对象中的农村低保提高保障水平政策全部高标准落实到位；落实分散供养自理特困人员探视巡访照料服务，并通过政府购买服务，引入第三方专业机构，针对分散特困人员的不同照料需求，进行个性化服务；困难残疾人生活补贴和重度残疾人护理补贴标准提高至每人每月80元。至2022年年底，累计下达发放农村低保资金11927.0422万元，为农村低保及特困人员增发一次性生活补贴资金1366.4353万元，下拨特困人员失能1380元/月、半失能350元/月的护理补贴资金，累计发放残疾人两项补贴1223.315万元，上述资金全部发放到位。

【志智双扶】　广丰区持续志智双扶相结合，以思想道德润心，扎实开展志智双扶感恩行动和"三讲一评"活动，引导脱贫群众感念党恩、自强致富。以身边榜样引领，通过讲好身边脱贫致富故事的方式，引导、感染、带动内生动力不足的群众，点燃奋斗激情，提振精神志气。以精神文化铸魂，全面实施文化惠民工程，文化扶智、自强扶志统筹发力，筑牢扶志根基。通过思想引导、典型示范、民风培育"扶志三步走"，激发脱贫群众的奋斗激情和内生动力，着力提升脱贫群众"感党恩、听党话、跟党走"的思想意识，助力巩固拓展脱贫攻坚成果同乡村振兴有效衔接。

(供稿人：刘原)

现代农业示范区

【概况】　上饶市广丰区现代农业示范区管理办公室是省级现代农业示范园区、省级科普教育基地以及4A级乡村旅游景点，2021年引进江西苴桐农业发展有限公司，着力做强现代农业，推动园区山桐子产业升级、做大做强。

【发展山桐子产业】　广丰区农业示范园区2021年9月引进江西苴桐农业发展有限公司投资建设山桐子产业，项目总投资1.5亿元，其中固定资产投资1.2亿元。项目分三期建设：一期建设种植基地，租赁广丰现代农业园智能大棚用于育苗和种子改良，种植基地以广丰为中心并辐射整个上饶及周边地区，预计到2025年种植面积可达20万—30万亩；二期在2023年启动深加工炼油厂建设，预计到2028年达到年产5万吨山桐子油；三期于2023年在广丰完成国家级山桐子种质资源库基地和实验室建设，并于当年完成省市级山桐子重点实验室验收，以及完成全球147个山桐子品种的数据化种植管理。该项目投入运营后，年均经营收入可达6亿元，纳税4000多万元。预计到2026年可完成国家山桐子重点实验室的申报审批。至2022年年底，已完成山桐子种植面积近3万亩，完成山桐子实验室建设。

该公司与中国科学院植物研究所合作，聘请了以中国科学院植物研究所研究员、博士生导师、中国科学院植物分子生理学重点实验室副主任、中国科学院大学岗位教授、中组部第五批"青年千人计划"王雷为首的项目研发团队，并与10余名博士研究员建立了长期合作关系。拥有山桐子全球基因库，建成山桐子组培实验室并有种苗科研完全自主知识产权。该公司通过打造全国山桐子种植示范基地、全球最大的山桐子基因库及产业研究平台、国家安全食用油示范企业和乡村振兴典范，实现带动村民、村集体、合作社和公司共赢的百亿级产业目标。

山桐子是一种优质高产的木本食用油料树种，被称为"中国油橄榄"，有着"空中油库""中国国宝"之称。山桐子主要生长在海拔100m—3000m的中低山区及丘陵地区，每亩山桐子可产出4000—6000斤鲜果。山桐子被纳入国家储备林树种，山桐子油被国家列为普通商品。

(供稿人：杨子旖)

饶丰灌区

【概况】　2022年，饶丰灌区水资源保护中心统筹推进疫情防控和经济社会发展，抓好渠系项目建设，完成农业水价综合改革验收考核，落实上级对防汛抗旱工作的要求，较好完成各项工作任务。

【渠系项目建设和农田水利工程养护】　2022年，饶丰灌区水资源保护中心将2020年续建配套与节水改造项目作为推动"我为群众办实事"实践活动的重点内容，面对资金难题和疫情冲击，在项目实施中主动加强与地方政府、设计单位、施工单位沟通协调，完成验收结算。加快推动新建项目落地实施，排山一支渠墩头龙角山卷涵修复及排山二支渠清淤加固工程项目、沙田二支渠（沙溪段）提升改造工程项目做到当年开工当年完工，总投资6080万元。至2022年年底，广丰区饶丰灌区渠系加固提升项目（一期）完成工程量约40%。2023年度广丰区饶丰灌区渠系加固提升项目（一期）完成可研批复，计划实施渠身防渗加固及渠道整治40公里，改善农田灌溉面积约4万亩。

2022年，饶丰灌区水资源保护中心开展农田水利工程养护，组织3000余人次对180多公里的骨干渠道进行清淤、除草，有效保障12.65万亩农田用水。在职党员先后进入 13 个社区，开展水源地保护、渠道清淤、交通劝导等志愿服务。

【农业水价综合改革完成验收考核】 2022 年，饶丰灌区完成农业水价综合改革验收考核，健全完善各项机制，巩固改革成效。建立农业灌溉用水量计量控制和定额管理制度，提高农业用水效率，全区累计建设计量设施 310 处。继续联合各乡镇通过走访宣传、发放宣传册、设立宣传牌等加大改革宣传工作，让老百姓更加理解政策，区财政每年预算安排农业水价改革精准补贴与节水奖励 710 万元。

【助力乡村振兴】 洋口镇苗山村官家水渠年久失修严重影响百姓生产生活，饶丰灌区水资源保护中心通过现场勘察、会议研究、上报上级部门争取资金，项目已经落地。霞峰镇关西渠霞峰支渠应急工程、胜利渠霞峰支渠应急工程全部完工，有效解决当地居民灌溉取水难题。结合乡村振兴帮扶实际，给予苗山、赤塘工作经费帮扶 6 万元。

（供稿人：叶瑞勇）

招商引资　商业贸易

上饶市广丰区商务局

【概况】 2022年,广丰区坚持全面开放战略,坚持产业招商不动摇,突出"大招商、招大商",聚焦新材料、新电子、新智造和"5020"项目,促进产业集聚发展;加快推进城乡市场流通体系建设,做大做活商贸流通;扎实推进全区商务经济有序较快发展。

全区共新引进工业项目103个,投资总额563.9亿元,其中5020项目11个,百亿元项目2个。

1—12月份,2000万元以上项目进资完成87.12亿元,同比增长10.1%。

1—12月份,现汇进资完成2024万美元,同比增长125.97%。

1—12月份,广丰区外贸任务数为16.28亿元。全年实际出口完成27.596亿元,同比增幅103.37%,进出口共完成33.71亿元。

1—12月份,全社会消费品零售总额完成159亿元,同比增长6.1%。

【招大引强】 2022年,广丰区组建了52支招商小分队、3支安商小分队,紧盯"高大上+链群配"项目,以超常规的力度大抓招商、抓大招商。继续深入开展"三请三回""广商回归"系列招商活动,坚持"一把手"招商,着力将广丰人经济优势转变为区域经济发展优势,强化与广丰异地商会对接,发挥商会在招商引资中的桥梁纽带作用,推进回归经济良性发展,加快引进一批强链补链的大项目、好项目。严格落实"三新一高"要求,聚焦"三新两石"产业方向,改进招商引资考核办法,严把项目质量关,引进一批黑滑石、石灰石产业强链补链项目,大幅提升战略新兴产业产值占比,新电子产业"从小到大"产值翻番达222.2亿元。积极构建以电子信息产品为主导、锂电池上下游产业及电子信息服务为基础,初步形成集动力电池、聚能电池、消费电池为一体的锂电池产业链,锂电产业"从无到有"引进项目7个,旨在打造全省一流的电子信息产业基地。

【促进消费】 2022年,广丰区贯彻落实市委、市政府提出的把上饶建设成为区域性消费中心城市的要求,紧扣"防疫情、抓复工、促消费、稳增长、优环境"思路,大力培育消费热点,扩大消费需求,多措并举促进消费回升和潜力释放。月兔商圈、大井头商圈、洋口老街精彩亮相,广丰里夜经济项目炫目登场,总投资10亿元的五星级大酒店建设如火如荼。大力开展"夜YOU广丰""广丰金秋消费季"等商贸文旅促消费系列活动,发放各类消费券超2000万元,带动消费超2亿元。通过多条特色商业街区的建设改造和形式多样的促消费活动,进一步改善购物环境,激发消费新动能,提升人民的消费理念,促进就业、改善民生。全力打造"注入时尚元素、营造市井情调、点亮万家灯火"的商贸中心街区、智慧化高标准时尚商圈和城市名片。

【对外贸易与跨境电商】 2022年,广丰区继续培育外贸新业态新模式出口,加大对本地外贸综合服务企业和跨境电商企业的扶持力度,2022年帮助企业上报争取年江西省外经贸发展引导专项资金共50.6826万元,帮助企业上报上饶市外贸发展引导资金共24.76万元,上报争取广丰区外贸自营出口奖励补贴共628.2942万元。

搭建跨境电子商务平台,通过数据共享、资源整合等提升进出口企业综合竞争力。联合区大数据中心,在汪洋大市场打造建设数字经济集聚区暨跨境电商产业园,打造成全市领先、全省一流的示范基地;联合财政、税务、人社等部门制定出台符合广丰区发展实际的跨境电子商务产业优惠政策。全力引进培育生产型骨干企业,已招引8家的跨境电子商务企业,完成跨境电商出口14亿元。坚持不懈地做好"两转"工作(注:指由外省出口或省外海关特殊监管区出口转为上饶市出口),促进8家有意向的传统外贸企业转型。注重跨境电子商务人才的培养与引进,组织跨境电商培训2场,培训跨境电子商务人员300人次以上。

【电子商务】 2022年,广丰区通过"转回一批、招引一批、培育一批",大力推动县域内生产经营的企业将设在区外的网店回迁,为企业网店转回提供全方位服务；壮大网络零售企业队伍，迅速做大网络零售总量；以雨鞋套、马家柚、橱柜等产业为主导，打通企业上下游全链条，做优网销产品，多措并举推进网络零售额持续稳定增长。广丰区获评江西省2023年县域物流配送体系建设试点县。数字经济产业基地暨跨境电商产业园、广丰区智慧物流产业园建设工作有序推进。

【打造夜经济街区】 2022年，广丰区把点亮"夜经济"作为城市消费提档升级的发力点，高标准改造提升了月兔商圈、广丰里等特色商业街区，在疫后促进消费回补、激发城市消费活力方面发挥举足轻重的作用，成为整个广丰的城市名片。

月兔商业圈总面积78000余平方米，包括丰溪水街、唐韵状元坊、新天地、时代广场四个区域。商圈整体由购物、休闲、餐饮、娱乐四大业态类型组成，定位为"广丰·城市慢生活"文化休闲中心。"一刻钟"便民生活圈预计可辐射周边30万人。引进肯德基、奥特莱斯品牌折扣店等多元化业态，满足人们购物、休闲、餐饮、娱乐等"一站式"需求，引领品质化、智慧化消费升级大潮，日消费人流达到2万人次以上，成为带动消费升级的新增长点。

作为全区首个以夜经济为主题的消费街区，"广丰里"夜经济示范街区总投资10亿元，项目占地42亩，总建筑面积3万平方米。在规划设计上，广丰区创新建设思路，对老烟厂厂房进行改造，升级成"广丰里"项目，既盘活老旧厂房资源，又点亮城市"烟火气"。在商业理念上，"广丰里"以打造本土文化、地域风情、夜生活为主题，注重"文化+商业"融合理念，聚集了文化记忆、餐饮小吃、休闲观光、零售娱乐、城市书房等"五大板块"。在业态布局上，"广丰里"现有商户126家，其中餐饮小吃类有107家，占比85%，已进驻星巴克、卡拉多、瑞幸咖啡等多个品牌，形成以餐饮小吃为主导，吃喝玩乐较为齐全的消费场景。

（供稿人：徐进进）

上饶市广丰区供销合作社

【概况】 2022年2月，上饶市广丰区供销合作社更名为上饶市广丰区供销合作社联合社。下辖5家集体企业：广丰区烟花爆竹贸易公司、广丰区天佳资产管理有限公司、广丰区供销惠农农业服务有限公司、广丰区再生资源公司、广丰区农业生产资料有限公司。2022年广丰区供销合作社联合社全面启动深化供销合作社综合改革，全系统各项工作出现蓬勃发展的新局面。全年烟花鞭炮销售额1950万元，惠农服务公司、农业生产资料，拓宽市场，重视"品质"，经营销售总收入完成49000万元。

【组织体系建设】 2022年，广丰区供销合作社联合社依托资金、人才、技术、设备、设施优势，多方联动，建立健全组织体系。打造新型经济合作组织，采取供销合作社资金入股、项目投入、技术入股、土地托管等多种形式，允许农民以土地、劳动力、技术、资金多种方式入股，领办农民专业合作社，以农民专业合作社为经济主体，推动农业规模化生产，促进农业结构调整，带动农村经济发展。供销合作社领办的农民专业合作社产生较大的扩散效应，带动9000户农户参与特色农业发展，遍布全区23个乡镇。

【内部治理体系建设】 2022年，广丰区供销合作社联合社完善经营治理机制，烟花鞭炮公司实行职工内部承包，确定年度任务，既搞活企业经营机制，提高企业效益，又确保安全生产。完善经营监察人机制，供销社成立会计核算中心，规范企业资金运行，对企业的生产经营行为进行全程资金监管，确保集体资金资产的安全。完善投融资机制，广丰区供销集团公司整合供销社下属企业的动产和不动产，进行统一经营、管理、处置和资本运营，集团公司以资本为纽带，创建或组建新的为农服务经济组织，开展经营活动，履行"为民、务农、姓农"职能，经营领域涉及生资、烟花鞭炮、电子商务、农产品加工、农技服务等方面。

【区供销社助力马家柚产业发展】 2022年，上饶市广丰区供销合作社联合社下辖广丰区惠农服务公司，以技术、资金、信息优势全力为柚农当好"柚保姆"。打造农业生产服务平台，积极为农民和各类新型农业经营主体提供产前、产中、产后系列化服务，通过先进的农机设备，惠农公司马家柚为农服务队托管6个马家柚生产基地，面积达670公顷，培训农民900人次，提高生产效率和科技水平。区供销社承接电子商务进农村示范项目，推行"互联网+农业合作社+农民+农村物流快递"，加快发展电子商务促销售，打通电子商务进农村最后"一公里"。供销社惠农公司吸收区域销售能人和外地批发商入股，成立马家柚销售公司，整合益农信息社、淘宝电子商务平台以及"供销e家"网络平台资源，依托上饶市供销集团建设的马家柚选检系统对线上销售的马家柚产品进行统一选检，严把销售质量关。坚持市场经济导向和联合合作原则，整合基层社，打造"互联网+第四方物流"供销集配体系建设，发挥供销社独特的组织体系和服务网络优势，运用现代流通和信息技术手段，在全区范围内建成第四方集配中心，第四方集配网点覆盖全区的乡镇和大部分行政村，形成以"江西供销集配"为统一字号、统一形象标识、统一服务规范、统一信息系统的连锁化物流配送服务体系，做大做强"江西供销集配"服务品牌。

（供稿人：俞真飞）

上饶市广丰区烟草专卖局

【概况】 2022年，上饶市广丰区烟草专卖局销售卷烟1.94万箱，同比增长1.42%，全年实现税利2.45亿元，同比增长16.88%。是年，上饶市广丰区烟草专卖局在广丰区内设有营销网点4个。

【打假打私行动】 2022年，上饶市广丰区烟草专卖局持续开展打假打私执法行动，全年共查缴各类涉烟违法案件111起，同比增长13.2%；查获卷烟12771.8条，同比增长81.5%；大要案件32起，同比增长255.5%，精准打击违法大户18户，停业整顿7户，取消经营资格2户，违法大户打击覆盖率100%。

【烟草专卖终端建设】 2022年，上饶市广丰区烟草专卖局全面开展终端分类分层评价，打造星火"365"加盟终端4户，现代卷烟星级终端470户，星级终端占比达到18%，终端生态保持有序、良性发展。

（供稿人：郑诗伟）

广丰石油分公司

【概况】 广丰公司隶属中国石化上饶石油分公司，有在营加油站17座（14座委托管理加油站、3座自营站），其中农网1座、城区9座、国道2座、省道5座（后台收银加油站17座），17座站全面完成油气回收改造，并加大双层罐改造进度。

2022年，广丰公司以"优质服务年"和"加油站服务提升百日竞赛"为抓手，通过"礼仪培训"、岗位体验、现场管理，全年机出零售总量46691吨，同比增幅8.6%，其中汽油完成36341吨，同比增幅2.2%；柴油完成10350吨，同比增幅39.6%。广丰公司全年完成直分销3326吨，同比增幅28.04%。广丰公司共17座加油站，其中自营站3座、驻站式家庭承包站14座，2022年零售口径人均劳效915.53吨/人。2022年度江西石油分公司县（区）公司综合竞争能力排第四名。

【网点建设】 2022年，广丰公司完成毛家山、五都和洋口站提质增效改造；在县区提质增效改造项目方面，采取"提前规划+规避高峰施工+党员下站帮扶+带班值班"等方式，最大力度缩短改造时间，确保加油站尽快复营。做好闲置资产配置工作，将改造站点更换下来的加油机更换到六都、黎明、芦林站。突破不动产权证照办理的瓶颈，完成不动产证历史遗留问题11本证的办理，长岗和柳坞站的证照办理取得新的进展。沟通协调广丰中心站的推倒重建。

【石油营销】 2022年，广丰公司认真分析外部市场竞争环境，借助上级公司的政策支持，在南山站、洋口站、五都站相继开展直降活动，同时结合春耕、秋收、工程用油的有利时机拓展灌车灌桶业务，全年广丰公司灌车灌桶完成213.04吨，同比增幅61.2%，全市排名第一。加装柳坞、月兔等城区周边站点洗车机，提升汽油主市场顾客黏性。结合当季营销活动召开钉钉视频会议，解读优惠商品，替顾客算好优惠账；在南山、下溪、城南、大南等站点开展夏送凉茶、冬送姜茶、免费为外地秋收车队提供洗漱等特色化服务，建起与顾客的情感桥梁。

【安全生产】 2022年，广丰公司严格落实安全生产主体责任，以HSE管理体系［注：HSE管理体系指的是健康（Health）、安全（Safety）和环境（Environment）三位一体的管理体系。责任制是HSE管理体系的核心］建设为指导，以"百日竞赛"、安全生产月、"百日安全行动"等活动为主题，对全体员工进行培训学习，以确保人员安全、现场安全为底线，通过在长岗、城南站亲身示范，指出操作中容易忽略的安全隐患现场指导他们排查、消除隐患，引导员工互相纠错，提高自我保护意识和处理突发事件的能力。

（供稿人：毛燕丹）

城乡建设管理

综 述

2022年，广丰区统筹协调城乡建设，城乡面貌显著改善。棚户区、农村危房改造力度加大。2022年启动城北片区城中村（二期）改造，计划投资3.6亿元，征收350户10.4万平方米，一个月时间全面完成签约任务。2022年农村危旧房改造对象共116户，至12月底，全部竣工并交付使用，累计拨付补助资金182.4万元。

美丽集镇建设工作持续推进。2022年度广丰区有18个乡镇开展美丽集镇建设（涵盖全区所有乡镇）。续建的14个美丽集镇建设项目，洋口镇率先完成建设，其他13个有子项目124个，总投资约5.2亿元。新建的4个美丽集镇建设乡镇，有19个项目，投资约1.8亿元。

建制镇污水处理加快推进。列入2020年建设计划的7个污水处理厂及配套管网项目，设计规模700吨/日/个，总投资约4900万元，其中6个在2022年1—2月间相继建成并运行。列入2021年建设计划的5个污水处理厂及配套管网项目，设计规模700吨/日/个，总投资约3500万元，均开工建设。同时加强污水处理设施扩容增建。

老旧小区改造力度加大。2022年改造老旧小区7个，涉及改造户数1304户，总投资约9000万元。完成7个老旧小区中央预算内项目申报，其中银丰商住楼小区中央预算内补助资金下达420万元，其余中央财政及省财政补助下达169万元。完善老旧小区项目储备库，新增2005年建成老旧小区10个，52栋，户数1605户，按要求上报项目储备库。

房地产市场全面上升。开发投资、施工面积、新开工面积、二手房交易面积、商品房销售套数、商品房销售面积、商品房销售额、商品房住宅销售均价、非住宅销售均价、商品房竣工面积等指标均上升。

加强建筑市场管理。落实各项惠企政策，着力解决企业融资难题，2家建筑企业申报"财园信贷通"贷款。严格落实以报价承诺法为主的刚性制度，2022年全区房屋建筑和市政工程招投标项目243个，工程造价43.55亿元，其中报价承诺法242个，工程造价41.28亿元，综合评分法1个，工程造价2.27亿元。开展全区房屋建筑和市政基础设施项目标后履职专项整治行动，排查80多个项目，下发责令整改通知书120多份，对10多个存在违法违规行为的项目进行立案调查。

加强建设工程质量安全管理。召开6次建筑施工安全生产三年行动专项整治推进会、调度会和视频会，成立4个建筑施工安全生产督查组，开展安全生产大检查，发出安全监督整改通知单92份，要求整改问题229条，整改率100%。加大对高大模板支撑系统、起重机械、外脚手架和深基坑等重大危险源的监控，全年论证专项施工方案62份，监督参建单位做好技术交底和验收记录等。重点监督监理单位、施工单位、检测机构，督促施工单位做好混凝土工程和隐蔽工程的举牌验证工作，督查工地标养间设置及运行情况，严格监督地基、基础、主体、分户和竣工验收。全年受理质量投诉48起，整改48起。

2022年，广丰区持续深化"放管服"改革，实现事项办理"一窗进"，精减审批事项，压缩审批时限。从项目立项到竣工验收全流程审批事项由原来的100余项精减到40多项。全流程审批时限由原来的平均120个工作日压缩至60个工作日内，最短的18个工作日，平均36个工作日。落实事项告知"一码清"。2022年通过工改系统实行"容缺审批+承诺制"进行容缺办理的告知承诺办件230多件，列上饶市第一。实现全流程在线审批，实现并联审批，全年并联审批率达100%。实行联合验收，办理时限压缩到平均7个工作日，2022年联合验收项目110多个，建设工程项目联合验收率100%。实行"项目施工许可'一件事'集成办"，2022年完成办理240个。普及使用电子证照，至年底电子证照使用率70%以上。

加强装配式建筑和绿色建筑工作。积极引导企业发展装配式建筑和建筑新型材料，指导区装配式企业参加省装配式生产基地评选。鼓励和支持新建、改建、扩建项目执行绿色建筑标准，推动政府投资项目建设单位积极申报绿色建筑设计评价标识，提高广丰区绿色建筑发展水平。认真开展全区建设工程消防设计审查和验收工作，全年办结消防设计审查项目55个，办结消防验收项目30个，备案项目办结22个，备案抽查项目7个。

（供稿人：俞斌）

城乡规划管理

【概况】 2022年，广丰区强化城乡规划服务，对项目选址、用地规划严格把关，规范审批，共审批36个项目，拟定57项规划条件，73项规划红线图，出具187份规划意见和用地预审意见。

【规划审批项目】 2022年，广丰区共审批36个项目。

公建配套项目18个，具体为殡仪馆改扩建、广丰区十四小学、残疾人康复中心、大阳亭加油站、深度保洁中心、旅游商业综合体、国际大酒店、城北水厂、广丰中学整体提升、城北中学、城北幼儿园、区实验幼儿园、区创新创业教育基地、王洋邻里中心、芦林街道翁岭村综合服务平台、下溪街道杨村综合服务平台、五里社区综合服务站、月兔天桥等项目。

房开项目6个，具体为越兴天玺、兴旺名居、小康人家、梦溪嘉园二期、熠晖园、星晖大楼等项目。

市政道路项目10个，具体为霞峰大道、源溪小学周边道路、西溪河周边道路、大坪至南山段道路、翁家岭路、夏阳路、亦仁路、科二路、桑梓路、学育路。

方案调整2个，具体为华西悦府设计方案调整、越兴双玺设计方案调整。

【完善城市乡村规划】 2022年，广丰区完成79份乡镇建设项目规划红线图及30份设计条件通知书；指导18个乡镇村庄规划编制工作，完成每个乡镇编制2个村庄规划的任务。在过去编制的控制性详细规划基础上，进一步完善和优化规划区范围内的控制性详细规划编制；推进《城北片区控制性详细规划（含城市设计）及核心区更新设计》和《城西片区控制性详细规划》。

【编制《上饶市广丰区国土空间总体规划（2020—2035年）》】 2022年，广丰区完成城镇开发边界第二轮修正稿，上饶市自然资源局下发广丰区新增建设用地规模为9.47平方公里，其中中心城区以外乡镇增量规模不高于1.5平方公里。广丰区划定城镇开发边界58.7平方公里，其中城区城镇开发边界45.8平方公里（新增建设用地规模为7.57平方公里）、外围乡镇划定城镇开发边界12.9平方公里（新增建设用地规模为1.9平方公里）。广丰区在国土空间规划完成编制之前，编制过渡期土地利用总体规划延续方案，得到省政府批准通过。规划编制本着"项目导向、指标统筹、合理布局、评估先行"的原则，优先保障区重点项目，坚决落实符合"三线"（注：生态保护红线、永久基本农田、城镇开发边界三条控制线）、历史文化保护、现行城镇总体规划确定的强制性内容等管控要求，确保用地规模与选址合理。

（供稿人：吴卫强）

国土资源管理

【概况】 2022年，广丰区加强土地要素管理，用活土地资源，加强矿产资源管理与自然资源保护，助推经济发展。全年共报批国有土地10个批次，总面积3566.3265亩；供应国有建设用地144宗，面积7809.13亩。

【盘活土地资源】 2022年，广丰区共报批国有土地10个批次，总面积3566.3265亩，新增建设用地3044.9205亩；供应国有建设用地144宗，面积7809.13亩，土地出让金35.7169亿元；核销934.07亩，上浦高速广丰段3678.5985亩完成外业举证，待省厅审核；新增供应2009—2018年新增国有建设用地680.25亩，2019—2021年新增国有建设用地2201.7亩；共收储土地102宗，收储面积868229.3平方米（合1302.344亩），收储款4700.83万元。

全年共立项土地整治项目19个，建设规模687.84亩，成功报备9个项目，建设规模为294.683公顷（包含湖丰镇土地整理项目），新增耕地面积为12.6798公顷，其中新增水田面积为4.4412公顷；完成2022年度经省政府批准的9个批次、87个建设用地项目征地工作，面积为2632.071亩，支付征地补偿费用11145.43万元。

【土地调查登记监测】 2022年，广丰区完成对2021年土地利用变更、部核查成果确认及省级验收，做到地类变更应变尽变，保持土地利用现状的现势性；完成自然资源调查确权登记；完成2022年度调查任务的16个调查单元调查，并对调查单元予以公示并上报上饶市自然资源局；推进农村房地一体确权登记发证，完成210141宗农房的调查任务，有登簿为161789宗，发证量为131806宗，共梳理出不符合发证数70133宗，完成省级发证验收；完成 2022 年灾毁耕地预变更资料，上报上饶市自然资源局、江西省自然资源厅对预变更地块进行核查。

【矿产资源管理与绿色矿山建设】 2022 年，广丰区许家桥滑石矿探矿权的设置完成；推出上饶市广丰壶峤矿区建筑石料用砂岩矿采矿权，签订采矿权出让合同，协助企业缴纳第一期矿产出让收益金 6320 万元；完善上饶市广丰壶峤矿区建筑石料用砂岩矿采矿权办理的材料；上饶市广丰区五都镇杉溪矮坞砖用页岩矿出让前期工作、"净矿"出让资料工作完成；上饶市广丰区大覆船山矿区、上饶市广丰区排山镇黄狮采石场边坡整治、广丰区五都镇杉溪矮坞砖用页岩矿的网上公开出让工作完成。

提升建设工程项目及群众用砂用石资源保障能力，圈定 2 处资源储量 1000 万吨以上的建筑用玄武岩矿。广丰区大覆船山建筑用安山岩矿开始挂网出让，广丰区霞峰镇方村建筑用安山岩矿储量详查报告初稿编制完成，准备评审。督促全区 11 家 2018 年以来新建矿山创建绿色矿山，创建完成 1 家，3 家在基建中，1 家正式投产未满一年，联合 6 部门对其他 6 家下达停产通知，直至通过绿色矿山第三方评估验收后方可继续生产。

【国土空间生态修复治理】 2022 年，广丰区加强持证矿山"边开采边治理"监管，矿山企业累计计提基金 66.3 万元，使用生态修复基金 45.5 万元，2022 年实际投入修复资金 950 万元，修复面积 23.17 公顷，推动矿山企业履行生态修复义务。

开展 2021 年度净增矿山恢复治理图斑核实确认工作，广丰区 2021 年度实际净增恢复治理面积 5406.93 平方米，达到"净增矿山恢复治理面积为正值"的要求。对 2021 年矿山生态环境问题大排查大整治专项行动中发现的 106 个矿山生态环境问题整改情况进行全面复核，建立复核台账。成立广丰区历史遗留废弃矿山生态修复项目指挥部，废弃矿山治理工程由广发集团投资建设，《广丰区历史遗留废弃矿山生态修复方案》修编完成，分年度分批次实施工程治理，第一批次 11 个废弃矿山的治理设计方案完成。

推进火木公司矿区生态修复工程，治理方案编制项目由同济大学建筑设计院中标，进行高标准编制，设计方案编制完成，项目分两个阶段分步实施，第一阶段工程为矿区内三处采矿点覆土复绿 3 万平方米，低洼处排水设施改造等，通过相关部门联合验收；第二阶段工程为污水处理厂改造和矿区覆土复绿工程。

【土地卫片监测】 2022 年，广丰区推进耕地卫片整改，2021 年上半年耕地卫片下发问题图斑 41 个（省级 1 个，国家级 40 个），面积 119.85 亩，全部进行现场核实举证；2021 年下半年耕地卫片下发问题图斑 315 个（省级），面积 943.17 亩，全部进行现场核实举证。江西省自然资源厅 2022 年上半年选定抽查广丰区设施农业用地项目 50 个，涉及 16 个乡镇，按要求进行现场核实举证上传，省厅经过核查反馈其中 8 个设施农业用地项目存在以上问题，涉及项目用地面积 396.8415 亩，并按要求进行整改和说明。

开展日常违法案件查处工作，发现国土资源违法行为 5 宗，其中土地违法行为 5 宗，涉及土地面积 8.21 亩，立案查处 5 宗，追缴罚没款 3.68 万元；矿产违法行为 13 宗，12 宗结案，没收违法所得 97020 元，没收矿产品 89470 吨，罚款金额 25057 元。

开展 2021 年补充图斑工作和 2022 年季度卫片监测图斑违法行为查处工作，共下发卫片图斑 253 个，总下发面积 3954.15 亩，其中占基本农田面积 432.69 亩，监测图斑现状农用地总面积 2897.04 亩，监测图斑现状耕地总面积 1603.94 亩，查处整改工作正在持续开展中。广丰区土地卫片重点图斑共筛选 44 个，其中 4 个属于伪变化，另外 44 宗暂时未判定合法性；矿产卫片重点图斑共筛选 2 个，均判定为违法越界开采，立案查处并结案，越界开采面也已按要求复绿。

【扫黑除恶自然资源领域专项整治】 2022 年，广丰区收到上级扫黑部门移送线索 5 条，"四书一函" 5 条，均按时按质回复，并做好一线索一档案管理；全年打击惩处 13 宗非法违规采矿行为，大多数属于工程领域未按规定依法处置施工时产出的弃土、弃石、弃渣而认定的违法行为，没收非法销售矿产违法所得 97020 元，没收矿产品 89470 吨，罚款金额 25057 元，证据保全扣留 1 辆挖机，1 辆货车，1 块挖机电路板。

（供稿人：吴卫强）

城乡建设

【概况】 2022 年，广丰区推进"以人为核心"的城乡建设，高标准规划城乡发展，不断满足人民日益增长的美好生活需要，让城乡建设更有品味，人民家园更有韵味。2022 年广丰区被江西省城乡环境综合整治工作领导小组评为"全省美丽乡镇建设专项工作先进县（市、区）"，铜钹山镇获得 2022 年江西省生态园林城镇，五都镇、东阳乡、吴村镇、壶峤镇、泉波镇、少阳乡、霞峰镇被评为江西省"卫生乡镇"。

【美丽集镇建设】 2022 年，广丰区落实江西省美丽乡镇建设五年行动要求，落实"一深化三提升"工作任务（注：深化环境综合整治，提升镇区功能、镇区品质、管理水平），制定出台《广丰区高质量推进美丽集镇建设"三年行动"实施意见》，在洋口、毛村、湖丰三地开展先行先试，打造"看得见山、望得见水、留得住乡愁"的美丽集镇样板。实施美丽乡镇建设行动，紧扣"五美"目标（注：环境美、生活美、人文美、产业美、治理美），先后投入约13.16亿元（其中生活污水设施建设约1.7亿元、农贸市场建设约1.08亿元、网线整治投入约5400万、其他基础建设约9.84亿元），在全区18个乡镇全面开展美丽乡镇建设（其中示范类乡镇3个、提升类乡镇6个、基础类乡镇9个）。围绕基础设施、完善功能、提升品质等目标共实施200多个建设项目。至2022年年底，全区18个乡镇基本完成各类建设，乡镇镇区"路、网、水、电"得到全面提升，绿化亮化美化有效增强，实现上饶市政府提出的"三年攻坚"行动任务，美丽乡镇建设取得明显的成效。

【保障性住房】 2022年，广丰区投资32000万元，建设保障性住房梦溪嘉园二期共900套（其中400套保障性租赁住房、500套公租房），预计2024年8月份完工。全年完成公（廉）租租赁补贴发放2268户，共757.5万元，向公租房管理单位发放廉租房租金差额155.7万元。开展公租房违规转租转借专项整治，取消因条件发生变化不再符合住房保障条件廉租轮候对象户157户，持续开展公租房转租转借专项整治，责令整改64户，收回保障房6套。审核公示廉租对象35户，廉租补档5户，公租保障对象67户，公租补档1户，其中优先实物配租13户，领取租赁补贴89户。实施农村危房改造116户，拨付补助资金182.4万元。

【棚户区、老旧小区改造】 2022年，广丰区启动城北片区城中村（二期）改造，范围包括永丰街道竹航山、东街明珠南侧、下溪街道王洋社区、官塘社区，计划投资3.6亿元，征收350户10.4万平方米，11月1日启动，用时一个月全部完成签约。

2022年全区共改造老旧小区7个，涉及改造户数1304户，总投资约9000万元，其中梅苑小区、西苑小区、银丰商住楼小区等共6个小区由住建中心负责实施，裕丰小区由广旅集团实施。7个老旧小区改造项目于6月份陆续开工建设，其中梅苑小区和银丰商住楼小区基本完成，西苑小区、财政局家属房小区、龙华小区、公积金小区完成改造。

（供稿人：俞斌）

建筑业管理

【概况】 广丰是"中国建筑之乡"，建筑业是广丰的传统产业，也是广丰经济发展重要的优势产业和支柱产业。广丰区建筑业除涵盖公路、房建、市政、水利水电、钢结构主业外，全区建筑企业形成包括建筑安装、装饰装修、风景园林、景观绿化、给排水等20多个专业领域，基本形成大中小企业、综合型和专业型企业协调发展，工程总承包、施工总承包、专业承包、劳务分包有机结合的承包体系。2022年全区建筑完成建筑业产值595.4亿元，同比增长11%，建筑企业缴纳税收4.83亿元。

【建筑企业和从业人员】 至2022年年底，广丰区建筑业企业有804家，其中施工总承包企业439家（一级资质企业35家、二级资质企业206家、三级资质企业198家），劳务企业备案365家；建筑企业数和建筑业产值均居上饶市第一、江西省前列，有以鹏盛建设、云林建设、威乐建设、龙马建设、亿恺建设等壹级企业，又有广高建设、广亿建设等成长较快的贰级企业。

全区建筑企业拥有各类职称的专业人员达1万多人，各类建造师4000多人，从业管理人员6000多人；从事建筑业的施工劳务人员10多万人。

【技术装备与施工能力】 广丰区建筑业企业坚持"科技兴建，实力兴建"，采取"走出去、请进来"的办法，不断提高施工科技含量，技术装备也不断更新加强。至2022年年底，全区建筑企业拥有各种起重能力的塔吊200多台，共有挖掘机、压路机、推土机、装载机等大中型工程机械设备10万余台，被誉为广丰的"铁甲军团"。工程承接能力越来越强，全区有20%的建筑企业具备承建高层或大跨度的房屋建筑、地下工程结构、大型土石方、高速公路路基、高速铁路路基和城市主干道路基路面等工程项目施工能力。

（供稿人：俞斌）

房地产管理

【概况】 2022年，广丰区房地产管理坚持"住房不炒"总基调不变，促进居民住房合理消费，整合优势扶持市场经济复苏，市场呈现回归理性，全区房地产逐步形成"高端有市场、中端有支持、低端有保障"的良好格局。

【房地产开发与经营】 2022年，广丰区房地产开发投资完成33.095亿元，比上年同期上升3.62%；商品房施工建筑面积91.643万平方米，比上年同期上升1.75%；商品房新开工建筑面积91.743万平方米，比上年同期上升4.18%；商品房竣工面积95.502万平方米，比上年同期上升2.66%。

商品房销售10647套，比上年同期上升10%；销售面积共128.197万平方米，比上年同期上升18.25%；商品房销售额1051183.79万元，比上年同期上升18.25%。其中商品住宅销售9089套，比上年同期上升7.51%；销售面积108.57万平方米，比上年同期上升1.91%；销售额799153.542万元，比上年同期上升2.61%。非住宅销售1558套，比上年同期上升28.87%；销售面积19.626万平方米，比上年同期上升90%；销售额252030.244万元，比上年同期上升128.97%。全区新建商品住宅销售均价为7361元/平方米，比上年同期上升4.81%；非住宅销售均价10210.96元/平方米，比上年同期上升20.42%。

二手房成交面积14.03万平方米，比上年同期上升9.7%。

(供稿人：俞斌)

城市管理

【概况】 2022年，广丰区推动城市管理由突击整治向长效规范管理转变，提升城市功能与品质，注重提高城市管理执法绩效，广丰城区的人居环境明显改善。

【环境卫生保洁与垃圾分类】 2022年，广丰区城管部门坚持做好全天候保洁和局部地区夜间保洁，2022年累计转运生活垃圾约10.4万吨，人均清扫保洁面积达9580平方米，覆盖率达100%；先后对城区10多条主干道和60多条次干道进行垃圾"大排查、大整治、大清理"，累计清理卫生死角约1200余处；将城区72条主次干道，按四个片区进行划分，每片区安排一辆洒水车，一辆洗扫车，一辆小型道路冲洗车，每天安排两个片区进行冲洗，累计清洗道路面积约2000万平方米。深入推进垃圾分类，落实生活垃圾分类实施措施，实行源头投放"分类法"，以辐射400户为标准，配备1座定时定点垃圾分类房及1名宣传员，引导群众将生活垃圾分为可回收物、厨余垃圾、有害垃圾、其他垃圾四类，并对四类垃圾进行检查核验并分类运输，分别处理。2022年广丰区垃圾分类工作在全省各县(市、区)评比中排名第二位。

【园林绿化管护】 2022年，广丰区城管部门大力开展公共绿地裸土覆盖工作，种植各类苗木约35万株，铺植草坪约4万平方米，播种草籽约4000千克，确保现有公共绿地内没有大于1平方米的裸露地块；积极开展公共绿地日常养护管理，大力清理绿化带固体垃圾杂物、枯枝败叶、绿化养护废弃物，清除绿地杂草，主次干道绿化带整齐、美观，街边鲜花四季开放。

【路灯亮化】 2022年，广丰区城管部门确保城区路灯设施完好率98%，亮灯率98%，群众满意度在98%以上，2022年对主次街道和城区无物业小区路灯共维修各种钠灯泡235只，触发器190多只，镇流器160多只，各种型号电子启动器230多只，各种控制开关600多个，大街小巷，每当夜幕降临，处处流光溢彩，霓虹闪烁，变幻多彩，凸显出城市的独特魅力。

【公园管理】 2022年，广丰区充分利用街头闲置空地、废弃地等边角地带，"见缝插绿"，补足休闲空间，至2022年年底，全区共建成41个"口袋公园"，让群众"开门见绿"，打造家门口的"微幸福"空间。为进一步扮靓城市，将现有的喷泉进行修复，中洲公园、丰溪水街、钻石公园、西溪湿地公园、北湖公园的音乐喷泉运行良好，给群众带来了美妙的视觉和听觉盛宴。

【居民建房管理】 2022年，广丰区继续高位推动居民建房和控违拆违，区委、区政府主要领导经常调度，定期召开专题会议，调度控违拆违工作。分管领导坚持每月带领控违拆违办对23个乡镇(街道)进行巡查暗访，发现问题现场督办，做到立行立改。将规范居民建房管理、控违拆违等工作纳入区委区政府综合督查，每月对督查结果进行排名、通报，每月排名后三名的乡镇(街道)将移送纪委监委问责，并追究相关责任人责任，倒逼责任落实。坚决杜绝新增违建，推进城市管理重心下沉、执法力量下沉，配齐配强基层城管执法队伍，核心区五个街道，构建"社区+城管"的工作机制，每个社区挂靠1至2名城管队员，全区23个乡镇(街道)共下沉562名执法队员，综合运用网格"人防"，无人机、"两违"平台等"技防"手段，实行全天候、全时段监控，对发现疑似违法建设的，及时核对甄别，及时处置拆除，确保将新增违建消除在萌芽状态，5、2020年7月至2022年末，广丰区没有出现一例构成事实的新增违建。按照"依法依规、分类处置"的原则，紧盯违建问题，铁心硬手整治，做到有违必拆，对违建"零容忍"，2022年全年累计拆除各类违法建筑1.73万平方米(其中新增1.50万平方米，存量0.23万平方米)。2022年，区控违拆违办累计共接到区纪委监委、组织部等相关部门需征求意见1515人，核查出存在违建62人，其中27人整改到位，35人未整改到位，坚决不予职级晋升。

【燃气安全】 2022年，为确保全区燃气安全健康平稳运行，制定印发《城镇燃气管理规定》，指导燃气企业做好用户精细服务，细化岗位责任、操作规程和群众投诉受理等相关规定；分类做好不同气质燃气企业管理，针对管道燃气、瓶装燃气、生产经营不同特点，按照《城镇燃气管理条例》相关规定，分别对燃气质量、燃气设计与施工、日常巡查维护作出要求。2022年全区无燃气安全意外事件发生。

【污水处理厂扩容】 2022年，广丰区完成生活污水处理厂扩容工程，在一期2万吨/天的基础上，完成二期1.5万吨/天，处理规模达3.5万吨/天。到2023年实现中心城区基本无生活污水直排口，城区污水管网实现全覆盖、全收集、全处理，污水收集处理系统效能明显提升，城市防涝能力明显增强。广丰生活污水处理厂进行改造提升和生态修复，变身"生态公园"，这里水草茂盛，鲜花盛开，吸引市民前来休闲、游览、观光，成为一处新的网红打卡地。

【西溪河与卧龙渠水环境治理项目】 2022年，广丰区城管局全力实施西溪河与卧龙渠水环境治理项目，全面加强污水管网排查工作，推进污水管网整治提升工作，新建污水主管网117.335千米，入户管30.61千米，新建化粪池865座，生态修复面积1.67万平方米。

【新建"城市驿站"】 2022年，为方便群众、提升城市形象，广丰在城区新建7座"城市驿站"，采取"驿站+公厕"的模式，打造集母婴护理、休闲阅览、热水供应、医疗护理、公厕、第三卫生间等功能于一体的休闲服务平台。在城市驿站建设过程中，从"厕所革命"入手，遵循"见缝建站，转角遇美"原则，结合"便利化、智慧化、人性化、特色化、规范化"的理念，选择在公园、道路等人流量大的重点场所布局设点。秉持"驿站+公厕"的全新理念，整个建筑一边是公厕，另一边建有便民服务室和休闲书吧，桌椅齐全，配备了电视机、电冰箱、微波炉、手机充电桩、直饮机、共享雨伞、应急药箱和擦鞋器等，让市民感受到暖暖的人文关怀，真正打造了让群众冬能取暖、夏能纳凉、喝水休息、充电学习以及交流谈心的便民服务场所。学习强国、新华社、江西日报、信息日报等主流媒体相继进行报道推广，省住建厅作为工作典范在全省进行推广。

（供稿人：王朝明）

住房公积金管理

【概况】 2022年，上饶市住房公积金管理中心广丰分中心坚持"惠民公积金、服务暖心人"理念，不断提升服务水平，展示政务服务优良形象。全年归集公积金4.21亿元，完成年归集计划数4.25亿元的99.76%。全年各类提取金额为2.46亿元，完成全年提取计划数2.1亿元的117%。全年共392户职工发放公积金贷款2.02亿元，完成年计划数2.6亿元的77%。

【推广线上服务】 2022年，上饶市住房公积金管理中心广丰分中心以线上服务平台为支撑，助力服务效能再提升。根据年初制订的扩面宣传、网厅、手机APP推广计划，通过服务上门、走访企业、开展培训、微信服务群等，推行"网上办、掌上办"服务模式，加快单位经办人对公积金网厅的使用频率，让缴存职工使用手机APP办理业务成为常态化。全年开通单位网厅152家，累计开通212家，已签协议待开通80家，合计占全部缴存单位75%。积极做好"人生十件事"中关于公积金"退休一件事""异地通办""贷款只跑一次"为出发点，将"客户少跑路"落到实处。通过赣服通、住房公积金小程序、监管服务平台等办理的退休一件事、身后一件事、异地转移等业务共计19笔、214.36万元。

【风险防控】 2022年，上饶市住房公积金管理中心广丰分中心严把贷款发放和公积金提取风险关，严格贷前调查，对不符合常理的坚决要求辅助材料佐证，对合作楼盘持续开展风险防控。一是严把期房置换率关，对2015—2017年签约项目未置换到位的房开企业进行了集中约谈，对房企提出明确的置换时间及工作要求。2022年置换期房623户，同比增长176%。二是严控贷款逾期新增，分中心无3—5期逾期户，逾期6期以上原有4户，经过一年来的催缴还清2户，剩余2户，其中一户还款3万元，另一户还款1.5万元。针对以上两户人员实际情况，分中心与市中心法规科进行沟通，其中一户将由中行起诉执行法拍。三是加强业务相关部门的信息协查，严控提取、贷款准入、抵押各环节风险点，密切关注合作楼盘建设进度、工程质量等问题。对当前烂尾楼盘、停工缓建楼盘、未按时交付楼盘进行密切追踪，定期与住建部门联系，关注重点楼盘资金监管情况，以保证分中心贷款资金能安全运行。

（供稿人：黄涛）

交通　邮政　通信

交通运输

【概况】 2022年,广丰区凝心聚力谋发展,奋勇争先干事业,全区交通运输事业发展踏上新征程。2022年年初,印发《广丰区"十四五"交通运输发展规划》,以此统筹全区综合交通运输发展。区交通局全年向省市交通行业主管部门争取资金10024万元,其中主动争取7212万元,政策性资金2812万元。2022年4月,广丰区交通运输局获得上饶市委、市政府颁发表扬"上饶市创建国家卫生城市(2018—2020年)先进集体"。

（一）公路

至2022年年底,全区农村公路总里程为2113.856公里,其中县道12条,里程为198.823公里;乡道65条,里程为555.108公里;村道1964条,里程为1359.925公里。

从现状技术等级看,县道三级及以上比例85.74%,建制村双车道比例66.5%。

从现状通达情况看,一是城区到乡镇通达情况:23个乡镇100%实现通三级及以上公路,其中8个乡镇(永丰街道、丰溪街道、芦林街道、下溪街道、大石街道、洋口镇、霞峰镇、湖丰镇)实现一级公路通达,7个乡镇(壶峤镇、大南镇、排山镇、东阳乡、五都镇、沙田镇、桐畈镇)实现二级公路通达;8个乡镇(枧底镇、少阳乡、泉波镇、毛村镇、嵩峰乡、铜钹山镇、横山镇、吴村镇)通三级公路。二是建制村通达情况:全区现有232个村居,其中167个建制村,电子图上显示已通双车道111个,占比为66.5%。

表1　2022年广丰区农村公路明细表　　　　（单位：公里）

类型	小计	高速	一级	二级	三级	四级	等外
县道	198.823		12.911	22.692	134.861	24.863	3.496
乡道	555.108			9.438	70.473	454.681	20.516
村道	1359.925		0.00	0.00	18.700	1302.087	39.138
合计	2113.856		12.911	32.13	224.034	1781.631	63.15

（二）道路运输

1. 货运:至2022年年底,全区共有货运企业104家,其中危货企业9家,车辆252台;普货企业95家,车辆478台。全年完成货运量1924万吨。

2. 客运:至2022年年底,全区共有客运企业9家,营运车辆466台,其中道路旅客运输5家,城市公交1家,出租车2家,旅游客运1家。开行客运线路57条,其中一类4条,二类3条,三类3条,四类34条,公交线路13条。全年完成客运量535.7万人。

3. 站点:全区共有客运站10个,其中二级站1个,三级站2个,等外站7个。

（三）汽车修理、检测

至2022年年底,全区共有二类以上汽车维修企业17家,营运汽车检测站4家。

【公路重点项目建设】 2022年,广丰区以建设上浦高速、S202广丰区大坪至南山段改建工程、上鹰高速等项目为重点,全力推进重大项目建设,不断优化公路骨架网络。

上浦高速(广丰段)征地基本完成,房屋征收签约基本完成,拆除率达94%,辖区红线范围内坟墓(3140座)全部迁改,失地农民社保办理工作完成。

S202广丰区大坪至南山段改建工程土地征用基本完成,房屋征收完成签约47户,腾空46户,拆除42

户。完成施工、监理等单位招投标，项目于2022年10月开工建设。

上鹰高速项目工程可行性研究报告在编制中，经与省交通运输厅、省交投集团积极争取，同意将排山至毛村连接线列入设计方案。

沪昆高速"四改八"项目完成广丰区境内的土地征用和迁坟工作；严格按照沪昆高速项目指挥部调度安排，做好配合工作。

广丰区综合物流园项目完成与上海强丰投资集团有限公司签约，土地征用已完成分户测绘，土地报批分两期进行，其中148亩完成报批，剩余138亩还在报批中。

【道路运输管理】 2022年，广丰区统筹运输服务转型升级，持续发挥交通运输服务基础保障和先行作用，实现运输服务质量和效率"双提升"，全年完成客运量535.7万人、货运量1924万吨。协调推进上饶至广丰客运班线公交化改造实施，2022年11月1日按照公交化改造后的站点班次运行，执行5元票价。

【交通政务服务】 2022年，广丰区许可新增个体货运业户27家，新增物流企业10家，办理新增货车道路运输证38台（含挂车），年审普货运输车辆620台。创新推出公路超限运输采用线上联审，办结时间由两至三天缩短为三十分钟内，公路超限运输跨省通办73件，办结率100%；营运车驾驶员从业资格考核跨省通办948件，办结率100%。推动城市绿色货运配送物流新业态、新模式发展，新增货车38辆。

【超限超载治理】 2022年，广丰区加大源头治超工作力度，保障公路桥梁安全畅通，全年出勤人次12320人次，出勤车次1960车次，检测车辆2729辆，查处131辆违法超限车辆，卸货4652.04吨。其中交通现场处罚131辆、移交交警处罚车辆131辆、扣457分、罚款108600元；治超非现场处罚112辆，罚款936800元，案件查处率4.8%（查处车辆数/检测车辆数）。

【公路水毁防治】 2022年6月20日，壶峤、湖丰灾情严重，区交通局及时组织人员赶赴现场，对已阻断交通的广丰区县道X012毛大线K2+866重大边坡塌方、K0+695—K0+795道路严重水毁段第一时间组织力量抢修。壶峤、湖丰两镇此次汛期灾害共调查出灾害点23处，其中桥涵损毁4处、边坡塌方2处、路基冲毁坍塌7处、路面损坏10处，修复（重建）资金约80余万元。

【农村公路"建管养"】 2022年，广丰区一方面继续加快推进2021年第一批未完工项目建设。2021年第一批农村公路建管养项目共17个，总投资2.5亿元，已完工项目14个，已完成沥青下面层的项目1个，路基完工项目1个，路基在建项目1个。另一方面积极推进2022年第二批农村公路建管养项目建设。2022年第二批农村公路建管养项目62个，总投资5.2亿元，其中道路项目52个，总里程223.2公里，危桥改造项目10个；已完成招标挂网56个，已完成施工招标51个（其中已开工建设30个），已完工项目5个。

至2022年年末，全区融资7.9亿元，用于农村公路建管养项目，全年全区完成农村公路改造项目22个106.5公里（含危桥改造5座）。县道三级及以上比例提升为85.7%，建制村通双车道比例提升为67.7%。通过连续两年建设，一批农村公路项目先后建成，极大地方便了群众出行，有力支撑乡村振兴发展，提升了群众的幸福感、获得感。

2022年，广丰区全面开展农村公路管理养护体制改革，推进农村公路"路长制"，设置路长194名，设置路长公示牌279块。在管养资金保障方面，广丰区投资898万元用于农村公路提质改造和日常养护管理，畅通交通运输服务乡村振兴战略的"最后一公里"。

【配合疫情防控】 2022年，按照疫情防控工作管理规定，广丰全区客运场站、镇村公交、城市公交、出租汽车、物流快递从业人员落实一日一检的核酸检测。在保留的入广通道湖丰高速出口、东阳花溪凹、桐畈二渡关等3个交通服务点，区交通局安排39个工作人员做好疫情防控工作值班值守工作。抽调2名副科级干部到区集中隔离点邮枫宾馆做好集中隔离人员防控工作。年末，根据国家疫情防控要求，落实好优化调整防控措施，在疫情防控常态化下稳步前行。

（供稿人：吴军）

公路事业

【概况】 2022年，广丰公路事业发展中心统筹公路建设和养护管理，提高公路发展质量和效益，提升公路服务能力与水平，实现广丰公路持续健康科学发展，广丰公路事业发展中心管养国省道171.142公里，下设5个养护道班，2个小修队。

【公路养护】 2022年，广丰公路事业发展中心坚持"精细化养护、规范化管理、标准化服务、促进公路养护事业可持续发展"的公路养护理念，加大公路养护力度，提高公路养护水平，打造管养公路"畅、安、舒、美"新形象。2022年累计完成清扫路面5507.53公里，修补坑洞15320平方米，疏通水沟94720米，完成整治路肩90160平方米，所有路段路肩及边坡人工割草3900180平方米，所管养公路路况质量稳步提升，公路品质逐年提升。

【公路工程建设】 2022年，广丰公路事业发展中心共投资4285.96万元完成预防性养护24.298公里、完成养护大中修27.09公里（主要路段为S201紫岭线、S202白东线），进一步提高公路通行能力，提升公路服务质量。

【公路安全防护】 2022年，广丰公路事业发展中心完成14座桥梁防护安全提升，总投资为317.87万元；完成对G353宁福线和G320沪瑞线24.11公里的精细线提升，完成路口整治安全提升；完成高边坡波形护栏安装2713米；开展公路清障整治和联合交警大队进行道路安全隐患排查工作，清理路边堆积物和占道施工现象，做好波形护栏修复，增设波形护栏3450米；增设警示爆闪灯24盏，震荡标线451.44平方米，路面标线2221.7平方米，交通安全标志标牌12块，道口警示桩32根，国省道桥梁信息牌88块、限载牌88块；修剪行道树50公里，清理山体塌方约13500立方米，提升广丰区国省干线公路的安全通行能力。

【完善路产档案】 2022年，广丰公路事业发展中心继续做好公路路产档案管理，加强和规范干线公路路产档案登记工作，依法保护路产。公路路产档案主要包括公路、公路用地、公路附属设施三个方面，具体涉及公路综合档案、公路基础档案、公路附属设施档案。对所辖路段的桥梁、公路标志重新逐一核实，确保原有和新增路产数据准确无误，规范路产档案管理。对非公路标志、平交道口、违法建筑物进行详细的统计、拍照、登记造册，不断完善和规范路产档案管理。对已经调查、登记的档案分类装订归档，做到一路一档。

【路域环境整治】 2022年，广丰公路事业发展中心重点开展路损案件的查处，治理公路路域环境，坚持日常巡查，发现、制止各类违法侵权案件。全年共清除占用路肩路面堆放杂物计246处6325立方米，拆除非公路标志牌215块，其中大型T型广告牌26块，清理公路沿线非法种植农作物157处，清理各类公路安全隐患26起，超限运输审批共91起，涉路赔补金额共76300元。

（供稿人：张庆平）

汽车运输

【概况】 2022年，上饶汽运广丰公司贯彻"安全第一，预防为主，综合治理"的安全方针，强化安全管理生产。任职期内，分公司行车责任事故率、死亡率及伤人率均低于集团公司年度考核目标，整体运输安全生产形势较为平稳。全年完成运输量2.83万人次，同比下降44.41%；全年完成客运周转量1051.48万人/公里，同比下降35.33%。

【"阳光班组"品牌创建】 2022年，上饶汽运广丰公司持续做好"阳光班组"品牌创建。通过广丰区特有设立的"乡村票点"，派专人在旺季时期对每个票点进行宣传推广，提高经济效益，增加粉丝量。疫情期间，每天安排专人上班前、下班后对站场、办公场所进行消毒，做好消毒记录，督促员工做好群防群控工作。

（供稿人：陈飞）

邮政管理

【概况】 2022年，中国邮政集团有限公司上饶市广丰区分公司转变发展方式、优化发展模式，尽责履行普遍服务、创新转型金融业务、做强做优寄递业务、品牌运营农村电商、项目护航集传业务，推动企业高质量跨越式发展。2022年总收入6575万元，同比增长26.78%，增幅列全市第一位，连续三年实现高速增长；寄递收入747万元，同比增幅26.91%；非寄递毛利额完成4845.6万元；实现利润1209万元，同比多增501万元。

【金融业务】 2022年，广丰邮政金融收入5255万元，毛利额4607.97万元，同比增幅21.34%，增幅连续三年列全市前列。余额净增6.93亿元，同比2020年净增余额实现翻番；代理保费连续三年保持30%以上的增长。持续打造金融生态圈，累计建设智慧场景35个，实现年日均沉淀资金达8000余万元；累计布放有效二维码4873户，带来总资产规模5.2亿元。

【寄递业务】 2022年，广丰邮政实现寄递收入747万元，同比增幅26.91%，增幅列全市第一，其中快包收入实现380万元，同比增幅5.09%；特快收入364万元，完成预算的109.63%，同比增幅达63.95%，增幅列全市第二位。紧跟马家柚地方经济特色，营销家乡包裹5000个，实现函件收入7.5万元。大力开发政务市场，成功开发人防办安全手册2.5万册，集邮业务开展2场爆点营销活动，实现收入59.37万元。

【文传业务】 2022年，广丰邮政实现文传业务收入415万元，完成计划的101%，实现毛利额216.56万元，完成计划的101.5%，其中报刊收入247万元，集邮收入89万元，函件收入79万元。2023年度报刊大收订实现总流转额913.2万元，完成计划的100%，其中大网流转额实现907.7万元，完成计划的100.6%，《习近平谈治国理政》图书销售2156册。集邮业务开展2场爆点营销活动，实现收入59.37万元。

【惠农合作项目】 2022年，广丰邮政通过"饶品网上行"工程和惠农项目，推动农村电商迭代升级，全年渠道业务收入112万元，毛利额21.07万元，分销商品和增值收入增幅分别为70.21%和229.19%，增幅均列全市第二位。创新农产品销售模式，开启线上直播带货，本年在省公司和区商务局的协助下，举办2场农产品直播活动，实现农产品销售额20余万，助力乡村振兴。打造2家全国级综合服务合作社及集团级农产品基地，2022年实现农产品交易额350万元，融资E净增放款1645.6万元，对公业务市场渗透率6.6%，带动惠农寄递收入160余万元。创新打造马家柚特色农产品项目，申报精品农产品6款，实现线上线下销售额195万元，带动马家柚寄递项目收入同比翻两倍多。

【协同项目开发】 2022年，广丰邮政代理发放退役军人优待证2995张；政务特快收入完成138万元；汽车产业链项目收入完成27万元，完成比例121%；医药市场收入完成15万元，完成比为216%，列全市第三位。在全市协同工作考核评比中，获得2022年度全市邮政协同工作优胜单位。

【绿色邮政生态环保"9917"工程】 2022年，广丰区可循环邮袋使用比例、可循环包装箱投放数量全面达标，一联式电子面单使用率100%，全年瓦楞纸箱回收11051个，完成比例101.39%。广丰邮政获得2022年度市分公司"绿色邮政 生态环保"劳动竞赛先进单位。

（供稿人：徐婉）

移动通信

【概况】 2022年，广丰区践行网络强国建设，中国移动通信集团江西有限公司上饶市广丰区分公司深耕"两和"升级3.0、高位推进打击治理电信网络诈骗、疫情防控网络保障、防汛抗洪应急通信保障等，最大程度预防和减少基站和线路网络安全故障。

【落实网络强国建设】 广丰区移动深入实施"5G+"计划，加大5G精准建设力度，至2022年，累计完成614个5G站点的建设开通，实现城区和乡镇主街道5G网络全覆盖。推进农村区域网络优化维护、开展OLT同路由隐患整治，夯实网络基础，提升网络能力。结合老旧小区改造、秀美乡村建设，推进小区隐患整治，完成4个乡镇的弱电下地改造。

（供稿人：徐艳）

联合网络通信

【概况】 2022年，广丰联通加速推进新型数字信息基础设施建设，建设5G精品网、千兆宽带精品网、政企精品网和算力精品网等四张精品网，加快建设高速泛在、天地一体、云网融合、智能敏捷、绿色低碳、安全可控的智能化综合性数字信息基础设施，更加突出强网络之基、固服务之本，练好"基本功"。

【推动数字经济建设】 中国联通主动服务国家战略和经济社会发展需要，以"联接为根、算力为核、数据为先、应用为要、安全为盾"，打造网络强国、数字中国、智慧社会的融合底座和赋能引擎，推动以"云大物移智链"为代表的数字技术与经济社会全面融合，全方面赋能数字文明构建。2022年广丰联通全面挺进数字经济主航道，勇担"数字信息基础设施运营服务国家队、网络强国数字中国智慧社会建设主力军、数字技术融合创新排头兵"职责使命，锚定"大联接、大计算、大数据、大应用、大安全"五大主责主业，提供新路径，贡献新力量。

（供稿人：祝少贵）

生态环境

综　述

2022年，广丰区深入学习贯彻党的二十大精神，积极践行习近平生态文明思想和习近平总书记视察江西重要讲话精神，全面深化国家生态文明试验区建设，统筹推进碳达峰碳中和工作，深入打好污染防治攻坚战，全区环境质量持续改善，生态文明建设取得新成效。

一、生态文明制度更加健全。一是完善环境治理政策体系。印发生态文明建设、长江经济带发展工作要点，出台了《上饶市广丰区打造美丽中国江西样板改革攻坚行动实施方案（2022—2024年）》等文件。二是完善执法监督体系。组建节能监察队伍，加强节能事中事后监管。建立了跨省跨区域河长制合作机制，打造河长制升级版，推进广丰上下流、左右岸、干支流的联防联控。举办了碳达峰碳中和专题培训，提升全区领导干部碳达峰碳中和工作能力。三是健全生态环境法治保障。严格落实生态环境行政执法与刑事司法衔接工作机制，健全完善信息共享、案情通报、案件移送等制度。全年审结非法采矿、非法狩猎等环境资源犯罪10件19人，办理生态环境公益诉讼案件10余件。

二、碳达峰碳中和有序推进。一是建立健全"双碳"工作推进体系。高规格成立了区碳达峰碳中和工作领导小组，制定了《关于完整准确全面贯彻落实新发展理念做好碳达峰碳中和工作的实施方案》《上饶市广丰区碳达峰实施方案》等文件，有关部门制定了分领域分行业实施方案的支撑保障体系。二是加大"两高"项目清理排查整改力度。建立"两高"项目清单，实行清单管理、分类处置。对不符合产业政策的高排放企业坚决关停取缔；对存量"两高"项目，通过技改提升、兼并重组、淘汰落后产能等方式加快转型，切实提升节能降耗增效水平。三是有力推进节能降碳工作。对广丰区台鑫钢铁、芦林纸业等32户重点用能工业企业实施了日常节能监察。积极组织上饶高新区内重点用水企业开展2022年度节水型企业创建工作，推动企业采用先进适用节水技术实施改造，推动芦林纸业、台鑫钢铁、双鼎纸业3家企业取得省级节水企业。四是加快新能源发展。大力发展光伏等非化石能源，制定了《上饶高新技术产业园屋顶光伏发电建设三年行动计划方案》《上饶市广丰区新能源汽车充电桩基础设施工作方案》。泉波、嵩峰150MW农光互补光伏电站等4个项目纳入2022年省光伏规划库，装机容量共计217MW。新增新能源汽车充电桩3个，投运充电桩50根。

三、生态环境治理纵深推进。一是深入打好蓝天保卫战。扎实开展挥发性有机物排查整治，指导11家涉气企业开展绩效分级评定，推动台鑫钢铁公司超低排放改造。严格落实秸秆禁烧主体责任，持续加强对中心城区餐饮经营单位油烟排放和道路柴油货车尾气监管，城区垃圾中转站全部安装除臭设备，施工现场全部落实"六必须""六不准"要求。二是深入打好碧水保卫战。工业污水处理厂二期建成投用，排放执行一级A标准，园区雨污分流基本完成，17家涉水企业全部达标排放。加强城区水环境系统治理，大力推进丰溪河流域生态环境系统整治，已新建改造污水管网71.6公里，31个老旧小区实现雨污分流，11个乡镇污水处理厂建成运行。三是深入打好净土保卫战。大力推进餐厨垃圾处理中心项目建设，7家纳入重点监管企业全部完成土壤和地下水污染隐患排查，8家危险废物经营单位开展"五全"体系自查自纠。制定了《广丰区2022年受污染耕地安全利用工作计划》，通过采取土地流转、安排休耕、种植花卉等措施管控风险。2022年，中心城区PM2.5平均浓度24.7微克/立方米，重点河流断面水质达标率和饮用水源地水质达标率均保持100%。

四、产业绿色转型持续有力。一是构建绿色低碳工业体系。聚力做大做强新电子、新材料、新智造"三新"主导产业，今年引进"三新"产业项目91个，立景创新科技二期、锦荣新材料等一批重大新兴产业项目建成投产。全力推动传统产业转型升级，华欣机械等20家企业完成技术改造，新增产值200亿元以上。

加快实体经济与数字经济融合发展，全年企业上云上平台总量达2983家，位列全市第一。二是推动绿色低碳农业发展。"果茶蔬"三大主导产业不断壮大，总面积突破34万亩，其中马家柚种植面积19万亩，广丰马家柚品牌更加响亮，乡村振兴示范园、西坛标准果园、农产品交易中心项目建成完工，新建高标准大棚600亩、大棚蔬菜基地2000亩。获评省部共建江西绿色有机农产品基地试点省"个十百千万"行动县级先行标杆。大力发展绿色农业，推动农药化肥减量和畜禽粪污资源化利用，广丰区畜禽养殖废弃物处理和资源化综合利用率达到99.03%。三是加快服务业绿色转型。成功举办全省首届文博会，签约引进总投资36亿元的大唐时光文旅项目，铜钹山文旅项目加速推进。"广丰里"夜经济、尚绿酒店项目建成投运，北湖公园、竹航山公园建成开园。新增省3A级乡村旅游点4个，红木文化创意产业园获评"2022年江西省工业旅游示范基地"。四是拓宽生态产品价值转换通道。成立了生态资源资产经营管理有限公司（即"两山银行"），将低效开发的林地、园地等国有重点生态资源存入两山银行，以生态旅游并购向江西银行申请贷款3.48亿元，成为江西首例国有生态旅游资源并购贷。及时总结提炼"两山"转换典型做法，广丰区"推动'两山'转化，拓宽乡村振兴路"经验做法在江西日报、学习强国刊发推广。

五、生态保护修复系统推进。一是坚持规划战略引领。编制完成《广丰功能区国土空间规划》《"十四五"矿产资源总体规划》，加快编制《广丰区国土空间生态修复规划》，火木公司矿区生态修复工程一期已经完成，二期加快组织实施。二是推进国土绿化行动。全年完成人工造林0.52万亩、封山育林1万亩、退化林修复2.5万亩、森林"四化"建设300亩。打好松材线虫病防控"攻坚战"，严格落实林长制，全区聘用专职护林员172人，对128.14万亩林地全部实行网格化管理。三是加强湿地和野生动植物保护。积极开展小微湿地修复，嵩峰乡十都村小微湿地修复项目建设完成，东阳乡龙溪村小微湿地修复项目纳入省级计划，同时认真做好湿地日常排查工作。四是加强垃圾分类处理。建立以区、乡、村为主导，以群众为主体，以第三方垃圾收运公司为主营的行动框架，实现垃圾分类工作无缝对接，形成生活垃圾分类治理的整体合力。

（供稿人：祝忠标）

污染防治攻坚战

【概况】 2022年（实况数据），广丰区中心城区空气质量优良天数比例为89.7%；PM2.5的浓度为25微克/立方米，同比好转10.7%；区窑山河流断面、渡船头河流断面水质达标率均为100%，钓鱼潭饮用水源地、九仙湖饮用水源地水质达标率均为100%。

【蓝天提升攻坚战】 深化涉VOCs（挥发性有机物）重点企业治理，督促第二批市重点企业江西恒绵科技有限公司和江西精元电脑有限公司完善"一企一策"方案编制；推进辖区内其他有机化工、表面涂装行业重点企业的治理，统计各企业溶剂型涂料、油墨、胶黏剂用量及VOCs含量，查清治污现状；推动各涉VOCs排放企业提高无组织收集率、治理设施运行率、VOCs去除率等。整治燃煤锅炉和工业炉窑，2022年，在辖区范围排查各类锅炉37台，无新增燃煤锅炉；对已完成工业炉窑清洁能源改造项目的3家覆膜砂企业开展回头看，巩固治理成效。强化非道路移动源监管，逐步完善工程机械使用前编码登记、使用中监督抽测、超标设备处罚撤场的管理制度。2022年，广丰区新增编码登记非道路移动机械69台；开展柴油货车和非道路移动机械尾气排放抽测工作，共抽测92台，合格率93.5%。严格露天焚烧行为管控，强化农作物秸秆露天禁烧管控，利用高空瞭望技术手段及时发现秸秆焚烧火点，定期向各乡镇街道通报秸秆焚烧情况，压实秸秆禁烧主体责任。全力应对夏季臭氧污染，在臭氧可能超标形成污染天气时，区大气专委会成员单位联防联控，提前采取强化减排措施，减轻臭氧污染对空气质量的影响，缩短臭氧污染时段，最大限度削减臭氧污染峰值，尽最大努力减少臭氧超标天数。大力推动辖区内计划提标改造的涉气企业开展项目申报，至年底，广丰区1家企业在中央生态环境资金申报系统完成申报。

【碧水提升攻坚战】 加强饮用水源保护，完成审计署南京特派办对省委书记、省长经济责任审计和自然资源资产离任（任中）审计反馈广丰区饮用水水源一级保护区问题整改，拆除保护区的停车场并复绿，由省生态环境厅现场审核完成；完成关里水库备用水源地保护区划分方案编制，由专家评审通过，进入上报批复阶段；完成县级饮用水水源地和村镇"千吨万人"级饮用水水源地保护区划分，着手农村"百吨千人"级饮用水水源地调查。入河排污口整治，组织入河排污口排查，2022年出动22人次，排查发现1家企业排污口未进行论证，至年底，该排污口进行设置论证报告编制，待报告编制完成后经专家评审通过后即可批复。西溪河、卧龙渠流域生态环境系统治理，至年底，整治工程过半，卧龙渠水环境治理项目完成管网建设工程量进度的80%左右，建设管网总长度约31.04千米；西溪河水环境治理项目完成管网建设工程量进度的52%左右，建设管网总长度约74.4千米。

【净土提升攻坚战】 统筹推进2022年度农村环境整治，根据《上饶市"十四五"土壤、地下水和农村生态环境保护规划》和《关于下达2022年上饶市农村环境整治目标任务的通知》（饶环委办字〔2022〕1号）文件要求，广丰区2022年需新增完成8个建制村的农村环境整治工作。至年底，大南镇古村村等8个项目已全部完成建设并投运。开启《广丰区畜禽养殖十四五污染防治规划》（以下简称《规划》）编制工作，成立了上饶市广丰区"十四五"畜禽养殖污染防治规划编制工作专班，生态环境部门和农业农村部门分管局长担任组长，统筹推进《规划》的编制工作。至年底，已完成《规划》（初稿）的编制工作。涉镉排查整治，进一步明确了排查整治范围，重点聚焦涉镉等重金属重点行业企业，累计排查企业8家。推进重点行业二噁英污染防治，按照《重点行业二噁英污染防治技术政策》的有关规范要求，广丰区1家企业的二噁英处理设施建设不完善，缺少烟气急冷设施。该企业已编制完成《二噁英污染治理改造技术方案》（以下简称《技术方案》）（初稿），并已将《技术方案》提交省厅审核。

【开展八大标志性战役30个专项行动】 2022年，根据八大标志性战役30个专项行动目标任务，结合"百日攻坚"工作要求。广丰区环委会建立定期调度机制，区委区政府组建督导组每月督导调度工作开展情况。

①绿色低碳发展攻坚战。建立全区"十四五"拟投产达产"两高"项目清单，制定《上饶高新技术产业园屋顶光伏发电建设三年行动计划方案》。园区污染防治方面，园区雨污分流基本完成，实现互联互通，进入运维巩固阶段，对企业邻避问题进行常态化跟踪，对冶炼、造纸、化工、印染等重点企业的污染治理设施进行在线监控，并与园区在线监控平台联网，园区5家企业完成清洁生产改造。城市污染防治方面，广丰区餐厨垃圾处理中心建设完成选址。城区垃圾中转站站内安装除臭设备。

②蓝天提升攻坚战。11家企业完成绩效分级申报资料编制。推动开展超低排放改造。积极推动大气污染防治全域全境全面治理的工作，严格落实建筑工地"六必须""六不准"要求。开展橱柜行业专项整治，全区橱柜企业共有102家，已关停或搬迁46家，保留56家橱柜企业。

③碧水提升攻坚战。全面排查整治集中式饮用水水源保护区内的环境违法问题，确保饮用水安全。持续推进入河排污口整治，排污口水质稳定达标排放，确保丰溪河水质稳定达标。积极应对干旱天气水质影响，定期开展地表水和饮用水源地水质监测。"十四五"期间30个农村生活污水治理项目落实建设资金来源，5个乡镇生活污水处理厂均开工建设，主管网及终端站在施工中。

④净土提升攻坚战。完成土壤污染重点监管单位一轮土壤和地下水污染隐患排查。完成8个建制村的农村环境整治工作任务。辖区内8家危险废物经营单位按要求开展"五全"体系自查自纠工作。制定广丰区《2022年受污染耕地安全利用工作计划》，采取土地流转安排休耕、种植花卉等措施管控风险。

⑤农业农村污染防治攻坚战。全区畜禽规模养殖粪污处理配套设施建设率达100%，畜禽养殖废弃物处理和资源化综合利用率达99.03%。农业面源污染防治方面，完成取土化验477个，田间试验4个；建立绿色防控示范区1个，示范区面积0.2万亩，完成5000户以上问题厕所的修建，对60口池塘进行了清淤。

⑥生态保护修复攻坚战。生态环境、水利、应急管理、农业农村、林业、自然资源等六部门对2021年发现的106个问题整改情况进行全面复核；对2018年以来新建矿山在2022年8月底未完成绿色矿山建设的，责令停产整顿；第一批次11个废弃矿山的治理设计方案初稿完成。矿山污染防治方面，着力推进废弃矿山治理及绿色矿山治理。火木矿区第一阶段项目已基本完成，第二阶段正在实施。

⑦河湖生态环境保护攻坚战。巩固17家涉水企业整治成效，确保达标排放，正常运维企业在线监控。排查8个入河排污口，按要求开展入河排污口设置论证，3家企业入河排污口完成论证并审批。

⑧生态环境保护专项整治问题整改攻坚战。历次中央、省环保督察，共反馈问题80个，45个限期整改的问题已完成34个，其他11个问题均达到序时进度并加快整改中，35个长期坚持的问题不断持续改善中。共交办147件信访件，剔除重复件，只有2个问题（火木公司、牛羊育种基地）全力推进。牛羊种养基地开展土壤摸查，吴村镇的萍塘黑滑石已完成覆盖，花炮厂及养殖场等原址内小微橱柜企业根据摸排情况开展分类整治。砂石、砖厂等专项整治同步实施，生态乡镇创建工作序时开展。

（供稿人：祝忠标）

环保督察整改

【概况】 2022年，广丰区以最高的标准、最严的要求，全力抓好上级环保督察反馈问题整改工作。强化巡查力度，对问题整改地点经常进行巡查，确保不反弹，不增加新的问题，举一反三，对类似的问题、类似的地方一并纳入规范管理。紧盯重点问题整改，对重点推进的整改问题及信访件，细化整改措施，坚持不懈抓好问题整改，确保按时间节点解决落实到位。

【环保督察整改情况】 至2022年年底，第一轮中央环保督察情况：2016年中央环保督察反馈11个问题，5个限期整改的问题完成整改，6个问题需长期坚持或持续改善。2018年，中央环保督察"回头看"反馈12个问题，4个限期整改的问题完成整改，其他8个问题需长期坚持或持续改善；中央环保督察及"回头看"共交办信访件53件，全部解决到位。

省环保督察情况：2018年省环保督察反馈20个问题，15个限期整改的问题完成整改，5个需长期坚持或持续改善。2020年省环保督察"回头看"涉及广丰区19个问题，完成4个问题整改；省环保督察及"回头看"交办信访件55件，解决53件，正在解决2件（均为火木公司信访件）。

第二轮中央环保督察情况：2021年中央环保督察反馈19个共性问题，制定整改方案，完成整改2件，其他均按时序全力推进；交办39件信访件，解决完成31件，剔除重复件，正在解决6件。

（供稿人：祝忠标）

环境监测

【水生态环境监测】 2022年，上饶市广丰生态环境局每个月开展渡船头、窑山、黄家桥三个断面水质监测，断面监测结果年均值达《地表水环境质量标准》中Ⅲ类标准，并优于Ⅲ类；每月水质优良率100%，水环境质量状况持续稳中向好。每个季度对城区集中式军潭水库饮用水源地、钓鱼潭备用饮用水水源地水质进行常规监测，获得数据590个，监测指标均符合《地表水环境质量标准》中Ⅲ类标准，水质达标率100%。完成全区乡镇饮用水源监测，获得地表水监测数据1232个，各监测点位所有项目均符合《地表水环境质量标准》中Ⅲ类标准，达标率100%。各监测点位所有项目均符合《地下水质量标准》Ⅲ类标准，达标率100%。完成农村"百吨千人"饮用水源地水质手工监测，获得监测数据644个，各监测点位所有项目均符合《地表水环境质量标准》中Ⅲ类标准，辖区城乡居民饮用水水质达标率100%，水质满足城乡居民饮水标准。

【污染源执法监测】 2022年，上饶市广丰生态环境局完成长江经济带规模以上入河排污口监测，完成辖区内的12家重点排污单位全指标监测，高新技术产业园区周边及土壤重点监管企业的土壤和地下水监督性监测。

【农村环境监测】 2022年，上饶市广丰生态环境局完成全区日处理20吨以上的集中式农村生活污水处理设施全年2次的出水水质抽测工作，按要求抽测的2个污水处理设施全年监测结果显示出水水质均为达标排放。

【在线监控管理】 2022年，广丰区共18家重点企业均已安装在线监控设备并与江西省生态环境部联网，2022年开展污染源自动监控交叉检查异地帮扶工作，对检查组帮扶涉及的3家企业4个监控点存在自动监测设备运行（运维）不规范问题督促企业进行整改。国发平台企业即时有效传输率99.67%，补全有效传输率99.97%，省污染源自动监控平台督办单处理率100%。强化区环境监测平台建设，委托专业运维公司对平台进行日常维护，保障实时掌握企业排污信息，确保监控平台正常运行。

【环境质量自动监测】 空气质量自动监测：广丰区环境空气质量评价采用布设在城区的1个空气自动站监测点监测数据平均值作为质量评价依据，监测项目为二氧化硫、二氧化氮、一氧化碳、臭氧、可吸入颗粒物和细颗粒物六项。2022年全年污染天有33天，比去年增加15天；优良率为89.7%，比去年下降5.1%。

水环境质量自动监测：辖区共建设3个水质自动站，与省生态环境厅联网，实现数据实时上传，水质自动站监测项目包含水温、溶解氧、pH值、电导率、浊度及高锰酸盐指数、氨氮、总磷、总氮共9项，全天24小时采样分析，实现水质点实时连续监测和远程监控，掌握断面水体点水质状况。2022年度军潭水库水质自动站监测数据显示全年水质监测项目均符合《地表水环境质量标准》中Ⅲ类标准，达标率100%。其中Ⅰ类水336天，水质类别占92.06%。窑山断面水质自动站监测数据显示全年水质监测项目达到《地表水环境质量标准》中Ⅲ类标准占96.83%。渡船头断面水质自动站监测数据显示全年水质监测项目达到《地表水环境质量标准》中Ⅲ类标准占89.65%。

(供稿人：祝忠标)

环境监管

【概况】 2022年，上饶市广丰生态环境局建立涵盖重点排污单位、一般排污单位和特殊监管对象三种名录的"双随机、一公开"污染源日常环境监管动态数据库，采取定期检查、监测、明察暗访及夜间巡查等多种方式，加大对重点企业、重点行业、重点区域的环境监管力度和频次，实行执法全记录，对重大案件进行审核，确保企业的环保设施正常运行，污染物达标排放。同时开展橱柜行业整治、矿山行业整治、饮用水水源地保护、排污许可证落实情况、危险废物等专项执法行动。2022年共出动执法人员390多人次，检查企业160多家，依法关停了少数非法生产的企业，办理行政处罚案件8件，罚款19万元整，严厉打击企业的环境违法行为。全力解决群众合理合法生态环境利益诉求，2022年共受理市长热线投诉158件、微信举报43件、来电来访30件，信访件办结率达到100%。

【排查风险隐患】 2022年，上饶市广丰生态环境局联合上饶高新区、"环保管家"对园区企业开展环境风险隐患排查整治工作，排查各类企业环境安全隐患，加强对重点企业和重点领域的环境风险排查，对在检查中发现的环境污染隐患与问题及时提出整改意见，督促企业进行整改落实，及时把环境问题化解在萌芽状态。至2022年年底，完成394家企业的环境风险隐患排查，其中重点企业30家，次重点企业169家，一般企业195家，对检查中发现的问题全部按时完成整改。

【执法突出问题整治】 2022年，上饶市广丰生态环境局制定《全区生态环境执法突出问题专项整治方案》，通过自查自纠发现5个执法突出问题，全部整改到位。建立有关制度，规范执法程序，提升环境执法效能。

(供稿人：祝忠标)

生态环境治理

【创建生态乡镇】 2022年，为响应上饶市本级创建省级生态市，广丰区按照江西省生态环境厅印发的《江西省省级生态乡镇管理规程》《江西省省级生态乡镇建设指标》（赣环生态〔2021〕18号）创建规定，开展市级生态村和省级生态乡镇的创建。五都镇、洋口镇、吴村镇、湖丰镇、排山镇、横山镇、嵩峰乡、少阳乡等8个乡镇，于2022年12月生态乡镇的规划编制完成，对照创建21项指标，巩固达标，补齐短板，推进生态工程建设，完善创建工作资料。上述8个乡镇成功创建省级生态乡镇，为下一步申报省级生态区做准备。

【开展绿盾行动】 2022年，广丰区践行"绿水青山就是金山银山"的理念，持续提升自然保护地的监督管理水平，根据《江西省生态环境厅江西省交通运输厅江西省农业农村厅江西省林业厅关于印发〈江西省"绿盾2022"自然保护地强化监督工作实施方案〉的通知》，认真组织实施，铜钹山国家自然保护区实验区内S201国道隧道扩建搭建设施拆除整改，小丰村民在插花山建寺庙饭堂拆除整改。对绿盾行动已销号的问题进行"回头看"，不断牢固生态安全屏障，为更高标准打造美丽江西"广丰样板"贡献力量。

【维护区域环境安全】 2022年，广丰区开展"大排查、大巩固"，对16家涉水企业、生活污水处理厂和工业污水处理厂开展帮扶督促，强化环保设施改造升级和完善在线监控联网。推进企业内部"雨污分流"，推进企业内部雨污管网整改，完成率96%，并强力推进剩余的4%。开展企业帮扶，排查企业296家，完成"一企一档"113家；对16家涉水企业在线监控进行统一运维；对6家涉气企业全部纳入监控平台管理。持续推进信访、网络舆情办理，收集梳理了2018年以来环保方面的信访、网络舆情共595条信息，需重点关注的共33件，已解决到位27件，正在整改的6件；砖瓦窑进行了专项帮扶督导，主要以突击督导、随机抽查、回头看复查等方式进行，总共出动了执法人员52人次。重点查看砖厂环保设施运行情况、台账管理情况和环保督察涉信砖厂的整改落实情况，以及核查了关停砖厂的关闭拆除情况。

【配合疫情防控】 上饶市广丰生态环境局负责2022年5月4日至30日的医疗废物应急转运工作，累计出动转运车辆102车次，清运点位833场，转运医疗废物102.68吨，有力保障全区医疗废物的安全转运、处置。加强相关医疗污水和城镇污水处理厂的监督管理，动态掌握定点医院、集中隔离点、城镇污水处理厂的相关情况，持续跟进污水收集处理设施运行、消杀、管控情况，废水处理设施正常运行。

(供稿人：祝忠标)

文化旅游　新闻出版

综　述

2022年，广丰区坚持文旅为民、惠民、利民，推进文旅建设项目化、文旅活动多元化，不断提升文化旅游软实力，广丰文化和旅游高质量发展行稳致远，不断赋能人民群众美好生活。2022年全区接待旅游人次2018万人次，同比增长5%左右，实现国内旅游收入213亿元，同比增长5%左右。

重点项目稳步推进。2022年重点打造"广丰里"夜经济消费集聚区、老广丰文化展陈馆、广丰区博物馆、大唐时光文旅综合体、铜钹山景区开发、北湖公园、洋口古街提升、大湖旅游公路改造提升、尚绿综合体、城北综合体、西坛田园综合体、五里乡村振兴示范园、大湖乡村振兴示范带、广丰国际大酒店、梅溪生态园项目等十五个文旅项目，总投资额达234.28亿，其中北湖公园完工，尚绿综合体即将对外开放，"广丰里"夜经济消费集聚区2023年元旦对外开放，其他项目有条不紊推进。

品牌创建多点开花。广丰区将洋口老街、红木文化创意产业园申报为江西省夜经济消费集聚区，将红木文化创意产业园、乡村振兴示范园申报为江西省工业旅游示范基地，完成"江西风景独好"旅游名县申报，成功创评1个3A级乡村旅游点（七星下庄坑）。2022年8月，广丰红木文化创意产业园（江西月兔红木文化产业发展有限公司）被江西省文化和旅游厅、江西省工业和信息化厅评为2022年江西省工业旅游示范基地。

城市书房引领风尚。2022年广丰区投资3000多万元建设"广丰里"、新时代广场、水街、状元坊、城南公园等5座城市书房；其中"广丰里"书房建设在人流密集的月兔商圈"广丰里"，面积300多平方米，是集阅读、活动、展示、休闲等功能于一体的公益性新型文化场所，该书房已完成建设并24小时开放。

基层公共文化建设全面覆盖。2022年广丰区投入200余万元为乡镇（街道）综合文化站、村（社区）文化服务中心配送、安装文体器材设施；采购15000余册书籍，配送给30个社区图书室；推进图书馆、文化馆总分馆制建设，完成永丰、丰溪、大石、五都、毛村、洋口、横山、少阳、东阳等9个乡镇（街道）图书馆、文化馆分馆建设。

阅读推广不断深化。以"4.23世界读书日"为契机，在月兔广场举办展览、新书好书推介、扫码有礼等活动，在图书馆报告厅每周五免费放映经典影片，开展猜灯谜、亲子诵读等一系列形式多样、老少皆宜的主题文化活动，在商城小学开展"图书流动进校园　书韵飘香伴成长"、"庆国庆　送温暖"关爱留守儿童等系列活动。

艺术创作捷报频传。2022年创编大型舞蹈《向灯行》，代表江西参加全国群星奖角逐，小品《花田喜事》获"江西省戏剧小品大赛"二等奖。推进洋口镇非遗小镇建设，获得全省非遗小镇年度评选优秀建设单位。开展"喜迎二十大，强国复兴有我"——唱响《领航》逐梦前行歌曲传唱活动、"夜"来"乐"好广场舞《领航》夜间广场舞活动，文化馆员工创作的油画作品《山乡巨变》入选2022第三届深圳大芬国际油画双年展。

文化遗产保护得力。2022年博物馆新增二级馆藏文物27件，完成博物馆新馆建设项目招投标及文庙维修预算编制、国保十都王家大屋二期维修项目，对十都王家大屋和龙溪祝氏宗祠进行抢救性蚁虫综合治理，完成毛村八都古戏台的维修和验收、高阳苏维埃政府旧址维修和红色文化陈展的实施和验收，横山中共广丰县委旧址维修项目方案编制和项目实施完成，编制完成省级文物保护单位闽北分区对外贸易处旧址群、广福罗汉院消防安防工作。

行业管理规范有序。2022年广丰区对全区文化旅游经营场所坚持开展日常巡查和文化旅游市场经营场所集中整治行动，依法取缔无证无照的经营户；对侵权盗版、违法违规印刷等非法出版物、教育培训资料和盗版图书等情况进行拉网式检查；不断完善文旅行业综合管理体系和文旅市场质量监管执法机制，抓好安全整治，全年无文旅场所安全事故，无投诉事件。

多措并举复苏经济。开展"夜YOU广丰"夜经济文旅商贸促消费系列活动，"夜YOU广丰"共发放9次文旅消费券，合计金额256万元，全力提升广丰区夜经济消费水平。积极引导"江西人游江西、周边人游周边、本地人游本地"，推出近郊游、周边游、乡村游等特色产品，推动文旅市场加快复苏。

文旅活动彰显活力。2022年，广丰举办一系列文化活动，让文化活起来。在"金马来迎"牌坊下举办彩灯民俗秀，在丰溪水街街口举办"把广丰读给你听"阅读活动、"夜来阅好"读书分享会、"夜来乐好"街头乐队表演，在丰溪唐韵举办"想唱就唱"街头路演、"国风国乐夜"国风乐器演奏、"戏曲汇"戏曲表演，在时代广场举办"这就是舞台"街头舞蹈表演；举办嵩峰芋头宴、铜钹山新春游园报喜节、鹊桥报喜相亲会、逛老街、闹元宵、女神节等多场旅游节庆；主办"重走霞客路，游大美上饶"——打卡徐霞客游线标志地白花岩主题活动；在会展中心举办首届江西文化产业博览交易会。

（供稿人：黄忠良）

文艺创作与演出

【概况】 2022年，广丰区文艺精品创作硕果累累，区文化馆获得由省文化厅主办、省文化馆承办的"百姓大舞台大家一起来"大型公益性文化活动优秀组织奖。

【文艺获奖作品】 2022年，广丰区文化馆创编大型舞蹈《向灯行》，代表江西省参加全国群星奖角逐；创作农业农村题材小品《花田喜事》获第二届"江西省戏剧小品大赛"二等奖，获全国第七届"天穆杯"小品展演三等奖，并获最佳创作奖。

创作乡村振兴题材作品越剧小戏《幸福暖"羊羊"》，获第八届艺术节第十二届江西玉茗花戏剧节编剧奖（潘霞）、导演奖（郑意祯、陈晓丽）、音乐创作奖（陈烽）三项大奖。

廉政题材的作品广丰小曲《陶母退鱼》参加第三届江西曲艺玫瑰奖角逐，其中潘霞获表演奖提名。

编排广场舞《心中的那面旗》《万疆》《亲吻祖国》分获"文明上饶舞起来"上饶市广场舞大赛一、二、三等奖。

小组唱《普米娃娃打跳来》获第八届江西艺术节·江西省第十三届少儿艺术节上饶赛区二等奖，原创相声《"疫"中人》获第八届江西艺术节·江西省第十三届少儿艺术节上饶赛区三等奖。

吕焰军油画作品《山乡巨变》入选"互联与发展"——2022第三届深圳大芬国际油画双年展、油画作品《欢乐的厨房》入选"心境·物语——首届中国写意油画静物专题研究展"复评。

少儿书法作品《古诗一首》获江西省第十三届少儿艺术节江西少儿美术书法大赛书法类一等奖。

（供稿人：黄忠良）

社会文化

【概况】 2022年，广丰区坚持以文化惠民、育民，推进基层公共文化服务体系建设，覆盖城乡的公共文化服务设施网络基本建立，文化场所和设施建设逐步完善。

【基层公共文化建设】 广丰区按照"建起来、用起来、管起来、活起来、强起来"的总体要求，加大基层文化建设投入。几年来，共安排推进公共文化服务体系建设资金5000多万元，开展文物保护、"三馆一站"免费开放、综合文化服务中心建设、文化信息共享工程、城市书房、农家书屋活动及乡村自办文体活动、送电影送戏下乡等。全区23个乡镇（街道）综合文化站、234个村（社区）综合性文化服务中心免费对外正常开放。

2022年送戏下乡102场，放映公益性电影3275场，各乡镇（街道）自办文体活动92场，受益观众达120余万人次。推进图书馆、文化馆总分馆制建设，完成永丰、丰溪、大石、五都、毛村、洋口、横山、少阳、东阳等9个乡镇（街道）图书馆、文化馆分馆建设。

【中心城区城市书房、书吧建设】 2022年，广丰区坚持将城市书房建设作为深入推进全民阅读的有效载体和重要抓手，按照"政府主导、社会参与、全民共享"的原则，"正而新、小而精、特而亮、惠而美"的思路，投入3000多万，新建广丰里、时代广场、丰溪水街、状元坊、城南公园等5座城市书房和7座城市书吧，高质量供给15万余册藏书；其中"广丰里"书房建设在人流密集的月兔商圈"广丰里"，面积300多平方米，是集阅读、活动、展示、休闲等功能于一体的公益性新型文化场所，该书房24小时开放。加强城市书房运维管理，促进规范化、信息化、多元化建设，打通公共文化服务"最后一公里"，让书香广丰触手可及。

（供稿人：黄忠良）

文化市场监管

【概况】 2022年，广丰区加强文化市场监管，引导文化市场健康有序发展。2022年广丰区文化市场综合执法大队对全区63家文化经营场所，54家校外艺术类培训学校开展日常巡查。在全区网吧安装"文网卫士"网吧监管系统，加大网吧接纳未成年人和未实名登记等不法经营行为的打击力度。加强安全生产工作检查，严把审批关，限制或取消小、乱、散、差、不符合国家规定的经营场所，优化产业结构。2022年，广丰区文化市场未发生安全生产事故。

【开展普法宣传】 广丰区坚持行业指导与查处相结合，引导、扶持和规范市场，提高行业从业人员依法经营、守法经营的意识，整顿和规范文旅市场经营秩序，营造安全、公平的经营环境。2022年，广丰区文广新旅局组织召开行业企业会议9次，增强经营者安全经营、文明经营、规范经营意识。在4.15全民国家安全教育日、4.23世界读书日等时间点通过摆摊设点、发放宣传资料、现场解答等方法开展法律法规宣传，发放"扫黄打非""绿书签"等知识宣传单2000余份。

【文化市场经营场所集中整治行动】 2022年，广丰区结合创建全国文明城市，开展文化市场经营场所集中整治行动，通过"双随机一公开""互联网+监管"等，严厉打击文化市场经营活动中的各类违法违规乱象。重点查处歌舞娱乐场所、电影院、互联网上网服务营业场所等文化市场行业无证经营行为，对各个场所的营业执照、场所经营许可证等证件进行重点检查，对无证无照的经营户进行依法取缔。全区书店、复印店、音像制品店等场所进行严密查处，从源头控制非法出版物的流通。对出版物批发、零售单位和销售点位进行全面清查，特别是对宾馆、酒店、餐馆、酒吧等场所赠送、摆放非法出版物、印刷品行为重点检查，一经发现及时制止深入查处。对印刷复制企业、打字复印店开展大排查，开展印刷复制委托书制度落实情况专项检查，从严惩处非法出版印刷企业，并循线追踪、深挖线索，对编辑、出版等环节实施全链条监管。全年共出动执法人员4450余人次，出动车辆1170余辆次，开展各类专项整治行动23次，检查各类文化经营单位2400余家次，现场整改经营所480余家次，立案查处19起。

（供稿人：黄忠良）

非物质文化遗产保护

【概况】 2022年，广丰区遵循"保护为主，抢救第一，合理利用，传承发展"的方针，通过开展非物质文化遗产宣传，设立非物质文化遗产展示厅，完善非遗保护名录等形式，加强广丰区非物质文化遗产挖掘和保护。到2022年年底，全区非遗项目共有30个，其中省级项目5个、市级项目14个，档案数字化率达到100%；编撰出版《广丰木雕》《广丰道士戏》《广丰非遗》等非遗丛书。

【非遗展示传承场所建设】 2022年，新建老广丰展陈馆非遗展厅，使用面积900多平方米，可开展非遗展示、参观研学等对外交流活动，免费对外开放。广丰有"广丰木雕"传习所2个，"广丰道士戏"传习所1个。以非遗传习所为平台，每年通过传承人培训、免费参观等形式，鼓励老百姓参与非遗的传承保护。2022年4月，广丰区洋口镇被江西省文化和旅游厅办公室公布为"省级非遗小镇年度评估优秀创建单位"。

【非遗展示活动】 2022年春节期间，开展"非遗过大年 文化进万家"2022年广丰区非遗进乡村图片展；5月，组织"广丰洋口米粉制作技艺""广丰柚子浮捏技艺"等非遗项目参加江西省首届文博会；6月，"文化和自然遗产日"期间，在非遗小镇洋口镇开展2022年"文化和自然遗产日"广丰区非遗系列宣传展示活动，组织非遗项目"广丰木雕"参加在九江举办的2022年"文化和自然遗产日"非遗购物节活动，组织非遗项目"广丰海参饼制作技艺""广丰洋口米粉制作技艺"参加在婺源举办的2022年江西省非遗进景区活动；11月，由广丰区文广新旅局主办，广丰区文化馆、广丰区贞白小学承办的"喜庆二十大 非遗进校园"活动走进贞白小学，让学生近距离感受广丰区非物质文化遗产的魅力。

【老广丰文化展陈馆建成开放】 老广丰文化展陈馆位于"广丰里"内，投资2500万元，使用面积约3600平方米，于2022年12月建成开放。是一个综合性展馆，分4个展厅，以乡愁为主导，以文化为核心，集生态、生活、教育、科普业态体验于一体，涵盖广丰历史上的老文脉、老店铺、老建筑、老工匠等传统文化、民俗、技艺与精神，通过图版、实物陈列、场景复原、多媒体、互动情景、文创产品等展示方式，将展陈内容、地域文化与业态环境紧密结合，让参观者看懂、读懂、听懂广丰文化并产生兴趣，唤起"广丰侬"爱家恋乡的丰富情感，振奋新时代"广丰侬"的奋斗精神。

（供稿人：黄忠良）

文化产业

【概况】 广丰区深化文化体制改革，加快建立健全现代文化产业体系和市场体系，发展新型文化企业、文化业态，打造文化产业发展新高地。以文化对接产业，把资源变成资产，促进文化旅游商贸产业深度融合，广丰区财政每年安排不少于1亿元的文化旅游康养产业发展专项资金，设立每年1000万元的文化产业发展专项资金，用于支持文化旅游项目建设及公共服务体系配套、宣传营销、品牌创建、产品开发、精品创作等。2022年，广丰区规上文化企业新增4家，总数达37家。文化产业规上文化企业营业收入85.74亿元，占上饶市比重为18.9%。

【文化产业招商】 2022年，广丰区赴上海、陕西、湖南等地开展文旅产业招商12次，先后与江西越兴置业有限公司、立景创新科技有限公司、上饶儒喜商业管理有限公司、雅华酒店管理（上海）有限公司达成投资协议，项目总投资83.6亿元。

【文化产业技术改造】 2022年，广丰区立足特色优势和产业基础，通过5G技术改造企业内外网，推动5G工业互联网试点示范应用，推进"数字+文化""数字+旅游"发展，推进芦林纸业、江西广厦包装等一批传统文化产业提质增效挖潜，激发传统企业潜能，助推"老树发新枝"。

【文化惠民工程】 2022年，广丰区通过公共文化服务、文旅产业、乡村旅游、文旅惠民等，推动文旅惠民工程走深走实，投入3000多万元建成5座城市书房，投入8000多万元对博物馆进行全面修缮，广丰区文化馆成功入选国家一级馆，投入100余万元持续完善各乡镇（街道）文化设施，完成9个乡镇（街道）的图书馆、文化馆数字化建设。

（供稿人：黄忠良）

文化人才队伍建设

【概况】 广丰区对全区文化人才进行摸底，做好人才库登记，分门别类建立声乐、舞蹈、文艺、图书、文博鉴定等人才库名册。2022年，广丰文化系统有研究生2人，本科42人，大专36人；有高级技术职务任职资格4名（其中正高1人、副高3人），中级26名（其中理论人才6人，年龄30—40周岁3人、40—55周岁3人；文艺人才17人，年龄30—40周岁2人，40—55周岁13人，55周岁以上2人；文化经营管理人才3人，年龄40周岁以上3人）。在2010—2022年文艺人才获得省级以上奖项的有28项，其中国家级有6项、省级有22项。

【建立健全人才奖励机制】 2022年4月，广丰区文广新旅局制定《文艺创作奖励办法》，建立健全人才培养机制和奖励机制，营造有利于人才健康成长的良好氛围。对精品实施剧目创编人员进行奖励；组织开展全系统年度先进单位和先进个人评选表彰工作，开展文艺人才服务基层回报社会活动。"马家柚"浮捏艺术专业人才退休干部祝国根，列入人才信息库内，由广丰区文广新旅局为他申请上饶市非遗项目，帮助他建立工作室；广丰传统木雕、广丰五都蜡烛会等被列入江西省省级非物质文化遗产名录。

【广丰·杭州临平文化走亲书画作品线上联展】 2022年春节来临之际，由杭州市临平区文化馆、上饶市广丰区文化馆联合主办的"新春贺岁·翰墨传情——2022广丰·临平文化走亲书画作品线上联展"在临平区文化馆微信公众号平台、临平文化云网站、广丰区文化馆微信公众号平台同步开幕。此次书画作品线上联展荟萃临平和广丰两地书画家56部作品，以独特的创作视角、丰富的思想内涵和生动的艺术表现形式，唱响主旋律、弘扬真善美、传播正能量、树立新风尚。临平·广丰文化走亲书画作品线上联展促进两地文化交流，也是推动高质量公共文化服务体系建设的全新尝试。

（供稿人：黄忠良）

文物、博物

【概况】 至2022年年底，广丰区范围内有不可移动文物260处，其中全国重点文物保护单位3处6个文物点，省级文物保护单位6处16个文物点，市、区两级文物保护单位38处；可移动文物有自商代以来不同时代的陶瓷器、石器、玉器、青铜器、名人字画等1419件/套（其中一级文物4件/套，二级文物3件/套，三级文物348件/套）。

【文物保护】 2022年，广丰区完成下溪石塘古墓出土纺织品37件/套的清洗、命名、定级及修复方案的编制，新增三级馆藏文物27件，拟新增二级馆藏文物2件。

2022年广丰区完成毛村八都古戏台的维修和验收工作，完成广丰县苏维埃政府旧址维修和红色陈展工作，完成横山中共广丰县委旧址维修项目实施和陈展工作。

【第46个国际博物馆日活动】 2022年5月18日是第46个"国际博物馆日"，广丰区围绕"博物馆的力量"这一主题，推出一系列形式多样的活动。在月兔广场举办"金榜题名"签名活动，进行文物安全法律法规宣传；举办"回望千年科举赓续璀璨文化"为主题的"广丰古代科举文化展"和"展示百年风华 传承红色基因——广丰区革命文物图片展"，并在城南小学开展图片展览，促进馆校共建，吸引8000余人次参观，发放文物安全法律法规宣传单500余份。

（供稿人：黄忠良）

图书馆藏

【概况】 广丰区图书馆新馆位于广丰区市民中心行政办公大楼北侧，2019年12月建成开放，楼高3层，建筑面积6220平方米。广丰区图书馆的基本结构设置包括"五部一室"（图书流通部，报刊阅览部，文献编目部，地方文献部，网络咨询部，馆办公室）。馆内开放窗口包括综合性外借阅览、少儿图书阅览、报刊阅览、多媒体电子阅览、地方文献阅览、政府信息公开查询区等多种服务，实行全方位开放，发挥馆藏文献资源的作用，为读者提供更为方便、快捷的服务。广丰区图书馆实行"藏、借、阅、习"一体化管理模式，阅览座位500余席，图书馆启用ILAS图书馆自动化管理集成系统，实现书刊采访、编目、典藏、流通、书目检索、统计等业务流程的计算机自动化管理，建立规范化、标准化的馆藏书目数据库。局域网经过结构化布线，采用先进的网络设施、服务器，可以与Internet相连接。同时读者可进入图书馆网页与微信公众号进行书目查询等自助服务。至2022年年底，广丰区图书馆拥有馆藏各类文献25.4万册，其中包括纸质文献13万余册，电子文献12万余册；订购报刊百余种。

【图书借阅】 2022年，广丰图书馆年共接待读者29.8万人次，办理借书证2396张、退证39张，帮助读者查找文献资料查阅图书6400册次，更换索取号破损和模糊的图书标签350张，电子阅览室帮助读者下载资源3542人次，网站被访问33652人次，网上参考咨询共回复读者提交问题160条，当场为读者咨询查找资料820人次。

【举办展览讲座活动】 2022年1月1日至2月6日，在区图书馆一楼大厅举办"喜迎新春，走进低碳"大型图片展，有3万多名市民参与观看；元宵节在一楼大厅举办"迎元宵猜谜"活动，有近千名区民参与了猜谜活动；在"世界读书日"期间，举办阅读分享会系列活动，活动受到读者的广泛欢迎与好评，电视台及媒体等进行相关报道；关心弱势群体为区特殊教育学校送书及书包；在读者服务宣传周期间，恰逢六一儿童节，区图书馆在一楼多媒体演讲厅举办"图书馆与小朋友过六一"免费电影专场，免费放映公益红色经典电影五场次，接待读者800余人次，向附近的商铺、小区、路人、居民赠送1000余册的《读者手册》，营造积极健康向上的读书气氛，吸引区民走进图书馆、了解图书馆。

（供稿人：黄忠良）

新闻出版、版权管理

【概况】 2022年，广丰区开展校园周边文化市场检查，打击制售非法出版物行为，加强版权保护。广丰区文广新旅局被江西省"扫黄打非"工作领导小组评为2022年江西省"扫黄打非"先进集体，广丰区文化市场综合执法大队徐利兴同志被国家版权局评为"2021年度查处重大侵权盗版案件有功个人"。

【开展校园周边文化市场检查】 2022年，广丰区开展以"护助少年儿童健康成长，拒绝有害出版物及信息"为主题的"扫黄打非·护苗2022"阳光行动，保护未成年人身心健康成长，引导广大青少年远离盗版书籍，远离文化垃圾，共同营造关爱未成年人成长的良好社会氛围。在区图书馆阅览室开展未成年人网络防沉迷宣传活动，宣读《全国青少年网络文明公约》拒绝网络沉迷，发放《防范未成年人网络沉迷倡议书》，倡导绿色阅读、文明上网。

【打击制售非法出版物行为】 2022年，广丰区在春节、两会期间开展封堵、查缴诋毁和歪曲中国现行政治体制的政治性非法出版物，对侵权盗版、违法违规印刷等非法出版物、教育培训资料、盗版图书等进行排查，检查销售出版门店是否含有反动、邪教、迷信、暴力、色情等非法出版物，查看是否含有违规复印教辅教材等侵犯著作权行为。利用文化和旅游市场的宣传栏和LED显示屏广泛宣传打击非法出版物，提高群众的知晓率和认可度。广丰区文化市场综合执法大队共出动执法人员160余人次，检查中小学校园周边销售图书的经营场所32家次，未发现违法出版物。

【版权保护执法】 2022年，广丰区对歌舞娱乐场所播放音乐和电影院播放电影，开展版权保护检查，重点检查是否存在无证照经营、超范围经营，是否存在侵权盗版等问题，是否利用互联网制作传播禁止内容，特别是影响未成年人身心健康的有害信息等。对全区剧本娱乐经营场所进行摸底排查，查看剧本脚本是否备案，是否取得版号/书号，安全主体责任是否落实等。检查过程中，执法人员向场所负责人宣传消防安全和规范经营相关法律法规，引导企业树立守法经营、文明经营的理念。广丰区文化市场综合执法大队共出动执法人员1040余人次，检查文旅经营单位280余家次，查办违规从事中学小学教科书的出版、印刷、发行业务和违反中华人民共和国著作权法案件2起。

【召开印刷企业、书店业主大会】 2022年4月13日，广丰区文化市场综合执法大队召开印刷企业、书店业主大会，23人参加，解读《出版物市场管理规定》《印刷业管理条例》《内部资料性出版物管理办法》等法规条例。全区各经营单位开展自查自纠，对从业人员进行法律知识培训，认真查验印刷打字复印材料的内容，严禁印刷非法出版物，建立、健全承印验证制度、承印登记制度、印刷品保管制度、印刷品交付制度、印刷活动残次品销毁制度，并实行五项制度"上墙"。

（供稿人：黄忠良）

电　影

【概况】 2022年，广丰区有经营中电影院5家，所属公司分别为广丰区华夏影业发展有限公司、广丰区和聚文化传媒有限公司、广丰区中影星河影城投资有限公司、上饶市盈华影业有限公司、广丰区金鼎国际影城有限公司。至2022年年底，广丰区有老电影放映员151人。

【公益电影放映】 2022年，广丰区电影公司继续开展公益电影放映工作，在全区各乡镇（街道）农村公益放映2381场，学校712场，社区和广场170场，高新区12场，全年总放映场次3275场。

2022年1月至2月，开展"我们的中国梦 文化进万家"公益电影放映活动；3月，开展雷锋月送电影进校园活动；5月，开展"光影耀赣播·文化进万家"红色经典进万村公益电影放映活动；6月，与区交警大队联合举办《道路交通安全法》宣传放映活动；7月至8月，与区图书馆联合举办暑期公益电影放映活动；为庆祝"八一"建军节，与区消防大队共同举办进军营放电影活动；10月，开展由区文广新旅局主办的"迎接二十大 谱写新篇章"公益电影放映活动；11月，开展由中共江西省委宣传部、江西省电影局主办，中共广丰区委宣传部、广丰区文广新旅局、广丰区电影公司承办的"江西省学习宣传二十大　踔厉奋发新时代"优秀电影放映活动，并在全区乡镇（街道）、学校、广场巡回放映。

（供稿人：黄忠良）

旅游发展

【概况】 2022年，广丰区旅游景区运行总体安全平稳有序，全年铜钹山景区过闸机客流量为38.69万人次，同比增长1101.55%；红木景非闸机客流量为604.87万人次，同比增长370.06%。广丰红木文化创意产业园（江西月兔红木文化产业发展有限公司）被评为2022年江西省工业旅游示范基地。

【旅游项目建设】 2022年，广丰区总投资20亿元的铜钹山景区开发项目，四个子项目高端民宿和人文艺术酒店、博览园、公租房、徐霞客广场扩建加快推进。

大湖旅游公路改造提升项目见本年鉴类目"国有企业"分目"广发集团"条目【推进重点项目建设】。

【旅游景区基础设施建设】 2022年，沪昆高速公路旅游标识牌设计方案得到省里批复，铜钹山景区标识标牌系统按省里要求全部更换到位。铜钹山景区完成票务一体化平台的更换，设计景区LOGO，提升改造游客服务中心，停车场安装4个电动车充电桩。红木文化创意产业园完成道路拓宽和柏油硬化，提升改造停车场，安装20个电动车充电桩。景区完成招商引资160多户，维也纳酒店开业提升景区内的住宿条件。六石岩景区更换景区内的标识标牌。

【旅游宣传】 2022年，广丰区在国家级相关媒体平台上宣传推广18次。影响较大的有：1月8日，大型纪录片《光阴之城·大美广丰》在中央电视台发现之旅频道播出，大大提高广丰的知名度；《人民日报》（海外版）刊登本土作家散文《漫步嵩峰时光里》；3月12日，央视频播出《又见红军岩》MTV，为红色旅游景点红军岩在全国范围内打开知名度。

在省级相关媒体平台上宣传推广14次。影响较大的有：《江西日报》对广丰文旅工作进行系列报道，分别以《文化强区风正劲·光阴名城花芬芳》《领略赣鄱文化魅力·感受时代发展脉动》《创意赋能文化添彩》《广丰区城乡居民乐享"文化盛宴"》《加强文化市场监管·净化文化市场环境》等为题，展现广丰文旅发展的快速和丰富性；8月22日，《江西日报》以《网红景点搅热暑期旅游》为题报道铜钹山景区；新华社江西分社网站刊登《上饶广丰：铜钹山景区露营游成为新时尚》，对铜钹山的星空露营活动进行报道；《江西日报》2022年12月21日发布文章《深化人文交流互鉴 共创人类美好未来 习近平主席向第五届"阿拉伯艺术节"致贺信在我省引发热烈反响》刊登广丰区文广新旅局局长发言。

在市级相关媒体平台上宣传推广33次。影响较大的有：1月10日，上饶文旅以《梦幻原乡"古韵嵩峰"：广丰'芋宴'带你回味家乡情》为题报道嵩峰芋头宴；5月18日，《上饶日报》发布文章《"文化强省推进大会进行时"：首届江西文化产业博览交易会筹备工作有序推进》介绍首届江西文化产业博览交易会准备情况；6月24日，上饶文旅发布文章《惊喜来袭！广丰第一批50万元消费券等你来抢!》介绍"夜YOU广丰"活动。

【文旅行业管理】 2022年，广丰区突出抓好安全整治，不断完善文旅行业综合管理体系和文旅市场质量监管执法机制。全年共出动执法人员4450余人次，出动车辆1170多车次，检查各类文化和旅游经营单位2400多家次，现场督促整改经营场所480余家次，行政处罚20家。

安全方面：开展元旦、春节、端午、中秋、国庆等节前文化旅游安全生产工作大检查，对景区、景点、星级宾馆、旅行社、网吧、KTV、影院等场所开展安全隐患检查排查，重点检查场所内消防设施是否完好，是否存在易燃易爆危险品，消防安全通道是否畅通。全年无安全事故，无投诉事件。

市场整顿方面：对广丰区文化旅游市场经营场所开展"双随机一公开"检查，开展文化旅游市场经营场所集中整治行动，重点查处歌舞娱乐场所、电影院、互联网上网服务营业场所等文化旅游市场行业无证经营行为。在法定假期时间，对广丰区书店、复印店、音像制品店等场所进行严密查处，清缴整治，从源头控制非法出版物的流通。

行业管理方面：广丰区文化市场综合执法大队联合公安、市场和质量监督管理局、消防大队、乡镇街道等部门多次开展文化旅游领域综合治理工作，对重点地区进行清理整顿。加大对网吧接纳未成年人、歌舞娱乐场所超员经营、未经审批擅自开展营业性演出、电影院偷瞒票房等违规经营行为的检查力度。在全区范围内对校园周边出版物市场进行了拉网式检查，重点对侵权盗版、违法违规印刷等非法出版物、教育培训资料和盗版图书等情况进行排查，防止违法物及低俗文化产品进入校园周边文化经营场所。

【开展文旅活动】 2022年，广丰区旅游景区举办多场旅游节庆。1月9日，一年一度的嵩峰芋头宴盛大开席；1月28日，在月兔广场举办2022年铜钹山新春游园报喜暨月兔广场焕新绽放正式开园活动；2月14日至16日，在铜钹山举行"鹊桥报喜相亲会"；3月6日至3月10日，在铜钹山举办"女神节"；5.19中国旅游日，广丰区参加"来大美上饶，趣游一夏"系列活动启动仪式；5月22日，区文广新旅局主办"重走霞客路，游大美上饶"——打卡徐霞客游线标志地白花岩主题活动；5月26日至29日，首届江西文化产业博览交易会在上饶市广丰会展中心举办；6月底开始举办"夜YOU广丰"夜经济文旅商贸促消费系列活动；国庆期间，铜钹山景区推出星空帐篷节、举办汉服闺蜜节；11月10日晚，月兔商圈举办大型文旅综合活动，如旱船灯、变脸、街头阅读、快闪等丰富多彩的活动。

【"夜YOU广丰"夜经济文旅商贸促消费系列活动】 广丰区政府于6月26日启动了"夜YOU广丰"夜经济文旅商贸促消费系列活动，借助丰富的旅游资源，弘扬悠久的光阴文化，以文旅商贸活动促进消费、推动经济发展。抓住夜经济的黄金时段，以"夜游、夜购、夜娱、夜秀、夜食、夜品、夜读、夜宿、夜竞、夜展"十个主题，在各行各业广泛开展活动，全面提振消费。

"夜YOU广丰"活动创作活动主题曲《我在夜广丰等你》，制作夜间消费地图，游客只要打开地图便可直接导航。活动以月兔商圈为核心，辐射整个城区及部分景区和乡村旅游点，成果显著，活动至年底结束，系列活动如火如荼。如7月16日—31日丰溪唐韵龙虾啤酒轰趴市集引发夜消费热潮，7月8日—10日汉服文化美食节在会展中心门前广场举办，现场非常热闹。铜钹山景区推出的星空帐篷节特别火爆，吸引了城区及周边的市民参加，取得了良好的效果。天虹作为经济综合体，也开展了天虹夜跑，水果音乐节，王者争霸赛等活动。这些活动涉及文化，民俗，健康，购物等多个领域。

"夜YOU广丰"营造出"商业、美食、文化、演艺"等文旅融合的夜间多元化消费场景，撬动了广丰夜经济消费能力，让游客朋友尽情享受广丰璀璨的夜色和丰富的夜生活。

【广丰红木文化创意产业园被评为江西省工业旅游示范基地】 广丰红木文化创意产业园于2016年正式批准为国家4A级旅游景区，总建筑面积5万平方米，展厅面积26000平方米，是一个集红木家具、木雕和橱柜展览、展示、销售及电子商务等综合功能于一体的现代化专业展览销售场馆。产业园以广丰会展中心作为核心区，构筑"一心三区"的旅游空间结构，"三区"即红木文化游览区、木雕文化休闲区、奇石书画体验区。产业园突出红木文化、木雕文化及书画文化特色，入驻红木家具、木雕和橱柜企业200多家。上饶文化创意产业博览会、首届江西文化产业博览交易会等大型会展的举办地就设在广丰木雕城会展中心。会展中心建设融合上海世博会中国馆建筑风格，是红木文化创意产业园的地标性建筑。2022年8月广丰红木文化创意产业园（江西月兔红木文化产业发展有限公司）被江西省文化和旅游厅、江西省工业和信息化厅评为2022年江西省工业旅游示范基地（注：赣文旅产字〔2022〕13号）。

（供稿人：黄忠良）

融媒体

【概况】 2022年，广丰区融媒体中心全面落实意识形态工作责任制，加强阵地管理，把好方向、管好导向，严格内容审核刊播，严格执行"三审三校制度"，做大做强新媒体正面宣传，让新媒体成为意识形态工作新平台、主渠道、最前沿。

2022年，广丰区融媒体中心结合区委、区政府落实党的二十大精神的各项部署和务实举措，全媒出动、全面发动、全网联动，开设专题栏目，多层次、多角度、多平台采编发布新媒体产品，全方位、多角度、深层次地展示新时代广丰区经济社会各项事业发展取得的重大成就和生动实践。组织记者队伍进机关、进社区、进企业、进校园、进农村，将镜头聚焦基层，挖掘一线群众热爱事业、敢于奋斗、勇于追梦的精彩故事，生产一批增强人民精神力量的优秀作品，传播广丰好声音，讲好广丰好故事，奏响时代最强音，为广丰区高质量跨越式发展提供有力舆论支持、营造良好舆论氛围。

【舆论引导】 2022年，广丰区融媒体中心精心组织主题宣传、成就宣传、形势宣传、典型宣传，加大对"五位一体"总体布局、"双一号"工程、项目建设、乡村振兴、疫情防控、创文、人居环境整治等工作的报道，加强弘扬社会主义核心价值观宣传。相继推出《全面深入学习宣传贯彻党的二十大精神》《贯彻二十大·"一把手"访谈》《奋进新征程 建功新时代》《扎实推进"双一号"工程》《奋进新征程 喜迎"二十大"·系列访谈》《纾困解难促发展》《聚焦民生"七有"》《新时代赣鄱先锋》《乡村振兴看广丰》《新时代文明实践》《一座城一条心 创文在行动》《文化广丰》《健康教育》等20余个专栏。2022年5月，启动"喜迎党的二十大、奋进新征程"优秀广播电视节目公益展播活动，共安排《长征先锋》等三部电视动画片、《跨越时空的回信》等五部系列电视节目、《共和国从这里走来》等六部电视纪录片及广播剧《豆豆街》等，分别在广播、电视中多轮滚动播出。

【对外宣传】 2022年，广丰区融媒体中心通过多组外宣人员同时向上级各媒体平台报送稿件，培养外宣立体格局。全年在市级以上媒体发出报道700多条次，在学习强国上稿165篇，位列全省前列、全市第一方阵，仅4月份，在学习强国上稿42篇，当月排名全省第一。

【公益广告宣传】 2022年，广丰区融媒体中心发挥主流媒体传播优势，把公益广告作为重要的宣传载体和创新广播电视宣传的重要方面来抓。就习近平新时代中国特色社会主义思想、社会主义核心价值观、防控新冠肺炎疫情、讲文明树新风、传统文化、时代楷模、学雷锋、征兵宣传、安全保密、反诈宣传等与人民群众生活关系密切的主题进行公益广告宣传推进，平均每天公益宣传时间在9.8至10.6个小时之间。在电视、广播、报纸等平台上唱响主旋律，传播正能量，共播出有关公益广告、节目300多个，平均每天播出电视公益广告次数520次、宣传标语186次、公益节目21次。

【融媒矩阵建设】 2022年，广丰区做好融合发展文章，形成广丰广播电视台、广丰报、"微讯广丰"微信公众号、"广丰宣传君"微博、"广丰融媒"新闻客户端、"博览广丰"抖音号、广丰区广播电视台微信公众号等组成的融媒体矩阵。至2022年年底，"博览广丰"抖音号粉丝达174.9万，累计发布作品3380条，获赞4000多万，在全省融媒体中心抖音号排名稳居前列，10月份居全省第五；"广丰融媒"新闻客户端量下载量29.2万，5月份，"广丰融媒"APP活跃度位居全省第二、生产传播力位居全省第三；"微讯广丰"总用户数达11.2万，日均发布稿件7条以上；"广丰宣传君"粉丝6.1万，短视频《民生愿景变成幸福实景》阅读量达101万。

（供稿人：柯舸）

图书发行

【概况】 2022年,江西新华发行集团有限公司上饶市广丰区分公司图书发行超额完成销售任务指标1.86%,超额完成利润任务指标的0.46%。做好重点政治读物发行,为全区党员干部及时开展理论学习提供优质服务。统一运营"广丰里"城市书房、时代广场城市书房、水街城市书房,推动全民阅读,打造"书香赣鄱"。2022年江西新华发行集团有限公司上饶市广丰区分公司荣获上饶市委宣传部2022年度"最美城市书房"称号,江西新华发行集团有限公司上饶市分公司2022年度上饶市新华书店系统"先进单位"称号,上饶市消费者协会与江南都市报2022年度"诚信单位"称号,广丰区委、区政府2022年度全区综合考核条管单位类综合类"三等奖",广丰区妇女联合会"巾帼文明岗"称号。

【重点政治读物发行】 2022年,江西新华发行集团有限公司上饶市广丰区分公司主动到党政机关、企事业、学校等单位征订、送书上门,发行《习近平谈治国理政(第四卷)》4571册、党的二十大报告及辅导读物15363册、《中国共产党章程》11050册,保障广丰区党员干部及时学习贯彻习近平新时代中国特色社会主义思想。

【城市书房建设】 2022年由区政府投入建设,新华书店运营"广丰里"城市书房、城市书房时代广场分馆、城市书房丰溪水街分馆等三个各有主题特色的城市书房。城市书房集图书阅读、借阅、线上阅读、主题文化、文创产品展示售卖、文化沙龙、轻食餐饮于一体,提供自助借阅、通借通还、景区景点查询、志愿者服务站等多样性服务,推动全民阅读,培育新型文化空间,打造"书香赣鄱"。"广丰里"城市书房位于广丰里三楼,1月1日正式运营。这是广丰区第一家集阅读、文化、休闲、交流于一体的大型多功能书房,面积338平方米,藏书5万册。下沉式和沉浸式阅读区,营造了浓厚的阅读氛围。书房内的借阅区,供广大读者免费借阅。讲座区可开展各式各样公益性讲座、亲子阅读等主题文化活动。建成后,已举办过多场读书分享会、阅读沙龙等活动。时代广场城市书房位于时代广场二楼,面积220平方米,藏书2万余册。丰溪水街城市书房位于西关街老凤祥银楼后排,面积280平方米,藏书3万余册。

(供稿人:徐化农)

教育体育　科学技术

综　述

2022年全区共有各级各类学校（不含教学点）189所。公办学校167所：教师进修学校1所，高中1所，完全中学3所，初中20所，九年一贯制学校7所，特教学校1所，中心小学32所，村完小102所。民办学校22所：中职学校2所，高中7所，九年一贯制学校11所，小学2所。

全区各级各类学校教职工13014人。其中：幼儿园3016人，小学3880人，初级中学1972人，九年一贯制学校1413人，完全中学854人，高级中学1122人，十二年一贯制学校206人，特殊教育学校24人，中职学校527人。其中公办学校教师8750人：幼儿园1392人，小学教师3823人，初中教师2724人，高中教师787人，特教24人；民办学校教师4264人。

全区共有中小学生167045人。公办学校在校生124383人（含上饶卫校6683人），其中：中等职业学校6683人，高中9009人，初中33707人，小学60485人，特教112人，幼儿园14387人。民办学校在校生42662人，其中：中职学校6839人，高中13324人，初中6453人，小学3974人，幼儿园12072人。

全区公办中小学校园占地面积3710.45亩，校舍总面积100.53万平方米，图书藏量284.81万册，数字终端拥有量为11677台（套）。

2022年全区国家财政性教育经费总投入185132万元，较2021年160501万元增加24631万元，增长15.35%；财政经常性收入88367万元，较2021年85687万元增加2680万元，增长3.13%。全区公共财政教育支出预算安排166594万元，较2021年153980万元增加12614万元，增长8.19%。全区普通小学生均公共财政预算教育事业费支出12205.64元，较上年增加1233.25元，增长11.24%；普通初中生均支出14903.87元，较上年增加1474.93元，增长10.98%；普通高中生均支出19383.06元，较上年增加399.26元，增长2.1%。全区落实学生资助33970人次，经费1922.84万元，发放教育帮扶资金609.77万元（减免脱贫家庭学生学费1530人次、41.31万元，发放教育资助金9255人次、568.46万元），办理困难学生生源地信用助学贷款6752人次，助学贷款金额7026.5万元。

坚持扩大资源供给，改善办学条件，持续夯实教育发展基础。20个教育重点项目全部建成落地，第二批8所农村寄宿制学校改造取得阶段性成果，累计新增学位10300余个，寄宿床位3050个，彻底解决农村学子寄宿难问题。推进学前教育提质扩容，新改扩建13所公办幼儿园，新增幼儿园位4140个，公办幼儿园覆盖面进一步扩大。

推进五育并举，着力培养全面发展的时代新人。突出德育首位，结合区情实际，制定《广丰区中小学德育工作实施方案》，以德育清单式管理新模式，促进学校德育工作水平全面提升。广泛开展党的二十大精神宣讲进校园、三项文化主题活动［注：指红色（红色基因）、绿色（生态文明）、古色（优秀传统文化）文化教育活动］、创建传承红色基因示范学校等一系列思政教育活动，教育引导学生扣好人生第一粒扣子。扎实落实学生减负工作，推动全区38所学科类培训机构全部清零，推进学校"五项管理"（注：2021年1至4月，教育部先后印发五个专门通知，对中小学生手机、睡眠、读物、作业、体质管理作出规定。"五项管理"是"双减"工作的一项具体抓手，是促进学生身心健康、解决群众急难愁盼问题的重要举措）落地生效，教育回归校园本位。

优化师资结构，淬炼师德师能，持续深化教师队伍建设。2022年全区新补充乡村中小学教师280名，引进免费师范生4名、归雁教师36名，招聘合同制幼师62名，保育员45名，公开选调教研员6名。邀请中国当代教育名家、中国人民大学教授翟小宁开展育人专题讲座，组织开展三爱主题培训、暑期教师培训等各类师训活动，持续提升教师专业素养。教师参赛成绩斐然，1人获得国家级一等奖，17人获得省级奖，108人获得市级奖。

创新服务方式，用心用情守护每位学生成长发展。聚焦暑期学生防溺水安全，专门组建63支学校防溺水安全巡防队，连续两个月走街入户开展安全宣传和水域巡防，筑牢学生防溺水安全网。聚焦学生心理健康，开设一条24小时心理援助热线，开展"节后别离 留守润心""减压赋能备战中考"等心理关怀活动60余场，持续赋能学生向阳成长。聚焦考生、家长填报高考志愿有盲区，开展"线上+线下"答疑指导，帮助广大考生顺利报考，圆梦理想学府。工作探索多次被新华社、江西日报等主流媒体报道。

（供稿人：潘力军）

基础教育

【概况】 2022年，广丰区有各类幼儿园373所，其中独立公办幼儿园24所、农村完小公办附属幼儿园139所、民办幼儿园210所；在园幼儿26459人，其中公办幼儿园14387人、民办幼儿园12072人，公办在园幼儿占比54.37%，普惠性覆盖率89.06%，三年毛入园率91.56%。

1月，广丰区城中幼儿园通过上饶市教体局组织的市级示范幼儿园评估认定，洋口镇东升幼儿园通过市级示范幼儿园复评工作。至年底，全区拥有省级示范园3所、市级示范园14所。

【公办幼儿园劳动合同制教师和保育员公开招聘】 2022年，广丰区通过政府购买服务形式，解决幼儿园教师编制问题，扩充以公办为主的普惠性学前教育资源，全年招聘公办幼儿园劳动合同制教师333名、保育员209名。

【校车安全管理】 2022年，广丰区校车办成员单位不定时地对所辖幼儿园的校车进行路面排查，对校车运行线路进行跟踪，排查出的安全隐患及时下发整改通知书并督促整改。区政府投资750多万元，对校车运行线路排查出来的隐患，如缺波形护栏、停靠牌、避让牌、震荡标线网格线等进行整改，修建波形护栏33000多米，增设标识标牌410块，施划震荡标线网格线4200平方米。

【城东幼儿园建成开园】 2022年9月，广丰区城东幼儿园建成开园，该园位于丰溪街道金堰、塘墀社区，占地面积15.83亩，总投资3000万，总建筑面积10208平方米。幼儿园按照高标准高要求，打造花园式的幼儿园，配备多个专用功能室、专用食堂，有宽广的户外活动场地、先进的大型草坪、骑行跑道、大型沙坑等各种游玩设施，可容纳18个教学班和500余名幼儿。

（供稿人：潘力军）

义务教育

【义务教育"就学一件事"】 2019年下半年，广丰区在全市率先探索义务教育学校招生工作改革，自主开发"新生入学网上预报名系统"，实行按学区网上自主报名。2022年秋季，广丰区全面落实上饶市"就学一件事"联办改革，依托赣服通平台，将新生报名数据与公安户籍系统、房产系统、工商营业执照数据等全面对接，联动审核把关，并邀请学区人大代表、政协委员及家长代表全程参与、监督空余学位电脑摇号，招生入学全过程管理数字化、规范化、透明化。城区公办义务教育阶段10566名新生全部通过网上平台报名入学。

【中小学寒假托管】 2022年，广丰区落实"双减"工作部署，针对刚需家庭寒假"看护难"问题，面向全体学生家长开展托管需求摸底，坚持"一校一案"因地制宜制订寒假托管服务方案，精心设计丰富多彩的课程内容。各校积极探索假期新模式，通过"晒"方案、"晒"课程、"晒"师资、"晒"特色等，让家长和学生详细了解寒假托管服务内容，自愿选择参加托管服务。全区34所义教学校开展托管服务，1920名教师志愿参加，25848名学生主动参与。

【两校入选全省首批"信息科技"素养培育项目学校】 2022年，在江西省首批"信息科技"素养培育项目学校的评选中，广丰区塘墀中心小学、洋口中心小学经省教育技术与装备发展中心的审核，被确定为首批省级项目学校。入选项目学校将由中国自主原创3D动画编程平台3354平行世界Paracraft提供32小时的"红色特色课程"。全省首批通过评选的共有201所学校，其中小学103所、初中68所、中等职业学校30所。

【《广丰区中小学德育工作实施方案》】 2022年7月，根据教育部颁布的《中小学德育工作规程》和《中小学德育工作大纲》的规定，广丰区教育体育局制定《广丰区中小学德育工作实施方案》，该方案是广丰区中小学德育工作的重要指导性文件，工作内容主要包括爱国主义教育、理想信念教育、集体主义教育、劳动教育、人道主义与社会公德教育、心理健康教育等。2022年，建立区委每学期听取教育主管部门汇报学校德育工作落实情况制度。

（供稿人：潘力军）

高中教育

【概况】 2022年，广丰区参加高考学生10388人，其中文史类4140人、理工类6050人、三校生198人。全区有9648名文理科考生上线（不包括提前保送录取学生），上线率79.98%；9230名考生被普通高校录取，录取率76.51%；283名考生被高职院校录取，录取率81.56%。全区高考600分以上51人，录取211以上高校202人，二本上线率30.19%。

【改善高中办学条件】 2022年，广丰区持续改善普通高中学校办学条件，投入1.53亿元整体提升改造广丰中学，新建体育馆、田径运动场、专家楼、艺术楼、图书馆、科技楼、学生宿舍楼，改造教学楼、学生宿舍、校舍陈列馆、办公楼、食堂等；投入5000万元实施贞白中学三期（宿舍楼）建设；投入5000万元整体提升改造洋口中学，标准化改造原教学楼主楼、学生宿舍，新建教学楼、综合楼、食堂、运动场等；投入2600万元整体提升改造五都中学，新建女生宿舍楼、综合楼和学生食堂。

【首次举办高考志愿填报线上公益讲座】 2022年6月23日，广丰区教体局党员先锋示范岗——广丰区中小学生健康成长指导中心举办"助力成长、促进发展"2022年高考志愿填报线上公益讲座，这是广丰区首次举办的高考志愿填报线上公益讲座。邀请区内常年指导考生填报高考志愿的老师担任主讲嘉宾，帮助广大考生和家长准确理解和把握报考政策，合理填报高考志愿。整场讲座在线观看人数达3000余人，收获红心点赞5.5万个。

（供稿人：潘力军）

职业教育

【概况】 2022年，广丰区持续加大职业教育的投入，广丰区职业技术学校扩容20亩，投资4100万元建成综合楼、学生宿舍、运动场并投入使用，信息技术学校一期18.3亩扩容土地使用权完成。

【江西凤凰高级技工学校一期建成】 2021年1月13日，广丰区人民政府与上饶职业技术学院政校合作签约，联合举办江西凤凰高级技工学校。江西凤凰高级技工学校是国家级重点技校，也是上饶市唯一一所高级技工学校。校址在广丰区白鹤大道789号，建设投资3亿元，规划用地160亩（一期110亩、二期50亩），总建筑面积10万平方米。2021年秋季招生874名。至2022年9月，建成综合实训楼1栋、学生宿舍楼4栋、行政综合楼1栋、体育馆1座、140个停车位的地下停车场，以及标准运动场、五人制足球场和灯光篮球场。学校开设工业机器人应用与维护、新能源汽车、汽车检测与维修、机电一体化技术、电子商务、电子技术应用、计算机应用与维修等7个专业。当年秋季在校生突破2000人。

（供稿人：潘力军）

特殊教育

【概况】 2022年，广丰区残疾人教育专家委员会对全区23个乡镇（街道）的适龄残疾儿童进行专业鉴定，针对每一个残疾儿童的心理、身体、健康等状况进行合理的入学安置。全区适龄残疾儿童有1076人，其中送教上门134人。

广丰区于2011年9月创办特殊教育学校，是广丰区唯一一所对聋哑、智障儿童和少年实施义务教育的学校。原校址在广丰区实验小学内，办学规模较小。2016年8月，广丰区委、区政府投资1500万元，异地新建区特殊教育学校，建设标准更高，能较好满足残疾儿童入学的需求。新广丰区特殊教育学校位于经开区西坛路东侧，占地面积13908平方米，建筑面积6751平方米，宿舍楼面积2485平方米，体育用地面积3713平方米，有标准的200米环形塑胶运动场，有律动室、个训室、康复室、技能培训室等15个功能教室。设有10个教学班，每个教室安装了智能化教学系统，集教学、评估、个训、康复、培训为一体，让残疾儿童和少年都能接受优质的特殊教育。至2022年年底，学校在编教师24人，学生115名，其中在校学生78人，分5个班（启音班1个、培智班4个），上门送教等其他学生37人。2022年广丰区特殊教育学校被江西省教育厅评为全省劳动教育示范学校，余斌、雷海凤老师获得上饶市特殊教育学校优质课竞赛一等奖，林星星、赖涛涛、祝开盼三位同学获得江西省特殊学生烹饪技能大赛一等奖。

【开设特色课程】 广丰区特殊教育学校着眼于残疾学生的未来发展，打造"教育—培训—就业"为一体的育人模式，紧扣"和谐发展，美满人生"的办学目标，构建"和美教育"课程体系，开设德育"四自"（自尊、自爱、自信、自强）课程、汽车美容课程、缝纫课、烘焙课、办公文秘课、手工制作课、乒乓球课和舞蹈课，聘请专业技能教师担任教学，确保每周三小时技能培训时间。学生根据自己的兴趣和特长，在老师的辅导下合理选择两类技能课程，通过专业的培训，掌握一技之长，毕业后能独立走上社会谋职业。

【开展送教上门】 2022年，广丰区特殊教育学校将8名教师分成4个送教小组，对全区23个乡镇（街道）的25名特殊儿童开展送教上门。服务项目有教育教学、过程评价、康复技能指导、家庭教育指导、帮扶解困等，同时指导好家长如何正确教育、训练服务对象。全年累计送教1800多课时，送教行程超过10000公里。

（供稿人：潘力军）

民办管理

【概况】 2022年，广丰区按照规范民办义务教育专项发展的要求，通过核查办学条件、引导部分民办学校有序退出义务教育、规范招生、加强学籍管理等举措，逐步将民办义务教育在校生占比降至9.54%，完成市定目标9.76%以内。广丰区高度重视民办学校党建工作，新建6个联合党支部，实现民办学校党组织全覆盖，消除了空壳党支部和口袋党员等现象，区教体局党委选派的16个党建指导员全部到岗工作。

【民办学校分类登记】 2022年，广丰区全面排查民办学校办学规模、产权信息等情况，摸清底数；组织民办学校举办者集中学习"分类登记"文件，引导民办学校明确产权、合理选登；优化办事流程，提高效率，积极稳妥推进民办学校分类登记工作。全区22所民办学校全部完成分类登记，18所学校登记为非营利性民办学校，广丰一中、康桥中学、恒立高级中学和信息技术学校等4所学校登记为营利性民办学校。

【民办学校资金监管】 2022年，广丰区推进民办学校资金监管工作，全区22所民办学校资金管理账户统一报区教体局备案，各学校与相关银行签订资金监管协议，资金收入全部存入指定的银行账户。区教体局邀请第三方机构对民办学校财务进行专项审计、出具审计结论，根据审计情况及时调整管理策略，控制学校负债率，防范办学风险，维护民办学校师生合法权益。

（供稿人：潘力军）

教育研究

【概况】 2022年，广丰区加强教师专业成长，打造师德高尚、业务精湛、富有活力的高素质、专业化的名师队伍，组织开展第三批学科带头人和骨干教师评选工作，全区203人被评为学科带头人、200人被评为骨干教师。

【选调教研员】 2022年，广丰区加强教育体育系统教研员队伍建设，面向全区在编在岗公办教师，经过报名、资格审查、考试、体检、考察、公示、调任等环节，选调中学数学、物理、化学教研员各1名，小学数学、英语教研员各1名，幼儿教育教研员1名。

【开展名师送教】 2022年，广丰区发挥名师引领带动和辐射作用，完善城乡教育相互联动和促进机制，组织113名名师开展送教下乡活动，从小学、初中到高中，覆盖全学段共21个学科，帮助薄弱学校、薄弱学科提升质量。12月，区教体局与上饶晚报联合开展"语文、数学、英语、物理、化学"5个学科的名师助学献课活动，线上观看人数3万多人次。

【开展"亮翅杯"中小学教科研水平展示活动】 2022年10月至12月，区教体局开展首届全区"亮翅杯"中小学教科研水平展示活动。活动分为小学和初中两个组别，根据教情学情不同，分别设计不同考评内容。初中组展示活动分教学技能和基本功比赛两方面，包含上课、评课和粉笔字三项内容；小学组展示内容有上课、评课、微型讲座、粉笔字和简笔画、硬笔字和朗诵5项。全区68所公民办学校的284名教师参与本次活动。

【举办教育系统"回归初心，做舒展生命的教育"主题培训】 8月11日，区教体局在贞白中学报告厅举办2022年广丰区教育系统"回归初心，做舒展生命的教育"主题培训，邀请中国人民大学党委委员、校长助理、基础教育处处长、基础教育研究中心主任翟小宁教授作《回归初心：舒展生命的教育》《教育：让生命与使命同行》讲座。讲座以线上直播与线下授课相结合的方式进行，区教体局全体机关干部、全区8900余名公民办中小学、幼儿园教师参与活动。

【举办教育系统"爱国主义、爱岗敬业、关爱学生"三爱主题及教师能力提升教育主题培训】 7月27日至29日，区教体局在城南小学多媒体报告厅举办广丰区2022年教育系统三爱主题及教师能力提升教育主题培训，培训以"线上直播+线下授课"的形式进行，共举办6场专题讲座，在区教体局报告厅专开设面向全区民办学校思政课教师的线上集中培训分会场。广丰区教体局全体机关干部及全区8900余名公民办中小学、幼儿园教师参加培训活动。

（供稿人：潘力军）

教育督导

【概况】 2022年，广丰区政府聘任新一届督学116名，任期3年，其中教育督导委成员单位人员29人，基础教育责任督学22人，学前教育督学26人，兼职督学39人。

广丰区加强对督导责任督学工作管理，12月5日，区政府印发《上饶市广丰区督学补助及考核管理办法（试行）》，对督学的责权、培训、考核等进行明确和规范，妥善解决教育督导工作人员尤其是兼职督学因教育督导工作产生的通讯、交通、食宿、劳务等费用，保障教育督导条件。

【幼儿园挂牌督导全覆盖】 2022年，广丰区对全区幼儿园实施学前教育责任督学挂牌督导制度，全区231所幼儿园实现挂牌督导全覆盖。责任督学采取听取汇报、质疑问询、课堂观察、查阅资料、列席会议、座谈走访、问卷调查、园所巡视等方式对幼儿园依法办园、安全管理、卫生保健、保育教育、师德师风、内部管理、园务公开等情况实行常态督导工作，责任督学当场向园（所）反馈督导结果，并跟踪督促问题整改。

【开展中小学校"五项管理"专项督导】 2022年，根据国务院和江西省教育督导委员会办公室关于进行"五项管理"（中小学生作业、睡眠、手机、读物、体质管理，简称"五项管理"）督导的工作要求，广丰区责任区督学对全区中小学校"五项管理"进行实地督查，采用校园巡查、推门听课、查阅资料、问卷调查、走访座谈等方式，每月到校对学校"五项管理"落实情况进行督查，及时将学校"五项管理"工作内容上传到江西省中小学校责任督学挂牌督导工作平台，督导结果和问题整改情况作为对学校评价、主要负责人考核的重要依据。

（供稿人：潘力军）

竞技体育

【概况】 2022年，广丰区深化体育教育改革，以青少年校园足球为突破口，有组织有计划有步骤开展适合学生年龄特点的足球课外活动，成功创建全国青少年校园足球特色学校9所，培养国家足球一级运动员5名、二级运动员6名。2022年6月，在赣州市定南县举行的2022年江西省第八届百县青少年"五人制"足球运动会上，广丰区代表队晋级全省16强，为历年最好成绩。广丰区以大课间体育活动为载体，开展阳光体育运动，确保中小学生每天一小时校园体育活动，校园排舞、广播体操、武术操、跑操等，内容与形式新颖有趣，易学易练，学生乐于参与。2022年11月，在江西省教育厅主办的2022年江西省中小学大课间展示活动评选中，城南小学获得小学组一等奖（全省共三名）。11月18日至20日，在上饶市信州区全民健身中心举行的2022年上饶市中小学生啦啦操比赛中，永丰中学、泉波中学获得中学组一等奖，城南小学获得小学组一等奖。

【"三三模式"推进中小学生游泳教育】 2022年3月4日，江西省教育厅公布2022年江西省中小学生游泳教育试点县（区）名单，全省17个县（区）被认定为"江西省中小学生游泳教育试点县（区）"，上饶市广丰区名列其中。广丰区实行"三三模式"，推进游泳教育免费进校园：筑牢"三阵地"即压实领导组织阵地、夯实联动协作阵地、打造多层推进阵地，创新"三机制"即建立分片培训机制、构建"学防"统一机制、建立安全防护机制，聚焦"三保障"即强化师资保障、强化场馆保障、强化资金保障。全区四至六年级共3.8万名学生，依据中小学游泳课程实施方案，开展不少于10个课时的实践教学。

（供稿人：潘力军）

群众体育

【概况】 2022年，广丰区共举办19项全民健身赛事活动，直接参与赛事活动人数超过3.8万人，其中润田翠"幸福江西行"魅力广丰万人健步走、"迎冬奥暨上饶卫校附属医院杯"全区篮球赛、全民健身展演暨全民健身系列赛、庆祝党的二十大胜利召开太极文体展示、社区运动会（广场舞大赛）、"体彩杯"第三十九届中小学生田径运动会等赛事活动社会反响热烈。广丰区组织队伍参加江西省第十六届运动会社会组9个项目的上饶市选拔赛，健身气功获得2个一等奖、3个二等奖、1个三等奖，太极拳剑获得集体项目42式太极拳一等奖，2个个人一等奖，2个个人二等奖，广场舞获得乡镇组一等奖，太极柔力球项目获男单、女单、混双一等奖、女双均获一等奖。健身气功、龙舟、排舞、足球代表上饶市参加省运会。江西省县域社会足球比赛获全省第八名。

【全民健身场地设施建设】 2022年，广丰区新建健身路径12条，健身步道16公里；项目总投资为2147.91万元的城东全民健身中心建成并投入使用，该中心建筑面积7260平方米，场地活动面积9010平方米；项目总投资约3800万元的竹航山游园建成并投入使用，用地面积约50454平方米。到2022年年底，全区人均体育场地面积达到2.55平方米，人均体育场地面积居上饶市之首。

【发展传统武术】 2022年7月14日，广丰区2022年民间传统武术研讨会召开，就广丰区武术协会换届、武术运动的传承发展以及如何继续扩大武术之乡品牌影响力等进行研讨交流，广丰区武术协会、广丰区太极拳剑协会、洋口镇民间有影响力的传统武术爱好者参加研讨会。11月8日，广丰区举办"全民健身"展演系列活动，广丰区武术协会、广丰区太极拳剑协会共500多名会员参加展演，其中民间传统武术首次登台亮相，来自武术运动特色小镇——洋口镇的10余名传统武师向民众展示了白鹤拳、螳螂刀等拳术和剑术，民众第一次近距离欣赏到神秘的民间传统武术，广丰区广播电视台对赛事活动进行全程跟踪报道。

【印发《上饶市广丰区"十四五"体育发展规划》】 2022年9月13日，广丰区政府办公室印发《上饶市广丰区"十四五"体育发展规划》（以下简称《规划》），《规划》聚焦解决体育事业发展过程中的各种矛盾，以增强人民体质、提高全民身体素质和生活质量为目标，实现群众体育、竞技体育和体育产业协调发展。《规划》提出到2025年，全区社会、学校足球场达到每万人0.9块，建设全民健身中心1个、街道级全民健身中心1个、生态体育公园1个，全区健身步道总公里数达到500公里，人均体育场地面积达到2.6平方米以上，每千人拥有社会体育指导员人数达2.6人以上，经常参加体育锻炼的人数占全区总人口数的比例超过40%，全区竞技体育总体实力和竞技水平挺进全市中等偏上水平。

【发布《上饶市广丰区全民健身实施计划（2021—2025年）》】 2022年9月，《上饶市广丰区全民健身实施计划（2021—2025年）》（以下简称《计划》）发布，《计划》提出到2025年，建成与广丰经济社会发展水平相适应的全民健身公共服务体系，区级、乡镇（街道）、行政村（社区）三级公共健身设施和城区社区"15分钟健身圈"实现全覆盖，全区人均体育场地面积达到2.6平方米，经常参加体育锻炼的人数比例达到40%，每千人拥有社会体育指导员2.6名。

（供稿人：潘力军）

科学技术

【概况】 2022年，广丰区实施创新驱动发展战略，持续优化科技创新发展环境，开辟县域科创新路径，广丰区渝网科技获评瞪羚企业，26家企业获评高新技术企业。全年全社会研发投入总量5.78亿，较上年增幅59%，总量上饶市第一，被评为全市研发投入攻坚行动优秀县（市、区）。2名创新型人才入选省"双千人才"工程，"瞪羚企业"实现零的突破，1家创新平台获评国家级科技企业孵化器，1家创新平台获评省级科技企业孵化器，1家企业荣获第二十四届中国国际高新技术成果交易会成果奖。

【完善创新体制机制】 2022年8月21日，广丰区委抓落实办制定广丰区落实推进全面建设"六个江西"实施方案，提出围绕全方位对接融入长三角一体化发展，增强科技创新驱动力，提升高水平开放合作，全面推进全区"创新江西"各项工作落实；围绕创新型城市建设，加快汇聚科技创新资源，助力产业高质量发展。广丰区委全面深化改革委员会印发《上饶市广丰区科技体制改革三年攻坚行动实施方案》，提出力争到2024年，重要科技领域改革取得显著进展，制约科技核心竞争力提升的体制机制障碍不断破除；出台《广丰区科技创新奖励办法》，从科技研发投入、关键技术攻关、平台建设、人才引育等方面提出40条具体举措，实施"真金白银"奖励。广丰区科技局组织开展科技创新激励保障政策落实情况和实施效果"回头看"，引导企业履行主体责任，用好用足科技创新激励"政策包""工具箱"；制定广丰区十大科技创新企业评选办法、十大科技创新团队（个人）评选办法，营造良好创新氛围。

【科技创新服务】 2022年，广丰区强化部门联动，整合社会优质资源和服务力量，从科技局、税务局、高新区及中介服务机构抽调工作责任心强、业务熟练、服务优质的人员，组建服务小组为高企申报企业提供

"一对一"保姆式预审服务。开展科技大走访活动，走访150余家企业，宣传科技惠企政策，实地了解企业科技人员、研发场地、设备、研发产品、生产经营状况等信息，为企业提供科技全生命周期的精准服务，为构建"科小—高企—瞪羚（潜在）"创新主体梯次培育发展模式打下基础，2022年广丰区渝网科技获评瞪羚企业，26家企业获评高新技术企业，科技型中小企业入库103家。对接上饶师院工业科技特派团，组织企业集中技术需求交流会2次，协同专家入企服务48次，受益企业30余家，至2022年年底，特欣实业、方舟电子、宸龙科技、同欣机械、聚力新能源等5企业与上饶师院物电学院的专家达成初步的产学研合作意向。组织农业科技特派员常态化开展"科技下乡"活动，完成122名农业科技特派员登记工作，扩大农业科技特派员队伍。

【企业研发投入和人才培育】 2022年，广丰区修订科技政策，加大财政科技投入，提高研发费用补助政策力度和精准度，组织开展研发统计归集业务培训4次，邀请上饶市科技局、市税务局等专家助企服务，落实研发费用加计扣除、高新技术企业税收减免等政策，激励企业开展创新活动、加大研发投入，全年广丰区全社会研发投入总量5.78亿，较上年增幅59%，居全市第一；研发投入强度1.05%，较上年增长29%。加大创新人才和团队培养扶植力度，落实"招才引智"工作和实施育才项目，2022年台鑫钢铁的李晶、马家柚研发中心的徐强入选省级创新型"双千人才"，引进维易科叶乐志、同欣机械朱振滔、锦荣新材料李晓敏等高水平创新团队3个。

【推广"科贷通"业务】 广丰区推广"科贷通"业务，发挥"科贷通"服务科技型中小企业作用，解决企业融资难、融资贵的问题，2022年为塔卡瑞精密、九正药业、华欣机械、广信药业等12家企业"科贷通"放款3600万元，为日远食品、华欣机械等27家企业办理"科贷通"企业入库备选库。

【推进科技合作】 2022年，广丰区强化产业科技融合发展，加强与长三角、京津冀、粤港澳区域科技创新资源合作，健全科技成果转移转化后补助机制，全年推进校企合作8个，获得江西省科技厅成果登记8个，完成技术合同登记12亿元。组织叁玖国际新能源、锦荣新材料参加深圳第二十四届中国国际高新技术成果交易会，其中锦荣荣获"高交会"成果奖；组织同欣机械申报江西省科技进步奖（进入项目受理公示阶段）。

【科技创新平台建设】 2022年，上饶高新区科技企业孵化园获评国家级科技企业孵化器，成为当年全省唯一评选成功的国家级平台，江西寸金科技企业孵化器获评省级企业孵化器。针对市级研发中心建设的要求和企业自身需求，推动26个重点企业建设研发中心，组织和硕丰新材料、特欣实业申报市级技术创新中心，组织台鑫钢铁申报省级技术创新中心，推动黑滑石产业研究院申报省级新型研发机构。

（供稿人：余凯）

江西省广丰中学

【概况】 2022年，广丰中学坚持"立德树人 五育并举"教育理念，坚持"以德立校、质量强校、资源兴校"办学思想，打造"让优秀成为一种习惯"，集"君子养成、情感厚植、成功教育"为一体的广丰中学"希望教育"校园文化品牌。与苏州大学合作办学两年多，取得明显成效，一大批师生在各级各类教学和学科竞赛中频频获奖，高考成绩稳步提升。2022年，广丰中学获得广丰区"先进学校"、广丰区文明校园、广丰区综治"先进单位"等荣誉，赢得社会和家长的普遍赞誉。

【推进广丰中学整体改造提升项目】 2022年，学校继续推进整体改造提升项目，至年末，教学楼、公寓楼、食堂已交付使用，其中教学楼建筑面积14030.79平方米，公寓楼建筑面积8732.78平方米，食堂建筑面积4109.07平方米；新大门、运动场、科技楼进入收官阶段；实验楼、校史陈列馆、教工之家、体育馆正在紧张施工中；图书馆、艺术楼、专家楼已完成地基整理。

【创新学生培养模式】 广丰中学采取"五育并举 科学成才"的举措，注重学生优良品德、良好习惯的养成，形成良好的学风。2022年学校举办学科知识竞赛、网上祭英烈、学雷锋、经典"悦"读读书月、"红五月"大合唱、高三成人礼、高三百日誓师大会、毕业典礼、校园"十佳歌手"比赛、演讲比赛、运动会、绿植领养、元旦晚会等美育、体育和劳动教育等活动。在全国中学生奥林匹克竞赛（生物）和机器人大赛（高中组）中，广丰中学有7名同学获奖。

【教学科研成果】 学校以"走出去，请进来"的方式，鼓励教师积极参加优质课竞赛、论文评比和课题研究等活动，以"传帮带"为依托，着力打造"匠心工程"，促进青年教师尽快成长。各教学组精心组织教研活动，开展名师"示范课"、青年教师"汇报课"和"同课异构"等多种活动，努力提高教育教学水平，形成"争先创优，团结互助"的教学科研氛围，提升学校的教学质量，助推学校高质量发展。2022年学校教师参加各级各类竞技比赛，荣获省级一等奖2人，省级二等奖2人，市级以上奖40人，区级以上奖5人；省级以上课题立项1个，市级以上课题立项17个，结题1个；在省级以上各级各类刊物上发表论文130多篇。

【打造"希望教育"校园文化品牌】 广丰中学积极打造"让优秀成为一种习惯"，集"君子养成、情感厚植、成功教育"为一体的"希望教育"校园文化品牌，构建"思想文化底蕴有深度，教育教学质量有高度，人文精神关怀有温度"的"书香校园"，打造由"丰溪讲堂"、《丰溪苑》校刊、"丰溪名师工作室"和"丰溪文学社"等组成的丰溪光阴文化系列；学校微信公众号及时报道校园动态，讲好广中故事；学校"幸福心理工作室"推出"早安心语"等系列心理拓展活动。

【校友回馈母校】 广丰中学知名校友、中科院院士俞鸿儒为母校新建南大门题写校名。著名胸外科医学专家周敦洪校友在建党百年之际为家乡捐赠20万元，其中10万元捐给母校广丰中学。以王新和潘建平为代表的历届校友共同创设"广丰中学奖学金和奖教金"基金会，主要用于奖励在教育教学方面表现突出的教职员工和成绩优异的在校学生，于2021年9月举行首届校友奖学金奖教金颁奖仪式，为全校192名优秀学生和37名优秀教师颁发了奖学金、奖教金，共计16.59万元。深圳市广丰商会每年资助广丰中学十多位品学兼优的贫困生，发放5000元/人；爱心企业家和校友们捐建"教工之家"（校友之家）、校史陈列馆、图书馆和新校门等一批重要项目，建设总资金逾二千多万元。

（供稿人：王红慧）

上饶市广丰区教师进修学校

【概况】 上饶市广丰区职业技术学校（区教师进修学校）核心业务为中等职业教育、负责全区中小学（幼儿园）教师远程培训工作和面向全社会开展国家开放大学的成人继续教育工作。2022年，"国培计划"所有培训项目的参训率、合格率达100%，成绩名列全省第一。

【发展中等职业教育】 2022年，区职业技术学校（区教师进修学校）全日制中职教育稳步推进，2022年秋季，按照事业单位机构改革后重新组建的区职业技术学校，招生幼儿保育专业学生78名。同时学校积极拓展其他中职专业，实行长学制教育，为学生成长成才提供良好的环境。

【举办"互联网+教师专业发展"全员培训】 2022年，区职业技术学校（区教师进修学校）师训工作开创性开展，按照省教育厅关于做好2022年度中小学（幼儿园）教师全员远程培训工作的要求，学校组织全区中小学（幼儿园）符合培训条件的6700多名教师参加"互联网+教师专业发展"全员培训，充分发挥网络远程培训的优势，对全体培训教师进行分类、分层、分岗培训。通过培训，普遍提高教师驾驭学科教学的本领，促进教师专业的发展，提升中小学（幼儿园）教师队伍的整体素质。2022年，区职业技术学校（区教师进修学校）被省中小学教师远程培训中心表彰为全员培训工作"先进集体"。

【开放学院办学情况】 2022年，区职业技术学校（区教师进修学校）开放学院业绩稳步提升，制定更有效的管理措施，在招生、面授、考试组织、教学评估、年度评比等方面都有新的突破，进一步理顺关系，提高工作效率，使开放学院工作规范开展。全年招收本科、专科学员118名。在完成招生任务的前提下，注重函授质量，切实保障学员既拿到毕业文凭又掌握扎实的专业知识和技能。另外，面对因国家开放大学学籍管理系统原因导致学员信息下架的问题，学校本着对学员高度负责的责任感，及时对接省、市开放大学，并派人前往国家开放大学校本部现场处理，更正了广丰区教师进修学校160名学员的学籍信息，解决了学员的后顾之忧。

（供稿人：琚瑞峰）

上饶市广丰技工学校

【概况】 广丰技工学校是广丰区第一所公办中等职业技术类学校，以培养技能人才为主要目标，实行学制教育与职业培训并举、学校教育与企业培养相结合的办学模式。2022年，技工学校推进技能人才培养工作，深化产教融合、校企合作，创新技能人才培养模式，面向全区各类企业推行企业新型学徒制，扩大技能人才培养规模，促进劳动者高质量就业，为广丰区经济高质量发展提供技能人才支撑。

【宣传职业教育】 2022年，学校组织人员到全区各乡镇中学，开展职业教育政策宣讲和招生宣传，提升职业教育的竞争力和影响力。以培养社会紧缺的技能型人才为目标，秉承"立德树人、强基精技"的教育精神，坚持"质量立校，特色强校"的办学理念，制订宣传工作方案。组织两条线下宣传工作组开展工作，通过线下宣传册、微信公众号、朋友圈转发等方式进行宣传，为职业技术教育夯实舆论基础。

（供稿人：夏玲）

江西省广丰贞白中学

【概况】 2022年，贞白中学有学生4700余人，教师313位。坚持"有道教育"特色文化定位和"培养学识广博、精神丰润的有道后生"的办学目标，加强办学管理和养成教育，一本上线603人，二本上线1295人，学校区域影响力迅速提升，得到广大群众和社会各界的认可。2022年入选江西省普通高中新课程新教材实施省级示范校。

【办学管理】 2022年，贞白中学紧盯教学质量，倡导教学"六认真"，通过检查备课、听课、作业批改等形式，规范教学行为。做好集体备课，精心打磨优质课、公开课。打造高效课堂，提高课堂效率。实行校际、省内、省际联考。引领教师发展，不断请进来，走出去，促进教师的专业提升与成长。

【养成教育】 2022年，贞白中学大力整肃校风，规范学生的日常行为，严肃处理违纪学生，促进良好校风的形成。通过升国旗仪式、主题班会等，加强学生的爱国主义、集体主义和思想品德教育，潜移默化地促进学生形成良好道德品质。

（供稿人：俞宏赟）

上饶卫生学校

【概况】 上饶卫生学校是上饶市人民政府直属公办全日制中等职业学校，已有71年办学历史。学校位于广丰区迎宾大道99号，占地面积300余亩，建筑面积15万平方米。至2022年年底，有教职工542人（含附属医院），在校学生6795名。教师当中专任教师224人，专任教师本科以上学历比例达98%，硕士以上学历比例达14.5%；正高职称8人，副高职称56人，高级职称教师比例达23.67%；双师型教师82人；建立2个"技能大师工作室"，建立合作的实习医院80余家，校企合作单位逾百家。所有教室均配备了多媒体教学设备，实验实训仪器设备总值4600万元。图书馆现有电子图书5万册，纸质图书13.5万册。学校在全省中职学校分级评定中被评为A档（优质）。2022年7月，通过江西省教育厅教学工作诊断与改进复核；2022年12月13日，通过江西省政府教育督导履行教育职责督导评价工作。

2022年4月，程善英老师获"'1+X'失智老人照护优秀培训师资"、荣获"江西省职业院校技能大赛优秀工作者"荣誉称号；黄玫瑰老师荣获江西省职业院校团协授予的"优秀共青团干部"荣誉称号；2022年7月，周建平、廖美玲、李玲、汤燕敏4位老师和方云、周卉、张敏、夏丽、姚静、管筱筠、李雅娟、张璐8位老师分别获"江西省职业院校技能大赛教学能力比赛"一等奖和二等奖；2022年8月，诸凯凯、刘丽红两位老师荣获"江西省职业院校班主任能力大赛"二等奖、三等奖；2022年12月，胡萍华、周建平、廖美玲、李玲4位老师荣获"全国职业院校技能大赛教学能力比赛"三等奖。

【招生就业】 2022年，上饶卫校面向全国招生，生源地分布广，涉及16个省162个县市区，2022年学校有全日制在校学生6795人。学校开设有护理、中医护理、药剂、医学检验技术、眼视光与配镜、中医康复技术、中医养生保健、口腔修复工艺、医学影像技术等9个专业，学生升学就业率达96%以上。

【校企合作】 2022年，上饶卫校与江西医学高等专科学校、江西师范高等专科学校、赣南卫生健康职业学院、萍乡卫生职业学院等院校进行中高职对接培养，涉及专业有护理、药剂、医学检验技术、眼视光与配镜、中医康复技术、医学美容等。与100余家省内外医疗机构建立实习就业合作关系，与爱尔眼科集团、南昌东森牙科、汇美集团等企业开展眼视光与配镜、口腔修复工艺、中医养生保健等专业课程的订单班培养，互派专业教师和企业技师兼职，共同建设实训基地，建立实习标准，对学生进行专业技能、管理经营等能力培养，实现人才培养与市场需求的无缝对接；与江西汉氏医学发展有限公司、广州德典集团、浙江大中医疗集团、浙江钭氏伤科医院、江山贝林医院、浙江邦尔集团等企业深度合作。

【实验实训设备】 2022年，上饶卫校仪器设备总值4600余万元，建有实训实验室118个（模拟病房、智慧养老实训室、母婴护理实训室、无菌技术操作间、急救训练室、数码显微互动实验室、模拟手术室、刷手室、外科技能综合训练室、重症监护室、精密仪器室、制剂分析实验室、多媒体示教室及生命科学馆科普基地等）。

（供稿人：施身兵）

卫生健康

综　述

2022年，广丰区坚持人民至上，以满足人民群众就近享有、公平可及、系统连续的卫生健康服务为目标，统筹疫情防控与卫生健康事业改革发展，用心用情做好人民健康工作。2022年，广丰区卫生健康委员会被国家卫健委办公厅通报表扬，为2021年"优质服务基层行"活动中表现突出、服务优质的机构（国卫办基层函〔2022〕40号）；基层公共卫生服务工作连续得到省、市主管部门肯定，位列全市第二（2020年全市第一、2021年全省第一）；广丰区适龄妇女"两癌"筛查工作获得省卫健委的肯定；广丰区疾控中心结核病防治工作得到省卫健委的肯定，获得省卫健委拨付8万元结核病绩效资金奖励（全市唯一获取奖励的单位）；广丰区皮防所获得2021年度上饶市艾滋病防治工作第一名；广丰区卫健委被区委、区政府评为全区2022年度综合考核疫情防控工作第一名、优化营商环境工作第三名，被区人大常委会评为全区人大代表建议办理工作先进单位。

做实做细新阶段疫情防控工作。2022年，全球新冠肺炎疫情处于大流行状态，广丰区卫生健康系统冲锋在前，广大医务人员不惧辛苦坚守一线，为百姓撑起"健康保护伞"。2022年12月7日，国务院联防联控机制综合组发布关于优化疫情防控"新十条"措施以来，疫情防控工作进入新阶段。广丰区准确把握疫情防控新阶段新形势新任务，坚持科学防治、精准施策，围绕"保健康、防重症"，优化防控措施，认真落实"乙类乙管"实施方案。广丰区疫情防控指挥部成立督查指导组、救治专家组，驻点督查指导，确保落实疫情防控"新十条"不加码、不走样。广丰区卫健委加紧做好医疗救治能力提升和深入做好重点人群的健康管理工作，如期完成亚定点医院建设并投入使用，新增普通床位300张、ICU床位38张。加紧采购23台呼吸机、4辆救护车，全面保障乡镇卫生院诊疗硬件需求。组织医务人员学习新版诊疗方案，提高医务人员救治能力和水平，细化实化具体化配套方案措施，全力做好医疗资源统筹调配，加强新冠肺炎疫情形势监测，有序落实压峰措施。全区公立医院兜住医疗救治和生命保障的底线，全力做好老年人和儿童重症患者医疗救治，守住农村居民健康的重要关口。紧盯养老院等重点场所、"120"急救等重点环节，确保医疗救治有序开展。广丰区组织工作队747个，对全区239个村居的65周岁以上重点人群开展健康状况排查，并将62436份"防疫爱心包"陆续送到了70岁以上老人的手中。

加快医疗基础设施建设。2022年，广丰区累计投入4.5亿元，加快医疗基础设施建设，持续扩大优质医疗资源供给。推动区人民医院、区中医院提档升级，锚定三级综合医院战略发展目标，着力打造临床诊疗水平优势显著、学科专业特色突出、人才梯队建设合理、科研教学实力稳步提升的县域骨干医院。广丰区人民医院外科大楼投入使用、医技楼主体竣工，区中医院中医药大楼已投入使用，区妇幼保健院已完成整体搬迁。依托上饶卫生学校优质教学资源，以"大专科，小综合"为发展目标，推动区妇幼保健院实现"校院"融合，筑牢妇女儿童"健康屏障"。2023年，将继续推进区人民医院改扩建项目、广丰十五岭山精神病医院易地迁建项目、部分乡镇卫生院提升改造及产权公有卫生室等建设任务。

健全医疗改革制度。严格执行价格制度，其中区人民医院调整673项、中医院调整405项。2022年全年，2家医院药品让利972万元，门急诊均费用同比增长2.25%，住院次均费用同比下降4.81%。改革医保支付制度，区医管办与2家医院测算和协商，先期选择25个病种试行改革。人民医院有13个病种试行单病种质量管理控制，59个病种实行临床路径管理，2022年全年开展临床路径管理近2000例，较上年同比增加18%。推进医疗分级诊疗制度，拉大各医疗机构起付标准和比例，执行医保住院患者起付线，乡镇卫生院100元、报销比例90%，区级二级医院起付线300元、报销80%。严格执行非正常转诊报销政策，通过政策杠杆引导患者选择医疗机构就诊，区域内就诊率达88.15%。

巩固健康帮扶与乡村振兴有效衔接工作。2022年，广丰区持续加大资金投入，对18个乡镇卫生院进行基础设施改造和医疗设备提升，洋口镇中心卫生院是全市首家配有ICU病房的乡镇卫生院。三家公立医院完成国家发改委在卫生健康领域设备更新改造财政贴息项目贷款2亿元，在规定时间内与银行签订贷款合同，贷款全部到位。扎实推进"优质服务基层行"活动，推进区域医联体、医共体建设，让患者少跑路、少花钱、看好病，进一步拓展新冠病毒感染重症患者的救治能力。区人民医院、区中医院与全区23个乡镇（街道）卫生院携手共建医共体，以洋口镇、五都镇中心卫生院为基础，打造区域医疗副中心，辐射带动周边卫生院的发展。广丰区脱贫户7191户23560人，监测对象793户2701人，已消除风险监测对象410户1397人。2022年广丰区各定点医疗机构对农村低收入人口实行住院"先诊疗后付费""一站式结算"便民服务机制和"三重制度"医疗保障机制；对辖区内脱贫人口及监测人员实行家庭医生签约服务应签尽签，为已签约的脱贫人员进行入户随访、健康教育、健康体检等履约服务。2022年广丰区脱贫人员及监测户签约25042人，履约24911人，其中脱贫人口中患有高血压、糖尿病、结核病、严重精神障碍四种慢性病的人员有4077人，签约履约4030人，履约率100%。2022年，广丰区组建家庭医生团队数364个，1000多名医疗人员参与其中，累计建立居民电子健康档案74.76万份，已签约履约服务30余万人。

推进卫生监督执法。2022年，广丰区开展日常卫生监督检查2426户次，共办理案件151件，其中，公共场所卫生69件，放射卫生9件，医疗卫生64件，传染病防治4件，消毒产品1件，生活饮用水1件，职业病防治2件，妇幼健康1件，罚款总额70余万元。全区共完成国家双随机抽查任务108件，其中公共场所44件（包含游泳场所1件），生活饮用水9件，放射卫生3件，学校卫生10件，医疗卫生13件，传染病防治15件，妇幼健康14件，全区双随机监督完成率100%，任务完成率100%，完结率100%；全区配备行政执法手持终端15台，执法记录仪3台；行政处罚、行政许可双公示率100%，重大卫生行政处罚决定法制审核率100%，行政处罚全过程记录率100%；受理各类投诉举报7件，办理率、结案率、答复率（有联系方式的）、投诉对象满意率均达100%；健全基层卫生监督网络，加强队伍建设，注重人才培养，提高卫生监督员整体素质，运用网络、多媒体及实战演练等培训手段，组织开展业务培训和学术交流活动。

推进健康广丰专项行动。2022年，广丰区深化健康科普宣传，实施健康素养促进项目，全区居民健康素养水平达到25%以上；持续加强无烟环境建设，区本级无烟党政机关、无烟医疗卫生机构覆盖率达100%；加强妇幼健康保障，5岁以下儿童死亡率3.01‰，同比下降了21.61%，婴儿死亡率1.19‰，同比下降32.77%。

推进医德医风建设。2022年，广丰区卫健委建立医疗设备采购、医疗机构行政审批等各类评审专家库，实行评审专家动态调整、随机抽取、终身负责，集中点评门诊处方、住院病历；建立不良执业行为记分制度、举报制度、测评制度，每年考评公示，结果记入医德医风档案，纳入医生信用体系，严格兑现惩处，医德医风问题得到全面改观。

（供稿人：周兴兴）

医政管理

【概况】 2022年，广丰区加强和规范基层医疗机构院感防控管理，加强常态化新冠疫情防控救治能力，保障群众安全就医，杜绝新冠肺炎院内感染的发生。规范麻精药品管理。推进公立医院等级评审，以评促建，区人民医院通过三级综合医院等级评审，积极创建三级甲等医院，区妇幼保健院积极参加二级综合医院等级评审。

【常态化疫情防控】 2022年，广丰区根据《江西省发热门诊基本设置标准（2021年版）》和《江西省发热门诊设置评价标准（2021年版）》，提升全区各级各类医疗机构发热门诊（室）建设，加强发热病人的闭环管理等，加强首诊负责制，充分发挥"哨点"作用。区人民医院、区中医院、区妇幼保健院、区疾控中心PCR实验室（注：基因扩增实验室，PCR是聚合酶链式反应Polymerase Chain Reaction的简称）建成并运行，全区共有核酸提取仪5台，PCR基因扩增仪11台，核酸单采最大检测能力是3780人次/日；按10：1混采计，全区最大核酸检测能力是37800人次/日；按20：1混采计，全区最大核酸检测能力是75600人次/日。确定区人民医院为医疗救治定点医院并开通绿色通道，确保医疗救治工作有序、科学开展。确定区人民医院、区中医院及23家乡镇卫生院作为新冠疫苗集中接种点，确保疫苗接种医疗质量与安全。确定区人民医院为新冠救治定点医院。

组成9个疫情防控督查组和3个院感防控及麻精药品管理专家组，对全区3家公立医院、23家乡镇

（街道）卫生院（包含下辖村卫生室）、26家民营医疗机构及6家独立设置的口腔门诊部，开展院感防控及麻精药品专项督查，主要督导预检分诊、发热门诊、过渡病房、院感科、医疗废弃物、医疗废水管理方面等，进行通报，及时整改。

【新冠感染医疗救治】 2022年，广丰区加强新冠感染医疗救治，调度全区医疗救治资源（全区6家综合医院、2家精神病医院共8家二级医院机构，配备ICU床位81张、可转化ICU床位72张、无创呼吸机54台、救护车48辆、医生603名、护士1102名），联络市级定点医院转运阳性病人87人次。加紧建设亚定点医院，预计2023年1月6日投入使用，可提供普通床位300张、ICU床位38张。加紧采购23台呼吸机、4辆救护车，全面保障乡镇卫生院诊疗硬件需求，同时对全区各级各类医疗机构开展新冠感染专项培训，共培训重症医生9人，护士12人，基层医生26人，乡村医生693人，护士20人。

【药事管理】 2022年，广丰区卫生健康委组织相关专家及联合区禁毒办对实际使用麻精药品的13家医疗机构，开展麻精药品专项检查，确保麻精药品合理、安全使用，规范麻精药品管理，保证患者正常医疗需求，防止麻醉药品、精神药品流入非法渠道。对1家不符合麻精药品使用管理要求的医疗机构（霖昌医院）进行停用并收回麻精电子印鉴卡。进一步加强抗菌药品的临床应用管理，推进处方点评工作。对全区各级各类医疗机构Ⅰ、Ⅱ类麻精药品进行监管和统计，至2022年12月31日，统计上报Ⅰ、Ⅱ类麻精药品的共4个品种，Ⅰ类麻精药品用药患者1969人，Ⅱ类麻精药品用药患者460人。

【推进"平安医院"建设】 2022年，广丰区推进"平安医院"建设，强化医院在医疗服务质量管理，改善医疗服务环境，接受社会和群众的监督，维护患者利益，依法依规、公平、公正处理医患纠纷，切实保护医患双方的合法权益。全年调解医疗纠纷案件27起，均妥善处理，建立和谐的医患关系，维护医患双方合法权益，群众满意度进一步提高。

（供稿人：周兴兴）

农村医疗卫生

【概况】 2022年，广丰区继续坚持"以基层为重点"工作方针，围绕"工作落实年"总体定位和"高质量发展"永恒主题，努力提升基层医疗卫生服务能力，为实施乡村振兴战略、建设健康广丰提供坚实基础。广丰区卫生健康委员会被国家卫健委办公厅通报表扬，为2021年"优质服务基层行"活动中表现突出、服务优质的机构（国卫办基层函〔2022〕40号）。

【健康乡村建设】 2022年2月，广丰区卫健委制定下发《上饶市广丰区二级及以上医院对口支援基层医疗卫生机构工作方案（2022—2025年）》，推动优质医疗资源下沉，全区3家二级以上医疗机构与23个乡镇（街道）卫生院签订合约，建立人员对口支援关系，提升基层医疗卫生机构服务能力和水平，实施健康乡村振兴建设，巩固脱贫攻坚成果。继续保持健康帮扶政策总体稳定，对辖区内脱贫人口及监测人员实行家庭医生签约服务应签尽签，为已签约的脱贫人员进行入户随访、健康教育、健康体检等履约服务，已签约履约服务脱贫人员及监测户24911人，做好大病专项救治和慢病签约服务，重点人群签约履约率稳定在95%以上。各定点医疗机构对农村低收入人口实行住院"先诊疗后付费""一站式结算"便民服务机制和"三重制度"医疗保障机制。

【基层医疗卫生机构服务能力建设】 2022年，全区有18家卫生院达到基本标准及以上要求，其中洋口、五都、桐畈和永丰卫生院达到推荐标准，洋口和五都镇中心卫生院创建并挂牌"社区医院"，永丰卫生院开展创建"社区医院"，全区基层医疗机构对照社区医院建设评估标准，健全科室设置，配备必要设备，提升医疗服务能力。

【基本公共卫生和家庭医生签约服务】 2022年1月，广丰区卫健委制定《2022年全区基层卫生健康工作要点》《关于印发开展基本公共卫生服务提质增效——完善老年人健康体检服务实施方案》《关于深入开展"优质服务基层行"活动和社区医院建设的通知》《广丰区基层慢性病医防融合工作实施方案（试行）》等文件，并就《国家基本公共卫生服务项目规范（第三版）》、实施方案、评价方案、日常督导发现的问题等相关内容，组织乡镇（街道）卫生院公卫工作人员开展培训；每季度组织相关业务单位骨干，对乡（镇）基本公共卫生服务项目各项任务完成进展情况、项目服务质量、建档质量、建档真实性、健康教育、群众满意度等进行全面督导，各重点人群的任务完成达到进度要求。2022年全区累计建立居民电子健康档案74.76万份，电子建档率达96.42%；65岁以上老年人规范管理7.6万人，管理率78.69%；高血压患者规范管理3.69万人，规范管理率72.26%，最近一次随访达标率66.88%；糖尿病患者规范管理1.3万人，规范管理率74.86%，最近一次随访达标率73.66%；严重精神障碍患者登记在册0.37万人，登记管理率0.45%，规范管理率97.61%；0~6岁儿童保健管理6.69万人，管理率95.35%，新生儿访视率94.67%，儿童眼保健覆盖率94.87%；孕产妇早孕建册人数0.51万人，早孕建册率88.64%，产后访视人数0.57万人，产后访视率99.65%；肺结核管理人数386人，管理率100%；老年人中医药服务管理7.79万人，管理率达80.7%，0~36月儿童中医药服务管理2.9万人，管理率达84.17%。

【乡村医生队伍建设】 2022年，广丰区多措并举增加卫生人才总量，优化人才队伍结构，放宽事业单位公开招聘考试开考比例、学历要求、年龄条件，增加年度招聘计划数量，全年乡镇卫生院招聘在编卫生专业技术人员46名，农村订单定向医学本科生5名，通过"三支一扶"考试招录支医人员16名，"归雁计划"招入卫生技术人员20名。开展线上线下学习培训，组织乡村两级卫生人员进行线上线下学习，乡镇卫生院骨干全科医生1名、乡村医生41名、乡镇卫生院骨干人员6名到区人民医院进修。开展乡村医生订单定向毕业生培训接收工作，2022年毕业的18名乡村医生订单定向毕业生全部完成培训并参加全省乡村医生执业资格考试，成绩合格者已注册执业。

（供稿人：周兴兴）

卫生监督

【概况】 2022年，广丰区开展规范医疗市场、职业和放射卫生监督、学校卫生监督、饮用水卫生监督、公共场所卫生监督、传染病防治卫生监督及医疗服务监督等。全区开展日常监督检查1986户次，办理卫生监督执法案件一般程序案件151件，其中公共场所卫生69件、放射卫生9件、医疗卫生64件、传染病防治4件、消毒产品1件、生活饮用水1件、职业病防治2件、妇幼健康1件，罚款总额70万余元；完成国家双随机抽查任务108件，其中公共场所44件（包含游泳场所1件）、生活饮用水9件、放射卫生3件、学校卫生10件、医疗卫生13件、传染病防治15件、妇幼健康14件，全区级双随机监督完成率100%，任务完成率100%，完结率100%；全区配备行政执法手持终端15台，执法记录仪3台，行政处罚、行政许可双公示率100%，重大卫生行政处罚决定法制审核率100%，行政处罚全过程记录率100%；受理各类投诉举报7件，办理率、结案率、答复率（有联系方式的）、投诉对象满意率均达100%。

【职业、放射卫生监督】 2022年，广丰区卫生健康委对35家放射诊疗单位监督覆盖率100%，重点检查《放射诊疗许可证》持有情况和放射工作人员健康体检、剂量监测、健康监护情况，放射诊疗建设项目职业病危害评价情况、设备状态检测情况等，依法对放射诊疗机构的依法执业情况进行全覆盖监督检查，对发现的问题及时提出整改意见，检查中发现的违法行为单位6家，罚款总额1.2万元。

【学校卫生监督】 2022年，广丰区卫生健康委对全区67所学校开展学校传染病与常见病防控情况监督检查，对学校、托幼机构、校外培训机构采光照明实施"双随机"监督检查，9所学校监督抽检任务全部完成。

【饮用水卫生监督】 2022年，广丰区卫生健康委对全区集中式供水单位（含城市、农村集中式供水单位）进行专项检查，共监测市政供水出厂水8份，合格率100%；管网水常规检测32份，合格率100%；集中式供水112份，合格率94.6%。

【公共场所卫生监督】 2022年，广丰区卫生健康委新发公共场所卫生许可证180，并对422家公共场所单位进行现场卫生监督检查，重点查处无证经营行为，以及顾客用品用具的清洗、消毒、保洁落实情况及检测情况，全年共抽检公用物品468件，合格率98.5%。结合文明城市创建工作，分发各类创文标识800余份。

【医疗废物、传染病防控监督】 2022年，广丰区卫生健康委开展传染病防治监督检查，加强对辖区内医疗机构传染病疫情报告、预检分诊、消毒隔离、医疗废物处置等各项制度落实情况的监督检查，对不符合要求的单位下达监督意见书，全年共查处传染病防治违法案件5件，罚款7000元。

【医疗卫生监督】 2022年，广丰区卫生健康委持续加强打击非法行医行为，查处非医生开展医疗美容项目2家，共罚款40000元；查处聘用非卫技人员从事诊疗活动10家，没收非法所得14820元，共罚款134000元，有效净化医疗服务市场秩序。

（供稿人：周兴兴）

疾病预防控制

【疫情报告管理】 2022年，广丰区级疫情管理人员，每天四次（上、下午各二次）对传染病疫情报告系统，各报告单位上报的传染病疫情进行审核，发现情况及时上报分管领导，并做好调查订正，每月及时上报传染病疫情分析统计。2022年共完成12次传染病报告疫情月分析，审核报告卡1081例（不包括重卡），其中传染病卡950例（乙、丙类传染病880例，其他传染病70例），其他疾病131例。全年全区传染病报告发病数1752例（包含外地报告数），发病率203.38/10万，其中肺结核报告322例、肝炎报告460例、新冠肺炎确诊病例2例（报告单位为上饶市第二人民医院和江西省高等医学专科学校第一附属医院）、新冠肺炎阳性检测者14例（报告单位为上饶市第二人民医院6例和上饶东信第五医院8例）。全年处理传染病预警信息69条，无突发公共卫生事件报告。

【传染病防治】 新冠肺炎防控：2022年，广丰区组建5支新型冠状病毒肺炎疫情处置应急队（由流调、检验、消杀共30名队员组成）和2支专业消杀机动工作队（由6名队员组成），开展疫情处置工作。6月30日，区疾控中心对所有干部职工进行新冠肺炎防控方案第九版培训学习。2022年全年报告密接1870人，次密接4068人，协查2人次境外返乡复阳人员，12人次上海返乡阳性人员，完成流调报告2075份。

霍乱监测：2022年4月至10月，广丰区采集江河水98份，水产品141份（甲壳类26份、贝壳类42份、牛蛙26份、鱼类23份、其他24份）进行监测，霍乱弧菌阴性，区人民医院、区中医院、永丰街道卫生院、丰溪街道卫生院、芦林街道卫生院、大石街道卫生院、下溪街道卫生院共报告腹泻病人244人，检索67人，检索率27.46%。

狂犬病监测：2022年，广丰区丰溪街道卫生院狂犬病接种门诊、大南镇卫生院接种门诊全程接种报告1907例暴露人群，均按接种程序全程接种狂犬病疫苗，全程接种率为100%。

手足口病监测：2022年，广丰区共报告手足口病65例，其中18例为确诊病例、47例为临床诊断病例，实际已采集47例，无重症病例，无死亡病例报告。

出血热监测：2022年，广丰区报告出血热病例7例，及时开展流调及监测数据上报。

流感监测：及时关注流感疫情动态，根据市疫情防控指挥部、市疾控中心通知要求，到三月中旬止每半月一次，四月起每星期一次统计汇总辖区预防接种单位流感疫苗接种情况。

布病监测：通过疫情网络监测，2022年1月1日至10月10日共报告布病病例4例，其中1例为本地报告病例、3例为外地报至本地病例。在各乡镇卫生院的配合下，中心对病例进行流行病学调查，对患者及密切接触人员采集血清进行检测，并建议到县区二级及以上医院进行诊治，对患者居住环境开展终末消毒。

【卫生应急培训和演练】 2022年，广丰区组建传染病疫情应急处置队、新冠肺炎疫情处置应急队伍。6月16日，在沙田镇开展广丰区新冠肺炎疫情处置应急演练工作。6月30日，在区疾控中心三楼会议室对所有应急队员进行新冠肺炎防控方案（第九版）培训。7月3日，在区政府五楼会议室对全区各乡镇街道分管领导、区直各单位分管领导、疫情防控分管负责人开展新冠肺炎防控方案（第九版）培训会。8月16日，在区公安局二楼会议室对五个街道分管领导、区公安局流调队员、追阳采样队员等进行新冠肺炎防控方案（第九版）流行病学调查方案的培训工作。9月，全体应急队员参加全区在区城南小学举办的新冠肺炎疫情追阳应急演练。

（供稿人：周兴兴）

妇幼保健与社区卫生

【妇幼重大公共卫生服务】 2022年，广丰区持续做好妇幼重大公共卫生服务。

实施农村妇女免费增补叶酸预防神经管缺陷项目，至12月底全区完成新增叶酸服用人数6203人。

开展预防艾滋病、梅毒和乙肝母婴传播项目工作，加强妇幼卫生监测项目精细化管理水平，提升项目实施质量，按照最新要求做好艾梅乙母婴传播阻断，至12月底婚检艾梅乙检测人数4519对，孕产期艾、梅、乙检测人数4052例、乙肝阳性产妇数462例、梅毒孕期9例、艾滋病分娩产妇1例、梅毒产妇产时阳性8例，阳性病例均进行了规范指导和干预，暂未发现艾滋病、梅毒产妇所生儿童的感染情况。

实施适龄妇女"两癌"检测项目，至12月底，宫颈癌筛查人数达14000人，乳腺癌筛查人数12000人。

做好育龄青年婚检工作，至12月底，全区婚登数4554对，婚检数4519对，婚检率达99.23%，降低新生儿出生缺陷的发生，促进出生人口素质提高。

做好困难家庭出生缺陷防控服务，印发《广丰区困难家庭孕妇基因检测产前筛查技术方案》和《广丰区困难家庭新生儿遗传性耳聋基因检测技术方案》，并组织培训，每周由各助产机构上报孕妇信息进行数据比对，持续做好困难家庭出生缺陷防控服务工作，至12月底，共完成困难家庭孕妇基因检测18人，耳聋基因检测22人，有效降低出生缺陷风险和致残率，提升出生人口素质。

【妇幼保健单位常态化疫情防控】 2022年年初，广丰区卫健委对全区妇幼保健单位进行常态化疫情防控督导，部署疫情常态化下的预检分诊、发热门诊、日常诊疗和住院工作。对涉疫地区回来的孕产妇和儿童，建立台账，专人管理，保障孕产妇和儿童的安全。12月份针对新形势下的疫情情况，广丰区成立居家网格服务专班，将重点人群（孕产妇和0—6岁以下儿童）摸底造册，由网格员进行跟踪随访，所有医疗机构正常接诊患者，孕产妇救治由广丰区妇幼保健院兜底。

【妇幼保健服务能力建设】 2022年，广丰区继续提高产科服务能力建设，提高产科服务质量，对区人民医院、区中医院、区妇幼保健院的"产科急救中心"和"NICU病房"建设完善，提高服务质量。促进区妇幼保健院硬件和软件发展。对区人民医院、区中医院、区妇幼保健院"两个危重救治中心"进行评审。加强区、乡、村三级保健队伍的业务培训，针对孕产妇急救技术中存在的问题和妇幼保健工作实际需要，多次组织基层妇幼保健人员开展业务培训。

【"两集中管理"情况】 2022年，广丰区按照《上饶市广丰区孕产期保健集中管理工作指导方案》《上饶市广丰区0—6岁儿童健康集中管理试点工作实施方案》，规范全区围产期保健管理及0—6岁儿童保健管理工作，提高孕产妇系统管理质量和提高0—6岁儿童健康管理率，加强高危孕产妇管理，降低孕产妇、新生儿死亡率和残疾儿童发生率、5岁以下儿童死亡率，保障母婴安全。

广丰区孕管、儿管中心成立有四年，坚持孕儿管中心每月例会制度，例会上对全区孕产妇、儿童管理情况进行通报，共同商讨工作中存在的问题，提出改进意见，对下一步工作进行部署。例会安排省、市、区专家进行授课，进行常规保健服务知识培训及新知识新技术的推广。

【《出生医学证明》管理与托育机构管理】 广丰区《出生医学证明》日常管理由广丰区妇幼保健院负责，严格按照《出生医学证明》管理办法对辖区内的助产机构进行督导，并对相关人员进行业务培训。广丰区贯彻三孩生育政策及配套支持措施，满足人民群众迫切的托育服务需求，加强3岁以下婴幼儿照护服务，推进幼儿托育民生工程，对全区的托育机构进行督查，取缔"黑户"现象，至2022年年底，有2家机构进行备案登记。

（供稿人：周兴兴）

采供血

2022年度广丰区无偿献血顺利开展，合计1273人次有效献血，累计无偿献血1906.5U（注：在医学和血液学领域，通常用单位U来表示血液的量。1U通常代表一单位红细胞，即200毫升的全血）。

（供稿人：周兴兴）

皮肤病性病防治

【概况】 2022年广丰区按现住址共发现并报告艾滋病感染者55例，至2022年12月全区按现住址累计发现和报告HIV/AIDS感染者610例（其中死亡145例，存活465例）。2022年对全区各医疗机构性病上报进行规范，2022年7月份对区人民医院、区中医院、区妇保院、区皮防所及广丰广德医院等上报的梅毒病例进行梅毒诊断准确性复核，经常性在网络上核对病人信息，避免重复报告，确保性病上报率达100%，准确率达100%。全区有麻风治愈存活康复者33例，2022年未发现新发病例。

【艾滋病防治宣传】 农民工宣传：利用春节回乡期间，在各车站分发宣传资料；定期走工厂、进工地，对农民工进行宣传；每周利用乡镇赶集的机会，发放艾滋病宣传资料，开展6.26、12.1等大型宣传活动。

娱乐场所从业人员艾滋病宣传：借助每月进行外展干预的机会，为所有娱乐场所从业人员发放宣传资料，全年累计宣传600人次，发放宣传资料600份。

性病门诊就诊者宣传：依托各医院的性病诊疗科室，借助携手医访医生端为就诊的性病患者分发性病服务包，通过诊疗医师及性病服务包对患者进行安全性行为的教育，全年发放性病服务包2213套。

【艾滋病干预和检测】 2022年广丰区共有性病门诊就诊者、暗娼人群、孕产妇等三个国家级艾滋病哨点。根据2022年全国艾滋病第四轮示范区工作要求，广丰区皮肤病性病防治所1—12月组织工作人员开展哨点监测培训、现场采血及问卷调查、血样检测、数据库录入等，完成哨点监测任务。

艾滋病抗病毒治疗：2022年新增治疗52例，外地转入4例，累计接受抗病毒治疗537例，在治疗的有446例。

重点人群筛查：2022年度对432位公安监管所在押人员进行采血检测及知识宣传。

艾滋病贫困家庭机会性感染救助：2022年度广丰区享受到贫困家庭艾滋病机会性感染救治的HIV/AIDS病人有476人次，其中有28人因机会性感染获得救治补助，本年度共支出救治资金739684.00元。

艾滋病工作督导：2022年广丰区皮肤病性病防治所对全区21个乡镇卫生院、7个民营医院HIV检测点实验室进行了艾滋病工作督导，对各医院的艾滋病检测完成情况进行考核。

艾防各项指标完成情况：疫情报告质量：首次流调质量为100分，病人接受结核病检查的比例为100%，配偶/固定性伴HIV抗体检测率为100%，病人随访检测比例为97.84%（至11月30日），未治疗病人随访检测比例72.73%（至11月30日）。全人群HIV检测率：2022年度广丰区共完成HIV抗体检测224434人次，HIV检测完成率为28.98%。抗病毒治疗情况：至11月30日广丰区抗病毒治疗比例为97.4%，CD4和病毒载量检测率为99.7%，病毒学成功比例为93.5%；完成VCT人群咨询检测912人次，完成率为130.28%（912/700）。

【麻风病防治】 至2022年年底，广丰区有麻风治愈存活康复者33例，2022年未发现新发病例。根据《江西省消除麻风危害规划（2022—2027年）》，广丰区皮肤病性病防治所积极开展麻风病防控，做好麻风病病人管理工作，全年麻风病人随访33人次，送上棉被等生活用品，合计1.4万多元。在月兔广场、各菜市场摆摊设点进行麻风知识宣传，深入各社会学校进行麻风病防治讲座。

（供稿人：周兴兴）

血吸虫病及地方病防治

【查灭螺与查治病】 2022年，广丰区血防站培训组建15个查灭螺专业队，每个专业队15—20人，查灭螺范围覆盖大南、吴村、洋口、枧底、湖丰等5个乡镇的15个行政村（社区），共调查750个环境1501.627万平方米，完成率100.11%，查出有螺面积约1.2万平方米，主要分布在大南镇李家村、大南镇石桥村、吴村镇塘边村，灭螺面积完成150.61万平方米，完成率100.41%。

广丰区血防站深入国家监测点大南镇李家村开展查灭螺，查螺面积21.25万平方米，系统抽样358框，查出有螺框10框，捡获活螺8个；环境抽样1548框，查出有螺框5框，捡获活螺3个，活螺全部进行解剖镜检和LAMP法检测，未发现阳性钉螺。

2022年，广丰区血防站深入各疫区乡镇开展血防查治病，对疫区6岁以上人群进行IHA检查，共查7080人次，完成率101.14%，其中IHA阳性2例，粪检结果阴性。先后多次到区中医院、大南镇卫生院、吴村镇卫生院等哨点医院督导高危流动人群的血吸虫病监测工作；完成晚血病人救助治疗54人次，完成率101.89%。

【血吸虫病防治宣传】 2022年，广丰区血防站举办血防专业技术人员血防知识培训班1期（参加人员24人），区相关医疗机构医务人员及网络管理人员血防知识培训班1期（参加人员22人），疫区乡镇中小学校教师血防知识培训班1期（参加人员24人），疫区乡镇行政村（社区）干部及查灭螺队员血防知识培训15期（参加人员121人），对住院接受救助治疗的晚血病人进行相关的晚期血吸虫病救助治疗的政策宣传和培训3期（参加人员48人）。与区教育体育局联手开创"无血吸虫病人学校"活动，将血吸虫病防治知识纳入学校健康教育内容，开设血防课，宣传血防知识，开展血防健康教育课累计25课时；参加血防知识测试累计346人次，测试合格率100%。购置并发放血防健康教育实用宣传品11200余件，血防知识宣传手册1700份，接受健康宣传教育的群众和学生累计1600人次。利用微信平台不定期推送血防健教知识，利用活动展板到疫区开展血防知识进万家等系列活动，不断提升"血防"的社会关注度，增强群众的血防意识和自我防范能力。

【血吸虫病传播风险评估】 按照《2022年广丰区血吸虫病传播风险评估方案》的要求，广丰区血防站开展血吸虫病传播风险评估，对两个仍有钉螺的行政村即大南镇李家村、吴村镇塘边村开展流行因素监测。两个监测村共调查49个环境，调查面积6.9109万平方米，调查框数6347框，查出有螺面积1.12万平方米，有螺环境5个，分别为田、地沟，捕获钉螺91只，其中活螺58只，活螺平均最高密度0.273只/0.1平方米，为吴村镇塘边村上罗村沟，所有捕获的钉螺全部进行解剖镜检，均未检出感染性钉螺。监测结果显示期内有螺面积较去年减少0.38万平方米，有螺面积压缩明显，但环境点平均活螺密度增大，提示血吸虫病传播的潜在风险仍然存在，已监测到的流动人群无异常情况，说明病情稳定。对广丰区纳入血吸虫病EDDC数据库的登记病人，开展全覆盖式的随访调查，建立完善登记病人个人档案，准确掌握血吸虫病人基本情况，便于更好地对其进行救治与管理。

（供稿人：周兴兴）

爱国卫生运动

【健康教育】 健康知识宣传：2022年，广丰区卫生健康委设计制作4期健康教育宣传栏，内容包括新冠肺炎疫情防控、禁控烟知识、季节性疾病预防知识宣传。全区入户发放健康教育宣传资料5000余份。

健康促进活动：2022年，广丰区组织实施了以"烟草威胁环境"为主题的5.31世界无烟日活动、广丰区第三届"天虹"荧光夜跑活动、魅力广丰万人健步走活动、广丰区羽毛球团体大赛，倡导文明健康绿色生活方式，促进市民身心健康。每月一次健康教育评比活动，包括控烟、宣传栏设置、健康教育活动开展情况等，全年组织开展12次。健康素养监测国家点和市点共抽取6个乡镇（街道）进行入户调查，居民健康素养水平25.84%，逐年提高，达到《健康中国行动》提出的"到2022年健康素养水平不低于22%的目标"。

通过媒体健康科普：2022年，广丰区卫生健康委制作公益广告3部，公益广告在电视台投放的总时间1100多个小时，在电视台播放新冠肺炎疫情防控健康教育节目（包括专题、专栏、访谈、公益广告等形式）总时长8.3小时。通过2年的健康促进区创建，2022年6月接受了省级验收。区域居民能较好获取健康知识、形成健康理念、掌握一定的健康技能、养成良好的生活方式，健康素养水平较上年度有所提高，健康促进场所建设逐步开展，健康支持性环境建设不断完善。

【病媒生物防制】 2022年，广丰区巩固国家卫生城市创建成果，广泛开展城乡环境大整治，清理室内外环境，清除暴露垃圾和各类积水，填平洼地，疏通下水道，打捞河道漂浮物，有效控制和减少"四害"孳生栖息场所。根据"四害"季节消长规律和生态习性，有组织、有针对性地开展全区突击除害活动。

2022年全年共开展6次鼠类密度监测，全年共投放鼠夹3600块，有效鼠夹3552块，捕获鼠25只，鼠密度为0.70%。

开展成蚊密度监测：全年共布放180灯次，捕获成蚊1166只，其中雌蚊604只，蚊密度为3.36只/灯·夜。开展幼虫密度监测：3—11月共现场调查居民900户429处容器积水，发现有65户65处容器积水中有伊蚊幼虫孳生阳性积水，布雷图指数为7.22、容器指数15.15%、房屋指数为7.22%。全年共调查104次大中型水体，采集水样890勺，阳性勺为4勺，阳性勺指数0.45%；幼虫数6只，勺舀指数1.50。

开展苍蝇密度监测：全年3—11月共布放72笼次，捕获蝇类121只，蝇密度为1.68只/笼。

开展蟑螂密度监测：全年6种监测生境监测房间720间，有蟑迹阳性房间44间，布放蟑螂纸720张，回收有效粘蟑纸693张，粘捕蟑螂粘蟑纸44张，蟑螂粘捕率6.35%，侵害率6.11%，蟑螂密度为0.12只/张，蟑螂密度指数为1.86只/张。

2022年全区共进行8轮大型集中消杀。更换鼠盒数58727个，封鼠洞数1003个，更换鼠药3265.94公斤，封堵鼠洞鼠药用量95.3公斤，检查散在水体数8065处，发现散在阳性水体212处，处理散在水体数6899处，固定水体数110处，发现阳性固定水体20处，阳性水体均喷洒投入灭蚊幼虫药。检查垃圾处数25685处，蝇阳性处数457处，阳性处数全部进行处理。鼠药用量3165.94公斤，灭蚊幼虫药用量188.3公斤，灭蚊蝇药用量1326.2公斤，热烟雾剂715.5公斤。

【7个乡镇获评"省级卫生乡镇"】 2022年，广丰区卫生健康委指导各乡镇（街道），大力治理农村环境脏、乱、差等问题，深入开展创建活动，因地制宜，健全管理制度，巩固创建成果。五都镇、泉波镇、吴村镇、霞峰镇、壶峤镇、少阳乡、东阳乡通过了省爱卫办考核验收，荣获"省级卫生乡镇"的称号。

（供稿人：周兴兴）

人口工作

【概况】 2022年度广丰区出生人数5459人，人口自然增长率3.58‰，年末总人口104.64万人，全区出生二孩2063人，二孩出生比为37.79%，出生三孩898人，三孩出生比为16.46%。

2022年，广丰区按照"互联网+"现代服务管理理念，全面实行网上生育登记制度，全区共完成生育登记网上办理8194例，其中一孩生育登记3658例，二孩生育登记3123例，三孩生育登记1413例，群众满意度达100%。

【落实计划生育利导政策】 2022年，广丰区按照"老人老办法、新人新办法"原则，继续落实国家、省、市现有各项计划生育利导政策。全区共落实国家奖扶（农村独生子女和二女户家庭父母）1635人，较2021年增加110人；落实国家特扶（城镇和农村独生子女伤残、死亡家庭父母）58人；落实关爱女孩阳光助学奖励12人；开展城镇居民独生子女父母计划生育奖励，落实城镇独生子女父母奖励2561人；建立和完善计划生育特殊家庭联系人制度，为每个特殊家庭确定一名乡镇（街道）领导、一名村（居）干部和一名医务人员作为社会关怀服务联系人；为58名计划生育特殊家庭父母组织实施每年一次的免费健康体检，按要求发放"失独家庭"一次性抚慰金5人。

【婴幼儿照护服务】 2022年，广丰区落实《国务院办公厅关于促进3岁以下婴幼儿照护服务发展的指导意见》、省政府办公厅《关于促进3岁以下婴幼儿照护服务发展的实施意见》，建立健全婴幼儿照护服务管理制度，规范托育机构的登记和备案管理，鼓励和支持有条件的幼儿园招收2至3岁幼儿。2022年全区有托育机构91家（9家纯托育机构、82家幼儿园托班），2家托育机构已备案，为3岁以下婴幼儿提供托位数3046个，实际收托1020个，达到2022年每千人托位数3个的目标。

（供稿人：周兴兴）

老龄工作

【老年人家庭医生签约履约服务】 2022年，广丰区卫生健康委加强家庭医生签约服务宣传推广，全年签约65周岁及以上老年人92434人，履约87537人，履约率97.70%，家庭医生定期主动联系签约老年人，了解健康状况，提供针对性的健康指导，提高签约老年人的获得感和满意度。

【老年友善医疗机构创建与老年医学科建设】 2022年，广丰区中医院、邦尔医院、永丰卫生院等33家医疗机构被省卫健委、省中医药管理局命名为全省老年友善医疗机构。

2022年，广丰区二级以上综合医疗机构设置老年医学科比例达100%，二级以上公办综合医疗机构设置老年医学科比例达100%。

【实施医养结合与失能老年人评估指导项目】 2022年，广丰区组织全区评估机构、服务机构开展老龄健康信息管理系统线上培训工作，全区失能评估系统申请评估数61807人，完成评估人数36238人，确认失能人数4332人，评估率59%，失能率7.02%，全市排名前列。

2022年，广丰区医养结合工程项目申报完成，洋口镇中心卫生院为2022年江西省医养结合试点单位，设置养老床位10张，接收需要照护的失能、半失能老年人入住。

【老年健康宣传周活动与打击整治养老诈骗专项行动】 2022年7月25日至7月31日，广丰区卫健委组织各医疗机构开展以"改善老年营养，促进老年健康"为主题的老年人营养健康宣传活动。宣传周期间，全区各医疗卫生机构累计组织义诊20余场，服务老年人5千人次，印制老年人营养健康教育主题海报162多幅，发放宣传资料2800份。

2022年，广丰区卫健委成立打击整治养老诈骗专项行动领导小组，制定《广丰区卫生健康系统打击整治养老诈骗专项行动实施方案》，开展打击整治养老诈骗专项行动宣传，加强重点整治，会同区卫生监督局对辖区养老机构开展打击养老诈骗专项整治排查。

【开展"敬老月"活动】 2022年"重阳节"期间，广丰区委、区政府主要领导分别带队走访慰问部分百岁老人，向他们送上党和政府的关爱和温暖，倡导尊老敬老爱老助老新风尚。白鹤畈社区联合区中医院、团区委、区青年志愿者协会在创美小区开展"敬老月"便民接待日活动，为老人提供免费义诊；区人民医院为老年患者举办重阳节联欢活动；乡镇卫生院开展智慧助老活动、老年人健康讲座活动、义诊活动，为参加活动的老年人免费测量血压、血糖，发放宣传品、宣传手册。

（供稿人：周兴兴）

医疗保障

【概况】 2022年，广丰区坚持人民至上，围绕全覆盖、保基本、多层次、可持续等目标，积极完善多层次医疗保障体系，覆盖范围不断扩大，保障水平稳步提升，对维护人民群众健康权益、缓解因病致贫、推动医保改革发挥重要作用，在减轻群众就医负担、增进民生福祉、维护社会稳定等方面取得显著成效。2022年，全区基本医疗保险总收入9.34亿元，总支出8.92亿元，基金累计结余7.72亿元，其中职工医保基金累计结余3.62亿元（可支付月数为25个月）、居民医保基金累计结余4.1亿元（可支付月数为7个月）。

至2022年12月，职工医保总收入18296.37万元，其中个人账户收入4827.8万元、统筹基金收入12954.76万元、财政补贴收入411.4万元、转移收入102.41万元；城镇职工基金共支出13966.09万元，其中个人账户支出2464.78万元、统筹基金支出11501.31万元。

至2022年12月，城乡居民医保基金总收入为75078.37万元，其中城乡居民自行缴费收入24103.83

万元、各级财政缴费补助50780万元、利息收入92.33万元、其他收入102.21万元；城乡居民医保基金支出75202.26万元，其中城乡居民医疗待遇支出69320.13万元、疫苗采购接种费882.13万元、大病保险5000万元。

【实施"全民参保计划"】 2022年，广丰区医疗保障局协同税务部门、乡镇村居，采取多渠道加强宣传调动群众参保积极性、税务医保征缴培训、及时更正录入居民参保信息、修改核对八类人员和重度残疾人员及优抚对象相关信息并及时入账、提供多元化缴费平台、畅通缴费渠道、及时推送缴费信息等措施，全区2022年度参保工作顺利完成。至2022年年底，全区基本医疗保险总参保人数814242人（其中居民参保773980人、职工参保40262人），完成医保参保率达到95%的目标。

【完善多层次医疗保障体系】 2022年，广丰区以基本医疗保险为主体，医疗救助为托底，补充医疗保险、商业健康保险等共同发展的多层次医疗保障制度框架基本形成，全面统一城镇职工基本医保和大病保险制度、全面合并实施生育保险和职工医保制度、全面做好医保基金市级统筹制度、全面落实医保门诊统筹制度，更好满足人民群众多元化医疗保障需求。

【医保支付方式改革】 2022年，广丰区在实行医保基金总额预算控制基础上，逐步实行以按病种付费为主的多元复合式医保支付方式，对普通住院实行总额控制下的按病种结算，对精神病实行按床日结算，对中医、康复住院按项目结算，对不同医院实行阶梯式、差异化的报销政策，提高基层医疗机构报销比例，实现医保支付的精准化和科学化，增强对医药服务领域的激励约束作用。根据全市DRG付费试点工作（注：DRG付费制度是指医疗服务按照患者的诊断相关组进行分类，并根据患者的诊断相关组为医疗服务提供商制定一定的支付标准。这种制度旨在通过对医疗服务的标准化和分类，来控制医疗费用的增长，同时确保患者获得高质量的医疗服务）的统一部署，2021年8月，区人民医院作为上饶市首批7家DRG实际付费医院之一开始采用DRG付费结算；2022年6月，6家二级医院开始实际付费结算；2022年9，区中医院开始实际付费结算；2022年年底，广丰区有18家医院开始实际付费结算。

【落实长期护理保险制度】 广丰区长期护理保险制度首先在城镇职工中开展，2019年扩大到全体城乡居民，2021年将保障范围扩大到因伤残导致和60周岁以上（含60周岁）的中度失能人员，并在享受长期护理保险待遇的基础上，将选择居家小额补贴、居家上门护理和亲情护理的失能人员纳入辅具适配服务保障范围；同时将长期护理保险与巩固脱贫攻坚成果政策相结合，为农村困难人员和城镇特困群体单独增设亲情护理服务项目，让困难人员家属在家门口实现就业。至2022年年底，全区共有3397人享受长期护理保险待遇，有效减轻失能人员及家庭照护负担，让这一特殊参保群体享受到更有尊严的医疗保障待遇。

【医保基金监管】 2022年，广丰区组织开展打击欺诈骗保专项治理，实现对"两定"机构（注：定点医疗机构和定点零售药店）监督检查工作年度全覆盖。开展事前事中分组督查方式，结合省市飞行检查行动，加大打击力度；以"进街道、进单位、进乡镇、进村居"走近参保群众开展集中宣传月活动，加强舆论引导和正面宣传，营造共同维护医保基金安全的良好氛围；通过多部门联合开展全方位调研、调查信访举报、专项检查行动，与全覆盖稽核、整治行业乱象相结合，严厉打击骗保、套保行为。2022年检查协议定点药店134家、定点医疗机构450家，对广丰民康医院、广丰上成中医院等552家医药机构进行约谈并责令限期改正，对广丰霖昌医院、广丰博视眼科医院等18家医药机构分别暂停1—6个月的医保结算，监管稽查缴回基金51.19万元，行政处罚45.73万元；市飞行检查缴回基金79.7万元，行政处罚21.92万元；定点医疗机构自查自纠缴回基金47.51万元。

【优化医保公共管理服务】 广丰区实现医疗保障费用"一站式服务、一窗口办理、一单制结算"；整合医保参保登记、医保缴费、社会保障卡首次申请、异地转诊人员备案、医疗费用报销直接结算等5项服务事项，实行"医保一件事"线上线下联办；推行"网上办""掌上办""电话办""代理办"等非接触式办理方式，全面落实一次性告知制、首问负责制、限时办结制。

2022年，广丰区把医保经办服务事项入驻镇村便民服务机构作为"我为群众办实事"实践活动重要内容，明确下放乡镇（街道）办理的医保经办政务服务事项清单，在乡镇（街道）便民服务中心设置医保服务专窗，配备专（兼）职医保工作人员，为群众提供医保经办服务。在有条件的村（社区）便民服务室设置医保服务窗口，由村（社区）工作人员直接办理或代办员提供医保便民服务事项代办服务，有效实现医保经办服务网络全域覆盖。

【"智慧医保"建设】 广丰区推广"医保电子凭证"，通过以会代训，协同乡镇（街道）和村（社区）、卫生院、定点医药机构，对各乡镇（街道）、卫生院、民营医院进行督导，将电子医保凭证的激活结算情况与各医疗机构的医疗保障评价工作挂钩，加大线上线下宣传力度，通过线上线下分类指导、定期通报电子医保凭证结算排名等措施，扎实开展医保电子凭证推广工作，全区就医、购药迈入"码时代"，至2022年年底，累计激活56万人，扫码结算定点机构188家，全区的电子医保凭证激活率以及结算率在全市排名前列。依托国家医保信息平台，异地就医结算更加便利，让百姓少跑腿、数据多跑路。开展"医保线上购药"，参保人员可享受"网上下单买药、医保线上支付、即时配送到家"的"一条龙"购药服务，足不出户解决购药难题。

（供稿人：余景波）

上饶市广丰区人民医院

【概况】 上饶市广丰区人民医院，占地面积约0.067平方千米，主要建有综合大楼、外科大楼、感染疾病科大楼、内科大楼，提质扩容工程在建当中。区人民医院是广丰区唯一一所集医疗救护、预防保健、科研教学为一体甲等综合性医院，是广丰区医保、工伤、生育保险定点医院。至2022年12月底，有职工1049人，卫技人员786人（占比76.46%），中、高级人才310人，核编床位数880张；开设34个临床科室，8个医技科室，22个行政职能科室。医疗设施先进、配套齐全，院内有德国进口西门子1.5T磁共振、64排螺旋CT、四维彩超、全自动化分析仪等各科大型及高中档医疗设备百余台，综合实力已居全省县级医院的先进行列。2022年，区医院推进"创三甲"工作，推进"名院、名科、名医"建设，加强医疗服务能力建设，推动优质医疗资源扩容和均衡布局，着力破解群众"看病难"、缓解群众"看病贵"难题，努力让人民病有所医。2022年全年接诊门诊病人数达45.6万余人次，开展手术共1.37万余人次。

【"两大中心"通过认证】 2022年10月18日，江西省胸痛中心专家组到区人民医院进行胸痛中心现场认证。10月24日，江西省胸痛中心委员会投票决定，广丰区人民医院达到江西省胸痛中心建设标准要求，通过省级验收，并推荐参加国家胸痛中心认证。广丰区人民医院胸痛中心于2020年11月19日启动建设，2021年3月18日正式投入运营。胸痛中心的建设，使得急诊PCI手术（注：PCI是经皮冠状动脉治疗的英文缩写，是一大类介入治疗冠心病的方法的总称。包括：冠状动脉球囊扩张、支架植入、旋磨、吸取血栓等。最常见的是前两种治疗）数量和质量不断提升，DtoW时间（注：DtoW时间是指胸痛患者进入医院大门到介入治疗的导丝通过病变的时间段。DtoW要求时间应≤90分钟。这是国家胸痛中心建设质量管理指标之一）由建设之初的平均135分钟下降到83分钟，最短45分钟，心肌梗死患者冠脉再灌注率不断提升，临床疗效不断提高。区人民医院胸痛中心通过省级认证，标志着胸痛管理体系、技术力量、质量标准和综合救治能力达到省级标准水平，也标志着区人民医院心血管学科发展跨上新台阶。

2022年9月24日，由江西省人民医院的专家组对区人民医院卒中中心建设进行现场评估，10月17日，江西省卒中中心委员会投票决定，广丰区人民医院达到江西省卒中中心建设标准要求，通过省级三级卒中中心验收。广丰区人民医院卒中中心于2020年11月19日启动建设，2021年3月1日正式投入运营。卒中中心的建设，使得急诊DNT时间（注：DNT时间是指缺血性卒中患者进入医院大门到静脉输注溶栓药物的时间段。DNT要求时间应≤60分钟。这是省级卒中中心建设质量管理的重要指标）由建设之初的平均85分钟下降到50分钟，最短32分钟，急性缺血性脑卒中患者再灌注率不断提升，临床疗效不断提高，脑卒中患者致残率不断下降。广丰区人民医院卒中中心通过省级认证，标志着卒中管理体系、技术力量、质量标准和综合救治能力达到省级标准水平，也标志着广丰区人民医院神经内科学科发展跨上新台阶。

【亚专科建设】 2022年，区人民医院的急诊医学、小儿内科学、骨外科学、重症医学、呼吸病学、普通外科学、神经病学、肿瘤学、心血管病学、肾脏病学、康复医学等11个专业被列为2022—2024周期上饶市医学重点学科建设项目，填补医院市级重点学科的空白。2022年新开展脑出血去骨瓣/微创引流术、腹腔镜下结肠癌根治术、甲状腺癌根治术、乳腺癌根治术、腰大池引流术、动静脉造瘘术、甲状腺结节消融术及超声介入等10余项新技术、新项目，有效地填补医院在相应领域的技术空白。2022年，在新技术、新项目的引领下，医院的手术量、三四级手术占比、微创手术占比和冠状动脉介入手术量较去年同期分别增加8.5%、11.2%、7.9%和12.6%。

【巩固医联体】 2022年，区人民医院先后与南昌大学第一附属医院、联勤保障部队第九〇八医院、江西省肿瘤医院、江西医专第一附属医院等构建医联体，探索科室帮扶合作，定期邀请甲乳外科、胸外科、肾内科、神经外科、妇科和胃肠外科等省级知名专家来医院坐诊、查房、教学及手术，让广大百姓在家门口就能免费享受到省级专家的医疗服务。同时也借力行业前列医院的优势，强化医院内部管理、专科专病治疗、新项目技术培育等方面的建设。

（供稿人：周浩勇）

上饶市广丰区中医院

【概况】 广丰区中医院是集医疗、保健、教学、科研、急救为一体的综合性三级中医医院,是江西中医药大学、江西中医药高等专科学校、江西医学高等专科学校、上饶卫校等的教学基地,是江西省热敏灸联盟成员单位。至2022年年底,医院占地面积60亩,业务用房面积49500平方米,医院有编制床位数500张,在职人员497人,其中卫生技术人员441人,正高级职称8人,副高级职称人员57人,中级职称人员157人,研究生学历10人,本科学历275人。医院设置职能科室17个,临床科室20个,医技辅助科室9个,拥有针灸康复科、骨伤科、中西医结合妇科、中西医结合急症医疗中心等4个省级重点中医专科,急诊科、肾病科等2个省级基层特色专科,糖尿病专科、肛肠专科等2个市级重点中医专科,1个全国基层名老中医药专家传承工作室,2个上饶市名老中医药专家传承工作室以及1个广丰区庄氏中医传承工作室。医院的微创技术广泛用于骨伤科、普外科、妇科、脑外科、消化内科、呼吸内科等临床科室,其中脊柱内镜、肩膝关节镜、腹腔镜、输尿管镜、宫腔镜、消化内镜、电子支气管镜等微创诊疗以及恶性肿瘤化疗免疫治疗、糖尿病的个体疗法、儿童保健技术、中医肛肠等诊疗技术在区内均有一定影响力。

2022年完成门急诊431487人次(包含核酸检测人数257281),门急诊收入46384395.90元;完成出院14926人次,住院收入76197704.46元;完成手术2069台次;完成健康体检单位41个,人数4811人;完成个人体检5169人次,职业病体检276人次,全年体检收入181.65万元。2022年度医院总收入为16012.58万元,其中业务收入约12989.09万元(医疗收入7815.71万元、药品收入5092.5万元),财政补助收入2981.14万元(财政基本拨款789.85万元、公立医院改革补助121万元、财政项目拨款2070.29万元);全年支出总额为16008.08万元(其中业务支出14944.42万元、项目支出872.45万元、其他费用等184.42万元、资产处置费6.79万元)。

【开展中医适宜技术】 2022年,区中医院鼓励科室开展中医适宜技术,实行中医护理方案,本年度共开展中医护理技术项目21项,中医适宜技术应用75819人次。培育中医临床优势病种,力推中医临床路径,每个临床医生至少2个常见病及优势病种的中医诊疗方案和临床路径。2022年药品总处方数1139397张,中药处方32130张,中药饮片处方19005张,中药处方占比7.74%。

【培养中医药人才】 2022年,区中医院巩固中医药人才工作成果,通过完善服务体系建设、加强中医人员培训、推广应用中医药适宜技术、开展中医药知识竞赛等,提高医疗服务质量,增强中医药人员的服务能力和技术水平,使区中医院的中医药事业得到稳步发展。加大中医药人才尤其是中医骨干、学科带头人的培养和基层实用型中医药人才的培养,选派4名中医护理骨干分别参加2022年江西省基层中医药人才培养培训班和2022年上饶市第二期中医护理骨干培训班,2022年阮丽玲同志参加全国中医护理骨干人才培训项目,骨伤科顾小荣同志评选为市级中医药中青年骨干人才。

【开展义诊活动】 2022年,区中医院开展大型义诊活动6次。3月5日,在壶峤镇开展"学雷锋奉献精神,展中医文化风采"志愿义诊服务活动;4月15日,在西溪开展肿瘤防治宣传周大型义诊活动;8月19日,在泉波卫生院开展"医心向党,踔厉奋进"送医下乡大型义诊活动;10月29日,在月兔广场举行世界卒中日义诊活动;11月5日,值上饶市第三届中医药文化周,在洋口党群驿站小广场举行中医药义诊活动,弘扬中医药文化,宣传中医药相关法律法规;11月12日,邀请省中医药大学附属医院名老中医,骨伤、肛肠、热敏灸、妇产、肺系病、神内等专家在该院进行大型义诊活动。6次义诊共计服务1200余人次,免费发放中药香囊包600余个,体验热敏灸、针灸、刮痧、拔火罐等中医适宜技术共300余人。

【疫情期间线上诊疗及健康咨询服务】 2022年12月,区中医院在疫情防控转段、第一波感染高峰中发挥中医药在疫情防控中的预防和治疗作用,提供疫情期间线上便民服务,为个人、群众或单位团体提供线上开具新冠病毒感染的中药预防方、中药治疗方及中药代煎、快递到家等多种服务。由高年资中医师组建中医药救治专家组24小时线上接诊,制定7种协定方剂满足不同人群所需,共接到区内线上咨询问诊电话200余次,协定方使用1500余剂、预防用药2000余剂,中西医结合治疗新冠感染人数1000余人,培训基层中医药人员20余人。开设新冠康复中医门诊,发挥中医药特色康复能力。中医药的治疗方,如防疫包(香囊)和清肺排毒汤剂等副作用小,同时对于心肺、呼吸道等功能脏器的伤害比直接使用西药治疗的伤害小,很大程度上保护了主要脏器的健康。新冠肺炎患者的后期康复中,大部分患者表示更加愿意接受中医药或中西医结合的治疗。

【集中培训考核全区核酸采样人员】 2022年8月底，区中医院承办全区新冠病毒核酸采样人员集中培训考核工作，在门诊部四楼多功能会议室多次培训考核医务人员共1000余人次。培训老师就穿脱防护服规范、口咽拭子采集操作规范、鼻咽拭子采集操作规范、穿脱隔离衣技术操作规范进行重点讲解，对做好个人防护、感染控制、新冠病毒标本采集中生物安全要求等进行深入解读，同时就操作规范进行现场教学示范。教学示范后，参训人员逐一进行穿脱防护服练习，培训老师对不规范之处给予点评、纠正。对照标准规范，对所有参训人员进行实践技能考核，达到预期培训考核目的。

【江西中医药大学附属医院医联体医院暨江西热敏灸医院广丰分院成立】 2022年11月13日，江西中医药大学附属医院医联体医院暨江西热敏灸医院广丰分院揭牌仪式在区中医院举行。江西中医药大学附属医院医联体医院、江西热敏灸广丰医院将在医院管理、医疗质量、专科建设、教学科研等与江西中医药大学附属医院紧密融合、同质化发展，通过学习融合江西中医药大学附属医院的新技术、新方法和先进管理理念等，在江西中医药大学附属医院医联体医院、江西热敏灸广丰医院联合开展人才培养，组建高水平中医医疗团队，建立多学科联合会诊、联合手术机制，大幅度提升重点疑难病种的诊疗水平，更好地满足广丰百姓对优质医疗资源的需求。揭牌仪式结束后，江西省中医药大学附属医院专家们到区中医院国医堂义诊，热情、认真地为前来咨询的患者解答疑问，并针对不同的病症提出合理的诊疗建议和治疗方案。

（供稿人：杨紫萱）

上饶卫校附属医院（广丰区妇幼保健院）

【概况】 上饶卫校附属医院（广丰区妇幼保健院）为上饶卫生学校下属正科级二级单位，是广丰区"产科急救中心""产前筛查中心""儿童早期发展示范基地""先心筛查中心"，医院位于广丰区铜钹山大道66号，占地面积35.58亩，一期建筑面积2.3万平方米，总投资1.3亿元。设有外科、内科、产科、妇科、中医科（中医馆）、儿保科、儿科、五官科、急诊科、麻醉科、影像科、检验科、药剂科、公共卫生科等，设置病床252张，实际开放床位232张，有职工324人。2022年业务量5854万元，年门诊量20047人次，年住院7614人次。

【校院融合】 2022年，推进综合医院建设和校院融合，有14名医护人员到学校上课教学，涉及教学科目有医学基础、临床医学、临床护理及医技等12门课程。

【妇幼保健服务】 2022年，医院召开孕儿管中心现场例会10次，举办线上例会4次，进行常规保健服务知识培训和新知识新技术的推广，实施产妇公共卫生购买服务返费优惠工作，落实农村妇女"两癌"免费筛查工作。举办全区性艾、梅、乙培训班1期，母乳喂养知识技能培训班1期，举办"提升妇幼健康服务保障母婴生命安全"知识竞赛，通过培训提高全区妇幼保健人员的整体服务水平，推广妇幼保健适宜技术。

【多学科建设】 2022年，加强医院能力建设，开设急诊科并通过验收；引进新技术及新项目拓展科室服务范畴，各科室配齐医疗器械设备，整体加强内科、外科诊疗能力；整合中医康复科，开展椎间盘突出、疑难杂症、不育不孕等特色专科，发挥中医诊疗优势，继承和创新中医特色诊疗技术，提高诊疗水平；病理科在设计装修，PCR实验室投入使用，开展新冠肺炎核酸检测新技术。

【配合疫情防控】 2022年，医院完成隔离点、全区核酸采样、追阳、救治等工作，对全区913名医务工作人员进行核酸采样的培训和考核。2022年4月底，万年县、信州区等疫情暴发时，医院派出10名医务人员支援上饶市方舱医院，其中院感科两次被上饶市第二人民医院抽调为期2个月的支援。2022年收治管控隔离区孕产妇5例，出诊76次。在12月份新冠肺炎疫情防控转段，对院区进行阴性、阳性病区分区，发热门诊扩区设置，全院300名医护人员有2/3感染仍坚守岗位，守卫人民健康。

（供稿人：李静）

社会生活

人力资源和社会保障

【概况】 2022年度，广丰区深入贯彻党中央实施就业优先战略思想，全面落实全省、全市深化发展和改革双"一号工程"推进大会精神，进一步优化营商环境，突出抓好促进城乡就业、加强人事人才管理、积极构建和谐劳动关系等重点工作，全区就业局势保持总体稳定，人才工作实现新提升，社会保障水平持续提高。

【就业与创业】 2022年，广丰区就业局势保持总体稳定。持续加大助企纾困帮扶力度，助力企业发展"降本、提质"，全力稳定就业大局。深入企业一线调研，了解企业的经营情况和面临的困难，通过召开座谈会、发放宣传资料、现场政策解读等，面对面交流、"零距离"答疑解惑，帮助企业解决问题11个。对符合条件的468家企业发放稳岗返还补贴金额428.04万元，惠及企业职工11843人；开展全民职业技能提升培训4725人，发放就业技能培训补贴218.6万元；新增创业担保贷款21740万元，其中小微企业贴息贷款29家计9780万元，带动就业5561人。

通过举办专场招聘会、开发公益性岗位、发放一次性创业补贴等方式，为就业困难的特殊群体提供就业援助。对外出务工脱贫户劳动力发放一次性交通补贴2979人，发放补贴金额142.67万元。开发公益性岗位数908个，发放公益性岗位补贴390.64万元。高校毕业生一次性求职补贴197人，发放一次性求职补贴19.7万元。

2022年全区城镇新增就业人数4093人，新增农村劳动力转移6419人。线上线下相结合，拓宽就业渠道。线上启用汇才网招聘平台，致力消除招聘求职信息"壁垒"，全区有112家本地企业注册使用该平台，发布招聘岗位信息880个；线下创建广丰区人力资源市场，搭载企业和群众双向沟通招聘平台，区人力资源市场功能全面，能够充分满足本地区人力资源市场开发和管理需求。全年举行春季大型招聘会、退伍军人招聘专场、携企赴余干鄱阳招聘、广丰里专场招聘会等线下招聘会16场，参与企业94家，提供岗位2410个，求职登记1380个，达成意向672人，实现招工用工无缝对接。

【人才工作与人事管理】 2022年，广丰区持续实施《上饶市广丰区高层次人才引进培养办法》和《上饶市广丰区急需紧缺实用性人才引进培养办法》，完善"招才引智"的"四梁八柱"，2022年引进高层次人才4人（2名教育类人才，2名卫生类人才）。发挥阵地辐射带动作用，申报江西省博士后创新实践基地1家；新建3家区级技能大师工作室，2家市级技能大师工作室，推选出3名"上饶工匠"，以示范基地、典型榜样带动一批人才、凝聚一批人才。

坚持高标准人事管理工作，坚持公平公开，着力建设高素质队伍，全区共招聘事业单位工作人员199人，其中教体局80人，卫健委68人；广丰区公安局公开招聘执法勤务辅警共92人；教体局招聘合同制幼儿园教师62人，保育员45人；广丰区国有企业公开招聘工作人员。按相关政策，安置服务期满事业单位工作人员162人，其中特岗教师38人，"三支一扶"人员25人，2021届公费师范生2人，2022届公费师范生4人，定向生62人，广丰区"归雁计划"选调56人，招募"三支一扶"志愿者31人。

【社会保险】 2022年，广丰区坚持提质扩面，加强政策宣传，狠抓参保扩面，强化基金管理，优化服务，不断扩大社会保险覆盖面。全区养老保险参保65.01万人次，工伤保险参保8.6万人次，失业保险参保3.0万人次，为24850名符合代缴条件的重度残疾人、低保人员、特困人员等特殊群体代缴了最低档次100元/年的城乡居民养老保险，对全区所有符合条件的4.92万企业离退休人员发放养老金8.573亿元。

【促进校企合作】 2022年，广丰区为解决高技能人才紧缺问题，制定《关于支持鼓励技工学校、中等职业学校与企业校企合作的意见》，明确双方权责，发挥各自优势，完善合作平台。与上饶职业技术学院所属凤凰技工学校开展合作办学，培养技术人才，立足产业基础对学生进行专项培养，制订技工院校参与企业新型学徒制培养计划。拟定《校企合作细则》和《校企合作评估细则》，与江西寸金实业有限公司、江西正峰科技有限公司等本土企业签订合作协议，寸金公司投入价值约 100 万元的设备用于技校实训。

【推进欠薪根治】 2022 年，广丰区积极构建和谐劳动关系，区人社局联合相关乡镇、行业主管部门对全区加工制造业企业以及在建工程项目等行业开展隐患排查化解，共排查用人单位 1290 余家，发现欠薪隐患 15 起，对 14 起疑难案件实行领导包案负责制落实管控措施，相关责任单位安排专人提前介入，做好案件的跟踪和化解工作。

【化解劳资纠纷】 2022 年，广丰区开展劳动调解仲裁，化解劳资纠纷，全年接待各类法律政策咨询 3000 余次，共接受群众举报投诉拖欠农民工工资案 255 件，涉及农民工 987 人，共追讨民工工资 1130 余万元，案件结案率 100%；调处劳资纠纷信访案件 228 件，按时回复率 100%，保障农民工权益，促进社会和谐稳定。

【打击欺诈骗保专项治理行动】 2022 年，广丰区开展持续打击欺诈骗保专项治理行动，成立工作专班，结合审计数据、人社部下发的疑点数据逐一排查，追回多领冒领养老金，严厉查处违法违规骗取养老保险基金的行为。实行社保、医保、民政、公安等大数据比对，暂停疑似死亡人员养老金的发放；实行疑似死亡人员村（居）审核制，对不符合领取条件的进行养老金停发。区人社局联合乡镇、公安等部门开展打击违规领取基金、欺诈骗保基金专项行动，共追回死亡冒领、欺诈骗保金额 152.2 万元，涉及 1428 人次，守住基金"安全线"。

（供稿人：郑玉婵）

精神文明建设

【概况】 2022 年，广丰区开展"文明有礼广丰人"评选活动，形成知荣辱、扬正气、讲奉献、促和谐的良好风气，激发群众树立文明意识，形成群体效应，不断提升社会文明程度，提高人民群众的思想道德素质和科学文化素质。广丰区 74 岁老村医李信生入选第三季度"江西好人"，宁辉等 5 户家庭入选 2022 年江西省"最美家庭"。

【新时代文明实践阵地建设区乡村全覆盖】 2018 年 9 月 16 日，广丰区委办公室印发《上饶市广丰区"新时代文明实践中心"建设实施方案》，拉开广丰区新时代文明实践中心建设的序幕。2019 年 12 月 30 日，广丰区新时代文明实践中心在区融媒体中心大楼一楼正式挂牌，区委书记担任新时代文明实践中心主任，中心办公室设在区委宣传部，宣传部部长担任办公室主任。新时代文明实践中心配置多个独立功能室，具备指挥调度、教育培训、文明体验、成果展示等功能。接下来几年，广丰区推进"有场所、有队伍、有活动、有项目、有机制"的"五有"标准化建设。至 2022 年年底，建成 1 个新时代文明实践中心、23 个新时代文明实践所、234 个新时代文明实践站，实现区、乡镇（街道）、村（社区）三级全覆盖，形成县、乡、村三级贯通的文明实践服务体系。新时代文明实践中心（所、站）成为学习传播科学理论的大众平台、加强基层思想政治工作的坚强阵地、培养时代新人和弘扬时代新风的精神家园、开展中国特色志愿服务的广阔舞台。

【精神文明创建】 至 2022 年年底，建立健全 1 个中心、23 个所、234 个站文明实践阵地管理体系，实现区、乡镇（街道）、村（社区）三级全覆盖。对照省市星级创建标准要求，2022 年新招聘文明实践员（社区网格员）111 名，增强基层文明实践队伍力量。组织文明实践员、志愿者业务培训 4 次。组织网络征文、移风易俗等丰富多彩的文明实践活动，累计开展各类活动 1.3 万多场次，惠及群众 50 万人次。推进"8+N"志愿服务队伍建设，成立志愿服务组织 787 支，注册志愿者 17 万余人，围绕护童成长、应急救援、五防教育等服务，开展志愿服务活动 9500 多次，服务群众 20 万人次。在上饶市"文明点亮饶城"暖视频大赛中，广丰推送的作品荣获一等奖 1 个、二等奖 2 个，同时获得优秀组织奖。依托各级理事会等阵地，不断加强现代婚丧礼俗引导，2022 年，广丰区涌现"零彩礼"新婚夫妇 21 对，"低彩礼"蔚然成风，开展"婚事新办、丧事简办、新风常伴"为主题的文明实践活动 20 余次，推动形成文明乡风。

【举行"感动上饶"2022 年上半年度"上饶好人"集中发布仪式】 10 月 23 日晚，由上饶市委宣传部、上饶市文明办主办的"感动上饶"2022 年上半年度"上饶好人"集中发布仪式在广丰区月兔广场举行。上饶市委常委、宣传部部长蒋丽华，上饶副市长、广丰区委书记胡心田出席并为"上饶好人"颁奖。2022 年上半年度"上饶好人"名单，共有 25 件事迹 28 人。

至此，上饶市共有全国道德模范 1 人，全国道德模范提名 8 人，江西省道德模范 10 人，中国好人 83 人，江西好人 149 人，评选出上饶市道德模范 118 人和上饶好人 393 人（集体）。

【5 户家庭入选 2022 年江西省"最美家庭"】 2022 年 5 月 15 日，第 29 个国际家庭日，由江西省妇联举办的"弘扬好家风 喜迎二十大"2022 年江西省"最美家

庭"揭晓，广丰区的宁辉、项素香、刘丽萍、陈青莲、叶柳兵，分别获"爱党爱国家庭""科学教子家庭""绿色清洁家庭""孝老爱亲家庭""抗击疫情家庭"称号。

本次"最美家庭"评选，在爱党爱国、科技创新、绿色清洁、热心公益、孝老爱亲、移风易俗等六类典型家庭的基础上，增加了清风传家、爱粮节粮、学法用法、科学教子、抗击疫情五种类别。

自2014年开展寻找"最美家庭"活动至此，广丰区妇联组织寻找"最美家庭"405户，其中全国"最美家庭"2户，江西省"最美家庭"18户，上饶市"最美家庭"65户，广丰区"最美家庭"320户。

【李信生被评为"江西好人"】 李信生，男，1948年生，上饶广丰人，上饶市广丰区霞峰镇赤塘村乡村医生。虽然年逾七十，但他仍然坚守在基层岗位。他1969年进入村卫生室从事农村卫生工作，从医53年，用实际行动诠释医者仁心，赢得广大群众的信任和赞誉。从2016年开始，李信生承担赤塘村3个自然村村民的基本公共卫生服务及健康管理工作。他经常利用傍晚村民劳动回家的时间上门服务，为辖区居民提供健康服务，为重点人群监测血压血糖，为慢病患者做随访服务。他逐户逐门为村民建立健康档案及重点人群家庭医生签约履约台账，撰写随访信息记录本，每一个村民对应一行记录，体检情况、用药医嘱、血压血糖检测数据等信息，记录得明明白白。凭借着对村庄、地形的了解，手绘一份"随访地图"：粗线代表主路，细线表示小路，沿主路小路标注了密密麻麻的小红点，每个小红点都对应着一个村民，详细记录每个家庭的具体位置和路线。借助这份地图，全面掌握辖区居民的居住分布及健康状况，确保不漏一人。2021年12月，李信生获评"2021年度中国家庭健康守门人"；2022年10月，获评2022年第三季度敬业奉献"江西好人"。

（供稿人：周红华）

婚姻登记

【概况】 2022年，广丰区婚姻登记中心深化服务内涵，拓展服务外延，不断优化登记流程、简化办事程序，最大限度为群众提供优质高效的服务。积极开展结婚登记颁证、婚姻家庭辅导、档案数字化建设工作，推动婚俗改革。全年共办理婚姻登记7501对，其中结婚登记4554对、离婚登记1089对、补领结婚证1610对、补领离婚证248本，共免除婚姻登记费用9万元，较2021年度，结婚登记量下降11.21%，离婚登记量下降8.68%。2022年广丰区婚姻登记中心被广丰区授予"巾帼文明岗"荣誉称号。

【婚嫁移风易俗】 2022年，广丰区进一步推进婚俗改革，有效遏制高价彩礼，破除大操大办等陈规陋习，弘扬简约适度、现代文明的婚俗新风。区婚姻登记中心研究制定《广丰区遏制高价彩礼 推动婚嫁移风易俗的实施方案》并由区文明委下发实施。利用窗口平台，张贴宣传标语，对前来登记的新人发放《婚俗改革倡议书》《婚事新办简办倡议书》等宣传资料4500份，营造移风易俗、勤俭节约光荣，大操大办、铺张浪费可耻的浓厚氛围。

8月4日"七夕节"，广丰区开展"全力推进婚俗改革，携手共建幸福家园"主题活动，为6对新人举行"爱在七夕·相约幸福"集体颁证仪式，发放《关于树立正确婚恋观家庭观的倡议书》《倡导文明婚俗 弘扬时代新风》等宣传资料89份，现场签署《个人操办婚庆事宜承诺书》62份。

【婚姻档案数字化】 2022年，广丰区加快推进婚姻登记智能化、数字化建设，对广丰新中国成立以来已移交的馆藏婚姻登记档案进行数字化采集补录工作。筛查更新婚姻登记历史数据1.91万条，新增补录历史数据3.12万条，扫描历史档案8.32万份，上传江西省婚姻登记信息系统并归档的图片109.21万张，电子化率和归档率达100%，为婚姻登记档案电子化规范化管理和下步婚姻登记跨省通办奠定坚实的基础。

【婚姻登记"全市通办"试点】 2022年是开展婚姻登记"全市通办"试点工作的第一年，为方便群众就近办理婚姻登记，自2022年4月1日起，广丰区婚姻登记中心落实《上饶市内地居民婚姻登记全市通办试点工作方案》（饶民字〔2022〕16号）文件要求，积极开展全市通办试点工作，2022年跨区通办登记量共10对。

（供稿人：杨昆）

居民收入与消费

2022年，广丰区GDP（地区生产总值）为629.02亿元，首次突破六百亿，按可比价格计算，同比增长5.7%，排在全市第一。其中，第一产业增加值为30.37亿元，同比增长3.9%；第二产业增加值为325.06亿元，同比增长7.0%；第三产业增加值为

273.58亿元，同比增长4.3%。城镇居民人均可支配收入48216元，同比增长5.7%；农村居民人均可支配收入22737元，同比增长7.3%。全区金融机构人民币存款余额460.06亿元，同比增长16%；全区金融机构人民币贷款余额364.77亿元，同比增长14.2%。

2022年全区规模以上服务业企业125家，实现营业收入100.6亿元，同比增长21.0%；实现社会消费品零售总额159.25亿元，增长6.1%。

（供稿人：郑浩）

社会福利

【概况】 至2022年年底，广丰区共有各类养老机构30家，其中公办养老机构22家，民办养老机构8家，共有床位1924张（其中护理床位1118张），其中公办1244张，民办680张。广丰区共有孤儿86人，事实无人抚养儿童296人，办理收养登记9例，没有涉外收养。

【老年人福利制度建设】 2022年，广丰区共投入41万元为60周岁及以上城乡特困人员、重点优抚对象以及70周岁以上老年人统一购买老年人意外伤害保险，惠及68120位老年人。发放经济困难高龄老年人养老服务补贴96.55万元，发放80周岁以上老年人高龄津贴1278.7万元。

【儿童福利政策落实】 2022年，广丰区扎实做好机构抚育孤儿、散居孤儿及事实无人抚养儿童生活补贴发放工作，2022年发放孤儿和事实无人抚养儿童基本生活保障资金444.47万元，按照每人每月1380元标准为7名残疾孤儿（残疾事实无人抚养儿童）发放照料护理补贴10.35万元。

【福利彩票】 2022年，广丰区福利彩票总销量3242万元，其中电脑票销售2512.1万元，即开票销售729.9万元。按照科学、合理、公平、公正的原则，共分配区级福利彩票公益金295.9万元，用于支持城乡社区养老综合服务设施建设、持续深入推进绿色殡葬改革、开展特殊困难老年人家庭居家适老化改造，强化照护能力并资助孤儿上学，顺利完成学业。

（供稿人：杨昆）

社会救助

【概况】 2022年，广丰区共有城市低保对象4126人，农村低保对象29247人，城镇特困供养对象102人，农村特困供养对象2355人。全年累计发放城市低保资金2685.4万元，农村低保金14284.85万元，城镇特困人员保障资金122.68万元，农村特困人员保障资金2242.54万元。2022年，城市低保标准和补差水平分别提高到825元和530元，农村低保标准和补差水平分别提高到600元和400元，城镇特困人员供养标准提高到1080元，农村集中和分散特困人员供养统一标准到780元，特困失能半失能人员供养标准提高到1080元。

【社会救助兜底保障】 广丰区持续推进社会救助综合改革，自2022年1月1日起，将特困人员救助供养认定确认权限下放至乡镇（街道），区民政局指导乡镇（街道）做好低保、特困人员认定确认。2022年全区新增城镇低保60户93人，农村低保908户1286人，对生活条件好转或已死亡的人员实行动态管理，共有3806人退出低保。启动"社会救助和保障标准与物价上涨挂钩联动机制"，按月发放困难群众价格临时补贴并增发一次性生活补贴，2022年共发放补贴资金2425.23万元。建立乡镇（街道）临时救助备用金制度，实施急难型临时救助，2022年下拨三批临时救助资金共506万元至各乡镇（街道），对感染新冠肺炎及受疫情影响的困难群众家庭给予临时救助；对湖丰镇、壶峤镇等地洪涝灾害受灾群众及时给予专项临时救助和实物救助，发放临时救助资金40万元，救助毛巾被100床。通过政府购买第三方社会服务方式，聚焦分散特困群体，落实分散供养自理特困人员探视巡访照料服务，有效开展上门照护服务，针对分散特困人员的不同照料需求，进行个性化服务；对失能、半失能的特困人员全面签订委托照料服务协议分别按1380元/月、350元/月的标准发放护理补贴。在2022年重阳节前夕开展"喜迎二十大 慰问暖民心"城乡困难群众大走访活动，按照"六个一"的标准，共走访慰问困难群众463人，送去慰问金27.78万元。

【城镇困难群众解困脱困】 2022年，广丰区城镇困难群众对象共765户1078人，其中低保对象590户778人，特困人员30户30人，支出型困难对象145户270人。全额资助城镇特困困难群众30人、定额资助城镇低保困难群众743人参加基本医疗保险，其中参加职工医保25人，在校大学生在学校参保10人。2022年春季学期资助城镇困难群众（学生）183人次，减免金额12.86万元。稳步落实城镇困难群众家庭住房保障政策，采取实物保障与租赁补贴并举的方式，共保障困难群众248人，其中实物保障197人，租赁补贴51人，补贴金额共计12.51万元。资助城镇贫困群众对象参加养老保险569人，由区财政为其代缴最低标准的养老保险费，每人每年100元，并做好解除劳动关系的困难职工各项社会保险转移接续。

【"低保救助一件事"联办】 2022年，广丰区改变传统多部门碎片化的救助模式，推行一次申请、协同救助的一站式服务模式，通过精简材料、优化服务、重塑流程，实现低保对象享受政策"最多跑一次"甚至"一次不用跑"。将区民政局、政务服务中心、大数据发展服务中心、教体局、人社局、住建局、医保局、残联、供电公司、自来水公司承担的12类惠民政策申请事项汇总至《上饶市"低保救助一件事"申请表》一张表上，实现"多表合一"。以赣政通"低保救助一件事"系统为平台，将原先分散在10个部门的低保申请审核确认、困难群体城乡居民基本养老保险保费代缴、城乡居民基本医疗保险参保登记、医疗救助、教育救助、农村困难家庭危房改造、困难残疾人生活补贴、定量用电用水减免等12项帮扶救助事项，以"一件事"的视角全部归集到平台"一站式"联办，由乡镇（街道）将信息录入赣政通"低保救助一件事"系统。区民政部门将审核确认后的数据推送相关部门落实救助政策，实现区、乡、村三级窗口一网通用，以"数据跑路"代替"群众跑腿"。利用乡镇（街道）便民服务中心，通过社会救助专员、网格员、驻村干部等力量开展政策宣传，提高群众对"低保救助一件事"联办政策知晓年度。至2022年年底，广丰区共受理19821件，办结13353件，办件量位居上饶市前列。该项工作获评江西省社会救助创新实践案例优秀案例，并参加全国社会救助创新案例评选。

【"一老一幼"阳光慈善基金】 为帮助"一老一幼"困难群体解决实际困难，提升他们的获得感、幸福感和安全感，广丰区于2021年6月设立"一老一幼"阳光慈善基金，成立"一老一幼"慈善基金管理委员会，制定《上饶市广丰区"一老一幼"阳光慈善专项基金暂行管理办法》，明确运作主体、托管主体、执行主体等三大主体，建立共建共管机制，严格规范主体责任、审核把关、信息公开等关键环节。由区民政局联合各乡镇（街道）及社会力量建立联合募捐机制，通过线上、线下双向募集，形成"政府推动、社会参与、专业运作"的慈善筹资方式。该基金由区慈善总会负责运行和管理，通过政府投入、慈善组织募捐、企事业单位捐助、爱心人士捐款和其他合法收入等方式筹集善款，面向全区资助各类老年人和未成年人关爱保护服务项目。基金成立以后，得到了社会各界爱心人士的大力支持，至2022年年底，区慈善总会面向社会各界募集"一老一幼"阳光慈善基金1056.66万元。建立精准使用机制，采取"筛选上报+主动申领"相结合的方式收集待帮扶群体需求，建立慈善基金需求档案，由基金管理委员会通过开展项目需求可行性分析，筹划慈善项目，制定"慈善基金项目销号清单"，保障资金与需求精准链接。通过重阳节、春节期间走访敬老院特困供养对象和患病、生活困难的年长者，开展"六一""金秋助学"走访慰问留守儿童等形式的社会公益活动，取得了良好的社会效果，进一步营造了尊老爱幼的良好社会氛围。

（供稿人：杨昆）

未成年人保护

【概况】 至2022年年末，广丰区共设立未保站23个，村（居）下设妇女和儿童工作委员会236个，建立儿童之家4个，共有儿童督导员23名，儿童主任236名。广丰区未成年人保护相关工作多次在学习强国、中国儿童福利、江西日报等媒体宣传报道。

【儿童关爱服务】 2022年，持续实施"福彩圆梦·孤儿助学"和事实无人抚养儿童助学项目，2022年度共资助16名年满18周岁孤儿和事实无人抚养儿童就读大中专院校。联合广丰区检察院、属地乡镇（街道）等协调解决发现的困境儿童个案问题，开展个案会商8次，引导社会力量关注困境儿童家庭生活情况，积极开展关爱帮扶。组织实施"六一""中秋走访慰问孤困儿童""宣传二十大、走访送温暖""情暖新春 共护未来""金秋助学"区领导走访慰问留守儿童等活动。2022年11月，区未保办（区民政局）举办全区儿童督导员、儿童主任能力建设第三期培训班，23个乡镇（街道）分管领导、儿童督导员、部分村（居）儿童主任共150余人参加培训，培训班对2022年度未成年保护工作中表现突出的10名优秀儿童督导员和20名优秀儿童主任进行表彰。

【未成年人保护信息数据精准化】 2022年，规范儿童信息管理，督促各乡镇（街道）加强"全国儿童福利信息系统"数据信息动态管理，定期更新，对6009名留守儿童监护人、委托照料人相关信息进行补充完善，确保信息真实、准确。开展"儿童信息摸排"专项行动及事实无人抚养儿童生活和教育保障情况摸底排查，动态管理儿童信息，实行"一人一码一档案"，通过"全国儿童福利信息系统""区级未保信息平台"数据比对，对146名不符合事实无人抚养儿童认定条件但在生活、教育存在困难的儿童，及时落实相关保障政策。

【"护童成长"项目】 2022年，广丰区以"护童成长"儿童关爱服务体系建设试点为抓手，坚持改革思维，强化平台保障，创新打造一批"阳光儿童之家"。引入第三方社会工作服务机构提供专业服务，将未保工作人员、专业社工和本地志愿服务资源整合在一起，打造"未保工作人员+社工+志愿者"的专业化、本土化、稳定化服务队伍。开展"庆佳节、闹元宵""快乐相伴、爱暖童心"等一系列"护童成长"项目亲职教育和体育游戏活动共150余次，受益人群达3000余人，营造全社会关爱农村留守儿童（困境儿童）的浓厚氛围。引入第三方专业儿童社会工作服务机构，由具备丰富儿童社会工作经验的专业社工为"儿童之家"负责人，采取"1+1+2"（1名主带，1名助教，2名志愿者）的服务模式，为农村留守儿童和困境儿童定期开展学习、手工、体育、体检以及亲职辅导等专业化社会工作服务。2022年广丰区"采取1+1+2模式精准服务困境儿童"的做法得到国家民政部和江西省民政厅的肯定，在全国"护童成长"项目工作会议上作典型交流发言。

【"未成年人保护宣传月"活动】 2022年6月4日，区未保办（区民政局）联合区未保委各成员单位在月兔广场开展"喜迎二十大·同心护未来"广丰区未成年人保护工作宣传月活动，通过悬挂宣传横幅、摆放宣传展板、发放宣传手册和社会救助政策等方式，向市民详细讲解《未成年人保护法》新增内容和具体变化，引导大家强化监护主体责任意识，依法履行监护职责和抚养义务。持续开展进校园、进社区宣传活动，普及未成年人保护知识，促进"未成年人保护宣传月"活动取得实效。6月23日，广丰区民政局联合区人民检察院、区妇联走进洋口镇中心小学，开展未成年人保护宣传月主题活动，检察官向同学们讲述以"认识法律和保护自己"为主题的互动课。

（供稿人：杨昆）

基层群众自治

【概况】 2022年，广丰区新增设立芦林街道黄尖山、桐畈镇龙华山2个村民委员会，广丰区共有村（居）民委员会236个，其中村民委员会159个，居民委员会77个。

【基层群众性自治组织规范化建设】 2022年，广丰区民政局规范基层群众性自治组织特别法人登记，更新村（社区）统一社会信用代码证书。加强村（居）民委员会下属委员会建设，实现村（居）民委员会下设人民调解委员会、治安保卫委员会、公共卫生委员会、妇女和儿童工作委员会全覆盖。持续推进村民自治领域扫黑除恶斗争。广丰区政府制定下发《关于进一步做好农村离任退休"两老"人员享受原职务岗位补贴补助的实施办法》，稳步提高农村离任"两老"生活补助待遇。

【城乡社区服务体系建设】 2022年，广丰区加快推进乡镇（街道）社工站建设，第一批乡镇（街道）社工站已于11月初全面运行，1个区级社会工作总站和6个乡镇（街道）社工站派驻人员正式到岗服务，切实提升基层民政服务能力。7月28日，召开广丰区城乡社区治理工作领导小组第一次全体会议，进一步健全部门协调、督导考核、激励表彰等机制。2022年区民政局联合区委组织部、区政务服务中心印发《关于广丰区村（社区）党群服务站"365天服务不打烊"的工作指引》，全面推进城乡社区"365天服务不打烊"工作，在村（社区）党群服务站制作统一标识、公告牌、服务清单及值班表，建立错时延时、帮办代办服务制度，进一步提升广丰区村（社区）为民便民安民服务能力。

【城乡社区示范创建评选】 开展"幸福社区"服务质量提升行动，广丰区共有5个社区被命名为2022年度江西省"幸福社区"，其中下溪街道王洋社区被命名为"五星社区"，芦林街道塘溪社区和大石街道十字垄社区被命名为"四星社区"，毛村镇八都社区和横山镇廿四都社区被命名为"三星社区"。继续开展"江西民主法治示范村（社区）"创建和"江西最美城乡社区工作者"学习宣传活动，东阳乡后阳村被命名为第七批"江西省民主法治示范村"，永丰街道湖沿社区党委书记黄国武被评为2022年度"江西最美城乡社区工作者"，引领广丰区城乡社区治理深入开展并取得实效。

（供稿人：杨昆）

社会组织管理

【概况】 至2022年年底，广丰区民政局登记注册的各类社会组织509家，其中社会团体153家、民办非企业单位356家。2022年新注册登记成立20家社会组织，其中社会团体12家、民办非企业单位8家，变更登记35家，注销登记16家。

【社会组织参与稳岗就业】 2022年，广丰区向社会组织发出助力高校毕业生就业倡议，动员广丰区民办学校、民办医疗机构、民办养老机构等社会组织提供更多就业岗位，加大从高校毕业生招聘专职人员的力度。与广丰区就业部门沟通，帮助社会组织及行业协会商会会员企业对接线上线下招聘活动，促进高校毕业生就业。广丰区社会组织累计提供就业岗位256个、见习岗位95个，招聘高校毕业生102人，接收见习65人，引导会员单位发布招聘岗位122个，开展各类就业服务活动25次，营造社会组织助力经济发展的良好氛围。

【社会组织助力乡村振兴】 广丰区民政局2021年12月发布《关于动员全区社会组织助力乡村振兴的倡议书》，2022年11月联合广丰区乡村振兴局下发《关于推动全区社会组织参与乡村振兴促进乡村事业发展的通知》，引导社会组织汇集全社会力量和资源，积极对接乡村振兴项目，以实际行动践行社会组织责任，在产业发展、人才培育、特殊群体关爱、乡村治理等乡村振兴重点任务推进中进一步发挥作用，积累有效经验。广丰区参与乡村振兴的社会组织有46个，共投入相关帮扶项目资金301.6万元，累计有157个村受益，受益人数达31200人次。

【行业协会商会收费清理整治】 2022年12月，广丰区民政局起草了《上饶市广丰区行业协会商会综合监管实施细则（试行）》，进一步建立健全脱钩后行业协会商会管理体制机制，规范行业协会商会行为。对广丰区物业行业协会、广丰区汽车行业协会、广丰区建筑业协会等26个行业协会商会进行了抽查，同步宣传行业协会商会涉企收费监管政策，适当减免会费，切实减轻企业负担，累计取消或减免涉企收费72.19万元。

【社会团体分支（代表）机构专项整治行动】 2022年，广丰区加强社会团体分支（代表）机构规范管理，下发专项整治通知，畅通投诉举报渠道，营造整治良好氛围。广丰区152个社会团体按照四个方面整治内容27类情形对分支（代表）机构逐项进行自查自纠，发现问题立即整改。广丰区民政局对广丰区志愿者协会、广丰区禁毒志愿者协会、广丰区个体私营经济协会等社团整改情况进行现场督导检查，3个社会团体存在分支机构整治情形，列入整治范围的分支机构数共26个，经督促整改，有24个社会团体分支机构经所在社团研究终止，另有2个名称存在地域性特征的分支机构限期完成更名，分支（代表）机构整改事项均完成。

（供稿人：杨昆）

殡葬管理

【概况】 2022年，广丰区184个农村公益性墓地完成改造提升，基本实现公益性殡葬设施全覆盖。遗体火化率、入墓率继续保持100%，圆满完成2022年殡葬改革工作各项目标任务。在江西省殡葬改革考评工作中，广丰区殡葬管理工作继续位列全省第一方阵。

【推进"身后一件事"联办】 广丰区深入推进"身后一件事"联办，区殡仪馆通过赣政通上传共享火化人员信息及逝者亲属需要办理业务，再由各业务部门操作人员网上办理，实现群众办理"身后一件事"业务"最多跑一次"的目标，2022年共办理"身后一件事"1751件。辖区内所有殡葬机构及农村公益性墓地均已使用智慧殡葬系统，录入量稳居上饶市前列。

【殡葬突出问题治理】 广丰区将殡葬突出问题治理纳入殡葬改革工作年终考评指标，进一步加大工作力度，采取迁移、去坟头、改卧碑、植树种草复绿等方式，对现存的"三沿六区"［注："三沿六区"指铁路、公路主干道、河道沿线两侧可视面和城镇建成（规划）区、水源保护区、风景名胜区、文物保护区、农田保护区、自然保护区］可视范围内的散埋乱葬坟墓全面开展清理整治。进一步提高奖补标准，对积极配合、主动将散坟迁移至公墓集中安葬的群众，继续按2600元/座的标准给予补贴。进一步加大巡查监管力度，确保"三沿六区"内坟墓实现"零新增"。2022年累计迁移坟墓5261座，生态修复坟墓1593座。

【清明节文明祭祀】 2022年清明节期间，广丰区紧紧围绕"文明低碳祭扫、生态节俭殡葬"主题，采取有效措施，落实群众安全祭祀和疫情防控的要求，实现"文明祭祀、和谐清明、平安假日"的工作目标。清明节群众集中祭祀高峰期间，广丰区安逸陵园及城乡公益性墓地，参与祭祀活动的群众95392人次，祭祀活动车流量达15217辆次，广丰区城市管理综合执法大队、广丰区交警大队、各乡镇（街道）投入人力864人次，在公墓设卡对祭扫群众进行体温检测，安全扫码，要求佩戴口罩，发放宣传单60000份、鲜花3000束。

（供稿人：杨昆）

区划、地名和边界管理

【概况】 2022年,广丰区持续推进地名普查成果应用,强化地名文化建设,完成边界管理年度任务。至2022年年底,广丰区辖5个街道、15个镇、3个乡,其中社区77个,村159个。区民政局采取线上、线下相结合的方式深入开展《地名管理条例》学习宣传活动,组织区民政系统干部职工线上参与《地名管理条例》知识答题,向社会各界发放知识问答手册,提高广大群众地名文化知识的认知度和保护意识。2022年,区民政局落实国务院新修订的《地名管理条例》规定,将建筑物、住宅小区等命名事项书面移交区住建局。

【地名普查成果应用】 2022年,广丰区稳步推进第二次全国地名普查成果转化项目应用,《上饶市广丰区地名志》完成区级审核,为开展地名管理和地名研究提供依据。配合上级部门完成《中华人民共和国标准地名词典》涉及广丰的信息补充和校对任务。依托国家地名信息库平台,在第二次全国地名普查成果的基础上,提升完善各类地名信息1578条,完成国家地名信息库质量建设二阶段审核工作,实现数据库质量提升。

【界线管理】 2022年,湖(丰)大(南)线、湖(丰)壶(峤)线、大(南)壶(峤)线、大(南)下(溪)线、大(南)吴(村)线、壶(峤)下(溪)线、芦(林)壶(峤)线、下(溪)吴(村)线、芦(林)下(溪)线共9条乡(镇)级行政区划界线2022年度联检任务完成。协同浙江省江山市、南平市浦城县开展浙闽赣线第四轮行政区域界线联合检查工作,并同福建省武夷山市、南平市浦城县、浙江省江山市积极开展"平安边界"创建活动,加强界线、界桩日常管理,确保边界地区安全稳定。

【获得《上饶地名大会》优秀组织奖】 2022年,广丰区民政局组织《上饶地名大会》试题征集、选手选拔和网络答题工作,从自然风光、文化旅游、特色美食以及民俗、名人等不同角度等进行试题征集,经专家评审后向《上饶地名大会》节目组选送高质量的广丰地名文化试题,展示广丰区社会生活新变化,擦亮广丰区地名文化名片,提高地名文化知识的知晓度。2022年,广丰区获得《上饶地名大会》优秀组织奖。

(供稿人:杨昆)

退役军人事务

抚恤优待

【概况】 2022年，广丰区有优抚对象6293人，全年发放各类优抚对象抚恤补助资金4805.8万余元，发放春节、"八一"慰问金314.65万元，为2574人发放门诊医疗补助73.15万元，为全区93名患重大疾病医疗费开支较大的对象，发放医疗救助资金23.3万元，对在乡老复员军人、残疾军人、带病回乡退伍军人、"三属"对象进行帮扶，为全区413户困难对象发放补助，发放"解三难"补助资金33.04万元。

【发放义务兵家庭优待金】 广丰区2022年度义务兵家庭优待金标准为18255元，进藏、进疆地区义务兵，其标准为同年入伍其他一般地区的3倍，本科毕业生、大专毕业生、在校大学生应征入伍的，其家庭优待金在应当享受的标准基础上，每年分别增发30%、20%、10%，2022年度全区义务兵家庭优待金发放的对象为2020年和2021年应征入伍的义务兵共×××人，其中进疆、进藏地区义务兵××人，应届本、专科毕业生×××人，在校大学生×××人，合计发放2022年度全区义务兵家庭优待金××××.××万元。

【优待证申领制发】 2022年4月，广丰区启动优待证申领制发工作，区退役军人事务局组织各乡镇（街道）、村居大小业务培训会50余场次，投入优待证工作经费37.35万元。至2022年年底，全区完成建档立功数据维护16370条，并为退役军人和其他优抚对象颁发优待证。

（供稿人：刘俊）

烈士褒扬

【烈士纪念设施保护】 2022年，广丰区投入580余万元对烈士陵园进行全面提升改造，修建烈士墓150座，提升改造烈士纪念碑、纪念广场、纪念大道、烈士纪念馆、游步街、陵园内绿化、排水系统等。

在月兔广场进行国防公园建设，融入红色文化元素，建设铜钹山二十一勇士浮雕。

【缅怀革命先烈】 清明节前后，社会各界群众和少先队员代表共计1万余人次，在革命烈士纪念碑前举行烈士祭扫活动，深切缅怀革命先烈的丰功伟绩，表达继往开来、继续奋斗的坚定信心和决心。9月30日，第八个烈士公祭日，广丰区四套领导班子成员、区委各部门、区直各单位主要负责同志在革命烈士纪念碑举行烈士公祭活动。

【开展"替烈士看爹娘、为烈属办实事"活动】 2022年，广丰区依托退役军人事务综合管理平台系统，登门入户对烈士遗属情况进行摸底登记，掌握烈士遗属困难情况并建档立卡，为困难烈士遗属提供针对性服务。持续开展"替烈士看爹娘、为烈属办实事"活动，在8月1日前后，到烈士家庭走访慰问，送温暖、送关怀、送尊崇；各地退役军人事务部门协调帮助解决烈士遗属重大疾病看病难、收入低生活困难以及住房难等"急难愁盼"问题；发挥"新长征"退役军人志愿者作用，广泛动员社会力量，为烈士遗属办实事、办好事，对困难烈士遗属及时跟进服务。

2022年，广丰区结合优抚对象数据核查及年度确认工作，登门入户对符合条件的英烈后代、烈士遗属等优抚对象进行走访、核查，摸清烈士遗属的就业、生活、医疗、社保、住房等情况，进一步掌握底数和现状，完善英名录和褒扬管理信息系统数据。做好烈士寻亲信息登记、比对工作依托全国烈士寻亲政府公共服务等平台，引导多方通力协作，加强与传统媒体和新媒体合作，拓宽搜寻寻亲线索渠道。结合烈士数据核查工作，完善烈属信息，建立烈属家庭基本信息台账，明确工作人员、志愿者与烈属"一对一"联系，实现服务精准贴心。

2022年，广丰区退役军人事务局采取听取汇报、查阅文件台账、现场查看、入户走访以及召开座谈会等方式，调研考察英烈后代、烈士遗属等在教育、就业、医疗、帮扶解困等方面政策落实情况，烈士遗属等优抚对象抚恤补助资金发放情况，督促落实政策。各乡镇（街道）退役军人服务站梳理烈士遗属在抚恤补助、教育、就业、医疗、帮扶解困等方面享受的政策待遇、落实情况、创新经验做法以及政策实施过程中遇到的困难，形成书面调研报告。上饶市退役军人事务局组成工作组督促指导，或通过不同方式进行回访。

【组建"红色文化宣讲小分队"】 2022年，区退役军人事务局结合"学党史感党恩忆先烈"红色故事宣传大赛，选拔一批优秀红色宣讲员，组建"红色文化宣讲小分队"，开展"红色文化"进机关、进学校、进社区等，宣扬红色文化正能量，在全社会营造红色文化教育人、引领人、激励人的浓厚氛围。

(供稿人：刘俊)

险救灾86次，在2022年的壶峤、湖丰洪水灾害中，抢救被困人员356人，安全转移疏散群众800余人。

【开展军民共建活动】 2022年，驻广丰区部队与8所学校、16个村（居）委会、12个企事业单位建立共建关系，军地双方开展文明共建活动，有90%的单位被评为先进单位或文明单位。在城市环境卫生共建方面，驻区部队响应创建国家卫生城市号召，主动参与清扫街道、清除卫生死角、文明宣传等工作；在社会治安管理共建方面，驻区官兵配合公安、交通和水利等部门，完善军民联防体系建设，设立军警民联合治安岗，做好重大节假日期间城乡道路交通巡逻和安全保卫工作，形成水乳相融的军民关系，营造共建共荣的良好双拥工作氛围。

(供稿人：刘俊)

双拥活动

【概况】 2022年，广丰区全面落实拥军优属政策，双拥工作取得较好成效，连续六次被评为"省级双拥模范城（县）"，连续两次荣获"全国双拥模范县"称号。

【开展敲锣打鼓送喜报活动】 广丰区对现役军人立功受奖的，开展常态化走访慰问，实行"敲锣打鼓送喜报"活动，提高军人的荣誉感、归属感。2022年对45名荣立三等功以上的现役军人家庭给予奖励，每人奖励1000元。对荣获嘉奖的现役军人给予奖励慰问，奖励标准500—800元不等，奖励对象111名，累计发放奖励资金12.8万余元。

【驻区部队助力地方经济社会发展】 2022年，驻广丰区部队官兵积极投入广丰经济社会建设。在困难帮扶中，区人武部选择偏远的山区乡镇作为结对帮扶点，2022年累计为困难户捐款3.6万元，帮助2名家庭困难的学生完成学业；在信访积案化解中，区人武部完成挂钩乡镇多起信访包案工作，实地指导城区地下人防工程建设；在抗险救灾工作中，2022年参与各类抢

复员退伍军人安置

【概况】 2022年，广丰区接收转业士官、退役士兵×××名，其中在部队选择自主择业的有×××人，未选择自主择业的符合政府安置条件的有38人，实行"量化评分、择优选岗"阳光安置，全部安置到全额拨款事业单位。

【退役士兵经济补助与生活补助】 根据江西省人民政府办公厅《关于做好自主就业退役士兵一次性经济补助工作的通知》精神，对在部队选择自主择业的退役士兵，给予每服役一年4500元的一次性经济补助，服役年限按周年计算后，不满6个月的按半年计算，超过6个月不满1年的按1年计算。

根据《关于进一步加强由政府安排工作退役士兵就业安置工作的实施意见》（赣退役军人字［2018］8号）文件精神，退役士兵待安排工作期间，按照上年度最低工资标准发给生活补助费，2022年共发放待安置期间生活补助122360元，缴纳待安置期间社保医保费用17万余元。

(供稿人：陈春英)

应急管理

安全生产

【概况】 广丰区牢固树立"抓安全就是抓发展、抓发展必须抓安全"的理念,坚持"安全第一、预防为主、综合治理"的方针。2022年,区委、区政府多次召开安全生产专题会议,分析研判安全生产状况,抓住主要矛盾,提出针对性措施,深刻汲取省内外安全事故血的教训,严防各类生产安全事故发生,牢牢守住安全底线。全年全区未发生工矿商贸领域生产安全事故,发生道路运输领域一般事故2起,同比减少88.9%,死亡3人,同比减少40%,连续4年未发生较大以上生产安全事故,安全生产形势总体稳定向好。

【安全责任体系建设】 广丰区深入推进安全生产领域改革发展,2022年印发了《关于进一步强化安全生产责任落实坚决防范遏制生产安全事故的实施方案》《区委、区政府领导同志督导督查安全防范工作方案》《上饶市广丰区2022年安全生产工作要点》《上饶市广丰区安全生产专项整治三年行动"巩固提升"攻坚战工作方案》,调整全区安全生产委员会等议事协调和指挥机构,拟定《上饶市广丰区安全生产工作职责暂行规定》等文件,进一步厘清和明确党政领导、监管部门、属地乡镇及生产企业的安全责任。

【落实安全防范警示日制度】 2022年每月中旬,广丰区委、区政府主要领导带头参加全区安全防范警示日活动,到一线督导检查安全生产、防汛抗旱等工作,定期督促职能部门和人员,细化工作责任,建立和完善本辖区、本行业领域的安全生产隐患排查整治情况;对问题突出、整改不到位的,严肃纪律,追究责任,推动防范警示长效机制形成。

【隐患排查整治】 2022年,广丰区深入开展危化、非煤、消防、道路交通等重点行业领域隐患排查治理。全面开展安全生产大检查,从3月份开始,全区各行业单位对本行业安全生产工作进行彻底排查梳理,组织专业力量开展起底式、地毯式安全隐患大排查,对存在一般安全隐患的企业,由相应的属地或行业主管部门督促整改落实。建立安全生产隐患排查整治清单,对清单列出的所有问题跟踪到位、督办到位、整改到位,形成工作闭环。对涉及专业技术、排查有困难的企业340家次,聘请第三方专家开展隐患排查治理,由第三方专家到现场开展安全生产检查。对广丰商城、金豪大厦开展安全隐患全面排查整治,广丰商城完成设计、预算,在实施改造;金豪大厦完成设计,在做可研和设计图审。开展督导检查,由区委、区政府领导挂帅,区安委会成员单位牵头成立综合督查组,对全区各乡镇(街道)、上饶高新区、各行业领域的安全生产工作进行专项督查,确保排查整治不折不扣落到实处。

【专项整治三年行动"巩固提升"攻坚战】 2022年,广丰区落实《国务院安委会关于进一步强化安全生产责任落实、坚决防范遏制重特大事故的15条措施》,推进专项整治三年行动走深走实,严格落实安全生产责任,从党委政府、行业、企业等不同层面开展安全生产大检查。进一步完善制度措施和工作机制,建立安全生产隐患排查整治清单,对清单列出的所有问题跟踪到位、督办到位、整改到位,形成工作闭环,从根本上消除事故隐患。

【"打非治违"专项行动】 2022年,全区交通运输、建筑施工、危险化学品、消防、城市运行、特种设备等重点行业领域,出动执法人员2099人次,开展"打非治违"专项行动,严厉打击安全生产领域各类违法违规行为,检查企业378家,排查发现各类安全隐患825条,责令停产整改企业9家,关闭取缔3家,行政处罚40.6万元,治安拘留2人。

(供稿人:刘修通)

市场监管领域安全监管

2022年,广丰区持续开展"守底线、查隐患、保安全"食品安全专项行动,湿米粉、榨油坊、粉皮等小作坊专项整治，检查食品小作坊共95户，下达责令改正通知书11份，做到监管覆盖率100%。城区餐饮油烟排放每月开展一期"红黑榜"评比活动，并在公众号上公布，全年共公布12期"红黑榜"。全面实施智慧监管，全区1800余家食品经营单位利用赣溯源平台和"明厨亮灶+互联网"实施智慧监管率达100%。推动食品安全"两个责任"落地落实，将辖区食品生产经营主体7302户分为A、B、C、D四类，分别落实市、区、乡镇（街道）、村四级领导包保，督促企业落实食品安全总监和食品安全员的配置。

2022年，广丰区药品零售企业100%入驻"智慧监管平台"。广丰区市场监管局开展药品质量抽样43批次；开展医疗美容领域药品专项整治，与公安联合办案4件。

（供稿人：林谋丰）

防灾减灾救灾

【概况】 2022年，广丰区牢固树立防大汛、抢大险、救大灾的意识，建立减灾救灾工作应急机制，制订救灾工作方案，科学组织防汛救灾工作。2022年，广丰区先后遭遇低温冷冻、洪涝、干旱等自然灾害，全区受灾19049人，紧急转移安置135人，均为分散安置，需紧急生活救助155人，农作物受灾面积1561.7公顷，严重损坏房屋2户4间，一般损坏房屋5户8间，灾情造成直接经济损失1700.9万元，其中农业经济损失1014.1万元、基础设施损失469.7万元、公共服务损失62万元、家庭财产损失126.1万元、工矿商贸损失2万元、其他损失27万元。

2022年，广丰区有灾害信息员289名，基本保证每个行政村有一名灾害信息员。

【"5.12"防灾减灾宣传】 以"减轻灾害风险，守护美好家园"为主题，通过实地督导和集中宣传，向群众普及防灾减灾知识，提高安全生产和防灾减灾避灾意识，开展防灾减灾宣传，把防灾减灾的关口前移，从源头上防范化解重大灾害风险，保障人民群众的生命财产安全。组织全区的乡镇（街道）、企业积极参与省减灾办组织的"防灾减灾救灾网络知识竞赛"，在全区大部分公立幼儿园及中小学校举行地震应急疏散演练和防震减灾知识宣讲。拓宽宣传渠道，通过电视、报纸、微信公众号、抖音号等发布防灾减灾相关宣传信息，提高全区人民群众防震减灾意识。

（供稿人：刘修通）

防 汛

【概况】 2022年，广丰区坚持把防汛作为维护安全稳定的重大政治任务，先后召开全区防汛工作会、防汛调度会、自然灾害后续处置推进会等，密集调度部署防汛工作。密切监测天气及雨情、水情、汛情，及时准确发布预报预警，强化会商研判，掌握防汛救灾主动权。建立部门联动协作机制，明确职责分工，优化指挥调度，整合气象、应急、水利、水文、自然资源、民政等部门资源，做好值班值守、应急保障、信息报送等，实现共建、共享、共防、共抗。备齐备足各类防汛抢险物资，保障抗洪抢险需要。

【防汛隐患排查】 2022年，广丰区落实区乡村三级防汛责任体系，执行汛期领导带班和24小时值班值守制度，层层传导压力，将责任逐级落实到最基层、压实到第一线。聚焦重点区域、重点目标、重点人群，完善应急方案，切实维护群众的生命财产安全，加强对河堤、水库、山塘、贫困户危旧房、城镇内涝和山洪地质灾害隐患点的排查，开展防汛大排查4次，发现问题隐患40个，整改到位38个。对于一时难以解决的险点隐患，明确责任，制定措施，落实管护人员，汛期及时到岗到位。

【应急处置6.20洪涝灾害】 信江饶河水文水资源监测中心与上饶市气象局2022年6月18日19时33分联合发布中小河流洪水和山洪气象风险黄色预警，指出包括广丰区、玉山县在内的上饶市多个县（市、区），6月18日20时至6月19日20时发生中小河流洪水及山洪灾害（Ⅲ级）可能性较大，要求做好短历时强降雨引发的中小河流洪水及山洪灾害防范工作。至6月22日13时，本轮降雨造成广丰区16个乡镇（街道）遭受不同程度的洪涝灾害，多处道路塌方、水渠堤坝受损。全区受灾人口80537人，紧急转移安置人口5839人（集中安置97人，集中安置点5个），需紧急生活救助人口4485人，紧急避险转移人口7277人，农作物受灾面积2977.1公顷，严重损坏房3间，一般损坏房497间，直接经济损失13950万元。

壶峤镇、湖丰镇受灾较重。6月20日下午，受连日降雨及玉山县七一水库、峡口水库泄洪影响，下游壶峤、湖丰两地洪涝灾害严重。20日18时，湖丰河堤湖丰居、槐芳村、尖山村1.23公里漫堤，壶峤河堤渡头村、塘头村、东阳村2.77公里漫堤开始漫顶。湖丰镇台鑫钢铁等多个规上企业进水，大量大型设备严重受损。壶峤镇渡头、塘头两个村尽数被淹。6月20日23时30分，广丰区启动防汛二级应急响应。区委副书记、区长龚振宙第一时间带队到受灾一线调度防汛工作。全区投入救灾力量2000多人次，消防救援大队、特警大队、综合应急救援大队在一线抗洪抢险，蓝天救援队、雄鹰救援队等社会救援力量转移受灾群众。灾情处置总体平稳，无人员伤亡情况。

6月21日上午，区委区政府召开广丰区6.20洪涝应急处置及灾后重建工作调度会议，成立灾情处置领导小组，下设综合协调组、应急救援组、灾后建设组、房屋鉴定组、政策落实组、市场保障组、卫生防疫组、维护稳定组、宣传工作组、企业帮扶组等10个应急工作组，全面开展灾后重建工作，鼓励和发动受灾群众开展生产自救。广丰区多个部门参与支持乡镇开展灾后自救，湖丰、壶峤两地迅速开展灾后自救，清淤消杀，恢复生产生活秩序，避免次生灾害发生。

（供稿人：刘修通）

抗 旱

【概况】 2022年，广丰区对抗旱物资储备、水库蓄水保水、水毁灌溉设施修复等进行调配，指导各地做好防旱抗旱准备，投入抗旱资金1670万元，乡镇（街道）共投入储备水泵354台，机动抗旱设备284套，汽油发电机62套，抗旱人数5870人。

【蓄水调度与水毁水利设施维修】 2022年，广丰区按照"先生活、后生产，先节水、后调水，先地表、后地下"的原则，优化配置城乡生活、生产和生态用水。对中型水库开展保蓄增蓄工作，抢抓时机科学拦蓄尾洪，提前做好灌溉设施修复，对农业灌溉及水利设施操作用电进行优惠供电。为提高农业灌溉效率，投资1.29亿元，由广发集团实施，对全区水毁水利基础设施进行维修，其中291个项目作为应急抢修工程全部完成。

【人工降雨作业】 2022年，广丰区开展人工增雨作业15次（地面火箭增雨作业11次），发射火箭弹20枚；实施烟炉作业4次，燃烧烟条6根，缓解城市高温，改善空气质量，降低森林火险等级，助力农业抗旱工作。

【指导抗旱】 2022年，广丰区组织农业技术人员，到干旱地区农业生产一线，对种植户进行专业指导，因地制宜调整种植计划，合理布局水旱作物，对无水可抗的地方，及时引导农民进行水改旱作物。全年组织农技人员下乡指导抗旱、病虫害防治220余人次，到场指导种植户1900多人次，减少高温对种植户带来的影响。启动水稻保险和经济作物巨灾保险等农业政策性保险，与保险机构及时核实灾情，做好受灾补偿基础工作。

（供稿人：刘修通）

森林防灭火

【概况】 2022年入夏以后，广丰区降水量少、气候干燥，森林火灾形势十分严峻。9月10日，发布《上饶市广丰区人民政府禁火令》，严格落实"五个禁止"规定，村（居）护林员明确"责任田"。9月19日，发布《上饶市广丰区人民政府关于划定森林防火区的通告》，把火情排查作为护林员、监管员的重要职责。10月1日，印发《广丰区森林防火十条硬措施》，进一步明确乡镇（街道）防火责任。区委区政府成立5个安全防范检查组，到乡镇（街道）开展安全生产、森林防火工作督促检查，督促乡镇（街道）、区森林防灭火指挥部成员单位各司其职、各负其责，减少人为火灾发生。加大对国有林区、自然保护区、森林公园等重点地方的监管巡查力度，在黄尖山和铜钹山生态林场推广应用防火码，共设6个卡口。

（供稿人：刘修通）

【森林火警】 2022年，广丰区区森防指值班室共接到消防火警30余起，区森防指巡察组巡查中发现15起火情，都及时将山火扑灭，避免火势蔓延；对野外违规用火行为发现一起，惩处一起，震慑一方，全年处罚野外违规用火46起，罚款26600元。

2022年广丰区森林火灾发生率、受害率、森林火灾控制率都在控制指标内，森林防火工作总体形势平稳。查处2起较大森林火灾，均发生在嵩峰乡。

（供稿人：刘修通、王冠华）

【"鸣锣+广播"宣传】 2022年8月9日起，正午12点广丰全区范围内开展"鸣锣+广播"宣传，每个乡镇（街道）都组织3—5支防火巡查队、每个村（居）都有1—2支巡查队，在高风险时段高密度巡查，区专业力量救援前置，区森林防灭火指挥部派出5支巡查组，到一线巡查督导乡镇（街道）开展工作，抓反面典型，查失职渎职。

（供稿人：刘修通）

救援协调

【修订完善应急预案和开展应急演练】 2022年，广丰区修订完善《上饶市广丰区突发事件总体应急预案》，同时，督促乡镇（街道）、部门单位落实总体、专项、部门应急预案修订工作。坚持"宁可备而不用、不可用时无备"，加强帐篷、被褥、折叠床等救灾物资储备力度。组织队员开展排洪涝应急演练和抢险救灾，做好各项应急准备，确保一旦发生事故险情能及时妥善应对、科学救援、安全救援。从广丰区静态管理开始，区应急救援大队队员吃住在单位，坚持24小时在岗值守，做到救灾物资不分昼夜随时可以调拨出库。

【安全防范投入建设】 2022年，广丰区投入2039万元保障安全生产、消防、森林防火和防灾减灾，其中投入602万元推进"智慧应急"建设；投入45万元修缮专业森林消防队营房；投入250万元补充完善防火防汛及救灾物资；投入112万元建设防溺水预警系统，通过"人防+技防"织密防溺水安全网；投入290万元采购防疫物资及建设遮阳棚；投入740万元推进基层应急管理体系和能力建设，为23个乡镇（街道）建设完善应急指挥中心、添置应急救援物资装备，全力推动基层应急管理能力提升。

【开展"大练兵大比武"活动】 2022年7月中旬开始，广丰区组织区专业森林消防大队、乡镇（街道）半专业队开展为期40余天的大练兵大比武活动，全面提升全区专业、半专业森林消防大队综合应急救援能力。8月26日，对乡镇（街道）半专业队在大比武活动中取得团体奖和个人总成绩奖的队员进行表彰，奖金共9万元。

【"智慧应急"项目建设】 2022年，广丰区投入602万元推进"智慧应急"项目建设，在全区安全生产、防汛、防火等领域，设置47个"智慧应急"前端感知点，实现前端感知、提前预警，安全关口前移，有效管控安全风险。"智慧应急"项目架构主要是"1底座4应用"，"1底座"指融合通信管理系统，"4应用"指林火监测预警应用、安全生产监测应用、防溺水预警系统、消防智慧烟感系统。

融合通信系统：通过接入公网电话、无人机、卫星电话、单兵、多模对讲机、视频、监控、短信等多种通信手段，打通预警、救援最后一公里，实现图上一键指挥，任务一键调度，全程可视化管理。

林火监测预警应用：应用物联感知、人工智能、时空分析等技术，打造包括卫星、无人机、热成像、视频和人工巡护等多种手段融合的全天候、高频次、大范围、立体化智能监测网络，形成具备火灾监测预警、火情研判、扑火指挥、态势分析、火灾督查等功能的智能可视化平台。

安全生产监测应用：汇聚广丰区内重点企业视频，物联网传感器数据，通过视频AI技术移动识别发现安全生产隐患。

防溺水预警系统：将人脸识别、声光报警、信息推送、5G视频实时预警、一键报警等功能结合在一起，搭建5G视频防溺水预警专属平台。

消防智慧烟感系统：具备远距离无线通信能力，可通过手机APP或消防平台监控火灾，当发生火灾时，报警器能探测烟雾，支持声光报警，提示现场人员进行灭火处理或逃生。将火灾报警信息、设备故障信息等通过无线方式实时上报到远端消防平台，方便远程监控火情和维护设备。

（供稿人：刘修通）

地质灾害防治

【概况】 2022年，广丰区坚持以人为本、预防为主、避让和治理相结合，做到"防、治、迁"并举，加大应急能力建设和宣传培训，有效减少和避免地质灾害造成的人员伤亡和财产损失，及时组织群众撤离避让并妥善安置，在隐患未消除前不得返回居住生活，共转移群众65户216人，实现地质灾害防治工作"零伤亡"的目标。

【地质灾害隐患排查】 2022年，广丰区自然资源局开展地质灾害汛前排查、汛中核查、汛后复查的"三查"工作，及时登记上报新增隐患，落实防灾措施，累计督查检查24批次106人次，专业"三查"34人次，316点次；基层"三查"182人次，507点次，派出专家组12批次35人。对全区隐患点进行拉网式大排查，查明隐患点503处，累计新增隐患点4处，经梳理，建立隐患点台账507处，涉及22个乡镇（街道），威胁人员安全5252人，威胁财产安全9233万元，落实监测员432人。根据灾情险情等级划分，确定重要隐患点32处列入区防灾方案（含省市2处），473处列入乡镇防灾方案，技术支撑单位常驻广丰协同开展地质灾害隐患巡查排查，对新增的隐患经详查后出具调查报告并提出防灾建议，对老隐患点的销号做到实地核实，专家认定，相关单位会商后并由乡镇（街道）政府（办事处）以书面报告形式逐级上报予以销号。

【群测群防体系建设】 广丰区建立健全三级群测群防体系网络，2022年安装监测设备18处，其中省安装16处、区安装2处。利用地灾巡查、"4.22"（世界地球日）、"5.12"（全国防灾减灾日）等进行宣传培训，累计发放"防灾明白卡"和"避险明白卡"2700多份，宣传单（折页）5300余份，悬挂宣传横幅6条，张贴宣传标语20余条，宣传普及受益群众1040余人，接待咨询人员260余人，培训（1次）32人。

【地灾防治项目建设与申报】 2022年，广丰区有两个在建项目，为地质灾害1：5万地质详查、霞峰镇下坊小学滑坡治理，其中霞峰镇下坊小学滑坡治理项目完工并初验，抓紧整理资料竣工验收；地质灾害1：5万地质详查项目通过验收并下达验收意见。

2022年申报6个项目，移入数据库，为重点集镇1/1万地质灾害风险调查评价（芦林）、横山镇上孚村车水洞组滑坡治理、横山镇廿四都居委会五四路花炮厂原址滑坡治理、桐畈镇毛溪村十组滑坡治理、泉波镇梧桐坞张家滑坡治理、地质灾害基层防灾能力建设，申请预算资金约1090万元。由广发集团为业主分期组织实施154处急需治理的隐患点，预计需投入资金7990万元。

（供稿人：俞益火）

消防救援

【概况】 2022年，广丰区消防救援大队共接处警1161起，出动消防救援人员17409人次、执勤车辆2852辆次；全区共发生火灾559起，抢救财产价值3815.5万元，保护财产价值11896.3万元。广丰区消防救援大队被共青团江西省委授予2022年度江西省青年文明号，裕丰大道消防救援站被共青团上饶市委授予2022年度上饶市青年文明号，大队3个集体、2名个人荣获市厅级以上荣誉。

【火灾防控基础设施建设】 2022年，广丰区新增市政消火栓100个，社会面单位安装消防物联网NB-IoT终端连接数共计16000个，泛连接点52000个，23个乡镇（街道）消防所建成并投入使用，大南镇专职队完成建设。应急救援中心一级站按特勤站标准升级建设，纳入2023年广丰区重点项目工程，由广丰区广旅集团融资立项。该特勤站占地面积约40亩，预计项目总投资6000万元，至年底完成立项，处于设计阶段。

2022年，广丰区政府斥资近800万元为大队配备一辆全市最高72米登高平台消防车。

【应急救援能力建设】 2022年，广丰区消防救援大队到辖区开展重点单位熟悉演练309次，与小型站、专职队开展联合演练20余次，修订重点单位预案110份、类型预案8份。大队开展自建房"六熟悉"128次、实战演练115次、业务训练45次、专题学习15次、桌面推演8次；开展水域救援演练2次，抗洪拉动3次，水域救援训练5次；开展沿拉梯紧急逃生、绳索紧急下滑、紧急呼救五步法、派出搜救、黑暗环境沿水带撤离等紧急避险自救互救操法训练80余次。

至2022年年底，大队共开展实地督导46次、理论考试50次、观看作战训练安全示范片17次、开展大讨论12次，作战安全技能训练180课时。

针对专职队伍，大队组织专职队员开展2期安全员培训班。按照安全员装备配备要求，大队配备各类安全员装备20余件套。大队共有5人参加舟艇驾驶以及水域救援培训，全部培训合格并取得资格证；4人参加高空山岳绳索培训，全部合格并取得绳索资格证。至2022年年底，大队共有1人取得潜水证、6人取得舟艇驾驶及激流救生证、4人取得绳索救援技术证、3人取得无人机驾驶证。

【火灾隐患专项整治】 2022年，广丰区消防救援大队推进火灾隐患整治，全力攻坚大型商业综合体、打通"生命通道"、自建房场所等专项整治。大队全年共检查单位842家次，发现火灾隐患或违法行为519处，督促整改577处，下发改正通知书373份，下发行政处罚决定书48份，临时查封7家，责令"三停"12家，罚款516500元。对高新区产业园、5020企业等重点区域，主动服务上门，开展专场服务，引导企业做好安全生产工作。

【3·15广丰区洋口镇工业二路纺纱厂火灾扑救】 2022年3月15日23时41分，江西省上饶市广丰区洋口镇工业二路一纺纱厂起火，无人员被困。支队先后调派5个消防救援站、1个战勤保障大队、3个小型站、3个专职队共计18车90名消防救援人员赶赴现场处置，支队全勤指挥部（1车5人）遂行出动。23时52分，洋口小型站到场；23时59分，裕丰路消防站到场；16日0时32分，全勤指挥部及增援力量陆续到场，2辆挖掘机到场协助处置。经侦察核实确认，起火建筑为茂华纺纱有限公司内一栋两层钢架结构厂房（该厂房主要用于储存棉花，总面积约3000平方米），起火物质为棉花，过火面积约800平方米。经指战员连续奋战，至4时16分，现场明火基本扑灭，该警情共抢救财产1000万元，保护财产5000万元，无人员伤亡。

【6·20广丰区湖丰镇抗洪抢险救援】 2022年6月20日15时22分江西省上饶市广丰区湖丰镇多个村落发生

内涝，并有大量人员被困。支队接警后调派裕丰大道消防站前往现场进行处置。16时07分，消防站到达现场。行驶途中发现，湖丰镇多地村落道路被完全淹没，地势稍低一点的村落道路水位2米以上。消防站利用冲锋舟、橡皮艇迅速展开救援。大队指战员连续奋战近30个小时，成功营救被困人员257人，疏散被困人员652人。积极投入当地灾后重建，为老百姓送水55吨，冲洗道路地面21600平方米，清理垃圾7吨，得到了各级领导的充分肯定和群众的高度赞誉。

（供稿人：余沪鹏）

国有企业

月兔集团

【概况】 2022年6月6日，江西月兔企业集团有限公司总部搬迁至芦林大道280号，有广丰月兔实业总公司、江西月兔丰华彩印公司、江西广厦包装印刷公司、上饶市广丰区月兔房地产开发公司、江西华恒建设工程公司、江西华恒投资发展公司、江西月兔硅材料科技公司、江西星子县华林枭木山石英矿业公司、江西月兔红木文化产业发展公司、江西月兔医疗器械公司、江西月兔旅游产业公司、上饶市广丰区月兔红木工贸公司、上饶市广丰区丰溪新能源科技公司、江西丰溪物业管理公司等14个下属公司，经营范围有出版物印刷、铝箔包装材料、商贸投资、医疗器械生产、房地产开发、工程建设、新能源应用、石英矿业、物业管理等。

2022年，集团改革创新，部室由13个减至11个，推进国企改革创新三年行动，推进重点项目民生建设，经济和社会效益持续向好。至2022年年底，集团资产总额16.70亿元，固定资产1.84亿元，营业收入3.07亿元，税收1777.5万元，净利润473万元，营业收入同比增长35.15%。

【落实国企改革创新三年行动】 2022年，公司针对产业布局落后、员工过剩、房地产下滑等突出问题，发挥国企品牌优势，抓住全区行政企事业单位物业管理改革、新能源基础建设的契机，推进转型升级。

9月2日，投资500万元与区广发集团合资成立江西丰溪物业管理公司，为林科所、丰溪、石谢（公）廉租房875户，广丰区政务服务中心、区图书馆、区文化馆、数字经济产业园区等提供物业管理服务，至2022年年底，租金及物业管理费收入410万，安置富余人员35位。

通过技改提升竞争力，下属丰华彩印公司成功中标江西中烟的"金圣"烟标的印制业务。通过房地产去库存，实现销售收入1.9亿元。红木公司优化营商环境改造提升会展中心展区，配合完成在广丰会展中心举行的"首届江西省文博会"。

【重点民生项目建设】 东街明珠二期（东街棚改）安置项目，建筑面积约2.85万平方米，安置195户，于2022年12月通过联合验收，2023年3月全部安置交付。

东街明珠（南苑）安置项目，建筑面积约27.00万平方米，1588户，2021年9月开工建设，2022年年底主体工程完成82%，主体施工进入装饰阶段，计划2023年年底交付安置。

北河滨路棚改（横路）安置区项目，建筑面积约6.8万平方米，安置464户，2021年10月开工建设，2022年年底主体工程完成85%，进入装饰安装阶段，计划2023年年底交付安置。

上饶卫校二期项目，2022年年底立项，计划2023年4月开工，总建筑面积约50895平方米，其中教学楼一栋，实训楼一栋，食堂、报告厅各一栋，宿舍楼两栋，项目计划2024年11月30日前完成。

【新能源汽车充电站点建设】 2022年9月8日，与区广投集团合资成立上饶市广丰区丰溪新能源科技公司，注册资本5000万元，负责全区范围内新能源汽车充电基础设施的规划、建设、运营。按照全区充电"一张网"的思路，通过技术手段计划并网接入智慧管理平台实行统一运营维护，实现互联互通、共享共管。项目一期在城区及部分乡镇拟利用既有或新建停车场建设600个公用充电桩和专用停车充电场，投资5000万元，后续将在各乡镇以及公路沿线新建改建约1000个充电桩和专用充电停车场，形成"合理布局、适度超前、高效运营"的新能源汽车充电基础设施体系，增加公共产品有效投资，提高公共服务水平，满足市民便捷充电的需求，助力上饶打造千亿汽车产业集群。

至2022年年底，已投入资金750余万元，建成投入运营丰溪路月兔停车场电动汽车充电站、广丰会展中心电动汽车充电站、上饶高新区停车场月兔充电站、尚绿君澜大饭店停车场等站点106支新能源汽车充电枪。

【疫情防控集中隔离点管理情况】 2022年5月底开始，公司陆续承接芦林、下溪民兵训练基地和治超站集中隔离点1100多床位管理和服务,为广丰区返乡和信州、广信、玉山、贵溪、余干、鄱阳等地转运隔离人员15000人次。

(供稿人:陶皓)

广发集团

【概况】 2022年,广发集团聚焦主责主业、清晰功能定位,积极谋篇布局、主动寻求突破,以守正创新推动高质量发展。集团本部全年完成经营收入12725万元、上缴税收5639万元、净利润1012万元。在2022年度全区综合考核中获得国有企业类综合奖二等奖、融资工作第一名的荣誉。

【做大平台资产】 通过增加注册资本金、摘牌优质土地、摘牌矿产资源、收购区域经营性资产等方式,平台资产持续做大。2022年增加资本公积10亿元、调整会计处理方式新增资产12亿元、摘牌土地9宗增加资产8.86亿元、划转放心粮油公司增加资产0.1亿元等;2022年12月份摘牌取得大覆船山矿权探矿权,增加资产约26亿元,拟于2023年进行开采;民心小区38直店铺、林科所8直店铺等资产已注入。

【完善风险防范机制】 广发集团不断完善现代化企业管理制度,形成以董事会决议并审议重大事项、监事会执行监督、投资委员会审议决策一般事项、风控委员会进行风险评审、经理层及各部门具体执行的相互制约机制。聘请专业会计师事务所对集团内部控制检查、债务风险识别及管控建议等进行咨询服务,列出内部控制43个风险点、财务管理25个风险点,全面推进整改,加强集团防范和化解风险的能力。制定完善《基础员工工资管理制度(试行)》《绩效考核管理暂行办法》《合同评审暂行办法》《项目审查工作方案》等内控制度。将规划融资部优化拆分为投融资部和规划发展部。

【重点项目建设】 2022年,新建工程28个,续建工程13个,工程总投资约32亿元,加强项目前后一体谋划,落实项目三级调度机制,全力推进项目建设进度,强化项目全生命周期管理。北湖公园、广丰中学、贞白中学(三期)、职业技术学校等多个建设项目均已竣工并交付使用,大湖公路、北河滨棚改安置区、王洋(鱼丘)安置区等重点项目建设正高效稳步推进。其中大湖公路项目工程从前期抓起、设计先行,针对设计的合理性、必要性、造价投资、呈现形式等方面充分调研、精细谋划,建安成本节约约7000万元。

大湖旅游公路改造提升项目,大湖(大石—湖里)公路为省道S201的组成段,路线总长7.85公里,道路宽21.5米,双向四车道,起点为S201与G353、芦洲大道交会处,接裕丰南大道,经恩山底、汤家、霞楼村等地,终点至上浦高速铜钹山互通出口。项目总投资38186.401万元,2022年8月开工,该项目市政一标段、二标段、三标段建设同步进行。

【融资工作2022年度综合考核第一名】 在2023年2月4日召开的广丰区高质量发展表彰大会上,广丰集团获得区属国有企业融资工作2022年度综合考核第一名。广发集团以"PPP+发行企业债+政策性银行贷款"为依托,"直接融资+间接融资"相互融合,初步形成利率高转低、期限短转长和结构更加合理的多元化融资体系。2022年新增融资项目9个,新授信39.52亿元,实现到账23.8亿元,为全区重点项目有序建设提供了保障。2022年以公开招标的方式确定企业债券发行券商,费率相比往年降到最低。

【北湖公园建成】 北湖公园选址在广丰城北新城核心位置,位于城市主干道迎宾大道与广信大道交会处,是开启新城发展的先锋,是彰显新城形象的名片。北湖公园建设项目总投资为1.8亿元,总用地面积约340亩,其中酒店预留用地约61亩,景观设计总面积约20万平方米:含绿化工程面积10.3万平方米、景观水域面积5.2万平方米、道路广场面积4.1万平方米、配套建筑面积1260平方米。北湖公园以"城市花园、都市绿肺"为理念来打造"一湖、一环、四区、十景"的架构。因山就势、借水生姿,囊括了繁花大道、文化广场、儿童乐园、花海草坪、生态岛屿、运动场所、水上森林、文创集市等景观结构。项目建设于2021年9月开工,2022年5月底完工。

(供稿人:杨卫荣)

广投集团

【概况】 2022年,广投集团围绕打造"市场型、贡献型、增值型、造血型"国有企业的发展目标,推进市场化转型发展,开拓工业地产,做实水务板块,做大资产规模,做优经营效益,主要经营指标较好完成,各项工作再上新台阶。至2022年年底,广投集团总资产达160.94亿元,同比增长33.7亿元,增幅26.48%,净资产88.3亿元,负债72.64亿元,资产负债率45.13%,信用评级稳定在AA级。

【国有资产经营管理和风险管理】 2022年,广投集团重点发展商业服务业,区分经营性资产、准经营性资产和公益性资产，建立资产收益管理机制，充分盘活存量资产，向资产要效益。以丰溪水街资产管理经验为基础，稳步投资收购一批优质经济性商业资产，如国资事务中心、上饶银行经营性资产、江西中烟广丰卷烟厂原行政办公大楼办公等，进一步壮大运营现金流。积极主动参与竞拍，与自然资源部门对接，共参与10个地块的土地竞拍（其中工业地块6个，共计492.69亩；商业地块4个，共计187.12亩），通过摘牌土地，不仅做大做优集团资产，也为财政统筹资金安排贯通渠道。

切实防范多重风险，重点防范化解投资融资、资本运营、安全生产等领域风险，守住了不发生重大风险的底线。严格执行预算管控，科学安排年度投融资各项工作。按照防风险强监管的思路，进一步加强基金制度流程建设和投后管理。切实发挥区产业基金理事会管方向、把大局的作用，贯彻落实区产业布局，决定和审批基金投资方向、资金计划等重大事项。对中小微转贷基金进行业务流程再造，落实稳大盘工作要求，积极发展担保业务，把中小微企业生存发展作为重点，持续为中小微企业解决资金难题，促进广丰区经济稳定增长。

【工业地产建设】 2022年，广投集团坚持改造和开发并行，结合产业需求积极推动工业集聚区升级改造，最大限度拓展产业发展空间，建设标准厂房，推进工业地产整合，2022年度标准厂房存量已超过200万平方米。同时借鉴上虞建设协同创新中心的经验，建设2.5产业园，使之成为创新创业的平台、研发孵化的平台、金融惠企的平台、人才培育的平台、公共服务的平台，助力产城融合，在促进区域经济高质量发展的同时实现集团资产结构优化。

【水务产业发展】 2022年，广投集团抓住城乡供水一体化发展机遇，加快构建水务板块深度产业链条，实现主业增效。积极推进城北水厂、少阳水厂、壶峤水厂、关里水库备用水源等项目建设工作，对老城区供水管网进行全面改造，投资建设18个建制镇污水处理厂，各水务项目的建设按时间节点稳步推进。以收购、建设乡镇制水企业的模式组成大的城乡供水体系，稳步推进收购工作，逐步实现城乡供水一张网，在服务好民生和经济发展的基础上，做大资产规模，水务产业成长为集团的主要经营板块。

【重点项目建设】 2022年，广投集团承建23个重点项目建设，按照"储备项目抓前期、新建项目抓开工、续建项目抓进度、完工项目抓交验审计、所有项目抓投资"的思路统筹推进，其中续建完工项目8个，正在建设项目9个，正在前期工作项目6个。重大项目有8个，具体为标准厂房四期、五期、六期（立景三期）、七期、八期、人民医院提质扩建、广丰国际大酒店、城北水厂项目。

人民医院提质扩建项目位于永丰南大道（老医院内），总投资3.98亿元，主要新建附属楼、高压氧舱、肿瘤放疗楼及附属工程，并新增医疗设备、智能化系统（含弱电主机房）等设施设备。

广丰国际大酒店项目位于北湖公园范围内，占地约61.9亩，建筑面积66068平方米，总投资10亿元，集酒店客房、会议中心、餐饮、宴会、SPA养身等功能于一体。

城北水厂项目位于贞白中学北面，占地约46亩，建筑面积约3500平方米，总投资3亿元，日供水能力6万吨，致力于自来水供应、智慧水务指挥以及水质检测等服务。

广投集团根据项目安排，用好用活用足金融资源，压低融资成本，放大"投融"效应，降低融资成本。与国开行、进出口银行、交通银行等多家金融机构对接项目融资事宜，项目资金来源基本得到落实。启动存量资产项目贷，稳步推进产权交易工作和贷款审批工作，以高效的融资为项目建设提供了有力支撑。

（供稿人：黄劲飞）

市政集团

【概况】 2022年，市政集团聚焦主责主业、明晰功能定位，积极谋篇布局、主动寻求突破，以守正创新推动高质量发展。集团本年度实现营业收入5638.43万元，完成年度计划225.54%；净利润269.22万元，完成年度计划163%；上缴税收185.61万元，完成年度计划116.01%；摘牌东关全民健身中心、广丰卷烟厂旧址等国有建设用地使用权。2022年3月被共青团上饶市广丰区委授予"广丰青年五四奖章集体"，被上饶市妇女联合会授予"上饶市三八红旗集体"，在2022年度全区综合考核中获得重点项目建设工作第二名。

【重点项目建设】 2022年，市政集团新建工程15个，续建工程3个，工程总投资约4.2亿元，主要包括月兔广场周边市政工程建设项目、城市功能提升综合改造PPP项目（西苑山庄周边道路、南屏路、中洲街、绿源小区周边道路、西溪路"白改黑"）、口袋公园建设项目、城区大桥提升改造及美化项目、丰溪河两岸景观照明提升改造项目。

【整合城市停车资源】 2022年，市政集团提升、整合、规划好有限的停车资源，实现城区路内智慧管理停车位合计568个，智能封闭式停车场车位合计1081个，包括月兔公园地下停车位390个、大井头口袋公园地下停车位96个、天和广场地下停车位136个、丰溪水街安置小区地下停车位299个、状元坊地下停车位160个。

【月兔广场周边城市更新工程】 该项目总投资约2.5亿元，主要包括老广丰卷烟厂旧址改造项目、月兔公园及地下人防工程项目、月兔广场交叉口优化项目、月兔广场更新项目等子项目。项目选址位于月兔广场西北侧，地面部分为城市公园及广丰中学新校门，地下部分配建两层人防车库，主要包括月兔公园地下停车场基坑支护工程、月兔公园地下人防工程和月兔公园，地下停车场总建筑面积16038.58平方米，其中地下一层与地下二层各约8019.29平方米，设置地下机动车停车位390个（含充电桩车位20个）。主要打造集儿童、休闲、观景、通勤、校园文化展示等核心功能为一体的地面公园。项目于2021年3月份开工建设，2022年6月份基本完工投入使用。

【首座人行天桥"月兔天街"建成】 2022年12月11日，广丰月兔天街正式通行，系广丰区首座人行天桥。月兔天街位于月兔广场东北侧，横跨永丰大道，南起新天地，北接广丰里。天桥全长约60米，宽6米，高5米，设置2处步行楼梯、4部电动扶梯和2部无障碍电梯等公用设施，总投资约1800万元。桥上的灯光亮化工程以及桥身的金属质感完美地融入周围街边的环境及夜景工程，该桥建成后很快成为广丰市民新的"网红"打卡点。

【"广丰里"商圈建设】 "广丰里"是2022年广丰区重点项目，利用原广丰卷烟厂厂房进行改造，在建筑上采用混合式的设计风格，既有老广丰人的记忆，又有现代商业新模式，以低密度开放式街区凸显其"文化+商业"完美融合，改造后以人文、民俗、文化体验为主线，成为集大型生鲜精品超市、巨幕院线、微旅名宿、潮流街区、各地美食、跨界娱乐、电商创业中心等于一体的具有广丰特色的沉浸式夜生活商业街区。该项目总投资10亿元，总建筑面积3.6万平方米，相邻月兔天街。2022年1月份正式开工建设，经过10多个月的建设，项目完工。有140余家商户进驻"广丰里"，包括星巴克、卡拉多等知名品牌，全面运营后每年能有效带动客流500万人次，解决劳动就业约2000人次，线上线下全年营业额超6亿元，"15分钟"便民休闲夜经济生活圈预计可辐射周边30万市民，是以本土文化、地域风情、夜生活为主题，打造集购物、休闲娱乐、主题餐饮、小吃街于一体的经济商圈。

【疫情防控隔离点建设】 2022年，市政集团负责下溪民兵训练基地隔离点、芦林老烟厂隔离点等的建设。用时20天，建设建筑面积约9000平方米、隔离床位151个的下溪隔离点和建筑面积5000平方米、隔离床位90个的芦林老烟厂隔离点，确保按照全区疫情防控要求的时间节点交付使用。对广丰宾馆、月兔国际酒店、老妇幼保健院、全季酒店等15家左右宾馆酒店隔离点进行"三区两通道"〔注："三区"即隔离区、工作准备区（生活区与物资保障区）、缓冲区，"两通道"即工作人员通道、隔离人员通道〕改造及物理隔断，满足酒店宾馆隔离点的硬件要求。

另外，按照全区部署，市政集团先后对九五主题酒店、永利大酒店、格林豪泰酒店、国恩宾馆、下溪隔离点等进行牵头管理，特别是对下溪隔离点投入人力30余人，坚守管理三月有余。期间，对隔离人员提供人性化服务，从物质需求保障到精神慰藉，在符合疫情防控政策的前提下尽量为隔离人员提供便利，不伤感情、不留遗憾。

（供稿人：吕言海）

农垦集团

【概况】 2022年，农垦集团聚焦主责主业、做强实业，合理统筹闲置资产，激发"休眠资源"活力，推动资源变资产，至2022年年底，集团总资产约140亿元。在2022年度全区综合考核区属国有企业类别中，被评为高质量发展考核综合奖三等奖、高质量发展考核单项奖重点项目建设工作第二名。

【做大平台资产】 加强与政策性银行及其他金融机构的沟通协调，创新方式、优化结构，畅通融资渠道，提升融资能力。至2022年年底，集团融资总金额22.5亿元（实际已放款19.6亿元），其中：农发行改善农村人居环境建设项目融资金额5.6亿元，商业银行项目贷款融资金额15.3亿元，商业银行流动资金贷款融资金额1.6亿元。

【重点项目建设】 至2022年年底，农垦集团实施区重点项目83个，总投资77.2863亿元，其中完工项目38个，总投资18.5亿元；续建项目8个，总投资7.08亿元；新建项目37个，总投资51.70亿元。获得区属国有企业项目建设工作2022年度综合考核单项奖第二名。

【城区燃气建设】 2022年，全年民用燃气开户2992户，工商业燃气开户25户。至2022年年底累计使用燃气民用户数12714户，累计使用燃气工商业户数62户。

全年民用总用气量139万方，工商业总用气量451.2万方。完成中压管道建设约6公里。农垦集团着力破解气价倒挂问题，与上游公司上饶市大通燃气有限公司多次谈判，稳定广丰区整体气价指标，让利居民用户及工商业用户。2022年完成城区8864户天然气用户的到访安检工作，当场给予解决问题隐患，并对用户进行安全用气宣传指导；完成运营5年及以上的中压燃气管道检查检测和整改。引进燃气阀室数据采集及控制技术，可大大减少燃气泄漏安全隐患。由区城乡新能源公司与江西省天然气有限公司合作成立的上饶市广丰区赣能燃气有限公司，完成黑滑石产业基地和江西台鑫钢铁有限公司等企业的管道建设并正常通气，江西台鑫钢铁有限公司月供气量约7万方。

【马家柚精深加工】【马家柚统购统销】【马家柚入驻盒马鲜生】 见本年鉴类目"农林水"分目"广丰马家柚产业"。

【广丰区西坛标准果园项目建设】 该项目选址在芦林街道西坛社区，项目总投资3000万元，规划范围3000亩，建设内容主要包括：西坛社区50亩马家柚标准化示范果园；首批启动马家柚研发中心加果企（果农）合作试点600亩，建设观景平台1个、公厕3个、停车场2个，道路拓宽改造1100米（沥青混凝土路面）、果园内1000米道路白改黑、建设范围内电力线改造、景观绿化亮化1000平方米，土地整理140亩（用于水稻、蔬菜、粮食作物的种植），果园灌溉、自来水管网铺设、改造智慧农业控制中心、科技小院建设、一期果园范围内的苗木标准化移植、示范果园（花粉工厂）及其配套设施建设等。西坛标准果园以马家柚为主线，打造集马家柚研发、果园观赏采摘、水稻蔬菜体验种植、旅游休闲为一体的田园综合体，带动区域经济社会发展，促进区域农业产业结构调整，带动农民增收致富，推动体验农业与观光农业相结合的特色旅游发展，促进乡村振兴和产业振兴。项目于2021年12月开工，预计2023年12月完工。该项目作为2022年全省农业发展大会考察点，圆满完成了现场考察接待工作。

【广丰马家柚深加工产业园项目建设】 该项目选址在广丰区芦林街道五里社区，项目总投资12000万元，项目用地面积约40.5亩。主要建设内容和规模：建设标准厂房、办公楼、生活楼及配套基础设施。项目建设于2021年7月开工，2021年12月底完工。

（供稿人：潘俊豪）

交建集团

【概况】 上饶市广丰区交通建设投资集团有限公司下设上饶市广丰区公路发展有限公司、上饶市广丰区公务用车服务有限公司、上饶市广丰区广美环保有限公司、上饶市广丰区广美矿业有限公司、上饶市广丰区广美建材有限公司、上饶市广丰区广美汽车租赁有限公司、上饶市广丰区业广建筑工程有限公司等7家分公司，以及上饶市广丰区广隆石油有限公司、上饶市建广绿色建筑材料有限公司2家合资公司。2022年，交建集团推进广丰区城市周边道路建设和农村公路建、管、养，加强自营项目建设，加强集团造血功能，开展创文建设，多渠道开展融资工作。至2022年年底，交建集团资产总额118668万元，同比增长383.12%；负债总额27829万元，同比增长201.64%；资产负债率23.45%，同比减少14.11%。实现营业总收入3635万元，同比增加148.63%；利润总额144万元，同比增加11万元；营业成本1815万元，增加1195万元；三项费用（销售费用、管理费用、财务费用）1676万元，同比增加136.39%。

2022年，交建集团拓宽融资渠道，采用多方担保、多方筹集资产等方式向江西银行、农发行、建设银行、九江银行等多融资8.9亿元，为项目建设提供资金保障。

【重点道路建设及道路周边提升项目建设】 2022年，交建集团主要业务是广丰区重点道路建设项目及道路周边提升项目，新建、在建重点项目，创文项目，抢修项目及农村公路建管养项目35个，完成建设资金近1.3亿元。

其中20个项目建成通车：西广路（西桥—铜钹山大道）工程项目、西广路（铜钹山大道—博友路）工程项目、博友路（辉腾大道—西广路）工程项目、泉波鸿坛至沙田新村公路升级改造项目、高塘头至尖山村窄路面扩宽项目、莲鼓军埔至马坳公路乡道双车道拓宽改造项目、嵩峰乡至开树岭头段建设项目、东阳至毛村（小岭至沙墩）项目、杨坞村至白水坳路口公路乡道双车道拓宽改造项目、王家畈至五峰山乡道双车道改造项目、平洋山至溪头双车道拓宽改造工程、古村至沙溪（古村至林家段）公路拓宽改建工程、仙岩至霞峰（卅八都—排山）公路建设工程、泉波鸿坛至沙田新村公路升级改造工程、北河滨路（金三角）道路改造工程项目、上饶市广丰区新华路（迎宾大道

—广丰连接线）建设工程项目、深度保洁设备综合服务站项目、葛村加油站项目、广丰区农村公路建管养项目—南山至管村综合整治工程、X807霞峰大道八段建设项目。壶峤砂石骨料建设工程建设项目按计划推进。

【防疫、"创文"和抢修项目建设】 2022年，交建集团实施方舱隔离点和各酒店隔离点建设项目、洋口镇创文项目、吴楚大道等各条农村公路路面抢修。

其中7个项目全面完成并交付使用：文博会场周边外立面改造提升项目、洋口镇木雕城居周边环境改造提升项目、洋口镇蔡村村鲍家组周边环境改造提升项目、洋口镇洲头居中州大道西段及水塘周边环境改造提升项目、芦林月兔集团老厂区A2#方舱隔离点及酒店隔离点建设项目、吴楚大道沿线抢修及周边环境处置、新天地外立面改造项目。

（供稿人：周玉华）

广旅集团

【概况】 2022年，广旅集团积极拓展融资通道，推进项目建设，公司管理正规有序，各项工作务实开展，较好地完成各项工作任务。全年主营业务收入完成8312.33万元，非主营业务收入完成546.09万元，2022年度全区综合考核中获得国有企业类重点项目建设工作第三名。

【国有资产经营管理】 至2022年12月，集团2022年年初贷款余额为46793万元，本年新增贷款3800万元，偿还本金7695万元，剩余贷款余额为38200万元，账面资产总计442953.45万元，其中：拍卖四宗地块金额16936.87万元，其中养村山广场东侧地块4833.99万元、约10273平方米，东街东路南侧地块3993.65万元、约6653平方米，锦绣华庭东侧地块7988.04万元、约14290平方米，东阳龙溪地块121.19万元、约1333.3平方米；收购壶桥华家源1295.3万元；铜铍山景区资产鹊桥公司划拨旅游产业424721.28万元。

集团主营收入由重点项目工程建设管理费收入及工程建设收入转为以建材销售收入为主，江西广旅建材有限公司实施建筑建材供应链贸易业务，形成广丰建筑建材产业固定板块。2022年销售营业额约2.15亿元，盈利约203万元，广旅建材有限公司贷款余额为4698万元，本年新增贷款28204.44万元，偿还本金5256万元，剩余贷款余额为27646.4万元。

【重点项目建设】 2022年广旅集团接管东阳乡文农旅综合体项目、旅游商业综合体项目、裕丰小区老旧小区改造项目、高层住宅小区消火栓系统维修改造项目、住宅小区电动车充电桩建设项目等。

东阳乡文农旅综合体项目：项目建设地点在东阳乡龙溪村，项目用地范围20亩，建筑面积2亩，新建游客中心1800平方米，旅游公厕200平方米，生态停车场3000平方米，游客中心道路170米，游步道400米，供电线路300米，供排水管道300米，消防、巡防设施各一套，绿化、亮化等配套设施，项目投资概算700万。2022年项目主体框架完成。

旅游商业综合体项目：项目用地面积14290平方米，总建筑面积50791.29平方米，地上建筑面积40965.94平方米，地下建筑面积9825.35平方米。

裕丰小区老旧小区改造项目：项目涉及外立面改造71000平方米，道路改造18000平方米，给水管2180米，污水管2180米，污水检查井2座，雨水管2180米，雨水检查井72座，屋面防水12700平方米，强电线整理3700米，弱电线改造3700米，消防4350米，楼梯间墙面粉刷16000平方米，绿化改造1项，广场改造1项，小区大门改造1项，充电桩8个，防盗窗8000平方米，围墙维护260平方米，安防及智慧管理1项，养老设施1项。

高层住宅小区消火栓系统维修改造项目：项目内容为全区高层住宅小区消防栓系统水房、供水管网、室内消火栓箱维修改造。

住宅小区电动车充电桩建设项目：住宅小区电动自行车停车棚、智能充电建设。

【推进文化旅游发展】 2022年集团完成东阳龙溪文农旅综合体项目主体框架；十都文旅项目中规院设计团队完成第二次方案汇报，对规划方案准备组织专家评审；华家源乡村旅游景区之夏布非遗亲子研学营地夏布堂已租赁给上饶立宇教育科技有限公司经营。

【探索"两山"经营管理】 广丰区践行"绿水青山就是金山银山"发展理念，于2021年11月，在全市率先成立上饶市广丰区两山经营管理有限公司，搭建运营平台，行使产权收储、资源提升、资产评估、资产运营、市场交易等职能，构建县域生态资源资产运营管理体系。区两山经营管理公司组建后，借鉴商业银行"分散式输入、集中式输出"经营模式，按照"资源共享、机制共建、风险共担、利益共赢"四大原则，着力做好"资源汇聚、资源流通、资源升值"三篇文章，最大程度释放生态资源红利。主要过程体现在收储和开发两个环节。首先是收储生态资源，夯实基础。对辖区内山、水、林、田、湖等自然资源以及适合集中经营的农村宅基地、集体经营性用地、农房、古村等资源资产进行全面摸底，合理评估生态资源资产价值，形成生态资源清单、产权清单，共收储了7680亩生态资源。接着是开发利用生态资源，提升效益，包括经济、生态和社会等效益。积极与优秀运营管理团队合作，通过整合碎片化生态自然资源，对重点生态资源进行统一包装、精心策划、精准开发，探索政府、市场、村民三方共建共享机制。比如，联合农商银行推出马家柚"丰收贷、惠农贷"，向85家农户发放贷款1700万元，联合广信村镇银行推出"金柚贷"，向75家农户发放贷款1500万元。将区域内低效开发的林地园地等国有重点生态资源存入两山经营管理有限公司，以生态旅游并购向江西银行申请贷款3.48亿元，成为江西首例国有生态旅游资源并购贷，为生态旅游建设提供资金保障。实施"广丰区东阳乡龙溪义（农）旅综合体项目"，一期投入700余万元进行优化打造，将当地分散的旅游资源串珠成线，提升旅游发展层次；并通过修建基础设施、提供就业岗位等多种形式，将获得的收益反哺给村集体，让当地村集体和农户享受经济发展和环境保护双重红利。通过多元化的生态产品价值转化，逐步探索出一条生态美、产业兴、百姓富的绿色发展之路。《释放"两山"资源红利 拓宽乡村振兴路子——广丰区"两山"模式助力乡村振兴特色做法》2022年入选为全省典型推介。

（供稿人：陈子菁）

银行　保险

综　述

2022年，广丰区共有银行机构13家，包括：工行、农行、中行、建行、邮储银行、广丰农商银行、广丰广信村镇银行、招商银行、江西银行、赣州银行、九江银行、上饶银行、光大银行，这13家机构下设营业网点75个。

一、积极落实抗疫情、稳增长、保就业货币政策

以宏观审慎评估为重点，加强系统性金融风险防范，科学实践"双支柱"调控管理，积极引导金融机构增加有效信贷投放，在MPA框架内合理统筹安排信贷投放，至2022年12月末，全区各项贷款余额364.77亿元，增速14.2%。制定《上饶市广丰区银行业金融机构促进区域经济增长综合考核办法》《关于全面做好金融服务广丰乡村振兴的实施意见》，至2022年年底，共向建档立卡脱贫户发放小额贷款124笔，合计金额1090万元，发放产业贷款2264.94万元，带动农户数达4578户，有效对接脱贫户金融需求，累计帮扶1206户脱贫户。发挥金融杠杆作用，通过区财政筹集500万元设立风险缓释基金，撬动4000万元银行资金发放"产业扶贫信贷通"贷款。

二、精准发力助实体，金融支持"六稳""六保"货币政策直达实体经济

稳步投放再贷款、持续开展延期还本付息及信用贷款投放。2022年全年累计运用10.16亿元再贷款，引导辖内法人金融机构支持各类小微企业、个体工商户5000多户，降低企业贷款融资成本1000多万元。2022年1月至12月，广丰区辖内金融机构共实现阶段性贷款延期偿付21.69亿元，占同期到期需偿还贷款本金的84.21%，惠及市场经营主体9800多户，有效缓解了企业资金周转压力；2022年1月至12月，广丰辖内金融机构新增普惠小微企业信用贷款19.63亿元，占同期普惠小微企业贷款增量的39.47%，支持普惠小微经营主体户8600多户。

贯彻落实普惠小微贷款支持工具，将普惠小微贷款支持工具资金支持比例由1%提高至2%，至2022年12月末，推动广丰广信村镇银行新增发放普惠小微贷款31592.39万元，发放普惠小微贷款支持工具激励金额630万元。

落实2022年第四季度普惠小微贷款阶段性减息工具，引导辖内法人金融机构在2022年第四季度对存续、新发放及到期（含延期）的普惠小微贷款在原贷款合同利率基础上减息1个百分点，按月向人民银行申请激励资金，至2022年年底到位290万元减息金额，惠及1714户普惠小微市场主体，实际减息贷款笔数7736笔。

灵活运用专项再贷款政策工具，积极运用科技创新、普惠养老和交通物流运输专项支持再贷款，引导辖内金融机构定向支持科技创新、普惠养老及交通物流运输行业发展。至2022年年底辖内首笔普惠养老再贷款（广丰区福康颐养院）成功落地。

优化融资方式，引导广丰农商行利用人民银行再贷款资金发放"出口退税账户质押"贷款，贷款年利率不超过5.5%，低于农商行企业流动资金贷款平均利率2个百分点，外贸企业贷款融资成本大幅度降低。至12月末，广丰区116家出口退税企业中有36家向银行提交资金需求，其中12家获得农商行的授信准入，授信4800万元。

（供稿人：陈雨薇）

中国人民银行广丰支行

【概况】　2022年，中国人民银行广丰支行以建设"特色支行、一流支行"为目标，落实货币政策，助力乡村振兴战略，防范化解金融风险，支持地方经济发展。

【信贷支持实体经济】　2022年，支行通过金融管理工作会、调研座谈等方式加强货币政策窗口指导，信贷投放总量适度，节奏平稳。至2022年年底，累计发放普惠小微贷款延期政策激励资金1400万元，支持银行机构为9400户普惠小微企业贷款办理延期；推动2022年第四季度普惠小微贷款阶段性减息工具落实落细，累计向辖内法人机构发放290万元减息金额，惠及1714户普惠小微市场主体，实际减息贷款笔数7736笔。推进留抵退税政策落地，至2022年12月31日，办理留抵退税6587.06万元，共计257户次。

【助力乡村振兴】 2022年，支行推动区乡村振兴局和广丰农商银行深化合作，结合本地实际，量身定制特色信贷产品"乡村振兴贷"，聘请农商行26个网点的负责人和客户经理为乡村振兴金融员，在此后5年内累计提供总额不低于50亿元的融资支持。开展"稳企纾困""百行惠千企""金融活水润百业"等专项行动，至2022年年底，累计发放零利率激励资金2.27亿元，支持银行为普惠小微企业发放纯信用贷款5.69亿元，惠及约8300户小微企业、个体工商户及小微企业主，为市场主体节约融资成本近4000万元。

【防范化解金融风险】 2022年，支行全面落实主监测人制度，加强日常风险监测，定期对机构经营状况、风险特征、目标进度、措施落实等情况进行督导和调度，落实机构风险处置和提质增效方案。至2022年年末，全区不良率为1.61%，同比下降0.64个百分点，其中，农商银行不良贷款率4.66%，同比下降0.1个百分点。

坚决打击治理电信网络诈骗和跨境赌博"资金链"，与区反诈中心建立会商机制，定期发布风险提示并通报涉案银行卡情况，对涉案银行卡高发机构及网点及时进行约谈和挂牌督办。

【信用环境建设】 2022年，支行推进代理查询点建设，在广信村镇银行布放企业自助查询机和个人自助查询机，系全省首家"双自助"信用报告查询银行机构。推进区高新产业园信用体系建设，协调政银企三方合作，试点推进应收账款池质押融资业务，推广应收账款融资服务平台，鼓励和引导企业完善信用管理制度建设。定期开展征信合规与信息安全监管走访，对发现问题的机构下发提示函，督促及时整改。

【基础金融服务】 2022年，支行试点推进营业网点标准化建设，将广丰广信村镇银行3家营业网点打造成全省首批通过国家标准认证的银行营业网点。推动辖内法人机构完成移动金融客户端"适老化"改造，推动各银行机构营业网点设立"七个一"爱心便民助老设施，优化金融服务环境。

【普惠金融发展】 2022年，支行持续完善和升级首批省级金融教育示范基地——广丰农村金融教育示范基地软硬件设施，争取申报全国级基地，得到人民银行南昌中支行领导的批示肯定。加大普惠养老专项再贷款的推进力度，2022年12月上饶市首笔普惠养老专项再贷款200万元落地广丰福康养老院，实现全市零的突破。

（供稿人：陈雨薇）

银行保险监督管理

【概况】 2022年，上饶银保监分局广丰监管组执行银保监会的行政规章和一系列的优惠政策措施，广丰辖内银行业、保险业经营稳定、风险可控、金融业安全。

【开展支持受疫情影响的小微企业金融服务】 2022年6月，中国银保监会办公厅印发《关于进一步做好受疫情影响困难行业企业等金融服务的通知》（简称42条），上饶银保监分局广丰监管组督促全区银行业保险业机构落实执行。贯彻银保监会小微企业金融工作会议精神，引导广丰区各银行业机构加大对小微企业和个体工商户等市场主体纾困解难，企稳恢复的金融支持。实现小微企业贷款"两增"的目标（注：普惠型小微企业贷款全年要继续实现增速、户数"两增"）。落实应贷尽贷、延期还本付息政策，2022年全区共办理延期还本付息100余笔，近1亿元。银行业开展了还本续贷业务200余笔，近1.5亿元。开展新市民提供信贷金融服务，共300余笔，近1亿元。

【法人机构风险化解与保险业机构规范】 2022年，上饶银保监分局广丰监管组下发风险提示一份，开展高管约谈6人次，召集风险组织工作专题调度会3次，广丰农商银行不良率较上年同期有所下降，基本控制在百分之五以内。配合分局科室做好高管机构准入工作，共出具内部行政许可意见书5份。

2022年，广丰辖内18家保险业机构的保险业许可证，全部换证，换证率100%，引导保险公司开展农业保险等险种，清理"三无"保险公司6家，并上报分局保险科。

【助力巩固脱贫攻坚与乡村振兴有效衔接】 2022年，上饶银保监分局广丰监管组督导银行业开展乡村振兴贷款业务8次，引领银行业创新金融产品和服务20余项，持续开展脱贫户扶持贷款业务。

（供稿人：刘洁）

中国工商银行广丰支行

2022年，工商银行广丰支行落实上级行经营策略和经营导向，至2022年年底，支行各项存款余额45.21亿元，较年初净增8.48亿元，增幅达23%，其中储蓄存款余额35.5亿元，较年初净增7.26亿元，增量在上饶市县区支行系统排名第一；各项贷款余额40.08亿元，较年初净增3.58亿元，增幅达9.8%，其中公司贷款余额22.86亿元，累计发放公司贷款19.75亿元，为支持地方经济发展作贡献；不良贷款余额748万元，贷款不良率仅为0.2%，其中公司贷款不良率为零，个人贷款不良率为0.45%，控制在上级行核定范围内。

2022年，工商银行广丰支行荣获工商银行江西省分行先进基层党组织荣誉，荣获工商银行江西省分行落实"第一个人金融银行战略暨储蓄存款竞争力"营销竞赛明星支行，荣获工商银行上饶分行综合优胜支行。

（供稿人：周建彪）

中国农业银行广丰支行

【概况】 2022年，农行广丰支行加强内部管理，调整经营策略，加大市场拓展力度，全行各项业务呈现良好的发展态势。

至2022年年末，全行各项存款比期初增加10.10亿元，较期初增长20.08%，其中个人存款净增8.06亿元，对公存款净增2.04亿元；全行本外币各项贷款较期初净增7.89亿元，较期初增长22.57%，其中个人贷款余额较期初净增0.85亿元，对公贷款较期初净增7.04亿元。资产质量保持总体稳定，本年度表外清收计划完成率为189.11%，排名全市第一，不良贷款的不良率为0.56%，现金清收完成率188.64%，自主核销不良贷款完成率110.37%；全行无法人不良贷款，实现不良贷款余额和不良率双降，资产质量继续保持良好。财务指标发展态势向好，全行营业收入年度计划完成率为104.28%，中间业务收入完成率为119.48%，全年拨备前利润完成年度计划的112.59%。

【支持地方经济发展】 2022年，广丰支行共为全区573户农户办理惠农e贷11460万元，惠农e贷余额较年初增长8488万元，在全市农行系统内排名第一，增量占全市增量的60%以上。支行积极对接广丰区重点项目，广丰区中医院设备更新改造项目贷款2400万，已全额投放；农发基金重点项目"上饶市广丰区城北水厂新建及自来水管改造项目"2.3亿元贷款完成审批；发放广丰丰溪自来水"供水管网改造提升工程"1.6亿元项目贷款，国资营运有限公司标准化厂房建设1.2亿元项目贷款；12月28日成功办理全市首笔保理e融业务，金额600万元，该项业务的突破，降低客户的融资成本，解决客户的资金需求，增强核心客户与支行的合作，核心客户表示后续会推荐更多上下游企业来支行办理供应链融资业务。

（供稿人：夏良武）

中国建设银行广丰支行

【概况】 2022年，广丰建行推进新金融、"三大战略"（注：住房租赁、金融科技和普惠金融），坚持"合规优先、稳健经营"，提升员工行为管理精细化水平。年度主要经营指标完成良好，至12月31日，一般性存款余额为33.12亿元，时点数较年初新增3.89亿元；对公贷款8.79亿元，比年初新增2.17亿元；实现中间业务收入1342万元。建行品牌和社会影响力不断提升，通过工会龙卡、普惠产品、裕农通等平台，获得政府、机构、企业和广大客户的一致肯定和认可，普惠余额44806万元，比年初新增10300万元；对公小额客户提质累计激活368户；对公有效户2830户，比年初新增420户；信用卡新增1130户；手机银行活跃用户12835户，快捷支付绑卡有交易客户12332户；公租房代发补贴8091笔、金额44552万元，绿色信贷余额2.12亿元，政府平台贷款授信3.62亿元。

【拓展经营业务】 2022年，广丰建行践行新金融理念，针对一些战略性业务和重大任务工作，成立以党员为核心的任务型团队，搭建党组织和党员创先争优、攻坚克难的载体平台，使得多项战略业务和重点工作实现突破。绿色信贷业务，继2021年投放15000万元绿色信贷，2022年又再投放6000万绿色信贷；住房租赁业务，继2021年成功营销住房保障中心账户及平台的代收代扣业务，2022年又成功与住房保障中心一起举办了公租房摇号配租活动，为住房保障群体提供了一个公平快捷的服务，用实际行动践行以人民为中心的新金融理念。工会龙卡的福利费代发业务实现突破，成功为区人民医院1054名员工发放工作福利等。与政府的平台公司积极开展"党建+联建"活动，在2021年与广投实现业务合作后，2022年又与广发、旅投、交建、农垦等平台开展业务合作，整个大中型信贷业务局面得以打开。

【开展"百行服务千企万户"活动】 2022年，广丰建行开展"百行服务千企万户"活动，执行"名单制+责任制"管理，突出综合金融服务方案，突出产品的对接，实现对客户的精准营销；通过平台服务，不断提高客户转化率和综合贡献。做好配套保障，充分利用行内渠道资源，深度挖掘客户价值，张富清金融服务队适时营销各类产品，实现客户的精准触达和营销，提高客户转化效率。

（供稿人：徐卫敏）

中国银行广丰支行

【概况】 2022年，中国银行广丰支行围绕总行"建设新时代全球一流银行"发展战略，持续推进科学化管理体系，提升业务发展质量、队伍素质、经营效益和核心竞争力。至2022年12月31日，个人和公司两项存款余额为220402万元，较上年新增42135万元，较上年增长23.64%；贷款余额为232086万元，较上年新增25636万元，较上年增长12.42%。2022年实现净利润4993万元。至2022年年底，支行个人有效客户数37261户，较年初增加7000余户，对公贷款客户数80余户。

【处置不良贷款】 2022年，支行加大表外与表内净现金清收，优化资产质量，重启分期业务。加大法诉力度，本年完成150多笔立案，申请100多笔执行。个贷不良全额现金清收300万元，结清16户不良。信用卡表外现金清收法院执行扣划23笔，金额近300万元。至2022年年底，银行卡不良余额386万元，信用卡不良率4.54%。

【发展普惠金融】 2022年，支行开展烟草贷、中银企E贷的全员营销，投放量基本完成下达目标。通过新老用户的普惠项目的支持，做好各项指标的联动营销，通过授信银行手机银行动户活动（注：指经常有资金流动的账户）带动两个网点完成率都达到97%，排名从末位上升到第六名。通过建筑企业的授信带动农民工工资账户开立，下半年开立8个农民工账户，代发金额2600万左右。代发商户新增12户，代发金额新增5000万。

挖掘区域特色产业，持续推荐建筑行业投标保函的高效化流程，至2022年年底，广丰区域内共有建筑工程施工类企业400家左右，当地投标、履约等保函业务年规模约为180亿元。

（供稿人：夏洪富）

上饶银行广丰支行

【概况】 上饶银行股份有限公司广丰支行是上饶银行在广丰区设立的一级支行，2007年6月，经中国银行业监督管理委员会批准，在原广丰县城市信用社的基础上改制组建成城市商业银行；2009年10月经中国银监会批准、工商行政管理部门登记，更名为上饶银行广丰支行。上饶银行广丰支行下设5个营业网点，其中城区4个网点、洋口镇1个网点，基本覆盖广丰城区、辐射周边乡镇。

2022年，上饶银行支持地方经济建设，以"地方金融、市民银行"为市场定位，支持广丰区重点企业、重大工程项目，扶持广丰区中小企业，努力革新金融产品与服务，适应市场和客户需求，促进广丰经济发展和繁荣。至2022年12月31日，各项存款时点余额约52.71亿元，各项贷款余额约43.49亿元。

【优化金融产品】 2022年，上饶银行广丰支行推出数字银行、资金结算、信贷融资等多款金融产品，为广大客户提供便利，让他们切身体会到实惠，如佟掌柜、掌易行、网上银行等结算产品，免收开卡工本费、年费、信息费等费用；上线居e贷线上拓客平台、惠商贷、薪福贷线上放款等功能，客户可根据自身需求随借随还、循环发放，为客户提供便利的同时为其节约了融资成本，也实现业务全流程线上化操作。

【拓展普惠金融】 2022年，上饶银行广丰支行在经营观念上主动转型，精准把握当前经济形势，把准市场发展脉搏，顺应市场发展趋势，以市场需求为业务切入点，回归本源，坚持做小做微，拓展普惠金融贷款业务的发展渠道，更好地服务当地实体经济。支行信贷投放主要投向城市基础设施建设、制造业、普惠小微贷款等方面，在支持地方城区改造、基础设施建设方面，支行继续加强与地方政府和国有企业的交流沟通，助力地方经济发展；在支持地方重点项目、优质制造业企业方面，支行继续加大对地方重点支持建设项目的支持力度，为制造类实体企业提供授信支持，满足其合理的有效资金需求；在普惠小微贷款方面，支行继续加大对地方小微实体的授信支持力度，加大普惠金融创新和资源投入力度，下沉重心、坚守奉献，在解决小微客户资金问题的同时为其降低融资成本，做优做实饶行普惠。

（供稿人：管华莉）

广丰广信村镇银行

【概况】 广丰广信村镇银行成立于2010年2月5日，是由上饶银行发起设立的江西省第二批、上饶市第一家村镇银行，注册资本11550万元，总部设在广丰区桑园路255号，设有广场支行、洋口支行、五都支行、光明路支行四家分支机构。自成立起，积极投身地方经济建设，成为服务地方经济的重要金融力量。至2022年年末，全行资产余额47.89亿元，各项存款余额40.76亿元，各项贷款余额31.97亿元，累计纳税2.95亿元。先后荣获"第六届全国文明单位""新时代江西'普惠金融 建功立业'2019年优秀单位""江西省银行业小微企业金融服务先进单位""2020年度上饶市银行业金融机构'勇当逆行者争做急先锋'突出贡献奖""中国十佳村镇银行"等荣誉。

【服务实体经济】 2022年，广丰广信村镇银行持续加大对小微企业、个体工商户在首贷、信用贷款、无还本续贷的支持力度，全年累计办理延期还本付息3608户，金额13.32亿元，落实减费让利政策，下调小微企业贷款利率55BP（注：BP即Basis Point，意思是基点，一个基点等于0.01%），推出商户收单零费率优惠政策。开展政银担业务合作，与区广财融资担保有限公司、区就业创业服务中心合作，分别推出"惠企贷""创业担保贷款"等优惠利率信贷产品。

【助力乡村振兴】 2022年，广丰广信村镇银行践行普惠金融理念，不断下沉服务重心，与区委组织部联合开展"金融服务员下基层"活动，向全区235个村居派驻金融服务员开展各类经济金融活动。至12月末，累计服务城乡居民、个体工商户、小微企业7.02万户；践行"绿水青山就是金山银山"理念，为125户农户提供"金柚贷"贷款16325万元，为67户经营农家乐、民宿的客户提供"生态富民贷"5120万元；做好"巩固脱贫攻坚成果同乡村振兴有效衔接"累计发放扶贫贷款金额3.21亿元。积极落实帮扶职责，主动对接定点贫困村朱坞村和广丰区"一老一幼"阳光慈善基金组织，捐赠帮扶基金。

【优化金融服务】 2022年，广丰广信村镇银行落实优化营商环境"一号改革工程"要求，严格执行"321"信贷限时服务制（注：新客户3天、老客户2小时内办结，努力做到让客户1次也不跑），推动移动PAD办贷平台使用，送金融服务到田间地头，努力让客户一次也不跑落到实处。广丰广信村镇银行是全省首家同时拥有人行个人和企业征信自助查询的机构，与区不动产中心合作推出"互联网+不动产登记+金融服务"，进一步提高办贷效率。总部大楼广信金融大厦建设完成并试运行，为广大客户提供一个业态创新和服务升级的社区化金融服务共享平台。

（供稿人：危玮）

广丰农商银行

【概况】 2022年，广丰农商银行坚持服务"三农"和实体经济，强化普惠金融，深度融入乡村振兴各领域、各环节，不断提高金融服务的覆盖率、可得性和满意度。

业务规模方面：至2022年12月末，各项存款余额105.27亿元，较年初上升10.83亿元，完成全年指导计划的112.34%，增幅11.47%；各项贷款余额84.87亿元，较年初净增6.34亿元，完成全年指导计划的70.88%，增幅8.08%。

支农支小方面：至2022年12月末，全行涉农贷款余额39.16亿元，比年初增加0.10亿元，增幅0.26%，涉农贷款持续增长；单户1000万元以下普惠型小微企业贷款余额30.40亿元，较年初增加2.90亿元，增幅10.56%，高于各项贷款平均增幅0.16个百分点；贷款客户数达到64262户，较2019年年末增加19243户。

经营质效方面：至2022年12月末，全年实现各项收入4.97亿元，同比下降0.04亿元，其中贷款利息收入4.23亿元，同比增加0.27亿元；实现拨备前利润1.42亿元，同比上升0.08亿元，完成全年指导计划的101.43%。

科技金融方面：至2022年12月末，电子银行业务替代率达到95.28%，进一步实现客户线上迁移，全行自助设备57台，智能柜台58台；互联网金融有效客户数达到18.49万户，较年初增加3.27万户，手机银行用户15.56万户，较年初增加1.92万户，有效贡献度商户3269户，较年初增加369户。

防风险方面：至2022年12月末，不良贷款余额3.96亿元，较年初上升0.22亿元，不良贷款率4.66%，较年初下降0.1%；拨备覆盖率86.59%，较年初下降9.25个百分点；资本充足率7.24%，较年初下降1.95个百分点。

调整优化辖内"普惠金融服务站"布局和功能，将少阳村普惠金融服务站升级为省级金融教育示范基地。

【信贷投放】 2022年，广丰农商银行贷款投放坚持"做小做散"的原则，在做实基础客户、做大贷款户数、做小户均贷款上做文章，持续优化贷款结构。正确把握加大有效信贷投放与支农支小战略定位的关系，持续加大1000万元、100万元以下乡村振兴、"两通"（注：指"小微信贷通""创业信贷通"）、创业担保、绿色信贷等领域涉农，小微和民营企业客户信贷支持力度。搭建政银企交流平台，开展政银企专场对接会，批量营销客户群体，如与区市管局、区工商联、凤凰技工学校等单位签订战略合作协议，建立良好合作关系。主动对接商会、行业协会、园区，通过开展座谈会、外拓活动，拓宽获客渠道，提升营销水平，扩大基础客户群。2022年新增授信客户5384户，首贷户960户。加强对辖内企业、商户的营销拓展，加大单户1000万元以下小微和民营企业贷款投放，不断提升信用贷款占比和首贷率。主动走访对接辖内园区企业、小微企业和商户，实时掌握金融服务需求情况，大力推广"财复贷""商复贷"和"流水贷"，为疫情汛情后的企业和商户合理提供延期还本付息、无还本续贷和减费让利等金融支持，满足企业复工复产、返乡创业、乡村振兴等资金需求。

【发展普惠金融】 2022年，广丰农商银行把握金融支持政策导向，用好用足再贷款再贴现、降准降息以及中小微企业贷款延期支持工具政策，为疫情后的重点物资企业合理提供延期还本付息、无还本续贷和减费让利等金融支持。推出小额企业流水贷、退税质押贷，解决企业抵押难的问题。春节期间针对"不停工、不停产"要求，向全区企业发放贷款1.9亿元，切实降低融资成本、提升服务质效，解决企业融资难问题。坚持服务乡村振兴，紧跟县域乡村振兴规划思路，立足本土，以"整村授信"为抓手，加快信贷产品创新，重点加大对水果业、现代农业生产、乡村旅游、环保养殖等领域支持力度，全面满足新型农业经营主体的金融需求，进一步巩固农村阵地。继续保持金融帮扶政策总体不变，做好过渡期脱贫人口小额信贷工作，努力满足符合信贷条件的脱贫人口的合理信贷需求，确保应贷尽贷，避免返贫现象发生，稳定脱贫成果。积极创新符合市场需求的信贷产品，丰富信贷产品体系，推出了"新市民贷""退役军人贷""园丁贷""施工企业贷""马家柚丰收贷"等产品，全面满足不同客户的多元化需求。针对正常经营小微企业营销"小微企业流水贷"，针对纳税较多的小微企业营销"小微企业税贷通"，针对建筑企业营销"施工企业贷"，破解中小微企业融资难融资贵的问题。

【举办"金融夜校"】 2022年，广丰农商银行通过组建员工讲师团队在辖内每个行政村和园区企业内至少开办一场"金融夜校"，向当地群众及企业普及金融知识、送上金融服务，唱响农商银行金融政策"好声音"，服务直面市场主体，资金直达实体经济。至2022年年底，累计开展"金融夜校"321场，直接参与群众约46万人，营造浓厚的信用氛围。

（供稿人：徐煊）

招商银行上饶广丰支行

2022年，招商银行支持广丰区经济建设，推进各项业务开展，发展势头、经营成效、品牌形象等方面都得到提升。至2022年年底，自营存款时点余额11.1亿元，其中人民币存款年日均余额9.14亿元，支行对公存款时点余额4.73亿元；对公贷款余额1.32亿元，房贷余额4.17亿元，小微贷款余额5550万元。

（供稿人：夏洪坚）

江西银行上饶广丰支行

【概况】 2022年，江西银行上饶广丰支行坚持以业务经营为中心，支持广丰区经济建设，发展势头、经营成效、品牌形象等方面都得到显著提升。至12月31日，支行各项存款余额162500万元，其中储蓄存款余额100296万元，较年初新增25640万元，对公存款余额62204万元，较年初新增2988万元；支行各项贷款余额87368万元，其中对公贷款余额73126万元，个人贷款余额14242万元；当年普惠小微贷款共计投放7518万元。

【营运服务与安全防范】 2022年，江西银行上饶广丰支行制定《2022年柜面业务集中授权拒绝率压降及事后监督压降方案》，提高柜面业务能力，始终要求一线员工提升文明规范化服务，着力打造一支优秀、专业的员工队伍。2022年营运条线稳步排行于分行中上水平，实现总行平安营运工作要求。加强安全防范，2022年组织开展消防知识讲座4次、防爆防盗抢演练1次、灭火及逃生演习1次。对员工进行安全教育，以"人人都是安全知识的讲师"为主题，每月由全体员工轮流准备安全防范学习材料并组织进行安全知识学习。

（供稿人：林梦秋）

中国邮政储蓄银行广丰区支行

【概况】 2022年，中国邮储银行广丰支行以高质量内涵式发展为主线，突出绩效管理、项目管理、科技赋能、队伍建设四项主抓手，提升转型发展、经营管理、风险内控、人文建设、党建融合五项效能，实现服务能力和市场影响力的双提升，资产规模稳步增长，资产风险控制有力，经营效益良好。至2022年年末，支行投放"三农"贷款12.78亿元，年净增1.35亿元，支持涉农贷款客户壮大"三农"事业；投放小微企业贷款2.8亿元，普惠小微贷款9.83亿元，结余7.88亿元，服务小微企业主贷款客户数910余户。全年累计实现业务收入1.025亿元，成为上饶市分行首个收入过亿的一级支行；实现利润6533万元，收入规模、利润规模分别列江西省县支行第4位和第5位；人均创收、人均创利均列江西省第2位。加强与同业金融机构的沟通联系，全年金融同业业务收入63.27万元。优化各条线、各层级人员结构，引导释放出人力资源向前台营销岗位有序流动，逐步提升销售类人员占比，全行销售队伍人员占比提升至35%；2022年岗位职级晋升成功人数13人，其中销售岗中晋升高职级人员占比57%，为员工提供更加广阔的职业发展平台。2022年支行获得第十六届江西省文明单位称号、邮储银行上饶市分行"先进基层党组织"、支持地方经济先进单位等荣誉。

【服务地方经济发展】 2022年，中国邮储银行广丰支行主动融入广丰区经济社会发展大局，大力支持地方经济社会发展，全年推进广丰区重点项目（设备更新再贷款项目）放款516万元。优化绿色金融授信政策，加大对符合环保、绿色、循环、低碳、节能等产业项目的信贷投放，实行差异化信贷政策，至2022年12月底，完成绿色贷款净增455万元，结余1.02亿元，绿色贷款占比3.23%。在购房、旅游和教育等消费领域，为广大客户提供便捷、多样的消费金融服务，支持农民工进城购房、居民消费升级，全年发放住房消费贷款3.18亿元，发放综合消费及信用消费贷款7989.6万元，发放汽车消费贷款681.38万元。

发挥资源禀赋优势，为三农领域提供全面、高效、优质的金融服务，主动对接市场监督管理局、各类产业园区、商会等政府部门和行业协会，共同搭建地方经济发展合作平台，形成一套具有邮储银行特色的金融服务模式，全年三农贷款结余10.09亿元，年净增1.3亿元，结余及净增均列全市分行第二位，条线实现业务收入2708万元，占全行收入26.24%，较上年收入增加336万元。

【促进个人金融业务转型】 2022年，中国邮储银行广丰支行加快转变业务发展方式，加快中收业务发展，个人金融业务转型初见成效。全年个人金融业务收入1427万，较上年增加20.66万元，增长16.35%；信用卡收入323万元，较上年增加46.5万元，增长16.5%；网络金融收入76.3万元，较上年增加46.27万元，增长153.77%。

（供稿人：汤宣辉）

赣州银行广丰支行

【概况】 2022年，赣州银行股份有限公司广丰支行支持地方经济建设，支持实体经济发展，加快金融创新步伐，全面提升金融服务水平。至2022年12月31日，各项存款余额8.4亿元，各项贷款余额11.6亿元。2022年3月，荣获上饶市广丰区人民政府颁发的2021年度金融机构支持实体经济发展先进单位三等奖。

【服务小微企业】 2022年，赣州银行广丰支行加大小微贷款力度，针对受疫情影响抗压能力不强的小微商户，赣州银行广丰支行实行减免利息，对到期客户可申请延期还本政策，针对建材城设立"租金贷"，惠及17户，金额227.4万元。将银行业务从网点"搬"到了工地，切实为农民工办实事，普及电信诈骗、存款保险等金融安全知识，帮助农民工增强个人信息保护、风险防范安全意识。2022年对接农民工专户15户，开农民工工资卡2760张。

（供稿人：徐康）

九江银行广丰支行

2022年，九江银行广丰支行推动经营管理精细化，以客户为中心，为客户创造最大价值。围绕"产业赋能"目标，聚焦区域实体经济产业生态，持续深耕供应链金融，借助"金融+科技+产业"三位一体的产业数字金融模式，实现产融整合。

至2022年12月31日，广丰支行各项人民币存款余额达9.71亿元，比年初净增约1.39亿元；对公存款余额3.60亿元，比年初增加1.38亿元；储蓄存款余额6.11亿元，比年初增加0.33亿元。各项人民币贷款余额达到11.34亿元；2022年发放贷款4.56亿元，全方位开拓信贷优质客户，全年累计拓展各类贷款企业22家，新增贷款2.44亿元；个人经营及消费贷款余额9310.54万元，2022年全年累计发放8287.29万元。本外币五级分类不良贷款余额541.91万元，不良率0.478%；无经济刑事案件及大额差错发生。

（供稿人：罗仕强）

中国人民财产保险股份有限公司上饶市广丰支公司

【概况】 2022年，中国人民财产保险股份有限公司上饶市广丰支公司持续稳健经营，在市场中创新求变，丰富企业的内涵和外延，成为连续盈利的亿元公司。全年实现保费收入1.44亿元，公司市场份额46%，为全区各类财产、人身安全、贫困户提供超过1400亿元的风险保障，缴纳地方税收800多万元，为70多万人口提供保险保障。

【履行保险承诺组织经济补偿】 2022年，公司支付各类保险理赔款项9835万元，通过对交通事故损害赔偿、自然灾害和意外事故损害赔偿，对各类财产标的、人身伤害的补偿和贫困人口大病医疗的给付，受灾户得到经济补偿。

【推进政策性"三农"保险】 2022年，公司持续推进政策性"三农"保险，设立农业农村保险部和社保理赔部，专职为全社会服务，为全区所有养殖业、种植业和林木业的农户因疾病、自然灾害和病虫灾害等提供可靠的保障，其中水稻险赔付132.3万元，林木险赔付187.3万元，育肥猪险赔付21.4万元，油菜险赔付1.4万元，中药险赔付50万元，社保意外险赔付4661人次总计2862.8万元，城乡居疾病医疗补充险赔付120人次总计6.12万元，服务"三农"能力提升。

【推进各类责任保险】 2022年，公司共实现各类责任保险保费收入5530万元，服务范围覆盖公众利益、老百姓家庭幸福、出行安全、学生意外、生命健康和企业安全生产等广泛领域，保险险种涵盖包括交通事故强制责任险、机动车第三者责任险、校园方责任保险、家庭成员责任保险、安全生产责任险、承运人责任保险、社会治安综合险、医疗责任险、诉讼财产保全责任险、通过贫困雇主责任险等在内的30多个险种，其中校园方责任险已覆盖全区90%以上的学校，承保学生超过9万多人。2022年公司共支付各类责任保险事故赔款5100多万元。

（供稿人：周长松）

中国人寿保险股份有限公司上饶市广丰区支公司

【概况】 2022年，中国人寿保险股份有限公司上饶市广丰区支公司普惠保险快速增长，政策性保险稳步发展，服务实体经济，助推乡村振兴，全年实现保费6850.99万元，"大个险"、银保、团险三大渠道发展态势良好。团险渠道支持地方建设，以优惠价与上饶市高新区企业商会达成合作框架协议，为高新区企业提供意外险保险保障，团险渠道保费全市排名第一，受到上级公司表彰。

【理赔服务】 2022年，公司布局"大健康""大养老"领域，加快构建"保险+服务"模式，推进数字化转型，运营服务效能保持行业领先水平，理赔直付服务让数据多跑腿、客户少跑路，持续打造"简捷、品质、温暖"国寿服务。2022年，公司赔付支出合计3023.47万元，其中：死亡给付123.21万元，医疗给付134.44万元，满期给付521.52万元，年金给付317.53万元，赔款支出1926.77万元。

【依法合规经营】 2022年，公司统筹发展和安全，认真落实偿二代二期规则（注：2022年12月30日，银保监会发布《保险公司偿付能力监管规则（Ⅱ）》。偿二代二期工程建设工作于2017年9月启动，规则Ⅱ的发布标志着偿二代二期工程建设完成。根据监管要求，保险业将从编报2022年第一季度偿付能力季度报告起全面实施规则Ⅱ。偿二代二期工程是贯彻落实第五次全国金融工作会议精神和打好防范化解重大金融风险攻坚战决策部署，补齐监管制度短板的重要举措。与此前的监管规则相比，银保监会以引导保险业回归保障本源、专注主业，增强服务实体经济能力，有力有效防范保险业风险，加大加快金融业全面对外开放为目标，对偿二代监管规则进行了全面优化升级），完善风险管理体系和应急处突体系，防范重点领域风险，提升风险管理信息化水平。坚守合规底线，持续加强合规管理，做好重点领域风险排查，对重点风险、关键环节强化监督检查，坚持不懈整治乱象，对销售管理、理赔服务、业务、财务数据进行自查自纠，坚决打赢重大风险攻坚战。围绕反洗钱、非法集资、销售误导等风险点，做好排查，从源头治理，严肃执行问责。持续推进内外部检查发现问题的整改落实，培育风险合规文化，公司内控、风险及合规一体化管理得到加强。

（供稿人：吴杰洪）

乡镇（街道）

永丰街道

【概况】 永丰街道位于广丰城区中心，是广丰区政府驻地，东连排山镇，南与丰溪街道隔丰溪河为邻，西毗芦林街道，北与下溪街道接壤，东北靠吴村镇。辖区面积25平方千米，耕地面积133.86公顷，林地面积445.74公顷，森林覆盖率36.68%。至2022年年末，下辖16个社区，129个居民小组；常住人口82233人，原籍登记人口19823户66085人，外来及流动人口16148人。永丰街道党工委下设19个党支部，有党员1654名。2022年永丰街道财政收入44036.3万元，同比增长17.6%。

【招商引资和项目建设】 2022年，永丰街道引进"5020"工业项目1个，亿元以上工业项目1个，5000万元以上工业项目2个；全年新增规上企业1家；华冠光储项目作为广丰区工业项目代表接受2022年度上饶市工业经济巡查。同时，紧抓数字经济"一号发展工程"，签约数字经济项目4个，其中跨境电商1个。

项目建设：完成十四小整体搬迁项目的征地拆迁任务，附属幼儿园教学楼主体建设完成；S202公路项目200座迁坟任务完成率100%，房屋征收基本完成。服务好区重点项目建设，城东体育公园主体建设基本完成；完成月兔商圈提升、广丰里建设运营项目；完成大井头公园、竹航山公园、月兔公园等口袋公园建设。2022年组织实施慧丰路、养村山路改造和十家胎山塘、东关水闸桥改造等项目，对往年的项目进行工程量验收，做到遵照事实、实事求是、按实计量，督促不合格项目、群众反映强烈问题项目整改落实。

【巩固拓展脱贫攻坚成果同乡村振兴有效衔接】 2022年，永丰街道共有脱贫户53户170人，其中大塘角社区12户32人，东关社区14户39人，麦园社区12户49人，南山社区15户50人；已消除风险边缘易致贫户6户22人，未消除风险2户7人。2022年新识别边缘易致贫户1户3人。永丰街道强化帮扶措施和防止返贫动态监测，全年累计发放脱贫户低保金492936元、五保金28080元、产业分红115890元。

【民生社会事业】 2022年，永丰街道为2012名低保户发放补助101.987万元，为818名持证残疾人（全年共有12714人次）等特殊群众发放"两项"补助101.596万元，为19名享受机动车燃油补贴残疾人发放补助4940元（每人每年260元）。拨付冬春救助金额1690元，惠及受灾人员13户，拨付23万元救助172名临时救助人员。2022年签约引进2个第三方专业养老企业建设运营社区居家养老服务中心，以点带面推进整个街道居家养老服务规范化运营；裕丰社区老年幸福食堂建设完成并投入运营；为34户家庭困难、行动不便的老年人家庭进行家庭适老化改造，为老年人打造更为便捷暖心的生活环境。

常态化疫情防控：2022年，永丰街道坚持"外防输入、内防反弹"总策略，摸排重点区域返乡人员信息，完成各轮区域核酸检测，设置常态化核酸检测小屋11个，做好重点行业人群核酸检测。加强老年人新冠疫苗接种，发放防疫爱心包4100余份，保障辖区群众生命安全和身体健康。推进防疫一线成立临时党支部12个，组建党员突击队21支，1637名在职党员参与志愿服务，鸟林街社区、白鹤畈社区相关工作报道在学习强国平台转载宣传。

【"巩卫创文"情况】 2022年，永丰街道联合相关职能部门，持续开展"十一乱"现象专项治理及不间断洗城行动，对主城区范围内实行每天16小时保洁，确保不发生堆积垃圾，大面积垃圾以及漂浮垃圾及时清理。2022年共清理占道经营98000余次、流动摊点21000余次、流动摊车5300余辆，清理乱堆乱放1500余处，清理"牛皮癣"1400余处，拆除破损广告牌400余个，规范电动车摆放45000余辆，拖离违停车辆1500余辆，整治毁绿种植3700余平方米，处理散养家禽80余只，拆除违章搭建或违法建房2100余平方米，清运各类垃圾190余车。改造旱厕32座、整治"飞线"1321处，投入708万元完成4个路面硬化项目。2022年4月，上饶市委、市政府表彰永丰街道党工委、办事处为"上饶市创建国家卫生城市（2018—2020年）先进集体"，表彰（表扬）永丰街道人大工委主任郑理瑞、鸟林街社区党委书记刘小红、裕丰社区党委书记余小武为"上饶市创建国家卫生城市（2018—2020年）先进个人"。

2022年，永丰街道在主要干道沿线、重点活动场所周边等张贴各类公益广告、海报，坚持培育和践行社会主义核心价值观。坚持正面宣传引导和反面警示教育相结合，定期更新发布身边好人榜、乡贤榜、道德模范宣传栏等，教育引导干部群众见贤思齐。2022年，永丰街道8个新时代文明实践所（站）搬迁至一楼，更加紧贴群众需求常态化开展活动。依托新时代文明实践阵地常态化开展社会主义核心价值观主题教育、传统节日活动、免费理发志愿服务等文明实践活动1300余次。2022年12月，白鹤畈社区、丰源社区被评为第十届"上饶市文明单位"。

【基层社会治理】 2022年，网格化管理方面：永丰街道辖区范围共划分109个网格，配备110名网格员，挂驻社区班子作为网格监督员，社区党委书记任重难点区域网格员，其他干部按网格划分责任区域。坚持定期接访、提前约访、主动下访、上门回访"四访"制度，以"三到位一处理"原则为准绳，着力化解矛盾纠纷。2022年，各网格累计排查征地补偿、建房等各类矛盾纠纷340余起，调处率100%，成功推动30起信访积案实现停诉息访；累计接待与处理群众信访48批次98人次，有效杜绝重大群体性事件的发生。平安建设方面：辖区内各学校聘任11个法制副校长，悬挂平安建设宣传条幅50多条，发放平安永丰创建等宣传单2万份，努力提高全民法律意识。结合安全生产"打非治违"百日行动及时排查整治各类安全隐患，2022年累计检查各类企业和经营单位2120余家，排查安全隐患220多处，整改199处；完成房屋安全问题排查10923处，排查安全隐患534处。商城市场消防设施改造过程中，沟通协调商户300余人，10天全部搬空，3个半月全面完成整改并按期恢复营业。

【基层党建】 2022年，永丰街道从涉及群众切身利益的操心事、烦心事、揪心事入手，分两批征集"党建+网格+微小事"项目374件，全部实施完成。街道293名党员与575户帮扶对象进行精准对接，帮助解决急难愁盼问题869个。选聘"名誉支书""名誉主任"3名，共建企业多次为永丰街道捐赠防疫物资累计10万余元，合作开展活动39次，吸纳群众就业51人。打造基层党建"三化"建设、"党建+幸福小区"建设示范样板，丰源社区被评为上饶市基层党建"三化精品示范点"，裕花园小区党支部被评为上饶市"党建+幸福小区"五星级示范点。2022年永丰街道调整村（社区）"两委"干部12名，其中调整社区党委书记4名，完成软弱涣散村党组织整顿工作。2022年12月，16个社区文明实践员及社区工作者全部配备到位。充分挖掘各社区集体经济的增长潜力，2022年实现村级集体经济收入1800万元以上；收入300万元以上的社区4个，所有社区的收入均在15万元以上。用好"党建+好协商"基层协商议事平台，组织协商议事活动38次，推动解决民生实事45件，永丰街道协商议事室被列为上饶市"好商量"基层协商民主建设工作现场会现场示范点。2022年，永丰街道组织观看微腐败、换届纪律、安全生产等警示教育片，增强党员干部遵规守纪自觉性，对疫情防控工作落实不力的人员进行诫勉谈话2人、约谈提醒9人。2022年永丰街道纪工委立案处置违纪党员8人，办结群众信访举报21件。

（供稿人：熊夏玲）

丰溪街道

【概况】 丰溪街道位于广丰城区的城东和城南，行政区域面积25平方千米，耕地总面积669.4公顷，其中水田606.47公顷，旱地62.93公顷；林地总面积613.13公顷。至2022年年末，下辖9个社区3个行政村，户籍登记约7.1万人。丰溪街道党工委下设党支部17个，有党员955名。丰溪街道发展后劲足、文化底蕴厚、旅游风景美，丰溪河纵贯全境，九座大桥飞跨两岸，辖区内有中洲公园、文化创业公园、屏风山公园、水尾山公园，城南新区主要发展汽车、物流、电子商务等产业，打造充满发展潜力的商贸圈。2022年丰溪街道围绕"三个事关"的工作方向，干在实处、走在前列，财税收入2.8亿元，工业企业纳税2.21亿元，增幅16.4%，高质量跨越式发展迈出新步伐。

【招商引资】 2022年，丰溪街道开展招商活动30余次，对接企业70余家，洽谈对接项目54个；全年签约项目8个，合同金额45亿元。全年新引进工业项目5个，总投资28.5亿元；当年投产并产生税收1家。签约机械租赁、限上商贸企业20余家。2022年，申报规模以上工业企业2家，申报限额以上商贸企业4家，新增规模以上服务业2家。全年规模以上工业收入增幅40.58%；营业利润8625万元，增幅25.2%；研发经费投入1681万元，增幅99.6%。

【丰溪码头文化旅游项目征地拆迁】 2022年下半年，广丰区丰溪码头文化旅游项目启动，该项目位于丰溪街道南屏社区，主要对水南桥头沿溪向东3千米的居民房屋及道路进行改造。项目需征收拆除40户居民房屋、围墙、附属建筑。项目启动后，征迁组认真开展宣讲政策、入户调查、签订协议、督促搬迁等，至年底，完成19户被征收的房屋丈量、签订协议、腾空、拆除等。

【巩固拓展脱贫攻坚成果同乡村振兴有效衔接】 2022年，丰溪街道实施乡村振兴项目7个，分别为里蓬外垅道路建设、塘坝修复加固工程、大石山村垃圾分类沤肥场建设工程、黄家淤社区垃圾分类沤肥场建设工程、塘墀社区垃圾分类沤肥场建设工程、冷库制冷设备建设、西垟标准果园建设等，项目总投资251万元，惠及困难群众1000余人，至年底全部验收完成。社会救助兜底保障，全年共退出低保户39户60人，新增低保户31户61人；调整20户减少19人。大力宣传电子社保卡的申领，帮助年长的群众申领，该项工作处于全区第一方阵。

【"巩卫创文"情况】 2022年，丰溪街道推行"路长制""点位负责制"，对辖区内29条主次干道、18个创文实地测评点层层压实责任。在2022年度全市最洁净街道、最文明街道的评比活动中，丰溪街道多次取得城区组第一名的成绩。开展垃圾分类试点，联合蔚复来公司在城区开展垃圾分类，4月初就垃圾分类进行观摩和培训，全面开展街道的城区垃圾分类工作。2022年，丰溪街道新时代文明实践所从苏塘社区搬至丰溪街道办公大楼一楼，安排3间办公室作为实践所功能室，涵盖未成年人活动室、科普宣传室、阅览室、亲情连线工作室、健身活动室、文化活动室、家长学校、市民教育室、理论宣讲室、学习强国线下学习室在内的多功能场所，严格按照有统一标识、有活动场所、有专人负责、有工作制度、有活动项目、有服务站点、有宣传氛围、有实际效果"八有"标准建设，保证功能设施齐全、制度上墙、活动开展到位。移风易俗方面，丰溪街道持续推进"三沿六区"散埋乱葬整治工作，全年完成"立改卧"坟墓20余座。启动三都村移风易俗项目建设，并对黄家淤、大石山、苏塘三个项目进行验收。

【基层社会治理】 2022年，信访方面，全年接待信访人员146人，处理网上及上级交办的案件76个，化解积案10件，未出现进京访、赴省访案件。党的二十大会议期间未发生影响社会稳定的信访案件。反电信网络诈骗方面，拍摄反诈宣传片，短视频点击量9万余次；集中开展反诈宣传12次，发放宣传品18000余份。加强对人、卡、案的管理力度，全年从缅北等重点地区劝返22人，核实"两卡"线索46条，帮助信息网络犯罪刑事案件10起，刑事拘留10人，受理危害网络安全活动提供帮助案件17起，行政拘留9人，训诫8人。禁毒方面，2022年丰溪街道禁毒中心对20名社区戒毒和社区康复人员进行日常戒毒管理，11名社区戒毒和社区康复人员完成三年管控，帮助其完成解除手续，重新走上社区，过上正常生活。

【基层党建】 2022年，丰溪街道深入推进基层党建"三化"建设，对标"四个方面标准化、六个方面规范化"要求，不断健全党组织体系、优化班子结构、提升组织功能。把基层党组织"三化"建设列为村社区年度考核、评优评先重要内容，坚持以"党建+"为引领，完成新成立的城南社区居委会选举工作，依法补选小康城社区、卧龙城社区、苏塘社区、塘墀社区居委会成员4名，各项指标和人员配备均达上级要求。配合区民政局对村（居）委会主任和村（居）儿童主任进行培训。进一步完善城南社区和朱坞村的活动场地建设。

【开展"乡镇街道吹哨，部门单位报到，领导统筹协调"工作】 2022年，丰溪街道全面开展"乡镇街道吹哨，部门单位报到，领导统筹协调"工作。整合党建、综治、疫情防控等各类网格，细分街道、村居、小组（小区）三级网格95个，各个网格均配备网格员和网格长。开展网格大走访、民情大调研活动，每个网格员每日需走访五户以上群众。

开发智惠丰格微信小程序，聘用50名移动网格员，组建邻家嫂子、丰溪义警、快递小哥、物管协会、退役军人、乡村医生、丰溪商会、青年志愿者等八支网格辅助员队伍，对群众身边的问题通过小程序随手拍、随时报。各网格每日将摸排情况上报至村居，村居每周汇总至街道。街道综合网格、小程序和群众来访的各类问题，每周进行科学研判，明确街道对接班子，并与部门单位沟通协商，明确责任分工、工作措施和完成时间。对于一些长期性、系统性的问题和工作，区级层面明确定点对接单位，提供配套服务。比如，针对创建工作中暴露的基础设施损坏问题由农文旅集团修复，飞线和弱电问题由区移动公司整治。每个月对"吹哨"问题进展情况进行总结，真实记录、客观评价应哨单位解决问题情况，形成工作专报，报送至区委办、区政府办和区委组织部，并对相关部门单位进行反馈。挂点区领导对"吹哨"问题实行"半月一调度"，听取当前进展和存在问题，并协调助力解决。对于需要多个部门解决的问题或者历史遗留难题，召集相关部门单位、街道及村居三方面进行协调，明确主体责任单位和各个环节的具体责任单位。针对重大民生事项和个别进展较慢的"吹哨"问题，深入问题一线，采取现场督办交办的方式，明确"应哨"方案，解决实际问题，进一步压实各相关单位责任。吹哨报到工作2022年8月份开始，至2022年年底丰溪街道吹哨589次，有14个部门单位"应哨"，做到明确责任、合理分工、各司其职、全部圆满解决。

(供稿人：陈云飞)

芦林街道

【概况】 芦林街道位于广丰区西北部，东邻永丰街道，南连丰溪街道及霞峰镇，西接洋口镇，北毗下溪街道和信州区秦峰镇。芦林街道于2006年4月设立。行政区域面积21.83平方千米，耕地784.9公顷，林地1489.06公顷。芦林街道区位、交通条件优越，吴楚大道、月兔大道、铜钹山大道、上广公路等主干道穿境而过，上饶高新区位于境内，是全区的"工业中心""电子商务产业中心""商贸物流中心"和"交通运输中心"。至2022年年末，下辖8个社区、2个行政村和1个黄尖山林场，户籍人口11134户39397人，其中集镇人口33693人。芦林街道下设15个党支部，有党员886名。2022年芦林街道围绕"三个事关"的工作方向，干在实处、走在前列，全年财政收入1.32亿元，推动高质量跨越式发展迈出新步伐。

【招商引资和项目建设】 2022年，芦林街道引进巨业新材料、佳满光电、强顺新材料、日成机械等亿元以上的实体投资项目4个，工业项目均实现当年引进、当年开工、当年投产。引进年纳税千万以上的上饶市海逸科技有限公司等数字经济项目6个。帮助培育国家级"专精特新"小巨人企业1家（江西同欣机械制造股份有限公司），培训省级"专精特新"小巨人企业1家（江西兆垣宸机械制造有限公司）。全年入统规上工业项目1家，规上服务业企业2家，限上商贸企业4家。

2022年芦林街道辖区内的重点项目有稼轩东大道、残疾人康复和综合服务中心建设、生活污水处理厂花园式提升改造项目、龙溪颐养雅园、城北片区城中村改造、上浦高速、五里秀美乡村建设等20多个。芦林街道优化服务，全力推进区重点项目建设，破解"钉子户"梗阻等难题，平稳完成区重点项目征地拆迁工作。

【"巩卫创文"情况】 2022年，芦林街道将"巩卫创文"划分52个小网格，安排驻居领导作为网格长，每个社区按片区划分，将社区所有干部落实为片区网格责任人，将各项工作重点任务分解落实到社区网格。环境卫生方面，芦林街道全面接管里弄小巷，推进深度保洁，专门成立清洁办，配备管理人员（环卫主管及督查组）6人，保洁员184人，驾驶员23人，合计213人；制定详细的工作管理制度和长效督查机制，做到事事有人管、人人有责任，横向到边、纵向到底。坚持秩序管理齐抓共管，形成多方合力，整治占道经营370余起，取缔流动摊车、摊点234个，清理乱摆乱占5075起，规范电动车摆放2465次（拖移295辆），清理"牛皮癣"2823处，拆除破损广告牌226个，更换分类垃圾桶423组，维修人行道板、路沿石、窨井盖等基础设施256处。加强小区管理，落实"洁净小区"责任，街道划分主干道6条，次干道12条，里弄小巷15个，有物业小区10个，无物业小区14个，明确责任小区职责分工，明确分片领导，落实物业公司、街道网格员一体化共同管理。

【"党建+网格+微小事"】 2022年，芦林街道以"网格化"管理为平台，围绕打造"党建+幸福小区"目标，实施"党建+网格+微小事"，推动城市基层党建引领基层治理。将辖区划分为11个一级网格、58个二级网格、115个三级网格，芦林街道全体社区干部、在职党员下到网格、走进家门，把服务送到群众身边。制定《"党建+幸福小区"建设"积分制"管理办法》《"党建+幸福小区"考核评分细则》，推动小区党支部在党员志愿服务、"幸福小区"建设上做表率。常态化疫情防控期间，建立"基层吹哨"、在职党员报到的运转体系，所有在职党员下到网格，积极参与维持核酸检测秩序、卡口值守等。社区和小区党支部为居民办起"幸福之家"，嵌入居家养老、社区休闲、配餐等多种服务，其中河滨花园小区被评为上饶市"党建+幸福小区"示范小区。芦林街道做好路灯亮化、道路硬化、树木绿化、卫生净化、管线网化、环境美化、服务优化等群众切身的"微小事"，建立健全"三公开一评议"机制，即"征集事项公开、项目确立公开、项目实施过程公开和开展群众满意度测评"，提升"微小事"的受众度、受益面。2022年，芦林街道实施"微小事"项目153个，完成148个，项目资金达375万元。

【村级集体经济发展】 2022年，芦林街道探索石谢社区以自留地入股建设区残疾人康复中心的合作共赢型、湖头社区与广发集团共建农贸市场的集体资产租赁型、五里社区入股区农垦集团乡村振兴示范园项目的村企共建型、西坛社区依托马家柚标准果园建设特色产业型等多种村级集体经济发展路子。全街道10个村（社区）级集体经济均超15万元。统筹推进"村居场所整体提升三年行动"，全年总投资330万元，新建3个村级活动场所，完成2个维修改造项目，有效推动村级阵地功能完善、便民高效、全面达标。

(供稿人：徐忠开)

下溪街道

【概况】 下溪街道位于广丰城区北部，是广丰城区的北大门，东邻吴村镇，南连永丰街道，西接芦林街道，北靠壶峤镇和大南镇，行政区域面积38.12平方千米。下溪于1984年9月撤社设乡，2000年7月撤乡设镇，2016年7月撤镇设街道。至2022年年末，下辖6个社区3个行政村，76个自然村，142个村（居）民小组；常住人口5.5万人，下溪原籍登记人口11020户3.7万人，外来及流动人口2.2万人。下溪街道党工委下设12个党（总）支部，有党员820名。下溪环抱区市民中心，区位优势明显，宜居宜学宜业，辖区内有区中医院、区妇幼保健院、广丰贞白中学，有北湖公园、广丰区农产品交易中心、尚绿君澜大饭店、大唐时光文旅等重点项目。下溪交通方便快捷，广玉公路、沪昆高速311挂线、迎宾大道（上丰大道）、铜钹山大道在这里形成"双十字"陆路交通枢纽架构，到上饶高铁站、沪昆高速分别是15分钟和12分钟车程。2022年下溪街道财税收入1.7亿元。

【招商引资和项目建设】 2022年，下溪街道工业项目招商引资3个，签订数字经济企业8个，跨境电商项目1个，培育完成2022年度技术改造项目8个，技改金额6亿元，完成企业"上云"40户，企业深度"上云"8户；申报规上贸易企业4家，申报规上服务业企业1家。服务区重点工程项目建设，全年服务S202广丰区大坪至南山段改建工程、城北水厂、城北技工学校、大唐时光文旅等区重点项目50余个，完成征地1806亩，迁坟930座，一个月完成城北片区城中村（二期）棚改99%的征迁，创造下溪棚户区改造新速度；服务打通夏阳路、翁家岭路、学育路东延伸段，完善城市路网，畅通道路交通循环，提升城市综合承载能力，改善群众出行条件。2022年，下溪街道围绕基础设施建设，打造秀美乡村风貌，实施7个项目，投资288万元，其中村庄整治及基础设施项目2个、产业项目4个、新农村基础设施和村庄整治项目1个。

【巩固拓展脱贫攻坚成果同乡村振兴有效衔接】 2022年，下溪街道开展防返贫监测，落实帮扶措施，巩固脱贫攻坚成果。推进"两不愁三保障"全员摸排，5月份，围绕"两不愁三保障"的薄弱环节，逐户走访、逐户核查、逐户摸排，摸清问题底数，对辖区内所有农户的工作、生活、收入、支出等情况进行摸底登记。至2022年年底，新识别纳入监测户3户14人。健康帮扶方面，开展因病致贫入户调查，建立一户一袋的健康档案和家庭医生签约服务；下溪街道卫生院建立"一站式综合服务窗口"，继续落实"三免四减半"优惠措施（注：免交普通门诊挂号费、肌肉注射费、换药手续费，住院病人的"三大常规"检查费、胸片检查费、三级护理费、普通床位费各减50%）、健康帮扶"五道保障"（注：五条保障线指的是：基本医疗保险、大病保险、重大疾病医疗补充保险、民政医疗救助、健康暖心工程），报销比例为90%。产业帮扶方面，扶持产业基地2个（杨宅种养专业合作社，振园种植专业合作社），带动脱贫户12户，户均增收2000元。就业帮扶方面，至2022年年底，街道共有公益性岗位41个，每人按600元/月发放岗位补贴，帮助困难人员实现就地脱贫。保障帮扶方面，按照省里的标准，推进农村低保提标增效，统筹实施最低生活保障、特困人员供养、受灾人员救助等各项救助制度。全街道有低保1020人，每月补助金额41.0252万元。五保83人，每月补助金额6.624万元。残疾人522人，享受生活补贴的有194人、计15520元，享受护理补贴的有328人、计26240元，共计每月补助金额41760元。干部帮扶和驻村帮扶方面，2022年下溪街道申报确定市级乡村振兴重点帮扶村1个、区级乡村振兴重点帮扶村1个，按照国家"四个不摘"总要求，强化街道、村居两级领导干部帮扶责任。

【"巩卫创文"情况】 2022年，下溪街道持续推进"巩卫创文"工作，营造宜居和美生活环境。在城市，全年处理井盖异响155个，更换破损井盖125个，修复人行道板约1764平方米、吸水砖1735平方米，修复缘石坡道384处、盲道1908米，摊铺沥青路面约4000平方米，处理路面积水821平方米，更换斜坡垫34米，修复路沿石544米，新建路面硬化3336平方米，修复挡土墙86.6米、围墙258米，场地整平2000平方米，施划机动车停车位221个，为非机动车位划线310平方米，施划消防禁停网格850.76平方米，箭头标线90个，制作禁停字牌16个，建设无障碍停车位11个，绿化带护栏修复300米。在乡村，下溪街道开展"五拆五清"（拆违建房、危旧房、废弃房、围墙、钢棚，清垃圾、沟塘、杂物、路障、杂草）百日攻坚行动，清运垃圾和泥土500余吨，清理水渠1万余米，拆"三房"（"三房"指空心房、危旧房、违章房）面积30000多平方米，乡村环境不断优化。持续开展改厕活动，进行"厕所革命"，上门上户摸排，重点排查老旧房屋用厕环境，点对点评估建档立项，全年改厕93座，累计改厕622座，以实物补助和工程补助的方式做到改厕有实效、有痕迹。2022年，下溪街道获得二、三季度"全市文明街道（乡镇）"称号。

【民生社会事业】 2022年，下溪街道强化主动服务意识，以"只跑一次"和"一次不跑"作为服务标准，健全街道、村居两级服务网络，紧扣群众需求，实现由"干部动嘴、群众跑腿"向"群众动嘴、干部跑腿"转变的为民服务新机制，定期对办结事项进行回访，做到件件有记录、事事有答复。扩大社会保障覆盖率，全年新增低保户46户59人，新增特困对象4户4人，发放低保金500万元，五保金80万元，高龄补贴42万元；城乡居民基本养老保险已完成参保3692人，完成总任务的60%，农村医疗保险应申报32222人，实际申报27945人，完成率达86.73%。

【基层社会治理】 2022年，下溪街道共接待来访261起，接收上级部门转交办信访件、投诉件（含重复件）206件，已化解397件，化解率达85%；化解信访积案、重复访案件和重难点信访37件；排查各类矛盾纠纷217起，调解成功206起，调解成功率达95%。全年排查各类安全隐患70处并全部整改到位，严厉打击非法金融、电信诈骗等违法犯罪行为。

【常态化疫情防控】 2022年，下溪街道成立以党政主要领导任组长应对疫情工作领导小组，制定《下溪街道新冠肺炎疫情防控应急预案》《下溪街道实施静态管理工作预案》，下设物资供应保障组、疫情排查组、督查调度组等10个工作小组和由9个街道驻村（居）领导和街道机关一般干部组成的村（居）指导小组，村（居）成立以"两委"干部、41个网格员、党小组和村（居）民小组长组成的疫情工作组，构筑街村组户"四级"网格队伍体系，开展敲门行动，逐一登记备案，织牢织密疫情防控网，至2022年12月20日，累计排查返乡人员9818人，管控4394人（其中450人集中隔离，3944人居家隔离）。

【基层党建】 2022年，下溪街道推动党员精准联户全覆盖，打造群众身边"永久牌"工作队，有296名党员干部通过实行"1+N"党员联户工作机制，与615名困难群众和困难家庭进行结对帮扶，共征集微小事14件，全年投入资金173.03万元。创新服务形式，不断融合"党建+幸福小区""党建+好商量"功能，至2022年年底，全街道8个有无物业小区全部完成幸福小区党支部建设以及小区间支部联建。以支部联建为基础，组织机关干部、在职党员开展各类便民服务活动40余次。街道6个社区深入推进"以党建为引领、以网格为单元，办好群众身边微小事"工作，变"政府主动、群众接受"为"群众点单、政府买单"，不断提高人民群众获得感、幸福感、安全感。党风廉政建设和反腐败斗争方面，2022年，下溪街道查处信访件23件，信访结案22件，立案7起，结案7起，因工作不力，约谈提醒（批评教育）村干部20人次，形成震慑力。

（供稿人：毛天赐）

大石街道

【概况】 大石街道位于广丰区东南部，东邻五都镇，南界横山镇、少阳乡，西接霞峰镇，北连丰溪街道。大石于2016年7月撤乡设街道。区域优势明显，芦洲大道、裕丰南大道、大湖路、苏五路贯穿境内，行政区域面积20.3平方千米，其中耕地面积9905亩，林地面积4.618平方千米，森林覆盖率22.75%。农业特色产业有高粱种植、山羊养殖，大石高粱酒、大石土山羊历史远久，远近闻名。至2022年年末，下辖4个社区、4个行政村；总户数9773户，总人口35955人，其中非农业人口31295人，人口自然增长率9.57‰。大石街道党工委下设13个党支部，有党员563名。2022大石街道财政收入8095万元，同比增长34.36%。2022年，大石街道"双创"工作成绩突出，在上饶市"文明街道"评比工作中3次获得全市城郊组第一名，1次获得全市第三名。

【招商引资】 2022年，大石街道引进江西江亚管道有限公司、广东邦宝益智玩具股份有限公司、杭州丰丰交通设施有限公司、小小自动化科技（昆山）有限公司等4个项目，达产达标后预计可实现年产值12.1亿元，利税将达3000万元。

【巩固拓展脱贫攻坚成果同乡村振兴有效衔接】 2022年，大石街道共有脱贫户223户718人，其中脱贫不稳定户1户3人，边缘易致贫户11户29人，突发严重困难户8户28人，水阁村被列为省级乡村振兴重点帮扶村。大石街道2022年有6个财政衔接资金项目，资金380万元，其中水阁村有项目4个，衔接资金318万元，通过帮扶，不断完善农村基础设施和基层公共服务水平。全年投入资金2753万元（筹资730万元），33个秀美乡村建设点全部完成。2022年大石街道拆违面积2903.4平方米，改厕130座。

【"巩卫创文"情况】 2022年，大石街道成立以街道党工委书记为组长的"双创"工作领导小组，实行以街道班子成员包村（居）、街村（居）干部包自然村，村（居）支书为第一责任人的网格化管理；成立街道清洁办，配备保洁主管和卫生管理员，开展环境卫生整治。2022年街道8个村（社区）持续开展环境整治，清理孳生地48处、完善病媒生物防制防护设施280处、投放药物354千克、消杀面积约8平方千米、消毒场所

7处。通过无物业小区保洁及住宅小区环境整治，改善人居环境，提升城市面貌。采用治理与改善相结合的方法，对房前屋后乱堆乱放进行整治，开展洗城行动，摸排整改市政设施破损，多部门联动协作整治乱停车现象。全年整治乱扔乱倒1620起、乱停乱放2100起、乱摆乱占750起、乱搭乱建33起、乱挂乱晒4256起、乱贴乱画1153起，修复窨井盖破损、路面破损等基础设施破损问题300余处。与共建单位联合进行入户宣传，分发文明市民宣传手册1300余册，进一步提高居民的知晓度和参与感。在2022年上饶市中心城区"最洁净街道"竞赛评选活动中，第一季度取得城郊组第三名，第二季度和第三季度取得城郊组第一名的成绩。

【"党建+网格+微小事"】 2022年，大石街道将"党建+网格+微小事"作为一项重要民生工程，四个社区通过前期征集、项目测评、拟定项目、会后公示、确定项目、上报立项、项目实施等流程，共上报"微小事"项目35个，其中10万元以下"微小事"项目30个，10万元以上"微小事"项目5个。项目建设内容主要涉及沟渠改造、零星硬化、水塘增设护栏、倒塌修复、水塘清淤等，至2022年年底，微小事项目已全部完工，投入经费199.6万元。

【党风廉政建设】 2022年，大石街道8个村（社区）逐步配齐纪检委员，以较高学历的年轻干部为主。街道纪工委对街道和村（社区）的纪检干部进行学习培训，提升纪检队伍的履职能力。2022年街道纪工委共受理业务内信访举报4件、业务外10件，上级转办问题线索5条。上报问题线索1条、问责建议1条，工作建议1条。自办案件2件。共诫勉谈话1人次，约谈12人次，通报批评3人次。协助区纪委立案2起，查处3人。被查处的人员中，科级干部1名，站所负责人1名，村居干部1名。大石街道纪工委推进落实4条群众急难愁盼事项：十字垄社区春坞地质灾害点的隐患排除，融城社区加快推进公墓建设，水阁村完成山羊养殖大棚的选址和建设，为大塘角村一户偏远村民安置自来水。

【举办"面朝大石 春暖花开"文化采风活动】 3月19日，"面朝大石 春暖花开——喜迎二十大 城乡看变化"采风活动走进大石街道。开展采风座谈，区政协副主席刘成业讲话，郑明海参加，大石街道党政主要负责同志分别致欢迎辞、介绍大石街道经济社会发展情况，光阴文化促进会联合会长周莉莉致辞，采风团代表陈丽君、郑宜良、余敏等发言。光阴文化促进会刘诗良主持。采风期间，光阴文化促进会组建首支采风出镜人团队，在扶摇山水库、十字垄村春坞桃花林、大石头村油菜花田等美丽采风点为大石街道出镜

代言，提高大石街道知名度和美誉度。

（供稿人：吴惠丰）

洋口镇

【概况】 洋口镇位于广丰西部，地处广丰城区和上饶市区中间地带，东连芦林街道、霞峰镇，南毗少阳乡、枧底镇，西接广信区皂头镇、田墩镇，北邻广丰区壶峤镇、信州区朝阳镇和秦峰镇。镇区距广丰城区10千米，距上饶市区12千米，是广丰对接上饶中心城区的"桥头堡"。现洋口镇由原洋口镇、原鹤山乡、原河北镇3个乡镇于2001年合并组建。洋口镇交通便捷，上广一级公路穿镇而过，构建到广丰城区和上饶市区"10分钟交通圈"。洋口镇行政区域面积67.7平方千米，耕地面积2216公顷，林地面积3987公顷，森林覆盖率59.22%。丰溪河、赵塘溪和枧溪河三条河流流经洋口镇。至2022年年末，下辖13个村10个社区，常住人口约8万，其中非农业人口约5.6万人，人口自然增长率4.32‰；流动人口约2万人。洋口镇党委下设党支部43个（其中非公党组织16个），党员1673人。2022年洋口镇财政收入5.03亿元，实现再上台阶的目标，经济总量稳居全区前列。2022年洋口镇获得江西省非遗传承小镇、省级历史文化街区等称号。

【招商引资和项目建设】 2022年，洋口镇引进京新药业技改、硕泰科技、添佑科技等项目11个，其中工业项目3个，数字经济项目4个，服务贸易项目4个；新增"四上"（注："四上"企业是现阶段中国统计工作实践中对达到一定规模、资质或限额的法人单位的一种习惯称谓。包括规模以上工业，限额以上批发和零售业、限额以上住宿和餐饮业，有资质的建筑业、有开发经营活动的全部房地产开发经营业，规模以上服务业法人单位）企业3家。规上服务业企业实现营业收入14.29亿元，同比增长29.3%；规上商贸企业实现营业收入21.28亿元，同比增长233%；规上工业企业实现总产值110.29亿元，同比增长20.6%。全年社会固定资产投资总额66.45亿元，同比增长52.3%。

项目建设：完成博山二期、双鼎纸业、奋均、官兵山等地块近1000亩土地的征迁，有序开展物流园、智能机械展示中心以及洋口中学扩容提质项目等地块近40公顷的征迁，为全区工业腾出发展空间。高质量完成霞峰220KV变电站"三通一平"、赵塘虞家高标准农田改造项目建设，基本完成霞峰220KV变电站输变线路的征用，总投资2.8亿元的变电站基础设施主

体基本完工，预计2023年6月底投入使用。完成稼轩东大道项目苗山互通117户及中山谢家大厅48户的拆迁签约，基本完成苗山互通117户的拆除。投资2300余万的老街二期项目全面竣工，业态招商进驻工作有序推进。全面完成总投资600余万元的莲鼓军埔至马坳公路双车道改造项目和上广公路至博山寺旅游公路拓宽改造项目。加强农村饮用水水源保护，争取上级项目资金140余万元，实施蔡村牧场及樟坞、苗山等地的自来水增压项目。推进防旱抗旱，向上争取资金820余万元，实施34个水毁水利基础设施维修项目。投入2500余万元对河北圩堤洋口段、古城来坞水库、苗山八工塘水库实施除险加固工程，投入500余万元的赵塘溪山洪沟洋口段水域整治项目，到年底基本完成。

【巩固拓展脱贫攻坚成果同乡村振兴有效衔接】 2022年，洋口镇推进"两不愁三保障"全员摸排，全面落实各项帮扶举措，脱贫户及监测对象人均年收入15000多元，比2021年增长14.3%。2021、2022年，累计为脱贫户实施危房改造5户，办理小额贷款60户、共计80多万元，36名脱贫户子女享受"雨露计划"。2022年充分运用乡村建设"1∶2筹资"奖补机制，筹集资金1424万余元，撬动财政配套资金5300余万元，完成51个自然村秀美乡村建设项目。制定《洋口镇农村人居环境整治提升实施方案》和《洋口镇"五定包干"长效管护工作方案》，全年投入近1500万元保洁经费，对全镇全域进行常态化保洁，定期在全镇村（社区）开展环境卫生大整治、大评比活动。投入300余万元开展"五拆五清"行动，拆除空心房废旧房等1.7万余平方，清运垃圾2万余吨，整治旱厕100多处。在中心社区、中山社区试点推行农村生活垃圾分类工作，投入150余万元建设莲鼓、壶山等14个沤肥场，用于厨余垃圾堆肥，取得阶段性成效。投资820余万元对壶山、赵塘、严村等地2500余亩田地进行高标准农田改造。2022年洋口镇早稻种植1000余亩，油菜种植10000余亩。

【民生社会事业】 2022年，洋口镇便民服务中心办理合作医疗、新农保、退休资格确认等业务11200多宗，办理残疾证业务130多宗。2022年，洋口镇完成河北中心小学教职工宿舍改造工程、河北幼儿园操场和洋口中心小学围墙项目，总投资5000万元的洋口中学改扩建有序推进。推进健康洋口建设，投资300余万元的洋口中心卫生院改造提升基本完成，新增用地10余亩，投资1500万元的洋口中心卫生院扩容提质工程基本完成前期准备工作，建成后将增挂广丰区第二人民医院牌子，并在全市乡镇卫生院中率先设置ICU病房。投资300多万元的洋口敬老院改造提升工程基本完成。

常态化疫情防控：洋口镇坚持"外防输入、内防反弹"总策略，设立工作专班，建立应急机制，按网格划分全镇基层作战单元，在广大基层党员干部、医务工作者、公安干警、志愿者的共同努力下，全镇人民团结一心、守望相助，全年未发生本土病例。12月份，国家防控政策优化后，洋口镇及时作出相应调整，将疫情防控的工作重心从防控感染转为医疗救治，实施分级分类诊疗措施，实现发热门诊镇村全覆盖，全力保障群众就医用药。

【基层社会治理】 2022年，洋口镇打击治理电信网络新型违法犯罪，全年举办5场反诈宣传活动，发放反诈宣传册1万余份，全镇安装反电诈APP 2.6万余人，成功劝返5名滞留缅北、金三角及迪拜的人员。积极推进防溺水工作，对全镇68个风险水域建档造册，全面落实包保责任，启动防溺水智能预警系统建设。联合公安部门，新建村社区警务室5个，成立洋口义警队伍，多措并举保障群众生命财产安全。

矛盾纠纷实现就地化解，投资1000余万元建成占地586平方米、建筑面积1837平方米的多功能社会治理中心，成功打造成全省一流的乡镇社会治理中心，省委常委、政法委书记罗小云等领导到现场指导工作。同时，建立线上线下多元化受理，部门单位和社会组织多元化参与，调解、仲裁、诉讼等多方式结合的矛盾纠纷调解机制。2022年累计化解各类矛盾纠纷808起，促进新时代"枫桥经验"在洋口落地生根。

【基层党建】 2022年，洋口镇贯彻落实全区推进基层党建重点任务和党建"十件小事"会议精神，全镇252名党员结对联户921户，解决了1281件群众急难愁盼事情。坚持以"村企共建"推动乡村振兴，重点选取6家企业与6个村结对共建，为结对村带来建设资金50余万元，带动当地40余名脱贫户村民就业。结合各村实际，因地制宜选择"物业租赁型""入股合作社型""特色产业种植型"等多类型的集体经济发展模式。2022年全镇村级集体经济经营性收入635万元，其中蔡村村、中心社区村集体经济年收入超过50万元，和尚渡村集体经济年收入超过100万元。推进新时代文明实践站建设工作，全镇23个村（社区）文明实践站（所）实现全覆盖，投入100余万元的镇文明实践所改造工程完成并投入使用，获得全省四星级基层文明实践站（所）称号。落实党风廉政建设任务，召开党风廉政建设专题会议，下发《村（社区）党组织党风廉政建设任务清单》，组织观看警示教育片3场200多人（次）。持续加大问责力度，保持高压态势，巩固风清气正的政治生态。

（供稿人：琚凌志）

五都镇

【概况】 五都镇位于广丰区中部,东临泉波、沙田、毛村镇,南接横山镇,西连大石街道、少阳乡,北临东阳乡、排山镇,距广丰城区10千米。辖区面积74.46平方千米,镇区面积4.2平方千米。耕地总面积1467公顷,林地总面积2812公顷,森林覆盖率37.78%。至2022年年末,五都镇总人口8.60万人,其中非农业人口1.2万人,人口自然增长率6.8‰。五都镇党委下设23个党支部,有党员1502名。境内社山头遗址系新石器时代晚期至商周时期古代文化遗址,是江西省埋藏最好的遗址之一,共出土文物2000多件,2013年5月被国务院核定公布为第七批全国重点文物保护单位。五都杉溪风景优美,著名词人李清照曾夜宿杉溪,留下"须知今夜好,宿处是江南"的美好佳句。2022年度五都镇财政总收入2.17亿元,同比增长8.5%,税收占财政总收入100%;规上工业总产值20亿元,固定资产投资10亿元。

【招商引资和项目建设】 2022年,五都镇开展招商活动30余次,引进落户工业企业4家,其中亿元以上工业项目3个;引进数字经济企业3家,年纳税达2000万元;新增规上工业企业2家、规上服务业企业3家、限上商贸企业2家,规上工业企业总产值达20亿元。2022年,五都镇服务的江西渝网科技股份有限公司入选省级高成长性科技企业,为广丰区唯一一家"瞪羚"企业;江西中泓铜业科技有限公司被评为全市制造业民营企业50强和全市民营企业100强。

2022年,五都镇在道路建设、水利设施改造、人居环境整治等方面,争取各类项目33个,项目资金达7500万元。其中,农村公路"建管养"项目8个,项目总投资3500余万元,改造里程数12公里,改善群众出行条件;争取到全市唯一一个投资额达2000万元的省级农村人居环境整治项目,已进入具体施工阶段。

【巩固拓展脱贫攻坚成果同乡村振兴有效衔接】 2022年,五都镇对全镇的困难群众进行全面排查,全年新增监测户11户53人,其中边缘易致贫户3户17人,突发严重困难户8户36人。2022年,五都镇实施巩固拓展脱贫攻坚成果同乡村振兴有效衔接项目10个,投资额达493.34万元。全年持续推进乡村建设1:2筹资机制,引导鼓励乡贤、群众为乡村建设捐资1732.97万元,政府奖补资金和配套资金4700多万元。全年推进76个秀美乡村项目建设,均已完成投入使用。

【美丽集镇建设】 2022年,五都镇投入2000余万元对五都大道、车站路、西湖街等主次干道进行全面改造。五都大道总投资1700万元,拓宽6米,进行弱电下地,实施雨污分流,新建人行步道,改造绿化;投入1500余万元,对主干道及里弄小巷进行雨污分流改造,改造各类管道3500余米,优化群众生活环境。投入620余万元对镇区内的管网进行全面改造,有效解决"蜘蛛网"问题;投入420万元新建和改造停车场,新施划停车位200余个;投资650万元对日起广场、沿河路进行改造提升;投资230万元对农贸市场进行改造提升,引入社会资金新建1个集贸市场。全年投入人居环境整治资金200余万元,对镇区、各村居的乱搭乱建、陈年垃圾、建筑垃圾等进行全面清理整治,清理各类垃圾5000吨,拆除违章建筑500余处6000多平方米,新建和改造公厕14座。

2022年12月初,投入580万元新建五都至六都步行桥(2021年五都镇把该项目列入重点民生项目),经过1年的施工,正式建成通行,方便两岸群众出行。

【农业产业发展】 2022年,五都镇全面推进高标准农田建设,全年种植早稻850亩,种植油菜8500亩。结合五都镇的实际情况,持续抓好甘蔗、山药、粉丝等一些地方特色农副产品的营销推广,提升品质、做大规模。打造马家柚、葡萄、油茶、西瓜等特色种植,对全镇16户种植马家柚达100亩的大户进行标准化建设,打造五都马家柚品牌。

【民生社会事业】 2022年,五都镇参加城乡居民基本养老保险34792人,持续推进家庭医生签约和随访服务,继续落实"三免四减半"优惠措施、健康扶贫"五道保障",保持90%的适度报销比例。充分发挥公益性岗位和"家门口加工小企业"及"扶贫车间"的作用,引导安排有劳动能力的监测户实现家门口就业。开展常态化疫情防控,做好重点人群排查管控,及时为70周岁老人发放防疫爱心包5600余份。

【基层社会治理】 2022年,五都镇严格落实安全生产责任制,对重点行业、重点领域定期排查,全年未发生重大安全生产事件。开展信访化解工作,严格执行领导接访和包案工作机制,建立完善"定点接访、定期下访、定人回访、定时结访"工作制,全年共化解各类矛盾纠纷137件,满意率为98%;完成信访件调处13件。

(供稿人:苏智富、张霞)

霞峰镇

【概况】 霞峰镇位于广丰区西南，东界大石、丰溪，南接少阳，西毗洋口，西北与芦林隔河相望。行政区域面积约27.8平方千米，耕地面积约13902亩。霞峰镇交通便捷；境内交通主干线洋社公路达国家三级标准；三级公路广霞线横穿水尾山风景区，联通省道二上线；霞峰大道（全程2.8千米）经芦林街道联通广丰城区。至2022年年末，下辖4个社区、5个行政村，93个自然村，全镇总人口43586人。霞峰镇党委下设14个党支部，有党员761名。霞峰农业以种植水稻为主。土地肥沃，具有"籽油泥之乡"的美称，适宜种植高粱，有自酿高粱酒的历史传统；山塘水库以养鱼为主，"高粱酒、霞峰鱼"颇具名气。2022年，霞峰镇财政总收入1.46亿元，同比增长5.8%。

【招商引资和项目建设】 2022年，霞峰镇成立招商引资工作专班，与广丰区招商小分队和高新区等部门对接，集中力量、集中时间外出"以商招商"。2022年霞峰镇招商小分队外出杭州、义乌、深圳、东莞、厦门等地精准招商14次。全年引进亿元以上工业项目2个，5000万元以上工业项目2个，1000万元以上农业项目1个，数字经济项目7个，总投资5000万元的梓涵精密轴承项目、智能门窗项目实现投产。

【巩固拓展脱贫攻坚成果同乡村振兴有效衔接】 2022年，霞峰镇有监测对象235户725人，均无致贫、返贫迹象；26名学生享受"雨露计划"补助资金8.4万元；抓好脱贫人口和监测对象的稳岗就业，开发农村公益性岗位27个；持续做好小额信贷工作，全年累计发放贷款25笔64万元。全镇脱贫人口人均收入呈大幅增长趋势，同比增长15.3%。

【粮食安全】 2022年，霞峰镇结合各村居地理位置、种植习惯、交通条件等因素，帮助农户制订种植计划，有效抢抓"冬闲"契机，推进农业融合发展，粮食生产实现连续丰收。2022年，霞峰镇建设高标准农田447亩；粮食播种面积24740亩，产量7978吨，油菜秋冬种植面积4200余亩。宣传国家粮食安全重要性、油菜种植补贴政策等，提高农户维护国家粮食安全意识。

【秀美乡村建设和人居环境整治】 2022年，霞峰镇启动"和美乡村"建设项目26个，"美丽集镇"建设项目9个，总投资4000余万元；铺设"雨污水"管网10000米，实现集镇雨、污分流；全镇农村道路硬化7千米，"白改黑"升级改造工程12公里，改善群众出行难题。新建污水处理厂，面积1200平方米，日处理污水600吨，配套污水管网6000米，总投资760万元；新建文昌阁，1260平方米，建筑面积800平方米，总造价240万元；集镇老街改造提升，统一"店招"200余户，改造路沿石、人行道1.5公里，安装太阳能路灯100余盏，总投资280万元。2022年，霞峰镇加大全镇基础设施建设，新建文化广场18个，厕改656户，新增太阳能路灯600盏，新增停车位200个，集镇面貌得到改善。

2022年，霞峰镇开展"五拆五清"、家禽圈养、"牛皮癣"清除、垃圾分类等专项整治行动，全面提升人居环境质量。组织垃圾大清理活动60余次，投放分类垃圾桶11000余个，圈养家禽1000余户，清理小广告720多处，拆除破损广告1200余平方米，清理垃圾死角230处，清理垃圾1600余吨，清理乱围乱建菜地860平方米。开展专项整治行动70余次、教育整顿店家商铺62家；拆除违章、危旧房6.2万余平方米，围墙626米，清理垃圾、废旧物18266.6吨；抓实"敲门行动"，动员居民签订"门前三包"责任书5000余份。建立日常督查、考核评比等工作机制，传导工作压力、激发工作干劲。2022年，霞峰镇入选"全省卫生乡镇"。

【优化营商环境】 2022年，霞峰镇组建镇招商服务专班，对引进项目落实专人跟进、包办代办服务，协助破解企业落户、项目建设遇到的困难和问题，做好招商项目全过程跟踪服务。2022年，跟踪对接新老项目的后续服务30余次，解决企业劳动力不足、企业扩建等实际问题。镇村两级便民服务中心（站）持续推进"最多跑一次"服务，严格落实首问负责、限时办结、责任追究等制度，霞峰镇综合便民服务中心一个窗口受理6个部门、21项服务事项，打造"办事效率强、服务质量优、群众满意高"的良好营商环境。

【民生社会事业】 2022年，霞峰镇享受农村低保18547人，补贴74.2万元；农村五保供养对象1272名，补贴100.08万元；临时救助167人，救助资金21万元；享受残疾人护理补贴597人，补助64160元；落实耕地地力保护、种粮一次性补贴等惠农政策，兑现资金210余万元；城乡居民养老保险续保4200余人，续保率30%；新型合作医疗参合人数35000余人，参合率92%；全年办理大病救助123人次，办理长期护理险71人，共计救助金额50多万元。

常态化疫情防控：2022年，霞峰镇共开展52轮全员核酸检测，全镇60周岁以上重点人群累计接种疫苗第一针5832人，完成率98.01%；第二针5751人，完成率96.74%；第三针4963人，完成率83.45%。

【基层社会治理】 2022年，霞峰镇排查矛盾纠纷以及重点信访事项70件，调处并稳控到位55件，其中重点信访事项化解 12 件，已签订停访息诉协议书，调处成功率达 87%。通过区长信箱系统受理信访件 6 件、12345 政务服务便民热线受理 62 件、信访系统来电来访登记与网上投诉等信访件 21 件，合计受理信访件 89 件，回复率 100%，办结率 100%，参评率及满意度 96%。开展打击整治养老诈骗、打击整治非法集资犯罪、打击治理电信网络新型违法犯罪等宣传活动。全年共发放综治宣传材料 13200 余份，综治宣传环保袋、马甲等 2230 余份，反诈 APP 下载人数 13443 人，增强广大人民群众对电信网络诈骗防范意识。

【实施网格化管理】 2022 年，霞峰镇精细划分网格，畅通"网格"循环，制定《霞峰镇网格化管理实施方案》和《网格员服务事项》，按照"格不漏户、户不漏人""一个网格不超过 25 户"等要求，从有担当有能力、想干事能干事的党员、人大代表、政协委员、小组长、护林员、志愿者等群体中精心选配网格员，搭建"三长四员"体系，实现以镇党委为"心脏"、5 个村和 4 个社区党组织为"动脉"、345 个微网格为"毛细血管"的"1+9+345"三级联动体系，并通过社会赞助为网格员配备统一服装，形成亮丽的"霞峰蓝"风景线。推行片会交流、优秀网格员评比、网格员队伍培训等活动，同网格员交流重点民生工作，提升网格员的主人翁意识，鼓励网格员参与民生实大小事。发挥网格员"地熟、人熟、情况熟"的"三熟"优势，主动服务所辖网格内群众，积极参与核酸检测、矛盾纠纷排查、环境整治等工作，让民心在网格聚拢，实现人、事、物"一网清"，全年累计 4180 人次受益。

【基层党建】 2022 年，霞峰镇开展党的二十大精神进村（社区）宣讲活动 20 余场。开展"我是党员我带头""村企共建"等活动，引导党员在全面推进乡村振兴、人居环境整治、疫情防控、网格信息摸排等工作中"亮身份、做表率、树形象"，累计开展各类志愿服务活动 3600 余人次。新建 1 个社区（大尖山社区）组织活动场所，夯实党群服务"主阵地"，激发为民服务"新活力"；开展"党员精准联户"，帮助群众解决 135 个"微小事"，打造群众身边"永久牌"工作队；努力挖掘资源型收入、拓展共赢型收入、争取政策性收入，出租石美水库、野家塘水库等闲置水库，用于渔业养殖发展。2022 年，全镇各村（社区）集体经济收入均在 20 万元以上，为全镇经济发展增添新动能。

（供稿人：管文飞）

枧底镇

【概况】 枧底镇位于广丰区西南部，西北连洋口，东北靠少阳，东邻广信区花厅镇，西南界广信区田墩镇。行政区域面积 25.2 平方千米，其中耕地面积占 25.4%，林地占 52.7%，水域、道路村庄及其他占 21.9%。至 2022 年年末，下辖 1 个社区 5 个行政村，总人口 2.4 万人。枧底镇党委下设党支部 9 个，有党员 531 名。2022 年，枧底镇强化招商、提升服务，财政收入 4221.3 万元，全镇经济社会持续健康发展。

【招商引资】 2022 年，枧底镇引进电商企业 3 家：上海咪洁电子商务有限公司，上饶市品泽电子商务有限公司，MC 斑马线有限公司，全年网络营业额超 1500 万元；新增国家高新技术企业 1 家：广东朋昊鑫动力新能源有限公司，投资额约 10 亿元。

【巩固拓展脱贫攻坚成果同乡村振兴有效衔接】 2022 年，枧底镇脱贫户和监测对象享受义务教育阶段资助共计 13.8 万元；报销医药费 389.2 万元；危房改造及维修补助 2.5 万元；设置公益性岗位 41 人，发放公益性岗位工资 280590 元；针对省内外务工人员发放一次性交通补贴 82600 元；全镇供水设施正常运行并得到有效维护；做好脱贫户稳岗就业工作，加大创业就业扶持力度，提升创业担保贷款质量，为创业脱贫户办理小额信贷 17 户 35 万元，共计 42 名脱贫户参与职业技能培训。2022 年，枧底镇实现村级集体经济收入 140 余万元，畈上村、溪西村和东井村活用闲置土地建设蔬菜大棚约 157 亩，预计创收 34.54 万元。

【秀美乡村建设和人居环境整治】 2022 年，枧底镇实施污水、雨水管网及部分给水管建设项目，解决老镇区防洪泄洪、学生上下学交通安全问题及老镇区脏、乱、差问题。实施镇区亮化及"蜘蛛网"线路项目，整理线缆 1200 米，道路绿化 2100 米。实施镇区道路提升，改建人行道地面 1250 米、硬化路面 2000 平方米，安装高杆路灯 180 盏，"白改黑"3583 平方米。实施镇容镇貌提升工程，新建桥梁 1 座，新增果皮箱 25 个，河道清淤 50 米，拆除违建 267 平方米。实施老镇区有机更新项目，新建公厕 2 座，新建道路及"白改黑"6777 平方米，绿化提升，补植人行道树木 200 余棵。实施镇区弱电下地敷设项目，新建弱电管道 400 米，光缆线路下地 29000 米，"四网合一"（注：互联网、广电网、电信网、电网融合）用户 900 户，设立光交接箱 7 个，光分纤箱 40 个。针对群众反映强烈的打通阳光路至枧底学校断头路问题，全镇通过座谈会、调度会，做通拆迁户思想工作，拆除房屋9户，25户居民获得田地征收补偿，该项目预计2023年春节前通车，彻底解决困扰周边老百姓二十多年的"出行难"问题。通过铺设集镇道路两旁人行道彩色沥青路面，美化镇域环境，提升集镇形象，规范车辆停放，提高群众居住的舒适度和满意度。

2022年，枧底镇积极开展"三清二改一管护"村庄清洁行动及"五定包干"村庄环境常态化长效管护工作，全镇拆除违建房200余平方米、危旧房8000余平方米、废弃房5900余平方米，清理垃圾620多吨、沟塘22000多米、杂物800多吨、路障160多平方米、杂草114000多平方米，改造厕所220个，人居环境显著提升。

【民生社会事业】 2022年，枧底镇共有低保户894人，其中农村低保户823人，城市低保户22人，特困供养对象49人（其中12人已在敬老院集中供养）；全年发放临时救助金14万元，共107名生活困难、受灾、患病群众得到救助。成立枧底镇未成年人保护专项资金，对高考中表现优秀的家庭困难考生予以资金奖励，对遭遇突发基本生活困难家庭的未成年人予以救助。2023年春节期间，全镇对辖区内28户孤寡老人开展敲门入户消防安全宣传行动，在宣传消防安全知识的同时，排查消防隐患。其中，26户乱接乱拉电气线路全部改建，2户老化电线全部"除旧换新"。全年拨付抗旱救灾资金5万元、抗旱打井资金2万元，有效解决村民用水难题。

【基层社会治理】 2022年，枧底镇通过"雪亮工程"建设，在辖区内安装完成公共安全视频监控点，全镇发生违法犯罪警情47起，同比下降16.8%。建立矛盾纠纷调解室，实现"民事民议、民事民办、民事民管"，2022年，全镇化解矛盾纠纷事件130余件，基本做到矛盾就地化解。反诈工作进展良好，至年底，全镇开展反诈宣传活动10余次，发放宣传册页4万余份，安装反诈APP 7350人次，占人口比40.44%。

（供稿人：曹美琳）

湖丰镇

【概况】 湖丰镇位于广丰区北部，东邻大南，南接壶峤，西界信州区沙溪镇，北靠玉山县文成镇，地接上广玉、毗邻江浙沪，是广丰的北大门。镇政府驻地距广丰城区15.2千米，行政区域面积33.3平方千米。至2022年年末，下辖1个社区5个行政村，人口3.09万人。耕地面积13952亩，林地面积17000亩。湖丰镇党委下设党支部9个，有党员661名。2022年湖丰镇在砥砺奋进中诠释初心，在艰苦奋斗中书写精彩，全镇财税收入突破8亿元，位列全区第一，全市乡镇首位；规上工业企业主营业务收入168.15亿元，位列全区第一；企业研发投入达1.68亿元，位列全区第一。在全区2022年度综合考核中，湖丰镇获得高质量发展考核综合奖乡镇综合奖二等奖；高质量发展考核单项奖粮食安全生产工作第二名、农村公路工作第二名。还获得全区开放型经济工作先进集体、全区人大工作先进单位。

【招商引资】 2022年，湖丰镇引进闽海科技工业综合体、台鑫配套、奥维新材料、旷野电子信息等工业项目，引进云仓智能、树脉科技等5个数字经济项目。闽海科技等工业项目及银泰乐技改项目正式达标生产后，预计新增年工业产值约60亿元，新增年税收约5亿元。

【巩固拓展脱贫攻坚成果同乡村振兴有效衔接】 2022年，湖丰镇开展防止返贫监测帮扶第二轮排查，新增监测户2户13人，开展针对性帮扶。投入143万元实施4个乡村振兴衔接资金项目，4个项目全部竣工验收合格。落实最严格的耕地保护措施，坚决守住耕地和永久基本农田红线，坚决制止和防范耕地"非粮化"和"非农化"，落实粮食生产任务，全面完成水稻和油菜种植面积。推进粮食严格管控区工作，采取土地流转，改变种植结构方式，逐步降低管控区土壤中的重金属元素，2022年管控区内马家柚果全部提前采摘，马家柚植株全部移除到位，保障广大居民的身体健康。

【秀美乡村建设和人居环境整治】 2022年，湖丰镇结合各村居（社区）实际，引入社会资本和村企共建模式，科学布局56个乡村振兴点建设，筹集各类资金1351万元，撬动上级配套资金5216万元，用于完善村庄配套功能和基础设施建设。投资480余万元用于湖丰镇秀美乡村项目，投资461万元的镇区污水管网项目建设完成，集镇周边环境进一步得到美化提升。对自筹资金50万元以上的乡村振兴点，铺设污水处理终端。大力开展水生态治理，全面落实"河长制""湖长制"，加强巡河护河，大小水库水质稳定达标。拆除"三房"约2000平方米，清理卫生死角生活垃圾300余吨。

【民生社会事业】 2022年，湖丰镇结合"我为群众办实事"实践活动，全力推动湖丰镇农贸市场、石蛤蟆水库除险加固、高标准农田建设等民生项目，切实解决群众关心的民生问题。6月20日，湖丰镇遭受了百年一遇的洪涝灾害，全镇党员干部冲锋在前，及时转移受灾群众3000余人次，未发生一起人员伤亡，极大降低了洪灾对人民群众造成的影响。2022年湖丰镇继续坚持对全镇高考录取"一本"58人、中考总分600以上师生给予奖励，投资980万元改造提升湖丰中学实施寄宿制学校。投资近50万元引进自动生化分析仪等医疗设备，镇级医疗服务水平得到有力提升。对全镇1027名低保对象进行复核，及时清退77户111名低保对象，发放临时救助金32万元，保障困难群众的切身利益。

（供稿人：徐常清）

壶峤镇

【概况】 壶峤镇位于广丰区西北边境，隔信江河与信州区沙溪镇相望，北连湖丰镇。行政区域面积45.1平方千米，耕地1005.76公顷（其中基本农田755.55公顷）、园地174.30公顷、林地2433.85公顷、草地10.83公顷、城镇村及工矿用地484.78公顷、交通运输用地54.38公顷、水域及水利设施用地247.58公顷，其他土地101.04公顷。至2022年年末，下辖2个社区，6个行政村，全镇总人口33449人，常住人口26335人，人口自然增长率0.87‰。壶峤镇党委下设党支部11个，有党员658名。2022年壶峤镇财政总收入1.97亿元，规上工业总产值、规上企业总数、固投等主要经济指标位居全区前列。荣获"2022年江西省铁路护路联防春运先进集体"荣誉。在全区2022年度综合考核中，壶峤镇获得高质量发展考核综合奖乡镇综合奖二等奖，高质量发展考核单项奖应急管理工作第二名、防范电信诈骗第三名。还获得全区开放型经济工作先进集体。

【招商引资和项目建设】 2022年，壶峤镇引进百亿项目2个：时代科技有限公司芯片生产项目，江西泰珂新材料有限公司黑滑石粉体加工项目；"5020"项目2个：江西长锦科技有限公司，流源村砂岩骨料生产项目；亿元项目1个：汽车拆解项目；投资2000万元的农业项目1个；数字经济项目3个。全年新增规上企业5家，总数达23家。全力服务黑滑石产业基地建设，顺利完成破塘弄房屋征收、腾空和拆除工作，拆除房屋9户共10栋，附属物900余平方米，按时间节点，净地交付江西泰珂等重点项目使用。

【美丽集镇建设和人居环境整治】 2022年，壶峤镇投资1800余万元用于美丽集镇建设，对集镇内老旧道路、弱电线、雨污管网等进行全面改造，让镇区彻底告别雨污合流、"蜘蛛网"的问题，总共11个项目已完成9个，剩余2个处在扫尾阶段。投资268万元建设对家坞至渡船头美丽生态文明农村路项目，重点围绕古沙线的绿化、亮化、安全防护、标识标牌等进行提升改造；3个农村公路建管养项目开工2个（分别是投资664万元的311挂线至320国道道路拓宽改造项目和投资173万元的东阳至荷叶坞道路改造提升项目）。总投资1700余万元的51个水利项目完工50个。总投资2100余万元的27个振兴乡村点全面建成。3个乡村振兴衔接资金项目（朱师村山塘门前塘修复工程、东阳村挂线路口至渡壶路口道路提升工程、渡头村樟树底塘周围环境整治工程）全面完成。

开展"五拆五清"百日攻坚行动，累计拆除危旧房屋、废弃房35000余平方米，清洗道路淤泥63000余平方米，清理村庄杂草17000余平方米，清理庭院杂物2000余处。"创文"工作开展以来，先后整治电线杂乱、电表破损、井盖缺失、灯泡破损等问题590余处，清除"牛皮癣"370余块，清理占道经营、私设广告牌60余处，群众文明素养逐渐养成。开展秸秆禁烧宣传，坚决打赢"蓝天保卫战"。全面落实"河长制""林长制"，生态环境质量持续提升。

【民生社会事业】 2022年，壶峤镇城乡医保实现全民参保、城乡居保参保率持续提升；全年累计发放城乡低保560余万元，农村特困供养84万余元，临时救助33万元，残疾人两项补贴85万余元；发放地力补贴133.11592万元，水稻种植补贴35.9491万元；发放实际种粮农民一次性补贴53.347349万元。加大保障性安居工程建设，农村危旧房改造10户，发放补助资金17.1万元。

【疫情防控】 2022年，壶峤镇坚持科学精准防控，因时因势优化调整防控措施，保护人民生命安全和身体健康。支持湖丰高速卡口，连续7个月组织镇村干部800余人次奋战在疫情防控一线，严格落实"外防输入"，守好广丰北大门。组织成立19个由镇干部、村干部及乡村医生组成的工作组，对全镇65周岁以上老人开展全覆盖健康检查，走访3747人，向群众发放"防疫安心包"2130份。按照"县包乡、乡包村、村包组，县级医疗机构包乡镇卫生院"的工作体系，完善党委书记亲自抓、带头抓，镇干部包村、村干部包组、组干部及网格员包户的工作机制，确保群众诉求有人答、群众冷暖有人爱。壶峤镇卫生院进一步做好监测预警、农村重症患者转诊、村级卫生室医疗药品储备等工作，夯实精准防控基础，尽力降低重症率、病亡率。

【应急处置特大洪涝灾害】 6月20日，壶峤镇发生特大洪涝灾害，塘头、渡头两村受灾程度空前，灾害发生后，区委区政府高度重视，第一时间启动救援应急响应，区主要领导火速赶到灾情一线，在蓝天救援队、雄鹰救援队等志愿救援队伍的支援下，连夜转移低洼处群众556人，营救被洪水围困群众75人，做到"零伤亡"。发放各类救灾救济食品23000余份，矿泉水1150箱，确保居民食品及饮用水安全。洪水退去后，先后投入人力3981人次，出动机械100余台，累计清运垃圾2018辆次（含临时堆放场二次转运），出动洒水车百余辆次，消防车80辆次，清理公共区域60000平方米，修复道路、水渠等基础设施200余处，顺利完成灾后重建各项工作。

（供稿人：程云斌）

大南镇

【概况】 大南镇位于上饶市广丰区北部，东界玉山县华村乡，南邻吴村镇、下溪街道，西靠湖丰镇、壶峤镇，北连玉山县文成镇、华村乡，行政区域面积46.3平方公里，其中耕地占16.3%，林地占60.6%，水域占4.9%，道路村庄和其他占18.2%。镇政府驻地距广丰城区约17千米，距玉山县城约15千米。大南溪自南向北流经全镇。大南镇交通便捷，广玉公路（S203省道）通过境内，毛家山公路直通湖丰镇再连320国道。大南镇蕴藏着磷矿石、石煤、石英、石灰石等矿产资源，是广丰区马家柚发源地，本地优质马家柚1991年被评为全省地方柚类品种第一名。至2022年年末，下辖6个行政村，112个村民小组，86个自然村，总人口2.2万。大南镇党委下设党支部12个，有党员590名。镇人大代表工作站和6个村（社区）人大代表联络室，按照"整合资源、彰显特色、发挥作用、打响品牌"的要求，开展选民接待、集中学习、调研视察等活动51次。2022年大南镇完成财税4823万元。

【招商引资和项目建设】 2022年，大南镇引进亿元以上工业项目1家、5000万以上工业项目1家，引进数字经济企业3家；新增入统工业企业2家、规上服务业1家、限上商贸1家，规上企业总数20多家。2022年，大南镇完成固定资产投资5.65亿元，其中工业固投3.9亿元。2022年，大南镇投资3000万元推进道路改造、雨污分流排水管网建设、河道整治、农贸市场改造、文化活动中心建设、消防队站建设、休闲广场建设等11个项目，进一步完善集镇功能，为群众提供更多休闲娱乐文化场所。

【巩固拓展脱贫攻坚成果同乡村振兴有效衔接】 2022年，大南镇进一步完善防止返贫监测帮扶机制，加强对全镇217户脱贫户，31户监测户的动态管理，精准落实帮扶措施。开设35个脱贫户公益性岗位和2个边缘户公益性岗位，户均增收7200元。重点关注因学负担重、重病、重残、突发严重困难户，重点帮扶监测户和低收入人口，加大帮扶力度，强化兜底保障，坚决守住不发生规模性返贫底线。加强就业和产业指导，提高群众劳动增收技能，支持返乡人员创新创业，加强"乡土人才"培养，积极培育新型职业农民。全年向建档立卡对象发放各类救灾、临时救助资金5万余元，发放低保、五保资金128万余元，发放产业奖补21.88万元；享受"雨露计划"补助人员28人，发放雨露计划补助金4.2万元。为促进低收入劳动力转移就业，积极落实"一次性交通补贴"工作，2022年为全镇94名省内外务工人员、12个省内区外务工人员上报交通补贴。

【粮食安全】 2022年，大南镇坚决扛牢粮食安全政治责任，稳定粮播面积16850亩、总产量6108吨以上，坚决遏制耕地"非农化"、防止"非粮化"。全年完成早稻播种面积400亩，中稻播种面积9080亩，晚稻播种面积400亩，旱稻播种面积6970亩，完成冬种油菜4038亩。加大优质农业企业招商力度，大力发展绿色农业、高效农业、特色种养殖业，吸引社会资本参与农业产业投入，扶持和培育农村致富带头人，发展农产品精深加工，提高农业质量效益。

【马家柚特色产业发展情况】 大南镇坚持以马家柚产业为农业主导产业，积极推进马家柚基地标准化建设，2022年投资150万元打造荧塘村新荣合作社做马家柚基地。至年底，大南镇有马家柚基地20多个，马家柚果园面积超1万亩，苗木种植面积2000余亩。依托"马家柚"产业品牌效应，2022年大南镇有马家柚关联农业企业5家，农业专业合作社25家，直接受益群众7000多人。利用大南镇马家柚母树孝果园、"马家柚小镇"等资源优势，推动农文旅融合，不断提高农民收入。同时，大南镇积极发展特色养殖业，投资300万元在塘狮村建立山羊养殖场，引导"广丰山羊"品牌走向产业化、正规化。

【秀美乡村建设和人居环境整治】 2022年，大南镇推行乡村建设1:2筹资奖补机制，通过宣传和发动，综合运用村民自筹、乡贤捐款、企业赞助等方式，全年大南镇群众自筹资金1512.36万元，人均捐资672元，为全区最高。6个村自筹均超过100万元，其中大南社区、古村村超400万元。2022年群众自筹资金和政府配套投资总额5709.58万元。以道路交通、山塘水渠、亮化等为重点，建设石桥弄底坞、古村新塘、塘狮村张公塔等秀美乡村点68个，进一步完善乡村基础设施，在全区2022年度综合考核中获得高质量发展考核单项奖乡村建设第一名。

2022年，大南镇6个行政村累计拆除违章建筑267处，出动垃圾清运车2400余车次，清理河道15公里，清理垃圾乱堆乱放5000处，转运垃圾1800余吨，村容村貌焕然一新。持续推进"厕所革命"，新建农村公厕1座，改厕85户，全镇5027户中卫生厕所4972户，无害化卫生户厕普及率98.9%。持续开展"最美庭院""清洁家庭"创建评选活动，全民动员人人参与，共建美丽乡村。持续加大生态环境保护，严格落实河长制、林长制，推动松材线虫病治理。2022年大南镇争取上级资金30余万元，对2万余亩山场开展病害除治工作，全年为1000余株松材线虫病疫木打孔注药，除治松材线虫病疫木2000余株。

【民生社会事业】 2022年，大南镇加快发展学前教育，投资400多万元的大南中心幼儿园正式投入使用；扩大教学优质资源，投资2000万元的大南学校正式投入使用。加快建设养老服务体系，投资598万元的大南敬老院正式投入使用。加快完善消防救援力量，投资近400万元建成大南镇消防站点。城乡居民基本医疗保险实现应保尽保，全镇居民参合率98%以上，其中，低收入家庭参合率100%。新增办理农村低保26户29人次，发放农村低保568户778人次、城市低保32户39人次，特困供养对象55户，共计513.9万元；残疾人困难补贴109人次28.2万元；高龄补贴356人次26.3万元。2022年，大南镇推送×名大学生参军入伍；推行"尊崇工作法"，全年完成352人的全国优待证申领工作，走访慰问困难退役军人352人次。

常态化疫情防控：2022年，大南镇疫情防控指挥部工作专班发动全镇560余名党员参与疫情防控，快速、有序完成49轮核酸检测，保障辖区居民生活。在疫情防控"新十条"（注：国务院应对新型冠状病毒肺炎疫情联防联控机制综合组2022年12月7日发布《关于进一步优化落实新冠肺炎疫情防控措施的通知》，共10条措施）出台后，及时转变工作重心，认真落实党中央、国务院决策部署，按照上级"精准防、重点治、缓达峰"工作思路，切实做好新冠病毒感染患者医疗救治工作，保障人民群众生命安全和身体健康。

【基层社会治理】 2022年，大南镇开展"大南安全生产百日攻坚行动"，落实安全防范警示日活动，就纺织服装、木材加工、九小场所等重点行业和森林防火、食品药品、交通、水利、地质灾害等重点领域，开展安全隐患排查32次，整改消除安全隐患37个，全年安全事故"零发生"。组织开展安全生产宣传教育进企业、进校园、进社区等活动20余次，发放交通安全、消防安全等教育宣传册1000余册，提高辖区企业和群众的安全意识。坚持矛盾纠纷在一线化解，镇党政班子轮流接访、包案化解矛盾纠纷，全年排查各类矛盾纠纷218件，调处210件，调处率96.3%；化解信访积案2件，签订息访息诉协议书。全年组织普法宣传6次，发放"法律明白人"宣传资料500余份。开展反电信网络诈骗"两卡"整治工作，推进反诈APP安装，全镇40%的户籍人口安装APP，有效保护人民群众的"钱袋子"。全年查处并拆除违章建筑267处，查处不规范渣土运输车3辆，违章案件结案率100%；全年查处违规野外用火案例20余起，对违规野外用火当事责任人进行教育引导并处以罚款500—800元，起到森林防火警示教育作用。

【应对汛期连续强降雨】 面对汛期连续强降雨，大南镇严格落实24小时值班制度，组建30余人的应急队伍，加强对15个地质灾害点的24小时巡查，及时排查和消除安全隐患。安全度汛后，大南镇完善农田水利基础设施，投资562万元完成应急和一般水毁项目29个，投资210万元完成排根水库、巴拉坞水库、白塘坞水库等3个小二型水库维修项目，进一步夯实水利基础设施，提高防汛抗旱能力。"6.20"洪灾发生后，大南镇第一时间驰援湖丰镇、壶峤镇，采取"村对村"对口援助模式送去救灾物资，组织镇村干部和民兵队伍192人次、10余台机械设备到壶峤镇开展灾后清理。

（供稿人：祝志帅）

排山镇

【概况】 排山镇东邻东阳社后，南接五都杉溪，西连永丰，北毗吴村，东北界玉山县仙岩镇，西南隔丰溪河与丰溪街道三都村为邻。排山镇政府驻地距广丰城区12千米，S202（广管线）贯穿全境。行政区域面积58.5平方千米，其中耕地占18.36%，林地占49%，水域占7%，道路、村庄和其他占25.64%。至2022年年底，下辖1个社区、10个行政村，村民小组150个，总人口数4.3万人，常住人口2.7万人。排山镇党委下设党支部16个，有党员733名。境内天桂岩属广丰"三岩"之首，景观奇特，被誉为"江东第一洞天"，其岩顶石刻为省级文物保护单位；辖区"广福罗汉院"又名西岩寺，内有宋代文学家周敦颐撰联和宋高宗赐额，为省级文物保护单位。2022年排山镇财政收入3.03亿元，同比增长超过20%。在全区2022年度综合考核中，排山镇获得高质量发展考核单项奖信访工作第一名、粮食安全工作第三名、农村公路建设工作第三名。

【招商引资和服务企业】 2022年,排山镇引进5个工业企业、8个数字经济企业、10个商贸及服务业企业,新增规上工业企业1个,限上商贸企业1个,规上服务业1家,全年工业总产值53.81亿元,同比增长9.6%。不断优化营商环境,认真开展"千名干部入千企"活动,平均每位机关干部联系挂点3家企业。疫情期间,为帮助重点企业不停工不停产,排山镇多方协调,帮助丰河贵金属、晨峰钙业、创捷建材、银达塑业等多家企业解决突出问题。

【巩固拓展脱贫攻坚成果同乡村振兴有效衔接】 2022年,排山镇有253户脱贫户和35户监测户,精准落实帮扶措施,全力消除返贫致贫风险。做好就业帮扶,全镇有劳动力人口549人,就业人数430人,就业率78.32%,各村(社区)每月对脱贫户和监测户的就业情况进行监测,并在国扶系统和省扶系统进行数据更新,镇乡村振兴工作站不定期对本镇的就业情况进行电话抽查,促进就业帮扶措施落到实处。同步抓好成效考核问题整改、集中大排查、厕所革命等工作,全年安排衔接资金项目18个共计494万元,进一步完善基础设施,改善村容村貌。坚持加强对卫生院"一站式"服务监管,创新思路举措,规范科学管理,全面提升镇域医疗领域综合管理服务水平。2022年办理慢性病证352人,其中一类慢性病100人。2022年,排山镇推行乡村建设1∶2筹资奖补机制,全年居民和社会筹资项目95个,筹资1335.2万元,新农村点和奖补配套项目97个,配套资金3671.6万元,合计资金5006万元全部用于推进"七改三网"等基础设施建设,并在所有项目点完成改厕工作。

【农业特色产业发展】 2022年,排山镇全方位夯实粮食安全根基,推进4467亩高标准农田建设,全市高标准农田建设现场会在排山镇墩头村召开,总结了一批好经验好做法。在稳定粮食生产安全的基础上,大力发展优质高效生态农业,引导农民发展优质马家柚、天桂梨及优质蔬菜种植等为主的特色项目,推动马家柚种植管理优质化、规范化,唱响"中国柚子看广丰、广丰好柚在排山"的口号,切实打造一批"拿得出、比得赢、叫得响、靠得住"的优质农产品品牌。持续壮大畜牧产业,培育种养大户,以基础设施配套化、作物品种优良化、生产方式组织化模式积极发展高效、特色农业。

【美丽集镇建设和人居环境整治】 排山镇在2021年被列为全区重点打造的提升类区域中心集镇之一,规划设计院对镇区当地225.81公顷范围进行重点规划设计,计划实施项目总投资4600余万元,主要涉及农贸市场升级改造、排山老区有机更新、天桂大道整治提升等20余个项目,2022年多数项目已完工并投入使用。其中:省道白东线排山镇集镇段,投入约500万元,对原有道路进行拓宽,变更为双向4车道,路面全程沥青铺设,增设红绿灯和机非隔离护栏,人行道用彩色沥青铺设。口袋广场设施建设项目投入约273万元,包含外屋塘健身广场、古树广场、微改造幸福社区和停车场建设,其中新建停车场面积约3400平方米,含85个普通车位及3个大巴车位。农贸市场改造项目投入约1200万元,共建设2层,建筑面积均约4000平方米。

2022年,排山镇开展人居环境卫生整治工作,做好农村垃圾整治,清理垃圾堆(带)2000余处,清理坑塘200多处,整治乱搭乱建100余处,清洁道路30余公里,清理"牛皮癣"广告1000余处等。全力推进农村"厕所革命",对全镇户厕信息进行全面摸排,完成改厕7182户。污水处理终端投入使用,镇区污水管网铺设进一步扩面。2022年,排山镇整治违章违建,实施最严格的政策,有效遏制乱搭乱建、超高超大的现象发生。全年开展拆除行动近50次,拆除违建建筑物面积约700平方米、违建围墙15处320米,查处超高建设现象16起,共查处33起违建问题。深入推进河长制、林长制,实施天然林资源保护政策,采取各项积极有效措施,加强森林管理和培育。实现水库养殖"人放天养",水质均达到生活饮用水地表水源二级保护区、水质三类标准。

【民生社会事业】 2022年,排山中学改造项目投入约1800万元,对宿舍楼、教学楼提升改造,新建运动场、综合楼,创造有利于学生全面发展的育人环境。排山镇城乡低保1153户1571人,全年发放资金760余万元;特困人员供养131人,其中集中供养20人,全年发放资金133万余元;残疾人两项补贴72万余元,临时救助19万元,冬春救助1981户3769人计48万余元;高龄老人补贴630人,全年发放资金50余万元。全年开展各类志愿服务600余次。

【优化营商环境】 2022年,排山镇综合便民服务中心接待群众2400余人次,办理和帮办代办业务1600余件,梳理排山镇政务服务事项清单、法定行政权力清单、承接区级审批服务执法权限赋权事项清单,并对排山镇75项政务服务事项制定办事指南,以"最多跑一次"为目标,畅通服务群众的"最后一公里",打造高效便民的政务服务环境,在营商环境工作考核中位列全区第一方阵。投入约160万元用于政府大院改造,包含大门改造、道路拓宽、沥青铺设、雨污分流、绿化改造及增设停车位等,进一步改善群众的办事环境。

(供稿人:余圭明)

吴村镇

【概况】 吴村镇位于广丰区东北部，北连大南镇，遥接玉山县边界，南邻排山镇，西靠下溪街道，紧连永丰街道，行政区域面积70余平方千米。至2022年年末，下辖1个社区11个行政村（另设有施村水库管委会），188个村民小组，167个自然村，总人口4.3万余人。吴村镇党委下设16个党支部，有党员732名。天桂梨是吴村镇的农业特色产业，天桂梨种植基地面积4000多亩，一年一度的"天桂梨文化节"吸引着越来越多的游客来吴村生态旅游。马家柚、葡萄园等农业项目发展态势也十分喜人。吴村镇矿产资源丰富，其中黑滑石储量相当丰富。依托资源优势，吴村加大招商引资力度，推进重大项目落户。"心似梨花白，不畏染尘埃"，吴村人奋力拼搏，建设"乡风文明、村容整洁、生活富裕"的新吴村，2022年财政收入1.15亿元，增幅位列全区第六。

【招商引资和项目建设】 2022年，吴村镇引进工业项目3个，分别是泰珂新材料、烁煌新材料、威木堂家居，其中泰珂新材料项目总投资100亿元，是广丰区引进的首个百亿项目。全年引进数字经济项目5个，总部经济项目1个，其中中创联控总部经济项目预计实现年收入30亿元，年纳税有望超过3亿元。新增规上企业3家，位列全区第二；新增限上商贸企业2家，新增规上服务业1家。

2022年，争取和投入资金2.2亿元用于全镇基础设施项目建设，其中争取上级交通资金5000余万元，新建吴村—下溪、普塘—黄坞口、大岩—青茶岭、仙六线—下洋、仙六线—峡源等公路项目5个，预计2023年全部建成。争取上级水利项目资金2000多万元，用于重点水利设施项目建设，修缮排水沟5000米、打井20座、改塘31口，刘师坞水库除险加固工程顺利完成，群众的灌溉用水需求和防汛防洪安全进一步得到保障。2022年，吴村镇争取总投资6000万元的吴村中学新建项目立项，征地等前期工作将尽快启动。

【吴村镇助力黑滑石产业发展】 见"工业"类目、"黑滑石产业"分目。

【粮食安全与天桂梨特色产业发展】 2022年，吴村镇落实粮食安全责任，投入927万元建成高标准农田1649亩，完成油菜种植7889亩，防止耕地"非农化"和"非粮化"。把优化农业产业结构与农民增收相结合，在保障粮食生产安全的基础上，突出发展特色优势产业，全力做大做优天桂梨特色农产品。2022年全镇天桂梨种植面积5000亩，年产量350万斤，天桂梨单价从之前的每斤6元提升到每斤8元，产值突破2000万元；5天时间全部售罄，创造了新的历史纪录。

【巩固拓展脱贫攻坚成果同乡村振兴有效衔接】 2022年，吴村镇建立以"党委为主体、镇村实施、部门配合、帮扶单位齐参与"的防返贫动态监测帮扶工作体系，组织12支驻村工作队，由村两委、结对帮扶干部定期入户走访，掌握动态监测对象家庭生产生活变化，推动落实各项帮扶政策，确保工作不断档、责任不落空。全镇新增监测户4户17人。建档立卡符合"雨露计划"的学生57名，补助88500元。2022年吴村镇实施巩固脱贫攻坚成果基础设施项目19个，投入资金331万元，全部建成并投入使用。

【美丽集镇建设和人居环境整治】 2022年，吴村镇推行乡村建设1∶2筹资奖补机制，发动群众捐资1584万元，撬动项目建设资金5982万元，用于139个秀美乡村建设点建设。投入3000万元推进美丽集镇建设，其中文化广场、主街提升项目、农贸市场改造提升项目建成并投入使用，沿河路、垃圾中转站、府前路等正在推进，项目建成后将进一步完善镇区功能配套，全面提升镇区的综合承载能力。

2022年，吴村镇开展"五拆五清"百日攻坚行动，拆除主体破损危房311栋、附属建筑246栋，"五拆"总面积3.4万平方米；清理垃圾、沟塘、杂草272处，"五清"总面积5.6万平方米，"五拆五清"总量在全区位列前茅，在全市"五拆五清"县际交叉检查中，吴村镇获得全市第六名的成绩。投入400余万元对农村生活垃圾进行科学分类处理，建成12个沤肥场，增配垃圾转运车37辆、保洁员22人，垃圾分类工作全面铺开，吴村镇获评"2022年全省卫生乡镇"。推进镇区生活污水处理厂建设，完成污水管网建设4.6千米。持续推进萍塘矿、周家坞矿、大安矿、樟坞岭矿的矿山整治工作，推动4家矿山企业创建"绿色矿山"。完成油茶种植350亩，利用无人机完成松毛虫喷药2.5万亩，松线虫病疫木全部处置到位。切实抓好中央、省市区环保督察反馈问题的整改工作，对群众反映的环保问题持续跟踪，坚决改到位。

【基层社会治理】 2022年，吴村镇会同自然资源局、公安机关、交通部门开展联合执法，严厉打击黑滑石盗采等违法犯罪活动。以解决历史难题、重点事项为突破口，组织党员干部走访群众，倾听群众呼声，帮助群众解决难题，有效遏制赴省、赴京非正常上访现象发生。加大对滞留缅北人员的劝返力度，协调多方力量，成功从缅北解救1人，劝返6人，是全区劝返人数最多的乡镇。2022年，吴村镇推进开展安全生产宣传教育活动，加大安全生产检查力度，检查镇域内生产经营单位和企业33家次，组织专项检查10多次，下发整改通知书30多份，辖区内未发生重大安全生产事故。

【基层党建】 2022年，吴村镇要求各驻村第一书记及时到所挂驻村党支部开展专题党课。坚持对"一把手"和领导班子开展政治谈话，由镇纪委与镇村干部签订《廉政承诺书》，与班子成员、村居支书主任、站所负责人的家属等人签订《家庭助廉承诺书》。吴村镇全年培养入党积极分子36人，发展党员10人，为党员队伍注入新鲜血液。通过书记讲党课、"万名党员进党校"党员轮训等形式，全年培训党员589人，使广大党员干部对党的方针、政策的执行能力更加坚强，干事创业的信心更加坚定。

（供稿人：陈长波）

东阳乡

【概况】 东阳乡位于广丰区的东部，素有广丰东大门之称，东邻浙江省衢州市江山市，北接上饶市玉山县，行政区域面积85.7平方千米。东阳乡生态宜居、村庄秀丽，森林覆盖率92%，境内的龙溪河是钱塘江源头之一；人文厚积、民风淳厚，境内古建筑成群，拥有祝氏宗祠、文昌阁、江浙社、观音阁等4个国家重点文物保护单位。东阳乡拥有"中国传统村落""江西省生态乡镇""江西省非遗小镇"等亮丽名片。东阳乡石灰石储量1.6亿吨。至2022年年末，下辖12个行政村、92个自然村，总人口约2.7万人。东阳乡党委下设党支部15个，有党员712名。2022年东阳乡财税收入8000万元，固定资产投资9.9亿元，规模以上工业总产值12亿元，打造"现代精致农业的示范区、石灰石产业链的先行区、秀美乡村建设的引领区、赣浙边贸交流的重点区"，迈出高质量发展铿锵步伐。2022年，东阳乡获评"全省卫生乡镇"，在全区2022年度综合考核中，获得高质量发展考核综合奖乡镇综合奖三等奖。

【招商引资和项目建设】 2022年，东阳乡招商小分队先后前往广东、浙江、福建、上海、江苏、云南等地开展招商活动16次，对接企业49家，其中属于广丰区"三新两石"（新电子、新智造、新材料、石灰石与黑滑石）的26家，有投资意向的11家。全年引进亿元工业项目1个，5000万项目2个，数字经济项目5个，机械租赁项目2个，现代服务业项目6个，建筑业项目5个。

2022年，东阳乡施工农村道路建管养项目5个，完成"白改黑"23.6千米，危桥改造3座。其中后阳路口至仙霞线公路扩宽改造工程全长900米。秀美乡村建设群众筹资近217.7万元，撬动政府配套资金592.9万余元，围绕"七改三网"和"8+4"公共服务项目，加快15个秀美乡村点建设进度。总投资2300万元的新建后阳农贸市场、社后基础设施、管村基础设施，总投资260万元的龙溪农产品交易中心等多个项目按照序时进度推进。

【巩固拓展脱贫攻坚成果同乡村振兴有效衔接】 2022年，东阳乡召开巩固拓展脱贫攻坚成果同乡村振兴有效衔接领导小组联席会8次，开展防止返贫监测全员大排查2次，完成部门数据反馈排查583人次。组织全体帮扶单位、帮扶干部入户走访3次。2022年全年发放临时救助资金26万元，共计帮扶200余户困难群众；办理新增低保补助102户121人，办理新增特困补助34户34人，办理新增事实无人抚养孤儿8人；开展扶贫就业培训40余人，实现成功就业10人；为41户脱贫户、监测户办理小额信贷183.5万元。

【粮食安全与农业特色产业发展】 2022年，东阳乡在建高标准农田2556亩，粮食总产160多万斤。完成土地整治开发与验收工作，全年耕地补进37.95亩。特色农业持续壮大，蓝莓基地面积1200多亩，马家柚基地1000多亩，茶叶基地300多亩，猕猴桃基地400多亩，火龙果、覆盆子、白玉枇杷等种植业发展迅速，年吸纳农户就业500多人次，人均年增收3000多元。承办全区乡村振兴重点工作现场推进会。2022年，东阳乡推进农文旅融合发展，依托地处赣浙闽三省交界的区位优势，马家柚、蓝莓、猕猴桃、茶叶、覆盆子等特色农产品产业优势和千年古寺灵鹫寺、中国传统村落龙溪以及4处国家级文物保护单位的人文优势，培育了一批农业龙头企业，各类特色农产品种植面积6000亩，全年吸引省内外游客超6000人，产生商品交易金额超40万元。

【农村人居环境整治】 2022年，东阳乡深入开展"五拆五清"百日攻坚行动，全乡拆除危旧房82处6963平方米，拆除废弃房65处3366平方米、钢棚79处1510平方米、旱厕73处420平方米。同时，对全乡12个村的弱电进行集中整理。推进"厕所革命"，按照"精准摸排、科学实施、长效管护"思路，通过"改造一批、新建一批、接入一批"的举措统筹农村改厕和生活污水、黑臭水体治理。至2022年年底，实现对全乡所有户厕排查全覆盖，卫生厕所覆盖率达95%。进一步完善对各村人居环境整治考核方案，采用不定期"明察+暗访"考核方式，将考核结果与各村高质量发展考核、村干部绩效工资相挂钩，推动各行政村结合乡村建设改善堆肥厂环境。全年省内外和广丰区周边县区的乡镇20余批次1000余人参观学习，承办了14期总时间为一个半月的上饶市生活垃圾分类业务培训班，9月份作为中宣部推荐地区接受上海电视台的专题拍摄，东阳乡的垃圾分类模式在全市进一步推广。

【民生社会事业】 2022年，东阳乡参加城乡居民基本医疗保险15988人，参保率99%；办理农村低保业务121人，共计1100人，发放低保金528.6384万元；城市低保28人，发放低保金17.334万元。农村特困供养128人，发放特困供养金132.984万元；残疾人392人，发放两项补贴50.592万元；农村高龄老人714人，发放补贴58.872万元。对全乡房屋安全排查实现全覆盖，鉴定危旧房10户，完成困难群众危房实施改造8户。持续聚焦群众身边"微小事"，全年梳理出涉及道路、山塘、危险水库、地灾点等"急难愁盼"事项46个，发放地灾"两卡"（地质灾害防灾工作明白卡、地质灾害防灾避险明白卡）345份，争取上级资金200多万元给予统筹解决，如应急抢修占家坞北渠、舵阳上桥头水坝等工程，及时有效防旱抗旱。

常态化疫情防控：2022年，东阳乡开展43轮免费核酸检测服务，累计检测10万余人次，设置各类服务卡点20个。在202省道后阳路口设置的常态化免费核酸采样服务点运行以来，采样10万余人次，集中转运隔离人员1000人次。同时充分发挥网格化服务管理优势，摸排重点疫区返乡人员6100余人次，集中隔离人员257人次，居家隔离、监测919人次，着力构筑起广丰东大门的防疫屏障。

【基层社会治理】 2022年，东阳乡依托综治中心平台，坚持实行"三级网格"管理模式，健全矛盾纠纷排查化解工作机制，推动信访工作"重心下移、关口前移"，2022年全年排查化解矛盾纠纷74件，成功化解矛盾纠纷73件，化解成功率98.64%，做到"小事不出村，大事不出乡"。持续推进打击治理电信网络诈骗工作，发放宣传手册11000余份，安装国家反诈中心APP 7000余人次，营造全民反电信诈骗的良好氛围。

【控违拆违】 2022年，东阳乡严格执行"五到场、一公示"制度，报批农民建房121户，发放不动产证5904本；2022年开展联合执法16次，拆除钢棚6处200余平方米。发放拆除通知书88张，依法拆除"两违"建筑35宗，拆除面积约1093平方米；沿线整治乱堆乱放20余次。

【基层党建】 2022年，东阳乡在特色资源和资产上寻突破，不断发掘内在潜力和优势，积极探索村企共建模式，在产业发展上强根基，如龙溪村与上饶市方舟电子有限公司合作共建的龙舟电子提供就业岗位30个，人均年增收3万余元。2022年东阳乡村级集体经济收入259.05万元，12个村集体经济收入均在15万元以上，其中管村村集体经济收入58.6万元。2022年，东阳乡持续推进"党建+好商量"议事模式，以基层党建引领基层治理，推动两者实现同频共振，促进基层治理能力全面提升。制定印发《全乡干部作风整顿的工作方案》和《关于进一步加强政治谈话工作的实施方案》，大力整治"怕慢假庸散"作风顽疾。

（供稿人：余丰源）

泉波镇

【概况】 泉波镇位于广丰区中部偏东，东邻嵩峰，南接桐畈和沙田，西北连五都，东北毗毛村，十都港穿境而过。镇政府驻地七都，距城区17千米。行政区域面积57.5平方千米，其中耕地占14.6%，林地占55%，水域占3.9%，道路、村庄和其他占26.5%。主要农产品有山茶油、麒麟西瓜、芋头。至2022年年末，下设1个社区，7个行政村。全镇总户数8594户，人口34451人。泉波镇党委下设12个党支部，有党员714名。2022年泉波镇财政收入8755万元，镇村居民可支配收入19562元，增长7%，让人民有了更多、更直接、更实在的获得感、幸福感、安全感，奋力迈出建设"书香美丽泉波、千年进士小镇"的坚实步伐。

【招商引资和项目建设】 2022年，泉波镇聚焦"三新"主导产业，做好招商引资工作。强化"党建+新乡贤"模式，大力引导"广商"回归，资金回流，创业回乡。全年引进工业项目2家，新增规上工业企业1家、规上服务业1家、限上商贸业3家，全年实现规上企业总产值43亿元，出口创汇300万美元，如期完成高质量发展年度目标任务。做好招商项目落地协调工作，为企业提供全过程、全方位的"一条龙"服务，着力提高项目开工率、资金到位率和建成投产率。

2022年，泉波镇筹集资金334.1万元，争取上级配套资金950万元，按照"一带、两廊、三组团"的空间规划，推进19个乡村建设点实施。围绕美丽乡镇建设九大攻坚行动，优先建设"筑基础、促民生"项目，实施给水管网覆盖、地下雨污管网建设、罗城大街改造、社区活动中心、镇区环境综合整治、山头弄综合改造、弱电下地等8个项目，总投资规模2000余万元。

【农业特色产业发展】 2022年，泉波镇发挥产业优势，培育吟阳纱帽山芋头、鸿坛西瓜、王家坞油茶、梧桐坞药材和马家柚等"一村一品"农业产业品牌，培植壮大王家坞油茶种植合作社、梧桐坞药材种植合作社等特色农业专业合作社，形成现代农业产业链。全力打造以王家坞"牡丹园"、吟阳村"纱帽山"为主的综合旅游项目，深入挖掘进士文化内涵，促进乡村旅游，带动"农家乐"发展，打造旅游品牌。充分发挥出土地、林地、荒山和闲置集体资产等资源作用，通过租赁、流转等方式每年获得稳定收益。

【农村人居环境整治和生态环保】 2022年，泉波镇通过通道硬化、新铺沥青路面、路灯亮化提升、大街绿化提升以及微广场等实现镇村整体干净、整洁、美丽、通畅，电线乱拉、生活垃圾乱丢、车辆乱摆放等顽瘴痼疾得到改善。继续推进环境卫生保洁、"五拆五清"和"厕所革命"。全镇拆除危旧房及路边附属物221处，改厕249座，整改水沟1800多米，清理水沟1300多米。全面开启垃圾分类工作，投入80万元建立4座垃圾集中沤肥场，投放垃圾桶8000多套，大力推进生活垃圾"两分法"，进一步实现全镇生活垃圾减量。同时，将农村人居环境整治工作纳入网格化管理，专项开展乱搭乱建、家禽散养、污水沟等综合整治，镇区面貌焕然一新，人居环境整治工作在全市县际交叉检查中得到好评。大力保护生态环境，杜绝有污染的行业，严禁非法捕捞，坚决打击电鱼、毒鱼，野生动物非法交易等行为。完成污水处理厂雨污分流截污纳管工程建设，总长6.4千米，日处理污水80吨，确保河流断面水质合格达标，十都港水系长年保持岸绿水清。

【民生社会事业】 2022年，泉波镇中小学教学环境不断改善，教学质量持续提高；城乡居民医疗保险参保人数29604人，城乡居民养老保险实际缴费人数5900多人，60周岁以上领取人数4600多人。推进卫生保健优质服务，促进人口均衡发展。始终坚持人民至上、生命至上，科学精准做好常态化疫情防控工作，坚决守护人民群众生命安全和身体健康。

【基层社会治理】 2022年，泉波镇全面加强"九小"场所消防安全、建筑施工、道路交通、防灾减灾等重点领域安全监管，全年未发生较大以上安全生产事故，抓好社会治安维稳。深入推进禁毒、反邪教工作，全面开展"我为群众办实事"实践活动，深入排查化解矛盾纠纷，积极回应群众诉求，解决群众"急难愁盼"，接收各村居上报矛盾纠纷调处事件384件，集中化解384件，做到矛盾纠纷化解率100%。推进常态化扫黑除恶，社会大局持续和谐稳定，扎实做好反电信诈骗工作，在全区2022年度综合考核中，泉波镇获得高质量发展考核单项奖防范电信诈骗工作第一名。

【基层党建】 2022年，泉波镇深入全镇各微网格开展学习宣传贯彻党的二十大精神微网格宣讲、脱贫户宣讲等活动30余次，推动党的二十大精神走入千家万户。2022年，泉波镇完成2022年软弱涣散村王家坞村党组织的整顿提升各项工作。探索建立劳务雇佣和工程机械租赁创造集体经济收入。至年底，吟阳村已为有关建设项目招聘人员130多人次，挖掘机租赁已有上百个台班，年内相关毛收益预计10万元以上。构建党员带头常态化机制，组织成立"泉心泉意"党员志愿服务队，经常亮身份、作示范开展志愿服务活动；积极开展党员精准联户工作，全镇共110名党员对接联户264户，定期深入群众家中，帮助解决生产生活中的困难问题。基层党建信息化平台的11项指标录入使用情况达100%，在全区均领先。

2022年，泉波镇纵深推进党风廉政建设和反腐败斗争，全年全镇办结案件3件，党内严重警告处分2人，党内警告处分1人，诫勉谈话7人次，约谈提醒18人次。为被不实举报的1名村支书进行澄清正名。开展专项监督检查60多次，对镇派出所、各窗口工作人员日常在岗情况抽查36次，发现问题16个并进行整改。推动解决在本镇内的信访22件，化解群众矛盾纠纷32起，受理便民服务监督台电话投诉16次，化解矛盾6起，解决办事难10次，做到小事不出村、大事不出镇，把问题遏制在源头。

【开展"比六格拼十绩"创先争优活动】 2022年，泉波镇建立以人民为中心、网格为单元的工作考核体系，深入开展"比六格拼十绩"创先争优活动。从"抓网格设置强管理、抓队伍建设优作风、抓工作规范严对标、抓责任压实促落实、抓考核比拼重问效"五个方面入手，科学准确、客观公正考核各项中心和重点工作完成情况。

全镇8个村居共分为54个网格。通过对招商引资和营商环境（含工业和开放型经济、数字经济）（发展类），农业生产和乡村振兴（含巩固脱贫攻坚成果）（发展类），美丽集镇和乡村建设（环境类），农村人居环境整治和垃圾分类（含创文），社会治理和平安建设（含安全生产、信访维稳、应急管理、森林防火、防汛抗旱、防溺水、地灾防治、反电诈等）（治理类），民生福祉改善及殡葬改革（含退役军人服务保障）（服务类），基层党建"三化"、统战、党管武装和村级集体经济（党建类），党风廉政建设（廉洁类），疫情防控（服务类），控违拆违和土地管理（治理类）十大领域工作绩效考核，即"拼十绩"，设置初心格（党建类）、同心格（发展类）、美心格（环境类）、暖心格（服务类）、安心格（治理类）、清心格（廉洁类）等"六格"进行评比。

将全镇经济社会发展各领域中心工作和重点工作

纳入网格化管理推进，实现"所有工作到网格"。压实责任到人，以干部包保网格为基础，由镇干部包村包片包网格、村干部包片包组包网格，实现"所有干部入网格"，全镇网格化管理全域全员全覆盖。包保网格的镇村干部，要对所包保网格的各项中心工作和重点工作负责。以网格为单元，对各项工作落实成效开展明察暗访比拼考核。对明察暗访考核结果优秀和倒数的，分别对包保干部予以奖和罚，促进全镇上下形成"比学赶超、创先争优"的工作新局面。

（供稿人：杨国庆）

毛村镇

【概况】 毛村镇位于广丰区东部，东北接东阳，东南靠嵩峰，西连五都，西南邻泉波，镇政府驻地八都居，距广丰城区25千米。行政区域面积39.4平方千米，其中耕地占16.7%，林地占50.8%，水域占5.8%，道路、村庄和其他占26.7%，镇区规划面积2.5平方千米。毛村历为烟叶主要产地，乌岩山的黄烟曾全县闻名。至2022年年末，下辖1个社区、6个行政村，90个村民小组。总人口26433人，镇区常住人口12157人。毛村镇党委下设党支部11个，有党员536名。2022年毛村镇财政收入6909万元。获评江西省基层政务公开标准化"十县百乡"建设单位、江西省文明乡镇、全省城乡环境综合整治先进单位、上饶市秀美乡村建设示范点、上饶市关心下一代先进集体等。在全区2022年度综合考核中，毛村镇获得高质量发展考核综合奖乡镇综合奖三等奖，高质量发展考核单项奖农村人居环境整治第一名。

【招商引资和项目建设】 2022年，毛村镇引进亿元以上工业项目3个、数字经济项目7个；新增规上工业企业2家、规上服务业企业2家、限上贸易企业2家，工业主营业务收入和数字产业主营收入位列全区第一方阵；持续做好项目跟踪服务，深入企业帮助解决厂房、用工、用电等问题。

2022年，毛村镇向上争取2000余万元开展美丽集镇建设提升行动，建设雨污分流、强弱电下地、一河两岸提升改造、路网贯通等惠民生、暖民心的项目，切实改善集镇面貌、完善集镇功能。发动群众捐资1132万元，较2021年增长了五倍，整合各类资金4268.7万元，谋划实施新农村建设项目81个，打造杨坞郑家际、毛村桥东、山岩白水凹等多个秀美乡村样板点。稳步推进投资625万元的农村公路建管养项目杨坞至白水坳路口改造工程、投资1147万元的小岭至沙墩新建工程，另积极争取第二批公路建管养项目3个1020万元建设澄村至百花、柳蓬至恩山、山根危桥项目，补足基础设施短板。

【巩固拓展脱贫攻坚成果同乡村振兴有效衔接】 2022年，毛村镇通过集中和每月走访排查，新增监测户18户66人，消除风险1户3人。为54名贫困学子申请"雨露计划"补贴，对产业收益进行差异化分配奖补金额36.3万元。2022年安排项目资金627万元，邀请监理公司全程参与并按时拨付资金，确保项目施工进度和质量。2022年村集体经济收入260多万元，全镇7个村（居）均在15万元以上，其中八都居达99万元。在原有村级产业基础上，山岩村新增45亩莲子种植，后溪村新增铁蹄黄牛保种场建设50亩，杨坞村郑家际新增山桐子基地约800亩。全镇改造高标准农田3400亩，不断推动农业产业持续健康发展和农民增收，加快乡村振兴产业兴旺。认真开展粮食播种工作，完成早稻512亩、中稻10970亩、旱粮10745亩，大豆1324亩。培育种粮大户6户，兴建现代化的育秧中心1个。有序推进水利工程，整合240万元完成对八都吴家水坝、茶籽山塘、百花三目王水库等水利设施的除险加固，保障农田灌溉。

【农村人居环境整治】 2022年，毛村镇发动群众主动参与"五拆五清"百日攻坚行动，拆除危旧房、空心房、旱厕等123处合计2万余平方米，全面清除各类垃圾，共建美丽家园。新建沤肥场6个，推动垃圾分类减量化处理。启动泉水坞宅改，拆除11户3000余平方米，拆除后统一规划，实现环境优美、整洁有序、和谐宜居。

【民生社会事业】 2022年，毛村镇认真做好城乡居民养老保险和医保工作，帮助村民申领电子社保卡4000余人，电子医保缴费率95%。扎实开展武装工作，2022年为部队输送兵员××人，其中优秀大学毕业生×人，圆满完成年度征兵任务，涌现了登上《新闻联播》的范红战排长、荣立二等功的胡贞杰等现役军人代表。营造敬老孝老新风尚，全镇建成并运营5个康养之家。争取37万元完成对八都老戏台的修缮，保护文化传承。大力倡导移风易俗，清明期间迁坟138座进入公墓。

常态化疫情防控：毛村镇认真落实"外防输入、内防反弹"的工作要求，排查中高风险地区返毛人员4000余人，其中密接、次密接1400人，做到及时跟踪、及时管控。加强对超市、农贸市场等重点场所的常态化监管。配合做好湖丰高速路口疫情防控卡点值守。组织常住人口9800余人开展十多轮核酸检测工作，接种新冠疫苗7900人次，接种率91%，列全区第一方阵，筑牢保障群众生命健康安全的坚实屏障。

【基层社会治理】 2022年，毛村镇开展森林防火、消防、食品药品、交通、防汛、农业生产等领域安全风险隐患排查110余次，化解安全隐患78个，辖区未发生重大安全事故。组织民兵应急排出动58人次参与嵩峰山火扑救，127人次参与6月份壶峤、湖丰灾后救援工作。开展禁毒、反电诈、扫黑除恶各类宣传活动10余次，发放宣传资料6500份，让群众有更强获得感、更多安全感、更高满意度。坚持多措并举做好信访维稳工作，推动建立党政班子成员公开接访和信访包案制度，组建由驻村领导负责的7支接访队伍，排查矛盾纠纷22起，调处化解20起，化解率95%；办理信访件11件、政务热线45件，做好"送上门"的群众工作，无进京赴省市非访，信访工作排在全区第一方阵，全镇没有发生一起重大群体性事件和重大信访事项。

【基层党建】 2022年，毛村镇新增3名年轻村干部充实干部队伍，投资约220万元启动杨坞村、山岩村、后溪村3个村的村级活动场所建设，增强村级组织战斗力。严把党员入口关，2022年新发展党员10名，党员转正11名，有13名老党员领取"光荣在党50年"勋章。落实党内激励关怀制度，先后多次走访慰问老党员、困难党员26人，发放慰问金1.68万元。开展村企共建，调动企业捐资3万元为142位病困群众购买"广福保""卫惠保"。共建企业解决残疾人就业10人。认真开展党员精准联户工作，全镇85名党员精准联系264户，为群众送去党的关怀与温暖。发挥党员致富带头作用，动员多名党员积极参与本土产业发展。继续开展"我为群众办实事"活动，为群众解决烦心事84件。

（供稿人：杨佳棋）

嵩峰乡

【概况】 嵩峰乡地处上饶市广丰区东部边缘，属闽浙赣三省交界处，东接浙江省江山市保安乡、峡口镇、廿八都镇，南靠福建省浦城县盘亭乡、本区桐畈镇，西连泉波镇，北邻毛村镇、东阳乡，乡政府驻地距县城26千米。辖6个行政村、86个自然村，总人口27203人，有基层党支部10个，党员644人。全域面积87.5平方千米，其中林地面积11.65万亩、耕地面积1.1万亩，境内盛产茶叶、芋头、毛竹、木材、土纸和山茶油，是广丰区主要林区之一。嵩峰旅游资源非常丰富，有风景秀丽的六石岩、古色古香的十都村、佛教文化胜地嵩峰山、休闲浪漫的云心谷。

2022年，嵩峰乡全年完成税收0.51亿元。完成固定资产投资2.74亿元，增速37.2%；企业技改完成3142万元，增速143.6%；规模以上工业营业收入2.03亿元，增速30.8%。新引进亿元以上工业企业1家，5000万元以上工业企业2家，数字经济企业3家；完成企业普通上云4家，深度上云2家。2022年嵩峰乡荣获"上饶市平安杯"称号，在全区高质量发展考评中，乡村建设工作、反电诈工作、农村人居环境整治工作获全区第二名。

【招商引资与项目建设】 2022年，嵩峰乡赴江浙沪招商14次，跟踪有效招商线索18条，签约工业企业有4家，其中江西永佐智能机械有限公司，总投资约1亿元，年纳税额500万元以上；上饶市卓成户外用品有限公司，总投资约5000万元，年纳税额150万元以上；江西械将军科技有限公司，总投资约5000万元，预计年产值可达1亿元以上；农业企业上饶市鲤跃农业发展有限公司，总投资约5000万元，年产值2亿元。

2022年，嵩峰乡投资5040万元建设十一都至开树岭头段公路，打通出省通道，嵩峰旅游景点与江山市戴笠故居、江郎山、廿八都古镇等景点形成"半小时旅游圈"。

【巩固拓展脱贫攻坚成果同乡村振兴有效衔接】 持续做好巩固拓展脱贫攻坚成果同乡村振兴有效衔接各项工作，每月定期开展防返贫预警监测排查，确保排查准确及时，各类监测户应纳尽纳，2022年新增监测户10户28人，消除风险6户8人；开展防返贫监测全员大排查2次，所有排查问题整改完成。主动认领2021年度国家成效考核评估反馈问题43个，制定整改措施90条，所涉及问题全部按时整改到位。2022年全乡使用衔接资金安排项目15个，总金额946万元，全部用于产业链提升、村庄整治及基础设施提升，15个项目全部完工，绩效目标完成率100%。

【粮食安全】 2022年，嵩峰乡完成12000余亩耕地地力保护补贴申报工作；做好政策性农业保险工作，完成水稻12800余亩的投保，惠及农户2000余户；完成里洋、银丰等村共1200余亩高标准农田建设，改善农田基础设施，提高农业机械化水平和综合生产能力，增强抵御自然灾害风险能力；实现粮食稳定增收，全年全乡播种粮食面积约1.2万亩，粮食产量6万余吨。

【美丽集镇与秀美乡村建设】 2022年，投资约3000万元的美丽集镇建设全面启动，优化集镇布局，补齐功能短板，改善基础设施，集镇面貌焕然一新。投资2000余万元改造集镇范围内的背街小巷、主次干道，新增机动车停车位80余个，非机动车停车位150余个，新装路灯400余盏，设置创文公益广告30多处。

2022年，嵩峰乡筹资715万元，整合项目资金2680万元，打造完成30个秀美乡村建设点。

【农文旅产业发展】 2022年，嵩峰乡坚持旅游强乡发展战略不动摇，以文塑旅、以旅彰文，规划总投资5亿元的文旅小镇项目，融合辖区内十都大屋、六石岩、嵩峰山、云心谷等自然和人文景观。建设嵩峰乡至开树岭头段公路，与江山市旅游景点形成"半小时旅游圈"。

1月9日，举办第五届芋宴民俗美食节活动，现场节目精彩纷呈，芋宴色香味俱全，吸引广丰区内外上千名游客前来品美味、赏美景。

【社会保障】 2022年，嵩峰乡参加城乡居民基本医疗保险17046人，参保率同比增长2.52%；城乡居民养老保险征缴6207人，参保率同比增长3.5%。开展社会救助，办理农村低保业务100人次，"五保"业务7人次，发放低保、五保金700余万元，发放其他生活救助金50余万元。落实优抚政策，对全乡95名各类优抚对象发放生活补助189万余元。争取危房建设资金14.7万元，完成危房改造8户。

【农村人居环境整治】 2022年，嵩峰乡以创建全国文明城市为契机，鼓励广大村民参与人居环境综合整治和"五拆五清"工作。全年共拆除围墙1500余米，铁皮棚12个320平方米，旱厕153个，危旧房（鉴定D级）21000余平方米，清运陈年垃圾及建筑垃圾约2万余吨，改厕275个。全面清理房前屋后、道路、河渠等周边废弃物、堆放物及陈年垃圾，消除垃圾围村、围路、围河等现象，农村环境卫生状况得到有效改变，该项工作在2022年度广丰区高质量发展考评中获得第二名。

【基层社会治理】 2022年，嵩峰乡制定《嵩峰乡积极推进矛盾纠纷排查调处及最后"一公里"跟踪问效制度》，党政班子主动约访下访及建立党员代办制度，全年累计接访、下访220余人次，化解信访积案6件，协调解决一般性诉求和矛盾纠纷100余件，信访总量下降明显。发挥基层网格员、党员干部、村民小组长等力量，将社会治理网络的"末梢"触及每家每户，把矛盾化解在萌芽状态。全体乡村干部通过网格化分区入户，开展"敲门行动"，提高"国家反诈中心"APP安装率、使用率和普及率，提高村民的防诈骗意识，降低电信诈骗案发率。嵩峰乡是全市三个"上饶市平安杯"乡镇之一；在2022年度广丰区高质量发展考评中，反电诈工作获全区第二名。

【村级集体经济】 2022年，嵩峰乡多措并举、因村施策发展村集体经济，通过择位竞价、资产出租、光伏发电等方式，增加各村集体经济收入。下辖6个行政村村集体经济年收入共231.12万元，各村集体经济收入均10万元以上，其中十都村集体经济收入103.73万元，突破100万元大关。

（供稿人：彭凌浩）

桐畈镇

【概况】 桐畈镇位于赣、浙、闽三省交界处，东连嵩峰乡，南靠岭底和福建省浦城县盘亭乡，西邻沙田镇，北接泉波镇，二上线贯穿全境，是广丰东南大门，也是三省边贸重镇，距广丰城区20千米。2022年，辖桐畈、溪山2个居委会，深坑、后垄、高厅、王家、大洲、二渡关、下社、毛溪、蒋坞、鲍坞10个行政村，1个龙华山省级森林公园。总户数12228户，总人口51005人，党员1071名。全域总面积74.7平方千米，耕地面积962公顷。

2022年，桐畈镇经济运行稳中向好，经济基础不断夯实，全年财政收入2.01亿元，同比增长53.4%。在2022年广丰区综合考核中，获得乡镇类综合奖三等奖，粮食安全工作第一名、应急管理工作第一名，信访工作第二名，乡村振兴工作第三名的成绩。

【招商引资与项目建设】 2022年，桐畈镇落实"走出去、引进来""广商回归"战略，聚焦重点领域、优势产业，在项目提质、提量、提速上实现突破，全年共引进项目8个，其中工业项目4个（含电子信息项目1个），数字经济项目4个。2022年桐畈镇商会被评为上饶市"四好"商会。

以"党建+"服务上浦高速建设，建立一支由镇、村、组三级组成的党员队伍，实施党员干部帮包制度、坐班服务制度。至2022年年底，上浦高速在桐畈辖区内的征地和迁坟工作基本完成，签订拆迁协议40份，腾空拆除房屋37栋，协调解决各类矛盾纠纷16起。

【巩固拓展脱贫攻坚成果同乡村振兴有效衔接】 2022年，桐畈镇有667户脱贫户、监测户，其中新识别纳入监测户8户37人，消除风险5户9人。建立主要领导统筹全局，班子成员按片落实、党员干部包户负责的责任机制。完成巩固脱贫攻坚成果项目9个共344.8万元，涉及深坑、王家、毛溪、蒋坞、下社5个村居。667户脱贫户和监测户实现年度分红53.8万元。落实公益性岗位100个，帮助困难人员实现就地脱贫。蒋坞村、高厅村2022年收益各8万元，主要用于增设公益性岗位6个和村级公益性事业，解决脱贫户就业。当年，桐畈镇代表广丰区接受省级检查两次。

【粮食安全】 2022年,桐畈镇严守耕地红线,制止耕地"非粮化""非农化",全年水稻种植面积14000亩,油菜种植面积6370亩,为历年新高。推广应用农业新技术,水稻机械化育秧中心、全程机械化综合农事服务中心投入使用。"合作社+农业"模式成效显著,2022年金磊农业专业合作社被评为省级龙头企业。粮食安全工作在2022年广丰区综合考核中获得全区第一名。

【美丽集镇和秀美乡村建设】 2022年,桐畈镇投资3300万元改造镇农贸市场、道路新建、市政管网建设、水系整治,新增机动车位200余个,非机动车集中停放点50余处,自然村通硬化路和联网路12条5.2千米,实现建制村和较大自然村组通硬化路。

发动乡贤、热心企业、商会捐资,2022年秀美乡村建设捐款总额达987万元,撬动上级财政配套,奖补资金2700万元,77个秀美乡村建设点全部完工。

【农村人居环境整治】 2022年,桐畈镇落实农村人居环境整治提升行动,完成整改1800余处。探索推进"三支队伍"市场化改革,完善宣传引导、综合治理、长效管护"三位一体"运作模式。动员镇党员干部、群众志愿者、公益性岗位人员,全方位整治镇区环境,拆除主体建筑354栋,附属建筑511处,拆除建筑面积3万多平方米;完成厕改500余户,打造井然有序的桐畈镇村新形象。

【社会保障】 2022年,桐畈镇新增农村低保58户68人,发放低保金79.67万元,特困人员资金13.2万元,残疾人生活补贴3.9万元,残疾人护理补贴2.9万元;居民医疗保险、养老保险实现应保尽保,参保率达到100%。围绕"医、教、水、住、行"等群众关心关注的问题,补齐短板。

【社会治理和疫情防控】 2022年,桐畈镇开展网格化服务管理,全镇配备网格员92名,网格专干12名,网格管理员8名,开展"党员入网入格进户",提升基层社会治理精准度。组建由网格员、党员、青年团员组成的综治队伍,全镇66名综治队员配合派出所开展夜间治安巡逻,形成"警务前移、警民联合、快速反应"的治安防控体系,创建"平安和谐新桐畈"。

2022年,桐畈镇疫情防控指挥体系常态长效化运作,高效开展全员核酸检测46轮,设置常态化核酸采样点14个,累计筛查89万人次,在广丰区率先实现社会面动态清零。200余名机关干部到村居一线,全力做好返乡人员摸排、卡口值守、全员核酸检测等工作,未发生一起交叉感染、风险外溢事件。针对60岁以上的老年人未完成全程接种或已完成全程接种后满3个月未接种加强针的,组织到桐畈镇卫生院接种门诊完成剩余针次的疫苗接种,做到"不漏一户、不漏一人",保护老年人的生命安全和身体健康。

【村级集体经济】 2022年,桐畈镇推进"一村一品"产业发展模式。毛溪、深坑、蒋坞探索"党建+农业产业化"的模式;王家、桐畈居、高厅、二渡关、后垄推动"党建+重点项目建设"工作;下社利用闲置村集体资源,通过租赁的方式,稳定增加村级集体经济收入;有矿产资源的大洲村、二渡关村做好相关企业的服务工作,利用村集体山场等资源投资入股形式获取投资回报。桐畈镇全年村集体经济收入404.8万元,实现全部村居集体经济收入15万元以上,王家、高厅、蒋坞三个村居50万元以上。

【基层党建】 2022年,桐畈镇开展软弱涣散村党组织整顿,调整选派驻村领导2名,建立《整改台账》,实行分级负责、"销账"管理。实施党员精准联户,全镇207党员结对帮扶627名困难群众,累计解决"急难愁盼"问题115件。加强党员教育、管理,20名预备党员按期转正,吸收预备党员15人,其中35周岁以下11人,培养入党积极分子35名。推行村企共建,4个村与企业结对帮扶,企业捐资12万元,村里帮助企业解决招工、土地流转等问题。

(供稿人:黄梦真)

沙田镇

【概况】 沙田镇位于广丰区中部偏南,东邻桐畈镇,南靠铜钹山镇,西连横山镇,北接五都镇和泉波镇,距县城15千米。2022年,辖碧石、沙田、港口、十六都、沙溪、坞垄、溪淤、溪头8个村(居),总人口3.68万人,党员751名。全域面积47.42平方千米,其中镇区面积0.22平方千米,耕地面积12.3平方千米、林地面积25.45平方千米,森林覆盖率53.66%。

2022年,沙田镇财政收入约2806万元,同比增长约6%;完成农业总产值3.23亿元,同比增长3.1%;工业总产值19.03亿元,同比增长8.3%;新增规上工业企业1家、限上贸易企业2家、服务业企业1家。农民人均纯收入过18513元,增长5.2%。

2022年,沙田镇沙溪村旅游点被评为江西省3A级乡村旅游点,依托大湖线乡村振兴带规划建设,发挥毗邻铜钹山旅游景区的地理区位优势,打造集养生、休闲、文化、农家乐、旅游为一体的沙田特色"旅游圈"。

【招商引资和项目建设】 2022年,沙田镇引进红旗集团变压器质生产亿元项目1个,引进上海芙米智能家居生产等5千万项目2个，其中芙米智能家居生产项目已投产。江西可佩智能科技有限公司2022年10月正式投产，12月完成产值2300余万元。全年技改项目5个，立景创新和齐力实业成功申报高新企业。

2022年，沙田镇集贸市场建设项目的立项、征迁基本完成，占地面积13.85亩，预计投资1800万元，建成后将解决多年来存在的以街代市、脏乱差局面。

【脱贫攻坚成果同乡村振兴有效衔接】 2022年，沙田镇统筹实施最低生活保障、特困人员供养、受灾人员救助等救助制度，享受低保的脱贫户557人，全年为脱贫户发放低保金约288万多元。推行产业帮扶，全镇脱贫户408户、1474人产业帮扶全覆盖。2022年投资373万元衔接资金，实施项目9个，其中基础设施类项目7个、投资223万元，产业类项目2个、投资150万元。

【粮食安全和农业特色产业发展】 2022年，沙田镇种植早稻714亩、中稻10058.84亩、晚稻516.56亩。打造"一村一品"，推广马家柚、火龙果、大棚蔬菜、山药、杨梅、茶叶等一批农业品牌，增加农业基础投入，延长产业链，促进农民增收。推动产业融合，鼓励支持十六都村杨梅基地、火龙果基地等农业产业发展成为具有生态涵养功能、休闲观光功能、文化体验功能的综合产业，提升农业产业的附加值。

【秀美乡村建设】 2022年，沙田镇坚持整改巩固、改造提升并举，以厕所革命、村庄道路、公共照明等"七改三网"农村公共基础设施建设为重点，筹资社会捐款480万元，撬动财政配套、融资1320万元，对29个乡村建设点进行建设，对原先的道路进行提档升级，打通断头路23条，推进农村道路"户户通"16千米的循环线路，显著提升农村群众交通条件及居住环境，在2022年度全区高质量发展考核中荣获农村公路第一名。

【农村人居环境整治与控违拆违】 2022年，沙田镇在"五拆五清"暨农村人居环境整治行动和"创文"中，优先安排雨污分流、卫生整治等民生工程，全年新建雨污管网6000米，改造店招门楣2260平方米，管线整治85000米，规范出店经营216家，清运垃圾1800吨，新建小型停车场8处190个车位。全面推行农村居民建房"三统两限一集中""一户一宅""五到场、一公示"等规定，坚持控违拆违日常巡逻机制，对农民建房进行全程把关，全年拆除违章建筑39处2600平方米。

【基层党建】 2022年，沙田镇建立"三化"建设联系点制度，项目化推进党组织生活规范化建设，港口村获得全市基层党建"三化精品示范点"称号。村级集体经济，实行"一月一调度""一村一策"，推进集贸市场等村级集体经济项目，全镇8个村居集体经济经营性收入均破20万元。严格把好党员发展关口，2022年发展党员9名；掌握人才信息，落实专人动态管理，新采集录入人才5名。党员"精准联户"，安排76名党员精准对接175户困难群众，解决群众"急难愁盼"问题400余件。抓好"党建+"融合，在"党建+重点项目"，党员带头，征地200余亩，迁坟92座，拆除房屋14栋，支持上浦高速、美丽集镇等重点项目建设。"党建+协会+新乡贤"，发挥"协会"的技术优势、新乡贤的家乡情怀，2022年筹资480万元，对29个村庄进行整治提升。"党建+好商量"，2022年召开协商议事会议27次，参与群众400余人，助推解决民生实事或问题26个。

【"党建+农村互助养老服务"被列入省级示范点】 2022年，沙田镇针对空巢留守老人养老服务滞后的突出问题，以"党建+农村康养之家"为抓手，继续加大镇、村两级老年大学扶持力度，打造居家养老服务中心，为农村老人提供日间用餐和精神慰藉等服务，各村（社区）完成"党建+康养之家"建设。其中碧石村"康养之家"在提供"四助五有"功能的基础上结合老年大学示范点建设，让老人们实现老有所学、老有所乐、老有所养，被列入2022年"党建+农村互助养老服务"省级示范点。

（供稿人：韩祥炜、方仁光）

横山镇

【概况】 横山镇地处广丰东南，距城区17千米。2022年，辖1个社区、10个行政村，户籍户数13069户，总人口4.97万人，人口增长率0.16%；镇党委下设15个党支部，党员896名。全域面积66.97平方千米，耕地面积1169.3公顷，林地面积4540公顷，水域面积18.07公顷，道路村庄和其他969.63公顷，森林覆盖率66.06%。2022年粮食总产量1.98万吨，其中马铃薯产量0.88万吨、甘薯产量0.44万吨。

2022年，横山镇坚持稳中求进的工作总基调，统筹推进经济社会高质量发展，较好地完成全年目标任务，财政收入0.92亿元。

【招商引资和项目建设】 2022年，横山镇全年共签约落户工业企业6个，海晟电子科技、伊利达轴承、塑美电子科技、茂源科技、高达科技和鱼菜共生6个项目全部投产。

区重点项目建设，大湖线拓宽改造、乡村振兴示范带、上浦高速、七星饮用水管网铺设等的土地征用、房屋拆迁以及迁坟工作完成，2022年累计征用土地683.57亩，房屋拆迁41户5230平方米，迁坟450座。

【巩固拓展脱贫攻坚成果同乡村振兴有效衔接】 2022年，横山镇严格落实"四个不摘"要求，深入实施"五大提升行动"，识别纳入边缘易致贫户、突发困难户、脱贫不稳定户"三类人员"，对12户家庭采取动态监测，确保不发生规模性返贫。建立就业务工台账，脱贫户劳动力就业务工信息准确。横山镇通过扶持产业基地，带动群众增收，2022年安排衔接资金389万元，实施项目10个，全部完工，为460户脱贫户发放产业收益分配奖补金额431040元。

【农业特色产业发展】 2022年，横山镇坚持土地集约化经营，加大力度调整农业产业结构，基本形成以马家柚、高山有机茶、油茶、大棚西瓜、葡萄为主的农业主导产业。休闲农业有新变化，做热一批乡村旅游项目，上孚梅溪生态农业园改造升级，新增水上活动、荷塘观赏等内容。在铭利种养、腾达农业开发等农业龙头企业的带动辐射下，农业产业发展迅速。

【美丽集镇和秀美乡村建设】 2022年，横山镇美丽集镇建设项目立项招标13个，污水管道铺设、沥青路面铺设、强电下地、弱电下地、横山中学教学楼外立面及市场周边绿化带改造、学生游步道建设、廿三都农贸市场及绿化带改造、镇区沿街面外立面改造、糖糕街外立面改造、东山桥建设、东山一河两岸道路建设等11个项目的主体工程建设基本完成，镇政府大门、卫生院大门、派出所大门、交警中队大门等升级改造完成，提升镇区功能品质，美化镇区环境面貌。

2022年，横山镇争取扶贫、新农村、水利、交通等项目资金1315.5万元，用于雨污分流、道路硬化、生活配套设施建设等，横山镇81个秀美乡村建设点基本完成建设，打造上孚椰树底、龙潭杨梅丘、上铺刘家等精品乡村建设点。打通或提升改造50余条群众急难愁盼的农村通村道路，建设10多个停车场、休闲广场、老年活动中心，安装1000余盏太阳能路灯，其中上铺村安装500余盏，实现整村全覆盖。

【农村人居环境整治】 2022年，横山镇对全镇11个村（社区）开展生态环境集中整治，拆除各类违建、危旧、空心、废弃建筑86406平方，拆除旱厕198处。持续推动厕所革命，完成改厕291个，发放改厕补助资金267000元。

【民生社会事业】 2022年秋，横山镇新中心小学建成并完成整体搬迁；横山中学寄宿制大楼主体建成，正在按计划实施推进中。

2022年，敬老院适老化改造完成，公益性墓地完成改造提升建设，廿三都村、东山村、廿四都居、余村康养之家改造完成。

2022年，横山镇新增低保60人，全年累计发放城乡低保资金834万元，发放特困人员补助资金121万元。

【村级集体经济发展】 2022年，横山镇村级集体经济总收入达到571.9万元，其中廿四都社区、廿三都村均突破百万，另有4个村的集体经济收入超过50万元，全部村（居）集体经济收入均在15万元以上。

【基层社会治理】 2022年，横山镇以"网格化管理、组团式服务"为主线，镇村二级服务管理平台为依据，组建警民巡防队伍定期开展夜间巡逻，群众安全感和满意度较上年有大幅上升。镇内未出现一起重大安全事故。对非法宗教场所和活动进行清理整顿，整顿工作平稳有序，2022年横山镇廿三都万寿宫荣获江西省"五好宗教活动场所"称号。全年解决矛盾纠纷300余起，解决信访问题50余个，签订停访息诉协议15个，全年无一起重大的信访稳控、群体性事件和重大安全隐患引发的不稳定事件发生，2022年横山镇在广丰区高质量发展考评中获得信访工作单项考核第三名。

【基层党建】 2022年，横山镇打造"党建+乡村振兴""党建+养老服务""党建+好商量""党员精准联户"等品牌，全面强化党建引领，全镇141个党员联系414户群众，累计解决群众"急难愁盼"问题655个，横山镇被广丰区政协评为"2022年度反映社情民意信息先进单位"。

【"鱼菜共生"项目建设】 2022年，横山镇探索"集体经济组织+公司+农户产业"的发展模式，集中流转大湖线旁连片的土地，与上饶市鲤跃农业发展有限公司合作，规模发展鱼菜共生新型生态农业。该项目总投资1.5亿元，将水产养殖与蔬菜种植这两种原本完全不同的农耕技术，通过生态设计达到科学的协同共生，实现养鱼不换水而无水质忧患、种菜不施肥而正常成长的生态共生效应。至2022年年底，鱼菜共生项目一期流转土地198亩，建设现代化大棚110亩。

（供稿人：黄露瑶）

少阳乡

【概况】 少阳乡地处广丰区中西部，东接横山镇，南邻枧底镇和广信区花厅镇，西连洋口镇，北毗霞峰镇、大石街道。2022年，辖少阳、泉岭、双塘、新塘、黄家山、养塘、交溪7个行政村，98个自然村，107个村民小组，总户数7433户，人数30053人。全域面积

23.6平方千米，主要农产品有千斤薯、马家柚、油茶、中药材等。

2022年，少阳乡实现财政收入1.33亿元，实现生产总产值4.8亿元，完成工业固定资产投资1.8亿元，同比增长12.5%，城乡居民可支配收入19651元，增长10%。

【招商引资】 2022年，少阳乡招引5000万以上工业项目1个——江西省越泓电子有限公司；1亿元以上工业项目1个——江西摩客智能家居制造有限公司；签约数字经济企业3家，分别是江西联球影视文化传媒有限公司、江西宏瀚科技发展有限公司和上饶市广丰区慕蔻工艺礼品有限公司；签约一家限上商贸企业——江西硕海再生资源回收有限公司，完成规上入统；签约商贸和机械租赁公司6家，完成企业普通上云6家，深度上云2家。

【巩固拓展脱贫攻坚成果同乡村振兴有效衔接】 2022年，少阳乡对全乡户籍人口生活情况进行排查，建立防返贫监测台账，全年新增8户30人，及时跟进帮扶措施。持续巩固政策落实成果，做好过渡期的政策衔接，2022年度3个衔接资金项目（黄家山村40万、泉岭村35万、少阳村26万）全部完成。

统筹推进全乡巩固脱贫成果后评估工作，集中乡村两级信息员，利用1周时间对双塘村开展"解剖麻雀"式的自查自纠，形成样板，以点带面，推进其他6个村的工作。双塘村代表广丰区接受上饶市的暗访，取得好成绩。

【高标准农田和应急水毁项目建设】 2022年，少阳乡高标准农田建设项目面积1631亩，至年底完成近60%。完善水利基础设施项目建设，配合区里完成广丰区赵塘溪山洪沟防洪治理工程，全面推进应急水毁项目建设，全乡15个应急水毁项目全面完成。

【美丽集镇和秀美乡村建设】 2022年，少阳乡推进美丽集镇建设，加快弱电入地和污水处理厂及主管网建设项目进度，筹备少阳自来水厂和农贸市场建设。

2022年，少阳乡通过乡村建设1:2筹资奖补机制，建立项目资金整合"蓄水池"，乡村党员干部带头筹资，自筹资金1103万元，上级配套3031万元，共投入4134万元，打造少阳乡秀美乡村建设点60个。

【农村人居环境整治】 2022年，少阳乡持续加强农村人居环境整治。4月份开展"五拆五清"行动以后，全乡各村进行彻底整治，拆除危旧房、空心房、钢棚、旱厕等300多处，村容村貌得到提升，人居环境整治工作多次在全区考核排名前列。11月份，在上饶市2022年第四季度人居环境暗访中，获得广丰区第一、上饶市第五的成绩。开展违建治理，对交溪村3处违章搭建、泉岭村4处光伏违规搭建予以强制拆除。

【社会保障】 2022年，少阳乡新增办理低保、特困和事实无人抚养儿童共49人，清退不符合条件的低保111人，停减死亡及失踪特困人员7人。发放临时救助105人，共计15万元，发放冬春救助781人，共计40余万元，缓解困难群众因突发事件和自然灾害引起的生活贫困。城乡居保缴费人数达3332人次，缴费进度位于全区前列；完成医保收缴22413人次，征缴比例达到98.71%，位于全区第二。加大对死亡冒领养老保险金追缴力度，追缴进度列全区第二。

【基层社会治理】 2022年，少阳乡持续开展安全生产督导检查和房屋安全排查，共排查196个场所，发现隐患24处，做到立行立改。加强烟花爆竹退出企业安全监管、九小场所火灾隐患排查整治，规范全乡7个液化气转运点及3个烟花爆竹零售店安全经营。抓实信访维稳，化解重复访治理件2件，化解各类赴市访、赴区访及网上投诉件27件，全年未发生赴京访。

安全有序推进适龄人群疫苗接种，为全乡3232名65周岁以上老人发放网格连心卡，为1984名70岁周岁以上老年人上户发放防疫爱心包。常态化开展校园安全及校园周边环境整治行动，为全体师生安全保驾护航。

【村级集体经济】 2022年，少阳乡盘活村级资产资源，壮大村级集体经济，全乡7个村的村集体经济收入超过190万元，其中双塘村、少阳村引进规上工业企业，增加村集体收入10万元以上。与区国有企业达成乡农贸市场"村企共建"合作意向，预计各村每年可增加收入6万元。

【基层党建】 2022年，少阳乡推进基层党建"三化"建设，完成软弱涣散村黄家山村的整顿转化，投入资金30余万元提升改造黄家山村址，倾斜项目资金，一批"急难愁盼"事项得以化解，该村信访量大幅降低，村民参与乡村建设的自主意识增强。争取广丰区统筹资金近100万元重建改造交溪村村址，项目建设通过验收。2022年少阳乡发展党员8人，选树"一心为民好支书"2人；开展党员轮训班3次，培训党员400余人次。

（供稿人：夏志娟）

铜钹山镇
（铜钹山国家森林公园）

【概况】 铜钹山镇位于广丰区南部、武夷山脉东段，东、南与福建省浦城县、武夷山市相邻，西界广信区，北接广丰区横山、沙田、桐畈三镇。2022年，辖10个行政村、1个垦殖总场，251个自然村，总户数6618户，26457人。全域面积312.4平方千米，约占广丰区面积的1/4，耕地面积14841.3亩。

2022年，铜钹山镇经济运行稳中向好，全镇财政收入再次突破亿元大关，达到1.08亿元，同比增长7.1%。

铜钹山是国家森林公园、国家自然保护区、国家水利风景名胜区、国家生态乡镇、"4A级旅游景区""中国天然氧吧""江西低碳旅游示范景区""江西省生态旅游示范区""首批省级美丽宜居小镇"，铜钹山红色教育基地为全市首批党员干部教育培训现场教学基地（点）。

2022年12月5日，江西省住房和城乡建设厅、江西省生态环境厅、江西省林业局公布2022年江西省生态园林城市（镇）名单，其中"江西省生态园林城镇"有31个，铜钹山镇名列其中。

【招商引资】 2022年，铜钹山镇引进投资6000万元的江西华怡佳智能家具有限公司，投资5000万元的江西鸿盛电子有限公司，以及上饶市雨之乐电子商务有限公司、江西烁星文化传媒有限公司等数字经济企业。

【铜钹山旅游产业】 2022年，铜钹山镇开展景区节庆推介活动，策划举办铜钹山景区新春游园报喜节、铜钹山之鹊桥谷相亲会、白花岩星空露营等7次活动，露营游、红色游、研学游成新时尚，提升旅游人气、景区知名度。以铜钹山镇小丰村荣获"江西省乡村旅游重点村"为契机，发挥乡村旅游品牌效应，带火乡村旅游。因地制宜引导村民发展第三产业，创办农家乐和民宿，全镇有农家乐28家、民宿19家，带动村民就业增收。

【美丽集镇和秀美乡村建设】 2022年，铜钹山镇对"一河两岸"进行整治提升，投资6000多万元的美丽集镇项目基本完工。推进建制镇污水处理厂建设，6处9个污水处理站建成投用。军潭水库水源地入选长江流域重要饮用水水源地，铜钹山镇获评江西省生态园林城镇。

2022年，铜钹山镇通过乡村建设1：2筹资奖补机制筹资1260万元，撬动财政资金3465万元，人均筹资额位居广丰区第二；建设64个秀美乡村建设点，道路硬化19.8千米，至年底各项目工程全面竣工；实施亮化工程，安装2530盏路灯；实施绿化工程，绿化面积1万多平方米；实施便民工程，新建24处停车场241个车位。"乡村建设工作"在2022年度广丰区综合考核中获得第二名。

【农村人居环境整治】 2022年，铜钹山镇建立健全"四大要素保障"机制，发放全民推进垃圾分类倡议书5000余份，累计宣传8000余人次；执法队、交警、派出所、中小学等多部门联合，开展23次集中大整治行动。2022年铜钹山镇获得全市农村人居环境整治提升工作先进乡镇称号。

【民生社会事业】 2022年，铜钹山镇养老、医疗、工伤等保险参保人数持续增加，全年累计发放城市低保238.4万元、农村低保525.7万元、五保资金103万元、临时救助22万元；办理54件"最低生活保障对象认定"，8件"特困人员对象认定"，42件"80岁高龄老人补贴申请受理"，18件"独生子女父母光荣证"，3件"阳光助学"等服务事项。

投入2600万元实施铜钹山中学扩建项目工程，新建教学楼、综合楼、宿舍楼等；推进小丰村、高阳村2个村公共综合服务中心项目建设；完成"条铺—大东坑""军潭—五墩"美丽生态公路改造工程；实施完工水利工程项目51个，解决农村饮水安全问题；完成水毁工程建设，对山塘、水渠进行清淤、维修32次，保障农田灌溉用水。

【社会治理和疫情防控】 2022年，铜钹山镇落实领导干部每日带班信访接访制度，全年办理市长热线办111件信访件，赴区信访5件，办结率100%，赴省赴京零批次，成功化解1件重点信访积案。开展反诈骗工作，发放宣传资料7000余份，安装注册国家反诈APP 6000余人，劝返滞留缅北人员8人。

严格落实各项防火举措，落实防汛工作机制和工作要求，对全镇60座山塘、7座水库巡逻监测300余次。铜钹山镇获得省级2018—2020年度森林防火先进单位称号。

防范溺水，梳理摸排本地风险水域23个，配备救生杆23根、救生圈23个及救生设施设备若干，开展安全巡查445次，上户宣传教育1847人次。

2022年，制定《铜钹山镇新型冠状病毒疫情防控工作实施方案》，召开会议53次研究布置疫情防控工作，5个工作专班分类执行各阶段工作，有效控制疫情。"疫情防控工作"在2022年度广丰区综合考核中获得第二名。

（供稿人：陈云兴）

人物　荣誉

2022年获得市厅级以上荣誉的先进个人

姓名	工作单位	荣誉（称号）	授予单位
袁钰凯	广丰区组织部	2022年度全国组织系统新闻宣传优秀个人	中组部
王兵	广丰区档案馆	"全国档案工匠型人才"	中央档案馆、国家档案局
毛珍家庭	广丰区	2022年获"第十三届全国五好家庭"	全国妇联
叶小瑜	广丰区财政局	《财政青年说之"破"与"立"》在2022年获"更好按经济规律办事，财政青年怎么办"主题征文活动优秀奖	财政部、中国财政杂志社
吕焰军	广丰中学	作品《山乡巨变》入选2022年第三届深圳大芬国际油画双年展	中国美术家协会、中共深圳市委宣传部、深圳市文学艺术界联合会、中共深圳市龙岗区委、龙岗区人民政府
徐洪斌	广丰卷烟厂	"烟草行业先进离退休干部工作者"	中国烟草总公司
祝增喜	广丰区人社局社会保险管理中心	2023年获"江西省社会保障工作先进个人"	中共江西省委、江西省人民政府
邱贵明	广丰区铜钹山镇石人村党支部书记、村委会主任	2019—2021年度江西省优秀河长	江西省人民政府
詹庆	上饶市广丰区农业局驻上饶市广丰区铜钹山镇叶家村	"2022年度江西省乡村振兴优秀驻村干部"	中共江西省委组织部、江西省乡村振兴局
庄曼	广丰区检察院	"全省公诉能手"	江西省人民检察院

续表

姓名	工作单位	荣誉（称号）	授予单位
林涛	广丰区铜钹山小学	2022年获"江西省社会科学普及基地（红色）讲解员讲解比赛"三等奖	江西省社会科学界联合会
翁利水	广丰区审计局	全省经济发展环境专项审计调查先进个人	江西省审计厅
俞梓鑫 鲍泽灏 徐艺城 陈键豪 颜易之 潘品傲 吕彦旸 吴擎宇	广丰区	第二十届江西省中小学智能机器人技能提升活动WER普及赛小学组一等奖	江西省教育技术与装备发展中心
管晗睿 夏君谦 吕项楠 杨俊锋 韩其臻 毛逸舟 毛宇轩 顾崴纶	广丰区	第二十届江西省中小学智能机器人技能提升活动WER普及赛初中组一等奖	江西省教育技术与装备发展中心
王一凡 周游 涂煜葳 阚一晗 刘宇辰 郑炎昊	广丰区	第二十届江西省中小学智能机器人技能提升活动WER普及赛高中组一等奖	江西省教育技术与装备发展中心
李信生	霞峰镇赤塘村	2022年第三季度"江西好人"	江西省文明办
宁辉家庭、项素香家庭、刘丽萍家庭、陈青莲家庭、叶柳兵家庭	广丰区	2022年"江西省最美家庭"	江西省妇联
纪鹏丰	广丰区税务局	江西省社会保障工作先进个人	江西省人力资源和社会保障厅

续表

姓名	工作单位	荣誉（称号）	授予单位
邓荣军 吴　松 吴献金 廖文华 徐建军 王　斐 舒前鑫 郑敏强	广丰区委、区政府	2022年度市管领导干部考核优秀等次	中共上饶市委、上饶市人民政府
李美玲家庭	广丰区桐畈镇高厅村	第二届上饶市文明家庭	中共上饶市委、上饶市人民政府
韩荣城	广丰区发改委	上饶市创建国家卫生城市表扬先进个人	中共上饶市委、上饶市人民政府
林辉	广丰区政府	全市工业发展先进个人	上饶市人民政府
罗黎丰	广投集团	全市工业发展先进个人	上饶市人民政府
芮可文	广丰区洋口镇政府	全市招商引资先进个人	上饶市人民政府
吴松	广丰区委、区政府	"2022年度征兵工作先进个人"	上饶市人民政府、上饶军分区
徐利庆	广丰区人武部军事科文职参谋	"2022年度征兵工作先进个人"	上饶市人民政府、上饶军分区
仇元涛	广丰区少阳乡政府	"2022年度征兵工作先进个人"	上饶市人民政府、上饶军分区

王兵被评为全国档案工匠型人才

王兵，男，1976年9月生，上饶广丰人，大学本科学历，中共党员，1999年9月参加工作，自学校毕业后一直在广丰区（县）档案局（馆）工作。2012年7月任县档案局（馆）党组成员、副局（馆）长，2019年1月因机构改革任区档案馆副馆长至今。

王兵同志二十多年如一日坚守档案工作一线，认真践行"为党管档、为国守史、为民服务"的职责使命，专心致志做好档案收集和整理，广丰区档案馆大楼申报与新建，区委区政府重大活动、重大事件等档案归档进馆，档案管理工作取得优异成绩。他认真学习党和国家的路线方针政策，深入学习领会习近平总书记关于档案工作的重要指示、批示精神及其政策要求，在2020年全面建成小康社会之际，他带领、指导档案馆工作人员完成23个乡镇（街道）、10个牵头部门精准扶贫档案20000余卷的归档进馆工作。他创新制定的每月28日档案安全检查日工作机制与档案服务民生有机结合，构筑"五位一体"档案安全利用体系格局，有效保障馆藏实体档案及工作人员安全，其做法在全市得到推广普及。他主持的2012年广丰县档案馆大楼新建申报获省发改委立项通过，2016年省财政厅、省档案局核拨建馆中央财政补助1000余万元，2019年3月占地9亩的广丰区档案馆顺利搬迁。新档案馆大楼的建成投用，标志着广丰区档案工作迈上一个新的高度，也意味着广丰文化建设新增一张名片。2022年完成馆藏档案（一期）数字化140余万画幅的资料扫描，为下步建设数字档案馆打下扎实基础。在档24年来，王兵同志一直是省、市档案宣传先进个人，2011年被省人力资源和社会保障厅、省档案局评为全省档案系统先进工作者，获评2019年、2021年"全区优秀共产党员"。

2022年9月，王兵同志被中央档案馆、国家档案局授予"全国档案工匠型人才"荣誉称号。

袁钰凯被评为2022年度全国组织系统新闻宣传优秀个人

袁钰凯，男，1997年2月生，江西宜春人，硕士研究生学历，中共党员，2021年7月学校毕业后就到广丰区委组织部工作，2022年7月任广丰区委组织部四级主任科员。

袁钰凯认真践行"讲政治、重公道、业务精、作风好"组工要求，推动探索基层党建"1263"行动，落实村企共建、"两闲"资源发展村级集体经济办法、村干部选育管用、党员精准联户、"党建+网格+微小事"、争创红色物业、打造基层党建示范点等工作，相关做法得到中央、省、市主流媒体宣传报道。在学习贯彻习近平新时代中国特色社会主义思想主题教育中，他参与主题教育办材料组工作，完成工作总结、汇报、领导讲话素材撰写等任务。袁钰凯的工作水平和文字能力较强，2023年3月被上饶市委组织部评为2022年度全市组工宣传工作"先进个人"，2023年7月在共青团江西省委、江西日报社举办的"赣青苹"理论大赛中获评优秀奖，《让"自找苦吃"成为青年干部的生动注脚》被江西新闻"红土评论"评为2023年度十佳文章之一。

2023年3月，袁钰凯被中央组织部授予"2022年度全国组织系统新闻宣传优秀个人"荣誉称号。

毛珍家庭荣获第十三届"全国五好家庭"称号

毛珍，女，36岁，广丰区中医院住院部药房药剂师。丈夫段建波，36岁，广丰区城市管理综合行政执法大队专职副大队长。

毛珍和段建波是一对志同道合的"公益夫妻"。结婚八年来，夫妻二人每月从工资中拿出200元钱建立夫妻爱心基金。毛珍长期结对帮扶2名留守儿童，为"越南新娘"募集爱心款1万多元。段建波连续6年负责"壹基金冬季温暖包"项目，累计筹资52.52万元，为1439名困境儿童送去温暖和关怀。段建波还组织志愿者辅导留守学生做作业、开展儿童安全五防教育等，让8万余人次的留守儿童受益；他累计无偿献血3000ml，开展志愿服务1.3万小时。2020年7月，段建波赴鄱阳抗洪抢险，组织策划"洪水无情、人间有爱"捐赠活动，筹集到价值8万余元的爱心物资并及时分送到位。在抗击新冠肺炎疫情期间，毛珍坚守疫情防控第一线，段建波抽调到区疫情防控办。段建波带领爱心企业捐赠预防新冠肺炎的中药汤剂1.2万余份，组织餐饮店向医学观察点的人员提供爱心餐1800余份，向偏远山村路口设卡管控点捐赠20台电取暖器。毛珍获评全国"优秀志愿者家属"，段建波先后被评为"方志敏式好干部"、"江西省优秀共产党员"、全国"优秀志愿者"。毛珍家庭2021年获评"江西省最美家庭"。

2022年5月15日，毛珍家庭荣获第十三届"全国五好家庭"称号。

2022年获得市厅级以上荣誉的先进集体

受表彰单位	荣誉（称号）	授予单位
上饶市广丰区	2022年全国投资潜力百强区	中国中小城市发展指数研究课题组、国信中小城市指数研究院
上饶市广丰区	2022年度全省综合考核一类县（市、区）第一等次	中共江西省委、江西省人民政府
上饶市广丰区	"江西省制造业高质量发展试验区"	江西省人民政府
上饶市广丰区	2019—2021年度全省加快工业发展加速工业崛起年度贡献奖	江西省人民政府
上饶市广丰区	部省共建江西绿色有机农产品基地试点省"个十百千万"行动县级先行标杆县	江西省农业农村厅
上饶市广丰区	2021年度财政衔接推进乡村振兴补助资金绩效评价考核和财政涉农资金统筹融合综合评价"整体推进县A级"	江西省财政厅、江西省乡村振兴局、江西省农业农村厅、江西省发展和改革委员会、江西省民族宗教事务局、江西省林业局
上饶市广丰区	2022年全省开放型经济综合先进单位	江西省商务厅
上饶市广丰区	2022年省级农业绿色发展示范模式先行试点奖补项目实施单位	江西省农业农村厅
上饶市广丰区	2021年江西省经济总量十强县（区、市）	江西省统计局
上饶市广丰区	"2021年度江西省全面深化改革工作"先进县（区、市）	中共江西省委全面深化改革委员会
上饶市广丰区	"2021年度全省工业高质量发展二类先进市县"	江西省工业和信息化厅
上饶市广丰区	全省利用省外项目资金一类县（市、区）	江西省商务厅
上饶市广丰区	2021—2023年度全省民间文化艺术之乡（书法之乡）	江西省文化和旅游厅
上饶市广丰区	2022年度全省消防工作优秀县（市、区）	江西省消防安全委员会
上饶市广丰区	2021年度全省平安校区建设优秀县（市、区）	中共江西省委教育工委、江西省教育厅

续表

受表彰单位	荣誉（称号）	授予单位
上饶市广丰区政府	2021年度全省政府系统"五型"政府建设先进集体	江西省"五型"政府建设领导小组办公室
上饶市广丰区	全省美丽乡镇建设专项工作先进县（市、区）	江西省城乡环境综合整治工作领导小组
上饶市广丰区	入选2023年县域物流配送体系建设试点名单	江西省财政厅、江西省商务厅、江西省供销联社
上饶市广丰区	2022年度应急管理考核省综合考核优秀等次单位	江西省安全性生产委员会、江西省减灾委员会
上饶市广丰区	森林防灭火单项考核优秀等次单位	江西省安全性生产委员会、江西省减灾委员会
上饶市广丰区	慈善助力脱贫攻坚先进集体	江西省慈善总会
上饶市广丰区	2022年"99公益日活动"优秀集体奖	江西省慈善总会
上饶市广丰区	2022年度县（市、区）综合考核一类县（市、区）第一等次	中共上饶市委、上饶市人民政府
上饶市广丰区	2022年度"大美上饶"建设单项评选"12+3"评选工业和招商项目先进单位	中共上饶市委、上饶市人民政府
上饶市广丰区	2022年度"大美上饶"建设单项评选"12+3"评选城乡功能品质及环境项目先进单位	中共上饶市委、上饶市人民政府
上饶市广丰区	2022年度"大美上饶"建设单项评选"12+3"评选双"一号工程"项目先进单位	中共上饶市委、上饶市人民政府
上饶市广丰区	2022年度"大美上饶"建设单项评选"12+3"评选旅游和商贸项目先进单位	中共上饶市委、上饶市人民政府
上饶市广丰区	2022年度"大美上饶"建设单项评选"12+3"评选乡村振兴项目先进单位	中共上饶市委、上饶市人民政府
上饶市广丰区	2022年度农业农村工作先进县（市、区）	中共上饶市委、上饶市人民政府
上饶市广丰区	2022年度全市经济社会发展和党的建设情况巡查县（市、区）第一	中共上饶市委、上饶市人民政府
上饶市广丰区	2022年度营商环境年度考核全市第一	中共上饶市委、上饶市人民政府
上饶市广丰区	"上饶市2022年度巩固拓展脱贫攻坚成果同乡村振兴有效衔接工作先进县（市、区）"	中共上饶市委、上饶市人民政府

续表

受表彰单位	荣誉（称号）	授予单位
上饶市广丰区	"上饶市2022年度农业农村工作先进县（市、区）"	中共上饶市委、上饶市人民政府
上饶市广丰区	全市巩固拓展脱贫攻坚成果同乡村振兴有效衔接先进集体	中共上饶市委、上饶市人民政府
上饶市广丰区	2022年度全市开放型经济综合先进第一名	上饶市人民政府
上饶市广丰区	2022年度全市工业高质量发展先进县（市、区）第一名	上饶市人民政府
上饶市广丰区	2022年度上饶市促商贸消费提质扩容先进单位第一名（先进单位）	上饶市人民政府
部门单位（含二级单位）		
广丰丰溪水电有限责任公司七星水电站、广丰丰溪水电有限责任公司军潭水电站	2022年"水利部第十二批安全生产标准化一级达标单位"	水利部
上饶市广丰区委办公室	发行先进单位	中国档案报社
广丰区委宣传部	2022年度"大江时评"栏目优秀组织奖	大江网
广丰区公安局湖丰派出所	全省爱民模范集体	中共江西省委、政府
广丰区人民法院洋口人民法庭	2020—2021年度全省优秀法庭	江西省高级人民法院
上饶高新技术产业园区	2019—2021年度全省加快工业发展加速工业崛起园区发展专项奖	江西省人民政府
上饶市广丰区文化馆、上饶市广丰区戏剧曲艺家协会	2022年在"第八届江西艺术节·第十二届江西玉茗花戏剧节"中荣获小戏新创剧目编剧奖、小戏新创剧目导演奖、小戏新创剧目音乐创作奖	中共江西省委宣传部、江西省文化和旅游厅
上饶市广丰区公安局交警大队洋口中队	2022年全省"优秀公安基层单位"	江西省人力资源和社会保障厅、江西省公安厅
上饶市广丰区公安局湖丰派出所	2022年全省"爱民模范集体"	江西省人力资源和社会保障厅、江西省公安厅
广丰区统计局	2022年获江西省第七次全国人口普查"先进集体"	江西省统计局
广丰区统计局	在全省统计工作考核结果中获评"先进单位"	江西省统计局

续表

受表彰单位	荣誉（称号）	授予单位
上饶市广丰区妇儿工委办公室	2022年获江西省实施妇女儿童发展纲要"先进集体"	江西省妇女儿童工作委员会
广丰区文化馆	小品《花田喜事》获第二届"江西省戏剧小品大赛"二等奖	江西省文化和旅游厅
广丰区红木文化创意产业园（江西月兔红木文化产业发展有限公司）	2022年度被认定为"江西省工业旅游示范基地"	江西省文化和旅游厅、江西省工业和信息化厅
广丰区代表队	2022年江西省第八届百县青少年"五人制"足球运动会二等奖	江西省体育局、江西省教育厅
《释放"两山"资源红利 拓宽乡村振兴路子——广丰区"两山"模式助力乡村振兴特色做法》	2022年入选为全省典型推介	江西省"五型"政府建设领导小组办公室
上饶高新技术产业园区	江西省2022年度"绿色园区"	江西省工业和信息化厅
上饶高新技术产业园区	全省开发区高质量考核综合先进单位	江西省促进开发区改革和创新发展领导小组
上饶高新技术产业园区	全省数字经济集聚区	江西省发展和改革委员会
上饶高新技术产业园区	2022年省级两化融合示范园区	江西省工业和信息化厅
广丰区公安局交警大队洋口中队	全省优秀公安基层单位	中共江西省委、省政府
乡村振兴局	全市巩固拓展脱贫攻坚成果同乡村振兴有效衔接先进集体	中共上饶市委、上饶市人民政府
上饶高新技术产业园区	2022年度开发区综合考核省级开发区第一等次	中共上饶市委、上饶市人民政府
上饶卫校	2022年度市直单位综合考核市属院校第一等次	中共上饶市委、上饶市人民政府
上饶卫校	2022年度"大美上饶"建设单项评选市直单位评选党的建设项目先进单位	中共上饶市委、上饶市人民政府
上饶卫校	2022年度市管领导班子优秀等次	中共上饶市委、上饶市人民政府
上饶市广丰区委办公室	"上饶市创建国家卫生城市（2018—2020年）"先进集体	中共上饶市委、上饶市人民政府
广丰区发改委	上饶市创建国家卫生城市表扬先进集体	中共上饶市委、上饶市人民政府

续表

受表彰单位	荣誉（称号）	授予单位
上饶高新技术产业园区	先进开发区第一名	上饶市人民政府
广丰区卫健委	"2022年度征兵工作先进基层武装部"	上饶市人民政府、上饶军分区
乡镇（街道）、村（社区）		
上饶市广丰区洋口老街历史文化街区	第六批江西省历史文化街区	江西省人民政府
广丰区湖丰镇、毛村镇	入选江西省基层政务公开标准化规范化"十县百乡"建设名单	江西省人民政府
广丰区洋口镇	省级非遗小镇年度评估优秀创建单位	江西省文化和旅游厅办公室
广丰区铜钹山镇	2022年江西省生态园林城镇	江西省住房和城乡建设厅、江西省生态环境厅、江西省林业局
广丰区东阳乡人民政府	2017—2021年度"平安江西建设示范乡镇（街道）"	中共江西省委政法委员会
广丰区东阳乡后阳村	第七批"江西省民主法治示范村"	江西省司法厅、江西省民政厅
广丰区东阳乡人民政府	江西省第七次全国人口普查"先进集体"	江西省统计局
广丰区桐畈镇	2022年度全省"综合减灾示范乡镇（街道）"	江西省减灾委员会
广丰区桐畈镇	2017—2021年度"平安江西建设先进集体"	中共江西省委政法委员会
广丰区横山镇东山村	2022年度全省"综合减灾示范社区"	江西省减灾委员会
广丰区铜钹山镇	江西省生态园林城镇	江西省住房和城乡建设厅、江西省生态环境厅、江西省林业局
铜山村社区、桐畈社区、荌塘村社区、廿三都社区、七都社区、排山社区、丰源社区、白鹤畈社区、苏塘社区、融城社区、金御湾社区	江西省第一批绿色社区	江西省住房和城乡建设厅
霞峰镇石山村、毛村镇山岩村、嵩峰乡十都村、泉波镇吟阳村、少阳乡双塘村	2022年度省级森林乡村	江西省林业局

续表

受表彰单位	荣誉（称号）	授予单位
广丰区贞白中学、广丰区永丰中学、广丰区湖丰中学、广丰区特殊教育学校、广丰区城南小学、广丰区壶峤小学、广丰区芦林小学、广丰区实验小学	上饶市文明校园	中共上饶市委、上饶市人民政府
广丰区洋口镇、广丰区桐畈镇、广丰区吴村镇、广丰区湖丰镇、广丰区少阳乡、广丰区吴村镇前村村、广丰区湖丰镇桥头村、广丰区桐畈镇后垄村、广丰区横山镇双峰村、广丰区嵩峰乡石岩村、广丰区泉波镇鸿坛村、广丰区五都镇前山村、广丰区沙田镇沙溪村、广丰区桐畈镇毛溪村、广丰区吴村镇东塘村、广丰区霞峰镇坑东村、广丰区枧底镇铜山村、广丰区毛村镇后溪村、广丰区洋口镇壶山村、广丰区铜钹山镇家潭村	上饶市文明村镇	中共上饶市委、上饶市人民政府
广丰区铜钹山镇	上饶市人居环境整治提升工作先进乡（镇、街道）	中共上饶市委、上饶市人民政府
广丰区永丰街道党工委办事处	"上饶市创建国家卫生城市（2018—2020年）"先进集体	中共上饶市委、上饶市人民政府
广丰中学、广丰区城北小学、广丰区贞白小学、广丰区桐畈小学、广丰区南屏中学、广丰区泉波中学、广丰区排山中学、广丰区毛村小学	第三届上饶市文明校园	中共上饶市委、上饶市人民政府
广丰区铜钹山镇	"上饶市2022年度农村人居环境整治提升工作先进乡（镇、街道）"	中共上饶市委、上饶市人民政府
广丰区桐畈镇	"2022年度征兵工作先进基层武装部"	上饶市人民政府、上饶军分区
广丰区永丰街道	"2022年度征兵工作先进基层武装部"	上饶市人民政府、上饶军分区
其他		
上饶高新区科技企业孵化器	2021年度国家级科技企业孵化器	科技部
军潭水库水源地	2022年入选长江流域重要用饮用水水源地	水利部
广丰区锦荣新材料公司	2022年获中国"第二十四届中国国际高新技术成果交易会"优秀产品奖	中国国际高新技术成果交易会组委会办公室

续表

受表彰单位	荣誉（称号）	授予单位
江西台鑫钢铁有限公司、江西省芦林纸业股份有限公司	江西省2022年度"绿色工厂"	江西省工业和信息化厅

2022年评定中小学教师高级专业技术资格人员（61人）

序号	姓名	工作单位	资格名称	科目
1	夏美菊	上饶市广丰区永丰街道北门小学	中小学高级教师	英语（小学）
2	管春美	上饶市广丰区城南小学	中小学高级教师	语文（小学）
3	叶燕舞	上饶市广丰区城南小学	中小学高级教师	语文（小学）
4	严以金	上饶市广丰区大南镇学校	乡村中小学高级教师	化学
5	李红丽	上饶市广丰区大南镇学校	乡村中小学高级教师	数学（小学）
6	徐道明	上饶市广丰区永丰街道东关小学	中小学高级教师	语文（小学）
7	柴爱华	上饶市广丰区桐畈镇二渡关学校	中小学高级教师	英语（初中）
8	余斌	上饶市广丰区洋口镇河北中心小学	乡村中小学高级教师	语文（小学）
9	蒋卫国	上饶市广丰区横山镇中学	乡村中小学高级教师	体育
10	黄武	上饶市广丰区横山镇中心小学	乡村中小学高级教师	数学（小学）
11	吴慧琼	上饶市广丰区横山镇中心小学	乡村中小学高级教师	语文（小学）
12	徐宝泉	上饶市广丰区湖丰镇中心小学	乡村中小学高级教师	语文（小学）
13	周银仙	上饶市广丰区枧底镇学校	乡村中小学高级教师	数学（小学）
14	邱付国	上饶市广丰区枧底镇学校	乡村中小学高级教师	语文（小学）
15	王凯	上饶市广丰区枧底镇学校	中小学高级教师	英语（小学）
16	赵燕萍	上饶市广丰区芦林街道学校	中小学高级教师	语文（小学）
17	叶芳英	上饶市广丰区芦林街道学校	中小学高级教师	语文（初中）
18	徐建英	上饶市广丰区毛村镇中心小学	乡村中小学高级教师	语文（小学）
19	叶晓婷	上饶市广丰区排山镇中心小学	中小学高级教师	数学（小学）
20	陈德录	上饶市广丰区沙田镇中心小学	乡村中小学高级教师	数学（小学）
21	李剑	上饶市广丰区五都镇杉溪学校	乡村中小学高级教师	数学（小学）
22	方卿	上饶市广丰区永丰街道商城小学	中小学高级教师	语文（小学）
23	余平	上饶市广丰区少阳乡中心小学	乡村中小学高级教师	思想政治

续表

序号	姓名	工作单位	资格名称	科目
24	余良标	上饶市广丰区少阳乡中心小学	乡村中小学高级教师	数学（小学）
25	陈光建	上饶市广丰区少阳乡中心小学	乡村中小学高级教师	数学（小学）
26	朱丽珍	上饶市广丰区第十四小学	中小学高级教师	数学（小学）
27	纪琰伟	上饶市广丰区实验小学	中小学高级教师	语文（小学）
28	管玲华	上饶市广丰区实验幼儿园	中小学高级教师	学前教育
29	俞益云	上饶市广丰区嵩峰乡中心小学	乡村中小学高级教师	数学（小学）
30	余信河	上饶市广丰区丰溪街道塘墀中心小学	中小学高级教师	数学（小学）
31	杨艳	上饶市广丰区桐畈镇中心小学	乡村中小学高级教师	数学（小学）
32	袁小燕	上饶市广丰区铜钹山镇中心小学	乡村中小学高级教师	数学（小学）
33	吴龙兵	上饶市广丰区铜钹山镇中心小学	中小学高级教师	数学（小学）
34	鄢永强	上饶市广丰区铜钹山镇中心小学	乡村中小学高级教师	语文（小学）
35	吴小卿	上饶市广丰区吴村镇中心小学	乡村中小学高级教师	语文（小学）
36	郑海英	上饶市广丰区吴村镇中心小学	乡村中小学高级教师	数学（小学）
37	冯伯华	上饶市广丰区吴村镇中心小学	乡村中小学高级教师	数学（小学）
38	陈勇	上饶市广丰区五都镇中心小学	乡村中小学高级教师	数学（小学）
39	项达柱	上饶市广丰区五都镇中心小学	乡村中小学高级教师	数学（小学）
40	吴莉莉	上饶市广丰区五都镇中心小学	中小学高级教师	语文（小学）
41	郑美娟	上饶市广丰区霞峰镇中心小学	乡村中小学高级教师	数学（小学）
42	黄美琴	上饶市广丰区下溪街道中心小学	中小学高级教师	数学（小学）
43	李丽	上饶市广丰区洋口镇中心小学	中小学高级教师	音乐
44	徐外国	上饶市广丰区洋口镇中心小学	乡村中小学高级教师	语文（小学）
45	杨贞雨	江西省广丰贞白中学	中小学高级教师	化学
46	俞宏赟	江西省广丰贞白中学	中小学高级教师	语文（高中）
47	刘敏	江西省广丰贞白中学	中小学高级教师	数学（高中）
48	郑琳颖	江西省广丰贞白中学	中小学高级教师	体育
49	席米有	江西省广丰贞白中学	中小学高级教师	数学（高中）
50	郑永飞	上饶市广丰区壶峤镇中心小学	乡村中小学高级教师	数学（小学）
51	祝广荆	上饶市广丰区壶峤镇中心小学	乡村中小学高级教师	语文（小学）
52	祝小伟	上饶市广丰区壶峤镇中心小学	乡村中小学高级教师	语文（小学）

续表

序号	姓名	工作单位	资格名称	科目
53	祝忠光	上饶市广丰区壶峤镇中心小学	乡村中小学高级教师	数学（小学）
54	徐敏建	上饶市广丰区大石街道中心小学	中小学高级教师	美术
55	郑华芳	上饶市广丰区大石街道中心小学	中小学高级教师	语文（小学）
56	叶丽芳	上饶市广丰区贞白小学	中小学高级教师	数学（小学）
57	俞碧琴	上饶市广丰区丰溪街道南屏小学	中小学高级教师	语文（小学）
58	余桂莲	上饶市广丰区城中小学	中小学高级教师	数学（小学）
59	周海云	上饶市广丰区城南小学	中小学正高级教师	数学（小学）
60	刘丽娟	上饶市广丰区教学研究中心	中小学高级教师	音乐
61	叶机敏	上饶市广丰区永丰街道萃始小学	中小学高级教师	语文（小学）

2022年评定卫生系列高级专业技术资格人员（36人）

序号	姓名	工作单位	资格名称	专业
1	吴美英	上饶市广丰区人民医院	主任医师（县区类）	妇产科
2	刘建耀	上饶市广丰区人民医院	主任医师（县区类）	普通外科
3	刘华龙	上饶市广丰区人民医院	主任医师（县区类）	骨外科
4	吴连彬	上饶市广丰区五都镇中心卫生院	主任医师（乡镇类）	骨外科
5	祝建美	上饶市广丰区壶峤镇卫生院	副主任中药师（乡镇类）	中药学
6	郑燕辉	上饶市广丰区人民医院	副主任医师（县区类）	骨科
7	徐识	上饶市广丰区人民医院	副主任技师（县区类）	临床医学检验技术
8	廖敏伟	上饶市广丰区人民医院	副主任医师（县区类）	骨外科
9	叶决华	上饶市广丰区人民医院	副主任医师（县区类）	普通内科
10	俞慧玲	上饶市广丰区人民医院	副主任技师（县区类）	临床医学检验临床基础检验技术
11	周育卫	上饶市广丰区人民医院	副主任中医师（县区类）	中西医结合儿科
12	曲丽琴	上饶市广丰区人民医院	副主任护师（县区类）	外科护理
13	顾玉芳	上饶市广丰区人民医院	副主任护师（县区类）	妇产科护理
14	黄少兵	上饶市广丰区人民医院	副主任医师（县区类）	小儿内科
15	王翼	上饶市广丰区人民医院	副主任医师（县区类）	小儿内科

续表

序号	姓名	工作单位	资格名称	专业
16	郑红花	上饶市广丰区人民医院	副主任护师（县区类）	内科护理
17	周钟英	上饶市广丰区人民医院	副主任护师（县区类）	妇产科护理
18	高攀	上饶市广丰区人民医院	副主任医师（县区类）	普通外科
19	方利锋	上饶市广丰区人民医院	副主任医师（县区类）	普通内科
20	毛海英	上饶市广丰区中医院	副主任护师（县区类）	妇产科护理
21	管诗强	上饶市广丰区中医院	副主任中医师（县区类）	中西医结合外科
22	徐亚玉	上饶市广丰区中医院	副主任中医师（县区类）	中医骨伤科
23	徐新刚	上饶市广丰区中医院	副主任中医师（县区类）	中医内科
24	林武广	上饶市广丰区中医院	副主任中医师（县区类）	中医内科
25	郑玉芳	上饶市广丰区中医院	副主任技师（县区类）	临床医学检验临床基础检验
26	李静	上饶市广丰区妇幼保健院	副主任护师（县区类）	妇产科护理
27	周晓枫	上饶市广丰区妇幼保健院	副主任护师（县区类）	妇产科护理
28	潘奇霞	上饶市广丰区妇幼保健院	副主任护师（县区类）	妇产科护理
29	陈英	上饶市广丰区妇幼保健院	副主任中医师（县区类）	中医妇科
30	段淑芬	上饶市广丰区嵩峰乡中心卫生院	副主任护师（县区类）	妇产科护理
31	罗礼武	上饶市广丰区桐畈镇中心卫生院	副主任医师（乡镇类）	骨外科
32	邓艳萍	上饶市广丰区泉波镇卫生院	副主任护师（乡镇类）	妇产科护理
33	周子福	上饶市广丰区排山镇中心卫生院	副主任医师（乡镇类）	消化内科
34	黄青静	上饶市广丰区东阳乡中心卫生院	副主任护师（乡镇类）	妇产科护理
35	虞凤仙	上饶市广丰区洋口镇中心卫生院	副主任护师（乡镇类）	妇产科护理
36	李爱华	上饶市广丰区农业农村产业发展服务中心	基层高级兽医师	兽医

2022年评定相关专业高级专业技术资格人员（3人）

序号	姓名	工作单位	资格名称	专业
1	余必强	上饶市广丰区住房建设保障中心	高级工程师	建筑工程管理
2	祝吉骏	兴物城建集团有限公司	高级工程师	市政道路（桥梁）
3	刘燕	上饶市广丰区文化馆	二级演员	演员

附 录

2022年广丰区国民经济和社会发展统计公报

2022年是党的二十大胜利召开之年，也是全区经济社会逆势奋进、勇毅前行的一年。面对新冠肺炎疫情和复杂多变的宏观发展环境，全区上下深入贯彻习近平新时代中国特色社会主义思想，坚持稳中求进的工作总基调，紧盯"打造全市领先、全省一流的现代化强区"的奋斗目标，按照"四个排头兵"要求，牢固树立"工业挂帅、项目为王"理念，全区上下埋头苦干、勇毅前行，以大项目促进大投资，以大投资推动大发展，以大发展彰显大作为，在稳中求进、在进中求变、在变中创新，全区各项工作取得明显成效。

一、综合

根据地区生产总值统一核算结果，2022年我区地区生产总值为6290200万元，突破600亿大关，跻身全省前10；按可比价格计算，同比增长5.7%。其中，第一产业增加值为303700万元，同比增长3.9%；第二产业增加值为3250600万元，同比增长7.0%；第三产业增加值为2735800万元，同比增长4.3%。三次产业比为4.8∶51.8∶43.4。

2022年，全区一般公共预算收入完成317272万元，同比增长5.7%；税收收入完成625507万元，同比增长9.2%；一般公共预算支出770870万元，同比增长8.6%。

二、农业

农业发展形势良好。农林牧渔业总产值达480915万元，增长4.2%。其中农业产值239016万元，增长1.3%；林业产值94741万元，增长8.2%；牧业产值67912万元，增长5.2%；渔业产值51632万元，增长5.0%；农林牧渔服务业产值24083万元，增长14.0%。全年粮食总播种面积530250亩，经济作物总播种面积388533.5亩，蔬菜播种面积118291亩。

农业基础设施保持稳定。2022年全区农机总动力达219300千瓦，增长4.1%。

三、工业和建筑业

工业生产稳步发展。2022年，全区规模以上工业企业269个，实现主营业务收入8334414.6万元，增长15.8%；全区规模以上工业增加值增长9.5%；实现利税总额1249491万元，其中利润848000万元，增长3.3%。

园区工业经济平稳发展。2022年年末，园区实现开发面积11.0平方公里，增长4.8%；投产工业企业199家，增长18.5%；实现主营业务收入7870235万元，增长18.3%；实现利润总额781481万元，增长4.0%。

建筑业快速发展。全区共实现建筑业总产值5954000万元，增长11%。房屋建筑施工面积1075.68万平方米，增长6.2%；房屋建筑竣工面积565.48万平方米，同比下降0.4%。

四、固定资产投资

固定资产投资稳步增长。全区共完成500万元以上项目投资9%。其中工业投资增速17.2%，城建投资同比下降0.9%，民间投资同比增长10.7%。

五、国内贸易、对外经济

消费品市场发展快速。全社会消费品零售总额1592453.5万元，增长6.1%。全年共有限额以上商贸单位162家，共完成零售额462611.8万元，增长26.4%。

开放型经济增速平缓。全年进出口总额337105.5万元，增长88.1%。其中，出口275961万元，增长103.4%。

招商引资取得新成绩。全年共引进2000万以上省外项目数37个，实际进资868211.8万元；实际利用境外资金2024万美元，增长126%。

六、金融和保险

金融市场发展态势良好。2022年年末全区金融机构存款余额4600643万元，增长16.0%，其中城乡居民储蓄存款3694001万元，增长17.0%。金融机构贷款余额3647730万元，增长14.2%，其中：短期贷款余额934118万元，增长3.0%；中长期贷款余额248万元，增长18.0%。

保险事业健康发展。从财保和人保全年数据看：全年保费收入20958.8万元，比上年增长0.6%，其中财产险保费收入14458万元，增长17.5%；人寿险保费收入6793.7万元，同比下降18.9%。

七、人口、人民生活和社会保障

人民生活水平稳步提高。农村居民人均可支配收入22737元，增收1537元，增长7.3%，城镇居民人均可支配收入48216元，增收2579元，增长5.7%。

人口规模适度，增长稳定。2022年末，全区共有户籍人口980072人，其中乡村人口420216人，总户数达261408户，户均3.75人；全区年末常住人口771584人，城镇化率达62.25%，较上年提高0.66个百分点。

社会保障进一步加强。2022年末，全区参保职工人数125933人，实际缴费人数达89214人，离退休人数达49652人。失业保险参保人数达30200人，城镇居民最低生活保障人数4126人，农村居民最低生活保障人数29247人。

八、科教、文化、卫生

教育基础稳固，科技成果显著。2022年全区共有普通中学50所，小学数达136所，普通中学专任教师数4529人，小学专任教师数4179人，普通中学在校学生数62493人，小学在校学生数64459人。2022年，全区高新技术企业达69家，专利授权量679件，同比下降6.3%。

文化事业繁荣稳定、卫生医疗条件逐步改善。全区公共图书馆图书总藏量达9万余册。医疗卫生机构床位数达4546个，医疗卫生机构技术人员5771人，其中执业（助理）医师1883人。

九、交通运输

交通运输业稳步发展。2022年全区交通运输、仓储和邮政业实现增加值134310万元，同比增长0.3%。全区现有农村公路2113.856公里，其中水泥路1749.337公里。等级客运站3个，巡游出租车114台。

十、资源与环境

县域概况及资源环境。全区国土面积1376.88平方公里，全区辖23个乡镇（街道），森林面积达80643.9公顷，自然保护区面积达19860.38公顷。全年工业废水排放量420.6万吨，工业废气排放总量1562806.9万吨立方米，废气中二氧化硫421.8吨，烟尘排放量86.4吨，污水处理厂2座，污水处理厂集中处理率达98.19%。

《半月谈》专题报道"民间活水活了乡村建设"

从2021年的社会筹资7000余万元，到2022年的群众踊跃捐资超2亿元，从政府主导发起，到群众主动参与……2021年以来，江西省上饶市广丰区通过推行秀美乡村建设筹资奖补机制，以公共财政撬动民间资金，乡村振兴打开了新局面。

从300万到5700万

"今年旱情较为严重，但我们村里还能保障灌溉用水，多亏了去年底村里对三口水塘的清淤加固。"广丰区少阳乡双塘村双塘尾村小组村民余接远说，之前水塘多年没有清淤，水质一度较差。2021年，双塘尾村小组村民自发捐款30万元，在奖补机制支持下，共筹得资金105万元用于提质改造基础设施，村容焕然一新。

要补足农村基础设施的薄弱点，必须妥善解决资金缺口的问题。广丰区创新筹资机制，充分发挥公共财政引导作用，由区财政设立专项基金，对满足资金募集条件的村（居）按1∶2的比例进行配套奖补，同时每20万元社会筹集资金再安排15万元区财政奖补资金，这笔钱由乡镇（街道）统筹安排。

广丰区大南镇党委书记周浩算了一笔账：今年群众捐款金额达1500多万元，配套奖补资金达4200万元，大南镇将入账5700多万元用于乡村建设。"这在以前想都不敢想，2019年以前，全镇的新农村建设资金一年仅300多万元。"周浩说道。

落一子而活全局。社会资本投向广丰农村，乡村建设资金来源单一、短缺的问题得到有效解决。"在5月31日前，我们共收到2.02亿元筹资，财政配套资金达到5.56亿元。"广丰区委副书记陈金良说。

乡村怎么建，村民说了算

乡村建设"蓄水池"充盈了，该怎样把好资金使用关，将每一分钱都用在刀刃上？"原来乡村建设搞什么项目是政府说了算，现在是群众先提需求，政府来研究。"广丰区农业农村局副局长王协强说。

要聚资金，更要聚民心。陈金良介绍，政府不搞任务摊派，通过政府引导、农民民主议事的上下结合决策机制，灵活推进乡村建设。集思广益之间，农民主体、群众自愿的原则得到落实。

2021年，横山镇前洋村实施路面拓宽改造工程，拆除道路两旁的部分建筑需要村民们配合"让道"，部分群众对此不太乐意。村支书余国华回忆，看到项目建设遇到了困难，村里80多岁的老党员尹德木主动捐资，还带头拆掉屋前的大理石台阶，同时村民理事会也积极协调各方诉求。达成共识后，村民们开始自愿让出自家"地盘"为公共道路腾空间。

让群众来做群众的工作，村民们的积极性、参与度越来越高。横山镇镇长周文敏说，这不仅实现了"用分散的钱办重要的事""用大家的钱办大家的事"，还有效破解了"干部在干、群众在看"的问题。

这样的"攀比"有意义

广丰区民间创业风气浓厚，民间资本活跃。早在改革开放初期，广丰便提出"广丰经济要上去，十万劳力要出去"的口号。近年来，广丰区引导企业家、致富带头人返乡创业，如今为广丰乡村建设贡献公益力量渐成新风尚。

"家乡有好政策，企业家也希望为家乡做贡献。"吴贤才是一位在广州创业的广丰籍企业家，在了解家乡的筹资奖补机制后，去年捐资100万元，今年又捐了250万元。"以前有的村民在外打拼赚钱后，只想回家建大楼房。现在我们比的是谁给家乡出的钱多、出的力多，谁老家的村子建设得更好，我觉得这样的'攀比'有意义。"

"主动对接工商企业界人士、解读筹资奖补机制政策，能够有效让更多社会资源和要素流向农村。"陈金良说，做好乡村的各项工作，就是要让群众成为建设主体、治理主体、受益主体，逐步从根本上改善农村生产生活条件，让群众过上更好的日子。

（原文刊于《半月谈》2022年第21期，作者：吴锺昊 赵瑞明）

释放"两山"资源红利 拓宽乡村振兴路子
——广丰区"两山"模式助力乡村振兴特色做法

广丰区聚焦高质量跨越式发展目标，依托丰富的自然资源和生态优势，积极践行"两山"理念，全力拓宽"绿水青山"和"金山银山"双向转化通道，使绿水青山"底色"更亮，金山银山"成色"更足，致力用"两山银行"金钥匙打开乡村振兴之门。

一、优化顶层设计，"三个一"系统推进价值转换。一是贯彻一种发展理念。践行"绿水青山就是金山银山"发展理念，坚定不移走绿色发展之路。着力构建生态产品高水平实现机制，持续推进"碎片化"资源形成规模、"低效化"资源价值提升、"沉淀化"资源激活变现、"薄弱化"主体实现增收。二是锚定一个共赢目标。积极探索政府、市场、村民三方共建共享机制，统筹推进生态资源摸底调查、平台公司组建、发展要素保障等系列工作；聚资亿元推进"十都大屋文旅小镇"等项目建设；完善"企业+集体+合作社+村民"等经营模式，为村民创造项目入股、上岗就业机会。初步形成"老百姓创业增收、村集体经营壮大、投资方创收盈利、政府实力增强"的共赢格局。三是健全一套保障体系。聚焦推进资源变资产、变资本过程中的难点堵点，着力完善项目建设、金融保障等机制体系。积极与优秀运营管理团队合作，对重点生态资源进行统一包装、精心策划、精准开发。联合农商银行推出马家柚"丰收贷、惠农贷"，向85家农户发放贷款1700万元，联合广信村镇银行推出"金柚贷"，向75家农户发放贷款1500万元。将区域内低效开发的林地园地等国有重点生态资源存入"两山"银行，以生态旅游并购向江西银行申请贷款3.48亿元，成为江西首例国有生态旅游资源并购贷，为生态旅游建设提供资金保障。

二、创新体制机制,"三个一"积极探索实施路径。一是搭建一个运营平台。成立区两山经营管理有限公司(简称广丰"两山银行"),行使产权收储、资源提升、资产评估等功能,构建县域生态资源资产运营管理体系。借鉴商业银行经营模式,通过整合碎片化生态自然资源,按照"资源共享、机制共建、风险共担、利益共赢"四大原则,着力做好"资源汇聚、资源流通、资源升值"三篇文章,最大程度释放生态资源红利,不断拓宽乡村振兴渠道。二是形成一张资产清单。深入开展精细化摸底调查,通过对辖区内山、水、林、田、湖等自然资源以及适合集中经营的农村宅基地、集体经营性用地、农房、古村等资源资产进行全面摸底,合理评估生态资源资产价值,形成生态资源清单、产权清单。目前,共收储了7680亩生态资源。三是开展一项改革试点。积极开展碳汇试点,现有林地面积128.15万亩,森林覆盖率58.03%、林木绿化率62.05%。创新实践"碳汇广丰",推动全域生态产品高质量价值转化,广丰"两山银行"通过建立本地高能耗企业购买碳汇内循环模式,探索融入全国碳汇交易市场,推动企业逐步降低碳排放强度,实现竹林碳汇交易变现,促进农户和村集体增收致富。

三、推动成果转化,"三个一"有效实现共惠共享。一是延伸一条产业链条。立足资源禀赋和区位条件,进一步推动生态资源转型升级。紧密依托2个国家4A级景区、19个乡村旅游点等丰富旅游资源,进一步打造乡村民宿群,积极推动"民宿+旅游+文化"新模式,拓展吃、住、行、游、购、娱等环节,打造"乡村游"特色民宿,全面推动乡村旅游产业链条拓展延伸。二是提升一个幸福指数。通过对生态资源的开发利用,带动村集体和村民增收致富。比如,在东阳乡龙溪文(农)旅综合体项目中,一期投入700余万元进行优化打造,将当地分散的旅游资源串珠成线,形成旅游产业,通过修建基础设施、提供就业岗位等多种形式,将获得的收益反哺给村集体,让当地村集体和农户享受经济发展和环境保护双重红利。三是凝聚一股振兴动力。积极盘活农村闲置资产、低效农田、低洼山塘等资源,大力发展高效农业、林下经济、乡村旅游业等生态产业,全力打通两山转化通道,着力把沉睡资产变成流动资本,助力乡村振兴。

(原文刊于江西省人民政府官网2022年5月19日
原文链接:http://www.jiangxi.gov.cn/art/2022/5/19/art_12816_3951518.html)

关于全区2022年度综合考核先进集体的通报

2023年2月4日

各乡镇(街道),上饶高新区,区委各部门、区直各单位、各人民团体:

2022年,全区上下坚持以习近平新时代中国特色社会主义思想为指导,认真贯彻"疫情要防住、经济要稳住、发展要安全"重要要求,紧扣迎接党的二十大、学习宣传贯彻党的二十大精神这条主线,大力实施"八个千方百计"工作策略,甩开膀子加油干,争分夺秒向前冲,全区各方面工作发生令人鼓舞的可喜变化,各项事业呈现出良好发展势头,打造全市领先、全省一流的现代化强区迈出了坚实步伐。

为表扬先进、树立典型、鼓舞斗志、凝聚更大奋进合力,经区委、区政府研究决定,对全区2022年度综合考核先进集体予以通报表扬,具体如下。

一、高质量发展考核综合奖
(一)乡镇综合奖
一等奖:洋口镇

二等奖:湖丰镇、壶峤镇
三等奖:桐畈镇、东阳乡、毛村镇
(二)街道综合奖
一等奖:永丰街道
二等奖:丰溪街道
三等奖:大石街道
(三)党群政法类综合奖
一等奖:区委组织部、区委统战部、区委宣传部
二等奖:区委政法委、区人武部、区法院、区检察院、区总工会、区信访局
三等奖:区委政研室、区融媒体中心、区党校、团区委、区妇联
(四)政府职能类综合奖
一等奖:区公安局、区统计局、区市场监督管理局
二等奖:区财政局、区生态环境局、区城管局、

区交警大队

三等奖：区发改委、区住建局、区文广新旅局、区水利局、区乡村振兴局、区退役军人事务局、区林业局

（五）条管单位类综合奖

一等奖：自然资源局、公路事业发展中心

二等奖：供电公司、消防大队、税务局、人保财险公司

三等奖：广信村镇银行、气象局、新华发行公司、人民银行、招商银行、九江银行、农商银行、石油公司、电信公司、移动公司

（六）区属国有企业综合奖

一等奖：广投集团

二等奖：广发集团

三等奖：农垦集团

二、高质量发展考核单项奖

（一）乡镇（街道）单项奖

1. 乡村建设

第一名：大南镇

第二名：嵩峰乡、铜钹山镇

第三名：五都镇

2. 农村人居环境整治（18个乡镇）

第一名：毛村镇

第二名：嵩峰乡

第三名：东阳乡、少阳乡

3. 信访工作

第一名：排山镇

第二名：桐畈镇

第三名：横山镇、霞峰镇

4. 应急管理

第一名：桐畈镇

第二名：下溪街道、壶峤镇

第三名：吴村镇、枧底镇

5. 疫情防控

第一名：丰溪街道

第二名：铜钹山镇、下溪街道

第三名：永丰街道、芦林街道

6. 粮食安全

第一名：桐畈镇

第二名：湖丰镇、洋口镇

第三名：排山镇、芦林街道

7. 防范电信诈骗

第一名：泉波镇

第二名：嵩峰乡

第三名：壶峤镇

8. 创文工作

第一名：永丰街道

第二名：丰溪街道

第三名：芦林街道

9. 农村公路

第一名：沙田镇

第二名：湖丰镇

第三名：排山镇

（二）部门单位单项奖

1. 营商环境工作

第一名：区发改委

第二名：区工商联、区政数局、区审计局

第三名：区卫健委、区城管局、区商务局

2. 跑项争资工作

第一名：区财政局、区发改委

第二名：区交通局、区水利局

第三名：区文广新旅局、区城管局、区残联

3. 重点项目建设

第一名：区城管局

第二名：区林业局

第三名：区文广新旅局、区黑滑石产业研究中心

4. 全面深化改革

第一名：区委组织部

第二名：区农业农村局

第三名：区民政局、区人社局

5. 疫情防控

第一名：区卫健委、月兔集团

第二名：人民医院、中医院、妇幼保健院

第三名：区交通局、区文广新旅局、区应急管理局、区市场监管局、区民政局、区教体局

（三）区属国有企业单项奖

1. 融资工作

第一名：广发集团

第二名：广投集团

第三名：交建集团

2. 重点项目建设工作

第一名：广投集团

第二名：市政集团、农垦集团

第三名：广旅集团、交建集团、月兔集团

三、奖金设置

综合奖：一等奖20万元，二等奖15万元，三等奖10万元。

单项奖：第一名8万元，第二名5万元，第三名3万元。

所有奖励资金由各乡镇（街道）、部门单位、区属国有企业统筹用于促进经济社会发展，不得违规用于发放个人补贴及一般性支出。

上饶高新区未列入此次考核范围。区委办公室、区人大机关、区政府办公室、区政协机关只参与考核，未纳入评奖范围。区纪委监委作为监督部门也未纳入评奖范围。2022年度开放型经济先进集体（8个）已另行发文表扬，文件中的街道（2个）、乡镇（3个）、区直单位（3个）顺序即获奖名次，奖励资金参照本文件执行。

2023年是全面贯彻落实党的二十大精神的开局之年，是"十四五"规划承上启下的重要之年，做好各项工作意义重大。受到表扬的集体将荣誉视为新的起点，再接再厉、再创佳绩。全区上下要以先进集体为榜样，进一步凝聚干事创业正能量，振奋追赶超越精气神，踔厉奋发、笃行不怠，干在实处、走在前列，为打造全市领先、全省一流的现代化强区，奋力谱写全面建设社会主义现代化广丰新篇章作出新的更大贡献。

索 引

> **说 明**
>
> 索引以条目为基本单位，提取主题词，按汉语拼音字母顺序排列。由类目、分目提取的索引采用黑体字，由条目提取的索引采用宋体字。标引词后面的数字表示页码。彩页、大事记、专记、人物、国民经济和社会发展状况、统计公报、调查资料、附录、表格等未标索引。

A

艾滋病防治宣传 194
艾滋病干预和检测 194
安全防范投入建设 215
安全生产 137，141，155
安全责任体系建设 212

B

版权保护执法 176
办理人大代表建议情况 84
办理生态环境和自然资源领域公益
　诉讼案件 116
办理政协委员提案情况 84
办文办会 84
办文档案办会 59
办学管理 188
保护妇女儿童权益 105
保密机要和国安 59
保障工业用地 133
保障性住房 159
北湖公园建成 219
碧水提升攻坚战 167
编制《上饶市广丰区国土空间总体
　规划（2020—2035年）》 157
标准厂房建设与项目入驻 132
殡葬突出问题治理 208
病媒生物防制 196

C

财政开源节流 129
财政审计 126
"菜篮子"工程 143
参与疫情防控、抗洪救灾 110
残疾人节日宣传活动 108
残疾人就业创业 108
残疾人康复服务 108
残疾人康复中心项目建设 109
残疾人民生保障 108
残疾人权益保障 108
查灭螺与查治病 195
产业帮扶与光伏帮扶 150
产业发展 132
常态化疫情防控 190，239
超限超载治理 163
车辆管理服务 119
成立广丰方言传承协会 111
成立"检侨之家" 109
承办全市残联基层组织建设现场
　会 109
承办上饶市第31个"国际残疾人
　日"活动 109
承办首届江西省文化产业博览交易
　会 64
城东幼儿园建成开园 181
城区燃气建设 221
城市书房建设 179
城乡社区服务体系建设 207
城乡社区示范创建评选 207
城镇困难群众解困脱困 205
持续推进智慧法院建设 116
持续筑牢共同思想政治基础 66
《出生医学证明》管理与托育机构
　管理 194
处置不良贷款 228
传染病防治 193
创建放心消费示范街区 125
创建生态乡镇 170
创新学生培养模式 186
促进城乡协调发展 129
促进个人金融业务转型 231
促进国有资产保值增值 123
促进消费 153
促进校企合作 202
村级集体经济 256，257，260
村级集体经济发展 237，259
"村企共建" 106

D

"打非治违"专项行动 212
打击电诈"1.06专案"集群战
　役 115
打击欺诈骗保专项治理行动 203
打击制售非法出版物行为 175
打假打私行动 155
打造红色讲台 69

打造户外劳动者服务站点"爱心驿站" 103
打造模范机关 67
打造数字经济发展平台 139
打造"希望教育"校园文化品牌 187
打造夜经济街区 154
党风廉政建设 240
"党建+农村互助养老服务"被列入省级示范点 258
党建融合 67
"党建+网格+微小事" 237,240
党建五争创五引领"十件实事" 63
党内法规 60
党史编研 69
档案安全体系建设 70
档案接收和查阅利用 70
档案宣传 70
道路安全隐患排查治理 119
道路运输管理 163
"低保救助一件事"联办 87,206
地表水环境质量状况 30
地貌地势 27
地名普查成果应用 209
地灾防治项目建设与申报 216
地质灾害隐患排查 215
第46个国际博物馆日活动 175
电网建设 141
电子商务 153
调查研究 84
督查 60
督查工作 85
对外贸易与跨境电商 153
对外宣传 178
多类型多主体科普活动 107
多学科建设 201

E

儿童福利政策落实 205
儿童关爱服务 206

F

发布《上饶市广丰区全民健身实施计划（2021—2025年）》 185
发放义务兵家庭优待金 210
发展传统武术 185

发展普惠金融 228,230
发展山桐子产业 151
发展中等职业教育 187
发展壮大村级集体经济 62
法律监督 74
法人机构风险化解与保险业机构规范 226
法院打造一流法治营商环境 88,115
法治广丰建设 113
防返贫致贫监测 149
防范化解地方政府债务风险 129
防范化解金融风险 226
防汛抗旱 147
防汛隐患排查 213
防疫、"创文"和抢修项目建设 223
房地产开发与经营 160
非遗展示传承场所建设 173
非遗展示活动 173
丰溪码头文化旅游项目征地拆迁 235
风险防控 161
服务地方经济发展 231
服务归侨侨眷和侨资企业 109
服务实体经济 229
服务小微企业 231
服务业数字化转型 140
福利彩票 205
妇幼保健单位常态化疫情防控 193
妇幼保健服务 201
妇幼保健服务能力建设 194
妇幼重大公共卫生服务 193

G

改善高中办学条件 182
概况 30,59-61,63,65-70,74,84,85,99-101,103-105,107-110,111-113,115-118,121-124,126,128,130,132,134,135,138-140,143-145,147,149,151,153-155,157-165,167,169,170,172-176,178,179,181-188,190-192,194,196,197,199,200-216,218-223,225-232,234,235,237-240,242-252,254-260
干部队伍建设 62

干部培训教育 69
高标准农田和应急水毁项目建设 260
工业地产建设 220
工业园区疫情防控和安全生产 134
工业园区优化营商环境 87,133
公安局优化法治营商环境 89
公安优化法治营商环境 114
公办幼儿园劳动合同制教师和保育员公开招聘 181
公共场所卫生监督 192
公路安全防护 164
公路工程建设 164
公路水毁防治 163
公路养护 163
公路重点项目建设 162
公务接待 70
公务用车和办公用房管理 70
公务员工作 62
公益电影放映 176
公益广告宣传 178
公园管理 160
巩固边巡边移机制和探索建立问题线索"五方会审"综合研判机制 101
巩固拓展脱贫攻坚成果同乡村振兴有效衔接 234,236,238-239,241-245,247,249-251,254-256,259-260
巩固医联体 199
"巩卫创文"情况 234,236-239
构建贯通融合、协调协同的大监督网络 99
关爱妇女儿童 105
关爱留守儿童 104
关爱留守儿童、百岁老人系列活动 110
关爱未成年人成长 116
关于广丰区2021年国民经济和社会发展计划执行情况与2022年国民经济和社会发展计划的决议 75
关于上饶市广丰区2021年财政预算执行情况和2022年预算的决议 76
关于上饶市广丰区人大常委会工作报告的决议 75
关于上饶市广丰区人民法院工作报

告的决议 75
关于上饶市广丰区人民检察院工作报告的决议 75
关于上饶市广丰区生态文明建设和生态环境状况的决议 76
关于政府工作报告的决议 74
广丰·杭州临平文化走亲书画作品线上联展 174
广丰红木文化创意产业园被评为江西省工业旅游示范基地 178
"广丰里"商圈建设 221
广丰马家柚深加工产业园项目建设 222
广丰区残疾人联合会第五次代表大会召开 109
"广丰区工业用地集约化改革"获评2022年度江西省全面深化改革工作优秀案例 61
广丰区贯彻落实《江西省中长期青年发展规划（2018—2025年）》联席会议第三次全体会议召开 104
广丰区"好商量"基层协商民主建设工作推进会 92
广丰区青年志愿者协会成立 104
广丰区通过公民科学素质国家测评 107
广丰区西坛标准果园项目建设 222
广丰区新增5家企业获"江西名牌"称号 125
《广丰区中小学德育工作实施方案》 181
规范基层商会建设 105
规划审批项目 157
国防动员 112
国土空间生态修复治理 158
国有企业党的建设 137
国有企业阳光采购管理 123
国有资产经营管理 223
国有资产经营管理和风险管理 219

H

河流湖泊 27
黑滑石产业发展推介会召开 139
黑滑石产业园建设情况 139
黑滑石硅镁分离与高值化利用项目研发成效 138
黑滑石矿山建设情况 139
"红色文化+信访"工作模式 68
后勤装备保障 112
"护童成长"项目 207
化解劳资纠纷 203
化解信访积案 68
环保督察整改情况 169
"环保管家"运行情况 133
环境空气质量状况 29
环境卫生保洁与垃圾分类 160
环境质量自动监测 169
惠农合作项目 165
婚嫁移风易俗 204
婚姻档案数字化 204
婚姻登记"全市通办"试点 204
火灾防控基础设施建设 216
火灾隐患专项整治 216
获得《上饶地名大会》优秀组织奖 209

J

机构编制日常管理 66
机构编制资源配置 66
基本公共卫生和家庭医生签约服务 191
基层党建 235，236，239，241，244，251-253，255，257-260
基层党组织"三化"建设 62
基层公共文化建设 172
基层群众性自治组织规范化建设 207
基层社会治理 235，236，239，241-243，245，248，250，252，253，255，256，259，260
基层医疗卫生机构服务能力建设 191
基层站所建设 114
基础金融服务 226
集中培训考核全区核酸采样人员 201
技术装备与施工能力 159
寄递业务 164
加快项目建设 121
价格改革 122
价格认证 123
坚持深化改革 121
检察帮困 117
检察为民办实事 117
检察院推进涉案企业合规改革 88，117
建立健全人才奖励机制 174
建立责任落实体系 86
建置沿革 28
建筑企业和从业人员 159
健康帮扶 150
健康教育 196
健康乡村建设 191
健全志愿服务网 104
江西凤凰高级技工学校一期建成 182
江西泰珂黑滑石新材料项目开工 138
江西同欣机械制造股份有限公司获得国家级"专精特新"小巨人企业认定 135
江西中医药大学附属医院医联体医院暨江西热敏灸医院广丰分院成立 201
降成本增效益情况 136
降水 30
交通安全设施建设 119
交通安全宣传 119
交通政务服务 163
交通秩序整治 119
教科卫体委工作 95
教学改革 69
教学科研成果 186
教育帮扶 150
接受监督评议 117
结对帮扶 149
界线管理 209
金融工作 85
金融业务 164
经济工作监督 74
经济委工作 96
经济责任审计 126
精神文明创建 203
警示教育 101
净土提升攻坚战 168
境域变迁 29
就业帮扶 150
就业与创业 202
居民建房管理 160
举办"互联网+教师专业发展"全员培训 187

索 引

举办教育系统"爱国主义、爱岗敬业、关爱学生"三爱主题及教师能力提升教育主题培训　183
举办教育系统"回归初心，做舒展生命的教育"主题培训　183
举办"金融夜校"　230
举办"面朝大石 春暖花开"文化采风活动　240
举办展览讲座活动　175
举行"感动上饶"2022年上半年度"上饶好人"集中发布仪式　203
举行美国战争纪录片《动荡的历史》中国首映式　64
卷烟生产　135
卷烟销售　135
卷烟质量管控　136
决策研究服务　60

K

开放学院办学情况　187
开设特色课程　182
开展"1+N"专项治理　100
开展9.18主题系列活动　112
开展八大标志性战役30个专项行动　168
开展"百行服务千企万户"活动　228
开展"比六格拼十绩"创先争优活动　253
开展"博爱送万家"活动　110
开展"大练兵大比武"活动　215
开展"节能降碳，绿色发展"的主题活动　70
开展"敬老月"活动　197
开展军民共建活动　211
开展"亮翅杯"中小学教科研水平展示活动　183
开展绿盾行动　170
开展名师送教　183
开展普法宣传　173
开展敲锣打鼓送喜报活动　211
开展群防群治　114
开展社会稳定风险评估　68
开展送教上门　183
开展"替烈士看爹娘、为烈属办实事"活动　210
开展为群众办实事示范法院建设活动　115
开展违规吃喝违规收送礼品礼金问题专项治理　100
开展文旅活动　177
开展"乡镇街道吹哨，部门单位报到，领导统筹协调"工作　236
开展校园周边文化市场检查　175
开展义诊活动　200
开展营销关键业务治理和历史遗留问题整治　141
开展支持受疫情影响的小微企业金融服务　226
开展中小学校"五项管理"专项督导　184
开展中医适宜技术　200
开展猪肉收储投放　123
科技创新服务　185
科技创新平台建设　186
科技创新与人才培养　136
课题研究　111
控违拆违　252
矿产资源　27
矿产资源管理与绿色矿山建设　158
蓝天提升攻坚战　167

L

老干部工作　63
老广丰文化展陈馆建成开放　173
老年健康宣传周活动与打击整治养老诈骗专项行动　197
老年人福利制度建设　205
老年人家庭医生签约履约服务　197
老年友善医疗机构创建与老年医学科建设　197
李信生被评为"江西好人"　204
理论学习　64
理赔服务　232
练兵备战　112
粮食安全　143，243，247，255，257
粮食安全和农业特色产业发展　258
粮食安全与农业特色产业发展　251
粮食安全与天桂梨特色产业发展　250
"两大中心"通过认证　199
"两集中管理"情况　194

两校入选全省首批"信息科技"素养培育项目学校　181
烈士纪念设施保护　210
林业经济与林业特色产业　146
路灯亮化　160
路域环境整治　164
旅游景区基础设施建设　176
旅游项目建设　176
旅游宣传　176
履行保险承诺组织经济补偿　232
绿色邮政生态环保"9917"工程　165
落实安全防范警示日制度　212
落实长期护理保险制度　198
落实国企改革创新三年行动　218
落实河长制　148
落实惠企利民政策　141
落实计划生育利导政策　196
落实减税降费惠企政策　87
落实减税降费政策　130
落实林长制　147
落实网络强国建设　165

M

麻风病防治　195
马家柚精深加工　145，222
马家柚科普馆建成启动　107，145
马家柚入驻盒马鲜生　145，222
马家柚特色产业发展情况　247
马家柚统购统销　145，222
美丽集镇和秀美乡村建设　257，259-261
美丽集镇建设　158，242
美丽集镇建设和人居环境整治　246，249，250
美丽集镇与秀美乡村建设　255
缅怀革命先烈　210
民办学校分类登记　183
民办学校资金监管　183
民生领域监督　74
民生社会事业　234，239，241-243，245-246，248-249，252-254，259，261
民生实事　85
民生资金保障　129
民声通道　60
"鸣锣+广播"宣传　214

N

内部治理体系建设　154
年度综合考核工作　63
农村厕所革命与生活垃圾分类　144
农村公路"建管养"　163
农村环境监测　169
农村人居环境整治　251，254，256-257，259-261
农村人居环境整治和生态环保　253
农村人居环境整治与控违拆违　258
农村饮水安全　147
农民专业合作社质量提升整县推进试点工作　144
农文旅产业发展　256
农业产业发展　242
农业产业化经营　143
农业和农村委工作　94
农业数字化转型　140
农业水价综合改革和水利营商环境建设　148
农业水价综合改革完成验收考核　152
农业特色产业发展　249，252，259

P

排查风险隐患　170
盘活土地资源　157
培养中医药人才　200
配合疫情防控　163，170，201
棚户区、老旧小区改造　159
平安广丰建设　113
破解要素制约　124
普惠金融发展　226

Q

气温　31
企业研发投入和人才培育　186
启动社会救助和保障标准与物价上涨挂钩联动机制　123
启动政府投资项目审计服务框架协议采购　127
强化重点领域监督　100
青年干部培训班　69
青少年科普活动　107
清明节文明祭祀　208
清欠、减税降费审计　127
区长与政协委员面对面专题协商暨重点提案办理协商会　92
区第十七届人大常委会第四次会议　72
区第十七届人大常委会第五次会议　72
区第十七届人大常委会第六次会议　72
区第十七届人大常委会第七次会议　73
区第十七届人大常委会第八次会议　73
区第十七届人大常委会第九次会议　73
区第十七届人大常委会第十次会议　73
区第十七届人民代表大会第二次会议　72
区工商联搭建平台助力优化营商环境　88，106
区供销社助力马家柚产业发展　144，154
区人大常委会任免干部情况　76
区人大监督优化营商环境　74，87
区委常委会　52
区委经济工作会议　57
区委全会　57
区委十四届三次全体会议暨区委经济工作会议　57
区委书记与政协委员面对面专题协商会　92
区域位置　27
区政协十三届二次会议　91
区政协十三届六次常委会会议　92
区政协十三届三次常委会会议暨常委理论学习中心组学习会　91
区政协十三届五次常委会会议暨常委理论学习中心组学习会　92
区政协十三届一次常委会会议　91
区直机关基层党组织建设　67
区直机关意识形态工作和作风建设　67
区直机关政治建设　67
区总工会助力"双一号工程"　103，140
渠系项目建设和农田水利工程养护　151
全面深化改革　60
全民健身场地设施建设　185
全区领导干部配偶"家风养廉"专题讲座　105
群测群防体系建设　216

R

燃气安全　161
燃气专项监督检查与电梯智慧报警建设　125
人才工作与人事管理　202
人才引育服务　62
人防工程项目建设与维护　112
人工降雨作业　214
日照　31
融媒矩阵建设　178
融资工作2022年度综合考核第一名　219

S

"三三模式"推进中小学生游泳教育　184
"三献"志愿活动　110
扫黑除恶自然资源领域专项整治　158
森林防灭火　146
森林火警　214
森林培育　146
森林资源保护　146
上饶高新区科技企业孵化器获国家科技部备案为国家级科技企业孵化器　134
设备管理　136
社会保险　202
社会保障　256-257，260
社会和法制委工作　95
社会救助兜底保障　205
社会募捐　110
社会团体分支（代表）机构专项整治行动　208
社会治理创新　113
社会治理和疫情防控　257，261
社会组织参与稳岗就业　208
社会组织助力乡村振兴　208
社科调研　111

社科宣传　111
社科学会建设　111
摄影　106
申报3家市级专家工作站　107
深化未成年人保护　117
深化巡察成果运用和督促解决民生问题　102
审计整改　127
生物资源　28
省级两化融合示范企业和省级军民融合企业名单　134
省级首批商业秘密保护联系点、指导站、基地　125
省委巡视整改　60
湿地保护和修复　146
十七届区人民政府第7次常务会　79
十七届区人民政府第8次常务会　79
十七届区人民政府第9次常务会　79
十七届区人民政府第10次常务会　79
十七届区人民政府第11次常务会　80
十七届区人民政府第12次常务会　80
十七届区人民政府第13次常务会　80
十七届区人民政府第14次常务会　81
十七届区人民政府第15次常务会　81
十七届区人民政府第16次常务会　81
十七届区人民政府第17次常务会　81
十七届区人民政府第18次常务会　82
十七届区人民政府第19次常务会　82
十七届区人民政府第20次常务会　82
十七届区人民政府第21次常务会　83
十七届区人民政府第22次常务会　83
石油营销　155

实施创新驱动战略　133
实施侨爱心工程　109
实施"全民参保计划"　198
实施网格化管理　244
实施医养结合与失能老年人评估指导项目　197
实验实训设备　188
食品药品安全监管　125
市场主体登记　124
事故处理　120
事业单位登记管理　66
视察活动　93
首次举办高考志愿填报线上公益讲座　182
首座人行天桥"月兔天街"建成　221
书画　106
数字场景应用　140
数字经济招商引资　139
水库移民　148
水利项目建设　148
水生态环境监测　169
水文监测情况　31
水务产业发展　220
水行业管理　148
税收征管"五员"管理改革试点　130
司法局打造一流法治化营商环境　118
司法局打造一流法治营商环境　88
松材线虫病防控　146
诉源治理　117

T

探索"两山"经营管理　223
特色养殖业　143
提案委工作　94
提升窗口服务　86
铜钹山旅游产业　261
统计基层基础规范化建设　126
统计造假不收手不收敛问题专项纠治　126
投放首批自动体外除颤仪（AED）　110
图书借阅　175
土地调查登记监测　157
土地卫片监测　158
土地资源　28

团员青年意识形态教育　104
推动保供稳价　122
推动赣法民意广丰分中心建设　116
推动数字经济建设　165
推动压力传导一贯到底　99
推广"科贷通"业务　186
推广线上服务　161
推进非公领域健康发展　65
推进各类责任保险　232
推进广丰中学整体改造提升项目　186
推进经济运行平稳向好　121
推进科技合作　186
推进"平安医院"建设　191
推进欠薪根治　203
推进全面从严治检　117
推进"身后一件事"联办　208
推进生态文明建设　122
推进市域治理现代化建设　116
推进"双一号"工程　121
推进文化旅游发展　223
推进"五化三美"法庭建设　116
推进政策性"三农"保险　232
推进重点数字产业集群发展　140
推行乡村建设1∶2筹资奖补机制　144
退役士兵经济补助与生活补助　211
脱贫攻坚成果同乡村振兴有效衔接　258
脱贫人口小额信贷　150
拓展经营业务　227
拓展普惠金融　228

W

完善城市乡村规划　157
完善创新体制机制　185
完善多层次医疗保障体系　198
完善风险防范机制　219
完善路产档案　164
完善行政执法程序　118
完善制度　101
网点建设　155
网络舆情　64
维护民宗领域和谐稳定　65
维护农田水利工程　148
维护区域环境安全　170
维护社会安定　114

维护社会稳定　113
卫生应急培训和演练　193
未成年人保护信息数据精准化　206
"未成年人保护宣传月"活动　207
文传业务　164
文稿服务　59
文化产业技术改造　174
文化产业招商　174
文化惠民工程　174
文化建设　64
文化市场经营场所集中整治行动　173
文旅行业管理　177
文物保护　175
文学创作　106
文艺获奖作品　172
污染源执法监测　169
污水处理厂扩容　161
吴村镇助力黑滑石产业发展　139，250
"五拆五清"百日攻坚行动　144
物流保障　137

X

西溪河与卧龙渠水环境治理项目　161
戏剧曲艺　106
夏季治安打击整治"百日行动"　115
乡村医生队伍建设　192
乡镇（街道）机构改革　66
项目规范管理　124
项目建设　150
项目谋划储备　124
项目协调推进　124
校车安全管理　181
校企合作　188
校友回馈母校　187
校院融合　201
协同项目开发　165
新材料产业　134
新电子产业　134
新冠感染医疗救治　191
新建"城市驿站"　161
新能源汽车充电站点建设　218
新时代文明实践阵地建设区乡村全覆盖　203

新智造产业　134
信贷投放　230
信贷支持实体经济　225
信贷支持与人才引进　133
信访矛盾大排查　68
信息调研　59
信息化建设　137
信用环境建设　226
行业协会商会收费清理整治　208
行政复议与行政诉讼　118
行政区划　29
行政执法监督　118
修订完善应急预案和开展应急演练　215
秀美乡村建设　258
秀美乡村建设和人居环境整治　243-245，247
蓄水调度与水毁水利设施维修　214
宣传职业教育　187
选调教研员　183
选举情况　76
学校卫生监督　192
"雪亮工程"建设　114
血吸虫病传播风险评估　195
血吸虫病防治宣传　195

Y

亚专科建设　199
烟草专卖终端建设　155
延伸巡察村（社区）　101
严厉打击损害人民群众切身利益的违法犯罪行为　116
严肃查处漠视侵害群众利益的腐败和作风问题　99
"阳光班组"品牌创建　164
养成教育　188
药事管理　191
野生动植物保护　146
"夜YOU广丰"夜经济文旅商贸促消费系列活动　177
"一老一幼"阳光慈善基金　206
医保基金监管　198
医保支付方式改革　198
医疗废物、传染病防控监督　192
医疗卫生监督　192
依法惩治刑事犯罪　115
依法调处民商事纠纷　115

依法兑现胜诉权益　115
依法合规经营　232
依法化解行政争议　115
义务教育"就学一件事"　181
易地搬迁后续扶持　150
疫情报告管理　192
疫情防控　246
疫情防控隔离点建设　221
疫情防控集中隔离点管理情况　218
疫情期间线上诊疗及健康咨询服务　200
音乐舞蹈　106
引导非公有制经济人士履行社会责任　106
饮水安全　150
饮用水卫生监督　192
隐患排查整治　212
印发《关于广丰区民生实事项目人大代表票决制工作实施方案》　59
印发《关于加强政务服务中心窗口工作人员管理的意见》　57
印发《关于落实全面从严治党主体责任实施意见（试行）》的通知　58
印发《关于区直机关打造让党放心、人民满意的模范机关的工作方案》　58
印发《关于深入推进红色基因传承的实施方案》　58
印发《关于深入推进数字经济做优做强"一号发展工程"的实施方案》　58
印发《关于深入推进营商环境优化升级"一号改革工程"实施方案》　58
印发《关于推进全区水利高质量发展的工作意见》的通知　59
印发《关于推行"党建+网格+微小事"的工作方案》　58
印发《广丰区全面推进"双随机、一公开、一集中"监管工作实施方案》　84
印发《全面建设勤廉广丰实施方案》　58
印发《〈上饶市广丰区多层次医疗保障体系建设方案〉及做好"广福保"投保工作的通知》　83
印发《上饶市广丰区工业主导产业

招商引资优惠办法》 83
印发《上饶市广丰区农村宅基地制度改革和规范管理实施方案（2022—2024年）》 59
印发《上饶市广丰区农业招商引资优惠办法》 84
印发《上饶市广丰区全面深化改革十大攻坚行动实施方案（2022—2024年）》 58
印发《上饶市广丰区"十四五"体育发展规划》 185
印发《上饶市广丰区数字经济产业发展扶持办法（暂行）》 84
印发《上饶市广丰区松材线虫病疫情防控五年攻坚行动实施方案》 83
应对汛期连续强降雨 248
应急处置6.20洪涝灾害 213
应急处置特大洪涝灾害 246
应急救援能力建设 216
应急抢修 141
婴幼儿照护服务 197
营运服务与安全防范 230
优待证申领制发 210
优化办税服务和推广"非接触式"办税 87，130
优化法治环境 86
优化工程建设项目审批 89
优化金融产品 228
优化金融服务 229
优化市场环境 86
优化市场准入环境 87，125
优化医保公共管理服务 198
优化营商环境 243，249
优化用电服务 141
优化政务环境 86
有效延伸联谊交友范围 65
幼儿园挂牌督导全覆盖 184
"鱼菜共生"项目建设 259
舆论引导 64，178
园林绿化管护 160
园区规划与基础设施建设 132
园区招商引资与项目建设 132
月兔广场周边城市更新工程 221

Z

在线监控管理 169
招大引强 153
招募大学生上岗服务 104
招商引资 235，239，244，245，260，261
招商引资和服务企业 249
招商引资和项目建设 234，237，238，240，242，243，246，247，250-252，254，257，258
招商引资与项目建设 255，256
招生就业 188
召开区纪委监委打造模范机关动员会 98
召开全面建设勤廉广丰工作推进会 99
召开全区纪检监察系统集体政治谈话会 99
召开全区乡镇（街道）纪（工）委书记座谈会 98
召开印刷企业、书店业主大会 176
召开中国共产党上饶市广丰区第十四届纪律检查委员会第二次全体会议 98
整合城市停车资源 220
政法队伍建设 113
政府兜底保障 150
政府非税收入划转 130
政府投资项目审计 126
"政务服务"智能应用 140
政务信息 85
政协办公室工作 94
支持地方经济发展 227
支持实体经济发展 128
知识产权保护 125
执法突出问题整治 170
职工帮扶 103
职工维权 103
职业、放射卫生监督 192
指导抗旱 214
志鉴编纂 69
志智双扶 151
制造业数字化转型 140
质量品牌建设 125
"智慧医保"建设 198
"智慧应急"项目建设 215
中小学寒假托管 181
中心城区城市书房、书吧建设 172
重大决策合法性审查 118

重大事项监督 74
重点道路建设及道路周边提升项目建设 222
重点民生项目建设 218
重点项目建设 219-221，223
重点政治读物发行 179
助力"创文巩卫" 105
助力巩固脱贫攻坚与乡村振兴有效衔接 226
助力乡村振兴 152，226，229
助力疫情防控 105
助推创业创优 105
住房安全保障 150
驻区部队助力地方经济社会发展 211
专题协商 93
专项整治三年行动"巩固提升"攻坚战 212
转发《上饶市广丰区普法教育工作领导小组关于开展法治宣传教育的第八个五年规划（2021—2025年）》 58
壮大国有资产总量 123
资金保障 149
组建"红色文化宣讲小分队" 211
组建"江小红"宣讲团 110
组建政务服务和大数据管理局 85
组织参与"世界华人学生作文大赛" 109
组织体系建设 154
做大平台资产 219，221
做实"一清单一报告一档案" 99

#

12315平台投诉举报办理 125
2022年广丰区政协工作推进会 91
3·15广丰区洋口镇工业二路纺纱厂火灾扑救 216
"5.12"防灾减灾宣传 213
5G网络建设 140
5户家庭入选2022年江西省"最美家庭" 203
6·20广丰区湖丰镇抗洪抢险救援 216
7个乡镇获评"省级卫生乡镇" 196